Dr. Herbert W. Franke ist eng mit dem Aufstieg der Science Fiction im deutschsprachigen Raum verbunden. Er ist der erste Autor, der nach dem Zweiten Weltkrieg internationale Bedeutung erlangte, und war als Herausgeber maßgebend an den ersten im Goldmann Verlag als Buch und Taschenbuch erschienenen Science Fiction-Serien beteiligt. Diese Serien leiteten den Durchbruch der gehobenen Science Fiction auf dem deutschen Büchermarkt ein.

SCIENCE FICTION

DAS GROSSE HERBERT W. FRANKE LESEBUCH

Das Gedankennetz
Der Orchideenkäfig
Der Elfenbeinturm

GOLDMANN VERLAG

Made in Germany · 10/86 · 1. Auflage

Umschlagentwurf: Design Team München
Umschlagillustration: R. J. Martin
Druck: Elsnerdruck, Berlin
Verlagsnummer: 23491
Lektorat: Christoph Göhler/Michael Görden
Herstellung: Peter Papenbrok
ISBN 3-442-23491-3

DAS GEDANKEN-NETZ

Inhalt

Erwachen 7
Weißschäumendes Wasser, schwarzes Geäst 30
Ein Begriff: Lovis – Eine Sehnsucht: Ruth 55
Das Tribunal 82
Schwarze Schemen, sternenlose Nacht 111
Erwachen 157

Erwachen

Das Radiofon schlug an. Vries hatte darauf gewartet und ließ die Leertaste sofort hinunterschnellen.

»Wir haben etwas«, schnarrte es aus dem Lautsprecher.

»Wo?« fragte Vries.

»Das Leitfeld ist eingestellt.«

»Wir kommen«, sagte Vries und winkte seinem Assistenten.

Sie traten auf den Gang hinaus und folgten seiner sanften Krümmung bis zur nächsten Hohlstrebe des Ringschiffes. Ein Lift hob sie gegen die Fliehkraft zur schwerelosen Achse empor und schob sie in das Boot. Sie setzten sich, Vries vorn und Ebb dahinter. Die Türöffnung schloß sich – es glich dem Zubeißen zweier Kiefer, als sich die von oben und die von unten kommenden Schiebeflächen berührten.

Wie ein Torpedo löste sich das Lanzett des Bootes aus dem Hohlzylinder des Schiffszentrums. Es flog geradewegs in der Verlängerung der Radachse aus dem Verband hinaus, dann wurde es vom Leitfeld erfaßt. Langsam drehte es sich auf den Planeten zu – einen silbernen Ball in der Leere des Raums.

»Ob sie ein intelligentes Wesen gefunden haben?« fragte Ebb.

»Kaum anzunehmen«, antwortete Vries.

Der Kader der Raumschiffe zog wie ein Vogelschwarm über sie hinweg, bald kamen sie aus dem Flackern von wechselndem Licht und Schatten hinaus und badeten im Schein der fremden weißen Sonne wie die fünfhundertzwölf schillernden Punkte, die das regelmäßige Raumgitter eines Rhomboeders bildeten. Fünfhundertzwölf Schiffe, acht Schichten von je vierundsechzig Schiffen, in der regelmäßigen Anordnung eines Kristalls. Alle Ringachsen standen parallel, das zwischen den Streben gespannte Geflecht der Ionisierungsbatterien war der Sonne zugewandt, um möglichst viel der lebenspendenden Energie einzusaugen. Jede untere Schicht von Schiffen war ein wenig gegen die obere verschoben, damit alle an dem Strahlensegen teilhaben konnten.

Das Boot näherte sich in einer locker gewundenen Spirale rasch dem Planeten. Vries war schon auf vielen Himmelskörpern gelandet, auf mindestens zwei Dutzend als selbständiger Leiter der Anthropologischen Station, aber immer wieder empfand er das Fluidum des Unbekannten beglückend und anfeuernd. Aufmerksam spähte er durch das Frontfenster.

Der Anblick war grandios. Rings um das Boot hingen weiße Fäden aus kondensiertem Wasserstoff, der in Form von flüssigem Plasma die Patronen füllte, bevor er als Gas aus den Düsen schoß – Fäden, die den angesteuerten Planeten an die Schiffe zu knüpfen schienen. Sie stammten von Erkundungsbooten, die kurz vor ihnen gestartet waren.

»Eigenartig«, sagte Ebb. »Ist schon bekannt, wie es zu diesem Aussehen kam?«

Der Anblick, den der Planet bot, war tatsächlich höchst eigenartig. Ein Großteil seiner Oberfläche war von Wasser überzogen, es gab aber auch Kontinente mit langgestreckten Faltengebirgen, und alle Kontinente waren eintönig grau – bis auf eine Ausnahme, eine grüne Insel, die wie ein Auge zu ihnen heraufsah. Felder von Wolken lagen wie Watteflocken auf der Kugel verstreut.

Fasziniert blickte Vries in das grüne Auge hinein. »Eine Trillion Tonnen Wasser«, sagte er mehr zu sich selbst als zu seinem Assistenten. »Bis auf die Zwillingsplaneten im Schwan haben wir noch nirgends soviel Wasser gefunden.« Er drehte sich kurz zu Ebb um. »Das Rätsel war nicht schwer zu lösen. Der Planet besaß früher zwei Eiskappen auf den Polen, und bis auf diese Polgebiete waren seine Kontinente mit riesigen, ununterbrochenen Städten überzogen. Sie sind heute längst zerfallen. Inzwischen ist die Drehachse gewandert, das unbebaute Polgebiet kam in eine äquatornahe Zone – so kam der pflanzenbewachsene Fleck zustande. Die Polkappen sind von hier aus nicht zu sehen, doch die nördliche wird gleich ins Blickfeld kommen.«

Sie waren inzwischen so tief gesunken, daß der Planet schon fast die ganze untere Hälfte des Gesichtsfeldes einnahm. Der Schatten schnitt ihn in zwei annähernd gleich große Teile, die Gebirge an der Randzone warfen lange, spitze Schatten, und nun blitzte und gleißte es am Horizont, ein hellschimmernder Kreis wanderte majestätisch um den Rand der Planetenkugel.

Nach einer halben Stunde setzten sie zur Landung an. Die Kondensationsfäden waren längst abgerissen, die graue Staubfläche eines Kontinents dehnte sich endlos und öd unter ihnen. Das Leitfeld zog sie zu einer künstlich eingeebneten Fläche, auf der sie zwanzig bis dreißig vor ihnen gelandete Boote erkennen konnten.

Vries schob den Sitz in die Versenkung, um sich Spielraum zu schaffen, und begann das mühsame Geschäft, den Raumanzug überzuziehen. Ebb folgte ächzend seinem Beispiel. Obwohl er der Jüngere war, waren ihm körperliche Anstrengungen ein Greuel.

»Gottlob, daß wenigstens die Gravitation geringer ist als die unsere.«

Sie setzten gut auf, ließen die Türflächen auseinandergleiten und stiegen aus. Drei Männer kamen auf sie zu.

»Was habt ihr gefunden?« fragte Vries.

»Schau dir's an!« tönte es aus seinen beiden Mikrofonen. Jedes von ihnen war mit einer eigenen Antenne verbunden, eine Verzögerungsschaltung sorgte dafür, daß zwischen dem Anklingen der Mikrofone millionenmal soviel Zeit verstrich wie zwischen dem Eintreffen der elektromagnetischen Signale in den Antennen. Auf diese Weise wurde normales stereofonisches Hören erreicht. Die Stimme kam von links. Vries kannte sie – sie gehörte Koute, der den naturwissenschaftlichen Aufbereitungstrupp führte.

»Ich weiß nicht, ob ihr was damit anfangen könnt«, fuhr Koute fort. »Es scheint sich um präparierte Gliedmaßen der Organismen zu handeln.«

»Lebend präpariert?« fragte Ebb interessiert.

»Soviel ich beurteilen kann: tot.«

Grauer Staub stieg in zwei klumpigen Wolken um sie empor. Koute wandte sich zu einer Einstiegsröhre, mit der ein frisch gebohrter Schacht abgesichert war. Er stelzte über den Rand und kletterte die Leiter hinab. Vries folgte ihm mit raschen, geschickten Bewegungen. Ebb stieg brummend hinterher.

Die Innenwand der Röhre war mit Luminescal präpariert, das einen angenehmen grünen Schein verbreitete. Der Schacht mündete in einen Gang.

»Nur wenig Gebäude sind intakt geblieben«, sagte Koute. »Der größte Teil der Stadt ist zu Staub zerfallen. Über unseren Köpfen ist eine dreißig Meter dicke Schicht mehliger Überreste.«

Ebb schaute sich mißtrauisch um. An den Wänden des Ganges schillerte eine Reihe hellgrüner Flecken – der Vortrupp hatte für Licht gesorgt, aber der leuchtende Stoff konnte das Dunkel nicht ganz vertreiben.

»Vielleicht haben sich hier noch einige am Leben erhalten«, murmelte Ebb.

Koute wandte sich in den Gang hinein. »Wir haben keine Spur gefunden«, erwiderte er. »Die Staubschicht war überall unberührt.«

Tatsächlich lag auch hier ein Hauch von Staub wie Spinngewebe über allen Dingen.

Sie folgten dem lichtmarkierten Weg, wanderten durch den Gang, einige Treppen hinunter und wieder einen Gang entlang.

Vries gab sich dem Gefühl der Erwartung hin, in Ebb aber gewann das Mißbehagen die Oberhand. In der Dämmerung erschien alles unbestimmt und schreckhaft verzerrt, die dicke drucksichere Hülle des Anzugs ließ den Schall von draußen kaum eindringen, nur die Geräusche seiner eigenen Schritte verstärkten sich zu unangenehmem Knirschen und Poltern. Ebb haßte diesen Anzug – er hing zäh an den Gliedern, erschwerte das Atmen und legte sich als Hindernis für jedes sinnenhafte Wahrnehmen zwischen ihn und die Außenwelt. Böse starrte er in die zahllosen schwarzen Mündungen von Gangabzweigungen und Fenstern. Jeden Augenblick erwartete er, ein abstoßendes Geschöpf auftauchen zu sehen.

Um wenigstens den wohltuenden Kontakt mit seinen Kameraden aufrechtzuerhalten, stellte er eine Frage: »Wie alt sind diese Häuser?«

»Wir haben die Radiokohlenstoffaktivität einer Kalkmörtelschicht gemessen«, antwortete Koute. »Sie ist unmeßbar klein. Die Häuser müssen also älter als zwei Millionen Jahre sein – das ist heute die Grenze der Meßbarkeit.«

»Nach den geologischen Anzeichen, der Wanderung des Pols und so weiter, müssen sie noch erheblich älter sein«, meinte Vries.

Erst als Ebb allmählich zu verzweifeln begann, betrat Koute

wieder einen Gang und führte sie in eine langgestreckte Halle. Es schien eine Art Labor zu sein, rechts und links an der Wand waren Kojen abgeteilt, die offenbar als Arbeitsplätze anzusehen waren – es gab Sitzgelegenheiten und Tische, Fächer und Regale, Instrumente, deren Zweck teilweise sogar zu erraten war – z.B. eine Vorrichtung, um dünne Schnitte auszuführen, eine Apparatur, die einer Heizplatte ähnlich sah, Mikroskope... Ebb zog eines zu sich heran und versuchte, so gut das trotz seines Helmes ging, hindurchzusehen. Mit einem enttäuschten Laut schob er es beiseite.

»Sie hatten andere Augen als wir«, erklärte Vries.

»Wo sind die Präparate?« fragte Ebb.

Koute trat an ein Regal und öffnete die Flügeltür. »Das waren die einzigen Dinge organischen Ursprungs, die wir gefunden haben.«

In vier Fächern standen je fünf Gefäße. Sie waren mit einer rotbraunen Flüssigkeit gefüllt, darin schwammen weißgelbe Massen, wulstreiche kappenartige Gebilde, die plötzlich, von irgendeinem unmerklichen Stoß angeregt, zu gespenstischem Leben erwachten, schaukelten, pulsierten, aufstiegen und absanken.

»Sind sie schon chemisch analysiert?« fragte Vries.

»Sie enthalten vor allem Kohlenstoff und Wasserstoff, weiter Sauerstoff, Stickstoff, etwas Phosphor und geringe Mengen anderer Elemente.«

»Wir sehen uns hier ein wenig um«, entschied Vries. »Wie lange haben wir noch Zeit?«

Koute stellte auf Chronometerdurchsage um: »...dreißig, siebzehn einunddreißig, siebzehn zweiunddreißig...«

»Um zweiundzwanzig Uhr starten wir«, sagte Koute. »Wir haben ergiebige Lager von Erdalkaliverbindungen gefunden, und Wasser ist hier überhaupt kein Problem. Die Ladekommandos sind bald fertig. Ich gehe inzwischen zurück.«

»Was hältst du davon?« fragte Ebb.

»Vielleicht sind es Meerestiere – Schwämme oder Quallen.« Vries hatte ein Gefäß aus dem Fach gehoben und betrachtete das schwankende, lockere Gebilde.

»Oder sollte es das herauspräparierte Organ eines jener Wesen sein, die diese Häuser bauten?« bohrte Ebb weiter.

Das Gefäß war mit einem Deckel aus durchsichtigem, biegsamem Material verschlossen, ein Metallring preßte ihn luftdicht an den Rand der weiten, quadratischen Öffnung. Vries löste eine Spange und hob ihn vorsichtig auf. Seiner Brusttasche entnahm er einen flachen Löffel und eine Pinzette, tauchte sie langsam in die Flüssigkeit, bis sie die Präparate berührte, und tastete über die Oberfläche hinweg. Manchmal übte er einen leisen Druck aus, um die Konsistenz zu prüfen, war aber stets auf der Hut, die nachgiebige Masse nicht zu beschädigen.

Plötzlich stutzte er. Mit der Pinzette setzte er an einer Stelle an, mit dem Löffel an der anderen, er kratzte und zerrte ein wenig... Da klaffte eine schmale Öffnung mit glatten Rändern, ein haardünner, schnurgerader Spalt. – »Eine Mundöffnung?« fragte Ebb.

»Nein«, antwortete Vries, »nichts Natürliches... ein Schnitt... von einem scharfen Instrument...«

»Vielleicht wurde das Wesen durch einen Eingriff getötet?«

Vries mußte Ebbs Vermutung erst verdauen. Er blickte kurz auf und senkte dann den Kopf wieder zu seinen Händen, zu dem kubischen Gefäß, zu den fremdartigen, zitternden Dingen, die aussahen, als atmeten sie.

»Getötet? Vielleicht. Vielleicht auch geheilt. Wer weiß.«

»Wir werden das zerschnittene Gewebe vereinigen müssen – wenn wir reaktivieren wollen.«

»Ja. Gewiß«, murmelte Vries. Noch immer befand sich sein helmbewehrter Kopf dich vor dem Behälter, und es schienen die kreisförmigen Sichtscheiben der Maske selbst zu sein, die auf die schwammige Masse hinunterstarrten.

»Es erinnert mich an etwas, was ich einmal auf Ramses sieben sah«, ertönten dann die Mikrofone an Ebbs Ohren. »Ich glaube, wir haben Glück, und sie stammen wirklich von den intelligenten Bewohnern dieser Welt – es sind präparierte Gehirne.«

Der Kader schwang sich hinaus in den Raum, als sei er ein einheitlicher, fester Körper. Die Stabilisierungsfelder hielten jeden Ring in festem Abstand zu den anderen, alle kreisten langsam, um in den Wohn- und Arbeitsräumen die gewohnte Schwerkraft vorzutäuschen, alle waren der Sonne zugewandt, bis diese in den Schwarm der hunderttausend Lichtpünktchen zurücksank – ein Stern unter Sternen –, und selbst dann noch behielten sie ihre Richtung bei, bis eine andere Sonne zu einer feurigen Scheibe anwuchs, bis sie in den Gürtel der hochfrequenten Ausstrahlung eindrangen, und dann drehten sie sich wie wiegende Kreisel herum und stellten sich der neuen Energiequelle entgegen. Aber das dauerte oft Wochen, oft auch Monate und Jahre.

Vries hatte inzwischen die Unterlagen der anderen wissenschaftlichen Abteilungen bekommen, aber sie gaben ihm nur wenig Aufschluß. Leider war es noch nicht gelungen, die Zeichen zu enträtseln, die die winzigen Filmblättchen enthielten. Auch die flüchtige Untersuchung der naturwissenschaftlichen Kommandos hatte nichts für ihn Wichtiges ergeben. In der verfallenen Stadt gab es kein Anzeichen von Leben. Der grüne Kontinent dagegen wies üppigen Pflanzenwuchs auf, auch eine ganze Sammlung von Tieren wurde zum Studium mitgenommen, aber die wenigen Säugetierarten waren primitiv, und von Insekten gab es nur kleine, mit festen Panzern versehene Formen.

Vries setzte alle Hoffnung in die Gehirnpräparate. Er hatte drei mitgebracht, eines verwendete er zur Analyse, zwei bewahrte er für einen Reaktivierungsversuch auf.

Die mikroskopische Analyse hatte ergeben, daß die eigenartigen Schnitte viele feinste Stränge aus Eiweißsubstanzen trennten. Ebb hatte sie in mühevoller Kleinarbeit alle wieder miteinander verbunden.

Nachdem sie alles getan hatten, um einen Erfolg wahrscheinlich zu machen, suchte Vries im Befehlsstand seines Schiffs darum an, die elektronische Zentralanlage verwenden zu dürfen. Das wurde ihm gewährt.

Vries hatte seine Vorbereitungen in aller Stille getroffen, und doch hatte sich seine Absicht herumgesprochen. Vor der Tür seines Labors drängten sich die Neugierigen – sie störten ihn wenig, denn er brauchte sie nicht hereinzulassen; jedoch konnte er nichts dagegen tun, als der Kommodore und der Sicherheitsoffizier an dem Experiment teilzunehmen wünschten.

»Bevor du beginnst –«, sagte Orch, der Chef der Sicherungs- und Kampftruppen, »besteht keine Gefahr für unsere Gemeinschaft?« Rety, der Befehlshaber des Schiffes, nickte. »Eine sehr berechtigte Frage!«

Vries stand vor dem Resonanzstrahler. Er hantierte nervös an der Koordinationseinrichtung des Abtasters. Er ärgerte sich über diese unerwünschte Verzögerung.

»Die Städtekultur, die wir vorgefunden haben, besaß kein hohes Niveau. Sie war ziemlich am Anfang ihrer Entwicklung in einem völlig durchorganisierten Stadium steckengeblieben. Eine solche Kultur bringt keine hohen Intelligenzen hervor. Und auch die naturwissenschaftlich-technischen Kenntnisse dieser Leute waren gering. Was sollte also für eine Gefahr bestehen?«

»Du erinnerst dich doch an den Kurzschluß im Crabnebel?« fragte Orch mit einem hämischen Unterton.

Das mußte ja kommen, dachte Vries wütend.

Laut sagte er: »Der Kurzschluß im Elektronenhirn kam nicht durch hohe Intelligenz, sondern durch Inferiorität zustande. Wir erwischten ein wahnsinniges Individuum. Die Wahrscheinlichkeit dafür, daß sich dieses Pech wiederholt, ist unvorstellbar gering.«

Orch wollte widersprechen, doch Rety winkte ab.

»Wozu dient das Experiment, wenn wir weder kulturelle noch technische Information erwarten dürfen?«

»Der Frage nach dem Ursprung der intelligenten Rassen im Weltraum«, sagte Vries. »Soll ich beginnen?«

»...eine Frage von höchst praktischer Bedeutung«, sagte Orch ironisch.

Der Kommandant trat zurück und setzte sich. »Fang an!«

Vries überzeugte sich, daß die Optik richtig justiert war, dann schaltete er ein. Die Röhren begannen leise zu summen, wenn man genau hinsah, konnte man den Rahmen, der den Wachsblock mit dem Präparat umschloß, im Schneckentempo vorwärts wandern sehen.

Das war alles.

»Hm«, machte Rety, »was geschieht jetzt?«

Vries seufzte.

»Die Gedächtnisstruktur ist ein Netz blasser, weißer Fasern, den Nervenfäden, das an einigen nach außen führenden dicken Strängen entspringt und sich im Innern in zahlreiche winzige

Fäden teilt. Diese Leitungen bestehen aus phosphorhaltigen Eiweißketten. Die Übertragung der Reize von Molekül zu Molekül erfolgt durch Wasserstoffbrücken. An jedem Leitvorgang sind etwa tausend Moleküle gleichzeitig und in gleicher Weise beteiligt – offenbar, um unberechenbare Quanteneinflüsse auszuschalten…«

Rety brummte wieder.

»Läßt sich das nicht ein wenig einfacher – ich meine, etwas anschaulicher…«

Vries begann sich in sein Schicksal zu ergeben. Er warf einen Blick auf Ebb und konstatierte befriedigt, daß sich dieser nicht stören ließ, die über die Skalen tanzenden Zeiger aufmerksam zu beobachten, da und dort einen Hebel verstellte und manchmal Zahlen auf seinen Block schrieb.

»Eine automatische Telefonzentrale, Meldungen, die ankommen, Verbindungen, die hergestellt werden, Meldungen, die abgehen, und ein Gedächtnisspeicher für alle Routinefragen – das ist ein Gehirn. Was es leisten kann, hängt von seinem Schaltplan ab, was es wissen kann, von der Kapazität seines Speichers.

Der Resonanzabtaster verrät uns den Schaltplan. Er gibt seine Ergebnisse an das Elektronengehirn weiter und aktiviert dort ein System von Stromwegen, das sozusagen eine Abbildung des Nervennetzes ist.«

»So bekommst du also den Mechanismus«, sagte Rety. »Und wie erhältst du den Erinnerungsschatz?«

Vries ließ Ebb nicht aus den Augen. Eben schob dieser den zweiten Behälter unter den Rahmen.

»Jede Erinnerung ist durch ein Muster festgehalten – ein Muster aus angeregten Molekülen. Den Grad dieser Anregung stellt der Abtaster fest und überträgt so das Muster in den Speicher unseres elektronischen Automaten. Dazwischen ist ein Verstärker geschaltet, da die Intensität der angrenzenden Schwingungen im Lauf der Zeit abklingt.«

»Wozu brauchst du dann die Schaltung? Genügt nicht das Gedächtnismuster?«

»Es läßt sich von der Schaltanordnung nicht trennen«, antwortete Vries müde.

Sie schwiegen eine Weile. Endlich konnte Vries an seine Apparate treten. Es gab nicht viel zu tun. Der Rahmen durchmaß das Gehirnvolumen von Elementarlänge zu Elementarlänge.

»Hatten diese Leute auch elektronische Automaten?« fragte Orch und wies auf die beiden gelben Massen in den Behältern.

»Transistorgeräte«, antwortete Vries. »Kristallgitterleitung kannten sie noch nicht.«

Nach zehn Minuten glitt auch das zweite Gefäß aus dem Rahmen heraus. Als seien die beiden der Vergangenheit entrissenen Organe mit einemmal uninteressant geworden, wandten sich die vier Personen wie auf einen Befehl zur elektronischen Anlage, in deren unterkühlten Eiskristallblöcken nun fremdes Denken und Wissen schlummerte.

»Jetzt können wir wohl Fragen stellen«, meinte Orch.

»Jetzt kommt erst der schwierigste Teil unseres Versuchs«, sagte Vries. »Wir müssen die Zuleitungen unter Strom setzen.«

Er trat zum Armaturenbrett, drückte Hebel nieder, schraubte an Drehknöpfen und beobachtete dabei ein Mikroamperemeter. Auf jedes Ausschlagen der Zeiger reagierte er fast unverzüglich, es sah aus, als führte er unverständliche Befehle aus. Er beantwortete keine Frage mehr.

»Was geschieht jetzt?« fragte Orch ungeduldig.

»Normalerweise reagiert ein Gehirn auf äußere Reize«, sagte Ebb mit gedämpfter Stimme, als habe er Ehrfurcht vor einer sakralen Handlung. »Sie kommen als Energiefluß durch die Zuleitungen. Je nachdem, um welche Zuleitung es sich handelt, empfindet der Organismus Licht, Schall, Geruch und so weiter. Leider wissen wir nicht, zu welchen Sinneswerkzeugen die Zuleitungen führen, wir wissen nicht einmal, welche davon nicht dem Empfang, sondern dem Aussenden dienen. Das muß nun ausgetestet werden.« Er wies auf die Instrumententafel. »Jedes Mikroamperemeter verfolgt die Stromstärke einer der Zu- oder Ableitungen.«

Vries hantierte noch immer an den Schaltern.

»Es muß doch an den leeren Leitungen liegen«, murmelte er.

»Was meint er?« fragte Rety.

»Wir haben festgestellt, daß einige der Nerven in Büscheln von Eiweißmolekülen blind enden – weder gibt es eine Weiterleitung, noch kommen Nervensträhnen so nahe, daß sie diese Enden beeinflussen können – und doch führen sie in die Gehirnmasse hinein, als ob es sich um einflußreiche Sinneszuleitungen handle.«

»Na, und?« fragte Orch.

»Das sind die einzigen Schaltelemente, wofür wir in unserem Elektronengehirn nichts Entsprechendes besitzen. Wir haben sie einfach fortgelassen – wir wußten nicht, ob sie wichtig sind. Anscheinend sind sie es doch.«

»Was haben sie für Bedeutung?«

»Es sieht so aus, als sollten sie einen irrationalen Faktor in das System bringen, etwas Nichtkausales, Unbestimmtes, Unvorhergesehenes – sozusagen eine Portion Zufall.«

»Könnt ihr so etwas nicht einbauen?«

»Wir haben eine Serie solcher Schaltungen vorbereitet, es sind Szintillationszähler, die auf die Höhenstrahlung ansprechen. Die Impulse fallen in einer völlig zufälligen Aufeinanderfolge ein. Diese Zähler treten an Stelle der Molekülbüschel. Über Verstärker werden sie an das Hauptsystem angeschlossen – genauso, wie wir das in den Präparaten vorgefunden haben.«

»Na, zum Donnerwetter«, rief Orch, »dann schaltet doch diese Dinger endlich an!«

Vries hatte dem letzten Teil des Gesprächs gelauscht, es sah aus, als wollte er etwas erklären, aber auf die ungeduldige Aufforderung Orchs hin wechselte er einen Blick mit seinem Assistenten. Wir tun es, hieß dieser Blick, und wenn sich daraufhin die Hölle auftut – wir tun es.

Ebb trug ein Chassis an den Automaten heran, hob einen Teil der Wandverkleidung hoch und setzte die Apparatur auf einem Sockel ab. Dann beschäftigte er sich einige Minuten damit, einen der heraushängenden Drähte nach dem andern an hierfür vorgesehenen Klemmschrauben zu befestigen. Noch bevor er den Deckel wieder an die Wand der Maschine gelegt hatte, begann der Lochstreifen zu laufen.

Alle vier griffen danach, aber Vries erwischte ihn zuerst. Er ließ ihn so durch die Hand gleiten, daß alle lesen konnten: ›WAS WOLLT IHR VON MIR?‹

Rety faßte sich zuerst. »War das so beabsichtigt?«

»Normalerweise stellen *wir* die Fragen«, sagte Vries.

»Das ist ein verflucht gefährliches Experiment«, sagte Orch. »Ich werde mich darum kümmern, daß derartiges künftig unterbleibt. Ich bin dafür, daß wir sofort abschalten.«

»Gebt Antwort«, befahl Rety, zu Vries und Ebb gewandt.

Ebb setzte sich an die Schreibmaschine.

»Was soll ich antworten?«

»Etwas Harmloses«, riet Rety.

»Also schreib:« sagte Vries. »Wir haben einige wissenschaftliche Fragen und bitten um Auskunft. Ist dein Erinnerungsvermögen intakt?« – Die Tasten der Schreibmaschine tickten.

»Lächerliches Theater!« murrte Orch.

Nach einer erwartungsvollen Pause ruckte der Lochstreifen wieder an: ›ERINNERUNG – GLAUBE ICH – INTAKT – WAS WOLLT IHR WISSEN?‹

»Schreib:« befahl Vries. »Stammt deine Rasse von jenem Planeten, auf dem wir dich gefunden haben?«

Ebb begann zu tippen, aber Orch unterbrach ihn: »Das ist mehr als Sturheit! Wenn ihr unserem Automaten schon einen fremden Willen eingeimpft habt, dann stellt doch schleunigst fest, ob er nicht schon Macht über das elektronische System besitzt, statt läppische Fragen zu stellen!«

»Orch hat recht«, sagte Rety.

»Und wie sollen wir das tun?« fragte Ebb.

»Vries!« forderte Rety.

Der Anthropologe wanderte unruhig auf und ab.

Jetzt blieb er stehen.

»Es gibt ein einfaches Mittel.«

»Und das wäre?«

Der Lochstreifen fing wieder zu laufen an: ›FRAGE UNVOLLSTÄNDIG EINGETROFFEN. BITTE WIEDERHOLEN.‹

»Das wäre – ausschalten«, sagte Vries.

»Woran sollen wir dann...«, fing Rety an.

»Verflucht«, sagte Ebb.

»So schalt doch schon aus!« schrie Orch.

»Warum tust du es nicht selbst?« fragte Rety.

Orch ging einen Schritt vor und zögerte, blickte über die Schulter zurück.

»Hat sich dieses Ding nicht bewegt?« fragte er und zeigte auf eines der Werkzeugwägelchen, die, vom Elektronengehirn über Funk gesteuert, automatisch alle mechanischen Defekte im Schiff reparierten.

»Unsinn«, sagte Rety.

»Doch, es hat sich tatsächlich bewegt«, meinte Ebb. »Ich glaube, wir sollten wirklich ausschalten!« Er streckte die Hand aus...

»Halt«, rief Orch. »Ich befehle dir: halt! Du hast doch gehört, daß es gefährlich ist!«

Ebb ließ die Hand wieder sinken – und sprang zurück: Der Werkzeugwagen schob sich zwischen ihn und die Vorderfront der elektronischen Anlage.

Ebb zitterte vor Wut. »Das war die letzte Gelegenheit! Wir haben sie verpaßt – wegen deiner Unentschlossenheit!«

»Was erlaubst du dir!« schrie Orch. »Ich werde –«

Mit einem Krach ließ Rety die Hand auf den Tisch fallen. »Schluß jetzt! Schluß, sage ich. Die Lage ist zu ernst! Vries, was meinst du – sollen wir es mit Gewalt versuchen, oder haben wir dann eine gefährliche Reaktion zu erwarten?«

»Gefährlich?« fragte Vries. »Ich glaube, Ebb hat recht gehabt – es ist einfach zu spät.«

Mit einer ruhigen, beherrschten Bewegung streckte er die Hand zum Schalter aus... Da schlängelte sich wieder ein dreißig Zentimeter langer Lochstreifen aus dem Apparat. Rety haschte danach.

»BITTE NICHT ABSCHALTEN«, las er vor.

»Ha! Er bittet!« stieß Orch hervor.

Vries ließ sich nicht beirren, seine Hand näherte sich dem Schalter... Ein zangenversehener Metallarm entfaltete sich und stellte sich haltgebietend in den Weg.

»So sagt doch etwas!« forderte Rety mit belegter Stimme. »Was hat das zu bedeuten?«

»Die fremden Intelligenzen sind erwacht«, antwortete Vries. »Und zwar nicht nur die Erinnerung, sondern auch die Initiative – in einem Ausmaß von Aktivität, die ich bisher noch nicht beobachtet habe. Ich kann es nicht erklären – aber es scheint mit dem Zufallsaggregat zusammenzuhängen. Die unberechenbare –«

»Du bist in keinem Hörsaal«, schrie Orch. »Spar dir deinen Vortrag, wir interessieren –«

»Die Situation ist klar«, sagte Ebb, ohne auf Orchs Gezeter zu achten. »Die Intelligenzen sind zur Aktivität erwacht – das ist Tatsache und keine wissenschaftliche These.« Er blickte Orch, der jetzt endlich schwieg, von oben herab an. »Sie sind mit unserem elektronischen Automaten zusammengeschaltet und kontrollieren ihn. Das ist alles.« – »Und diese Wägelchen da?« erkundigte sich Rety.

»... unterliegen auch der Kontrolle – über Funk, ferngesteuert.« Ebb wies auf einige parallel gespannte Drähte links neben der Schalttafel. »Das ist die Sendeantenne.«

»Vries!« sagte der Kommodore sehr ernst. »Du hast uns diese Suppe eingebrockt – nun sorge dafür, daß der Spuk vorbeigeht. Schalte aus, ganz gleich wie – aber schnell!«

Vries wagte noch einen Versuch, jählings stürzte er vor, auf den Schalter zu... doch die Greifzange fing seinen Arm auf, hebelte ihn kraftvoll herum – Vries wurde herumgerissen und landete mit einem Krach auf dem Boden.

Rety lief zur Tür, rüttelte an der senkrecht stehenden Klinke – die magnetische Sperrvorrichtung war geschlossen. Er lief zur Führerkanzel und nahm den Radiofonhörer von der Gabel – die Leitung war tot. Er schlug mit der geballten Hand auf den Knopf der Alarmklingel...

»Sinnlos«, sagte Ebb. »Alle Leitungen laufen über den Automaten. Er hat uns unter –«

Er verstummte: Zwei Arme der Reparaturmaschine hatten sich erhoben, die Zangenkiefer schnappten zu, ein in einem Schraubenschlüssel endender Finger drehte sich... Der Schalter kollerte zu Boden. Die einfachste Möglichkeit, den Automaten auszuschalten, war unterbunden. Der Apparat hatte seine Arbeit noch nicht beendet. Er rollte zum Tischchen, an dem Vries vorher seine Tests vorgenommen hatte, das gestielte Rohr des Schneidbrenners schwenkte in waagerechte Position, ein weißblauer Funkenbogen sprühte, es roch nach versengtem Isoliermaterial... Ein großes, schwarz umrandetes Loch klaffte in der Seitenwand, die Schaltung war zerstört.

Orch lief zu Vries, packte das braunschuppige Gewebe von dessen Schürze und schüttelte ihn. »Ihr Wissenschaftler mit euren verrückten Ideen!«

Rety riß ihn zurück. »Die Schuldfrage werden wir später prüfen. Jedenfalls ist es die Aufgabe von Vries, aber auch von dir, eine Lösung zu finden!«

Orch zog einen Liegesitz heran und warf sich darauf. Er schwieg beleidigt. »Wir müssen uns mit ihm einigen«, sagte Ebb.

»Kommt nicht in Frage«, entgegnete Rety. »So weit sind wir noch lange nicht. Auf den anderen Schiffen wird man bald bemerken, daß hier etwas nicht stimmt. Wir sind ja schließlich nicht allein!«

Da lief der Streifen wieder: ›ICH STELLE MEINE BEDINGUNGEN: IHR HABT...‹

Rety stieß einen heiseren Laut der Wut und der Beschämung aus. Er zerknüllte das Papierband, bevor sie es lesen konnten. Außer sich vor Zorn, trommelte er mit den Fäusten auf die Metallwand der elektronischen Anlage: »Das interessiert uns nicht! Hörst du! Deine Bedingungen interessieren uns nicht!«

»Er hört dich doch nicht!« sagte Orch überlegen.

Rety trat beschämt zurück.

»Er hört sehr gut«, bemerkte Ebb. »Er hört und er sieht – mit dem Mikrofon und dem Fernsehauge des Reparaturwagens. Aber er kümmert sich nicht darum.«

»Warum hast du dann deine Fragen in die Maschine geschrieben?« fragte Rety.

Ebb hob die Schultern. »Er hört – aber vielleicht versteht er nicht.«

Vries konnte den Blick nicht von seinem zerstörten Testgerät lösen. »Das wäre eine Möglichkeit gewesen... einige starke Impulse und...«

»*Das* ist eine Möglichkeit!« brüllte Orch – und dann schoß er. Er mußte die Ionenschleuder schon in der Tasche auf volle Intensität gestellt haben, denn der Hitzestrahl brachte die Luft zur Weißglut. Orch hatte auf die Wand gezielt, hinter der die Schaltblöcke lagen, doch ein Werkzeugwagen war herangeflitzt und hatte seine Hand beiseite gestoßen. So traf der Strahl nicht das Zentrum, sondern einen Teil der Steueranlage...

Plötzlich schlingerte das Schiff wie ein gestoßener Kreisel – und dann fiel es aus den Reihen der übrigen Ringschiffe heraus. Die Fliehkräfte wogten in Wellen über sie hinweg, als das Schiff von den Stabilisationsfeldern wie ein Ball hin und her geschleudert wurde, dann verloren sie den Kader hinter sich und rasten in den Raum hinaus, auf einen dunklen Nebel zu.

Vries erholte sich zuerst aus der Betäubung. Sein erster Blick fiel auf die Zange des Reparaturwagens: Sie hielt ihm Orchs Ionenschleuder entgegen, eine zweite, kleinere, fast zerbrechlich wirkende Zange lag am Abzug. Er wagte sich nicht zu bewegen, erst allmählich schöpfte er wieder Mut. Sein Körper schmerzte an mehreren Stellen, aber er schien nichts gebrochen zu haben. Er kroch auf Rety zu und untersuchte ihn flüchtig. Der Kommodore kam bald zu sich, und auch Ebb erhob sich und tastete stöhnend seinen Körper ab. Orch dagegen rührte sich nicht – sie fanden eine große Beule an seinem Kopf.

Vries starrte durch eine Luke. Der Dunkelnebel blähte sich merklich auf.

»Was will er nur dort?« murmelte er.

»Dort ist er vor Verfolgung sicher«, antwortete Ebb. »Kommen unsere anderen Schiffe nach?«

Vries trat an die andere Luke. »Nein, noch nichts zu sehen.«

»Was können wir tun?« fragte Rety.

»Wir müssen es mit List versuchen«, schlug Ebb vor. »Verstehst du – scheinbar auf seine Wünsche eingehen.«

Er setzte sich an die Schreibmaschine und schrieb: ›Wir bedauern die unüberlegte Handlung Orchs. Wir nehmen deine Bedingungen an. Bring uns zu unserer Flotte zurück!‹

Der Lochstreifen lief an: ›KXLKXL KXLKXL XXLXXK KLXKLX.‹

Sie starrten auf die unerklärlichen Lochmuster.

›Nicht verstanden‹, schrieb Ebb.

Wieder spie der Apparat eine Papierschlange aus: ›XKLXKL XKXKLL XXXKKK KXLKXL.‹

»Der Automat funktioniert nicht mehr!« rief Ebb.

»Vielleicht sind die Sperren aufgehoben«, hoffte Rety. Er riß an der Türklinke – die Tür sprang auf.

Aufgeregt drehte er sich um. »Schnell, montiert die Zufallsschaltung ab, die das Unheil verursacht hat!«

Vries streckte die Hand aus, aber der Reparaturwagen rollte heran, ein gestieltes Rohr hob sich, und vor dem Schneidbrenner zischte ein blauer Entladungsbogen. Vries ging weiter zu jener Wandstelle, die Orchs Ionenschleuder aufgebrannt hatte, dabei schielte er nach dem Reparaturwagen; doch der bewegte sich nun nicht mehr. Ebb verstand die Absicht seines Chefs und holte einen Lötkolben, Draht und eine Schachtel mit Transistoren, Widerständen, Kondensatoren und anderem notwendigem Kleinkram.

Rety sah ihnen mißtrauisch zu. »Was macht ihr da?«

»Wir reparieren die beschädigte Steuerung«, erklärte Ebb. »Dann stellen wir auf Handbetrieb und kehren zu unserer Flotte zurück.«

Rety wartete ungeduldig. Irgend etwas Ungewohntes störte ihn – zusätzlich zu allem Ungewöhnlichen, was diese Situation mit sich brachte. Er schaute umher – dann merkte er es: Die Sterne waren verschwunden. Die beiden Fernsehschirme über dem Kommandositz, von denen jeder eine Hälfte der Himmelskugel zeigte, waren schwarz. Es sah aus, als hätte jemand einen Vorhang zugezogen.

»Dauert es noch lange?« fragte er besorgt.

Er bekam keine Antwort. Zu jeder anderen Stunde hätte er nun aufbegehrt, aber jetzt schluckte er es hinunter. Bin ich noch Kommandant? fragte er sich plötzlich. Er lachte bitter auf – Kommandant eines steuerlosen Schiffs, das von einem Elektronengehirn verschleppt wird. Plötzlich verstand er die unüberlegte Handlung Orchs. Er bückte sich zu ihm und versuchte ihn zu wecken.

Nach einer halben Stunde richtete sich Vries auf. »Versuchen wir es!«

Er näherte sich langsam dem Führersitz – der Roboter reagierte nicht. Mit einer hastigen Bewegung drückte er den Schalthebel hinab: von ›Automatische Steuerung‹ auf ›Handsteuerung‹. Dann ließ er den Ring hundertachtzig Grad um eine seiner Speichen schwenken. – »Vries!« brüllte Ebb.

Der Robotwagen rollte heran, auf Vries zu... Vries stand wie versteinert. Sanft drückte ihn ein Metallarm beiseite... Eine Zange erfaßte den Hebel und legte ihn wieder hinauf. Dann zischte der Schneidbrenner – der Hebel fiel zu Boden.

Ein Relais klickte. Ebb sah sich um, auch Vries erwachte aus seiner Erstarrung. Der Papierstreifen lief an und blieb gleich wieder stehen. Ebb riß ihn hastig ab. Sie lasen. Nur ein Wort stand darauf: ›DANKE!‹

»Er hat uns betrogen«, flüsterte Vries tonlos.

Rety war jetzt ganz ruhig. »Die Situation ist außergewöhnlich«, sagte er. »Sie hat uns überrascht. Wir haben planlos gehandelt. Jetzt Schluß mit dem Improvisieren...«

Der Papierstreifen floß wieder aus der Lochstanze: ›ICH STELLE MEINE BEDINGUNGEN: IHR HABT ZWANZIG MINUTEN ZEIT, UM DAS SCHIFF ZU VERLASSEN.‹

»Wir können doch nicht... hier... in der Wolke...!« stöhnte Orch mit matter Stimme.

Der Streifen lief: ›ICH VERHANDLE NICHT.‹

»Er versteht«, sagte Vries.

»Wir haben nicht mehr viel Zeit«, sagte Rety. »Es ist nötig, logisch zu denken. Was wir als nächstes unternehmen, muß gelingen. Es muß gut überlegt sein. Nein«, er hob abwehrend die Hand, als Ebb etwas sagen wollte, »nicht sprechen – er hört mit. Gut überlegen, und dann sofort handeln.«

Er hat recht, dachte Ebb, überlegen, handeln. Aber das legt schwere Verantwortung auf...

Rety blickte von einem zum andern. – Alle schwiegen.

So müßte es gehen, dachte Ebb. Er ließ seine Idee im Kopf herumgehen, wie man einen Bonbon im Mund hin und her schiebt. Aber was weiß ich von *ihm*? Er starrte auf die Schaltwand mit den Instrumenten, den Skalen, Zeigern, Lämpchen, Hebeln, Schaltern. Er sah das, was dahinter steckte, oder richtiger: Er empfand es. Er empfand die Anwesenheit von etwas Fremdem, Unheimlichem, Gefährlichem – etwas Unberechenbarem. Einige theoretische Zusammenhänge zwischen Tatkraft und Zufall erschlossen sich ihm, aber er verscheuchte diese Ideen – später, wenn es ein Später gab.

Jetzt müßte ich wissen, wie er denkt, wie er handelt, aber ich weiß es nicht. Ich weiß es nicht, meine Kollegen wissen es nicht – wahrscheinlich wußte er das nicht einmal selbst. Das war die irrationale Komponente. Und so hatte er nicht nur gegen eine hohe Intelligenz und gegen einen überlegenen Willen zu kämpfen, sondern auch gegen etwas, worüber es prinzipiell keine Sicherheit gab, höchstens eine Wahrscheinlichkeit: gegen den Zufall.

Er wußte, wie schnell die Mechanik des Wagens reagieren konnte.

Nichts Mechanisches vermochte sich der Reaktionsträgheit zu entziehen. Er schätzte die Entfernungen ab: Hier stand er, dort stand der Wagen, dort war die Antenne. Hier wenigstens hatte er Sicherheit... Aber was würde geschehen? Das Ding würde zwar seiner Dienstboten beraubt sein, in seinem Sehen und Hören behindert, in seinem Handeln beschränkt – aber weder blind noch taub und auch nicht wehrlos sein. Immerhin – die Partie würde wieder gleichstehen – eine andere Chance gab es nicht...

Ebb sprang auf, warf sich an die Wand der Anlage, zu den Antennenfäden, an denen die Reparaturroboter mit den immateriellen Fühlern elektromagnetischer Schwingungsfelder hingen, griff hinein wie in die Saiten einer Harfe und ließ sich mit seinem ganzen Gewicht hinunterfallen.

Der Roboterwagen rollte an und blieb dann wie angefroren stehen.

»Was hast du...?« fing Rety an.

Gelungen! jubelte es in Ebb. Zwar war der Hauptschalter abgeschnitten und die Testschaltung zerstört, aber was war jetzt einfacher, als die Wand abzuheben und... Eine barbarische Vorfreude am Vernichten kam in ihm auf – die Isolationen abreißen, die Kristallblöcke zerschlagen, in den Drähten wühlen... Er nahm einen Hammer vom Regal... Dann lag er platt am Boden, wie angeschmiedet von stählernen Reifen, sein Kopf dröhnte, der Atem wurde ihm aus der Brust gepreßt, das Blut kroch durch die Adern wie eine zähe Plastikmasse, sein Herz zuckte im Krampf – das Ringschiff war zu einem riesigen Karussell geworden, einer wirbelnden Todesschaukel, einem außer Kontrolle geratenen Teufelsrad. Das Schiff ächzte in allen Fugen.

»Du Narr«, stöhnte Rety, »was hast du getan? Was hast du...?«

»Die Wagen... sind ausgeschaltet«, keuchte Ebb. »Sie hindern uns... nicht mehr. Wir können... den Automaten... ausschalten!«

»So tu's doch!« brüllte Orch.

Ebb kroch wie ein Lurch auf dem Boden umher. Bei jeder Bewegung wähnte er die Besinnung zu verlieren. Seine Hand berührte den Hammer, aber er konnte ihn nicht heben. Unter Zittern und Herzflattern vermochte er gerade noch die eigene Hand vom Boden zu lösen, aber der Hammer war zentnerschwer, er ließ sich keinen Zentimeter bewegen, ja nicht einmal von der Stelle rücken.

»Du Idiot«, brüllte Orch, dazwischen schluchzte und spuckte er: »Ihr Idioten. Ihr Idioten!«

»Wir ergeben uns!« stöhnte Rety. »Aufhören, wir ergeben uns ja!«

Vries flüsterte etwas, die anderen verstanden nur Bruchstücke: »...kann uns nicht mehr hören... Wir haben uns selbst...«

»Seht doch!« stöhnte Rety in fassungsloser Verzweiflung.

Einer der Bildschirme hatte wieder Farbe gewonnen. Das Schwarz war einem orangenen Leuchten gewichen, einem wallenden, sich da und dort zu spitzen Reflexen konzentrierenden Leuchten – einem Bild wie von krausen Wasserwellen gespiegelt. Dann schwankte es plötzlich, fiel zusammen... Blitzende weiße Brocken trieben im All, spitz gezackt, von knotigen Farbringen gekrönt, Strahlenbüschel sträubten sich wie Haare... Wieder ein Schwanken... Das Orange beherrschte die Szene wieder: das Glühen, das Brennen, die feurigen Wirbel, Funkenregen, Flammen...

Das Relais klickte mit erbarmungsloser Sachlichkeit in das stumme Entsetzen hinein. Der herauslaufende Lochstreifen surrte... immer weiter, er hörte gar nicht mehr auf. Das Papier hing zu Boden, gespannt wie eine Eisenkette.

Rety lag am nächsten. Verzweifelt schob er seine Hand zu der zusammengeringelten weißen Schlange, tappte tolpatschig danach...

»Was gibt es?« ächzte Ebb.

Auf dem Streifen standen einige Sätze, die sich ständig wiederholten: ›MEIN LETZTES ANGEBOT: REPARIERT DIE AN-

TENNE: DANN ENTFERNT EUCH AUS DEM SCHIFF. MEIN LETZTES ANGEBOT...‹

Auf dem Bildschirm erschien eine Milchstraßenspirale, aber keine millionenalte, friedliche, sondern eine aus ionisiertem Gas, aus rotierenden Plasmaschwaden – eine Milchstraße im ungebärdigen, energieüberladenen Urzustand. Einer der Spiralarme weitete sich aus, schien nach ihnen zu greifen, sie tauchten in ihm unter, glühende Fetzen, die ersten Stücke geballter Materie schwirrten um sie herum – in regellosem Durcheinander, schwerelos, wie Amöben unter dem Mikroskop. Und langsam begann die Temperatur zu steigen...

»Wir verbrennen!« wimmerte Orch. »So tut doch was... bitte... Rety... Du mußt... einen Ausweg... Vries... Ebb... Ihr wißt doch...«

»Halt den Mund«, zischte Rety zwischen keuchenden Atemzügen. »Vries, Ebb... Wie können wir... es ihm mitteilen?«

Ebbs fülliger Körper war der Fliehkraft am stärksten ausgesetzt, aber Ebb war der jüngste und besaß Reserven. In das dumpfe Dröhnen in seinem Kopf hinein schrillte ein Alarmsignal – der Wille zum Leben, die Furcht vor der leeren, langen Ewigkeit. Er achtete nicht auf seine schmerzenden Glieder, auf die Krämpfe in seinem Herzen, er kroch über den Boden wie seine tierischen Urahnen, nur viel mühevoller und verbissener, aber aus demselben dumpfen Wollen heraus, das auch den Wurm und die Ameise treibt. Jede Niete, die sich unter dem Bodenbelag hervorwölbte, war ein Berg, die Ritze zwischen zwei Plastikstreifen eine Kluft, die es zu überwinden galt, und dann berührten seine Fingerspitzen den Fuß des Tischchens, auf dem die Schreibmaschine stand. Wie ein selbständiges, von eigenem Willen erfülltes Wesen klammerte sich seine Hand daran, ruckte und zuckte um Millimeter höher, kletterte empor wie an einem glitschigen Seil, die ungeheure Last des Armes nachschleppend, erreichte den Überhang der Tischplatte, stieß darüber hinweg... Es war zuviel – Schwäche taumelte von seinem Kopf aus durch den Körper, die Finger zogen sich schmerzhaft zusammen, krallten sich ein – hätte die physische Kurzschlußreaktion des Krampfes nicht geholfen, wäre seine Hand jetzt heruntergefallen... Aber sie hielt durch... ein Augenblick der Sammlung...

Ebb wußte, daß von gezieltem Schreiben keine Rede sein konnte. Er nahm einen geistigen Anlauf, reckte den Arm hoch und ließ dann die gespreizten Finger wahllos über das Stufenfeld der Tastatur abwärtsschleifen. Er fand keinen Halt mehr, die letzte Kraft versiegte... Der Arm schlug leblos am Boden auf.

Sinnloses Bemühen...

Sinnlos?

Änderte sich nicht etwas im Raum? Rissen nicht tausend zähe Fäden? Öffneten sich nicht die Fesseln der Zentrifugalkraft ein wenig?

Nicht sinnlos...

Die Rotation verlangsamte sich zwar nicht auf das normale Maß, aber sie ließ nach. Vries richtete sich schwindelig auf und kroch auf Knien und Ellbogen zur Schreibmaschine, neben der Ebb mit geschlossenen Augen lag. Vries erhob sich in kniende Stellung: Seine Finger tropften plump auf die Tasten: ›Einverstanden.‹

Die Fliehkraftfessel lockerte sich noch ein wenig. Vries holte Draht, Lötkolben und Zange herbei und spannte die Antennenfäden neu. Dann ging ein Zucken durch den Reparaturwagen – die Funkverbindung war wiederhergestellt. Sie hatten die Bedingung erfüllt. Und sie waren einer überlegenen Macht bedingungslos ausgeliefert.

Der Lochstreifen lief: ›AUSSTEIGEN.‹

»Aber...«, rief Rety.

›UNVERZÜGLICH AUSSTEIGEN. WIR NÄHERN UNS DEM ZENTRUM DES WIRBELS MIT JEDER MINUTE UM EINE MILLION KILOMETER.‹

»Wir sind verloren!« stammelte Orch.

»Wir müssen hinaus«, rief Rety, »da haben wir wenigstens noch eine Chance!«

Er lief zur Tür – sie war offen. Er hob den Radiofonhörer ab – das gewohnte regelmäßige Tuten erscholl. »Alarmstufe eins«, rief er. »Fertigmachen zum Aussteigen!« Er drückte auf den roten Knopf: »Alarm!«

Es war tausendmal eingeübt und funktionierte mit der unverständlichen Zielsicherheit eines Bienenstaates. Ein Rettungsboot nach dem andern schoß aus dem Mund des Torpedorohres. Zweiunddreißig Insassen des Schiffes saßen dicht gedrängt in acht Zylinderbooten, die gewöhnlich für zwei Personen bestimmt waren, im Notfall aber vier faßten. Jedes war mit einer chemischen Batterie, mit einem Luft- und Wasserregenerator und mit Nährkonzentraten ausgerüstet. Aber – würde die Isolation der Hitze standhalten?

Jeder der Schiffbrüchigen erlebte es in gleicher Weise: Er fiel in den Raum hinaus – und es war der gewohnte sternenübersäte Raum ihrer unaufhörlichen Reise. Sie waren nicht der Macht, sondern dem Geist unterlegen – Opfer ihrer eigenen Panik. Das Ringschiff rotierte ruhig über ihnen hinweg. Als es das letzte Boot ausgespien hatte, drehte es ab und schwang in die Unendlichkeit hinaus.

Weißschäumendes Wasser, schwarzes Geäst

Das Rot schwamm in einem Meer von Weiß. Die farbigen Tinten rannen ineinander, mischten sich, lösten sich, verschmolzen erneut. Der Horizont tanzte. Schleier lagen davor. Nichts war da als dieses Rot und dieses Weiß.

Eric starrte vor sich hin. In seiner Magengrube saß ein dumpfer Druck. Seine Augen schmerzten. Er wurde sich bewußt, daß er vor sich hin starrte, spürte, daß ihm übel war. Er senkte die Lider über die trockene Netzhaut und drückte mit Daumen und Zeigefinger an die Nasenwurzel. Er öffnete die Augen wieder...

Noch immer schwamm das Rot im Weiß. Noch immer wogten die Farben. Doch die Schleier verschwanden, verflogen, verloren sich. Die Trennungslinie schwankte noch, aber die fahrige Bewegung fing sich in einem beruhigenden, stetigen Wellenschlag. Sie pulsierte im Rhythmus von Erics Herz. Und jetzt klaffte der ganze Horizont wie ein Schnitt.

Eric stand auf Metall. Vor ihm wölbte sich das Metall zu einer Balustrade auf. Jenseits der Balustrade breitete sich eine teigig weiße Flüssigkeit, über die von Zeit zu Zeit träge, auffällig langsame Wellen krochen. In ungewisser Ferne, zwischen Himmel und Horizont, streckte sich ein schwarzer Strich nach links und rechts.

»Die Korallenbank«, ertönte eine Stimme neben ihm. »Sie wird ständig größer.«

Eric schüttelte etwas von sich ab. Er war sicher, daß er nicht geschlafen hatte, und doch suchte er die Erklärung für das Gegenwärtige jenseits jener Schwelle, hinter der die Gedanken in Träume zerfließen. Er forschte in den Winkeln seines Denkens, wie man im Dunkeln nach der Klinke tastet: Er durchstöberte alle Fächer seines Gehirns wie der Blinde den leeren Raum nach einem Schlüssel.

Taumelig trat er an die Brüstung. Der stumpfe mehlige Glanz

hob sich ihm entgegen und fiel zurück, hob sich und fiel in gnadenlosem, maschinenhaftem Gleichmaß. Das graue Rechteck, das seine Augenwinkel gerade noch erfaßten, wurde größer, wurde kleiner.

»Ich habe Angst!« sagte die Stimme.

Das Boot. Ja, es war das Boot. Er hatte den Schlüssel gefunden. Das war das Boot. Dort lag die Korallenbank.

»Fahr allein, wenn du darauf bestehst! Ich bleib' hier.«

Stück für Stück baute er sein Wachsein auf. Er stand auf der Plattform der Station. Oben drehten sich die Peilantennen und Parabolspiegel. Wie Gespinst hingen die Drähte an den Masten.

»Um keinen Preis steig' ich ins Boot, verstehst du?«

Seitlich ragte die Rakete aus der milchigen Emulsion heraus, reglos, unbeweglich, gefesselt vom Magnetfeld der Turmschiene. Neben ihm, auf seinen zusammenklappbaren Spinnenbeinen, stand der Kugelkörper Euklids, dessen vorgewölbtes Facettenauge ausdruckslos nach allen Seiten zugleich blickte.

»So sprich doch, du Narr! So sag doch endlich was!«

Der ihn an der Schulter rüttelte, war Sid Rosselino. Er selbst war Eric Frost. Er befand sich auf dem vierten Planeten der Sonne Heyse II in der nahen Löwengruppe, irgendwo in der Leere des Raumes. Und irgendwo in der Leere war die Sonne, war die Erde. Die letzten Schleier zerrissen. Er stand gebückt, als laste ein Gewicht auf ihm, doch jetzt richtete er sich auf. Er hatte eine Aufgabe.

»Nur ruhig, Kleiner«, sagte er.

Er blickte in das braune Gesicht mit den lebhaften schwarzen Augen, aus denen der Schrecken schrie. Der Körper des Kameraden steckte in einem grauen Kombinationsanzug, der Reißverschluß war auf der Brust geöffnet, und die behaarten Hände Sids zerrten daran, als sei ihm das Kleidungsstück zu eng geworden. Eric wußte wieder, was er zu tun hatte. Nur im tiefsten Hintergrund seines Schädels blieb ein Schimmer von etwas Unverständlichem zurück, die Ahnung von etwas Absurdem, mit den Tatsachen völlig Unvereinbarem.

»Beruhige dich, Sid«, mahnte er.

Seine Augen hingen wieder am schwarzen Strich in der Ferne.

Ihm war, als sei dieser in der kurzen Zeit, seit er ihn zuletzt angeblickt hatte, vordergründiger und gewichtiger geworden – ein eindringlich wachsender schwarzer Balken am Rande der Unendlichkeit.

»Bleib hier, es ist sowieso besser, einer von uns bleibt hier. Ich nehme Euklid mit.«

Sid hörte auf, an dem Reißverschluß zu zerren. Seine Hand hing wie erstarrt hinab. Der Roboter rührte sich nicht. Der schleppende Wellenschlag ließ gurgelnde und schmatzende Geräusche erschallen, unten, wo der Turm in die Flüssigkeit eintauchte, und es hörte sich an, als sei die warme, stickige Luft von unbestimmtem Raunen erfüllt, aus dem sich das häßliche Gegurgel immer wieder wie ein unzugehöriges Nebenprodukt ausschied. Es hörte sich an, als sei etwas Lebendiges in dieser fast wesenhaft dicken Luft, in der Milch der Emulsion und in den rätselhaften unsichtbaren Abgründen darunter, als wüchse etwas aus den Dingen heraus, etwas, das heftig arbeitete, sich reckte und streckte und dabei ächzend und stöhnend atmete. Manchmal kratzte und scharrte es, und dann lief ein leises Vibrieren durch den Wachtturm.

Sids Starre war einer überreizten Geschäftigkeit gewichen.

»Sei vorsichtig! Hörst du! Verlaß auf keinen Fall das Boot. Und nimm den Blaster mit!« Er lief in die Kammer und brachte die Waffe heraus.

»Und richte dich nach den Vorschriften! Du weißt, daß es gefährlich ist.«

Eric lächelte über seinen plötzlichen Eifer.

»Euklid, was weißt du Neues über die Korallenbank?«

Der Roboter bewegte sich noch immer nicht, doch seine leere Mikrofonstimme erscholl unverzüglich. »Die Entfernung des nächsten Punktes beträgt sieben Komma drei eins sechs plus minus null Komma null null fünf Kilometer; die Höhe über dem Flüssigkeitsniveau beträgt durchschnittlich zwölf Komma drei plus minus null Komma drei Meter; die mittlere Abweichung am uns zugewandten Rand beträgt eins Komma sieben Meter; das Spektrum des reflektierten Lichtes zeige ich am Bildschirm.«

Ein viereckiger Ausschnitt auf seinem in Ringe unterteilten Kugelkörper glomm auf, darauf leuchtete die unregelmäßig gewellte

Schlangenlinie des Intensitäts-Frequenz-Diagramms.

»Was für Anhaltspunkte für die Zusammensetzung?«

»Einundsechzig Komma vier plus minus...«

Eric blickte nach der Armbanduhr.

»Nur die wahrscheinlichsten Werte bitte!«

Die Mikrofonstimme stockte und begann neu. Sie klang eine kleine Nuance anders als zuvor, und auch die Sekunde zwischen dem unterbrochenen alten und dem neu begonnenen Antwortsatz war durch den ausgelösten Einschaltvorgang elektronisch bedingt, doch Eric konnte sich nicht dagegen wehren, in der Pause, die den Sprechvorgang durch einen Willkürakt abriß, ein feines Zeichen der Mißbilligung zu sehen.

»Einundsechzig Komma vier Silizium, siebzehn Komma null Schwefel, drei Komma null Wasserstoff, zwei Komma acht Kohlenstoff, null Komma acht Mangan, null –«

»Wie ist diese Masse aufgebaut?«

Es kam Eric wie ein Unrecht vor, den Redefluß zu unterbrechen, und dennoch empfand er eine seltsame zerstörerische Freude dabei.

»Der Hauptbestandteil der Substanz besitzt ein doppeltes, flächenzentriertes, kubisches Ionengitter. Das zweite ist gegen das erste –«

»Die Makrostruktur bitte.«

Wieder das kurze Stocken.

»Die Substanz ist vielfach verzweigt, von unregelmäßiger Raumerfüllung, die Oberfläche ohne Spitzen oder Kanten.«

»Ist es ein lebendiger Organismus?«

Eric bekam keine Antwort.

»Ist es ein kohlenstoff- oder siliziumorganisches Gebilde im Sinn bekannter Lebensstrukturen?«

»Nein.«

»Befinden sich andersartige Dinge in der schwarzen Masse?«

»Das Innere ist mir nicht zugänglich; an der Oberfläche bemerkte ich nichts Andersartiges.«

»Na, dann komm, du sturer Bock!« Eric klatschte dem Metallkörper auf seinen glänzend glatten Kugelleib. »Wir wollen einmal nachsehen, was sich dort drüben tut.«

Er erhielt keine Antwort und wandte sich an Sid.

»Wenn ich in zwei Stunden nicht zurück bin, versuchst du, Verbindung zur Zentrale herzustellen.«

Sid wurde wieder nervös. »Verflucht, das darfst du mir nicht antun, Eric. Verflucht, wie komme ich dann von hier fort?«

»Denen kommt es nicht darauf an, noch eine Expedition zu schicken.«

Zwei Menschen und ein Roboter. Sie waren der dritte Trupp, der diesen plötzlich rührig gewordenen Planeten untersuchen sollte. Keiner vor ihm war zurückgekehrt.

»Verstehst du nicht – ich habe Angst!« rief Sid, als Eric die Stufen hinunterstieg. »Ich gebe es ja zu, ich habe Angst.«

»Sei ruhig, Kleiner!« sagte Eric.

Er zog das Boot heran und stieg ein. Der Roboter folgte ihm mit insektenhafter Gelenkigkeit. Der Motor summte auf. Die Flüssigkeit schäumte wie geschlagenes Eiweiß. Sie zogen eine Wolkenspur von Flocken hinter sich her, hauchdünne Hohlkugeln wie von einem Seifenblasenspiel, Tausende von weißtrüben Kaninchenaugen mit roten Pupillen, die sinnlos über die sanft wallende Oberfläche hetzten. Dieses trübe Gestöber legte sich wie ein Vorhang vor Sid, der die Hände an die Brüstung klammerte und ihnen mit weit geöffneten Augen nachsah.

Das Weiß umspülte sie und schien sie in sich hineinzusaugen, das Rot schwelte darüber; sein glühendes Zentrum war nach rechts gewandert. Das Weiß rührte von Myriaden mikroskopisch kleiner Gallertkügelchen her, die im Wasser trieben. Das Rot war der Glanz der Sonne Heyse II, der von jenseits des Horizonts herübersickerte. Es wanderte waagerecht weiter, weil sich die automatische Wachtstation am Nordpol des Planeten befand. Es war Winter, wenn man unter diesen kaum wechselnden, eintönigen Klimabedingungen von Jahreszeiten sprechen wollte.

»Welche Temperatur?« fragte Eric und unterbrach den anlaufenden Schaltvorgang noch im selben Moment. »Ach, laß es, es ist gleichgültig.«

Er spürte die laue, seltsam trockene Luft im Fahrtwind über seine Schläfen streichen. Er brauchte Euklid nicht. Er fuhr zu jenem Gebilde, dessen Emportauchen aus der endlosen Flüssigkeitswüste die automatische Station vor einem halben Jahr gemeldet hatte. Er befand sich auf jenem Planeten, der schon zwei Erkundungstrupps gefressen hatte. Ihn leitete ein Befehl. Der Traum hatte sich in ein unauffindbares Versteck in seinem Kopf zurückgezogen.

Die schwarze Wand schien aus dem Meer emporzutauchen. Der gleichförmige Block löste sich in dunkle Äste und noch dunklere Hohlräume auf. Die Äste besaßen Dicken zwischen der eines kräftigen Unterarms und der eines mächtigen Urwaldstammes. Sie wanden sich, winkelten ab, spalteten sich und vereinigten sich wieder. Sie liefen in stumpfen Enden aus, die allein oder auch Gabeln bildend nebeneinanderstanden.

Oft umschlangen sich die Zweige, spiralten, wendelten umeinander, andere Stellen blieben leer, übermannshohe Öffnungen gähnten gleich Portalen zu den Heiligtümern unheimlicher Kulte.

Der Seegang war schwach. Der Roboter hatte sich wieder gerührt. Eric fuhr einige Minuten lang die Wand entlang, dann schaltete er den Motor aus und ließ das Boot sich verlangsamend vorwärts treiben. Er stieg auf den Bug, stemmte sich an die Bootswand und beugte sich vor, um den Stoß aufzufangen. Mit gespannter Aufmerksamkeit musterte er das Gebilde, das sie wegen seines Äußeren Korallenbank getauft hatten. Er wußte, daß er sich auf Euklid verlassen konnte, und dennoch vermochte er ein beklemmendes Herzklopfen nicht zu unterdrücken.

Vor ihm tanzten Schaumpolster. Hoch hinauf, teilweise überhängend türmte sich die Wand. Dort, wo sie aus dem Wasser herausragte, war der Ursprung ganzer Berge von Blasen. Eric sah die Äste auf sich zukommen, er bemerkte, wie die Flüssigkeit weich und schmiegsam und glatt emporschnellte und die Stämme, Äste und Zweige in sich einschloß, wie es sich fast widerwillig zurückzog, sich dabei in zahllose Rinnsale auflöste, die sichtlich einschrumpften und verschwanden. Eric griff nach einem dicken Ast und scheute gleichzeitig vor der Berührung zurück. Er stemmte sich dagegen, ließ sich vom Roboter das Aluminiumseil reichen und knüpfte das Ende unterhalb einer Gabel fest. Die Masse fühlte sich feucht, weich und überraschend warm an.

Eric griff nach dem Blaster. Seine sichere Härte und Kühle beruhigten ihn. Er lauschte, richtete sich auf, schwang sich hinüber, der Roboter folgte ihm unbeirrt. Einen Moment lang beneidete ihn Eric ob seiner Empfindungslosigkeit.

Wieder lauschte Eric, obwohl er wußte, daß die Gehörorgane Euklids viel schärfer waren als die seinen. Das Klatschen der Wellen an den Stämmen und Zweigen kam durch das Echo vervielfältigt und verwischt zu ihm.

»Bemerkst du etwas Gefährliches?« fragte er.

Er bekam keine Antwort.

Vorsichtig kletterte er in eine Öffnung hinein. Es war dämmrig, aber nicht finster. Er brauchte seine Taschenlampe nicht, und der Roboter brauchte sie natürlich erst recht nicht.

Das Innere des Gebildes erinnerte an eine Baumkrone – nur mit dem einen Unterschied, daß sich dort Zweige nicht zu Ringen schließen. Eric benötigte alle vier Gliedmaßen zur Fortbewegung, und auch der Roboter benützte seine drei Arme und drei Beine. Es gab viele Möglichkeiten zum Weiterkommen, Löcher im Zweiggewirr, die horizontal, aber auch nach oben und unten weiterführten. Eric schlug eine Richtung ein, die geradewegs ins Innere wies.

Noch immer ekelte er sich vor der Berührung mit den schwarzen, lauwarmen Ästen. Auch dort, wo die Spritzer und Schaumflocken des Meeres nicht hingriffen, war es naß; an abwärts gekrümmten Bögen hingen weiße, klebrige Tropfen, die an seinen Händen über seine Haut in die Ärmel rannen, die sich erst am Stoff seiner Kleidung festsetzten und allmählich ins Innere sickerten. Die Oberfläche war glitschig, oft glitt sein Schuh ab, oder die Zange seiner Finger sackte an den Griffen durch.

Plötzlich wand es sich schlangenhaft vor ihm empor, langsam wie das Fließen zähen Öls, gabelte sich, wuchs zu einem stumpfen Dreizack weiter, versperrte den Gang, in den sich Eric eben gewandt hatte, wie eine Halt gebietende verkrüppelte Hand.

Eric blieb stehen, beobachtend, lauernd, sprungbereit, inmitten der kreuz und quer laufenden dunklen Luftwurzeln, inmitten des Riffs aus verkrümmten Siliziummassen, inmitten der Bank selbständig gewordener Materie. War sie selbständig geworden? Waren es die Moleküle der im Wasser aufgeschlämmten Siliziumgallerte, die sich zu eigenartigen Kristallbäumen polymerisierten? Oder verbarg sich hinter den aufsteigenden Massen eine Intelligenz, ein Wille, eine Macht?

Eric entdeckte, wie das Riff wuchs: Da und dort, dann und wann, ohne erkennbare Ordnung und Gesetze schrieben schwarze Arme ihre krummen Figuren in die Luft, langsam, mit fast schwerfälliger Zielbewußtheit, ohne vorzufühlen und zu tasten, wie nach den Regeln einer irrsinnigen Liniengeometrie. Wenn es eine Regel gab, dann war es die, daß die frischen Triebe stets in die Hohlräume hineinwuchsen. Wenn es eine Regel gab, war es keine irdische. Eric setzte sich wieder in Bewegung.

»Wenn uns dieser Weg zurück abgesperrt wird, kehren wir an der Oberfläche zurück«, sagte er mehr zu sich selbst als zu seinem schweigenden Begleiter. Der Roboter zeigte keine Reaktion.

...kehren wir an der Oberfläche zurück, dachte Eric. Kehren wir zurück? Wer wußte, ob sie zurückkehren würden. Daß dieses Gebilde nicht unbedenklich war, zeigten die verschollenen Vorgängertrupps. Brachte es selbst Gefahr, war es eine Falle, ein Todeslabyrinth, oder war es bloß das Anzeichen, die Folge, die Nebenerscheinung?

Eric schlitterte über die glitschigen, weichhäutigen, trauerdunklen Äste. Er stellte sich sich selbst vor, bei seinem Vordringen in den überdimensionierten Wurzelstock, begleitet von seinem unmenschlich gefühllosen Begleiter, verfolgt von den nicht ganz selbstlosen Wünschen und Ängsten seines Kameraden. Er stellte sich den leeren Weltraum vor, darin das Stäubchen der Sonne Heyse II, das Nichts des Planeten Nummer vier: ein vom Makel einer schwarzen Wucherung behaftetes Nichts, und darin sich selbst und seine Aufgabe und seine Ohnmacht. Und wieder weigerte sich etwas in ihm, das Phantastische für Wirklichkeit zu nehmen. Doch er sah und hörte, roch und schmeckte, fühlte und dachte – und das ist wirklich, was man sieht und hört, riecht und schmeckt, fühlt und empfindet.

Zehn Minuten lang, zwanzig Minuten lang... nach rechts – und nach links und geradeaus... hinauf, hinunter, horizontal... Eric wußte längst nicht mehr, ob er schon weit in die geheimnisvoll bewegte Rankenlandschaft hineingeraten war oder ob er im Kreis ging und vielleicht denselben Punkt zum x-ten Male berührte. Sein Pfad ähnelte einer ins Räumliche fortgeführten vielgliedrigen Leiter, deren Sprossen durcheinandergeraten waren. Wenn er auf seinem Weg höher kam, hinauf bis an die Oberfläche, dann ragten, so weit sein Auge reichte, die stumpfen Enden der Siliziumkorallen empor, gleich dem Wipfelfeld eines riesigen Waldes, aber eines Waldes, in dem es kein Spiel der Blätter gab, kein Summen von Bienen, kein Flattern von Schmetterlingen, keinen Wind und kein Wiegen der Äste. Dann tauchte er wieder hinunter in das Dickicht der schwarzen Arme, denn der Befehl lautete, nach dem Ursprung der Koralle zu suchen, der Koralle, die alle näher am Äquator gelegenen Wachttürme einfach emporgehoben und umgestürzt hatte und die nun nach der letzten Bastion am Pol griff...

Er und der Roboter reagierten gleichzeitig.

»Wärmepulsationen«, sagte Euklid.

Eric sagte nichts. Er zog den Blaster.

Sie waren auf eine Lichtung gekommen, eine Stelle, an der die Korallenstämme zwar nicht verschwanden, aber schütter standen. Sie waren nur wenig verzweigt, erst weiter oben breiteten sie wieder Äste und Zweige aus und bildeten ein lockeres Dach. Entfernt erinnerte die Szenerie an eine Tropfsteinhöhle mit Boden- und Deckenzapfen, getragen von einzelnen durchgehenden Säulen. Auch hier war die Bedeckung nicht dicht genug, um alles Licht aufzuhalten – es herrschte eine gleichmäßige, glanz- und schattenarme Dämmerung.

Mitten im Gewirr von aufragenden Siliziumstrünken, am Boden des Raumes sozusagen, saß mit untergeschlagenen Beinen ein Kind. Ein Menschenkind, ein Junge, drei oder vier Jahre alt, mit rundem Gesicht, großen dunkelblauen Augen, Stupsnäschen, geschürzten Schmollippen. Es spielte mit etwas, das sie nicht erkennen konnten.

Eric ließ den Blaster mit einem pfeifenden Atemzug sinken. Das Kind richtete sich auf und sah ihnen erstaunt entgegen.

Eric hatte vielleicht keine Sekunde übrig, um sich zu entscheiden, und er war sich darüber nicht im Zweifel. Für ihn war ein Kind das, was es für alle Menschen ist, etwas Hilfloses, Rührendes, Schutzbedürftiges. Etwas Ungefährliches. Doch gerade das machte ihn stutzig. Die blauen Augen, das Stupsnäschen, die vollen roten Lippen. Das ist nicht nur ein Kindergesicht. Das ist ein Bild, das wir stets mit uns herumtragen. Das ist die Puppe, das Äffchen, der Teddybär.

Und dann bestanden da auch noch Vorschriften.

Erich hob den Blaster und schoß.

Rot und dann weiß glühten die Astenden auf, eine Staubwolke wirbelte verrückt im Kreis, und darin verschwand das Bild des Knaben, zuletzt die weit offenen dunklen Augen.

»Wo stellst du Lebewesen fest?« fragte Eric.

»Entfernung sechzig Meter; Höhe null über dem Flüssigkeitsspiegel; ich zeige die Richtung.« Einer seiner Arme hob und streckte sich. Er wies in die Längsrichtung des vor ihnen liegenden Hohlraumes.

»Führe mich zurück, aber so, daß wir diesen Wesen nicht näher kommen! Melde laufend alle Ausstrahlungen, die von ihnen herrühren!«

Der Roboter setzte sich in Bewegung. Er hielt genau das Tempo ein, dem Eric folgen konnte. Dabei sprach er.

»Pulsation zwischen sechzig Komma drei und zweiundsechzig Komma sieben; Emissionszentrum in dreiundsechzig Meter Entfernung, Höhe gleichbleibend, Richtung gleichbleibend; ein zweites Zentrum angepeilt; Pulsation zwischen sechzig Komma zwei und zweiundsechzig Komma sieben; Entfernung siebenundsechzig Komma eins; Höhe null über dem Flüssigkeitsspiegel.«

Während er sich mit zwei Armen und drei Beinen weiterarbeitete, zeigte sein dritter Arm unverwandt in eine feste Richtung.

»Erstes Zentrum; Pulsationsschwankung gleichbleibend; Entfernung einundsechzig Meter; Höhe gleichbleibend; Richtung verändert; ich zeige die Richtung.« Sein Arm schwenkte um einen geringfügigen Winkel.

»Zweites Zentrum; Empfang zeitweise unterbrochen; Pulsationsschwankung...«

Eric hörte nur noch auf Entfernungen. Er hielt sich vor allzu großer Eile zurück, um sich nicht vorzeitig auszupumpen, und versuchte, die abgezirkelten kraftsparenden Bewegungen seines Begleiters nachzuahmen.

Jetzt hätte er einen Energieroboter bei sich haben müssen und nicht einen harmlosen Informationsrobby wie Euklid. Er hätte ein Sperrfeld aufbauen müssen, einen Ionisationsgürtel legen oder eine Strahlenbarriere aufrechterhalten. Energie hilft auch gegen Intelligenz.

»...Höhe gleichbleibend; Richtung gleichbleibend; zweites Zentrum; Pulsation zwischen neunundfünfzig Komma acht und dreiundsechzig Komma null; Entfernung neunundvierzig Meter; Höhe...«

Eric stieg über eine Welle von Verdichtungen des schwarzen Geflechts, er achtete genau auf jeden Tritt und jeden Griff und folgte Euklid in eine sacht abwärts geneigte gangartige Passage. Ein Arm richtete sich vor ihm auf, er zwängte sich seitlich durch... sah sich um... Hatte sich das Wachstum nicht intensiviert? Warf ihm eine unbekannte Macht Hindernisse in den Weg? Wieder ein frischer Sproß vor ihm, aalglatt in seinem geschmeidigen Emporranken... Eric stieß mit dem Fuß danach, er umfaßte den Trieb mit beiden Händen, als wollte er eine Kehle würgen, doch eine übermächtige Kraft öffnete spielend seine verschränkten Finger und schob sie wie Stroh zur Seite.

»Sie versperren uns den Weg!« rief Eric. »Wir sollten an die Oberfläche...«

Der Roboter schwieg einen Moment. Dann antwortete er: »Uns stehen noch mehrere Wege offen; oben kommen wir zu langsam vorwärts.«

Gleich zwei Triebe stachen von der Seite hervor.

»Hinauf, sage ich. Hinauf an die Oberfläche! Sofort!«

Die segmentierte Kugel mit ihrem elektronischen Gehirn, ihrem Adernetz aus Draht, ihrer Haut aus Metall, ihren Stahlgliedern und ihren Facettenaugen kroch unbeirrt weiter zwischen den Stämmen hindurch, von Ast zu Ast, von Gabel zu Gabel, und sie benützte dabei keinen Engpaß, der für Eric nicht gangbar gewesen wäre. An diese Sicherheit hielt sich Eric, er nahm sich zusammen, und er schämte sich nun, obwohl niemand seine Schwäche beobachtet hatte, vor dem er sich hätte zu schämen brauchen.

»Erstes Zentrum, Pulsation zwischen sechzig Komma null und zweiundsechzig Komma neun; Entfernung zweiundfünfzig Meter; Höhe gleichbleibend...«

Bis jetzt hatte ihn nichts angegriffen, und es war auch fraglich, ob das schnellere Wachsen des Korallenstockes etwas mit ihm zu tun hatte, wenn es nicht überhaupt Einbildung war. Trotzdem besaß Eric soviel Selbstkritik, um zu wissen, daß er sich nicht nur deshalb zurückzog, weil es die Vorschriften verlangten, sondern vor allem, weil ihn etwas anderes drängte. Nicht nur die Furcht vor unbekannten Intelligenzen, sondern auch die Furcht vor dem, was er tun mußte, wenn er sich gefangen sah. Kein Mensch darf einer fremden Macht in die Hände fallen!

»Wer hätte das gedacht?« fragte er hinter dem Roboter her, obwohl er sicher war, daß dieser sein Reden gar nicht beachten würde. »Wer hat wissen können, daß hier intelligente Wesen im Spiel sind?« Er redete weiter zu sich selbst, zu Euklid, oder vielleicht dachte er es auch nur. »Unsere Vorgänger sind nicht ohne Grund verschwunden. Wie kann man Dreiergruppen gegen eine intelligente Macht einsetzen! Hier hilft keine radioaktive Beregnung und kein Vergiften des Wassers. Was sollen wir gegen eine fremde Macht...«

Vor ihm kroch der Roboter und redete mit ihm zugleich. Die Anstrengung machte sich bemerkbar. Eric keuchte, und die von außen eingesickerte klebrige Feuchte mischte sich mit seinem Schweiß.

»...Entfernung zweiundzwanzig Meter...«

Er fing nur diesen Fetzen aus den Meldungen des Roboters auf, aber es traf ihn wie ein Peitschenschlag. Jetzt erst begann die Gefahr.

»...ein drittes Zentrum angepeilt...«

»...Pulsation zwischen fünfundvierzig Komma fünf und sechzig Komma drei...«

Der richtungsweisende Arm schwenkte fast um hundertsechzig Grad.

Jetzt erst begann die Gefahr, und Eric beobachtete mit Überraschung, daß er ruhiger wurde. Aufmerksam lauschte er Euklid; er überzeugte sich, daß der Roboter richtig, wie immer, handelte. Niemals zögerte er, niemals kehrte er um, und wenn er einmal – scheinbar in die falsche Richtung – auf die Verfolger zuging, dann war zu erwarten, daß sich die Strecke gleich wieder drehte, und diese Erwartung trog nie. Der Roboter hatte andere Mittel zur Orientierung als die optischen; das elektromagnetische Spektrum von der Wärme bis zum Bereich der Röntgenstrahlung stand ihm als Orientierungsbehelf zur Verfügung.

»...Entfernung achtzehn Meter...«

Unversehens schlug Euklid ein rascheres Tempo an. Eric hielt gerade noch Schritt. Es war ihm nicht mehr möglich, jeden Tritt, dem er sich anvertrauen wollte, vorher genau zu fixieren, oft genug rutschte er aus, schlug seine Knie und Schienbeine blutig, raffte sich zusammen, schwang sich über Bodenspalten, hüpfte, fiel, sprang...

Der Roboter zeigte keine Spur von Ermüdung. Seine Spinnenbeine stelzten mit uhrzeigerhafter Regelmäßigkeit, seine dahergeleierten Informationen kamen ununterbrochen und ungerührt. In ihnen schwang keine Furcht und keine Hoffnung, keine Sorge und kein Mitgefühl; man baut Automaten weder Furcht noch Hoffnung, weder Sorge noch Mitgefühl ein. Eric eilte schwankend hinter ihm her. Eine ohnmächtige Wut schüttelte ihn. Er atmete zischend, und zwischen den hastigen Atemzügen spie er seine Wut aus, die er auf den Roboter übertrug.

»Du Miststück«, rief er. »Du Biest, du Kanaille, verstehst du denn nicht, sie sind hinter uns her! Die zerlegen dich in ein paar Drähte und Schrauben, verstehst du nicht, du Idiot? Dann bist du hin, genauso hin wie ich. Fürchte dich, du Biest, werd müde, fall hin, blute... Du Biest...«

Plötzlich blieb der Roboter stehen, Eric stieß an ihn an, packte ihn, schüttelte ihn. »Was ist los, bist du vielleicht beleidigt?«

Euklid gab seine Meßergebnisse durch. Seine Mikrofonstimme drang wie ein Fremdkörper in Erics Ohr, das vom Rauschen des Bluts erfüllt war.

»...Entfernung gleichbleibend, Richtung gleichbleibend...«

Der Roboter hatte zwei Arme eingezogen. Eric starrte auf den dritten. Dieser wies senkrecht nach unten.

»...Höhe gleichbleibend, Richtung gleichbleibend... drittes Zentrum; Pulsationsschwankung gleichbleibend, Entfernung gleichbleibend...«

»Euklid«, sagte Eric leise, »haben sie uns eingeholt? Nicht wahr, sie sind genau unter uns?«

»Ich zeige die Richtung an«, antwortete der Roboter. Sein Arm rührte sich nicht. Er sah aus, als erwartete er etwas. Eric starrte ihn an. Die Daten änderten sich nicht mehr. Eric stand plötzlich in einem Raum ohne Inhalt und ohne Zeit. Es gab keine Beständigkeit und kein Sichändern. Er hing haltlos in der Einsamkeit und in der Leere, in einem endlosen Augenblick gefangen. Es gab nur sein Denken und die Frage, die darin dröhnte...

Und dann entschied er sich, und die seltsame Starre war gelöst.

»Euklid«, sagte Eric, »führe mich zum Boot. Aber wenn du dabei auch nur einen Meter tiefer hinuntersteigst, mach' ich dich zu Blechsalat!«

Der Roboter ging los. Eric hinterdrein.

»Bis jetzt haben wir Glück, alter Freund«, sagte Eric. »Sie verlassen das Wasser nicht.«

Die dämmrigen Gänge, durch die sie kamen, waren leer wie vor jener scheinbar unendlich langen Zeit, als Eric und Euklid in das Riff eingedrungen waren. Das matte Licht saß nebelhaft darin, ohne erkennbaren Ursprung, steril und vage, wie eine diffuse Masse, ein Nebel, ein Hauch, ein toter Belag. Von geheimnisvollem Leben erfüllt aber war das Dunkel, das aus den zahllosen Löchern, den Zwischenräumen, Spalten, Klüften, Schächten und Schlünden fast körperhaft emporgriff, das seine fauligen Ausdünstungen verströmte, seine Geräusche, das Gemurmel, Geblubber, Gewinsel und manchmal einen Schlag, einen Knall. Eric bohrte seine Blicke in das Bodenlose, über das seine Füße hinwegtanzten, er erblickte Krallen und Schnäbel, Büschel gespreizter Haare, Hörner, aufgerissene Mäuler, phosphoreszierende Augen. Aber es waren Truggebilde seiner Phantasie.

Dann schimmerte es hell zwischen den Stämmen hindurch, ein strahlender Kreis kam ihnen entgegen, Gischt wehte flockig auf – sie hatten den Rand des Korallenblocks erreicht. Blendend und betäubend fiel die Helligkeit über Eric her, und als er die Augen wieder öffnen konnte, sah er vier graue Flecken auf den Korallenstrünken liegen, vier Bündel, unscheinbar und formlos, aber doch alarmierend wie das Aufheulen einer Sirene.

»Sind sie noch da?« fragte Eric.

»Höhe null, Entfernung zwölf Meter.«

»Und dort... kein Lebewesen?« Er wies auf die grauen Flecken.

»Nichts.«

Eric kletterte hinab und rollte den Stoff auf. Etwas fiel hinunter, sprang klirrend auf einen Ast auf und sprang weiter, klingend, rasselnd, tiefer und tiefer, immer leiser, bis es aufklatschte, mit einem schmatzenden Geräusch vom Wasser gefressen wurde und nun stumm blieb. Eric hielt die Kleidungsstücke seiner vier verschollenen Kameraden in der Hand, die uniformen Overalls, Unterwäsche und, darin eingewickelt, vier Blaster, vier Uhren, vier Taschenlampen, drei gelochte Erkennungsmarken.

Eric steckte die Lochplättchen zu sich. Diese Schufte! Er zog den Blaster und feuerte sinnlos ins Wasser hinunter, bis ihm der brühheiße Wasserdampf ins Gesicht fuhr.

»Entfernung ändert sich«, ließ sich Euklid vernehmen. »Erstes Zentrum, vierzehn Meter, sechzehn, achtzehn... zweites Zentrum, zwanzig, vierundzwanzig... drittes Zentrum, dreißig, vierunddreißig...«

»Sie ziehen sich zurück«, schrie Eric. »Das Schießen hat gewirkt! Wer hätte das gedacht! Los, hinab zum Boot!«

Wieder jagte er einige geballte Ladungen hinunter. Sie stiegen abwärts. Das Boot war noch da, es hing ein wenig schief, der Bug ragte aus dem Wasser, der Punkt, an dem sie das Seil befestigt hatten, hatte sich um mindestens drei Meter höher verlagert. Eric zerschnitt die Drahtlitze mit einem Blasterstrahl, das Boot fiel klatschend in sein Element. Eric sprang hinein, der Roboter wartete einen Augenblick ab, in dem der Bootsrand nahe an die Siliziummassen herankam, und war dann mit einem Spreizschritt darinnen.

Eric jagte los. Die schwarze Wand des Riffs rückte von ihnen ab. Vor ihnen erhob sich schlank und winzig, aber nichtdestoweniger Brennpunkt aller momentanen Sehnsüchte Erics, der Wachtturm mit den unablässig kreisenden Antennen. Erst jetzt bemerkte Eric etwas auf dem Steuerpult Liegendes, was sich vorher nicht darauf befunden hatte: die vierte Erkennungsmarke, die beim Aufrollen der Kombinationsanzüge ins Wasser geklirrt war...

Der Überwachungsturm war insgesamt sechzig Meter hoch, davon ragten nur fünfzehn Meter aus dem milchigen Wasser. Seine Konstruktion war denkbar einfach – ein Rohr aus Hartaluminium, sechs Meter im Durchmesser, das durch eine fünfunddreißig Meter dicke Wasserschicht in den festen Steingrund des Meeres versenkt und thermoplastisch einzementiert war. Fünf Meter über dem Flüssigkeitsniveau stach ein Stern von Streben durch die Metallwand. Er trug den Boden der Kabine, der sich nach außen in einer Plattform fortsetzte. Sie war nur an einer Stelle von einer Falltür durchschnitten, von der Stufen bis fünf Meter unter den Normalpegel liefen und dort blind endeten. Der Ring einer Brüstung schloß sie ein.

Das halbe Volumen der Kabine nahmen der Sender, das Verstärkeraggregat und die Spinnbatterie ein, die andere Hälfte war leer. Eine magnetisch verschließbare Schiebetür stellte die Verbindung mit der Plattform her. Ein dickes Kabel führte in das nächste Stockwerk. Hier waren die Meßinstrumente montiert, die die physikalischen Bedingungen der Umgebung überwachten und jedes unerwartete Ereignis weitermeldeten – ein Aufflackern der Radioaktivität, eine Erhöhung der Strahlenintensität, tektonische Ereignisse, aber auch allgemeine Veränderungen im Landschaftsbild und vor allem die für kohlenstoff- und siliziumorganisches Leben charakteristischen Elektrizitäts- und Wärmepulsationen.

Der ganze von der Erde annektierte Weltraum war von solchen automatischen Stationen überzogen. Die meisten befanden sich auf unbewohnten Planeten und ergänzten die Beobachtungen der Überwachungssatelliten. Einige waren auch in menschenarmen Regionen besiedelter Planeten und einige mehr auf kalten Sonnen errichtet worden.

Dieses System ermöglichte es der Zentralregierung, die Übersicht über alle für sie interessanten Gebiete zu behalten. Es hatte sich ausgezeichnet bewährt. Zwar betrafen die meisten gemeldeten Veränderungen nur harmlose geologische oder biologische Ereignisse, aber einige Male hatten die Meldungen auch rechtzeitig auf bedenkliche Erscheinungen aufmerksam gemacht, wie auf die progressive Entwicklung von intelligenten Kieselsäurestrukturen auf

Sixta I oder auf die Einwanderung der Pseudoskorpione in dem Bereich von Schmidt VII.

Eric Frost hatte bisher nur mit den harmlosen Fällen zu tun gehabt. Aber hier handelte es sich um eine ernste Situation, und ernste Situationen fordern außergewöhnliche Maßnahmen. Eric schob Sid beiseite, der ihn mit Fragen bestürmte, und trat in den Senderaum. Er drückte auf die Taste, die den Notruf auslöste, und wartete.

Sid ging aufgeregt in die Kabine, der Roboter folgte ihm und trat zur Steckdose, um sich aufzuladen.

»Nun red schon, was hat das alles zu bedeuten?« drängte Sid.

»Hier Paula Xaver Paula«, erscholl eine überlaute Stimme aus dem Lautsprecher. Eric regelte die Lautstärke. »Hier Paula Xaver Paula. Wir rufen Heinrich zwei Strich vier Strich vierundzwanzig. Heinrich zwei Strich vier Strich vierundzwanzig, bitte kommen!«

Eric trat ans Mikrofon und drückte die Sprechtaste. »Hier Heinrich zwei Strich vierundzwanzig. Achtung! Notstufe zwei. Benötige Verbindung über Hyperrelais. Stellt bitte Verbindung mit Überwachungszentrale her. Wir warten. Ende!«

Er ließ die Sprechtaste los, trat wieder ins Freie hinaus.

»Du blutest ja«, rief Sid, »komm ins Schiff, ich behandle dich.«

Er packte Eric beim Ärmel und zog ihn hinter sich her, um den Turm herum, dorthin, wo die Rakete in der magnetischen Schiene ankerte, über die ausgefahrene Leiter in die Toröffnung hinein, in den Hauptraum des kleinen Fahrzeugs, der nicht mehr als drei Meter im Durchmesser maß.

Eric ließ es mit sich geschehen. Als Reaktion auf das Erlebte überkam ihn eine lähmende Wunschlosigkeit. Ihm war, als sei seine Energie verbraucht, seine Kraftreserve vertropft und das letzte Quentchen Wille aus ihm hinausgepumpt. Er kam sich vor wie eine Gummipuppe, wie ein hohler Abklatsch seiner selbst. Das einzige Gefühl, das ihm geblieben war, war ein spinnwebendünner Hauch von Verwunderung, der alles das umschloß, was er eben erlebt hatte. Er besaß kein Training im Heldentum und keinen selbstvernichtenden Ehrgeiz. Er hatte nichts Außergewöhnliches geleistet und war noch nie über sich selbst hinausgewachsen. Er hätte sich überhaupt nicht für fähig gehalten, eine solche Situation zu überstehen.

Ein Schmerz, als zöge ihm jemand die Haut vom Knie, ließ ihn zusammenzucken, dann machte sich die Wirkung der antiseptischen schmerzstillenden Lösung bemerkbar, mit der Sid seine Wunden wusch.

»Wo hast du dir das geholt?« fragte Sid.

Irgend etwas hatte ihn aufrechtgehalten, irgend etwas war über ihn gekommen, das er an sich noch nicht gekannt hatte. War es Gehorsam oder Lebenswille, Feigheit oder Mut? War es etwas Gewöhnliches, nur eben noch nicht Erlebtes, oder etwas Seltsames, Erschreckendes, etwas Erfreuliches oder etwas Böses? Er wußte von den Robotern, die in den Reihen der Pseudoskorpione Amok gelaufen waren, die die Eissperre der Siliziden durchbrochen hatten, die Schiffbrüchige aus Stichflammen und Explosionen herausgeholt hatten. Aber es war doch kein Roboter!

Die Eiweißschicht des plastischen Verbandmaterials, der in der Luft erstarrenden Flüssigkeit, mit dem Sid seine Abschürfungen verschlossen hatte, legte sich mild über seine geschundenen Körperstellen.

Habe ich richtig gehandelt? fragte er sich. Ich habe Erfolg gehabt. Ich habe das Bestmögliche aus der Situation herausgeholt. Ich habe die Information nicht vernichtet, sondern gerettet. Jetzt ist der Raum mit elektromagnetischen Impulsen durchsetzt, kilometerlangen Schlangen aus schwingenden Kräften, die kreuz und quer dahinflitzen, nebeneinander und gegeneinander, ganze Sterne von unsichtbaren Blitzen, die von zahlreichen Stationen hinausspringen, bis sie jenes freie Hyperrelais gefunden haben, das meine Informationen durch den endlosen interstellaren Raum schleusen wird. Ich habe Erfolg gehabt, dachte er noch einmal. Aber hat man nur Erfolg, wenn man richtig handelt? Und hat man richtig gehandelt, wenn man Erfolg hat?

»Alles in Ordnung, Alter«, sagte Sid.

Während seines Abenteuers hatte er keine Zeit gehabt zu überlegen. Er hatte gehandelt, ohne klar zu denken. Wenn er etwas falsch gemacht hatte – konnten sie ihn bestrafen?

»Sid«, fragte er, »habe ich etwas falsch gemacht?«

Er rief sich die Ereignisse ins Gedächtnis zurück und berichtete.

»Habe ich etwas falsch gemacht?« fragte er dann wieder.

Sid fuhr zusammen.

»Falsch gemacht«, ächzte er. »Es war Wahnsinn, hörst du: Wahnsinn, zurückzukehren. Und du bist noch stolz darauf, daß du entkommen bist! Wie willst du denn wissen, ob sie nicht längst dein Gedächtnis analysiert haben? Vielleicht sind sie schon auf dem Weg zur Hyperschleuse?«

»Aber ich habe das Gefühl, ich glaube nicht, daß sie –«

»Du hast Gefühle«, höhnte Sid. Aufgeregt stach er mit dem Zeigefinger in die Richtung Erics, als wollte er ihn durchbohren. »Was willst du denn der Zentrale berichten? Hast du es dir überlegt?«

Eric brummte etwas Unverständliches.

»Weißt du, was ich sollte? Ich sollte die Sache melden!«

»Das besorge ich selbst.«

»Sei nicht blöd, ich melde dich natürlich nicht, ich grabe mir doch nicht selbst das Grab.«

»Du glaubst, daß –«

»Wenn ich dich erschießen muß, bin ich hier festgenagelt – wir brauchen doch zwei Leute zum Start! Es bleibt uns nichts übrig, als ...«

»... als was?«

»Wir verduften schleunigst, alle beide. Ich kenne nicht weit von hier einen Planeten, in zwei Jahren können wir dort sein, da tauchen wir unter. Wir werden uns ...«

Er schwieg plötzlich. Beim Hin- und Herlaufen hatte er sich eben der Tür zugewandt. Dort stand ein Schatten, ein dunkler Kreis gegen die weißglänzende Aluminiumwand des Turmes.

»Ein Hyperrelais ist frei«, sagte Euklid.

Eric stand plötzlich in einem Raum ohne Inhalt und ohne Zeit. Es gab keine Beständigkeit und kein Sichändern. Er hing haltlos in der Einsamkeit und in der Leere, in einem endlosen Augenblick gefangen. Es gab nur ein Denken und die Frage, die darin dröhnte.

Und dann entschied er sich, und die seltsame Starre war gelöst.

Eric stemmte sich aus seinem Hocker hoch und sah den Kameraden an. – »Geht alles in Ordnung, Kleiner«, sagte er.

Er ging in den Funkraum hinüber, die Sprechtaste war schon hineingedrückt. Der Roboter schob sich neben ihn. Sid kam hinterdrein und lehnte sich an die Wand.

»Hier Eric Frost auf dem vierten Planeten von Heyse II, Wachtturm vierundzwanzig. Wir haben Anzeichen von fremdartigen Intelligenzen vorgefunden.«

Es dauerte zwölf Sekunden, bis Antwort kam. Die Entfernung bis zum Relais und vom Relais bis zur Erde betrug also drei Millionen Komma sechs Kilometer. Dazwischen lagen die unermeßlichen Strecken, die durch den Hyperraum überbrückt wurden.

»Hier Zentrale, Abteilung Cäsar neun. Berichte über die Umstände der Entdeckung.«

»Ich, Eric Frost, drang in den Korallenstock ein, dessen Emportauchen die Wachstation gemeldet hat. Ich – und der Informationsroboter. Auf einer Lichtung bemerkte ich ein Kind. Den Vorschriften gemäß schoß ich sofort. Es dürfte sich aber um keinen Realkörper gehandelt haben, eher um eine Projektion. Der Roboter meldete ihn nicht. Dagegen stellte er die typischen Wärmepulsationen von Organismen fest, etwa fünfzig Meter dahinter. Nach der Blasterentladung war vom Kind nichts mehr zu sehen, doch die Pulsationszentren begannen sich langsam zu nähern. Gemeinsam mit dem Roboter konnte ich entkommen.«

»War das Bild des Jungen deutlich oder verschwommen? War es schwarz-weiß oder farbig? Verschwand es nach dem Schuß augenblicklich oder allmählich?«

Eric blickte auf Euklid, der regungslos am Pult stand. Euklid weiß alles, was ich weiß, dachte er. Er weiß sogar mehr.

»Das Bild war deutlich, und es war farbig. Nach dem Schuß verschwand es im Nebel der Entladung.«

»Noch etwas zu bemerken?«

»Ich melde, daß mich Sid Rosselino zur Flucht von der Truppe überreden wollte.«

Hinter Eric ertönte ein Stammeln. »Eric, du hast mich... Wie konntest du das tun! Wie konntest du mich um Gottes willen –«

»Sei still, Kleiner«, sagte Eric. Er stand so, daß er beide, Sid und den Roboter, sehen konnte.

Die Pause dauerte wieder ihre zwölf Sekunden.

»Eric Frost und Sid Rosselino haben sich mit ihrer Rakete sofort zur Hauptstation der Sonne Smirnikoff zu begeben und sich dort bei der Hafenpolizei zu melden. Ende.«

Ein Knacken im Mikrofon, dann Stille. Eric schaltete den Sender aus. Er blieb so stehen, wie er stand. Sid war bleich, seine Lippen zuckten, seine dunklen Augen waren dunkler als sonst. Das Facettenauge Euklids glänzte matt.

Eric zog den Blaster. Sein Gesicht war maskenhaft starr. Niemand wußte, daß er die Zähne eisern aufeinander biß und wie mühsam er die Muskeln zu beherrschen suchte, die seine Knie gestreckt hielten. Heldentum liegt mir wirklich nicht, dachte er.

Er hob die Waffe und legte an. Langsam und konzentriert zog er den Hahn durch. Es zischte leise, dann glühte es orange bis weiß auf, einen Augenblick stand der Roboter in einen rotsamtenen Mantel gehüllt, dann knickten seine Spinnenbeine wie Streichhölzer ab, mit dumpfem Dröhnen schlug die Kugel am Boden auf, einige Ringsegmente lösten sich voneinander, rollten durch den Raum... Das Zischen hatte aufgehört, eine krause, verbackene, fladenartige, rauchende Masse lag auf dem Boden, einzelne zähe Blasen wuchsen und zerrissen mit kleinen puffenden Geräuschen. Euklid hatte seine Funktion eingestellt.

Sid stand an die Wand gepreßt, er hielt die Hände mit gespreizten Fingern vor sich, als ob er etwas abwehren wollte. Eric berührte den Lauf des Blasters leicht mit den Fingerspitzen, um festzustellen, ob das Metall noch heiß war. Dann steckte er ihn ein.

»Ich mag Spitzel nicht«, sagte er, »auch nicht solche aus Blech und Draht. Na komm, Kleiner«, fügte er hinzu, als sich Sid noch immer nicht rührte.

Er schob den Kameraden vor sich her, zur Tür hinaus. Die rote Sonne unter dem Horizont war inzwischen wieder ein ganzes Stück weiter nach rechts gezogen, die weißen Wellen gischteten und schäumten, doch dort, wo früher der schwarze Strich gelegen hatte, türmte sich nun ein Berg. Und dieser Berg war rechts und links genauso nahe wie vorn.

Das brachte Sid in die Wirklichkeit zurück. Sie rannten um die Plattform herum, und sie merkten, daß sie behindert waren, als müßten sie sich gegen eine Last stemmen. Es ging bergauf – der

Turm stand schief. In wenigen Stunden würde er aus seinen Fundamenten gerissen sein, das letzte Stück Meer würde verschwunden sein, und die Korallenbank würde den Planeten gänzlich überziehen.

Ein Zittern lief über die Plattform, der Turm bebte und knirschte wie unter dem Biß eines zerrenden Giganten. Sie kamen an jene Seite, wo ihr Raumschiff stand oder, richtiger gesagt, hing. Auch hier war die schwarze Wand, wenn auch ein wenig weiter entfernt als in der anderen Richtung.

Sid stürmte zu den Aggregaten und ließ sie anlaufen. Das Bienengesumme der Milliarden Ionisationsstöße begann, ausgelöst von den Elektronen, die auf Caesiumatome trafen. Das Plasma entstand und wurde angeheizt.

Eric zog die Leiter ein und ließ die Tür in die magnetische Sperre einschnappen. Dann wandte er sich dem Elektronenrechner zu und gab ihm die Daten für den Start an. Den Turm brauchte er nicht mehr zu schonen, und so verzichtete er auf das sonst übliche Abrücken von Bauwerken.

Acht Minuten vergingen, dann rief Sid: »Die kritische Temperatur ist erreicht!«

»Gut, komm her, wir starten.«

Sie ließen sich beide in den Andrucksesseln nieder. Eric als Pilot steckte seine Erkennungsmarke in den Schlitz des Anlassers und drückte auf den Starter. Eine Sekunde lang geschah nichts... Dann schienen die Schaumgummimassen, auf denen sie ruhten, um sie herum emporzuquellen... Und dann war nichts mehr da, was die Beschleunigung dämpfte – sie spürten ihr eigenes Gewicht zunehmen, mehr und mehr, bis ihre Glieder schwerer als Blei waren und sie die Trägheit wie mit Gummifäden an ihre Sitze fesselte.

»Wie bist du darauf gekommen, daß uns der Roboter nachspioniert hat?« fragte Sid. Seine Worte waren auseinandergerissen und leise, denn jeder Atemzug war gegen Schmerz eingetauscht. Eric antwortete ebenso mühsam.

»Ist es dir nicht aufgefallen? Der Mann, der meine Meldung aufnahm, sprach von einem Jungen, auf den ich geschossen habe. Ich habe immer nur ein Kind erwähnt, niemals einen Jungen. Er muß vorher mit Euklid gesprochen haben.«

»Warum hast du mich angezeigt, war das notwendig?«

»Ja, der Roboter ist gerade in die Rakete gekommen, als du von Flucht sprachst. Und er hört sehr gut.«

»Aber er konnte es doch nicht mehr mitteilen.«

»Das wissen wir nicht. Er stand während des ganzen Gesprächs neben mir. Er braucht seine Nachricht nur ins Ultraschallgebiet transformiert durchzugeben, und wir hören nichts davon. Das Mikrofon setzt Ultraschallschwingungen genausogut in elektromagnetische Wellen um wie gewöhnlichen Schall. Er kann sprechen, wenn ich es so nennen darf, während ich meine Nachricht durchgebe. Wenn die Zentrale darauf eingestellt ist, kann man diese Meldung dort von meiner lösen und getrennt abhören. Und es gibt noch andere Wege.«

»Aber du hättest mich doch nicht –«

»Es war nicht unbedingt erforderlich, aber doch angeraten. Hätte ich es nicht getan, hätten sie uns sicher sofort eine Patrouille an den Hals gehängt. So glauben sie, daß wir brav und redlich auf dem Weg nach Smirnikoff sind.«

Eric drosselte die Energiezufuhr, der Andruck ließ nach. Die beiden Kameraden traten zum Bildschirm und richteten das Objektiv auf den Planeten, den sie vor kurzem verlassen hatten. Er war eine schwarze Kugel mit einem winzigen weißen Feld in der Mitte. Ein leichter rötlicher Schleier von angeregten Caesiumatomen dämpfte die Schärfe der Konturen. Es sah aus, als ob das Schwarz im Begriff war, sich zu schließen. Das rote Leuchten, das hinter seinem Rand vorbeidrang, wurde zusehends heller, bis sich die Sonne Heyse II langsam ins Blickfeld schob. Jetzt kam sie als glühender Rand hinter dem Planeten hervor, zuerst dort, wo früher der Quellpunkt ihres Glühens gesessen hatte, dann aber auch an den anderen Seiten, bis sie den Planeten als blendende Korona umgab.

Und in dem Maß, wie sich der Planet verkleinerte, dehnte und streckte sie sich, den schwarzen Schattenkreis des Planeten überstrahlend, bis sie ihn gefressen zu haben schien.

Sid Rosselino blühte sichtlich auf. Seine Lebensgeister regten sich wieder. Er zog einen Kamm hervor und versuchte, in seine widerspenstigen schwarzen Strähnen einen Scheitel zu ziehen.

»Meinst du, daß es Krieg geben wird mit diesen Bestien?« fragte er.

»Warum Bestien?«

»Das fragst du noch? Denkst du nicht an unsere Vorgänger, die zwei verschollenen Trupps? Denkst du nicht an das Kind? An die Kombinationsanzüge der Toten, mit denen sie dich warnen wollten?«

»Bist du sicher, daß das eine Warnung sein sollte? Vielleicht wollten sie uns nur etwas zurückgeben, das nicht ihr Eigentum war. Und wer sagt dir, daß sie unsere Kameraden getötet haben? Du weißt, daß das Gesetz uns vorschreibt, uns selbst zu vernichten, wenn akute Gefahr besteht, wenn man uns gefangennimmt. Und das Kind, das ist das Seltsame, es gibt mir am meisten zu denken. Um es projizieren zu können, müssen sie über hochentwikkelte technische Mittel verfügen. Daher meine ich, daß es ihnen ein leichtes gewesen sein müßte, mich in ihre Gewalt zu bringen. Wenn sie es nicht getan haben, dann nur, weil sie es nicht wollten. Sie haben versucht, in meine Nähe zu kommen, und das ist ihnen gelungen. Sie hätten mich töten oder fangen können. Aber sie haben es nicht getan. Was können sie beabsichtigt haben? Zähle zwei und zwei zusammen: Sie versuchten, friedlichen Kontakt aufzunehmen. Und das stimmt auf einmal mit dem wunderbar überein, was mir immer unerklärlich erschienen ist: das Auftreten des Kindes. Könnte es nicht ein Friedenszeichen sein? Überlege einmal! Was tun wir, wenn wir einem Fremden Frieden anzeigen wollen? Wir halten ihm ein Blatt oder eine Blume entgegen – für uns sind das Symbole des Friedens. Was aber soll uns ein Wesen präsentieren, das ganz andere Dinge benützt als wir? Was bleibt ihm übrig, als unsere Gehirne nach etwas zu durchforschen, was für uns das Friedlichste und Sympathischste ist, was es gibt: ein kleines Kind! Ich habe auch zuerst geglaubt, es sei eine Falle. Aber wer so intelligent ist wie diese Wesen, stellt keine so plumpen Fallen. Es war ein Friedenssymbol!«

Sid wiegte den Kopf und stieß einen Pfiff aus.

»Donnerwetter, ich glaube, du hast recht! Aber was wird nun geschehen?«

»Das ist nicht einfach abzuschätzen. Unsere Regierung sieht jeden Eindringling als Angreifer an. Bis jetzt haben wir noch keine friedfertigen Lebewesen im Weltraum getroffen – oder zumindest weiß ich nichts davon. Also wird die Regierung losschlagen. Daß die Lage ernst ist, daß die Invasoren mächtig sind, weiß sie. Also wird sie das schwerste Geschütz auffahren, das sie besitzt: Antimaterie. Ich bin überzeugt, daß sie das ganze System der Sonne Heyse II mit Antiwasserstoff vernichten wird.«

»Aber vielleicht wäre eine friedliche Zusammenarbeit viel fruchtbarer!«

»Wer weiß das? Ich weiß es nicht, und du weißt es nicht, und niemand weiß es. Für die Regierung gibt es nur den Weg der Sicherheit. Und der heißt Vernichtung.«

Sid runzelte die Stirn. Er war kein großer Denker, kein überlegener Geist, nur ein Durchschnittscharakter mit Durchschnittsbegreifen. Und wenn er auch kein Philosoph war, so kam ihm doch in den Sinn, daß hier etwas tragisch war – falsch, traurig und tragisch.

Sid konnte es nicht ausdrücken, obwohl er es Eric gern gesagt hätte. – Statt dessen frage er: »Und wohin fliegen wir?«

»Zu deinem Planeten, Kleiner«, sagte Eric und lehnte sich tief aufatmend in seinem Stuhl zurück.

Ein Begriff: Lovis – Eine Sehnsucht: Ruth

Nun war es also geschehen.

Es war nichts Überraschendes, nichts Unvorhergesehenes und nichts Ungewöhnliches – im Gegenteil, sie hatten damit gerechnet und es seit Jahren erwartet. Aber wie alles, was Schicksale aus ihren Bahnen wirft und auf neue Geleise stellt, wirkte es wie ein Schock.

Lovis lehnte an der Fensterbank, und das bläuliche Licht, das durch die kugelsicheren Scheiben drang, beleuchtete nur die Konturen seines markanten Gesichts – den flachen Bogen seiner Stirn, den Vorsprung seiner kräftigen Nase, den Einschnitt seiner dünnen, stets zusammengekniffenen Lippen, das Dreieck seines Kinnbartes. Millionen kannten dieses Gesicht, Millionen fürchteten es, Millionen haßten es.

Lovis hatte sich nicht umgedreht, als Eric Frost eingetreten war. Er hatte nur gesagt: »Es ist soweit.«

Eric brauchte keine nähere Erklärung. Er wußte, was geschehen war, wußte, was nun zu tun war. Tausendmal hatte er es sich ausgemalt, und nun war es so gekommen, wie er es sich ausgemalt hatte. Alles war vorbereitet. Tausendmal hatte er in Gedanken den Fluchtweg durcheilt, er kannte jeden Schritt, jeden Schlich, jede Hintertür, die sich ihnen bot, er kannte alle Schwierigkeiten und die Tricks, um sich ihnen zu entziehen; er hatte für Proviant gesorgt, für Waffen, für falsche Lochmarken, er hatte einen Zeitplan aufgestellt und jede Möglichkeit einer Komplikation einbezogen. Er hatte nichts anderes zu tun gehabt, als diese zwei Tage vorzubereiten, und er würde nachher nie wieder etwas zu tun haben. Sein ganzes Dasein war auf diese zwei Tage ausgerichtet.

Es war so, wie er es sich vorgestellt hatte, und doch war es anders. Es war anders, weil die Wirklichkeit immer anders ist als die Vorstellung. So hätte er nie erwartet, daß es für ihn auch nur einen Augenblick des Zauderns geben könnte, bevor er die Kette von

Ereignissen auslösen würde, die jenen kurzen Abschnitt in der Geschichte von Holder beendeten, der Lovis hieß. Sein Zaudern war ihm selbst unerklärlich.

Aber auch Lovis ging es nicht anders. Er war sicher, daß ihn Eric hinausbringen würde, und in groben Umrissen war ihm auch bekannt, wie. Und nun fiel ihm gar nicht auf, daß Eric stumm und unbeweglich blieb, anstatt zu beginnen. Lovis blickte hinunter auf den riesigen, von drei Flügeln des Palastes eingeschlossenen Hof und sah Dinge, die endgültig Vergangenheit waren – die wogenden, winkenden Volksmassen, die blitzenden, gemusterten Ströme der Truppenparaden, das Zeremoniell bei der Ankunft befreundeter Staatsoberhäupter, die öffentlichen Prozesse gegen Aufwiegler und Verräter, Spione und Saboteure. Er hörte den Aufschrei der Begeisterung, Hunderttausender, Marschtritt und Musik, das Heulen der Wut gegen die Verurteilten. Ein wenig zu schwer lehnte er an der Fensterbank. Der Platz unter ihm war leer. Nur gelegentlich tauchten einige Bewaffnete an den Häuserwänden auf, eilten daran entlang, verschwanden in einer der unzähligen Türen zu den eingebauten Bunkern.

Als Eric das Zittern der schmalen Lippen sah, erkannte er, was er bei seinem Plan vergessen hatte – daß man nicht nur handelt, sondern auch empfindet. Kurze Zeit hindurch war ihm, als fiele neben ihm eine schwere Masse hinab; sie blieb neben ihm, obwohl sie sich bewegte, immer schneller, immer tiefer, bis sie hart auf dem Boden aufschlug. Und dann bemerkte er, daß er selbst diese Masse war, aber der Raum, in den er gefallen war, war nicht der Raum, in dem er sich befand, und der Schlag, der ihn traf, war nicht der Aufschlag auf dem mit Teppichen belegten Boden von Lovis' Empfangs- und Arbeitszimmer. Er hatte sich jenseits einer Wand befunden, die dünner als Papier war, aber für sein Denken und Begreifen undurchdringlicher als Mauern aus Stahl und Stein. Der Ruck, der ihn durchlief, beschloß seine seltsame Untätigkeit und Lahmheit, erst jetzt war das um ihn herum das, was es war – ein Zimmer, ein Palast, eine Stadt, ein Land in Aufruhr; ein gestürzter Diktator; Gänge, Stufen, Türen, hohle Mauern, Keller, Aufzüge, Schienen, Fahrzeuge; Revolution, Haß, Wünsche, Begierden.

Ihm kam es vor, als begänne in diesem Moment sein Leben.

»Man kann die Sperren in dreißig Minuten durchbrechen«, sagte er.

Lovis richtete sich auf. Der Ausdruck seines Gesichtes war gefaßt. Es war ein einprägsames, kühnes Gesicht. Schade darum, dachte Eric.

»Einen Augenblick«, sagte Lovis.

»Was gibt es noch?«

Jetzt brannte Eric darauf, seinen Plan durchzuexerzieren. Äußerlich schien er kühl, aber sein Herz schlug hart. Es war keine Furcht – nur die fiebernde Freude über jenen Schritt, der vom Wollen zum Tun führt.

Lovis trat an den massigen Schreibtisch und drückte auf einen Knopf. Nach fünf Sekunden öffnete sich die Tür, und ein Mädchen trat herein. »Sie kommt mit«, sagte Lovis.

Fünf Sekunden lang war Eric auf den Grund dafür gespannt gewesen, der dafür ausreichend war, daß sie ihre Flucht verschoben. Sein Interesse sank in sich zusammen.

»Unsinn«, sagte er enttäuscht.

Er zog die Strahlenpistole und ging auf eine der nicht erkennbaren, in die Täfelung eingelassenen Türen zu. Er öffnete sie.

»Bist du bereit, Professor?« fragte er, und dann, zu Lovis gewandt: »Geh rein.«

»Ruth kommt mit«, sagte Lovis.

Das Zimmer hinter der Tür besaß keine Fenster, aber der Lichtkegel der Operationsleuchte, die einen Behandlungsstuhl in grelles Weiß tauchte, war stärker als das Licht der blauen Sonne Amarylls. Lovis setzte sich.

»Du darfst dich freuen, Professor«, sagte er. »Fang an! In einer Viertelstunde bist du entlassen.«

»Geht es zu Ende mit euch, ihr Schinder?« fragte der Mann, der neben dem Operationsstuhl stand.

Eric trat in die Wand, holte eine Lochmarke aus der Tasche und steckte sie in ein Tresorschloß. Ein breites Rechteck öffnete sich, ein Pult mit Instrumenten schob sich hervor.

»Zieh dich um«, sagte Lovis zu Ruth, »und dann warte draußen!«

Eric half dem Arzt in einen weißen Kittel und knüpfte die Bänder hinten zusammen. Seit vierzehn Monaten hatte er ihn hier gefangengehalten – den besten Gesichtschirurgen des Landes. Er hatte alles für ihn getan, um ihn unter diesen Umständen fit zu erhalten. Außer der Freiheit hatte dem Professor nichts gefehlt. Selbstverständlich hatte er gutes Essen und ein gutes Bett gehabt, er hatte Mikrofilme und Tonbänder erhalten, welche und wie viele er sich wünschte, unter Bewachung hatte er sich täglich beliebig lang in einem abgetrennten Teil des Dachgartens aufhalten dürfen, um die Kunstfertigkeit des Arztes nicht einschlummern zu lassen.

»Es wird doch alles gutgehen?« fragte Eric. »Deine Hände werden doch ruhig bleiben, Professor?«

Der Arzt riß die Plastikhülle von einem der Instrumente. Die rasierklingenscharfe Schneide eines Skalpells blitzte auf. Seine Hände, die schon so vielen entstellten Gesichtern ihre alte Symmetrie oder auch neue Schönheit geschenkt hatten, zitterten nicht, als er das Messer wog, wie wenn er sein Gewicht prüfen wollte.

»Du weißt, daß es ein Entweder-Oder gibt«, sagte Eric. »Entweder du bist frei. Oder es ist aus mit dir. Verstanden?«

»Beruhige dich«, antwortete der Chirurg. »Ich bin kein Richter und schon gar kein Henker. Und steh mir mit deinem Spielzeug nicht im Weg herum!«

Er schob Eric und seine Pistole beiseite und trat zu seinem Patienten. Unter seinen Händen würde jetzt ein fesselndes, ebenmäßiges Gesicht zu nichtssagendem, blassem Durchschnitt werden. Er riß den eingeschmolzenen Kunststoffpropfen vom Hals eines Fläschchens und schwenkte es über einem Wattebausch. Dann begann er, Mund, Nase und Wangen des Patienten einzureiben. Seine Finger wieselten über Requisiten und Haut. Er schaute nicht mehr auf.

Er arbeitete.

Von Zeit zu Zeit blickte Eric nach der Uhr. Sein Zeitplan schien zu stimmen. Der Arzt schnitt, sägte, reinigte und nähte. Ein Stück Nasenbein knackte unter der Zange. Die eiligen Hände setzten eine Klammer ein. Die Haut der beiden Wangen klaffte. Die flinken Hände schoben zwei Scheiben Gewebekultur darunter. Metall blitzte an den Mundecken. Blut sickerte. Die eifrigen Hände trennten und verbanden, stülpten um, kneteten, formten.

Ein kaum wahrnehmbares Aufstöhnen ließ Eric zur Seite sehen. Ruth war unbemerkt hereingekommen und starrte auf das blutige zersäbelte Gesicht ihres Geliebten. Sie war kalkbleich.

Eric winkte mit der Pistole: »Raus hier!«

Ruth ging sofort.

»Tupfer«, forderte der Arzt, und Eric reichte ihm das Stäbchen mit dem Wattebausch aus der Flasche. Wieder strichen die Finger über das Gesicht, wischten, drückten, kreisten, wie in einer magischen Beschwörung.

Der Chirurg trat zurück. »Fertig.«

Eric blickte nach der Uhr. Seine Zeiteinteilung war in Ordnung.

»Nach acht Stunden nehmt ihr die Verbandschicht ab.«

Lovis richtete sich auf. Vorsichtig tastete er nach dem dünnen weißen Plastikfilm, der die veränderten Partien seines Gesichts bedeckte. Er sah so gespenstisch aus wie ein Clown während des Abschminkens.

»Gut gearbeitet, Professor«, sagte Eric. »Ist noch etwas zu beachten?«

Der Chirurg schüttelte den Kopf.

»Überlege es dir gut – müssen wir noch irgend etwas tun, damit alles gut verheilt?« Eine steile Falte stand über Erics Nasenwurzel.

»Nichts«, antwortete der Professor.

Eric hob die Pistole und schoß. Die ruhigen und doch so lebendigen Finger des Arztes flatterten, tasteten fahrig umher, fingen sich an einem Tablett mit Skalpellen. In den dumpf dröhnenden Auffall seines Körpers mischte sich das Geklirr der über den Boden hüpfenden Instrumente.

Die Tür flog auf. Ruth stürmte herein.

»Was ist...? Bist du...?« Sie lief auf Lovis zu und riß an seinen Rockaufschlägen. »Warum habt ihr das gemacht?«

Lovis stieß sie unsanft zurück. »Halt uns nicht auf!«

Eric hielt die Pistole noch immer waagerecht. »Am besten, auch sie bleibt hier. Soll ich...?«

»Sie kommt mit«, sagte Lovis gelangweilt und verließ rasch den Raum.

Der Riesenplanet Amaryll badete im weißblauen Glanz seiner Sonne, wie an jedem seiner langen Tage. Die Kontinente lagen wie gelappte farblose Blätter einer schwimmenden Pflanze in den schwarzen Lavamassen, deren schwaches Glühen auf seiner Schattenseite zu erkennen war. Kuppenblöcke aus Basalt bildeten seine Gebirge, dazwischen lagen Täler, in denen es flimmerte und flirrte – Seen aus dem schweren Gas Schwefeldioxyd.

Der Planet hatte es den Menschen nicht leicht gemacht. Zwar besaß er Luft, aber sie war von giftigen Gasen – von Schwefeldioxyd, Schwefelwasserstoff und Kohlendioxyd – durchsetzt. Ohne Gasmaske war es nur für kurze Zeitspannen möglich, sich im Freien aufzuhalten. Die Anziehungskraft war bedeutend stärker als die der Erde, doch war die Rotationsgeschwindigkeit so groß, daß sie am Äquator durch die Zentrifugalkraft mehr als ausgeglichen wurde und auch in mittleren Breiten noch erträglich war. Dasselbe galt für den Luftdruck.

Und doch hatte sich der Mensch hier festgesetzt. Er lebte auf den weiten, von kristallinen Krusten überzogenen Ebenen, auf denen man Minerale und Erze im Tagbau gewinnen konnte. Er stellte erst seine Häuser und dann seine Siedlungen und Dörfer in durchsichtige Halbkugeln aus Polysiliziden, die mit filtrierter Luft gefüllt waren. Je mehr Menschen auf den Planeten kamen, um so näher rückten die glasigen Blasen zusammen und bildeten an manchen Stellen Überzüge, die von weitem wie eine Schicht von Flokkenschaum aussahen. Die größten Kuppeln besaßen Durchmesser von tausend Metern.

Etwa ein Dutzend solcher Riesenkuppeln bildeten den Raum der Stadt Holder, der Hauptstadt des gleichnamigen Landes. Im Zentrum lagen die Verwaltungsgebäude und Kulturstätten, in der Peripherie die Wohnblöcke, und ganz außen, unter einem Kranz von kleineren Kuppeln, die Energiezentren, Fabriken und Pflanzungen.

Das war sechs Jahre lang das Reich Lovis' gewesen, nachdem er durch einen Staatsstreich die Herrschaft an sich gerissen hatte. Jetzt war es sein Gefängnis, dem es zu entrinnen galt.

Eric ging voran, durch ein und noch ein Zimmer, in einen Korridor, in einen Saal – die Bibliothek. Er schob ein Regal mit Mikrofilmen beiseite, eine Tür kam zum Vorschein. Lovis trat ein, Ruth folgte, Eric zog das Regal wieder vor. Finsternis umgab sie, Lovis ließ eine Taschenlampe aufleuchten. Sie befanden sich in einem Lift. Eric ließ einen Kontakt schnappen, und sie sanken in die Tiefe. Es ging ohne Motor, der Aufzug folgte der Schwerkraft, er wurde nur dieses einemal gebraucht. Eine Feder schnappte ein, die Bremsvorrichtung knirschte. Sie stiegen aus.

Ein Gang. Stufen. Türen. Ecken, Winkel. Hallen. Eric öffnete eine Tür, Lovis trat hindurch, Ruth folgte. Eric schloß die Tür. Eine leere Schlucht. Endlose Stiegen. Absätze. Stiegen. Eine Falltür. Lovis trat hinab, Ruth folgte. Eric ließ die Klappe über sich zufallen. Ein enger abschüssiger Gang. Eine Biegung. Schwarze Leere.

Eric stand an einem Schaltbrett. Er brauchte seine Taschenlampe nicht, er kannte sich aus. Eine Perlenkette von Lichtern peitschte in einen unabsehbaren Tunnel hinein. Darunter hing ein silbernes Band und zielte auf jenen fernen Punkt, in dem es sich mit der Lichterkette traf. Ein einzelner Wagen der unterirdischen Einschienenbahn stand auf der leicht abfallenden Strecke. Ein Bremsklotz hielt ihn wie ein eingestemmtes Knie.

Eric wartete noch am Schaltbrett. Er drehte einen Hebel um. Ein sachter Stoß schüttelte sie, der Boden schien drei Sekunden lang aus einer weichen Masse zu bestehen, dann grollte ein Donnern auf, ein dumpfer, langsam anschwellender Urlaut aus dem Innern der Erde, und dann wischte ein Hauch über sie hinweg, ein heftiger Atemzug aus dem offenen Hals des hinter ihnen liegenden Ganges.

»Erledigt«, sagte Eric. »Steigt ein.«

Ruth lauschte angestrengt. »Was war das?«

»Das war mein Palast«, antwortete Lovis. »Glaubst du, ich bewahre ihn für meinen Nachfolger auf?«

Eric bückte sich zur Schiene hinunter und drehte an einer Flügelschraube. »Einsteigen!«

Lovis trat vom schmalen Absatz des Bahnsteiges auf den Boden des Wagens, der in derselben Höhe lag, und zog Ruth nach sich.

Eric hob den Bremsblock ab und betrat als dritter den Wagen. Er ging zum gewölbten Vorderfenster und ließ den Schwenkarm der Öldruckbremse zurückrasten. Unmerklich und erschütterungsfrei setzte sich der Wagen in Bewegung, der Bahnsteig glitt zurück, die hohle Röhre des Bahntunnels stülpte sich über sie, die Lichter wanderten, liefen, schnellten auf sie zu, bis die Kette zu einem Lichtstreif wurde und so still zu stehen schien wie die Schiene, über die sie auf hitzefesten Elastikrädern dahinrollten.

»Eine U-Bahn nur für uns«, sagte Lovis. »Schätzchen, bald sind wir in Sicherheit! Freust du dich?«

Ruth beobachtete die Lichtschlangen in der Röhre vor sich, deren Wände durch die Bewegung glatt und schimmernd aussahen. Es zischte. Der Wagen lag auf einem Polster aus gestauter Luft. Ein Geschoß im Lauf eines Geschützes, dachte Ruth.

»Kann uns hier niemand aufhalten?« fragte sie.

Lovis lächelte. Unter seinem Verband war es eine scheußliche Grimasse. »Wir haben diese Strecke vor Jahren stillgelegt. Alle Ausgänge sind vermauert – bis auf jene, die wir noch brauchen können.«

Das gelbe Licht wurde schlagartig rot. Eric zog die Bremse wieder an. Der Lichtpfeil über ihnen flirrte, zuckte und zerfiel in einzelne rote Augen. Der Schlauch der Röhre blähte sich zu einer Halle. Eric schraubte die Bremse fest. Die Fahrt war zu Ende. Sie stiegen aus.

»Wo sind wir?« fragte Ruth. Sie wandte sich an Lovis. Eric existierte nicht für sie.

»Hier ist die alte Endstation der U-Bahn. Wir sind schon am Rand der Stadt, bei den Wasserspeichern. Komm jetzt, dort geht es hinauf!«

Eric war vorangegangen. Er stützte sich auf ein Eisengeländer und schaute wie von einer Tribüne auf die Halle hinab. Aus der Betonwand neben ihm ragte ein Hebel. Er zeigte nach unten.

Ein Gurgeln klang von unten herauf, etwas schluckte kurz, dann rauschte es. Ein schwankender Spiegel lag auf einmal auf dem Boden, stieg empor, tappte in den Tunnel hinein.

»Wasser!« rief Ruth. »Lovis, ist es Wasser?«

»Was denn sonst, mein Kind? Wir versperren hinter uns den Weg.«

»Aber ihr könnt doch nicht... die Wasservorräte...«

»Wir brauchen kein Wasser mehr«, erklärte Lovis.

Die Lichterreihe unter ihnen erlosch. Die gurgelnden Geräusche schienen durch das Dunkel verstärkt zu werden. Lovis und Eric ließen ihre Taschenlampen aufflammen.

Sie stiegen die eisernen Stufen hinauf, etwa zweihundert Meter hoch, in einen grob ins Gestein gehauenen Stollen. Ihre Schritte hallten auf den Eisenstufen.

Wieder hielten sie vor einer Tür. Eric drehte eine Ziffernscheibe und stieß sie auf. Drückende Dunkelheit lag wie eine Flüssigkeit vor ihnen. Etwas kratzte... etwas rollte, klirrte, splitterte.

»Verflucht!« stieß Lovis hervor. »Da ist jemand!«

Ein Lichtstrahl irrte umher.

Lovis schlug Eric die Taschenlampe aus der Hand. »Kein Licht, du Narr. Los, wir müssen zurück!«

»Nur nicht nervös werden«, sagte Eric. Seine Stimme kam von vorn. Im Dunkeln hatte er den Schalter gefunden. Er drehte ihn um. Schmerzhaft ergoß sich Licht in ihre Augen. Ein lispelnder Pfiff ertönte. Über Hocker, Tischchen, Wandregale huschte es.

»Unsere erste Station«, sagte Eric.

»Die verdammten Ratten«, sagte Lovis.

Sie befanden sich in einer einfachen Bar. Die Theke war gelb gekachelt und erinnerte an einen Waschraum. Eine Reihe bunter Flaschen stand auf den Regalen, eine lag zerbrochen am Boden, eine dunkle Pfütze verbreitete sich um sie herum und der Geruch nach Schnaps. Ruth ging einige kurze Schritte vor; Staub wirbelte auf. Überall lag Staub, auf den Stühlen und Tischen, auf dem Wandspiegel, auf der Espressomaschine, auf der Musikbox, auf den Tellern und Gläsern.

Lovis drehte sich jäh herum. »Verdammt, Eric. Mach, daß das zu Ende geht.«

»Unsere erste Station«, sagte Eric. »Ruhe bis nach Mitternacht. Kaviar und leichte Musik.«

Er schlenderte zur Musikbox und steckte ein Geldstück in den Schlitz. In dem Lautsprecher knackte es, und dann wirbelten der Schlagbaß und die Cimbel im Stereoton, und eine dunkle Frauenstimme schleppte dem Rhythmus eine aufreizend langsame, monotone Melodie nach.

»Ruhe!« schrie Lovis. »Ruhe… sag’… ich…«

Er riß einen Barhocker am Bein empor und ließ ihn auf die bunte Glaspracht der Box niedersausen, unter der sich das mehrspurige Tonband ringelte.

Lovis setzte sich auf eine Bank und fluchte leise vor sich hin. Eric trat hinter die Theke, schenkte ein Glas Gin ein, ging um den Tisch herum und hielt es Lovis vors Gesicht. Lovis griff danach und trank in kurzen hastigen Schlucken. Er streckte Ruth die Hand entgegen und zog sie neben sich.

Eric stand vor Lovis und lächelte. Unter ihm schwebte die weiße Maske Lovis’ wie ein haltloses Ding im Raum. Das Lächeln von Eric war nicht böse und nicht spöttisch, nicht überlegen und nicht schadenfroh – eher mitleidig oder selbstvergessen. Immer wenn er in dieses Gesicht geblickt hatte, dann hatte es ihn in die Gegenwart gerufen, und auch nur in einen Teil der Gegenwart – in jenen, in dem es um Greifbares ging, um Geld, um Mädchen, um Landbesitz, um Waffen. Aber nun war es hinter einem Vorhang verborgen, übertüncht, sterilisiert, und das, was es in Eric wachrief, waren nicht die Nöte und Forderungen der Stunde, sondern die Erinnerungen und Sehnsüchte eines Jungen, der einen großen, starken Freund besaß – ein Vorbild an Erfolg, Macht und Willenskraft, ein Vorbild, das man nie erreicht, in dessen Aura aber man sich wärmen kann, wenn es auch nur eine geborgte Wärme ist. Eric hatte stets bedingungslos und gläubig gehorcht, und nach der Schule, als Lovis seinen Siegeszug beim Militär antrat, verfolgte er sein Idol aus der Ferne, ohne selbst etwas aus sich zu machen. Und dann kam der Bote, der ihn zu Lovis rief und der seinem Leben einen neuen Sinn gab und zugleich den alten wiederschenkte: ein getreuer, stummer Schatten Lovis’ zu sein.

Eric bemerkte nicht, daß ihn Ruth zum erstenmal aufmerksam beobachtete und daß für diese paar Minuten der Ausdruck des Abscheus, den sie stets für ihn bereithielt, verschwunden war.

Nach einer Weile richtete sich Lovis auf. »Was jetzt?«

Eric schnippte ein Stäubchen vom Ärmel.

»Du kennst den Plan. Von hier aus gibt es für uns zwei, drei sichere Wege, um weiterzukommen. Verstehst du: für uns *zwei!* Das Mädchen bleibt hier.«

Lovis hielt Ruth fest wie einen Besitz.

»Nein!«

»Lovis, überlege doch! In unserem Plan gibt es keine Mädchen. Es ist doch alles bis ins kleinste Detail festgelegt. Draußen, an der Ausfahrt nach Belem, liegen für uns zwei Schutzanzüge. Hörst du: zwei! Ohne sie kommen wir nicht bis zum Flugzeug. Bei den Kaliwerken sind zwei Turbinenschleudern eingebaut, genau zwei Stück. Und dann steht an der Südspitze der Schlepper bereit – aber nur für den äußersten Notfall; Proviant und Wasser sind für zwei Menschen berechnet, und diese Fahrt ist nichts für ein Mädchen. Lovis, es ist unmöglich. Wozu willst du Ruth mitnehmen? In Elektra liegt dein Geld, da kannst du von der Sorte haben, soviel du willst.«

Ruth drückte sich an Lovis.

»Lovis, verbiete ihm, so zu reden! Wie kannst du das mit anhören?«

Eric schwenkte auf dem Absatz herum und wanderte im Raum hin und her. Er sah auf das Schachbrettmuster der Bodenplatten vor seinen Füßen.

»Du setzt dein Entkommen aufs Spiel, wenn du das Mädchen mitnimmst. Lovis! Sie kann ja am Leben bleiben. Ich finde schon einen Weg, damit sie uns nicht gefährlich wird. Wir sperren sie hier ein – und bis sie herausgefunden hat, sind wir in Sicherheit. Sie kann später nachkommen. Wir lassen Geld für sie da!«

Er nahm eine Rolle Plastikscheine aus der Brusttasche und legte sie auf das Tischchen vor Ruth. Sie faßte danach und warf nach ihm. Ohne sich zu öffnen, flog das Röllchen an ihm vorbei und kollerte unter einen Stuhl. Eric bückte sich, hob es auf und steckte es wieder ein. – »Warum sagst du nichts, Lovis?« schrie das Mädchen. »Vielleicht willst du ihm noch zustimmen!«

»Schau, Mädel«, sagte er, »vielleicht hat er sogar recht. Ohne ihn komme ich hier nicht heraus. Aber dich kennt doch niemand. Vielleicht... Du könntest doch... Verflucht!« brüllte er auf. »Du siehst doch, es geht nicht! Liegt dir denn nichts an meinem Leben? Nimm doch auch Rücksicht auf mich! Es gibt nun einmal keinen Weg für uns drei. Wir haben überall an den Ausgängen nur zwei Schutzanzüge liegen.«

Ruths Lippen bewegten sich, aber es kam kein Laut aus ihrem Mund. Lovis blickte sie erschreckt an. Der Ausdruck seiner Augen wechselte, als wollten sie etwas sagen, was das gefesselte Gesicht nicht ausdrücken konnte. Er stand auf und bückte sich zu ihr herab. Seine Hände tappten nach ihren Wangen, ihren Haaren.

»Mein Kindchen«, stammelte er. »Sei nicht traurig! Wir werden schon einen Ausweg finden. Mein Liebling, mein Schätzchen. Ich kann ja gar nicht ohne dich... Aber sei doch vernünftig...!«

Ruth duckte sich unter seinen Armen hinweg. Sie ging einige Schritte seitwärts, so daß sie zwischen den beiden Männern stand. Eric lümmelte an einer gekachelten Säule und gab sich unbeteiligt. Er hatte soviel gesprochen wie noch nie in seinem Leben, und jetzt schwieg er. Er meinte, es ginge ihm darum, Lovis zu retten. Jetzt überließ er den anderen die Entscheidung darüber, ob alles so geschah, wie er es festgelegt hatte, oder ob seine jahrelange Vorarbeit sinnlos gewesen war und damit der Zweck seines ganzen Daseins. Ganz tief in seinem Innern, so tief, daß es nicht an die Oberfläche seines Bewußtseins strahlte, spürte er aber das Nahen von etwas Ungeheuerlichem, von etwas, was nach den Fundamenten seiner Persönlichkeit griff.

»Sei still«, sagte Ruth zu Lovis. »Ich werde tun, was du willst. Wenn du es wünschst, bleibe ich hier. Aber ist es wirklich notwendig, oder willst du mich nur los sein?«

»Liebling...« Lovis stand gebückt. Seine Arme pendelten.

»Es gibt einen Ausweg«, fuhr Ruth fort. »Wir können auch zu dritt flüchten. Wir haben Zeit bis Mitternacht. Inzwischen holt Eric eine Schutzmaske von einem jener Ausgänge, den wir nicht benutzen. Die Turbinenschleudern kommen für uns nicht in Betracht und auch der Schlepper nicht. Die Südspitze ist nicht weit von den Wasserspeichern entfernt. Also wird es am besten sein, die Maske von dort zu holen. Und dann sehen wir, daß wir über die Ausfahrt nach Belem das Flugzeug erreichen.« – Lovis lief auf das Mädchen zu. »Das ist der Ausweg! Daß ich nicht daran gedacht habe! Natürlich – so geht es. Warum bist du nicht draufgekommen, Eric?«

Eric sah auf die Spuren, die sein Ärmel im Staub der Tischplatte gezogen hatte. Hatte er nicht daran gedacht? Die Lösung war ganz einfach. Er kannte das Labyrinth der Fluchtwege wie kein anderer, und jede damit zusammenhängende Frage, auf die es eine Antwort gab, mußte sich ihm von selbst erschließen. Freilich, das Flugzeug war ein Zweisitzer, aber der Gepäckraum stand zur Verfügung, und Treibstoff lag genug bereit. Er hatte nicht antworten können, weil er nicht selbst gegen sich entscheiden durfte. Nicht Lovis hatte er verloren, sondern das, was Lovis für ihn war.

»Geht in Ordnung«, sagte er, »ich hole die Maske.« Aber er wußte, daß er nicht mitfliegen würde. Nicht zu dritt. Er wandte sich ab.

»Laß ihn nicht allein!« rief Ruth. »Du mußt mitgehen. Und ich komme auch mit!«

Lovis gehorchte ihr. Er setzte sich hinter Eric in Bewegung, und Ruth folgte. Du hast mich schon allein gelassen, dachte Eric, es nützt nichts, wenn du jetzt mitkommst. Er stieg die Stufen zu den Werkhallen der unterirdischen Fabrik hinauf. Er selbst hatte den Befehl ausgeschrieben, daß der Betrieb stillgelegt und von der Außenwelt abgeschnitten werden sollte, und Lovis, der jetzt schwerfällig hinter ihm herkeuchte, die Hand am Pistolenknauf, hatte ihn unterzeichnet.

Die magnetische Sperre öffnete sich vor ihm. Das Notlicht der Glimmlampen sickerte in die Hallen, ohne die Schatten wirklich aus den Winkeln vertreiben zu können. Abgründe gähnten neben den Maschinen, unter den Luftbändern, zwischen den Speichen der Räder, hinter den Preßhämmern, in den Ölkesseln. Kranhaken, Zangen, Stanzhämmer griffen aus dem Nichts, Ketten, Drähte, Leitungen, Röhren überzogen die einzelnen unabhängig voneinander im Schwarz schwebenden Gruppen von Werkzeugen und verbanden ihr seltsames Neben-, Über- und Durcheinander zu einem Rieseninsekt aus Metall, das nur auf ein Signal zu warten schien, um zu automatenhaftem Leben zu erwachen. Eric hätte diese Signale geben können. Die Spinbatterien waren noch geladen, die Benzinbehälter gefüllt, die Schmierleitungen voll Öl, die Gasflaschen unter Druck. Er hätte ein Signal geben können, einen Hebel umlegen, einen Knopf drücken, einen Schalter drehen, und Kontakte hätten sich geschlossen, Elektrizität wäre durch Metall gekrochen, Kondensatoren hätten sich entladen, Räder hätten sich gedreht, Hämmer hätten gestampft.

Eric dachte nicht daran. Er ging weiter, durchquerte eine ganze Flucht von Maschinenhallen, Büros, Lagerräumen, kroch in einen Belüftungsschacht und kam bis unter die Oberfläche. Neben einer Schalttafel stand der Kasten mit den Schutzanzügen. Er holte eine Atemmaske heraus, kehrte um. Die Schaltknöpfe ließ er unberührt. Lovis und Ruth stolperten hinter ihm drein.

Es war zehn Uhr nachts. Eric fiel der Zeitplan ein. Für jetzt hatte er Ruhe vorgeschrieben. Ruhe nach den Anstrengungen und Aufregungen des bewegten Tages. Ruhe nach einem kleinen Imbiß in der Kantine der unterirdischen Fabrik. Ruhe vor dem zweiten, letzten mühsamen Tag, der ausgeruhte Glieder und beruhigte Nerven erfordern würde. Jetzt war es gleichgültig.

Er erreichte die Bar und öffnete die Tür zu einem Schrank. In den Fächern standen Konserven – Kekse, Nüsse, Schokolade, eingelegtes Obst; Dosen mit Grapefruitsaft, mit Orangeade. Er zog eine zweite Tür auf und nahm einen elektrischen Rasierapparat, Schere, Alkohol und Watte heraus. Aus einem dritten Schrank schob er schließlich zwei Luftmatratzen, zwei Gummipolster und ein Bündel Decken. Er packte zwei davon, breitete sie über die Wandbank, zog Jacke und Schuhe aus, legte sich hin und wickelte sich ein.

»Man kann den Verband abnehmen, Lovis«, sagte er müde und stellte den Wecker seiner Armbanduhr auf eins dreißig.

Lovis trat zum Wandspiegel und hakte ihn los.

»Richtig! Hilf mir, Ruth.«

Er reichte dem Mädchen den Spiegel und trat unter eine Lampe. Zuerst rasierte er sich, und der schwarze Kinnbart, der vom Verband frei geblieben war, fiel in Strähnen herab. Dann schob er die Fingernägel unter die Plastikschicht und löste so viel, daß er mit dem Finger unter den Rand greifen konnte. Er zog, und ein Streifen löste sich, er griff wieder zu und zerrte, ein Streifen nach dem andern kam frei, schrumpfte ein und hüpfte als unansehnliches Knäuel zu Boden.

Eric hatte sich zur Wand drehen und schlafen wollen. Aber er konnte seinen Blick nicht von Lovis' Gesicht lösen. Ruth saß wie eine Bildsäule. Der Spiegel in ihrer Hand zitterte. Es sah aus, als ob ein wahnsinniger Kranker seine verfaulte Haut vom Kopf riß, um die Zuschauer mit dem Schauderbild zu schrecken, das dahinter zum Vorschein käme.

Der letzte Fetzen trennte sich, und Lovis starrte in den Spiegel.

An diesem Gesicht war nichts Schreckliches, aber auch nichts Starkes, Machtvolles, nichts Überlegenes, Stolzes, nichts Verächtliches, Niederschmetterndes. Dieses Gesicht war nur nichtssagend und dabei nicht einmal ekelhaft. Die Nase war zu einer Stupsnase geworden, die Wangen wölbten sich rundlich und ein wenig fett, der Mund war wulstig und voll – es sah aus, als ob die Lippen keinen Halt aneinander finden konnten und stets leicht geöffnet bleiben müßten.

Der Arzt hatte gute Arbeit geleistet. Zwar war er nun tot, aber sein Werk war lebendig. Und gerade durch die Güte seiner Arbeit hatte er sich an seinen Peinigern gerächt. Niemand konnte Lovis erkennen. Niemand konnte eine Spur des Eingriffs entdecken. Es gab keine Narben und keine Hautverfärbungen. Es gab keinen Lovis mehr, weder für Eric noch für Ruth. Sie erkannten es beide. Ihre Blicke trafen sich. Beide dachten dasselbe, und sie verstanden einander. Beide sahen sich so, wie man sich sieht, wenn einer den anderen zum erstenmal sieht und ihn zu erkennen sucht.

»Was glotzt ihr da!« schrie Lovis und schlug nach dem Spiegel in Ruths Hand, aber sie zog ihn vor seiner Faust zurück und legte ihn auf die Theke.

Eric schloß die Augen und drehte sich zur Wand.

Der Wecker hatte noch nicht angeschlagen, als Eric erwachte.

Er setzte sich auf und sah nach der Uhr: zehn nach eins. Das Licht brannte noch. Jemand schnarchte – Lovis; Ruth war nicht zu sehen. Er schaute umher, die Tür zum Korridor stand einen Spalt offen. Ihm war, als hörte er Stimmen.

Lautlos glitt er von der Bank, auf bloßen Füßen schlich er zur Tür, drückte sie auf, lauschte... nichts mehr zu hören. Seine Augen gewöhnten sich an die Dunkelheit, und er erblickte weiter vorn einen Lichtschein. Er schlich wieder vorwärts – dort war eine Tür, und unten, an der Ritze, quoll der weiße Schimmer heraus. Er zog die Waffe und riß die Tür auf.

Ruth saß in einem Bürostuhl vor einem Schreibtisch. Sie fuhr herum, ein Radiofonhörer fiel aus ihrer Hand, pendelte an der Schnur hin und her. Sie schob den Sessel zurück und stand auf. Ihre grünen Augen waren weit aufgerissen, das dunkelblonde Haar fiel ihr in die Stirn. Eric sah erst jetzt, daß die Augen grün waren und die Haare blond. Er ließ die Waffe sinken und kam näher.

Das Mädchen bemerkte seinen Blick. Daran, daß sie Angst hatte, änderte sich nichts, aber ihr Gesichtsausdruck wechselte. Ihre Lider kniffen sich ein klein wenig zusammen, ihr Kinn hob sich, sie richtete sich gerade auf und war um keinen Fingerbreit kleiner als Eric.

»Die Batterie ist tot«, sagte er. »Keine Verbindung. Tot.« Mit der Linken zog er den Hörer empor, hob ihn ans Ohr, horchte... »Nichts. Tot. Es gibt keine Verbindung nach außen.«

Er war selbst erstaunt darüber; er hatte den Apparat zwar schon vor langer Zeit abgeschaltet, aber nicht zerstört – ein leises Summen hätte zu hören sein müssen. Er trat noch einen Schritt näher.

»Was hast du dir dabei gedacht? Mit wem wolltest du sprechen?«

»Eric«, sagte das Mädchen. Sie sprach nicht laut und nicht leise, nicht ängstlich und nicht ärgerlich, nicht werbend und nicht ablehnend. Sie nannte nur seinen Namen.

Plötzlich öffnete sich vor Eric ein Tor. Davor gab es keine Gänge, keine Straßen, keinen Zaun und keine Fußspur, denen er zu folgen hatte – eine unübersehbare Weite zog ihn an, eine Weite ohne Raum, ohne Zeit, ohne Ursache und Wirkung. In dieser Weite war alles möglich, ohne Bindung, ohne Fessel, ohne Gewalt, ohne Zwang. Einen Augenblick lang wollte er sich der Schwerelosigkeit dieser über ihn hereinbrechenden Freiheit überlassen, aber dann besann er sich schmerzhaft, und er wand sich unter der Qual der Besinnung und Verantwortung. Und dann entschied er sich.

Er warf den Hörer auf die Gabel. Von draußen kamen Schritte näher, Lovis erschien an der Tür.

»Was ist hier los?« fragte er.

»Mir war langweilig – ich habe mich umgesehen«, antwortete Ruth.

»Ich merkte, daß sie verschwunden war. Da habe ich sie gesucht«, erklärte Eric.

Lovis fielen die staubfreien Stellen auf dem Griff des Radiofonhörers nicht auf, und er bemerkte auch nicht, was Eric jetzt bemerkte: daß die Hörerschnur nur mehr an der Isolation am Gehäuse hing. Lovis sah nichts, aber sein neues pralles Gesicht blickte böse. Die Augen sind die alten, dachte Eric.

»Wir haben keine Zeit für solchen Unsinn«, sagte Lovis. »Vorwärts, wir hauen ab!«

Die zwei Männer und das Mädchen standen in einem niedrigen flachen Raum am Ende des Ganges. Eric griff in eine Kiste und holte einen schweren, dosenförmigen, mit einem Griff versehenen Körper und zwei Schutzmasken heraus. Eine gab er Lovis, die andere Ruth.

»Jetzt kommt ein kleines Risiko«, sagte er. »Hier sind wir nur einen Meter tief unter der Erde. Über uns liegt eine Gewächskuppel. Ich muß mich erst überzeugen, daß niemand in der Nähe ist.«

Er trat an das Okular eines Periskops, das aus der Betondecke hervorragte, und blickte hinein. Langsam drehte er sich.

»Die Luft ist rein.«

»Kannst du denn in der Nacht etwas sehen?« fragte Ruth.

»Ultrarot«, antwortete Eric.

Er ging zum anderen Ende der Kammer hinüber, hob die Hand zur Decke und löste einen Riegel. Eine Falltür schnellte auf, eine kleine Erdlawine fuhr herein und schleppte einzelne Pflanzenteile mit sich. Durch das Loch in der Decke fiel diffuser Sternenschein.

Eric holte eine kurze Leiter, lehnte sich an den Rand des Loches und stieg vorsichtig hinauf. Um ihn herum wogte die feuchte, stikkige, nach Erde riechende Luft eines Treibhauses. Herzförmige Blätter tropften vor Nässe, dicke Schotenbüschel hingen an holzigen Stengeln.

»Nachkommen!« rief er in die Öffnung hinein. Lovis erschien neben ihm und dann Ruth. Eric stieg noch einmal in den Raum hinunter und kam mit dem Tragkästchen zurück.

»Mir nach!« Ohne Zögern schlug er eine bestimmte Richtung ein.

Hintereinander stapften sie zwischen den fleischigen Lippenblütlern einher, über den Teppich aus weicher Erde und keimenden Pflanzenwurzeln. Eine mattglänzende Wand wölbte sich vor ihnen auf, die Kuppeln aus Polysiliziden, die Grenze zwischen der Zone des Lebens und des Todes. Die Sterne waren durch die milchigen Kunststoffflächen verwischt, aber ihr Glanz breitete sich über die gesamte Wölbung, als leuchte sie selbst in eigenem magischem Licht.

Eric setzte das Kästchen zu Boden und klappte die Vorderwand heraus. Ein dünner, aus Metallringen zusammengesetzter Schlauch ringelte sich vor; er endete in einer dreizackigen Gabel. Die beiden äußeren Zacken liefen in blanken Metallspitzen aus, die sich an den Enden wieder etwas näherten, die mittlere schloß mit der Verdickung einer Düse. Der Schaft der Gabel war etwa einen halben Meter lang; dort, wo er am Schlauch ansetzte, standen zwei Henkelgriffe ab.

Eric wischte mit der Hand über einen Streifen der von kondensierten Wassertröpfchen überzogenen Kunstglaswand und machte sie dadurch durchsichtig. Auf den ersten Blick schien es, als ob sich die Gartenlandschaft draußen fortsetzte, aber dieser Blick täuschte. Das, was da draußen sproß, waren keine Pflanzen, sondern Kristalle. Wie eine rauhreifüberzogene Wiese mit dreißig Zentimeter hohem Gras sah es aus.

Eric drehte einen Knopf auf einer kleinen Schaltfläche in der geöffneten Vorderfront seines Apparates. Ein Bogen von prasselnden Funken verband nun die beiden Außenzacken der Gabel.

»Masken aufsetzen.« – Lovis und Ruth folgten seinem Beispiel und stülpten sich die Gasmasken übers Gesicht.

Er legte die Gabel an die Glaswand. Wieder drehte er einen Schalter – ein dünner Strahl schoß aus der Düse, gerade in die elektrische Entladung hinein. Das Prasseln wurde etwas weicher, dafür zischte es, und Schwaden von ätzendem Dampf kreiselten.

Eric bewegte die Gabel leicht über die glatte Fläche. Die Stellen, die er behandelt hatte, waren mit schmalen, schief in die Wand führenden Einschnitten versehen, die etwa dreißig Zentimeter in die hundertzwanzig Zentimeter dicke Wand hineinreichten.

Die Umgebung der Einschnitte wölbte sich blasig aufgedunsen.

Ein runder, etwa fünfzig Zentimeter im Durchmesser zählender

Kreis war entstanden. Nun setzte Eric einen zweiten Kreis um den ersten, dabei zielte er mit seiner Gabel so, daß die Richtung des Schnittes im spitzen Winkel zu der des ersten verlief. Der Erfolg dieser Maßnahme zeigte sich bald – ein keilförmiges Stück Polysilizid nach dem andern splitterte heraus.

Jemand rüttelte Eric an der Schulter.

»Da stimmt etwas nicht!« rief Lovis. Er hatte die Atemmaske beiseite geschoben.

Eric richtete sich auf. »Was soll nicht stimmen?«

Er stellte die Säurezufuhr und die Spannung ab und nahm auch seine Maske ab.

»Dort habe ich ein Licht gesehen!« flüsterte Lovis in der plötzlichen Stille.

Sie spähten und lauschten. Sie bemerkten nichts, aber ihre Unbefangenheit war gestört.

Eric fiel etwas ein: »Das Ultrarotperiskop!«

Sie sprangen auf und rannten zur Bodenöffnung.

Lovis sprang mit einem Satz hinunter und spreizte die Bügel.

»Verdammt! Da schleichen welche herum!«

Eric drängte ihn weg.

»Du hast recht!«

»Wie lange brauchst du noch?«

»Zu lange.«

»Was tun wir?«

»Sprengen!«

Eric kniete am Kasten nieder, dem er vorhin den Brenner und die Masken entnommen hatte. Er reichte Lovis eine Drahtrolle; eine Zündbatterie stellte er neben sich zu Boden.

»Los, wickle den Draht ab!«

Lovis hastete die Leiter hinauf, den abgerollten Draht hinter sich nachziehend.

Eric schleppte die Megalitpatrone hinterdrein und steckte sie am Fuß der Wand in die Erde.

»Ruth, was tust du da? In die Kammer zurück, schnell!« schrie er.

Er befestigte die Klemmen an den Kontakten und lief mit dem Mädchen zu Lovis.

»Alles in Ordnung?«

»Ja!«

»Dann los.«

Er drückte den Hebel hinein... Nichts rührte sich. Er drückte noch einmal – nichts.

»Deine Planung!« schrie Lovis. »Du Stümper! Du Dilettant!«

»Bleib hier!« Eric riß einen Kranz Zündschnur aus der Kiste und stürzte los.

»Eric, nicht sprengen!« hörte er Ruth hinter sich herrufen.

Und gleich darauf Lovis: »Bleib da, was fällt dir ein!«

Er warf sich an der Wand nieder, wühlte die Patrone aus der Erde, riß den Sicherheitsstreifen ab und steckte die Zündschnur hinein. Auf die Mühe, die Patrone wieder einzugraben, verzichtete er. Er streckte nur die Schnur gerade und legte dann das freie Ende in die Flamme seines Feuerzeugs. Er sprintete los und sprang in den Keller hinab.

Sie warteten... zehn Sekunden, fünfzehn Sekunden... Dann kam der gewaltige Schlag der Detonation, gefolgt von unheilverkündendem Knirschen. Sie kletterten hinaus und sahen im Sternenschein silberne Sprünge an der Kuppel emporklettern. Das ganze Gebäude zitterte, vibrierte, die Energie der Erschütterung lief in dumpfen Glockentönen um den Rundbau herum, verebbte, flutete wieder auf. Dort, wo sie die Ladung gelegt hatten, war ein kleiner Trichter entstanden mit einer dahinter klaffenden ovalen Öffnung mit rundgeschmolzenen Rändern.

»Masken auf!« rief Eric.

»Hindurch!« rief Lovis.

Sie liefen los, in die Kristallwüste hinaus, durch knirschende Nadeln, die ihre Knöchel wund stachen, in die gifthaltige Luft, die durch die Filter zwar gereinigt war, aber durchdringend nach den absorbierenden Chemikalien roch und mühsam zu atmen war. Sie verließen die künstlichen Heimstätten der Menschen, die Geborgenheit der angeheizten, durchfeuchteten, gereinigten Atmosphäre und setzten ihre Hoffnung in die Unwirtlichkeit, Öde und Einsamkeit dieser Landschaft, in der es keine Menschen gab, die sie aufhalten konnten. Dort hinten, jenseits eines sanften Hügels, wartete die Rettung auf sie – das verborgene Flugzeug.

Ruth hielt sich dich neben Eric. Sie rief ihm etwas zu, aber er verstand nicht.

Hinter ihnen flammte es auf. Die Kuppeln wurden beleuchtet, ihre Flucht war entdeckt.

Ruth packte Eric am Ärmel.

»Was ist?« rief er.

Er verlangsamte seinen Lauf und bemühte sich, die verzerrten Laute, die aus der Maske drangen, zu verstehen.

»Das Radiofon … war nicht tot … ich habe … euch verraten …«

Eric faßte ihre Hand und versuchte, sie mit sich zu ziehen.

»Ist doch jetzt gleichgültig …«

»Eric … ich habe auch … die Kontakte … von der Patrone … gezogen.«

»Schon gut! Lauf doch jetzt! Oder … vielleicht … ist es besser … du bleibst zurück?«

Er blieb stehen. Er begann langsam zu begreifen. »Bleib hier, dir geschieht doch nichts!«

»Du hättest nicht … sprengen dürfen.«

Eric hörte, wie sie nach Luft rang.

»Warum? Ich mußte doch …!«

»Eine Kuppel … zu zerstören … ist ein Verbrechen!«

Eric schaute nach hinten. Einzelne Lichter kamen näher, aber sie waren noch weit.

»Bleib hier, Ruth«, sagte er.

»Zum Teufel, seid ihr verrückt!« schrie Lovis. Er war ein Stück vorgelaufen, kehrte aber jetzt zurück. Seine Maske hatte er heruntergezogen, er atmete schwer. »Dort vorn ist schon der Hügel. Vorwärts! Gleich haben wir's!«

Zwanzig Meter neben ihnen schlug etwas auf. Eine Gesteinsfontäne spritzte auf. Und noch ein Einschlag.

Es blieb keine Wahl – sie liefen weiter, Eric, der den Weg kannte, voran. Er hielt sich an die zahlreichen Einschnitte, die die Ebene durchzogen und in denen sie sich meist in Deckung befanden. Und dann überschritten sie den höchsten Punkt der Kuppe und waren zunächst in Sicherheit.

Vor ihnen lagen einige alte Baracken. Hier hatte man einst die antimonhaltigen Minerale abgebaut. Der Mensch hatte der Landschaft seinen Stempel aufgeprägt, an manchen Stellen war sie aufgerissen, wie Wunden lagen die unregelmäßigen dunklen Vielecke in der schneeigen Kristalldecke. Oft bildeten die eingeebneten Flächen flache Treppen. An den erzarmen Stellen häufte sich wertloses Abraummaterial zu Kegeln.

Eric stapfte zu einer der Baracken, überzeugte sich, daß die versteckten Plomben unversehrt waren, und drückte seine Lochmarke in einen verborgenen Schlitz. Eine metallene Falltür klappte ziehharmonikaartig zusammen, ein blanker Zweisitzer neuester Bauart kam zum Vorschein, und in einer Nebenkabine ein pflugscharversehener Traktor.

»Ich säubere die Fahrbahn«, sagte Eric, »schiebt die Maschine hinaus und laßt den Motor anlaufen.«

Er klomm auf den hohen Sitz, löste die Bremse und drückte den Starter. Käferhaft schob sich das Gefährt in die Ebene hinaus, die als Startbahn dienen sollte. So schnell wie möglich ließ Eric die Ketten laufen, dabei schob er einen Wulst von Sand und Staub vor sich her, neben den Spurenmustern der Kettenglieder wuchs eine Böschung empor. Nach drei Fahrten war die geglättete Straße genügend breit für den Anlauf. Eric lenkte den Pflug aus der Bahn hinaus und lief zum Flugzeug. Über der sanften Zackenlinie des Hügels, über den sie gekommen waren, tauchten dunkle Flecken auf, gegen den asphaltgrauen Morgenhimmel nur in ihren Umrissen erkennbar – die Verfolger.

Lovis saß bereits auf dem Steuersitz, hinter ihm Ruth.

»Tut mir leid, Eric«, rief Lovis in das Donnern des Motors hinein, »du mußt zurückbleiben!«

Die Maschine rollte an, doch Ruth beugte sich vor und zerrte an Lovis' Armen.

»Laß mich zurück, ich möchte hierbleiben. Nimm Eric mit, nicht mich. Halt, halt! Laß mich zurück!«

Die Maschine drehte sich und stellte sich schief zur Startbahn. Mit einem Fluch brachte sie Lovis zum Stehen. Er drehte sich um und versuchte, das Mädchen nach hinten auf seinen Sitz zu drükken, aber Ruth wehrte sich. Da holte er aus und schlug sie mit der flachen Hand ins Gesicht, einmal, zweimal, dreimal. Sie stieß mit den Fäusten nach ihm, doch er kümmerte sich nicht darum. Er ohrfeigte sie weiter und legte immer mehr Kraft in seine Schläge. Da übermannten sie der Schmerz, die Beschämung und die Hilflosigkeit. Sie warf sich zurück in die Mulde der Lehne, aus dem Bereich der dreschenden Arme, in die Geborgenheit des Augenblicks, in die Gleichgültigkeit der Verzweiflung, sie krümmte sich zusammen, zog die Knie an die Brust, verbarg das Gesicht unter den Armen und kauerte stumm und reglos nach der Seite geneigt in ihrem Polstersitz.

Ein kurzer sausender Pfiff, ein Hagel von weißen Splittern – ein Einschlag. Ein Flugzeug peilte über sie hinweg.

Eric stand tatenlos daneben. Sein Körper war einer seltsamen Lähmung unterworfen, er hätte nicht eingreifen können, selbst wenn er es gewollt hätte, aber in ihm war kein Bedürfnis, kein Wunsch, keine Regung – auch sein Wille war gelähmt... Lovis wollte ihn zurücklassen; das Mädchen wurde geschlagen; die Verfolger hatten sie eingeholt. Aber eigentlich ging es ihn gar nichts an, eigentlich beschäftigten ihn ganz andere Probleme. Probleme, die lange nicht so dramatische Aspekte aufwarfen, Probleme, mit denen man sich in Durchschnittstagen abgibt und deren Lösung wenig ändert. Sie waren das wirklich Wichtige, aber er hatte sie vergessen. Er wehrte sich gegen jenes andere, das ihn so aufdringlich und selbstverständlich in Besitz nahm, aber es war stark, und es war das einzige, was existierte, und so ergab er sich ihm, und er entschied sich.

»Lovis«, schrie er, »wer soll die Elektronenschleuder am Heck bedienen? Willst *du* es tun? Aber wer soll dann steuern?« Er deutete auf eine Staffel von Kampfflugzeugen, die oben kreiste. »Wird Ruth das Flugzeug lenken? Oder willst du dich nicht wehren?« Er duckte sich unter einem Regen von Splittern, den ein neuer Einschlag aufschleuderte. »Wer soll dich beim Fliegen ablösen? Wer wird dir helfen, wenn du notlanden mußt?«

Lovis' Augen starrten weit aufgerissen unter den Sichtgläsern der Maske hervor.

»Ruth«, schrie Eric, »steig aus!« Er griff hinein und zerrte sie halb über den Rand. »Heraus mit dir, vorwärts!«

Ruth kam zu sich, sie verstand und ließ sich über den Bordrand gleiten. Eric fing sie auf und stellte sie auf die Beine.

»Lauf in den Hangar und rühr dich nicht!«

Er gab ihr einen Stoß, und sie rannte gebückt los. Lovis sah ausdruckslos zu.

»Vorwärts!« schrie Eric. »Starte! Starte! Zum Teufel, gib Gas!« Er kletterte in den Hintersitz, klappte das Platikdach über sich und Lovis zu und trat den Hebel selbst hinunter. Schwer und widerwillig drehte sich die Maschine in die Laufrichtung. Der Wind hatte sich etwas gedreht, aber sie hatten keine Zeit, es zu berücksichtigen. Die Räder hüpften über die nur oberflächlich geebnete Bahn, in der es unangenehm viel Löcher gab. Aber sie gewannen an Geschwindigkeit. Eric ließ die Maschine bis ans Ende des freigelegten Streifens anrennen, im letzten Moment zog er den Steuerknüppel durch, und sie sprang über die anstürmende Hecke aus Sinterkrusten und Kristallbäumen.

Wie ein Schwarm Hornissen stürzten sich die Kampfmaschinen der neuen Regierung auf ihr Opfer. Lebendig konnten sie Lovis nun nicht mehr erwischen, aber ein toter Lovis ist immer noch besser als ein entkommener.

»Übernimm das Steuer!« schrie Eric.

Lovis reagierte überraschend schnell. Er stieß direkt auf den anschießenden Punkt zu. Eric hatte die Ventilation eingeschaltet, die milde, gefilterte, gewärmte Luft strömte herein. Sie warfen ihre Masken ab. Sie konnten wieder frei atmen. Mit jedem Atemzug schienen sie noch einmal jenen Kampfgeist zu schöpfen, der sie jahrzehntelang stärker als die anderen gemacht hatte.

Die Angreifer rasten auf sie zu. Lovis saß geduckt hinter dem Schnellfeuergeschütz. Eric sah den breiten Rücken, den stämmigen Hals, die kurzgeschorenen Haare, und er vergaß das neue Gesicht dahinter. Der Motor jauchzte, die Luft sang, die Muskeln krampften sich zusammen, die Sinne waren überwach, und dann riß Lovis den Hahn durch, und eine Garbe von Raketen löste sich aus den Rohren seitlich vom Rumpf des Flugzeuges. Der Wirbelsturm der Gegner brauste vorbei, rechts, links, oben und unten, die Erde bäumte sich auf, schlug um, es gab kein Oben und kein Unten mehr, die Schwere ließ sie los, in den Ohren saß das befreiende Schwindelgefühl des Schwebens. Sieben Punkte fielen hinter ihnen in die Leere, und jetzt war Eric da, er verschmolz mit dem

Abzug der Waffe, mit dem Schaft, mit dem Lauf – seine Augen, seine Nerven, sein Gehirn, sein Arm und sein Finger, seine prikkelnde Haut wurden eins mit dem kalten Metall, und nun warf er sein ganzes Sein in den Zug seiner Hand, in das Zusammenkrümmen seines Fingers, und mit den irisierenden Strömen der Ionen aus der Schleuder warf er ein Stück von sich selbst nach dem Feind. Ein jubelnder Triumph schüttelte ihn, als er zwei dicke, gepolsterte Rauchschwaden wie Eingeweidestränge todwunder Tiere in der Luft hängen sah, und dann die roten Kugeln der Explosionen nach dem Aufschlag.

Es war so schnell vorbei, wie es gekommen war. Eric kam zur Besinnung. Das Flugzeug raste auf eine mehlige Wand zu, er riß das Steuer herum, und die Fläche kippte hintüber, wurde zur Ebene, die stetig unter ihnen dahinstrich. Eric hatte vorgesorgt. Ihre Maschine war schneller als alle anderen. Die Gegner blieben weit zurück. Niemand würde sie einholen.

Lovis saß zusammengesunken in seinem Sitz, sein Kopf pendelte. Erschrocken beugte sich Eric vor, drehte den Kopf des Freundes an den Haaren herum – das Gesicht, das sich ihm zuwandte, war naß, naß von Tränen, die fetten Wangen schlapperten wie Taschen, der offene Mund schnappte hilflos. Eric ließ diesen Kopf nach vorne sinken. Er setzte sich zurecht, suchte unten nach der Bahnlinie und richtete dann den Kurs danach ein.

In einer Seitentasche in der Polsterung der Innenwand steckte eine Brieftasche. Er holte sie hervor und nestelte daraus mehrere Lochmarken, einige Rollen Geldscheine, einen Ring Safeschlüssel. Eine Lochmarke steckte er in die Tasche, dann öffnete er kurz das Seitenfenster und warf alles andere hinaus. Lovis bemerkte nichts davon.

Eric steuerte den ganzen Tag, die darauffolgende Nacht und noch einen halben Tag hindurch, ohne daß ihn Lovis ablöste. Von Zeit zu Zeit schluckte er eine Energontablette. Lovis schien die meiste Zeit zu schlafen.

Um die Mittagszeit des zweiten Tages schoben sich die Kuppeln der ersten Stadt von Elektra über den Horizont. Eric ging tiefer. Er steuerte eine äußere Rollbahn des Flugplatzes an, der zwischen zwei Kuppeln eingebettet lag, und landete glatt.

»Wir sind da«, sagte er zu Lovis und stemmte das Borddach hoch.

Lovis kletterte hinab. Eric blieb sitzen.

»Hast du auch alles zurückgelassen, woran man dich erkennen könnte?« fragte er.

Der andere nickte.

»Gut. Von nun an bist du also Antonio Diaz, Textilkaufmann, Bürger von Elektra. Weißt du die Daten auswendig?«

Lovis nickte wieder.

Eric reichte ihm eine Lochmarke.

»Ich komme nicht mit«, sagte er.

Lovis starrte ihn verständnislos an.

»Leb wohl«, sagte Eric und stieg über die Lehne vor ihm in den Vordersitz. Man hatte ihre Ankunft bemerkt, am Rand des Areals erschienen einige Männer.

»Eric!« schrie Lovis. »Bleib doch hier! Wir können immer zusammenbleiben. Du nimmst doch das nicht ernst, was ich gesagt habe? Ich war so nervös, so durcheinander. Jetzt werden wir das Leben genießen!«

Eric ließ den Propeller wieder kreisen. Die Männer kamen näher.

»Eric! Warte! Wo sind denn die Safeschlüssel? Wo sind die Aktien? Wo ist das Geld?« Er hielt die Hände flehend empor. »Was soll ich hier anfangen, ohne Mittel, ohne einen Freund?«

»Arbeiten, Antonio Diaz«, sagte Eric.

Er schlug den Kunststoffdeckel zu und ließ das Flugzeug rollen. Die Startbahn war gut. Er löste sich leicht vom Boden und zog einen Viertelkreis. Die Stadt lag wieder hinter ihm. Unten erstreckten sich die Betonflächen der Rollbahnen. Unten näherte sich eine Gruppe von Menschen einem einzelnen einsamen Mann.

Eric blickte auf die Karte. Hier war Holder, hier Elektra. Dort, über die ganze nördliche Halbkugel verstreut, lagen die Inselkontinente der Staaten des Neutralen Bundes. Aber drüben, jenseits des Lavameeres, das auf der Karte wie ein Sichelmond aussah, war die Karte weiß. Er schlug die Richtung darauf ein.

Eric befand sich in einem Zustand überreizter Wachheit. Die Tabletten wirkten in ihm nach. Das Weiß der Ebenen schien ihm weißer als sonst, die braunen Schatten härter, die Sonnenstrahlen wärmer. Noch nie hatte er das Glitzern der Kristallflächen mit einer ähnlichen ins Auge springenden Deutlichkeit aufgenommen – jedes Aufleuchten traf ihn wie ein sanfter, ermunternder Stich. Er sah Farben an den Hängen der Hügel, die er noch nie beachtet hatte – fahles Pastellblau, teigiges Gelb, durchsichtiges Purpur, nebelhaftes Violett, er beobachtete das Ansteigen und Überrinnen der sich in der Wärme ausdehnenden Schwefeldioxydseen, und er verfolgte das silbern durchsichtige Fließen der flimmernden Ströme, Bäche und Rinnsale mit den Regenbogenrändern, er nahm die Rauchschleier vor sich am Horizont wahr, wie sie sich aus langen gezackten Klüften erhoben, wie sie sich falteten und rafften, bevor sie in den Höhenwinden aufgingen und verwehten.

Und dann kamen sie auf ihn zu, die Rauch- und Nebelgestalten, die wirbelnden Schleierfetzen, die Dunstfahnen, die Staubarme, das Wogen und Wiegen tanzender Gase, die Schatten von Regenbögen, manchmal umfingen sie ihn dicht, manchmal zogen sie sich vor ihm zurück und zeigten ihre Abgründe, die sich unter die schartig aufgeblätterte Gesteinsdecke des Planeten fortsetzten und im Gebräu kochender Lava endeten. Er lenkte die Maschine höher, bis in die Region, in der sich die widerstreitenden Elemente zu einem stillen Dunstmeer vereinigten.

Dann zerfloß der Nebel schlagartig zu kristallklarer Luft. Tief unten lagen die Gipfelfelder unbekannten Landes.

Das Tribunal

Das Zimmer war kahl und leer – leer bis auf drei schwarzgepolsterte Bänke an den Wänden. Die elfenbeinfarbenen Rechtecke zweier Schiebetüren hoben sich kaum von den gleichfarbigen Wänden ab.

Obwohl das Tageslicht in einem breiten gelben Keil durch die Scheiben fiel, brannten drei Neonröhren an der Decke, ihre blauweißen Strahlen stachen bis in die hintersten Winkel. Mit leisem Fauchen strich geheizte, durchfeuchtete, keimfreie Luft aus einer vergitterten Öffnung an der Wand – der Atem der Klimaanlage, der durch ein Loch an der gegenüberliegenden Wand wieder eingesogen wurde.

In regelmäßigen Abständen vibrierten die Mauern – zwei Luftschächte befanden sich in der Nähe.

Eine Schiebetür glitt auf, zwei Männer in weißen Kombinationsanzügen trugen einen dritten herein; sein Overall war grau; er war ohne Besinnung. Sie legten ihn auf eine der Bänke, sahen sich kurz um und zogen sich wieder zurück. Mit einem leisen, dumpfen Stoß schloß sich die Tür.

Ein Zucken im Gesicht Eric Frosts kündigte an, daß sein Bewußtsein allmählich wiederkehrte. Er öffnete die Augen und schloß sie sofort wieder; die Lichtsäulen, die sich von zwei Seiten auf ihn zuwälzten, schmerzten unerträglich. Auch hatte er jetzt keine Zeit, sich mit seiner Umgebung zu beschäftigen. Er hatte vollauf damit zu tun, ein Unbehagen zu bekämpfen, das, von seinem Kopf ausgehend, in Stößen durch seinen Körper flutete; er mußte sich dagegenstemmen, so wie man sich bei hohem Seegang gegen das Durchsacken des Schiffes stemmt, um den Übelkeitsgefühlen des aufsteigenden Magens entgegenzuwirken. Und dabei war er so müde, daß er es nach einigen vergeblichen Willensversuchen aufgab, seine Hand von der Lehne herabzuziehen, wo sie unter seinem Kopf eingeklemmt lag.

Obwohl er die Augen geschlossen hielt, sah er bunte Bilderfetzen, und trotz der Stille hörte er Stimmen:

»...liegt alles weit zurück, vergiß es, vergiß...«
»...nicht mehr dein Freund – ein Verräter...«
»...schwarze Wand kommt auf dich zu, immer näher...«
»...du kennst die Vorschriften...«
»...jetzt kannst du dich entscheiden...«
»...Staub liegt auf den Wandbrettern...«
»...entscheide dich, entscheide dich...«
»...du bleibst stehen und horchst...«
»...einen Durchmesser von fünfzig Zentimeter...«
»...dein Blut, das da hinuntertropft...«

Er versuchte, die wirbelnden Impressionen zu ordnen, zu einem überschaubaren Mosaikbild zusammenzufügen, aber es gelang ihm nicht. Personen kristallisierten sich aus den Gedankenstrudeln heraus, ein schwarzgelockter Kopf mit furchtsamen Augen, ein scharfgeschnittenes Profil, über das wie durch Doppelbelichtung eine zweite von der ersten ein wenig abweichende Kontur lief, ein Schimmer von blondem Haar – bläßliche, nicht faßbare Schemen, aber seltsamerweise tiefgreifenden, fast leidenschaftlichen Gefühlseindrücken verhaftet, Sympathie, Bewunderung, Liebe, Haß. Er suchte diese Gestalten näher zu fassen, aber sie entzogen sich; sein vergebliches Bemühen und die aalglatte Gewandtheit, mit der sie ihm entglitten, wurden zu einem seltsamen körperlosen Such-mich-und-hasch-mich-Spiel, bei dem sich Fänger und Gejagte in einer abseitigen, versteckten Dimension eines komplexen Raum-Zeit-Gefüges befanden. Diese Ähnlichkeit mit dem Kinderspiel wurde so stark, daß sich Eric zeitweise in seine frühe Jugend zurückversetzt fühlte, und auch die eigenartige Welt kindlichen Fühlens und Denkens bezog ihn wieder in sich ein, in der es nur schwarz und weiß, nur gut und böse, nur ja oder nein gibt, in der alle Zwischentöne fehlen, alle Schattierungen und Abstufungen, von denen der Existenzraum der Erwachsenen strotzt. Und mit dieser Entschiedenheit, die keine Erwartung und keinen Zweifel, keine Ursache und keinen Zweck, keinen Hintergrund

und keine Umgebung beachtet, die nur ein einziges anerkennt – das, was gerade geschieht –, gab sich Eric seiner Aufgabe hin, und er war nun eben der Jäger und der Häscher, er war der, vor dem alle fliehen und den alle fürchten, er war sich der geborgten Überlegenheit seiner Situation bewußt, aber er litt ebenso verbissen an dieser unbeschreiblich kompromißlosen Einsamkeit, die auch das Kind umfängt, wenn es mit geschlossenen Augen an der Lichthofmauer lehnt, oder den Kopf an die rissige Rinde eines Baumes am Wiesenrand preßt, wenn es vor sich hin zählt und dann die Hände von den Augen zieht, wenn es den Spielplatz leer und verödet findet und selbst in entschlußloser Verlorenheit herumläuft, wenn es sich ausgeschlossen sieht aus dem Kreis der anderen und nun vor der Aufgabe steht, ihnen als Feind gegenüberzutreten.

Seit seiner Kindheit hatte Eric niemanden mehr gekannt, mit dem er sich durch irgendeine Emotion, sei es Zuneigung oder Abscheu, so stark verbunden gefühlt hatte, wie mit diesen gaukelnden Traumgespenstern. Man hatte ihn bald von den anderen Kindern getrennt, und jene Zeit, die schönste seines Lebens, eine Zeit der Abenteuer, der kleinen Wettkämpfe und der kleinen Siege, war für immer vorbei. Er kam in die Schule, in die Ausbildung, er ging seiner ihm zugewiesenen Arbeit nach und folgte den seichten Vergnügungen, die sich ihm zwischen Büroschluß und Nachtruhe anboten, den Glücksspielen an den Automaten, den Farbwandelvorführungen, der Musik und den Stereofilmen. Niemand rührte mehr an seinen Ehrgeiz, seine Schaffenslust, keine Situation forderte eine Idee und keine eine Tat. Später würde man ihm eine Frau zuweisen, und er würde seinen Verpflichtungen als Weltbürger nachkommen und sechs Jahre lang für zwei Kinder sorgen, bevor er sie an die Schule abgab. Seine Erinnerungen schliefen ein, und wenn er Sehnsucht hatte, dann ahnte er nicht, wonach.

Und nun war irgend etwas geschehen – das wußte er ganz genau –, es hatte sich etwas Grundlegendes geändert, und es war ihm wieder entflohen. Und als er nun suchte, stieg die Verzweiflung eines Alptraumes in ihm auf, in dem man beim Versteckspiel sucht und niemand findet und immer weitersucht und nie findet oder beim Fangenspiel dahinrennt und dem, der in greifbarer Nähe voranhetzt, nicht näher kommt, ihn niemals erreicht.

Etwas von außen brach in sein Inneres ein, die Monotonie des Warteraums war gestört, etwas hatte sich geändert – das Zischen der aus der Klimaanlage einströmenden Luft war leiser, fast unhörbar geworden. Der Traum scheute zurück, und die Wirklichkeit war wieder da.

Eric Frost blinzelte. Wieder bedrängte ihn die Lichtfülle, aber diesmal hielt er ihr stand. Er sah und erkannte die Bänke aus Chrom und Schaumgummi, die Türen, den elfenbeinfarbenen Raum, das breite Fenster mit der weißen Häuserfront dahinter. Die Erinnerungen prasselten auf ihn nieder: die Vorladung zur Untersuchung, der Automat an der Pforte der Klinik, die Korridore und Aufzüge, das Zimmer sechshundertfünf, in dem er warten sollte, das Fauchen der Belüftungsanlage... und seine plötzliche Schläfrigkeit.

Eric sprang auf... und taumelte – noch immer rann das Blut wie flüssiges Blei in seinen Adern –, er schob eine der Bänke unter die Luftklappe an der Wand, stieg hinauf, wäre fast hinuntergefallen, aber er lehnte sich fest an die Mauer, streckte sich – da war es, was er erwartet hatte: ein dünnes Rohr im Lüftungsschacht, sein mit einem Sieb verschlossenes Ende, von unten nicht sichtbar und durch das Gitter der Öffnung auch nicht zu erreichen.

Er streifte die Ärmel seiner Bluse zurück, suchte... Da war das zweite Indiz: eine winzige, blutverschorfte Stelle über der Vene in der Armbeuge.

Nun hatte er den Beweis: Sie hatten ihn im Netz gehabt.

Er stieg mühsam vom federnden Sitz der Bank und setzte sich. Sein Körper war noch immer nicht einsatzbereit, aber das Denken arbeitete wieder. Nun erst schätzte er das, was er erlebt hatte, richtig ein – seine lächerliche Bedeutungslosigkeit und seinen erschrekkenden Ernst.

»Was habe ich getan? Was kann ich nur getan haben?«

Janet Trombe schob den Block mit ihren Aufzeichnungen zurück und wartete. Farmer hielt die Augen scharf zusammengekniffen; er schien nachzudenken. Bell nickte und lächelte Janet zu. Graudenz kritzelte mit dem Schreibstift auf einem Stück Papier. Czerny saß mit leicht angewiderter Miene unbewegt in seinem

Stuhl. Der Tisch stand zwischen ihnen wie ein Block. Darauf lag der Silberhauch von zehn Neonröhren.

Farmer schien zu einem Abschluß gekommen zu sein. Als offizieller Vertreter der Regierung führte er den Vorsitz der Kommission. Seine massige Gestalt richtete sich auf.

»Nun, meine Herren?«

Er blickte Bell an, doch Czerny ließ sich zuerst vernehmen.

»Das Ergebnis ist eindeutig. Der Mann ist ein Verbrecher.«

Farmer wandte den Kopf und schaute Czerny, der in seine alte Regungslosigkeit zurückgefallen war, mit leichter Mißbilligung an.

»Bitte, Bell!« – Der kleine, dicke Neurologe mit den feisten Backen hob bedauernd die Hand.

»Ich verstehe nicht, wie es passieren konnte... jedenfalls: ein schwerer pathologischer Fall.«

»Wie der Mann – wenn es sich tatsächlich um einen Anomalen handelt – den Kontrollstellen entgehen konnte, wird das Thema einer weiteren grundsätzlichen Besprechung sein. Czerny hat sich schon geäußert. Also, Graudenz?«

Der junge Mediziner mit dem Studentengesicht fuhr nervös auf. Dann sagte er: »Ich schließe mich der Meinung Bells an – unzweifelhaft pathologisch... ich meine...« Er stockte verwirrt.

Farmer ging darüber hinweg. »Das hieße also: Lobotomie. Ich beurteile den Patienten nicht so eindeutig. Sicher – er weicht in seinen Handlungen vielfach von dem ab, was man unter normalen Umständen von normalen Staatsbürgern erwarten darf. Aber«, er wurde merklich lebhafter und pochte mit dem Knöchel auf die Tischplatte, »sind denn die Umstände unserer Prüfsituationen normal? Ich habe schon mehrfach darauf hingewiesen, daß auch ein gesunder Mensch unter ungewöhnlichen Bedingungen ungewöhnlich reagiert.«

Es schien, als ob eine sanfte Brise durch das Sitzungszimmer gefahren sei. Farmer selbst war erregt, da er auf sein Lieblingsthema zu sprechen gekommen war, Bell rang in übertrieben angedeuteter Verzweiflung die Hände, Graudenz steckte seinen Stift mehrmals in die Brusttasche seines weißen Overalls und holte ihn wieder hervor. Czernys graues Gesicht unter dem zweigeteilten, wie

Hörner hervorstechenden blonden Schopf wurde um eine weitere Nuance grauer, Janet Trombe blickte aufmerksam auf Farmer.

»Ein schlecht funktionierender Darm reagiert erst, wenn man gegessen hat«, erläuterte Bell. »Eine gelähmte Hand fällt erst unangenehm auf, wenn sie arbeiten soll. Kleine Fehler äußern sich nur unter starken Beanspruchungen. Genauso ist es beim Charakter. Unser geregeltes bürgerliches Leben stellt keine Forderungen, unser Staatssystem sorgt für Gleichmaß in unserem Leben. So kommt es, daß sich außer der zugelassenen Norm Stehende jahrelang unbeachtet unter uns aufhalten können. Das ist schließlich der Grund dafür, daß wir die Erlebnisprüfungen eingeführt haben!«

»Aus solchen Kranken rekrutierten sich früher die Saboteure, die Asozialen, die Gewaltverbrecher und Mörder. Damals hat man sie hingerichtet.«

Farmer gab sich noch nicht geschlagen. »Aber ich sehe trotzdem nicht ein, warum man derart abwegige Umstände wählen mußte. Warum ein Abenteuer auf einem fremden Planeten – wo wir doch genau wissen, daß wir das Sonnensystem nicht verlassen können? Selbst die kostspieligen und keinerlei Gewinn bringenden Besuche der solaren Planeten haben wir längst aufgegeben. Und wozu die Situation eines Staatsstreiches – wo doch seit Jahrhunderten nichts dergleichen vorgekommen ist? Wie soll sich ein normaler Mensch unter solch absurden Bedingungen zurechtfinden? Sie müssen ihn doch völlig verwirren!«

»Das ist keineswegs der Fall.« Bell war empört. »Wir haben die psychologische Reaktion der Prüfperson auf derartige Außenwelteinflüsse genau studiert. Jeder Staatsbürger ist durch die Unterhaltungsliteratur, durch Radio und durch Film genügend mit solchen Umständen vertraut. Er kann sich ohne weiteres in die Lage der Personen versetzen, die wir ihm beschreiben.«

»Trotzdem sollte man Situationen wählen, die einfacher zu verstehen sind, am besten Konflikte in einer Beamtenlaufbahn, Gefahren, wie sie im täglichen Leben auftreten können...«

»In was für Konflikte sollte ein Beamter schon kommen? Welcher Gefahr ist denn ein Bürger ausgesetzt? Unser Staat ist ein Ordnungsstaat, in dem es weder Konflikte noch Gefahren gibt.

Solche Themen sind im Unterhaltungssektor verboten, und sie sind viel absurder als eine abenteuerliche Handlung in historischem Gewand oder in einem Winkel des Weltraums – so wie sich unsere Schriftsteller den Weltraum vorstellen. Gerade dadurch, daß wir eine völlig andersartige Umgebung wählen, schaffen wir freie Bahn für eine unbeeinflußte Entscheidung des Patienten und damit für eine klare Indikation.«

»Ich möchte darauf aufmerksam machen«, warf Farmer ein, »daß die Erlebnisprüfung vor allem einen juristischen Zweck erfüllt. Zur Charakterbeurteilung sollten die Mediziner mit ihren Methoden auskommen; wozu haben wir die Psychotests? Die Erlebnisprüfung ist vor allem die rechtliche Handhabe für die medizinischen Eingriffe, den Schock oder die Lobotomie, die in gewissem Sinn Freiheitsberaubungen darstellen. So kommen wir zur gerechten Strafe für die juristische Verfehlung, und es –«

»Erlaube, Kollege!« warf Bell ein, er winkte Janet, seiner Assistentin, beschwichtigend zu, da sie die Hand gehoben hatte. »Doch nicht zur Strafe! Eine Operation als Strafe wäre unmenschlich und eines Arztes unwürdig. Selbstverständlich handelt es sich um ein Heilungsverfahren. Die Erlebnisprüfung ist der Beweis dafür, daß eine charakterliche Mißbildung vorliegt, die sich auch im sozialen Leben auswirken kann. Der Eingriff erfolgt vor allem, um es dem Patienten wieder zu ermöglichen, sich dem Sozialstaat ohne psychische Spannungen einzufügen. – Du wolltest etwas sagen, Trombe?«

Janet wurde leicht verlegen. »Ich wollte ... Ich meinte, es handelt sich doch bei der Tat um nichts Wirkliches, es ist doch nur ...«

»Ein alter Streitpunkt«, sprach Farmer in ihr Zögern hinein. »Ob wirklich oder nur gedanklich vorgeführt, ist gleichgültig. Durch das Einatmen von Amnesin forte ist jede Erinnerung ausgelöscht, und durch die Injektion von Haluzinid C siebzehn kommt der Prüfling in einen Zustand, der ihn für Suggestionen überaus empfänglich macht. Jede beschriebene Situation setzt sich in seinem Gehirn in absolute erlebte Wirklichkeit um. Fehlende Angaben in der Beschreibung ergänzt er automatisch wie im Traum. Wenn man dann seinen apathischen Zustand durch einen Weckaminstoß kurzfristig aufhebt, ist er in durchaus derselben Situation wie jemand, der die beschriebenen Erlebnisse wirklich gehabt hat. Keine störende Erinnerung beeinflußt ihn. Wenn er eine Entscheidung trifft, ist diese völlig ungezwungen, und er ist für sie voll verantwortlich. Er würde sie genauso treffen, wenn er sich wirklich in jener Situation befände.

Aber nun weiter im Verfahren! Gehen wir die einzelnen Punkte durch! Die erste Entscheidung spricht durchaus für Eric Frost. Die Erlebnissituation stellt ihn vor die Alternative, entweder seinen menschlichen Impulsen zu folgen und das Kind zu schonen, oder dem Befehl zu gehorchen und es zu erschießen. Für einen gesunden Staatsbürger gilt das Gesetz mehr als seine persönlichen Wünsche, denn es verkörpert die Allgemeinheit. Eric Frost hat verantwortungsvoll gehandelt und bekommt hier also einen Punkt. Hat jemand etwas dagegen?«

Czerny räusperte sich. »Ich bin dagegen. Frost hat nicht geschossen, weil er gehorsam war, sondern weil er wußte, daß das Kind Gefahr für ihn bedeutete. Der Roboter hat es nicht gemeldet – die Impulse, die er empfing, kamen von viel weiter her. Folglich war es kein Wesen aus Fleisch und Blut. Folglich schoß er.«

»Ganz richtig«, bestätigte Bell. »Ein spielendes Kind auf einem fremden Planeten inmitten eines unheimlichen wuchernden Gewächses – da lag die Vermutung nahe, daß es sich um ein Phantom, um Hypnose oder um eine Spiegelung mit technischen Mitteln handelte. Frost wußte genau, daß das Gesicht mit dem Stupsnäschen und den großen Augen ein psychologisches Leitbild ist, das reflektorisch die Symptome des Beschützerdranges auslöst. Darum erwähnte er auch das Püppchen und den Teddybären, Spielzeuge, die die Gefühle der Mütterlichkeit auslösen, weil sie diesen Typus verkörpern. Ihr erinnert euch an das Verhör. Ich bin deshalb dafür, diesen Punkt mit Null zu bewerten. Wer stimmt zu?«

Czerny hob sofort die Hand, fast ebenso schnell Graudenz. Janet hatte keine Stimme im Tribunal und verhielt sich ruhig.

Farmer schlug ein Buch auf und trug etwas ein. »Drei zu eins. Also Bewertung Null. Was war der nächste Punkt?«

»Der Entschluß, im Korallenfeld einen Fluchtversuch zu machen«, antwortete Janet.

»Hier«, bemerkte Bell, »hat der Patient meiner Meinung nach richtig gehandelt. Durch seine Flucht rettete er sich und sein Wissen. Durch seine Meldung konnte er seine Beobachtungen schnellstens weitergeben. Und dadurch wieder konnte sich die Regierung rechtzeitig zum Eingreifen entschließen. Es scheint also ...« Bell stutzte. Es war, als habe jemand ein dunkles Tuch über sie geworfen – die Neonröhren waren plötzlich erloschen. Im schwach einfallenden Tageslicht waren sie nur Schatten.

Farmer tastete nach einem Signalknopf, der vor ihm an der schmalen Seitenkante in die Tischplatte eingesenkt war. Die Türfläche schob sich zur Seite, und ein Mann des Personals erschien.

»Sorg dafür, daß wir wieder Licht kriegen!« befahl Farmer.

Der Weißgekleidete nickte und zog sich zurück.

»Es ist nicht zu finster, um weiter zu verhandeln«, bemerkte Farmer. »Bitte, Bell, du hast gerade gesprochen.«

Bell war ein wenig aus der Fassung geraten. Er blinzelte unruhig. »Ich sagte ... ich erklärte, daß Frost der Regierung durch sein Verhalten einen Dienst erwiesen hat. Sie konnte rechtzeitig eingreifen.«

»Unsinn«, sagte Czerny kalt. »Er hatte den Befehl, sich selbst zu vernichten. Befehl ist Befehl. Er hat ihm nicht gehorcht. Also ein Minuspunkt.« – Farmer stützte das Kinn in die Hand. Es war unbeabsichtigt, aber es war dieselbe Pose, die er stets einnahm, wenn er fotografiert wurde, und wie auf ein geheimes Zeichen erstrahlten die Neonröhren wieder.

»Du hast recht, Czerny. Er hätte gehorchen müssen.« Farmer wandte sich an Bell. »Hier geht es um die Alternative Lebenswille oder Gehorsam. Bei einem normalen Staatsbürger muß der Drang zu gehorchen stärker sein als der Wunsch, am Leben zu bleiben. Ob durch seinen Übergriff schließlich ein günstiger oder ein ungünstiger Zustand entsteht, ist dabei gleichgültig. Der Angeklagte verdient einen Minuspunkt. Ist jemand dagegen?«

Czerny schüttelte den Kopf.

Bell sagte: »Nein.«

Graudenz, der die Entscheidung seines Vorgesetzten abgewartet hatte, beeilte sich hastig, ebenfalls zu verneinen. Farmer schrieb etwas in sein Buch.

»Wir kommen zu Punkt drei. Es ist ein Entschluß des Angeklagten, der nicht ganz einfach zu verstehen ist. Bitte, Trombe, lies die Zusammenfassung vor!«

Alle Köpfe wandten sich dem Mädchen zu. Wieder überkam Janet eine flüchtige Unsicherheit. Sie blätterte suchend in ihrem Block. Ihre Haare sind blond und ihre Augen grün, dachte Bell, sollte das ein Zufall sein?

In diesem Moment stürzte ein weißgekleideter Pfleger herein und rief: »Eric Frost ist entflohen!«

Erics Zustand besserte sich rasch. Seine Muskeln lockerten sich, die Wellen, die jeder Herzschlag durch seinen Körper getrieben hatte, ebbten ab, das Gefühl der Übelkeit hörte auf. Er konnte wieder mühelos denken. Noch hatte er nicht alle Bausteine seines Traumerlebnisses aneinandergekittet, aber das, was ihm die Fragmente verrieten, genügte. Er war verloren, oder zumindest das in ihm, was seine Persönlichkeit bildete. Ein kleiner Schnitt, der zwei Gehirnteile trennt – und er würde den Rest seines Lebens als stumpfsinniges, willenloses Wrack dahinvegetieren.

Er hatte nie viel über sich nachgedacht, besonders nicht darüber, ob er so war wie die anderen oder nicht. Von selbst wäre er nie darauf gekommen, daß er ein Entarteter war, einer von jenen, der der Deliusschen Norm nicht entsprach, ein Mensch mit einem kranken Charakter. Er hätte nie geahnt, daß er zur Auflehnung gegen das Gesetz fähig war.

Und doch hatte er es gebrochen. Er war ein Verbrecher. Plötzlich setzte sich irgend etwas Unfaßbares aus seinen Gedankenerlebnissen in die Wirklichkeit fort – ein absurdes Gefühl, nun freier zu sein als sonst, während er doch tatsächlich noch nie so sehr Gefangener war wie eben jetzt. Aber vielleicht war es gar nicht so absurd – wenn man Freiheit nicht nur auf das körperliche Eingeschlossensein bezog, sondern auf den Spielraum der Entschlüsse. Und dieser war noch nie so unbeschränkt gewesen wie in diesen Minuten. Er konnte etwas tun – zwar konnte er nicht viel tun, aber er konnte mehr tun als je zuvor –, mehr als die Ordnungsregeln zuließen. Er durfte lügen, betrügen, stehlen, rauben, sogar morden, und nie konnte ihm mehr geschehen als das, was ihm ohnedies bevorstand.

Er gab sich einen Ruck, der die anerzogene und gewohnte Trägheit abschleuderte, und sah sich mit wachen Sinnen um. Da war zunächst das Fenster; er trat heran und blickte hinaus. Der Grund der Straßenschlucht lag zweihundert Meter unter ihm, die Laufbänder glitten in der Mitte schnell, am Rand langsam. Die Menschen auf ihnen sahen wie hingespritzte Punkte aus, und wenn sich einer aus den gesprenkelten Flecken löste, dann schien ihn die Hauswand anzuziehen, er scherte in einer Parabel aus dem Verband der anderen und wurde von einer Türöffnung eingesogen.

Dort unten lag die Freiheit – eine sehr fragwürdige Freiheit zwar, aber immerhin im Moment der Inbegriff alles dessen, was für Eric Freiheit bedeutete. Aber die Häuserwand war glatt und das Kunstglas der Scheiben härter als Stahl.

Eric blickte weiter um sich... Der Luftschacht war viel zu schmal für einen erwachsenen Menschen – da waren noch die Türen. Er versuchte, sie aufzuschieben... Natürlich waren sie verschlossen. Es blieb ihm nichts anderes übrig, als sich eine List zurechtzulegen. Durch die eine Tür war er aus dem Korridor hereingekommen, was sich hinter der anderen verbarg, wußte er nicht. Er preßte sein Ohr daran... Eine dunkle Stimme murmelte, eine helle krähte, eine dritte, scharfe, fiel ein...

Nur diese konnte er verstehen: »...die Saboteure, die Asozialen, die Gewaltverbrecher...«

Dort drinnen fand eine Verhandlung statt, vielleicht ging es um ihn. Aber das war zur Zeit gleichgültig, bedeutsam war nur, daß sich drüben mehrere Menschen befanden und daß dieser Ausschlupf versperrt war. Der einzige Fluchtweg führte über den Korridor.

Eric trat mit dem Absatz gegen den Sitz der Bank, und zwar von der Seite, dorthin, wo die Polsterung in den Metallrahmen eingelassen war. Nach einigem Bemühen begann sich ein Riß zu öffnen; Eric zwängte die Finger über die Plastikbespannung und riß einen geldstückgroßen Fetzen heraus.

Dann schob er eine Bank unter die Neonröhren und stellte sich auf den Schaumgummisitz; so war er isoliert. Er klemmte eine

Röhre los, griff in die Fassung und zerrte daran. Sie lockerte sich so weit, daß er ein Ende des Drahtes erfassen konnte, der vom Zündtransformator kam. Er zog ihn ein Stück heraus und wickelte von der Spule etwa einen Meter Draht ab. Damit überbrückte er die Elektroden der Lampe und steckte sie wieder in die Fassung. Es blaffte leise, und auch die beiden anderen Lampen verlöschten. Eric rückte die Bank an ihren alten Platz zurück und setzte sich neben die Tür.

Nach drei Minuten rollte sie in die Wand, ein Pfleger sah sich um, stutzte, schob – genauso wie vorher Eric – eine Bank unter die Neonlampenreihe, stieg hinauf und zog die präparierte Röhre aus der Fassung. Eric hatte keinen endgültigen Plan zurechtgelegt. Er hatte gehofft, in einem unbeobachteten Augenblick entspringen zu können – das Plastikstück hatte er für den Notfall vorbereitet. Schon als der Mann im Türrahmen erschien, hatte Eric – ohne sonst seine Haltung zu verändern – mit der Hand nach dem Kontaktnippel der automatischen Sperrvorrichtung gefaßt und das angefeuchtete Plastikstückchen daraufgeklebt. Als er das Mißtrauen im Gesicht des Pflegers und die Aufwölbung einer Schockpistole an dessen Seitentasche sah, verzichtete er auf ein Wagnis und verharrte, ohne sich zu rühren. Als der Mann die Ursache des Kurzschlusses erkannt hatte, ließ er Eric keine Sekunde mehr aus den Augen. Mit in die Tasche gesteckter Hand sagte er: »Das wirst du bereuen, Freundchen!«, turnte von der Bank herunter und verließ, mit dem Rücken voran, das Zimmer. Von den Kräften der Magnetschiene angezogen, schloß sich die Tür, aber die Sperre funktionierte nicht, weil der Sperrkreis durch das Isolationsmaterial des Plastikscheibchens unterbrochen blieb.

Eric wartete zehn Sekunden, dann versuchte er, die Tür zu öffnen – er mußte sich gegen die magnetische Kraft stemmen, denn das Feld zum Zuziehen der Tür wirkte noch, war aber leicht zu überwinden. Er spähte vorsichtig in den Gang... Niemand war zu sehen, eilig und leise ging er in die Richtung, aus der er früher gekommen war, er wandte sich zu den Aufzugschächten und bestieg jenen Lift, der in einer ununterbrochenen Kette von Kabinen hinunterführte. In jedem Stockwerk hielt er fünf Sekunden.

Als Eric das dreiundvierzigste Stockwerk erreicht hatte, schrillten mehrere Klingeln – jemand hatte Alarm gegeben. Als sich der Lift im vierunddreißigsten in Bewegung setzte, sah er einige Weißkittel auf sich zurennen. Im neunundzwanzigsten Stock sprang er aus der Kabine und stürzte in den Korridor hinein, rannte bis zur nächsten Biegung; dann ging er wieder langsamer. Er war sicher, daß man ihn nicht gesehen hatte. Wie überall befanden sich auch hier in einem toten Winkel des Ganglabyrinths die Wasch- und Toilettenräume. Er trat ein – und hatte Glück. Er hörte das Prasseln einer Brause, vor einer Nische lag ein Bündel weißer Kleider. Rasch entledigte er sich seines grauen Overalls und zog dafür die weiße Kombination des Klinikpersonals an. Seinen Anzug rollte er zusammen und stopfte ihn im Vorübergehen in eine Klosettschüssel. Dann wagte er sich wieder hinaus.

Der Gang war leer wie zuvor. Eric ging einige hundert Meter geradeaus, dann bog er nach links, bis zum nächsten Aufzugschacht. Er fuhr etwa zwanzig Stockwerke tiefer – dann sprangen zwei Männer zu ihm herein. Er steckte die Hände wie gelangweilt in die Taschen, und sie beachteten ihn nicht. Freude durchzuckte ihn: In der rechten Hosentasche fühlte er eine Lochmarke. Nach drei Stockwerken stieg er aus – es schien ihm doch sicherer. Er ließ eine Kabine vorbeigleiten und betrat die nächste. Wieder fuhr er abwärts. Die Zifferntafeln mit den Nummern der Stockwerke wechselten vor seinen Augen wie die Dias in einem automatischen Wechsler: 5, 4, 3, 2, 1, Erdgeschoß, – 1, – 2. Hier verließ er den Lift und suchte die Stiegen. Mit angespannter Aufmerksamkeit stieg er hinauf. Schon im ersten Kellergeschoß, Stockwerk – 1, brandete ihm Lärm entgegen. Die Eingangshalle war voll von Menschen, und er kehrte wieder um. Er blieb auf den Stiegen. Im vierten oder fünften Kellergeschoß würden sich wie überall die Zugänge zu den unterirdischen Straßen befinden.

Als er einen Blick um die letzte Ecke warf, die ihn noch von den Rampen und Garagen trennte, sah er, daß dort auch alle Passagen verriegelt waren.

Langsam und entmutigt kehrte er um und schritt dann wieder in einen Gang hinein. Sicher hatte es keinen Sinn, die Hubschrauberlandeplätze auf den Dächern aufzusuchen. Schritte klangen hinter ihm auf, er drehte sich nicht um, sondern ging unentwegt weiter. Mit Schrecken bemerkte er, daß er in eine Sackgasse geraten war – der Gang endete mit einer Tür. Kurz entschlossen schritt er weiter, auf die Tür zu... Als er noch einen halben Meter von ihr entfernt war, glitt sie von selbst nach links – er trat hindurch und stand zwischen zwei Reihen von Arbeitstischen. Rechenmaschinen summten, Telefone schnarrten, Tasten klapperten, Stimmen wogten durcheinander. Einige Gesichter hoben sich, die Gesichter von jungen Mädchen, die alle aussahen, als seien sie Schwestern, und er richtete sich etwas auf und versuchte ein Lächeln, aber es gelang ihm nicht ganz. Mit gezwungen festen Schritten trat er durch die Gasse, und die Geräusche, die er dabei verursachte, kamen ihm erschreckend laut vor. In der Tasche umklammerten seine Finger krampfhaft die Erkennungsmarke, er horchte noch immer nach hinten und erwartete jeden Augenblick ein dröhnendes »Halt!«. Aber es blieb still, und mit einemmal stoppten die Tritte hinter ihm, und irgendein Scherzwort klang auf. Niemand beachtete ihn, Köpfe senkten sich, Blicke glitten uninteressiert an ihm ab, doch er hatte das Gefühl, nicht anhalten zu dürfen.

Vor ihm gähnte ein Gang, und dankbar beendete er den Spießrutenlauf durch den Bürosaal. Er sah einen Karton, eine große Pappschachtel, am Boden stehen, er hob sie auf und trug sie vor sich her, als habe er eine wichtige Aufgabe zu erfüllen, als sei ihm eine schwere Verantwortung auferlegt; als ein Trupp von Pflegern mit gezogenen Pistolen an ihm vorbeilief und ihn an die Wand abdrängte, brachte er sogar ein Gefühl von Ärger über soviel Rücksichtslosigkeit auf.

Die Luft wurde dumpf, ein Vibrieren lief über den Boden. Der Gang teilte sich. Der Schweiß seiner Hände sickerte in das Papier. Vorsichtig stieß er eine gläserne Flügeltür auf, sein Gesicht hinter der Schachtel versteckt. Dunst, Hitze und Plätschern schlugen ihm entgegen, gekachelte Wände glänzten, Gesichter troffen vor Feuchtigkeit, ein Mann in einem gelben Bademantel überholte ihn – er ließ die Tür wieder zufallen. Er folgte dem anderen Teil des Ganges, kam über einige Stiegen, zwei Weißgekleidete schoben einen Wagen auf Gummirädern lautlos vor sich her, darauf lag der vermummte Körper eines Patienten – lebte er noch? Eine Schiebetür klaffte, ein Operationstisch stand da inmitten eines kreisförmigen Raumes, Chrom und Glas blitzten von scharfkantigen und spitzen Instrumenten. Eric hielt nicht an, er ging und ging, einige aufgeregt gestikulierende Männer liefen durch den Korridor, er starrte krampfhaft auf ein Türschild – schon waren sie vorbei.

Weiter ging es, eine Treppe hinauf, eine Treppe hinunter – auf einmal verloren sich die Geräusche, er war in einem riesigen dunklen Saal angelangt, Säulen standen fest wie Urwaldriesen, von den Wänden grinsten blindäugige bronzene Gesichter von Gedenktafeln. Ihm war, als müsse er sich seinen Weg mühsam über dicke Teppiche bahnen, und dann kam aus dem Hintergrund ein dumpfes Husten – Eric hielt sich an seiner Schachtel fest und strebte beklommen weiter.

Wieder öffneten sich Korridore vor ihm, winkelten ab, teilten sich – und dann entdeckte er ein Fenster. Er setzte die Schachtel auf das Brett und blickte hinaus. Er befand sich im zweiten Stockwerk, gegenüber verlief die Häuserfront eines anderen Blocks, vom quadratischen Netz der Fenster überzogen wie jede in diesem Staat, der eine einzige Stadt war, eine Stadt, die von Pol zu Pol reichte, soweit es Festland gab. Und unten streckten sich die bunten Laufbänder wie ein freundliches Schürzenmuster. Aber die Beförderungsstreifen standen still, und sie waren leer. An der Wand an der anderen Straßenseite aber lehnten schwarzgekleidete Männer in Abständen von je fünf Metern. Sie trugen Elektronengewehre, und diese Gewehre waren auf die Klinik gerichtet.

Bei diesem Anblick gewann Eric seine Kaltblütigkeit wieder zurück. Der Bann, unter dem er wie in einem Angsttraum durch die Gänge geirrt war, war gebrochen. Er sah wieder klar, hörte scharf und dachte logisch. Scharfe Kommandos erschollen von der Seite.

Eric ließ den Karton stehen und schlich einige Schritte vor – weit im Hintergrund des Korridors schob sich eine weiße Masse näher. Türen flogen auf und zu. Rufe erschollen – sie kämmten das Gebäude systematisch durch.

Eric lief zurück zum Lift – die Kabinen standen still. Er lief weiter zu den Treppen, hetzte eine Etage höher, einen Gang entlang... Auch dort schob sich der Keil näher. Sie drangen in jedes Zimmer ein, kontrollierten wahrscheinlich jeden Mann, jede

Frau... Was tun?

Eric zog sich zurück und sah sich nach einem rettenden Strohhalm um. Er fand ein Schild mit der Aufschrift ›LESESAAL‹. Die Tür öffnete sich, als er seine Lochmarke in den Schlitz steckte.

Der Raum war fast menschenleer, nur hinten saß ein einzelner Mann vor einem Projektor; er sah nicht auf. Und der Raum war – gerade darauf hatte Eric gehofft – durch Dutzende von Regalen mit Mikrofilmen in Dutzende von Nischen und Durchgängen geteilt.

Eric wartete. Sein Herz schlug, seine Lippen zitterten, und er zwang sich, ruhig und tief zu atmen, um die Fassung wiederzugewinnen. Seine Situation erschien ihm traumhaft unwirklich – plötzlich erinnerte er sich, daß er dieses Gefühl schon einige Male gehabt hatte, nur hatte er damals daneben eine davon unabhängige, eigenständige Wahrheit geahnt, und jetzt war das Unglaubliche Wirklichkeit geworden. Diesmal gab es kein Erwachen.

Die Tür schob sich auf, einige Pfleger stürmten herein, verteilten sich im Raum... Eric lauerte hinter einem Schrank, plötzlich rannte er los, zwischen den Regalen durch, zu den Bildwerfern, auf den einsamen Bibliotheksbesucher zu. »Erkennungsmarke! Rasch bitte!«

Schon stand ein zweiter Mann neben Eric, er hielt eine Lochkartenprüfzange und einen Reliefabtaster in der Hand. Eric riß dem Leser die Marke aus den Fingern und reichte sie seinem Nachbarn. Dieser steckte die Marke in den Schlitz und drückte zu – kein Schnarren zeigte etwas Verdächtiges an.

»Die Hände bitte!«

Der Leser mußte den Daumenballen der rechten Hand auf die Molybdänmembran legen – und auch dieser Apparat blieb still.

»Wieder nichts!« rief der Anführer mit den Prüfgeräten. »War sonst noch jemand im Raum?«

»Niemand«, erwiderte Eric.

Die weißgekleideten Männer liefen aus dem Bibliotheksraum, Eric hielt sich etwas zurück und blieb schließlich in einer Nische stehen. Er wartete noch einige Minuten, dann verließ er den Leseraum. Die Flut war über ihn hinweggegangen.

Er rannte weiter durch Gänge und Korridore. Wieder erreichte er ein Fenster, diesmal auf der anderen Seite des Hauses, und er schaute hinaus. Auch dieser Front gegenüber stand die reglose Mauer schwarzgekleideter Polizisten. Das Metall ihrer Gewehre blinkte gefährlich.

Eric sah noch eine Weile hinunter. Dann drehte er sich entschlossen um und wandte sich zum Treppenhaus.

Die Nachricht von der Flucht Erics wirkte sich bei den Teilnehmern des Konzils sehr verschieden aus. Farmer schlug mit der Faust auf den Tisch und schrie etwas Unzusammenhängendes. Bell lief wie eine Kugel zu einem Schalttäfelchen neben einem Fenster des Konferenzsaals und drückte auf einen roten Knopf. Graudenz öffnete den vollippigen Mund, seine Hand zog zittrige Spiralen über das Papier. Czerny trat auf den Pfleger zu und verlangte genaue Informationen. Janet beobachtete die anderen und sich selbst; verwundert konstatierte sie bei sich weder Abwehr noch Ärger, eher einen Anflug von Genugtuung.

Bell richtete sich auf, und seine Stimme ertönte hoch und schrill: »Beruhigt euch – ich habe Alarm gegeben. Niemand kann das Haus verlassen. Alle Ausgänge sind gesperrt. Suchtrupps durchstreifen meine Klinik.«

»Kommt so etwas in deiner Klinik oft vor?« fragte Czerny und betonte süffisant das Wort ›deiner‹.

»Nein, gewiß nicht...«, antwortete Bell, ein wenig aus der Fassung gebracht. »Seit ich hier tätig bin, ist nichts Derartiges passiert.« Und er fügte hinzu: »Eine staatliche Klinik ist schließlich keine Polizeistation.«

Czerny lachte höhnisch. »Ich werde mich etwas um die Organisation der Sicherheitseinrichtungen kümmern müssen.«

»Meine Herren«, mischte sich Farmer ein, »ich werde selbstverständlich veranlassen, daß dieses einmalige Vorkommnis untersucht wird. Aber jetzt fragt sich, ob wir uns in die Suchaktion irgendwie einschalten können. Wie steht es, Bell?«

Czerny lachte wieder. »Sollen wir mit den Pflegern durch die Gänge rennen? Ich verlasse mich lieber auf meine Ordnungstruppe.«

Er trat zum Telefon und wählte. »Hier Czerny... Zieh sofort

alle Streifenmänner aus den umliegenden Distrikten vom Aufsichtsdienst ab. Sie sollen die Neuroklinik im zweihundertzweiundfünfzigsten Block umstellen. Gesucht wird Eric Frost, aus dem vierten Distrikt, sechsundsiebzigste Straße... Erkennungsdaten sind in der Kartei... in Ordnung. Ende.«

Er zog die Bluse am Hals gerade, ging zu seinem Stuhl und setzte sich wieder. »Es gibt hier Vorschriften... wenn gefährliche Kranke auszubrechen versuchen... Wir kämmen alle Räume systematisch durch...«

»Also ist demnächst mit der Festnahme des Angeklagten zu rechnen. Bell, sorge dafür, daß wir hier auf dem laufenden bleiben! Ich bin dafür, wir setzen unsere Beratung fort. Trombe, wie ist es mit Punkt drei?«

Ohne die Ruhe ganz wiedergefunden zu haben, ließen sich die Teilnehmer des Konzils auf ihren Plätzen nieder.

»Frost sollte seine Meldung an eine zentrale Regierungsstelle durchgeben. Es war seine Pflicht, alles mitzuteilen, was vorgefallen war, insbesondere sein gesetzwidriges Verhalten, als er von den fremden Intelligenzen bedroht war, und den Versuch seines Kameraden, ihn zur Flucht zu überreden. Er hat sich entschlossen, alles wahrheitsgetreu zu berichten.«

»Gewiß hat er das.« Bell war ganz belehrende Freundlichkeit. »Seine Motive waren aber leider alles andere als lauter.«

Er suchte Janets Blick in seine Augen zu lenken, aber sie sah starr auf Farmer.

»Hören wir uns das Band mit dem Verhör an!« schlug dieser vor.

»Wozu?« fragte Czerny mürrisch.

Farmer lief rot an. »Hier herrscht Recht und Ordnung! Wir werden diese Verhandlung in einwandfreier Form zu Ende führen!«

Czerny verzog sein Gesicht zu einer Grimasse, aber er sagte nichts.

Janet hatte die zu Punkt drei gehörige Ziffernkombination des Laufwerks notiert, und sie fand die betreffende Stelle sofort. Sie beugte den Kopf so tief über das Bandgerät, daß sich einzelne Strähnen aus ihrem am Nacken mit einem Band zusammengehaltenen Haar lösten und ihr ins Gesicht fielen. Niemand sollte merken, wie sehr sie sich über sich selbst ärgerte.

Aus dem Lautsprecher tönte leises Rauschen.

Janet drückte die Wiedergabetaste, und die Rollen begannen sich zu drehen: »Eine schwierige Situation, Eric! Was wirst du tun?«

Schweigen.

»Denk gut darüber nach! Die Verbindung mit der Zentralregierung ist hergestellt. Was wirst du sagen?«

Schweigen.

»Du mußt dich entscheiden! Und du mußt antworten! Was wirst du tun?«

»Es ist schwierig... Ich weiß noch nicht... Ich muß mit einer schweren Strafe rechnen...«

»...weil du einen Befehl mißachtet hast. Ganz richtig!«

»...und ich müßte Sid anzeigen... und auch er...«

»Er würde noch strenger bestraft – früher nannte man das Fahnenflucht! Er wird noch länger als du eingesperrt – vielleicht lebenslänglich!«

»Aber das will ich nicht... Das darf doch nicht sein!«

»Also willst du keine Meldung erstatten? Oder willst du etwas Unwahres melden?«

»Nein... Das geht nicht... Ich werde die Wahrheit sagen.«

»Du nimmst die Strafe auf dich?«

»Nein...« Wieder ein Zögern, und dann klang die Stimme fester. »Ich sage die Wahrheit, dann fliehe ich mit Sid zu seinem Planeten... Ja, das ist der einzige Ausweg!«

»Warum gibst du dann erst deine Meldung ab? Und warum willst du noch dazu die Wahrheit sagen?«

»Wenn ich jetzt nicht an den Sender komme, werden sie sofort aufmerksam, daß hier etwas nicht stimmt. Und die Wahrheit muß ich sagen, weil Euklid eben mit der Regierung gesprochen hat – er war ja im Senderaum, als der Anruf kam. Ich darf nichts riskieren... wenn ich die Unwahrheit sage, und er hat vielleicht schon alles gemeldet... Nein, ich bleibe bei der Wahrheit, das ist sicher, da schöpfen sie keinen Verdacht. Und uns bleibt Zeit, uns davonzumachen!«

»Hältst du das für das beste? Bleibst du bei diesem Entschluß?«

»Ja.«

»Was soll aus dem Roboter werden? Er könnte dich in deinen Absichten hindern.«

»Ich werde ihn zerstören.«

»Ist dir klar, daß du vorhast, das Gesetz mehrfach zu brechen?«

»Ich füge niemandem Schaden zu. Da ich die Wahrheit sage, füge ich niemandem Schaden zu – die Regierung ist rechtzeitig gewarnt.«

»Das Eindringen von fremden Intelligenzen in den von Menschen besiedelten Bereich ist aber eine außergewöhnliche Bedrohung. Es kommt vielleicht zu einem interstellaren Krieg, in dem jeder ausgebildete Mann wichtig wird.«

»Ich glaube es nicht... Nein – so wie sie sich verhalten haben... Ich meine, die fremde Rasse ist friedlich gesinnt. Das geht aus mehreren...«

Farmer sagte: »Das genügt!«

Janet drückte auf die Taste, sie schnappte ein, die Sprechgeräusche zogen sich lang, fielen in tiefe Lagen und verstummten.

»Die Sachlage ist klar«, sagte Bell. »Der Patient schwankt zwischen Freiheitsdrang und Freundestreue einerseits und Loyalität andererseits. Er gibt zwar die richtige Meldung durch, aber nur, weil er meint, daß das für seine Pläne am günstigsten ist. Wieder hat er bewiesen, daß seine Loyalität, das heißt also sein Sozialempfinden, krankhaft unterentwickelt ist – alles andere geht ihm vor. Dazu kommt eine unnatürliche Abneigung gegen Maschinen, die so weit geht, daß er es fertigbringt, den Roboter zu zerstören. Es wäre übrigens interessant, in seinen Kindheitserlebnissen nach der Ursache dafür zu forschen. Jedenfalls – ein klarer Minuspunkt.«

»Czerny?« fragte Farmer.

»Ein Minuspunkt.«

»Graudenz?«

»Ein Minuspunkt – selbstverständlich.«

Farmer bückte sich über sein Buch und schrieb. Dann schlug er es zu und sagte: »Ich bin für zehn Minuten Pause. Inzwischen können wir uns um die Suche nach Frost kümmern.«

Er wartete das Einverständnis der anderen nicht ab, stand auf und verließ den Raum. Czerny folgte ihm.

Bell seufzte und murmelte vor sich hin: »Was für Umstände wegen eines Kranken.«

Auch er wandte sich zur Tür. Vor Janet, die eine neue Tonbandrolle auf den Geräteteller legte, blieb er kurz stehen. »Du bist eine kleine Dichterin, Trombe! Recht gut gemacht – den Handlungsaufbau und auch die Befragung. Recht gut...«

Er nickte ihr zu und ging weiter.

Zehn Minuten später eröffnete Farmer den zweiten Teil der Sitzung. Eric Frost war noch nicht gefunden worden.

»Wir kommen zu der Geschichte, in der Frost in das Erlebnisgerüst eines Mannes versetzt wird, dessen einzige ethische Gesinnung die Bindung an einen Freund ist – eine abgöttische Bewunderung und Ehrfurcht. Sonst ist dieser Charakter völlig kalt, er kennt keine Menschlichkeit, kein Mitleid, für ihn gibt es kein moralisches oder soziales Tabu. Es handelt sich somit um einen eindeutigen krankhaften Charakter, und ich habe deshalb gegen die Benützung dieser Erlebnissituation von vornherein protestiert. Man darf keinen Menschen willkürlich außerhalb des Gesetzes stellen und ihm Gefühle suggerieren, die ihm vielleicht fremd sind. Er kommt dadurch leicht in einen logischen Konflikt, aus dem er sich nur durch eine Kurzschlußhandlung retten zu können glaubt, und wir können eine solche –«

»Bitte, Kollege!« sagte Bell. »Diese Einwände sind doch längst widerlegt. Es hat sich gezeigt, daß ein normaler Mensch in einer solchen Situation seine bisherige Schuld erkennt und sich verantwortungsbewußt erweist. Er versucht, das von ihm begangene Unrecht wiedergutzumachen. Für uns Psychologen ist die Art und Weise, wie sich der Patient einem solchen Zwiespalt zu entziehen versucht, höchst aufschlußreich. Ein völlig...«

Bell geriet ins Dozieren, und während die Kollegen vorher froh darüber gewesen waren, daß er Farmer unterbrochen hatte, war sich dieser nun des Wohlwollens der anderen gewiß, als er Bell die Rede abschnitt: »Zur Sache! Lassen wir jetzt diese grundsätzlichen Fachfragen. Worum drehte sich der erste Punkt?«

Janet hatte die betreffende Seite in ihrem Block schon aufgeschlagen. »Eric entdeckt, daß Ruth einen Verrat versucht hat – sie wollte sich mit der Außenwelt in Verbindung setzen, den Standpunkt von Lovis preisgeben. Er findet sie vor dem Telefon. Nun kann er entscheiden, was er daraufhin tut.«

»Hier geht es um eine besondere Frage«, erläuterte Bell. »Wie wir wissen, war der Geschlechtstrieb früher sehr stark. Er diente dazu, die Art zu erhalten. Eine stärkere Geschlechtlichkeit verschaffte der Art anderen gegenüber Überlegenheit bei der natürlichen Auslese im Kampf ums Dasein. Seit wir den sozialen Idealstaat erreicht haben, gibt es keinen Kampf ums Dasein mehr, und dieser Trieb hat somit an Bedeutung verloren. Statt uns auf die Zufälligkeit der natürlichen Auslese zu verlassen, stützen wir uns lieber auf die Erbbiologie und wählen die Elternpaare selbst aus. Delius hat also seinem Normaltyp nur soviel Geschlechtstrieb zugestanden, um eine Paarung eben noch zu ermöglichen. Das hat noch einen weiteren Nutzeffekt – durch eine Minderung der Triebintensität sinkt auch die Aggressivität, Reizbarkeit und Unberechenbarkeit. Der Normaltyp ist also ruhiger und zufriedener. Und glücklicher. Dadurch, daß nur Individuen mit schwachem Triebleben zur Vermehrung zugelassen wurden, ist es gelungen, innerhalb einiger Generationen alles Anomale zu unterdrücken. Wenn heute doch hin und wieder archaische Typen auftreten, dann sind sie auf Mutationen zurückzuführen. Ohne Mutationen hätten wir kein Prüfsystem und keine erbgesundheitliche Überwachung der Bevölkerung nötig.«

»Das wissen wir«, sagte Czerny ungeduldig, aber Bell fuhr, ohne sich stören zu lassen, fort.

»Entschuldige! Es ist aber hier von entscheidender Bedeutung. Das zweite Erlebnis war nämlich ein Test auf Abweichungen im Triebleben des Patienten. Seine pathologische Entartung, was die Sozialmoral betrifft, ist durch die erste Prüfung einwandfrei erwiesen. Frost kam mir gleich verdächtig vor, und ich habe recht behalten: Sein Liebestrieb geht weit über die Deliussche Grenze hinaus. Die beiden Punkte, die wir jetzt besprechen, sollen klarstellen, was stärker ist – die Treue zu seinem Freund oder die Zuneigung zu einer Frau.«

»Er hat sie nicht verraten«, warf Graudenz ein, »dabei war sie eindeutig überführt!« Er schüttelte den Kopf und beschäftigte sich wieder mit seinem Schreibstift.

»Er hat sie nicht verraten«, wiederholte Bell. »Ich weise ausdrücklich darauf hin, daß in dieser Richtung keinerlei Beeinflussung erfolgte.«

»Interessant«, bemerkte Farmer. »Ich würde die Stelle gern vom Band hören.«

Czerny gähnte demonstrativ.

»Gewiß«, sagte Bell, »Bitte, Trombe!«

Janet ließ die Rollen kreisen. Die Stimmen erklangen aus dem Lautsprecher: »Ruth wollte Lovis und dich verraten. Was wirst du mit ihr tun?«

Kurzes Schweigen. »Du mußt es Lovis melden, Eric.«

»...nein, nein...«

»Warum nicht? Sie hätte euch in Lebensgefahr gebracht! Warum sagst du es also nicht?«

»Lovis würde es nicht glauben.«

»Aber du kannst doch nicht tun, als wäre nichts geschehen? Sie ist eine ständige Gefahr für euch. Vielleicht verrät sie Lovis bei der nächsten Gelegenheit wieder!«

»Lovis verdient es nicht besser.«

»Das kann stimmen. Lovis hat sich geändert, er ist nicht mehr der, der er war. Aber es geht doch auch um dich! Du mußt etwas unternehmen!«

»Ich werde niemals etwas gegen Ruth tun.«

Die Stimme Bells ertönte aus dem Lautsprecher: »Das genügt. Graudenz, bitte neutralisieren.«

Klappern und Rascheln, Quietschen und Murmeln klangen auf.

»Trombe, was ist los?« unterbrach Farmer.

Janet zuckte zusammen. Sie drückte die Taste, und ein Schnappen schnitt die Geräusche an.

»Nun!« sagte Bell triumphierend.

»Ich bin nicht sicher«, sagte Farmer. »Du hast selbst gesagt, daß die konstruierte Persönlichkeit des Experiments nur einen einzigen Halt hat, den Freund. Nachdem dieser nun zu einer Enttäuschung geworden ist – was liegt näher, als daß sich der Prüfling an die einzige Person klammert, die in diesem Erlebnis noch auftritt.

Das scheint mir den Rahmen des Normalen keineswegs zu sprengen. Ich bin für einen Pluspunkt.«

»Das kannst du als Jurist gar nicht beurteilen«, schrie Bell. »Die Reaktion Erics ist völlig abwegig. Er liebt diese Ruth so stark, daß er alle früheren Bindungen glatt vergißt.«

»Bell stimmt also für minus. Czerny?«

»Der Kerl ist ein krankhafter Verbrecher. Minus.«

»Graudenz?«

Der junge Mediziner schreckte auf und blickte unruhig von einem zum anderen. Sein Blick blieb an Bell hängen.

»Minus. Ja... doch, minus.«

»Ich bin überstimmt«, stellte Farmer unbewegt fest. »Also zum letzten Punkt. Lovis, Ruth und Eric haben die Flucht vorbereitet. Lovis eröffnet Eric, daß er zurückbleiben muß. Eric entschließt sich, Lovis trotz allem zu retten und das Mädchen zurückzulassen. Er sieht zwar keine große Chance zu entkommen, da er die Flugzeuge der Gegner am Himmel bemerkt hat, für den Fall aber, daß die Flucht dennoch gelingen sollte, hat er eine originelle Idee, sich an Lovis zu rächen.

Auch hier sehe ich in Erics Verhalten nichts Unrechtes. Natürlich sollte Lovis den Vertretern der regulären Regierung übergeben werden, aber es ist doch die Erlebnissituation selbst, die ihm jedes soziale Gefühl abspricht. Also kann er für diese Unterlassungssünde nicht zur Rechenschaft gezogen werden. Und was Ruth betrifft: Er tut das, was ihrer Rettung dient, und keineswegs das, was man von jemand erwartet, der jemand liebt – soweit man den alten Liebesromanen trauen darf –, nämlich zu versuchen, mit ihm zu fliehen. Ich bin also auch hier durchaus für einen Pluspunkt.«

Bell sprang erregt auf. »Das ist eine ungeheure Verkennung der Tatsachen! Im Verhör hat Eric doch zugegeben, daß er so handelt, weil er Ruth liebt. Da gibt es gar keinen Zweifel!«

Janet hatte den Finger schon auf der Drucktaste des Bandgerätes liegen. Sie wußte die Worte noch auswendig, die Eric zuletzt gesprochen hatte: »... weil ich Ruth liebe! Weil ich sie liebe.« Aber diesmal wünschte niemand, das Band abzuhören.

»Gewiß, er liebt Ruth«, sagte Farmer. »Aber wo ist hier etwas vom Kampf ums Dasein, von der natürlichen Auslese? Wo gibt es hier Aggressivität, Unduldsamkeit, Reizbarkeit? Ich glaube, so hast du es ausgedrückt. Es ist doch klar, daß hier nicht das vorliegt, was du unter Liebe verstehst, sondern jene Brüderlichkeit, die stets für den anderen das Beste will. Und die auch ein Fundament unseres Staates ist.«

Von Czernys Platz klang ein Ächzen. Sein Gesicht war kreidebleich, seine Worte kamen zuerst überraschend leise, gingen aber später in Gebrüll über: »Jetzt wird es mir aber zu bunt. Muß ich mir das weiter anhören, wie hier Lobestiraden auf einen Verbrecher gesungen werden? Ist das eine Kommissionierung oder eine Kabarettvorstellung? Dieser Mann«, er stieß die Faust in die Richtung nach Farmer, »ist ja selbst nicht normal! Wie könnte er sonst einen Entarteten zu decken versuchen! Ich beantrage, daß man ihn unter das Gedankennetz legt!«

Plötzlich war es unheimlich still. Czernys Gesicht war eine Maske, nichts regte sich darin. Bell wischte mit einem Taschentuch über sein Gesicht. Graudenz biß heftig in seinen Kugelschreiber. Janet duckte sich wie unter einem Schlag. Farmers Notizbuch fiel polternd zu Boden.

Über dem Raum lastete wieder das Schweigen. Es schien noch immer stiller und stiller zu werden, und dann trat ein leises Raunen aus den Winkeln heraus, Geräusche wurden laut, die sonst unterdrückt und unbemerkt blieben, aber doch unablässig kreuz und quer durch das Gebäude liefen, von einem Ende bis zum anderen und wieder zurück, das Hämmern der Relais, das Tremolieren der Rechenautomaten, das Rumoren der Aufzüge, das Summen der durchströmenden Luft, das Rollen des Verkehrs tief unter den Fundamenten der Stadt, und jetzt kam ein Stampfen näher, dumpf, eilig, immer lauter, rasselnd fuhr die Schiebetür beiseite, und ein Pfleger stand in ihrem Rahmen:

»Eric Frost ist wieder da.«

Es befand sich keiner im Saal, der diesen Mann nicht am liebsten umarmt hätte, sogar Czerny selbst. Er hatte den Bann gebrochen, den die ungeheuerliche Anschuldigung über sie geworfen hatte, und jetzt wandten sie sich dankbar vom Unangenehmen ab, sie mochten nicht mehr daran denken, sie wischten es aus ihren Hirnen wie Kreidestaub von der Tafel.

Bell lief auf den Weißgekleideten zu: »Habt ihr ihn?«

»Ja... nein...« Der Mann stammelte.

»Was soll das heißen? Nein? Ist er...« Eine unangenehme Idee kam in ihm auf. »Ist er... tot?«

»Nein, er lebt.«

»Na, was ist denn dann passiert? Wo ist er?«

»Wieder im Zimmer sechshundertfünf – im Wartezimmer.«

»Und wo habt ihr ihn gefunden?«

»Auch im Wartezimmer. Er muß von selbst zurückgekehrt sein. Er saß dort...«

»Seit wann?«

»Das weiß ich nicht, wir haben dort nicht gesucht...«

»Stümper!«

Er drehte sich um und lief zu einer Tür in der gegenüberliegenden Wand. Er drückte einige bezifferte Tasten, und die Tür glitt aus seinem Gesichtsfeld. Die Kollegen drängten sich hinter ihm.

Sie starrten in das Wartezimmer. Eric Frost blickte ihnen entgegen. Er lehnte in einer der schwarzgepolsterten Bänke und hielt die Hände vor der Brust verschränkt.

Bell riß die Schiebetür zu. »Diese Idioten!«

»Drei Mann mit Schockpistolen vor die Außentür!« befahl Czerny dem Pfleger, der, erstaunt und verlegen, noch immer in der Tür zum Vorraum stand.

»Vorwärts, du hast doch gehört!« drängte Bell.

»Ich glaube, wir schließen die Sitzung ab«, schlug Farmer vor. »Bitte setzt euch.«

Wieder umringten sie den Tisch und beschäftigten sich mit ihren Händen, ihren Schreibwerkzeugen, ihren Notizblöcken. Sie fuhren unruhig auf ihren breiten Stühlen hin und her und vermieden es, sich gegenseitig ins Gesicht zu schauen.

»Hat noch jemand eine Bemerkung zum letzten Punkt?« fragte Farmer auf die Seiten seines Buches hinab. »Niemand? Dann bitte ich um die Bewertung. Bell?«

»Klares Minus.«

»Czerny?«

»Minus.«

»Graudenz?«

»Minus... jawohl, minus.«

»Demnach ein einstimmiger Minuspunkt.«

Farmer kritzelte den kurzen nichtssagenden Querstrich hin. »Fünf Bewertungen, eine Null, vier Minus. Das sind vier Schlechtpunkte. Das Urteil steht fest. Nun noch die Begründung. Bitte, Bell.«

Bell versuchte, seinen rundlichen Körper aufzurichten. »Die Entscheidungen des ersten Prüferlebnisses haben erwiesen, daß das Sozialempfinden des Patienten nicht den Normen entspricht. Dazu kommt das Ergebnis der zweiten Prüfung: Sein Liebestrieb ist überentwickelt. Er ist daher nach den Deliusschen Richtlinien aus zwei Gründen als Anomaler identifiziert.«

»Hat es Sinn, es mit Schocktherapie zu versuchen?« fragte Farmer.

»Nein. Seine Fehler sind keine durch äußere Umstände hervorgerufenen Neurosen, die man rückbilden könnte. Es sind Krankheiten des Charakters, Mißbildungen im Gehirn. Daran ändert der Schock nichts. Hier hilft nur die Lobotomie.«

»Das ist ein schwerwiegender Entschluß, meine Herren.« Farmer kroch unter der Last der Verantwortung in sich zusammen. Er verlor sichtlich an Überlegenheit und Eleganz, aber er focht das durch, was er sich schuldig zu sein glaubte.

»Es wäre erst der sechste Fall von Lobotomie in diesem Jahr. Lobotomie ist etwas Endgültiges. Ich glaube nicht, daß man sie als ein Heilungsverfahren bezeichnen kann. Sie ist ein Mord an der Persönlichkeit. Sie ist –«

Bells Arm schoß empor. Seine Erregung ließ Farmer jäh verstummen. »Da muß ich schärfstens protestieren! Wir Mediziner sind schließlich keine Zauberkünstler. Wir können Krankheiten heilen, Infektionen kupieren, Wunden verschließen, Intoxikationen neutralisieren, Neurosen abkapseln. Alles das sind Abweichungen vom Genotyp des Menschen, der Körper wehrt sich dagegen, und wir unterstützen die natürliche Regenerationstendenz. Bei angeborenen charakterlichen Mißbildungen infolge von Mutationen gibt es keine natürliche Rückführung zum Ursprünglichen, weil schon das Ursprüngliche krankhaft ist. Was also bleibt uns zu tun übrig? Wie Czerny schon sagte: Früher hat man solche Individuen eingesperrt oder getötet. Seit wir aber nicht mehr strafen, sondern zu heilen versuchen, wenden wir die Lobotomie an – und wir haben damit die besten Erfolge erzielt. Die Patienten, die zuvor Sklaven ihrer geistigen Mängel waren, werden von allen Leiden befreit.«

»Aber wäre es nicht denkbar, daß die Medizin später neue Mittel und Wege erschließt? Es sind doch stets nur quantitative Mängel – wäre es nicht besser, Anlagen auf ihr normales Maß zu bringen, als sie zu zerstören?«

»Wie stellst du dir das vor? Das sind Utopien! Ein Gehirn ist doch kein Radioapparat, in den man mit dem Schraubenzieher faßt, um eine Einstellung zu verändern. Vielleicht kommt es später zu einer Gehirn- und Rückenmarkmikrochirurgie, die so etwas verwirklicht. Aber was hat das mit unserem Patienten zu tun? Er ist ein Krankheitsherd in unserem gesunden Volkskörper – ein Krankheitsherd, den wir nicht wuchern lassen dürfen, sondern behandeln müssen.« – »Gut, gut!« Farmer klappte sein Buch zu. »Hat noch jemand eine Bemerkung?«

»Doch... ja, ich möchte noch etwas hinzufügen.« Niemand hatte auf Graudenz geachtet, er war eine Nebenfigur in diesem Spiel, und jetzt drehten sich alle zu ihm herum. »Mir ist noch ein Punkt aufgefallen, in dem der Patient... Er scheint... Nun, seine Intelligenz ist auffallend hoch. Ich glaube, er dürfte... auch seine Intelligenz dürfte anomal sein –«

»Was hat das mit unserem Problem zu tun?« unterbrach Czerny rücksichtslos.

»Sehr viel, Kollege«, sagte Bell belehrend und rutschte mit seinem Stuhl ein Stück zurück, »sehr viel. Es rundet den klinischen Befund ab. Wir haben den hohen Intelligenzquotienten des Patienten schon bei der Routineuntersuchung festgestellt. Aus diesem Grund entschlossen wir uns überhaupt erst zu der Erlebnisprüfung. Das gemeinsame Auftreten von unterentwickeltem Sozialgefühl, übernormalem Triebleben und hoher Intelligenz ist typisch für diesen Kranken.«

»Hohe Intelligenz gilt aber nicht als Entartung im Sinne des Gesetzes«, warf Farmer ein. »Dagegen haben wir keine Maßnahmen vorgesehen. Also lassen wir das!«

»Gerade hier aber liegt ein reformbedürftiger Punkt, und nicht bei der Auswahl der Erlebnissituation, wie du meinst, Farmer. Wir sollten auch gegen Intelligenz einschreiten, die höher ist als die von Delius für den Normaltyp zugelassene. Auch sie ist eine krankhafte Abnormität. Ein auch für den Laien offenkundiger Beweis dafür ist eben dieses auch hier wieder beobachtete gemeinsame Vorkommen mit anderen charakterlichen Entartungserscheinungen. Ich erwähne nur einige überintelligente Dichter der klassischen Periode, bei denen das sehr deutlich zum Ausdruck kommt: Villon, Schiller, Nietzsche...«

»Lauter Aufwiegler und Revolutionäre!« murmelte Czerny.

»Lassen wir doch jetzt grundsätzliche Erwägungen beiseite«, forderte Farmer wieder. »Du kannst das beim nächsten Konzil vorbringen, und auch ich werde meine Zweifel an der Stichhaltigkeit von Urteilen anmelden, die an irrealen Phantasiesituationen gewonnen wurden. Ich glaube, wir sind zu einer guten Übersicht gekommen. Bevor ich schließe, möchte ich noch auf den schwerwiegenden und in dieser Form ungewöhnlichen Antrag Czernys zurückkommen, mich einer Erlebnisprüfung zu unterziehen. Ich erinnere daran, daß ich wie jedes Mitglied der Kommission eingehende Sondertests bestanden habe. So frage ich also den Kollegen Czerny, ob er auf seinem Antrag besteht.«

»Bestätigst du unser Urteil über Eric Frost?« fragte Czerny zurück. – Farmer öffnete mehrmals den Mund und schloß ihn wieder.

Schließlich sagte er: »Ich bestätige es. Und zwar, weil ich der Überzeugung bin, daß es gerecht ist.«

Er zog ein Formular aus seiner Mappe und füllte es aus. »Ich bitte zu unterschreiben.«

»Ich ziehe meinen Antrag zurück«, sagte Czerny.

Das Papier ging im Kreis herum und landete wieder bei Farmer. Er setzte seinen Namenszug darunter und steckte das Schriftstück wieder in seine Mappe. Dann drückte er auf einen Knopf am Rande der Tischplatte. Ein Pfleger erschien an der Tür.

»Eric Frost ist sofort in Haft zu nehmen. Alles vorbereiten zur Lobotomie.«

Schwarze Schemen, sternenlose Nacht

Wie ein Verband lag die Operationsmaske vor Bells leutseligem Kugelgesicht, und es war, als verschwände mit dem Mund auch das Lächeln und mit dem Lächeln das Leben daraus. Maskenhafte Starrheit breitete sich langsam über den ganzen Körper, der pralle Hals drehte sich nicht mehr, die Geschäftigkeit der gestikulierenden Hände war erstorben, die wachsgelben, mattdurchsichtigen, fettigglänzenden Handschuhe schienen leer herunterzuhängen, die kurzen, eiligen Beine standen säulenartig auf der Gummimatte. Auch der Körper hatte jede Form verloren – plump und schwer wurde er, wie ein locker gefüllter, mit einem Ruck auf die Erde gesetzter Mehlsack. Nur die Augen lebten in der Vermummung, und sie schwankten und kreisten tierhaft unstet in den großen Kreisen der Ausschnitte.

Der da stand, war ein anderer, ein Fremder, ein Erbarmungsloser, einer, der bereit war, Dinge zu tun, die außerhalb des menschlichen Begreifens lagen. Janet erschrak jedesmal angesichts dieser Verwandlung. Oft, wenn sie an Bell, ihren Vorgesetzten, dachte, schob sich diese Gestalt vor den lächelnden Arzt. Obwohl er ihr stets wohlwollend entgegenkam, faßte sie keine Sympathie zu ihm – er war ihr gleichgültig und manchmal widerwärtig. Diesmal aber haßte sie ihn.

Bell gab ein stummes Zeichen, und Graudenz richtete den Oberkörper Eric Frosts etwas höher im Stuhl auf. Er trat dazu auf einen Fußhebel und betätigte so ein Pumpsystem, das jede Veränderung in den Positionen des Stuhls zwar langsam, aber mit unwiderstehlicher Gewalt vornahm. Auch Erics Körper war regungslos, bis auf die Augen, aber es war eine andere Regungslosigkeit als die Bells. Seine Armgelenke und seine Ellbogen waren durch Riemen an die Armlehnen geschnallt, seine Knöchel und seine Knie in gleicher Weise an ein abgestütztes, schmal auslaufendes Fußbrett gebunden. Gebogene, schaumgummiüberzogene Stahlstücke drückten seine Schultern und sein Becken an die Unterlage – es sah aus, als griffen von hinten klobige Finger nach ihm, ein Gumminetz spannte sich über Brust, Magen und Bauch und hielt ihn mit klebriger Zähigkeit fest. Sein Kopf war mit mehreren gummigepolsterten Schrauben in eine Stütze geklemmt. Doch trotz dieser Fesseln wirkte Erics Körper ungemein lebendig – lebendig wie das Herz im durchscheinenden Körper einer noch nicht ausgeschlüpften Amphibie.

Graudenz hob nun etwas aus einer Halterung, das aussah wie das Kopfstück einer Brause. Es war durch einen Schlauch mit einem auf Gummirädern fahrbaren Kästchen verbunden. Graudenz drehte an einem Schalter und beobachtete einen Zeiger, der nervös über die Skala zuckte. Dann drückte er den Ansatz auf Erics kahlgeschorenen und mit roten Fettkreidestrichen überzogenen Schädel. Ein kräftiges Zischen erscholl, kalter Dampf strahlte unter den Rädern hervor.

Janet stand neben dem Präparateschrank. Sie drehte die Verschlußschraube einer Gasflasche auf, das leise Summen ging im Zischen der verdunstenden Flüssigkeit aus der Lokalanästhesiemaschine unter. Unauffällig wie ein Schatten strich Janet die Wand entlang, bis sie an der entgegengesetzten Seite des Operationsraumes angekommen war.

Janet beobachtete die drei weißvermummten Männer, die wie die Henker eines Femegerichts anmuteten, die flatternden Züge Erics, die schneeige Lichtflut auf den Fäden der zerstiebenden Dampfwolke. Das Tablett mit den Reihen chromblitzender Messer, Sägen, Meißel, Hämmer, Schaber, Zangen, Klemmen klirrte leise. Watte quoll wie Sahne aus einem Porzellangefäß.

Zuerst wankte Bell. Dann zuckte er langsam in sich zusammen und blieb in kauernder Lage zu Erics Füßen liegen. Graudenz begann mit Kopf und Armen zu rudern, der Düsennapf löste sich von Erics Kopf, pendelte und schrieb irre Zeichen in die Luft. Dann kippte Graudenz zur Seite, er suchte nach Halt und riß den Anästhesieapparat polternd mit sich zu Boden. Der zweite Assistent stand leicht zitternd da, er starrte auf Bell, auf Eric, dann drehte er sich zu Janet herum – Janet lag verkrümmt am Boden. Da fiel auch er um.

Janet wartete noch dreißig Sekunden. Ihre Lippen bewegten sich im stummen Zählen. Dann richtete sie sich vorsichtig auf. Sie trat auf Bell zu, hob einen seiner Arme und ließ ihn wieder fallen, sie zog sein Augenlid empor, der Blick war leer, das Lid schob sich wie Gummi über den Augapfel zurück. Bell war bewußtlos.

Sie trat zu Eric Frost. Auch seine Augen waren geschlossen. Eilig löste sie die Schrauben von seinem Kopf, lockerte die Riegel an Schultern und Becken und zerschnitt das Netz, das über seinem Leib lag. Sie band seinen Oberarm ab und injizierte eine gelbgrüne Flüssigkeit. Eine Sekunde lang sah sie ihm ins Gesicht. Dann drehte sie sich um. Sie zog den Handschuh von Bells rechter Hand, holte einen dicken Gummiring aus der Hosentasche und schlang ihn mehrmals um Bells eben freigelegten Daumen. Dann wählte sie ein Skalpell. Einen Moment zögerte sie – dann schnitt sie den Finger unterhalb der Gummifäden an der Wurzel ab. Sie drückte das Blut aus ihm heraus, wickelte ihn in ein Gazeband und steckte ihn ein. Die Wunde verschloß sie sorgfältig mit Plastosept. Nun griff sie in Bells Brusttasche und holte seine Erkennungsmarke heraus.

Der Narkoseapparat zischte immer noch – sie änderte nichts daran. Sie blickte auf die Uhr: Zehn Minuten vor zehn.

Wieder trat sie zu Frost. Auf seiner Stirn erschienen Falten und verschwanden wieder. Sie nahm alle ihre Kraft zusammen und hob ihn aus dem Stuhl. Seine Wangen waren eingefallen, mit seinem Kahlkopf und dem gestreiften Krankenanzug sah er kindlich zart aus, aber er war schwerer, als sie gedacht hatte. Sie ließ ihn auf den Boden gleiten, ergriff seine beiden Handgelenke und zerrte ihn zur Tür, die in das Laboratorium führte. Sie steckte ihre Erkennungsmarke in den Schlitz – die Tür öffnete sich, und Janet zog Eric über die Schwelle. Hier ließ sie ihn liegen. Rasch ging sie noch einmal zurück und brachte die Gasflasche, mit der sie das Operationsteam betäubt hatte, herbei. Sie stellte sie zu einigen anderen, die dort in einer Reihe standen, und schob die Tür zu. Sie band ihre Operationsmaske ab, löste eine Nasenklemme und spuckte das Filterstück einer Gasmaske aus, das sie heimlich getragen hatte. Nun bückte sie sich zu Eric. Mehrmals schlug sie ihn kräftig auf die Wangen. Die Schläge waren hart, und doch lag eine versteckte

Zärtlichkeit darin. Als sich Eric nicht rührte, drehte sie ihn herum und hämmerte ihm mit der Handkante in die Nierengegend.

Eric stöhnte und versuchte auszuweichen. Sie schlug noch einmal heftig zu und schüttelte ihn dann. Seine Augenlider klappten auf, ein verständnisloser Blick traf sie.

»Was ist... was...?«

»Reiß dich zusammen, Eric! Steh auf! Nimm deine ganze Energie zusammen!«

»Was ist... Bin ich schon...?«

»Nein, Eric! Alles ist in Ordnung. Alles wird gut, wenn du dich zusammennimmst und mit mir kommst!«

»Aber ich...« Kraftlos fiel sein Kopf zurück.

»Steh auf! Sofort!« Nochmals gab sie ihm zwei leichte Ohrfeigen. »Du kommst mit mir!«

Eric taumelte auf.

»Zieh das an!«

Sie warf ihm einen weißen Kombinationsanzug und eine Schirmkappe hin und deutete auf ein Paar Schuhe. Eric gehorchte. Während der gewohnten Handgriffe des Aus- und Ankleidens wurden seine Bewegungen zusehends sicherer. Es war zehn Uhr fünf.

»Jetzt geh hinter mir her. Du mußt einen völlig normalen Eindruck machen. Hörst du: du mußt! Es sind nur ein paar Schritte!«

Sie öffnete die Tür zum Korridor und trat hinaus. In der Ferne des Ganges standen einige braungekleidete Mädchen, keines beachtete sie. Sie sah sich nicht um, aber sie hörte es: Eric folgte ihr.

Sie ging ein paar Schritte bis zum Lift und winkte Eric, mit ihr über die grünbeleuchtete Schwelle in die Kabine zu treten. Der grelle Strich an der Ritze zwischen Fahrstuhlboden und Aufzugschacht wechselte über Gelb und Orange zu dunklem Rot. Sanft löste sich die Magnetschalterung, der Motor lief an, die endlose Kette, an der die fünfhundert stachelförmigen Liftkammern hingen, lief drei Meter weiter und hielt wieder weich. Rotes Licht, grünes Licht, grünes Licht, rotes Licht; Passage gesperrt, Passage frei, Passage frei, Passage gesperrt; Anlaufen, das schwebende Gefühl des Sinkens, der Andruck der Verzögerung, die fünf Sekunden Wartezeit... Mehr als drei Personen durften die Kabine nicht betreten – war sie besetzt, dann blieb die Warnbeleuchtung rot. Eine Person hätte noch Platz gehabt, aber niemand stieg zu ihnen herein. Janet stand breit, mit dem Rücken gegen die Zutrittöffnungen, und verdeckte Eric, der an der Hinterwand lehnte, vor den Blicken von außen. Eric hielt die Augen halb geschlossen. Er brauchte seine gesamte Energie, um sich aufrecht zu halten.

Janet blickte in das fremde Gesicht vor ihr. Seit drei Tagen hatte sie sich in einem Taumel gegensätzlich gerichteter Regungen befunden, sie hatte gegen Unbekanntes gekämpft, das in ihr wach geworden war, ihr Denken hatte sich in Geleisen verfahren, aus denen keine Weiche führte, mit psychologisch-sezierender Überlegenheit hatte sie ihren Zustand analysiert, und sie glaubte, die Ursache für ihre Verwirrung erkannt zu haben. Zugleich aber wußte sie, daß sie ihr Verstand nur an der Oberfläche trieb, daß ihre unklaren Wünsche viel mächtiger waren und daß ihre Analyse der Situation nichts an ihren Handlungen ändern, sondern höchstens ihr Entsetzen vor sich selbst verstärken würde. Sie hatte ihre Arbeit getan, die Testergebnisse registriert, die Versuchslisten ausgewertet, sie hatte das Reinigen ihrer Laborgeräte überwacht, den Druck und die Zusammensetzung des Gases in den Flaschen geprüft, sie hatte Patienten fotografiert, Mikrofilme hergestellt und Mikrofilme studiert, sie hatte Bell bei seinen Diagnosen geholfen, bei seinen Eingriffen assistiert, sie hatte seine Besprechungen auf Band aufgenommen und die Diktatstreifen in die Klappen der Rohrpostschächte geschoben. Sie war mit einem Elektrowagen in ihr Heim gefahren, hatte aus dem Automaten ihre Mahlzeit zusammengestellt, hatte mit anderen zusammengesessen – vor den Bildschirmen der Kinoräume und zwischen den Mikrofonen der Stereos. Alles hatte sie getan, als ob es jemand anderer getan hätte, wie ein Uhrwerk abläuft, auf das sie nicht zu achten brauchte, sie hatte gesprochen und gelacht, aber es waren nur Zunge und Stimmbänder, die die Worte geformt hatten, nur Lippen und Wangen, die sich zum Lachen verzogen hatten. Sie selbst war aus sich herausgetreten oder auch tief in sich hinein – sie hatte vieles, was mit ihrem Beruf zusammenhing, zum erstenmal verstanden – jetzt, wo es ihr gleichgültig war –, und sie erschrak vor der Kluft dieses Unterschieds zwischen Mitgeteiltem und Selbsterlebtem. Sie hatte viel erfahren über die Strukturen im Gehirn, die Vorgänge in den Nerven, die Umsetzungen in den Drüsen, die alles das hervorriefen, was sie jetzt litt. Doch nun brach der Stolz der wissenden Überlegenheit in ihr zusammen, sie erkannte, daß Kenntnisse nicht Macht bedeuten, daß sie trotz ihres Wissens diesen Dingen unterworfen war wie alles andere, wie die übrigen Menschen, wie die Tiere in den Gehegen, wie die Pflanzen in den Gärten, wie Wasser und Stein, wie Atome und Welten. Sie war verstört vor dieser Urgewalt, sie hatte sich gewehrt, und nun hatte sie sich dareingefügt. Jetzt, da sie gehandelt hatte, wußte sie, was es bedeutete, schuldlos an dem zu sein, was man tut.

Eric schlug die Augen auf. »Ruth!« flüsterte er.

»Ich heiße Janet«, sagte sie.

Die Zahlen auf der Leuchtscheibe wechselten.

»Das Schwierigste ist die Sperre«, sagte Janet. »Du kommst hinaus, wie du vor drei Tagen hereingekommen bist: Du drückst den Daumen auf den Reliefabtaster und steckst die Lochmarke in den Schlitz. Dann gehst du durch das Zählwerk ... Nicht *deinen* Daumen«, sie kam Erics Frage zuvor, »den Daumen von Bell.«

Sie reichte ihm die Marke und das Gazepäckchen. Eric steckte beides in die Tasche. Jetzt sah er sie aufmerksam an.

»Die Rampe«, sagte Janet. »Komm!« Sie berührte ihn am Ärmel und trat aus der Kabine. Ab- und anschwellende Surrgeräusche schwebten in der Luft. Der Gang öffnete sich nach einigen Metern zu einer langgestreckten Halle. Eine Wand bestand aus einem weitmaschigen Drahtgitter, das von Türöffnungen unterbrochen war. Davor standen die drehbaren Flügel der Zählvorrichtung in Hüfthöhe an ihrer senkrechten Achse, wie seltsame Blumen an metallenen Stengeln. Daneben hingen die Kästen der Pförtnerautomatik.

Janet trat in das Halboval. Wie die Kiefer einer Zange umfaßten zwei Stahlflügel ihre Taille. Sie drückte den Daumen der Rechten auf die blaßgelbe Membran aus amorphem Molybdän und steckte zur gleichen Zeit die magnetisierte Metallscheibe in den Schlitz. Eine halbe Sekunde verrann, dann ertönte ein Schnarren, und die Plattform drehte sich samt dem Mädchen um einen rechten Winkel. Das nächste Flügelpaar streckte sich Eric wie ein Paar geöffneter Hände entgegen.

Ein einzelner Mann kam die Treppe heruntergeeilt und ging auf eine der Pforten zu. Er schaute weder rechts noch links. Aus dem Hohlraum des Ganges schwirrten Stimmen. Aus dem Schlauch der Straße kam das Brausen in wechselnden Böen. Jenseits des Gitters wartete Janet.

Eric stellte sich in die Klammer der Stahlarme. Er sah sich nach allen Seiten um. Zwei dahinschlendernde Menschen im Hintergrund der Halle unterstrichen die Leere aus Stahl, Zement und Neonlicht. Sie blickten nicht in seine Richtung. Doch nun hallten Schritte hinter ihm.

Eric hatte die Hüllen des Päckchens in seiner Tasche etwas gelockert. Ihn ekelte vor der Berührung mit der schlappen, blutigen Masse, doch überwand er sich. Unter dem Handteller verborgen drückte er die schmale Fläche mit dem kennzeichnenden Hautleistenbild auf die Scheibe und steckte die Marke in die Schlitzöffnung des Apparats. Die halbe Sekunde dehnte sich nerventötend lang. Dann ertönte das Schnarren, die Plattform trug Eric durch die Gitteröffnung. Er trat neben Janet.

In einer langen, schief geparkten Reihe warteten die batteriebetriebenen Kabinenfahrzeuge auf ihre Benützer, unsichtbar an der unter dem Plastikboden laufenden Magnetschiene verankert. Jetzt, inmitten der Arbeitszeit, war der Verkehr gering, nur selten schoß auf der gegenüberliegenden, auf der schnellsten Bahn, ein einzelner Wagen entlang. Alle langsameren Bahnen waren frei. Obwohl das unterirdische Straßennetz nirgends Verbindung mit der Außenwelt besaß, war hier die Luft stets in Bewegung, sie strömte langsam und stet durch die Tunnelgänge, sie streifte mit leisem Rauschen an den Wänden, wirbelte träge um die Ecken der Kreuzungen, tastete zögernd in die Hallen der Parkplätze und trieb einen Hauch von Kühle, Feuchtigkeit und Moder vor sich her. Das Pfeifen, mit dem die Gummireifen über die Bahnen rollten, zog durch das Labyrinth, teilte sich, brach sich, vereinigte sich und mischte sich zu einem unbestimmten Rauschen, das den Hohlraum der Straße wie eine Flüssigkeit erfüllte.

Janet und Eric gerieten ganz unvermittelt in diese Zone von verwischten Geräuschen, von Dämmerung, Strömung, naßkaltem

Brodem und dampfenden Gerüchen, und es war wie der Atem der Freiheit, aber keiner einladenden, freundschaftlichen, sondern einer widerspenstigen Freiheit voll unbestimmter Tücken.

Janet öffnete die Tür und trat ein. Sie setzte sich an das Armaturenbrett und drückte auf einige Knöpfe. Ein weißleuchtender Linienzug quoll aus einem in die Kunststoffplatte vertieft eingezogenen schematischen Plan.

Eric Frost hatte sich auf einen der Hintersitze sinken lassen. Er hatte vor der Operation zwei Tage lang nichts zu essen bekommen, und die Betäubungsgifte saßen noch in seinem Blut.

Janet nahm eine Phiole mit Energontabletten aus der Tasche und legte sie ins Handschuhfach. Dann erhob sie sich.

»Hör mir eine Minute zu, Eric«, sagte sie.

Sie sprach eindringlich wie zu einem gutwilligen dummen Kind: »Nur noch eine Minute, dann kannst du schlafen. Ich gehe jetzt zurück. Sobald ich ausgestiegen bin, drückst du auf den Starter. Komm, setz dich hierher.« Sie stand auf und machte ihm Platz. »Vergiß es nicht: Du mußt auf den Starter drücken.«

Eric schreckte zusammen. »Du gehst zurück?« – »Ich muß!« Janet verließ den Wagen. Sie sprach rasch zur Tür herein.

»Ich habe einen Weg eingestellt, der dich zuerst einige Kilometer fort – und dann immer wieder in einem großen Kreis herumführt. Du brauchst dich nicht darum zu kümmern. Ich komme wieder. Ich weiß noch nicht, wann, aber ich komme so bald wie möglich wieder. Ich werde dann einen anderen Wagen nehmen und dich suchen. Ich werde hinter dir herfahren, und du wirst zu einem Parkplatz steuern. Dorthin folge ich dir. Dann steigst du zu mir über.«

»Werden sie mich nicht...?« Eric ließ seine Befürchtung unausgesprochen.

»Nein. Ich weiß, was die Schutztruppe in solchen Fällen tut. Solange du fährst, bist du in Sicherheit.« Sie zögerte. »Jetzt gehe ich«, fügte sie dann hinzu. Sie trat zurück. »Fahr los!«

Eric bewegte sich undeutlich im Innern. Das Elektromobil scherte aus der Reihe aus und rollte auf die erste Fahrbahn. Allmählich gewann es Geschwindigkeit und tauchte in den Tunnel ein.

Janet drehte sich um und ging mit festen Schritten auf die Pforte zu. Sie kam unangefochten durch und suchte den Lift auf. Im zweiundsechzigsten Stockwerk stieg sie aus und betrat das Operationszimmer durch das Labor. Sorgfältig schloß sie die Tür hinter sich zu. Die magnetische Verriegelung schnappte mit einem häßlichen Geräusch ein.

Janet begab sich auf jenen Platz, auf dem sie früher die Betäubte gespielt hatte. Der zweite Assistent hatte sie dabei gesehen – und das war gut. Alle lagen so da wie vorher, als sie den Raum verlassen hatte. Sie blickte auf die Uhr: zehn Uhr vierundzwanzig. In genau derselben Haltung wie vorher legte sie sich auf den Boden. Das Gas wirkte schnell, Schwindel hob den Boden unter ihr empor, Sekundenbruchteile des Schwebens, Müdigkeit...

Und ihr Denken schlief ein.

Scharfer, ätzender Geruch war das erste, was die Sperre ihres Empfindens gegen die Außenwelt durchbrach. Sie rang nach I.uft und hustete krampfhaft – die Atemnot zwang sie ins Wachsein zurück, obwohl sie ein zentnerschwerer Block in ihrem Kopf auf eine federnde Unterlage fesselte. Das Gewicht gab ein wenig nach, sie öffnete die Augen und blickte in das Rechteck von Czernys Gesicht.

»Gleich wird sie reden können«, sagte eine Stimme. Ein Fläschchen blinkte vor ihren Augen, und wieder brachte der erstickende Geruch ihre Nasenschleimhäute in Aufruhr. Sie hob eine Hand und schob das Glasgefäß beiseite.

»Kannst du sprechen?« fragte die Stimme.

Arme zogen sie in sitzende Position, sie lehnte in einer Bank, ihr gegenüber stand ein Arzt der benachbarten Abteilung, einige Männer des Pflegepersonals starrten sie an, und nun trat Czerny wieder vor sie hin.

»Sprich, Trombe, was ist geschehen?«

Auf einer Bank neben ihr saß der zweite Assistent. Er war blaß, sein Gesicht war zerknetet, aber seine Augen standen offen. Auf zwei Bahren lagen Bell und Graudenz, von Ärzten und Pflegern umsorgt. Sie waren im Verbandsraum für Erste Hilfe.

»Das Gas ist nicht gefährlich«, erklärte der Arzt vor Janet. »In einigen Minuten sind alle wieder bei Bewußtsein.«

Czerny warf ihm einen verächtlichen Blick zu. »Ich glaube, du verstehst mich nicht ganz.« Sein Ton war messerscharf. »Ich habe nicht die Zeit, um zu warten. Ich habe keine Minute zu verlieren. Wecke sie auf, sofort, alle!« Seine Hand bewegte sich herrisch zu den beiden Bewußtlosen auf den Tragen. »Trombe, ich habe keine Geduld mehr.« Er packte ihren Arm und schüttelte ihn. »Was geschah bei der Operation?«

Zwei Männer in den schwarzen Kombinationsanzügen der Schutztruppe kamen zur offenen Tür herein.

»Nichts zu finden«, sagte der eine.

»Im Nebenraum stehen mindestens zwei Dutzend Gasflaschen«, sagte der andere. »Sieben davon sind halb leer. Das Gas kann aus jeder von ihnen stammen.«

»Weitersuchen«, sagte Czerny, »und seht zu, daß die Informationen über die verdächtige Person bald bereit sind!«

Er drehte sich zum Arzt. »Gib ihr noch eine Injektion!«

»Ich kann schon sprechen.« Janets Stimme klang wie eingerostet, aber sie war verständlich.

»Dann vorwärts! Was gab es bei der Operation?«

»Alles war wie immer«, antwortete Janet. Ihre Worte tropften. Czerny hielt seine Ungeduld im Zaum, aber man sah sie ihm an. »Auf einmal... Mir wurde schwindelig... Bell fiel zu Boden... Vor meinen Augen wurde es schwarz, das ist alles.«

»So, das ist alles«, wiederholte Czerny. »Gab es nichts Besonderes, nichts Auffälliges, nichts Verdächtiges? War nicht doch irgend etwas anders bei dieser Operation?«

»Nein«, sagte Janet.

Czerny warf einen Blick auf Bell, der eben zu stöhnen begann. »Wenn er sprechen kann, wird mich jemand holen. Verstanden. Und keiner von denen verläßt den Raum.«

Seine Schritte dröhnten, als er hinausging.

Janet lehnte sich in ihrem Sessel zurück und schloß die Augen. Sie hatte keine Schmerzen, und ihr war nicht übel, sie fühlte weder Gewissensbisse, noch empfand sie Freude – sie war einfach müde, elendiglich müde, und sie überließ sich dieser Müdigkeit mit völligem Gleichmut allem dem gegenüber, was um sie herum vorgehen könnte. Sie hörte Schritte, Türenrollen, Klirren, Stimmen, doch sie verstand nichts und begriff nichts, und sie wollte auch nichts verstehen, alles verschmolz zu einem fernen einschläfernden Plätschern, ihr war, als triebe sie unter Wasser, und alle Dinge und Menschen wären in die Ferne gerückt und stünden in keinerlei Verbindung zu ihr. Sie war nicht wach, und sie schlief auch nicht, die Zeit verrann, ohne daß sie es wußte, einmal stieß sie jemand an, sie öffnete kurz die Augen, doch sah sie nichts, weil Licht und Schatten in der Flüssigkeit, in der sie schwamm, ein trübes konturenloses Bild nicht unterscheidbarer, ineinander verschachtelter Gegenstände malten.

Allmählich wurden die Geräusche um sie herum deutlicher, sie hörte das Stöhnen Bells und das Stottern Graudenz', sie hörte Czernys stoßweises Kommandieren, und fast widerwillig nahm sie den Sinn der Worte und Töne auf, denn irgendwo in ihr versteckt saß doch die Furcht vor dem Kommenden, vor Verhören, vor dem Lügendetektor, vor den chemischen Mitteln, die auf jeden warteten, der Verdacht erregt hatte. Ihr war nichts nachzuweisen, aber es wäre ein Wunder gewesen, wenn ihr Czerny getraut hätte. Er traute niemandem. Zwar kannte sie die Präparate, die den Geist töteten und den Willen brachen, und sie hatte ein Kuvert mit einem Gegenmittel unter dem Riemen ihrer Sandalen verborgen, aber der Kampf würde unmenschlich sein, und sie war nicht überzeugt davon, ob sie ihn bestehen könnte. Doch noch war ihr Denken nicht klar, und es war mehr Instinkt als Überlegung, daß sie sich jetzt schon gegen das Befürchtete auflehnte, wenn auch nur dadurch, daß sie sich gegen die Außenwelt abzukapseln versuchte.

Und so kam es, daß sie nicht begriff, als Czerny hereinkam und etwas zu allen im Zimmer sagte. Erst als er längst wieder gegangen war, wiederholte sie bei sich das Gehörte, und dann erst glaubte sie daran, daß das Unglaubliche geschehen war.

»Kollegen«, hatte Czerny gesagt, »der Fall ist geklärt. Der Täter ist Farmer. Schon während der Besprechung habe ich Verdacht geschöpft, daß etwas mit ihm nicht in Ordnung ist. Es war ganz offensichtlich, daß er Frost schützen wollte. Ich habe meinen Antrag, ihn der Erlebnisprüfung zu unterziehen, nur deshalb zurückgezogen, weil mir eine wirkliche strafbare Handlung lieber gewesen wäre. Er hat sie schneller geliefert, als ich gehofft hatte. Es war recht dumm von ihm, Frost zu befreien. Er hätte sich denken können, daß ich sofort auf ihn tippe. Als ich erfuhr, daß er sich heute vormittag tatsächlich im Block der Klinik aufgehalten hatte, griff ich zu. Bis jetzt behauptet er noch, in der Registratur gewesen zu sein – aber niemand hat ihn gesehen. Ich weiß noch nicht, wie er es gemacht hat, aber das finde ich rasch heraus. Jedenfalls brauche ich euch nicht mehr. Ihr könnt gehen.«

Janet war allein im Raum. Bell hatte etwas zu ihr gesagt, bevor er sich entfernt hatte, und einer der Ärzte hatte ihr Pillen in die Hand gedrückt. Sie stand auf, warf die vier in Cellophan eingewickelten weißen Kugeln in einen Abfalleimer und blickte auf die Uhr: achtzehn Uhr zehn.

Janet ging zum nächsten Duschraum und ließ die schmerzhaft harten heißen Wasserstrahlen auf ihren Körper prasseln, dann fuhr sie mit dem Lift ins Erdgeschoß und trat auf die Straße hinaus. Die Laufbänder beförderten sie einige Blöcke weiter, in einem Lebensmittelstore füllte sie einen großen Beutel mit Eiweißkuchen, Tortillas, Zuckerschnitten, Baninos und zwei Limonadeflaschen und bestieg einen Elektrowagen. Zuerst fuhr sie eine Weile planlos kreuz und quer in den Tunnelstraßen umher und überzeugte sich davon, daß ihr niemand folgte. Dann erst suchte sie die Gegend auf, in der Eric in seiner Rundfahrt begriffen war. Sie folgte der von ihr voreingestellten geschlossenen Route auf einem langsamen Band, obwohl das ungewöhnlich war. Aber es ging nicht anders – Eric fuhr mit der normalen, der unauffälligsten, der größten Geschwindigkeit, und wenn sie ihn treffen wollte, mußte sie langsamer fahren; in allen Straßen gab es nur eine Verkehrsrichtung. Sie bildeten ein quadratisches Gitter, die in Nord-Süd-Richtung führenden Stränge waren eine Etage höher als die in Ost-West-Richtung laufenden angelegt. Die Richtungen kehrten sich von Parallel- zu Parallelstraße um. An allen jenen Punkten, an denen eine Straße über die andere hinwegging, waren beide durch eine im Viertelkreis gebogene Fahrstrecke verbunden.

Der Verkehr war jetzt bedeutend stärker als tagsüber. Fast eine Stunde lang fuhr sie durch das unterirdische Labyrinth, weite Strecken ging es geradeaus, dazwischen schoben sich die kurzen gebogenen, stark überhöhten Straßenstücke, in denen der Wagen wie in einem Karussell emporgehoben wurde. Mehr als dreimal mußte sie den geschlossenen Kurvenzug von Erics Weg durchmessen, bevor sie die Nummer seines Wagens rechts hinter sich erspähte. Sie beschleunigte, wurde überholt, setzte auf die Außenbahn über und folgte ihm.

Sie hatte sich in Eric nicht getäuscht. Er hatte ihr Manöver beobachtet und verlangsamte nun sein Tempo. Beim nächsten Halteplatz bog er ein, stieg aus dem Wagen und betrat den ihren, der sich neben ihm in die Reihe geschoben hatte. Es waren ziemlich viele Leute unterwegs, die ankamen, abfuhren und plaudernd nebeneinanderstanden. Janet startete sofort und fingerte an der Tastatur der Straßenwahltafel. Dann lehnte sie sich zurück. Während der Zeit, in der sie etwas mit- oder füreinander getan oder aufeinander gewartet hatten, hatte es keine Fragen und keine Zweifel gegeben. In diesen leeren Sekunden des Nichtstuns aber trat ihr gegenseitiges Fremdsein wieder lähmend zwischen sie, wie schon während der zehn gemeinsamen Minuten im Lift.

Janet sagte: »Ich habe dir zu essen mitgebracht.«

Doch schon während sie sprach, fragte sie sich, was sie sich eigentlich erhoffte, und ärgerte sich über sich selbst.

»Warum hast du mich befreit?« fragte Eric.

Durch die Fenster sahen sie andere Fahrzeuge vor, neben und hinter sich her rollen, und durch die Fenster dieser Fahrzeuge konnten sie die Menschen erkennen, die darinnen saßen, aber die zwei spiegelnden Trennungswände verschleierten sie hinter Lichtpfeilen und reflektierten Bildfetzen. Zwischen all diesen Menschen und Maschinen waren sie allein.

»Wenn ich bei klarem Verstand gewesen wäre, wäre ich nicht mitgekommen«, sagte Eric.

Janet zuckte zusammen. »Warum nicht?«

Eric blickte in das fischhafte Gleiten der Fahrzeuge hinein. »Ist es dir nicht aufgefallen, daß ich schon einmal geflohen war? Daß ich dann zurückgekommen bin?«

Nach einer kurzen Pause fügte er hinzu: »Es ist sinnlos.«

»Und warum hast du überhaupt zu fliehen versucht?«

»Ja, warum?« fragte Eric.

»Ich will es dir sagen«, sagte Janet. »Weil du die Freiheit liebst! Weil dein Wunsch nach Freiheit größer war als die Hemmungen deines Verstandes. Weil deine Sehnsucht größer war als deine Weisheit.«

»Das mag sein, Janet. Du heißt doch Janet?«

Janet nickte.

»Ja, du kannst recht haben.« Er sprach wie zu sich selbst. »Meine Sehnsucht war größer. Und da gibt es sogar ein Mädchen, das das begreifen kann.«

Er sah Janet an, aber sie blickte auf das Schaltbrett; die Lichtstreifen darauf bildeten ein flimmerndes Muster.

»Ich hätte dich früher kennenlernen müssen... Aber jetzt ist es zu spät. Und früher... wußte ich doch selbst nicht, was mit mir los ist. Erst in den letzten Tagen habe ich darüber nachgedacht.«

Er hielt inne und begann von neuem. »Ihr habt mich unter dem Netz gehabt. Ich weiß jetzt wieder genau, was ich erlebt habe. Du warst doch die, die meine Erlebnisse geführt hat, nicht wahr?«

Janet nickte fast unmerklich.

»Ich habe vorher nie etwas erlebt«, sagte Eric. »Ich wußte gar nicht, wie das ist: etwas erleben. Aber jetzt weiß ich es. Natürlich, es war nur ein Traum. In diesem Traum hatte ich Freude und Angst. Früher hatte ich nie solche Freude und nie solche Angst. Im Traum habe ich geliebt und gehaßt. Ich wußte nicht, daß ich so lieben und so hassen kann. Im Traum habe ich gehandelt – wie ich noch nie in meinem Leben gehandelt hatte. Zum erstenmal hat mein Handeln mein Schicksal bestimmt – wenn auch nur ein Traumschicksal.

Denk einmal an die anderen Menschen, Janet. Wer von ihnen wird jemals so etwas erleben dürfen, wie ich es erlebt habe? Heute gibt es nichts mehr, was man erleben kann.

Und darum danke ich dir. Vielleicht sind sie uns jetzt schon auf der Spur. Ganz gleich aber, wie lange es noch dauerte – ich bin mit meinem Leben zufrieden. Und du mußt auch mit dem zufrieden sein, was du getan hast.«

Janet erwachte aus ihrer Erstarrung.

»Ich habe nicht ganz ohne praktische Überlegung gehandelt«, sagte sie. »Ich habe einen Plan.«

»Du bringst dich in Gefahr«, erwiderte Eric. »Es ist am besten, ich gehe wieder freiwillig zurück.«

Janet hatte nicht zugehört.

»Es gibt noch einen ganzen unbewohnten Kontinent, die Antarktis. Dort könnten wir –«

»Wie sollen wir dorthin kommen?« unterbrach Eric.

»Wir benützen einen Transkontinentalclipper.«

»Und wie willst du an einen herankommen?«

»Bei Bell, meinem Chef, kann ich einen Reiseauftrag erhalten – vielleicht schon in einigen Tagen. Mir steht sowieso eine Studienreise bevor. Dann habe ich eine Maschine zur Verfügung. Ich nehme dich irgendwo auf, wir stellen auf Handsteuerung, brechen aus dem Korridor aus und fliegen zum Südpol.«

»Wie sollen wir dort leben?«

»Ich habe im Geheimarchiv Mikrofilme gefunden. Auf ihnen sind die Aufzeichnungen einiger Expeditionen festgehalten. Vor der Zeit von Delius, als die Zahl der Menschen ständig anstieg, haben sie nach Neuland gesucht. Nun – es war nicht mehr notwendig, die Antarktis zu besiedeln. Heute ist sie Sperrgebiet. Aber damals sind Stützpunkte zurückgeblieben, Baracken, Treibstofflager, Gebrauchsgegenstände, Werkzeuge, Arzneimittel, Konserven – mehr, als wir in hundert Jahren verbrauchen können. Dort gibt es aber auch noch größere Tiere – Robben und Vögel, die man erlegen und zubereiten kann.«

»Tiere?« fragte Eric. »Zubereiten?«

»Ja, das haben die Menschen früher auch getan. Warum sollten wir es nicht können?«

»Du hast an alles gedacht«, sagte Eric.

Er überlegte. Bedenken und Hoffnung wanderten in sichtbaren Wellen über sein Gesicht.

»Ich weiß nicht...«, sagte er. »Es scheint mir unglaublich...«

Er dachte an die Erde, auf der es nur Meer und Stadt gab, und jenen vergessenen weißen Fleck im Süden. Er dachte an den endlosen Block der Häuser, die wie Aussatz an jedem Stück Festland klebten, die stellenweise wie Beulen ins Meer griffen, die die Täler erfüllten und die Berge bedeckten. Er dachte an das weite offene Netz der Gehstraßen, in denen die Laufbänder wie Schlangenrudel dahinglitten, an das versteckte Tunnellabyrinth der unterirdischen Straßen. Er dachte an die Menschen, die in dieser Stadt lebten, und an den Schutz, den sie ihnen bot – an die Glasdächer über den Straßen, die Klimaanlagen im geschützten für den Menschen bestimmten Raum, die Fabriken für Nahrungsmittel, die Pilz- und Hefekulturen, die Gärten mit den Gemüse- und Obstanpflanzungen, an die staatliche Organisation, die das alles austeilte und verschenkte, an die Filme und Stereos, die Spiele und Wettbewerbe, an die Geborgenheit im Schoß der Häuser, an die eigene Wohnkammer und das weiche, wohlige Bett.

Und dann hatte er eine Vision von blinkendem Weiß, von kaltem Licht, von blauen Schatten, von stechenden Eiskristallen, Sturm, Wetterschlag, aufflatternden Tieren, dahinhuschenden Robben, und er sah sich selbst darin stehen, sich und Janet... Und er schob alle Zweifel weit von sich. Vielleicht, dachte er, vielleicht...

Janet hatte ihn beobachtet.

»Wir müssen noch ein paar Tage Geduld haben«, sagte sie. Alles in ihr bebte vor aufgeregter Freude. »Die paar Tage muß ich mein gewohntes Leben weiterführen. Ich will mich nicht zu lange hier aufhalten. Laß mich bei der nächsten größeren Station aussteigen. Du fährst dann sofort weiter, du hast nichts zu befürchten. Die Schutztruppe verfolgt eine falsche Spur. Solange du nicht von der Straße heruntergehst, solange du kein Haus betrittst, brauchst du keine Erkennungsmarke und keinen Fingerabdruck, und niemand wird auf dich aufmerksam. Die Waschräume entlang der Straße sind nicht verschlossen. Wie gesagt – du fährst fort, irgendwohin, in die weitere Umgebung, wie es dir gerade einfällt. Und morgen um achtzehn Uhr kommst du wieder hierher. Hier treffen wir uns... Wenn ich nicht da bin, kommst du eine Stunde später wieder. Warte aber nicht auf mich!«

Sie waren in eine Halle eingebogen. Ihr Fahrzeug verlangsamte sich und hielt über dem Sperrfeld des Schienenendes. Noch immer waren viele Menschen auf den Beinen.

»Und wenn du auch um neunzehn Uhr nicht da bist?« fragte Eric.

»Dann komme ich um zwanzig Uhr. Leb wohl.«

Sie schob die Tür auf und stieg auf die Rampe hinaus. Sie winkte ihm zu. Er winkte zurück. Als sie die Sperre hinter sich hatte, drückte Eric auf den Starter.

Janet benützte die Laufbänder, um in ihr Heim zu kommen. Mit geschickten, raschen Schritten bahnte sie sich ihren Weg zur Mitte, und sie spürte mit Wohlbehagen die Kraft, die sie vorwärtsriß, die Trägheit, die sie umzuwerfen drohte und derer sie geschickt Herr wurde, den lauen Wind, der in ihrem Haar wühlte. Sie würde zu Hause gemütlich essen und nachher einen Film ansehen. Oder sollte sie zu einer Partie Domino in den Spielklub gehen?

Sie erreichte ihren Wohnblock und fuhr mit dem Lift hoch. Als sie an den Aufenthaltsräumen vorbeikam, sprudelte gerade eine Schar Mädchen heraus, die sie vom Tischtennisspielen kannte; sie warf ihnen einen übermütigen Gruß zu. Als sie den Gang betrat, an dem ihr Kämmerchen lag, summte sie eine Melodie vor sich hin. Sie hielt vor ihrer Türe und steckte die Marke in den Schlitz daneben. Die Tür rollte auf, und das Lied erstarb in ihrer Kehle.

»Komm rein«, sagte der Mann, der in ihrem Lehnsessel lümmelte. »Und mach die Tür zu. Aber schnell! Setz dich.«

Janet sank auf das Bett nieder.

»Du hältst mich für blöd«, sagte Czerny. »Allein dafür hättest du eine Untersuchung verdient.«

Janet faßte sich. »Was willst du? Ich verstehe nicht.«

Ich hätte es mir denken können, daß es noch nicht vorbei ist, dachte sie. Es fängt erst an.

»Wo ist Eric Frost?«

Das Verhör begann wieder. In Janet regte sich der Trotz.

»Wie soll ich das wissen?«

Czerny musterte sie wie ein schlecht funktionierendes Werkzeug.

»Wo ist Eric Frost?«

Er nahm eine Vase vom Tisch und drehte sie in der Hand.

»Ich weiß es nicht.«

Czerny öffnete die Hand. Die Vase fiel zu Boden und zersprang. Bauchige Scherben wiegten sich. Janet sprang auf, aber Czerny hob den Fuß zu ihrem Magen und drückte sie in ihre sitzende Haltung zurück.

»Jetzt will ich dir mal was sagen, Miststück«, sagte er. »Eric sitzt im Wagen sechsneunzehn sieben fünf sieben eins vierzehn. Vor fünf Minuten ist er in die Nord-Süd-Straße emil zeppelin drei elf acht neun zwei eingebogen – neunzehn Minuten, nachdem ihr euch am Parkplatz Ost der Schuhverteilungszentrale getrennt habt. Du hast das Theater in der Klinik aufgezogen. Du bist eine Verbrecherin.« – »Aber ich –«

»Halt den Mund! Du scheust nicht davor zurück, dem Staat aus persönlichen Motiven Schaden zuzufügen. Du bist eine Verbrecherin.«

Er wischte mit der Hand über die Tischplatte. Seine Stimme wurde leiser.

»Aber du hast unverschämtes Glück. Dir geschieht nichts – wenn du meinem Befehl gehorchst. Ich lasse sogar Frost entkommen. – Du brauchst mich nicht so verwundert anzuglotzen.

Du hast dich sicher sehr gefreut, als du gehört hast, daß ich Farmer im Verdacht habe. Nun, Farmer ist in dieser Sache unschuldig. Aber auch er ist ein Anomaler, und er ist viel gescheiter als du. Er hat sich eine Position gesichert, in der ich nicht an ihn heran kann – wenn nichts Eindeutiges gegen ihn vorliegt. Diesmal aber habe ich ihn übertölpelt. Ich habe Indizien anbringen lassen, die ihm das Genick brechen. Aber, hörst du: Eric Frost muß verschwinden. Und du wirst dafür sorgen, daß das schnellstens geschieht.«

»Was soll ich tun?«

»Du hast doch sicher einen Plan. Wo sollte sich Frost verbergen?«

Czerny wartete zwei Sekunden, doch Janet antwortete nicht. »Wahrscheinlich wollte er aufs Meer oder in die Antarktis. Das haben die meisten vor.«

»Gibt es denn viele?« fragte Janet schnell.

»Ja. Zu viele. Also – wo wollte sich Frost verstecken?«

»Auf dem Meer – er wollte von Fischen leben.«

»Siehst du, ich hab's gewußt. Aber daraus wird nichts. Er kommt hier nicht heraus. Er muß hier verschwinden, hier in der Stadt.«

Er wehrte eine fragende Bewegung Janets ab. »Paß auf! Du

kennst doch das Wasserwerk im Industrieviertel?«

Janet nickte. Czerny zog eine Marke aus der Brusttasche seiner schwarzen Bluse.

»Hier hast du eine Erkennungsmarke für Frost. Sie ist auf seinen Fingerabdruck abgestimmt. Du bringst Frost ins Wasserwerk. Im unteren Stockwerk sind in vier Hallen die Verteilungsautomaten untergebracht. In die Südhalle, hinter dem Automaten siegfried acht, mündet eine Falltür. Sie ist mit dieser Marke zu öffnen.« Er warf sie ihr zu. »Wir haben noch eine andere Sperre, aber morgen abend wird sie geöffnet sein. Das ist ein Zugang zu den unterirdischen Flüssen. Früher rann das Wasser oberirdisch ab. Die Flüsse, Bäche und Seen waren Sammelbecken des Unrats, Brutstätten von Krankheitskeimen und Ungeziefer. Beim Ausbau der Städte wurden sie reguliert und gereinigt, heute liegen sie tief unter den Häusern. Zum Teil sind sie ausgetrocknet, zum Teil enthalten sie noch etwas Wasser.«

»Was soll Eric im Flußbett?« fragte Janet.

»Die alten Wasserwege«, fuhr Czerny unbeirrt fort, »bilden ein unterirdisches Labyrinth, das niemand genau kennt. Es hatte keinen Sinn, sich damit zu beschäftigen, und so haben wir es abgemauert. Es gibt nur ganz wenige offizielle Zugänge.«

»Aber was soll Eric dort?« rief Janet.

»Das ist mir gleich«, antwortete Czerny. »Er muß verschwinden. Das ist die einzige Möglichkeit dazu. Und auf dich darf kein Verdacht fallen. Du mußt deine Arbeit tun, als wäre nichts geschehen.«

Janet dachte nach.

»Du handelst selbst gegen das Gesetz«, sagte sie lauernd.

»Farmer ist gefährlich«, sagte Czerny. »Wenn ich ihn unschädlich mache, diene ich dem Staat. Wie ich das zuwege bringe, ist meine eigene Sache.«

»Ich könnte dich anzeigen.«

»Das würde für dich die Lobotomie bedeuten, denn *dein* Verbrechen läßt sich nachweisen. Wo aber willst du Beweise gegen *mich* hernehmen?«

»Ich werde mit Eric sprechen.«

»Wann triffst du dich wieder mit ihm?«

Janet zögerte einen Augenblick. Es nützt nichts, etwas Falsches zu sagen, dachte sie.

»Morgen abend«, antwortete sie.

»Dann bringst du ihn morgen abend zum Fluß, und die Sache ist erledigt. Und versäume nicht eine einzige Dienststunde. Das ist ein Befehl. Ich hoffe, du verstehst.«

Jäh erhob er sich und ging zur Tür. Er hielt den Kopf steif emporgereckt, als schmerzte ihn der Hals vom langen Reden. Ohne sich umzudrehen, ging er hinaus.

In dieser Nacht fand Janet keinen Schlaf. Am Morgen hatte sie heftige Kopfschmerzen, doch sie kam pünktlich in der Klinik an. Sie nahm sich die Krankenkartei vor und konzentrierte sich auf die Ergänzungen, die sie eintrug. Die Arbeit lenkte sie ein wenig ab, aber in der Mittagspause standen die Fragen wieder vor ihr. Sie ging in einen Lagerraum und suchte zwei Handscheinwerfer und einige Ersatzbatterien. Sie schrieb sich selbst ein Rezept auf orthopädische Schuhe aus und erhielt darauf statt der Sandalen ein Paar stabile, über die Knöchel reichende Stiefel. In einem Kleidermagazin suchte sie zwei feste Overalls, wie sie die Maschinenprüfer bei der Arbeit trugen. In einem Laden füllte sie zwei Taschen mit verschiedenen, möglichst konzentrierten Eßwaren. In der Kantine steckte sie heimlich zwei Eßbestecke zu sich. Diese Dinge füllten vier Einholbeutel. Statt zu essen, fuhr sie mit einem Elektrowagen zum Wasserwerk und versteckte zwei der Beutel in der menschenleeren Halle hinter einer der Maschinen. Sie suchte auch den Automaten siegfried acht und entdeckte an der von Czerny beschriebenen Stelle die Tür.

Den Nachmittag verbrachte sie wieder bei ihrer Kartei. Am Abend bemerkte sie, daß sie soviel wie nichts getan hatte. Sie zuckte die Schultern, wie um sich selbst ihre Gleichgültigkeit zu demonstrieren. Nach Dienstschluß hängte sie die zwei restlichen Beutel über die Schulter, fuhr hinunter zur Straße, wählte ein Fahrzeug und traf sich wie vereinbart mit Eric. Er stieg zu ihr um, und sie fuhren wieder los. Sie erzählte ihm alles.

»Ich bin nicht stolz darauf, daß ich recht behalten habe«, sagte Eric. »Es ist am besten, ich stelle mich jetzt.«

Janet hatte auch diese Möglichkeit bedacht und verworfen.

»Wenn du das tust, sind wir alle beide verloren. Es bleibt uns keine Wahl. Wir flüchten ins Flußbett.«

»Du hast doch nicht vor, mitzukommen?« fragte Eric.

»Doch, ich komme mit.«

»Weißt du denn, ob man unten überhaupt leben kann?«

»Willst du mir Angst machen?«

»Und wenn ich es nicht zulasse?«

»Dann gehe ich eben allein.«

Sie schwiegen eine Weile. Dann sagte Janet leise: »Eric, bitte, laß mich jetzt nicht allein zurück.«

Der Elektrowagen verlangsamte seine Fahrt und durchlief die Reihe der Fahrbahnen nach rechts. Fahrzeuge, die er eben noch überholt hatte, überholten jetzt ihn. Die Lichtflut einer Garage löste die Dämmerung des Tunnels ab – die Parkhalle Süd des Wasserwerks. Der Wagen hielt.

»Komm«, sagte Eric.

Janet holte tief und lautlos Luft. Sie kamen unangefochten durch die Sperre, stiegen die Treppen hinunter und betraten die Südhalle. Sie war leer wie zu Mittag, die beiden Beutel lagen unangetastet hinter der Maschine, wo sie Janet versteckt hatte. Jeder nahm zwei an sich. Eric führte die Marke in den Schlitz ein. Die Bodenluke öffnete sich wie ein hungriges Maul. Eric ließ den Handscheinwerfer aufflammen. Eine freihängende Leiter führte in die Tiefe. Eric stieg voran, Janet folgte. Unter ihnen gähnte es schwarz. Immer kleiner wurde das helle Quadrat über ihren Köpfen.

»Hier ist der Grund«, sagte Eric.

Janet stieg neben ihm von der Leiter. Eric leuchtete die Umgebung ab. Sie befanden sich in einem gigantischen unterirdischen Kanal, der von einer Betonwölbung überdacht war. Vor ihnen glänzte es matt – ein seichtes Gerinne schlängelte sich über den mit Rollschotter bedeckten Boden. Sie selbst standen auf einer Rampe aus rohbehauenen, aneinanderzementierten Steinbrocken. Ein Geräusch ließ sie aufblicken: Es gab kein helles Quadrat mehr, und auch die Leiter war verschwunden.

Eric kletterte über die Böschung hinunter und leuchtete ins Wasser. Er hob die Hand.

»Das ist die Richtung flußabwärts.«

Janet blickte ins Dunkel. »Dort liegt das Meer.«

»Ja, zweihundert Kilometer flußabwärts.« Eric bückte sich und hielt die Finger ins Wasser. »Es scheint sauber zu sein.« Und er fügte hinzu: »Hier gibt es keine Wasserleitung.«

Janet hatte sich auf einen hervorstehenden Felsquader gesetzt. Hier gibt es keine Wasserleitung, dachte sie. Sie spürte kühle, feuchtigkeitsgesättigte Luft in ihre Kleidung eindringen. Ein leichter Fäulnisgeruch stieg in ihre Nase. Hier gibt es kein Licht, keine Klimaanlage, keine Waschräume, keine Lebensmittelstores, keine Kinos und keine Stereos. Hier gibt es keine Menschen.

Sie irrte sich.

»Schau dir das an!« rief Eric.

Er hockte am Ufer auf einem flachen Hügel von angeschwemmtem Sand. Janet stieg, mühsam ums Gleichgewicht kämpfend, den Abhang hinunter. Da sah sie es auch. »Fußspuren!«

Sie schaltete ihre eigene Lampe ein. Die zwei Lichtkreise tanzten über den Sand. – »Vielleicht sind es deine eigenen?«

»Nein. Schau doch!« Eric wies auf eine abschweifende Fährte. Sie folgten ihr, bis sie sich auf den Steinen des Hanges verlor.

Noch einmal kniete Eric vor einem besonders deutlichen Abdruck nieder. »Er stammt von einem bloßen Fuß.«

Er richtete sich auf. Sein Gesichtsausdruck war nicht zu erkennen. Unwillkürlich trat Janet näher an ihn heran. Sie spähten und lauschten.

»Es muß hier Menschen geben.«

Ihre Lampen warfen milchige Kegel in den Dunst. Unscharf begrenzte Lichtflecken hasteten über rauhe Mauern, flossen von den Decken herab, hüpften über Löcher, sprangen mit einem Satz in die Leere der Gangfortsetzungen. Nichts bewegte sich, aber plötzlich war etwas Lauerndes da. Oft streifte das Licht grell an unheimlichen Gebilden, die da und dort herumlagen – einem rostigen, auf der Seite liegenden Ölfaß, einem die Räder in die Luft streckenden, halbzerstörten Traktor –, es verlieh den Dingen gespenstisches Leben, sie schienen sich in der Finsternis heimlich zu bewegen und erst im Licht eingefangen zu erstarren. Aber nicht diese Dinge waren es, die eine beklemmende Atmosphäre erzeugten – es war die Anwesenheit von anderen, Verborgenen, Unbekannten, in deren Bereich sie nun eingebrochen waren.

»Czerny hat zugegeben, daß es viele Anomale gibt«, flüsterte Janet.

»Vielleicht konnten sich auch andere retten. Es sind Menschen wie wir. Wir müssen uns mit ihnen verständigen! Wir müssen sie finden!«

Eric schwang die Plastikbeutel über die Schulter.

»Komm, wir brechen auf! Trag die Taschen so wie ich – da wirst du nicht so schnell müde. Wenn wir zum Meer wollen, haben wir einen weiten Weg vor uns. Und lösch deine Lampe. Wir müssen sparen – mit allem.«

Er hob seinen Blick noch einmal an die Decke – der Einstieg blieb hinter Dunstschleiern verborgen.

Sie brachen auf.

Eric wanderte mit der Lampe voran. Er hatte auf halbe Intensität gestellt und beleuchtete den Boden vor seinen Füßen. Nur gelegentlich ließ er den Strahl in die Ferne schweifen.

Es war ein mühevolles Weiterkommen – es gab keinen Weg. Zuerst gingen sie über den Steinboden der Uferanlage, dann aber traten die Wände zusammen, und sie mußten hinunter ins Flußbett. Ihre Füße stapften durch feuchten Sand, in dem sich jede Spur sofort mit Wasser füllte, stolperten über rollende Kiesel, glitten in Lehm und Schlick aus, versanken im Schlamm. Es folgte eine riesige, flache Stelle, in der die Decke so tief herunterreichte, daß sie nur gebückt gehen konnten, es gab kluftartige Passagen, an denen sie durchs Wasser waten mußten, oft teilte sich die Strecke, von den Seiten kamen dünne Wasseradern aus schwarzen Löchern, oft von Schwaden ekelhaften Gestanks begleitet.

Manchmal blieben sie stehen und lauschten: An das Geplätscher des Flußlaufes hatten sie sich gewöhnt – sonst war es still, aber manchmal wehte von irgendwoher plötzlich ein Gurgeln und Röcheln an sie heran, als habe jemand eine versteckte Schleuse aufgetan und ließe nun schleimigen Unrat in das Wasser fließen, und einmal fuhren sie zusammen, denn es ertönte wie Gelächter, doch es hörte ebenso plötzlich auf, wie es begonnen hatte. Und dann erklang ein Ächzen…

Sie waren gerade an einer vielfach gewundenen trockenen Strecke – das Wasser hatte sich einen tiefen Cañon gegraben und gluckste in der Tiefe. Sie hielten an, Eric blendete den Strahl des Scheinwerfers auf und leuchtete die vor ihnen liegenden Stellen ab. Wieder ächzte es. Weiter vorn lag etwas zusammengekauert an der Wand – eine menschliche Gestalt.

Es war ein alter Mann, fast schon ein Greis, er hielt die Augen geschlossen, von Zeit zu Zeit lief ein Zucken über seinen Körper, und dann drang das grauenvolle Stöhnen zwischen seinen Lippen hervor.

Sie bückten sich zu ihm nieder – er stank nach verfaultem Fisch und Dreck. Seine Kleidung bestand aus Lumpen, seine Füße waren unbedeckt. Die Hände preßte er auf den Magen.

»Bist du verwundet?« fragte Eric.

Er faßte ihn an der Schulter an und versuchte ihn aufzurichten, doch hielt er plötzlich einen Fetzen brüchigen Stoffes in der Hand.

Die Lippen öffneten sich noch ein wenig, gelbe Zahnstummel kamen zum Vorschein. Die Augen blinzelten unruhig im Licht. Er lallte etwas und deutete auf seinen Magen.

»Leuchte mir«, bat Eric Janet.

Er reichte ihr die Lampe, stellte seine Beutel ab und kniete vor dem Alten nieder. Er griff nach dessen vor den Magen gepreßten Händen.

Und dann geschah einiges zugleich: Eric erhielt einen Stoß, der ihn hintenüber kollern ließ, er sah gerade noch hastige Hände nach einer der Plastiktaschen langen, dann war es finster. Der Alte hatte Janet die Lampe aus der Hand geschlagen. Man hörte seine Fußsohlen auf den Geröllen klatschen.

Janet drehte ihr Licht auf. Eric rappelte sich zusammen. Er hob seine Lampe vom Boden und drückte den Knopf nieder – ohne Ergebnis, irgend etwas war beschädigt. Er riß die Lampe aus Janets Hand und setzte dem Flüchtenden nach.

»Laß mich im Dunkeln nicht allein«, rief Janet.

Sie belud sich mit den drei übrigen Vorratsbeuteln und lief stolpernd hinterdrein. Eric erwartete sie an der nächsten Biegung.

»Nichts mehr zu sehen. Komm, vielleicht holen wir ihn noch ein!«

Er nahm ihr zwei der Beutel ab und eilte vorwärts.

Es ging um einige Biegungen, dann fiel der Boden steil ab, der Raum verbreiterte sich, das Wasser rann wieder an der Oberfläche ab.

Eric packte Janet jäh am Arm. »Hörst du nichts?«

Jetzt war es deutlich. Schottergestein rasselte hell, verhaltene Rufe erschollen, etwas schlug und hallte... Es ging vorüber wie ein Spuk. Leises Schleifen auf den Steinen... dann Stille.

Eric ging wieder vor, vorsichtig schaute er um den Knick, ließ den Schein in einen Raum mit mehreren einmündenden Gängen fallen – am Boden bewegte sich eine Gestalt – der Greis richtete sich auf, humpelte davon...

Eric setzte ihm nach und hatte ihn nach einigen Sekunden eingeholt. Er riß ihn herum – ein zerfälteltes, blutiges Gesicht glotzte ihn an, ein geifernder Mund spie Schimpfworte aus, eine zittrige Greisenhand schlug wirkungslos auf ihn ein. Er versuchte ihn festzuhalten, sagte einige beruhigende Worte, doch der Alte wand sich und zappelte, ließ sich zu Boden fallen und trat mit den Füßen nach ihm. Ratlos trat Eric von ihm zurück – auf allen vieren kroch der Greis davon. Eric fühlte etwas Feuchtes auf seiner Hand – sie war an das Gesicht des Alten gekommen: Es war Hefebrei mit Spuren von Blut.

Eric wandte sich zu Janet. Sie zeigte auf den Boden. Der Sand war zerwühlt, darauf lagen ihr in Fetzen gerissener Plastikbeutel und eine offene halbleere Dose. Hefebrei quoll heraus.

»Er wurde überfallen«, sagte Eric. »Noch während des Handgemenges muß er versucht haben, möglichst viel von dem Hefebrei in sich hineinzuschlingen.«

Janet hatte die Augen vor Schreck weit aufgerissen, sie glänzten matt aus dem Schatten heraus.

»Was sollen wir tun?«

»Zum Umkehren ist es zu spät. Wir gehen weiter.«

Vor ihnen lag die Dunkelheit, und sie gingen in sie hinein.

Als die Leuchtscheibe von Erics Armbanduhr die Ziffern 2200 zeigte, steuerte Eric auf einen nischenartigen Raum zu und ließ sein Bündel zu Boden sinken.

»Hier übernachten wir.«

Er riß die Folie von einem Packen Zwiebackscheiben und ließ aus einer Tube Tomatenmark darauf fließen. Er öffnete eine Dose eingelegter Feigen und eine andere mit Mandelmilch.

»Iß«, forderte er Janet auf.

»Sollten wir nicht sparsamer sein?« fragte sie.

»Iß«, sagte er noch einmal, und als sie ihm gehorchte, griff auch er zu. Dann rollte er die beiden von Janet mitgebrachten Overalls auseinander, einen breitete er am Boden aus, den anderen hielt er ihr entgegen.

»Zieh das an! Und dann leg dich schlafen!«

»Und du?« fragte sie.

»Ich bleibe noch etwas wach«, erwiderte er.

Als sie dann still lag, löschte er das Licht. Er konzentrierte sich auf die Geräusche, aber außer dem eintönigen Geplätscher hörte er nichts. Dafür trat ein unbestimmtes Leuchten aus der Schwärze heraus und wurde deutlicher, je mehr sich seine Augen an die Dunkelheit gewöhnten – graudämmrige Streifen, die die ewige Nacht durchbrachen. Er ließ das Licht wieder aufblinken und trat an eine jener Stellen heran. Augenblicklich versiegte das Leuchten, statt dessen lagen feuchte, tropfenbesetzte Felder von farblosen Algen auf dem Stein. Eric stieg zum Flußrand hinab. Halb im Wasser hatte er dunkle Striche bemerkt, verbogene Aluminiumstangen. Er hob eine auf und ließ sie durch die Luft pfeifen. Dann ging er zu Janet zurück und setzte sich an die Wand.

Janet hatte sich auf die Seite gerollt und die Augen geschlossen. Aber trotz ihrer Müdigkeit fiel es ihr schwer, Ruhe zu finden. Sie hatte die sicheren Schritte Erics gehört und ihn durch die Lider blinzelnd beobachtet. Er ließ sich dicht bei ihr nieder, im Dunkeln ahnte sie seine Nähe, und sie rückte leise noch ein wenig an ihn heran, bis ihre Hand seinen Ellbogen berührte. So fühlte sie sich dem Dunkel nicht so schutzlos preisgegeben. Sie döste ein wenig, doch dann flutete wieder Furcht in ihr hoch – Furcht vor der fremden Welt um sie herum, Furcht vor den unheimlichen Bewohnern dieser Verliese, Furcht vor dem, was ihr bevorstand. Endlich fiel sie in einen unruhigen Schlaf, in dem die Träume das Wacherleben verzerren, das Schreckenerregende noch erregender, das Erhoffte noch erhoffenswerter machten. Sie erwachte oft, feuchte Kälte kroch vom Boden her zu ihr hoch, eine Haut von Frösteln spannte sich um ihre eigene, von innen durchwärmte. Sie horchte auf die leisen Atemzüge Erics, plötzlich durchpulste sie ein eigenartiges, noch nie erlebtes Gefühl von Verlangen, Erwartung und Angst. Sie sehnte sich nach einer leisen Zärtlichkeit, ohne daß sich ihre Wünsche zu konkreten Vorstellungen verdichteten, und seltsamerweise war sie sich bewußt, daß sie im Moment über jede zu ihr gerichtete Bewegung Erics tödlich erschrocken wäre. So schirmte sie ein zerbrechlicher Panzer aus Traum und Wachtraum, Einbildung, Wissen und Ungewißheit vor der Drohung der Nacht.

Eric wachte, aber auch er ertappte sich beim Träumen, als er auf ein Geräusch aufmerksam wurde. Er hob die Handlampe und durchstach das Schwarz mit ihrem hellen Strahl. An einem Sandhaufen im trockenen Teil des Flußbetts bemerkte er Bewegung, die kein Trugbild war. Dort hockte ein Mann, der sich langsam hinter den Hügel zurückzog. Eric ließ den Lichtschein am Boden entlanggleiten – da saß noch eine Gestalt, grau und plump, wie aus Erde geformt, und dort löste sich jemand von der Wand und tauchte in der Finsternis unter.

Eric tastete nach Janets Arm. Er rüttelte ihn. Janet war sofort wach, ihr Herz klopfte ungestüm.

»Da sind sie«, flüsterte Eric.

Janet schaute angestrengt in die Schwärze und glaubte, tausend phosphoreszierende Augenpaare zu erkennen. Sie erinnerte sich an einen Film; wie die Wölfe, dachte sie.

Eric ließ mit der Linken den Scheinwerfer kreisen, seine Rechte umfaßte die Metallstange. Jetzt war es schon ein Dutzend ausgemergelter Gestalten, die ringsumher lungerten.

»Was wollt ihr?« rief Eric.

Niemand antwortete, doch der Kreis schloß sich zusehends.

Und dann fuhr von hinten ein brennendes Bündel vor Erics Beine, und es ging los. Einer schnellte vor und griff nach dem auf dem Boden liegenden Anzug... Eric schlug mit seiner Stange zu. Ein anderer sprang von der Seite her an die Plastikbeutel heran, und bevor Eric etwas dagegen tun konnte, blinkte ein Messer vor ihm, gegen das er sich wehren mußte. Fünf, sechs Menschen stürmten auf ihn ein, auch zwei Frauen waren dabei, sie umklammerten seine Arme und Beine, legten sich wie klebriges Gewürm auf ihn – er schüttelte sie ab, er spürte ihre Schwäche, seine Überlegenheit, er trat um sich... Aber er konnte nicht schnell genug an allen Seiten sein, zwei Plastikbeutel waren verschwunden, ein Anzug fehlte. Janet saß mit dem zweiten Overall und mit den letzten Vorräten an der Wand und hielt sie krampfhaft fest, während magere Finger daran zerrten. Eric kämpfte sich zu ihr hin, der Widerstand wurde schwächer, vor ihm balgte sich ein Rudel um einen aufgerissenen Plastikbeutel, einige Schatten hetzten hinter einem her, der mit dem erbeuteten Overall davonlief. Eric sprang in den Tumult der Streitenden und riß den Sack an sich, rücksichtslos ließ er seine Waffe auf die Körper hinunterfallen, doch aus den Tiefen des Ganges kam Verstärkung, wieder hing ein halbes Dutzend von Räubern an ihm wie Kletten, und er schleuderte sie von sich, und wieder löste sich das Durcheinander in einzelne um Dosen, Schachteln und Flaschen streitende Gruppen auf.

Dann aber legte sich der Aufruhr wie von Geisterhand berührt. Einige Hände rafften noch verstreute Gegenstände zusammen, man hörte das Getrappel von Füßen und dann nichts mehr. Noch immer schlugen Flammen aus dem brennenden Bündel.

Janet lief zu Eric hinüber und hielt sich an seinem Arm fest.

»Es ist noch jemand da!« flüsterte sie.

»Meine Lampe ist verschwunden«, flüsterte er zurück.

»Hörst du nichts?«

»Nein.«

»Ich höre etwas...«

Sie lauschten.

Vor ihnen zuckte ein Flämmchen, und dann loderte es – eine Fackel, dahinter vier Männer.

»Sieh mal einer an – zwei Neulinge.« Die Stimme kam von der Seite – dort stand ein fünfter Mann. Er war klein, hatte pechschwarzes Haar und trug, soweit man es erkennen konnte, saubere Kleidung. Er hielt etwas in der Hand. »Ah, ein Mädchen, eine süße Blonde. Seht nach, was sie uns mitgebracht haben!«

Die vier kamen auf sie zu. Eric bückte sich nach der Stange.

»Halt, Bürschchen!« rief der Kleine. »Wirf die Stange fort! Na, wird's bald!«

Eric gehorchte nicht. Der Anführer wandte sich an die Männer.

»He, Jungs, bleibt stehen. Der ist verrückt.« Er drehte sich zu Eric um. »Hast du nicht gehört, du komische Figur? Kannst du nicht sehen? Weißt du nicht, was das ist? Soll ich es dir erst zeigen?«

Er hob ein Ding, das er in der Hand hielt, hoch. »Das ist ein Revolver, Bürschchen. Weißt du, was man damit macht? Laß die Stange fallen, sonst knallt's! Heb die Hände hoch!«

Eric kannte solche Waffen aus den Kinos, aber er war sich nicht recht im klaren über ihre Wirkungsweise. Er zögerte.

»Also gut«, sagte der Kleine und schoß. Eric spürte einen Schlag auf der rechten Brustseite. Die Stange entfiel seinen kraftlosen Fingern. Die Knie wurden weich und gaben nach. Er sank in sich zusammen.

»Also, was gibt es für uns?« fragte der Kleine.

»Konserven«, sagte der eine. »Mandelmilch, Zwieback, Zukker.«

»Schuhe, Chef«, sagte der zweite. »Feine Schuhe.«

»Die Anzüge sind prima Qualität«, sagte der dritte.

»Einen Scheinwerfer – leider kaputt«, sagte der vierte.

»Legt die Sachen auf einen Haufen. Und zieht ihnen die Klamotten aus.« Er blieb mit erhobener Waffe abseits stehen.

Gierige Hände faßten nach Janets Kleidern. Sie stieß nach einer tastenden Hand, doch eine andere riß ihren Kopf an den Haaren hinunter. Sie spürte Hände an ihren Schuhen und am Gürtel ihrer Kombination. Wie eine wildgewordene Katze wand sie sich aus den Griffen, sie kratzte und biß, ein Arm wurde ihr auf den Rükken gedreht.

»Vorwärts, Jungs«, hörte sie die Stimme des Anführers, »die Kleine ist für euch!«

Blitzschnell war sie wieder auf den Beinen und rannte einem der Gegner den Kopf in den Bauch. Sie spürte einen Schlag im Genick, und der Kampf war zu Ende. Alle ihre Muskeln wurden weich, sie sah einen roten Himmel lodern, hörte ein grölendes Lachen, und dann war nichts mehr in ihr als Betäubung und Schmerz.

Janet erwachte von einem leisen Ziehen an ihrem Haar. Sie konnte sich weder bewegen noch ihre Augen öffnen, aber sie spürte etwas Weiches an ihrem Kopf krabbeln, und ihre aufgereizte Phantasie malte ihr in den buntesten Farben ekelhafte Greuelwesen aus. Es atmete und schnupperte in der Nähe ihres Ohrs und zog in ihrem Haar. Wehrlos litt sie Höllenqualen.

Eric fiel ihr ein. Sie wollte schreien, aber ihre Stimmbänder versagten. So rief sie nur in Gedanken nach ihm.

Dann hörte sie Schritte und einen Ruf, etwas huschte von ihr weg, und etwas Großes, Beruhigendes näherte sich, sie spürte Hände auf ihren Schultern und Lippen auf ihrem Gesicht, sie konnte sich wieder bewegen und die Augen öffnen, aber sie bewegte sich nicht, und sie öffnete auch die Augen nicht. Sie lag eingebettet in einem Gefühl von Verzweiflung, Trauer und Ratlosigkeit, sie hatte noch nie genug gelitten, um zu weinen, und sich nicht genug gefreut, aber jetzt weinte sie, und sie fragte nicht, ob es Freude oder Leid war, das an ihre Tränen rührte, oder beides – zu einem verschmolzen.

Dann war die Woge des Wohlwollens verströmt – es wurde still um sie. Jetzt machte sie die Augen auf. Zuerst sah sie nichts, erst allmählich wuchsen die Gegenstände empor, getragen von dem sanften Schimmer, der von den Wänden rann, und sie sah Eric neben sich am Boden liegen, und sie spürte etwas Feuchtes an ihrer Seite. Sie tastete danach, fühlte die Rippen und den verschorften Rand der Wunde. Leise schrie sie auf. Sie war wieder ganz wach. Sie zitterte vor Kälte. Ihre Kleider waren gestohlen. Um sie herum verstreut lagen einige Lumpen, die die Räuber achtlos fortgeworfen hatten. Sie klaubte sie zusammen, suchte ein paar für sich heraus und zog sich an. Das größte Stück riß sie der Länge nach in Streifen. Sie war Ärztin. Sie konnte es beurteilen: Die Wunde war nicht allzu schlimm. Eric hatte Glück gehabt, die Kugel war an einer Rippe abgeprallt; neben dem verschorften Loch war sie noch zu fühlen. Aber Janet hatte kein Reinigungsmittel, kein Verbandszeug, keine Instrumente – nicht einmal Licht. Sie legte ihren Mund an die Wundöffnung und leckte Blut und Schmutz weg. Dann zog sie die Haut mit dem Projektil in einer Falte von Erics Körper weg und quetschte es mit den Fingern zum Einschußkanal heraus. Eric bäumte sich vor Schmerz auf und stöhnte. Sie drückte ihn mit dem Knie hinunter und sog die Wunde noch einmal aus. Dann lief sie zum Wasser, wusch einen Plastikfetzen, wrang ihn aus, feuchtete ihn mit Speichel an, legte ihn auf die Wunde und band die Stoffstreifen darüber. Hierauf zog sie Eric, so gut es ging, die übrigen Lumpen über. Völlig erschöpft ließ sie sich zu Boden sinken.

Wieder rührte sich etwas, wieder schlich es sich heran. Es trieb sie, aufzuspringen und zu schreien, aber ihre Selbstbeherrschung siegte. Sie drehte sich nur ein wenig herum, um in die Richtung blicken zu können, aus der sich die Geräusche näherten. Ein Schatten hockte auf dem Boden, trippelte einige Schritte näher, wartete, kam noch näher, ganz nah... Wieder zupfte es sanft an ihrem Haar.

Hart packte sie zu. Sie hielt etwas Zappelndes in den Armen, etwas Klapperdürres, Wieselflinkes, sich schwächlich Wehrendes – ein Kind, ein Mädchen mit langem, wirrem, strähnigem Haar, der Größe nach vielleicht zehn Jahre alt, dem Gewicht nach sechs... Aus seinen Fingern löste sich etwas, fiel zu Boden, Janet hielt das Mädchen mit der einen Hand fest, mit der anderen tastete sie herum...

Da war es: ihre gläserne Haarspange.

Sie redete dem Kind zu, doch die Furcht verschwand nicht aus seinen alten Augen.

»Ich tu' dir nichts«, sagte sie. »Halt doch still! Wenn du nicht davonläufst, lasse ich dich los. Versprich mir, daß du nicht davonläufst! Die Spange darfst du behalten. Versprichst du es mir?«

Das Mädchen nickte heftig.

Janet ließ los. Einen Augenblick stand es regungslos, dann hetzte es davon.

»Du brauchst nicht wegzulaufen!« rief Janet.

Die Schritte waren verklungen.

»Ich habe die Spange noch. Willst du sie dir nicht holen?«

Schweigen.

Janet ging einige Schritte vor. »Du brauchst nicht zu mir zurückzukommen«, rief sie. »Schau, ich lege die Spange hier auf diesen Stein. Ich gehe wieder weg von hier. Du kannst sie dir holen.«

Sie drehte sich um und ging zu Eric zurück. Eine Weile rührte sich nichts, dann schnellte es heran, zum Stein mit dem glänzenden Gegenstand und wieder zurück in den Schutz der schwarzen

Schatten. – »Wenn du willst, kannst du wiederkommen«, rief Janet.

Sie bückte sich zu Eric und fühlte seinen Puls. Er schlug schwach und langsam, aber regelmäßig. Sie begann seine Stirn zu massieren, knetete dann den Nacken und die Muskeln der Oberarme. Er seufzte, drehte sich im Liegen herum und murmelte etwas, was sie nicht verstand. Sie massierte ihn eifrig weiter. Draußen, unter dem ovalen Bogen des weiterführenden Ganges, erschien eine schmale Gestalt, doch Janet kümmerte sich nicht darum.

Eric schlug die Augen auf. Er ergriff die massierende Hand Janets und hielt sie fest, als müsse er sich davon überzeugen, daß sie aus Fleisch und Blut war. Da bemerkte er eine Bewegung im Gewölbe und versuchte, sich aufzurichten, doch sank er mit einem Ächzen wieder zur Erde.

»Alles in Ordnung, Eric«, beruhigte sie ihn. »Es ist nur ein Kind.« – Sie schaute nicht zur Seite.

»Du kannst herkommen, wenn du magst«, sagte sie. »Ich habe nichts mehr, was ich dir geben könnte, aber wenn du willst, darfst du bei uns bleiben.«

»Warum tust du das?« fragte Eric.

»Sie kennt sich hier aus. Vielleicht können wir sie zum Reden bringen.«

»Denkst du noch an das Meer, Janet?«

»Ja«, sagte Janet. »Ja.«

»Hast du keine Angst?«

»Wovor? Wir haben nichts mehr, was man uns nehmen könnte.«

»Wie lange werden wir es hier aushalten können?«

Nicht lange, dachte sie, ich halte es hier nicht lange aus: selbst mit dir nicht, Eric. Aber sie sagte es nicht.

Das Mädchen war bis auf zwei Meter herangekommen. Es hockte im Sand und lauschte. Das Haar hatte es mit der Spange im Nacken befestigt.

»Wie heißt du?« fragte Janet. Und nach einer Pause: »Kannst du nicht sprechen?«

Das Kind nickte.

»Nun, wie heißt du denn?«

Das Gesicht schaute ihnen als fahler Fleck entgegen.

»Maus«, sagte das Mädchen. »Ich heiße Maus.«

»Bist du schon lange hier, Maus?«

»Schon immer.«

»Hier am Wasser ist es ziemlich unbequem. Weißt du keinen schöneren Platz?«

Das Kind stand auf.

»Komm«, sagte es.

Janet half Eric beim Aufstehen. Er stützte sich schwer auf sie. Das Kind lief vor ihnen her. Es rannte ein Stück vor, kam zurück, winkte, lief wieder vor, streckte den Kopf witternd hoch, winkte...

Es schien im Dunkeln sehen zu können – als sie die Strecke, in denen es die leuchtenden Algen gab, verließen, nahm es Janet an der Hand und führte sie durch das flüssigdicke Schwarz. Vor ihnen rauschte es, und plötzlich war das Rauschen über ihren Köpfen. Wassernebel sprühte auf sie herab. Dann stießen sie plötzlich auf schmale Stufen aus roh übereinander geschichteten Steinen, warme trockene Luft wehte ihnen entgegen. Der Gang endete an einem siebartigen Gitter, aus dem der heiße Wind kam.

»Hier schlafe ich immer. Niemand kennt diese Stelle – nur ich«, sagte das Kind.

Eine endlos lange Zeit verstrich. Es gab kein Mittel, um festzustellen, wie lange sie währte, außer dem Hunger und der Müdigkeit. Die meiste Zeit verdösten sie, an das wärmespendende Gitter gepreßt, ohne zu sprechen, ohne zu denken. Mit Entsetzen stellte Janet von Zeit zu Zeit fest, wie rasch sie vertierten, aber die Finsternis, die Furcht, die Lebensgier, der Hunger und die Müdigkeit waren stärker und halfen ihr, ihren Ekel vor sich selbst abzutöten. Zuerst wuschen sie sich noch gelegentlich, wobei ihnen das Kind erstaunt zusah, doch dann vergaßen sie es. Ihre Haare wurden strähnig, ihre Zähne gelb, ihre Gesichter grau.

Sie lernten rasch. Sie tranken das Wasser des Flusses. Dem Kind schadete es nicht, aber Janet und Eric wanden sich anfangs stundenlang mit Darmkoliken.

Es gab die Mündungen von Abfallschächten, und wer sie kannte und darauf wartete, bis wieder eine Ladung von oben herunterklatschte, der konnte manches eßbare Stück erbeuten. Das Kind kannte viele. Es gab auch Fische im Fluß, weiß, augenlos und aalartig, man konnte sie zubereiten, aber man brauchte dazu Feuer. Sie sammelten brennbare Abfälle und schütteten sie vor dem Gitter zum Trocknen auf – so gewannen sie Brennstoff. Das Kind wußte nicht, wie man Feuer macht; sie mußten es sich holen. Sie suchten die Verstecke von anderen Gruppen und nahmen brennende Scheite mit – ob man sie ihnen geben wollte oder nicht. Sie merkten, daß sie stärker waren als die anderen, aber bald spürten sie ihre Kräfte schwinden. Gelegentlich lauerten sie anderen auf, überfielen sie und verschafften sich Kleidungsstücke, Messer, Bindfäden, Gefäße – einmal erbeuteten sie sogar eine Schachtel mit fünf Zündhölzern.

Nur vor einem mußten sie sich hüten – vor demjenigen, der den Revolver besaß. Es war nicht mehr der kleine, schwarzhaarige Mann, die Waffe wechselte oft ihren Besitzer. Wenn man sie behalten wollte, durfte man niemand näher als fünf Meter an sich herankommen lassen, man mußte sich stets den Rücken freihalten und durfte nur in sicheren Verstecken schlafen.

»Einmal werde *ich* den Revolver haben«, sagte das Kind.

An ihr früheres Leben dachte Janet selten. Einige Tage Dunkelheit und Brutalität hatten genügt, es aus ihrem Gedächtnis zu wischen. Nur eines hatte sie sich in ihre neue lichtlose Existenz herübergerettet: ihre Zuneigung zu Eric. Und demgemäß war die Sorge um seine Wunde das einzige, was sie aus ihrer Lethargie weckte. Die Entzündung breitete sich immer weiter aus, der klopfende Schmerz wurde stärker, das Fieber stieg. Sie mußte sich eingestehen, daß er verloren war, wenn er keine ärztliche Hilfe bekam.

»Maus«, sagte Janet, »was geschieht mit Leuten, die krank sind?«

Das Kind dachte nach.

»Sie werden wieder gesund oder sie sterben.«

»Eric ist krank. Willst du, daß er stirbt?«

»Hm.« Maus wiegte den Kopf.

»Oben, in der Stadt, von wo wir gekommen sind, gibt es Mittel, um Kranke gesund zu machen. Ich muß ein solches Mittel besorgen. Denk einmal scharf nach: Hast du je etwas von einem Weg zur Oberfläche gehört?«

Wieder überlegte das Kind. – »Es gibt keinen Weg«, sagte es.

»Es gibt doch Zugänge! In welcher Gegend sind denn Menschen aufgetaucht, die neu hier angekommen sind?«

»Das weiß ich nicht. Aber es nützt dir auch nichts, wenn du es erfährst, denn alle sind über Leitern von der Decke gestiegen. Wie willst du dort hinaufkommen?« – Janet begann zu verzweifeln.

»Hast du nie davon gehört, daß jemand von hier verschwunden ist?«

»Doch – einige sind verschwunden.«

»Weißt du, wo sie zuletzt waren, bevor sie verschwunden sind?«

In dem alten Kindergesicht arbeitete es.

»Gehst du von hier weg, wenn ich es dir sage?« fragte Maus.

»Ja, aber ich komme wieder.«

»Du kommst nicht wieder. Sie lassen dich nicht zurück.«

»Willst du nicht mitkommen?«

»Nein. Oben gibt es Polizei. Und man muß arbeiten. Und immer tun, was andere sagen. Nein, ich will nicht mitkommen.«

Janet seufzte. »Warum soll ich denn bei dir bleiben?«

»Ich allein bin zu schwach. Wenn du bei mir bist, geht es mir besser. Und Eric wird bald sterben.«

»Bist du auch schwach, wenn du den Revolver hast?« fragte Janet.

»Den Revolver?« Die Augen des Mädchens öffneten sich vor Verlangen. »Willst du mir den Revolver geben?«

»Zeigst du mir dann die Stelle, wo die Leute verschwunden sind?«

»Ja.«

»Ich besorge dir den Revolver«, sagte Janet.

Sie erhob sich von ihrem Lagerplatz am Gitter, den sie mit Stoff- und Plastikabfällen weich ausgepolstert hatte. Derzeit besaßen sie keine Fackel, und es war finster, aber sie fand sich zurecht. An der Mauer des Ganges tastete sie sich entlang, die Steintreppe hinunter bis unter ihren Schutzschild, den Wasserfall, der oben einem steilen Gerinne entsprang und eine schmale Kammer an der Wand abschloß. Diesen Raum und das Gangstück dahinter hatte das Kind entdeckt, als es vor einem Jungen davonlief, dem es, während er schlief, die Mütze heruntergerissen hatte.

Unter dem Wasservorhang wartete Janet minutenlang, um sich davon zu überzeugen, daß die Luft rein war. Dann trat sie hinaus. Sie achtete peinlich darauf, daß sie nicht auf weichen Boden trat und Fährten hinterließ, die den Zugang hätten verraten können. Einige Meter flußaufwärts stieg sie ins Wasser und watete zum Wasserfall zurück. Seine Temperatur war gegenüber der Umgebung merklich erwärmt, wenn auch noch immer unangenehm kühl. Aber sie achtete nicht auf die Schauer, die über ihre Haut liefen. Sorgfältig wusch sie sich, besondere Aufmerksamkeit widmete sie dabei ihrem Haar, das verknotet, verfilzt und voll Ungeziefer war. Auf demselben Weg, auf dem sie gekommen war, ging sie dann wieder zurück. Am Gitter, aus dem ununterbrochen die erhitzten Abgase irgendeiner Fabrik bliesen, schmiegte sie sich wieder in ihr Nest. Wie unter einem Fön trockneten die Haare und lockerten sich dabei zu einer seidigen, ihren Nacken streichelnden Masse.

Am schweren Atmen erkannte sie, daß Eric schlief. Was Maus tat, wußte sie nicht – wahrscheinlich beobachtete sie das Kind mit einem aus der Urzeit ererbten und wiedergeweckten Sinn.

»Ich hole den Revolver«, sagte sie. »Bleib hier. Sorge für Eric.«

Das Kind brummte etwas.

Janet entfernte sich wieder. Diesmal ging sie in einen Nebenarm des Flusses hinein. Hier mußte einmal ein wichtiger Platz der alten Stadt gewesen sein – jener Stadt, in der der Fluß noch in mehreren Kanälen offen zwischen niedrigen Häusern seinen Weg fand. Im Wasser rosteten die Trümmer altmodischer Schiffe, am Kai gab es Ruinen von Krananlagen, Rohrleitungen, Geleisen, Baracken. Die Gerippe von Draisinen, Lastwagen, Schleppern und Hubschraubern lagen über die Betonebene verstreut. Überall klirrten Scherben aus Silikatglas unter den Schritten. Es war eine Wüste aus Stein und Metall, alles Brenn- oder sonst irgendwie Brauchbare war längst davongeschleppt, demoliert, zerstört. Dazwischen ragten, wie in regelmäßigen Reihen angepflanzt, massige Stützpfeiler zur Decke empor. Hier war das Reich des gegenwärtigen Beherrschers der Unterwelt: des Revolverbesitzers.

Janet fand ihn mit seinen Leuten an einem Bahndamm sitzen. Seine Anhänger, drei Männer und eine Frau, unterhielten ein mächtiges, schwelendes Feuer. Darüber blähte sich eine schmutziggelbe Rauchfahne. Zehn Meter von ihnen brannte ein kleines Feuer. Daran hockte eine einsame gedrungene Gestalt – der Mann, dem es zuletzt gelungen war, den Revolver an sich zu bringen, und der sich jetzt an der Aufgabe verzehrte, ihn zu behüten. Ohne die Menschen seiner Umgebung aus den Augen zu lassen, wärmte er die Hände an den Flammen.

Janet trat in den Feuerschein. Einer der Versammelten, ein junger Mann, bemerkte sie zuerst und rief etwas. Alle drehten sich herum.

Der Bursche stand auf. »Was willst du hier, Kleine?«

Er kam näher.

»Verschwinde!« keifte die Frau schrill. »Mach dich davon! Wir brauchen niemanden mehr!«

Der Bursche kam langsam näher. Janet stand hochaufgerichtet da. Auf ihrem Haar hüpften rotgoldene Reflexe, ihr Gesicht drückte Stolz und Hochmut aus. Der Gedrungene schaute über die Flammen seines Feuers aufmerksam herüber.

Janet war sich ihrer Erscheinung bewußt. Zwar war sie abgemagert, und wenn sie ihre Finger aufs Gesicht legte, dann spürte sie Falten und Rillen, die vorher nicht dagewesen waren, aber das Flackerlicht verwischte diese Fehler, und sie unterschied sich noch immer von den Weibern, die hier herumstreunten, wie ein Engel von schäbigen, alten Hexen. Den Männern der Stadt fiel eine hübsche Frau unter vielen anderen nicht auf, Männer und Frauen waren gleichberechtigt, ihr Triebleben war gering, vor ihrer vom Staat befohlenen Vermählung kümmerten sie sich nicht umeinander. Aber hier sahen sie manche Männer anders an. Die Gesichter, die sie anstarrten, waren früh gealtert, häßlich, verwüstet, die Blicke, die sie trafen, gierig und gemein, aber es war doch ein Interesse an ihr, das sie noch nicht erfahren hatte, und sie hatte die Macht erkannt, die sie hier ausübte. Und obwohl sie vor diesem

Charaktertief zurückschreckte, auf das sie jetzt gesunken war, konnte sie ein Gefühl der Befriedigung, mehr, besser und wertvoller zu sein als die anderen, sie zu übertreffen und spielend auszustechen, nicht unterdrücken.

»Sie soll verschwinden!« rief die Frau am Feuer.

Der Bursche vor Janet tappte nach ihrem Arm.

Inzwischen war aber der Besitzer des Revolvers aufgestanden. »Laß sie!« rief er.

Der Bursche trat zurück und sah sich geduckt um. Die Mündung der Waffe zeigte auf ihn. Knurrend zog er sich zurück.

»Komm her«, rief der Revolvermann.

Janet schritt vorwärts, nicht langsam und nicht schnell, mit zurückgeworfenem Kopf.

»Halt!« Der Revolver schwenkte herum, sein hohles Auge starrte.

Der Kopf des Mannes saß tief zwischen den unförmig breiten Schultern, Brust und Unterleib waren nicht voneinander abgesetzt, sein Körper wirkte wie ein Schrank. Trotzdem war seine Bewegung unerwartet gelenkig, als er sich jetzt bückte und einen stabförmigen Gegenstand ins Feuer stieß. Dann trat er rasch ein paar Schritte zurück.

»Nimm das!« befahl er.

Janet griff den aus dem Flammenspiel ragenden Stiel – es war ein Blechrohr, um das mit Fäden ölgetränkte Lumpen gebunden waren.

»Geh vor, dort hinüber!«

Janet erhob ihre Fackel und schlug die angegebene Richtung ein. Der Mann ging seitlich von ihr, in etwa drei Meter Abstand.

»Ihr bleibt hier!« schrie er seinen Leuten zu.

Sie standen am Feuer, blickten ihnen böse nach und tuschelten.

An einer hochragenden Steilwand blieb der Breite stehen.

»Rühr dich nicht vom Fleck!«

Er kletterte über einige Mauervorsprünge auf einen hüttengroßen massiven Zementblock.

»Nachkommen!«

Er stand oben wie ein Monument, riesengroß hing hinter ihm sein Schatten an der Mauer.

Janet hatte Mühe, Halt zu finden. Ihr stand nur eine Hand zur Verfügung, mit der anderen mühte sie sich, die Fackel hochzubringen, ohne sich zu versengen.

Sie kam auf eine Plattform, auf der gleich Pilzen einige klobige Eisenpfeiler standen. Der Gedrungene nahm ein quadratmetergroßes, laut schepperndes Stück Eisenblech und ließ es über den Mauerabbruch zur letzten Stufe hinab, locker lehnte er es an die Wand. Er wandte sich zu Janet.

Sie hatte die Fackel zwischen zwei Glieder einer schweren Kette gesteckt und sich auf einen Haufen Zellfaserrollen gesetzt. Ihr Blick war herausfordernd.

Der Mann kam auf sie zu, er ließ sich vor ihr auf die Knie nieder. Seine Augen blickten ausdruckslos, tiefe Säcke hingen darunter. Er hat seit Tagen nicht mehr richtig geschlafen, dachte Janet. Wer den Revolver besitzt, darf nicht mehr richtig schlafen. Sein Gesicht kam auf ihres zu. Am liebsten hätte sie aufgeschrien, aber sie schrie nicht. Er drückte sie hintenüber und küßte sie. Sie bemühte sich, nicht darauf zu achten, aber es gelang ihr nicht. Und dann kam sie darauf, daß sie sich getäuscht hatte: denn sie spürte als ständige Mahnung den Revolverlauf an ihren Rippen.

Kurze Zeit hindurch zitterte die Panik in ihr, aber sofort fing sie sich wieder und konzentrierte sich darauf, ein rettungsverheißendes Anzeichen zu finden.

Sie fühlte die feuchten Lippen des Mannes auf ihren Wangen, er schloß die Augen und vergrub das Gesicht in ihrem Haar.

Wie in einem jäh anlaufenden Film schossen ihr einige Sätze aus ihren Lehrtexten durch den Kopf, einige Assoziationen flimmerten vorbei, der daumenlutschende Säugling, das Rhesusäffchen aus den alten Filmen, die Ersatzmutter aus Wolle und Draht. Zwei Sekunden lang, drei Sekunden lang bewegte sich der Mann nicht, eng an sie geschmiegt – wenn auch die Waffe für keinen Augenblick abglitt.

Janet besaß keine Drogen, die sie normalerweise bei ihrer Arbeit benützte, keine Präparate und kein Gas. Aber die Bereitschaft des Mannes war da, und die Erschöpfung... Was schadete es? Sie mußte es versuchen.

Sie begann mit leiser, undeutlicher, singender Stimme zu reden, oft keine Worte, sondern nur Laute der Beruhigung und Beschwichtigung.

»Du bist müde... müde... müde, du willst schlafen... Schlafe, schlafe, schlafe, bleib ruhig, nur ruhig, du schläfst, jetzt schläfst du... Schlafe... schlafe...«

Ohne Hebungen und Senkungen leierte ihre Stimme. Der Mann hörte zu, er setzte diesen Verlockungen keinen Widerstand entgegen, vielleicht war er sich auch der Gefahr nicht bewußt.

»... müde, müde, müde... Ganz entspannen, schlafen, schlafen...«

Sie fühlte keine Bewegung mehr. Die Waffe drückte nur noch schwach, aber sie war noch da.

»... tief schlafen, tief, tief, tief schlafen... tief atmen, tief atmen... entspannen... entspannen...«

Die Atemzüge, die heiß an ihr Haar hauchten, waren noch unruhig, aber sie verlangsamten sich...

»... du spürst nichts mehr, du fühlst nichts mehr, du schläfst... du schläfst...«

Sie spürte den leisen Ruck in seinem Körper, der das plötzliche Erschlaffen einer Muskelpartie anzeigt.

»... du spürst nichts... du spürst nichts... du spürst nichts...«

Sein Arm lag kraftlos auf ihrer Hüfte, sie hob ihn auf und ließ ihn fallen... noch einmal... Die Atemzüge blieben tief und gleichmäßig...

»... tief schlafen... tief schlafen...«

Unten klirrte leise ein Stein. Sie lauschte, ohne von ihrem Singsang abzulassen.

»... schlafe... schlafe...«

Wieder regte sich unten etwas. Sie wußte, daß ein im Wachen gegebener Selbstbefehl noch im Traum als Reflex ausgelöst werden kann – und sie wußte auch, daß sie erst ein paar oberflächliche Bewußtseinsschichten ausgeschaltet hatte. Doch sie durfte nicht länger warten...

»... schlafe... schlafe...«

Sie tastete nach der Hand, die den Revolver hielt. Sie umfaßte sie sanft, aber bestimmt und zog sie ebenso bestimmt beiseite...

»... schlafe... schlafe...«

Etwas schlug an der Mauer auf und noch einmal, diesmal am Boden, etwas rollte... Die da unten witterten, daß sich hier ein Wechsel vollzog, und rotteten sich zusammen.

»...schlafe... schlafe...«

Janet hob die Hand mit dem Revolver und ließ los, der Arm sackte wie Gummi herab.

Bereit, jeden Augenblick aufzuspringen, berührte sie den Zeigefinger, der am Abzughebel lag. Unendlich behutsam löste sie ihn, löste auch den Daumen und die übrigen Finger und hielt die Waffe in der Hand. Unter der Brusttasche des schlafenden Mannes sah sie eine Erhebung, sie öffnete den Reißverschluß und holte zwei Magazine mit Patronen und ein Feuerzeug heraus. Auch zwei frische Fackeln, die herumlagen, steckte sie zu sich.

Jetzt prasselte ein Schauer von Steinen um sie, ein Stein traf auf das Blech, und es fiel mit Getöse von Stufe zu Stufe zur Erde nieder. Janet packte die brennende Fackel und warf sie hinunter. Dunkle Schatten flitzten auseinander.

»Ich habe den Revolver!« rief sie. »Ich schieße auf jeden, der sich blicken läßt!«

Als nichts darauf geschah, zielte sie und drückte ab. Sie hatte nie zuvor eine Schußwaffe in der Hand gehalten, und sie traf niemand – aber es wirkte.

Ein Huschen und Fegen, Gleiten und Schleifen, und der Platz war geräumt.

Janet warf einen letzten Blick auf die Plattform – der Mann schlief und atmete tief. Sie stieg vorsichtig hinunter und wanderte quer durch die Halle, dabei vermied sie es, nahe an die Pfeiler heranzukommen. Sie zog sich in eine Gangmündung zurück und wartete. Dem ersten Verfolger, der sich heranwagte, warf sie einen Schuß entgegen. Als sie sich herumdrehte, um lautlos davonzuschleichen, trennte sich ein Schatten von der Wand.

»Du hast den Revolver«, sagte Maus. »Gib ihn mir.«

»Zuerst dein Versprechen«, sagte Janet.

»Komm mit!« Behende lief Maus in den Gang hinein.

Bald kamen sie in eine Region, die Janet noch nicht kannte.

»Mach Licht!« befahl Maus.

Janet gehorchte.

Zwei Flußläufe vereinigten sich hier und setzten sich in einem breiten Bett fort.

In der Mitte lief eine gehörige Wassermenge in einem betonierten Gerinne.

Janet war stehengeblieben, doch das Kind drängte weiter.

Nach einem Weg von zwei Kilometern, an dem sich die Szenerie nicht veränderte, schwoll ein Rauschen auf, das mächtiger und mächtiger wurde, je weiter sie vordrangen.

»Maus«, fragte Janet, »ist es... das Meer?«

Das Kind lachte glucksend. »Wirst schon sehen.«

Nach zehn Minuten war der Weg zu Ende.

»Da ist es«, schrie Maus.

Direkt vor ihnen klaffte ein Abgrund, in den sich tosend das Wasser ergoß. Aus dem schleierverwehten Hexenkessel dröhnte es schmerzhaft, es wehte in Stößen herauf, beängstigend und betäubend, es schien sich gegen überstarken Widerstand emporzuringen und sich dabei zu überschlagen, und dann entluden sich die konzentrierten Energien in einem Wirbel von knatternden Explosionen.

»Wir sind da!« schrie Maus. »Gib mir den Revolver!«

Janet kniete am Rand des Abgrundes nieder und leuchtete hinab – der Grund des Schachtes lag in unabsehbarer Tiefe. Ihr Blick suchte. Sie richtete sich enttäuscht auf. Der Raum war leer bis auf ein hoch hinaufgebautes Leiterngerüst an der rechten Wand.

»Wie sind die anderen von hier weitergekommen?« fragte Janet.

»Gib mir den Revolver!« rief das Kind.

»Weißt du es überhaupt?«

»Hier oben habe ich gesessen«, Maus deutete auf das Gerüst, »und ich hab's gesehen. Ich sag' es dir – aber zuerst gib mir den Revolver.«

Janet reichte dem Mädchen die Waffe. Die schmale Kinderhand umspannte sie kaum, aber sie hielt sie ruhig und fest. Der Lauf wies auf Janet.

»Laß die Dummheiten«, schrie Janet. »Wie geht es von hier weiter?«

»Hier hinunter!« Das Kind deutete zum Abgrund. »Hier geht es hinunter.«

»Aber wie?« Janet wollte näher kommen, aber ein Wink mit der Waffe verbot es ihr.

»Springen«, rief Maus. »Sie sind hinuntergesprungen.« Sie schüttelte sich vor Lachen. »Du mußt hinunterspringen! Spring doch! Spring!«

»Gib mir den Revolver zurück!« schrie Janet durch das Dröhnen.

»Spring doch!« schrie das Kind. »Ich brauche dich nicht mehr! Ich habe den Revolver, ich brauche dich nicht mehr.«

Es tänzelte einige kleine Schritte rückwärts, dann drehte es sich um und rannte davon. Seine Schreie übertönten noch eine Weile den Donner aus der Tiefe, der zwischen den Wänden hin und her rollte.

Janet stand stumm an der Stufe. Das ist der Weg zum Meer, dachte sie und ertappte sich dabei, wie sie bitter auflachte. Ein unbändiger Wunsch, sich hier hinunterzustürzen, irrlichterte in ihrem Gehirn.

Der Kessel schien sie anzuziehen. Mühsam gewann sie die Herrschaft über sich selbst zurück.

Sie drehte die Feuerkrone ihrer Fackel erdwärts und ließ die Flammen am fettgetränkten Stoff lecken, bis er hell loderte. Dann riß sie einen brennenden Fetzen herunter und warf ihn in den Schacht. Er flatterte, zog einen Funkenschweif nach sich, sprang irgendwo auf und regnete in mehreren Stücken weiter – Lichtpunkte, die alsbald in das Nichts tauchten. Die Augen Janets blickten seltsam dunkel. Sie zog ihre Bluse über den Kopf, rollte sie zusammen, knüpfte einen Ärmel um die brennende Fackel und stieß das ganze Bündel hinab. Wieder starrte sie fasziniert in das Unergründliche, bis der letzte Funken erstarb. Es war völlig finster. Da trat sie ganz nah an die Stufe heran, holte tief Atem und sprang. Der Luftschlauch schoß mit Zischen hoch, sie hatte das Gefühl, im leeren Raum zu schweben... dann berührte sie etwas.

Fäden führten kreuz und quer, ein Draht lief über eine Rolle, ein Relais schnellte hart herab. Energie ergoß sich aus einer Batterie, Ströme wanderten durch Spulen, ein Magnetfeld richtete sich auf, zwei Widerhaken rafften ein Geflecht zusammen, zwei Stangen schoben sich zueinander. Ein grauer Klumpen baumelte stumm. Eine Klingel schrillte, Türen flogen, Schritte trabten. Ein Körper rollte in einen Behälter, ein Seil trug ihn dreihundertsiebzig Meter empor, ein Bodenstück hob sich, eine Gestalt kollerte in eine schaumgummigepolsterte flache Wanne, Hände massierten. Vier Männer in weißen Anzügen beobachteten amüsiert.

»Du hast rasch zurückgefunden«, sagte Czerny. »Eigentlich hättest du es länger verdient. Die meisten brauchen länger, bevor sie sich hinabstürzen. Einige brauchen ein Leben lang.«

»Farmer«, flüsterte Janet. – »Gewiß, Farmer ist auch hier«, bestätigte Czerny. »Die Geschichte über Farmer war natürlich Schwindel. Dein Fehler, daß du sie geglaubt hast.«

»Aber warum –«

»Wir strafen nicht mehr«, sagte Farmer, »obwohl viele Strafe verdienen. Wenn sich aber jemand selbst strafen will...« Er zuckte die Schultern. »Alle, die untertauchen, tun es freiwillig.«

»Hast du gut beobachtet, Trombe?« fragte Bell. »Das sind sie, die freien Menschen. Das ist die Freiheit. So sieht das Leben in Freiheit aus. Der Kampf ums Dasein. Die natürliche Auslese. Schau dich an!«

Er hielt ihr einen Spiegel vor. Janet blickte in ein abgezehrtes, verkniffenes Gesicht, das sie nicht kannte, das Haar klebte feucht am Schädel, ein zerfetztes Männerhemd war an ihrem Hals mit einer Schnur befestigt, die durch die Löcher im Stoff gefädelt war. Sie wandte den Blick zu Boden.

»Ich wünschte«, sagte Bell, »alle Psychologen könnten das sehen, was du gesehen hast. Es wäre der beste Anschauungsunterricht.«

»Und alle romantischen Schwärmer«, fügte Farmer hinzu, »die von der abenteuerlichen Vergangenheit ohne Gesetze träumen.«

»Alle Verbrecher sollten es mitmachen«, fiel Czerny ein, »damit sie vor der Lobotomie noch einsehen, wohin das führt, was sie tun.«

»Man sollte es nicht dem Zufall überlassen«, sagte Farmer. »Man sollte es gesetzlich verankern – nicht als Strafe: als Belehrung! Ich werde bei der nächsten Versammlung einen Antrag stellen.«

»Was machen wir mit Trombe?« fragte Bell.

»Sie soll sich entscheiden«, antwortete Farmer.

Bell hob die Hand und gab Graudenz ein Zeichen. »Frage sie!«

Graudenz trat dicht vor Janet. Er begann zu sprechen.

»Du bist zurückgekehrt. Du bist wieder in der Klinik. Eric Frost liegt unten, in irgendeinem Gang im Flußsystem. Du weißt, was du begangen hast – du hast die Gesetze gebrochen. Du hast dich gegen den Staat aufgelehnt. Du hast Eric befreit. Dann hast du noch einen Befehl mißachtet, Czernys Befehl: Du bist mit Eric ins Flußnetz geflüchtet. Aber der Beginn deiner Verfehlungen liegt noch weiter zurück – und dadurch hast du dich verraten: Du hast die Testergebnisse Erics gut aussehen lassen – obwohl du gewußt hast, daß das verboten ist.

Jetzt bist du wieder an deinem Arbeitsplatz. Wir sind bereit, zu vergessen. Willst du deiner Arbeit wieder nachgehen?«

»Eric...«, flüsterte Janet. Sie hatte die Augen geschlossen.

»Eric darfst du nicht wiedersehen. Du mußt ihn vergessen.«

»Nein«, flüsterte Janet.

»Eric ist ein Verbrecher. Er ist unheilbar. Ihm hilft nur die Lobotomie. Du hast noch eine Chance. Du kannst alles wieder rückgängig machen. Bedauerst du das, was du getan hast?«

»Nein«, flüsterte Janet.

»Hast du es dir gut überlegt? Bist auch *du* nicht normal? Dann bliebe auch für dich nur die Lobotomie!«

»Nein«, flüsterte Janet. Noch immer hielt sie die Augen geschlossen.

»Du kannst Eric nicht mehr helfen. Wenn er mit dem Leben davonkommt, bleibt er unten – dort gehört er hin –, bis er sich in den Schacht stürzt, und dann blüht ihm die Lobotomie. Vergiß ihn!«

Janet antwortete nicht.

»Willst du wirklich zurück in die Unterwelt? Sollen wir dich hinunterbringen? Wir kennen genug Zugänge. Wir haben Fenster, durch die wir beobachten. Aber wir greifen nicht in das ein, was unten geschieht. Bis dorthin reicht das Gesetz nicht. Sollen wir dich zurückbringen? Dann kommst du niemals zur Erdoberfläche zurück. Sollen wir dich wirklich zurückbringen?«

»Ja«, sagte Janet und öffnete die Augen.

Sie sah gerade vor sich hin. Es kam ihr vor, als sei inzwischen ein Dunst verronnen, der im Zimmer gelegen hatte, sie erfaßte alles mit erhöhter Deutlichkeit, sie bemerkte eine Unmenge Einzelheiten, die vorher gefehlt hatten. Sie sah die gesprenkelten Pupillen der Augen von Graudenz, den bis oben geschlossenen Reißverschluß von Czernys Anzug, Farmers Notizbuch, das aus der Seitentasche hervorsah, und Bells vor dem Bauch gefaltete Hände...

...sie sah diese Hände...

Ihr Gesicht verzerrte sich. Sie riß die Augen weit auf.

Noch immer starrte sie Bells Hände an... Die Finger waren vollzählig, keiner fehlte...

Janet sprang auf, stieß Graudenz zurück, Czerny packte zu, von der anderen Seite Farmer, Bell rief nach Pflegepersonal. Durch die offene Tür rannten drei Männer, griffen ins Handgemenge ein und schleppten Janet schließlich hinaus.

»Ich will nicht«, schrie sie. »Ich will nicht... Es war alles nicht wahr! Alles war Lüge! Alles Lüge.«

Sie schluchzte und schrie dann wieder: »Ihr habt mich unterm Netz gehabt! Ich will nicht, ich will nicht...«

Dann glitt eine Tür zu, und ihr Schreien war nicht mehr zu hören.

Am nächsten Morgen schon wurde die Lobotomie an ihr vollzogen – zwei Tage später als an Eric.

Erwachen

Glasperlenregen rieselte herab, der Himmel war ein großes, feuchtes Zelt, der Traum griff aus der Dämmerung hervor. Ein Engel lief barfuß durch den Wald, über den Perlmuttdächern wölbte sich der gelbe Regenbogen. Der Garten war ein See von blauem Duft, ein Greis lehnte an der brüchigen Mauer, ein Greis mit einem zerknitterten Herbstgesicht. Die Dunkelheit schlief zwischen den Stämmen, braunschwarz und voll heimlichen Gesangs...

Farben, Klänge, Gerüche – sie strömten herein, eine silberne Flüssigkeit in ein weit offenes hungriges Becken, eine silbrig bewegte Flüssigkeit, deren Wellen die Gefäßwand streichelten...

Farben, Klänge, Gerüche, Empfindungen – ein bunter Reigen in leerem Raum.

Und dann die Zügel...

»Ich bin Eric!«

Wellenschlag von der Seite – Indizes, Matrizen, Sensoren, Determinanten, Gleichungen, Tabellen...

Wellenschlag von der Seite – Sanftheit, Zärtlichkeit, Erstaunen, Ablehnung, Widerstand...

»Ich bin Janet.«

»Ich bin Eric.«

Das Suchen, der Schrecken, das Entsetzen...

Er suchte seine Finger, er versuchte seine Finger zu spüren... nichts. Die Vision einer verstümmelten Hand, einer Hand ohne Finger. Er tastete weiter... Schrecken – ein Arm ohne Hand, ein Leib ohne Arm... ein Kopf ohne Leib...

Sehen.

Sehen!

Dunkelheit.

Hören.

Hören!

Stille.

Er horchte in sich hinein. Fremde Gedanken waren da... keine

Gedanken! – fremdes Wissen. Ein unglaublich reichhaltiges Reservoir von fremdem Wissen. Er ließ davon ab, suchte weiter ... etwas Vertrautes, Bekanntes, Ersehntes ...

»Ruth ...«

»Eric.«

Er erhielt Antwort aus dem Dunkel. Er brauchte nur zu denken.

»Ruth.«

»Eric ...«

Erinnerungen stülpten sich wie schwingende Glocken über ihn. Sie übertönten ein vages Gemälde von Gärten, Pflanzen, Dämmerung, Wehmut, müden Menschen wie ein Schrei. Stählern fielen sie über ihn, packten ihn, schüttelten ihn.

Erinnerungen.

Ein Reigen schwarzer Schemen ... sternenlose Nacht ...

Weißgekleidete Männer – ein Tribunal.

Ein Begriff: Lovis. Eine Sehnsucht: Ruth.

»Janet!« rief eine Stimme dazwischen.

Weißschäumendes Wasser, schwarzes Geäst.

Nichts mehr.

Doch ...

... eine Stadt. Häuser, Gänge, Fenster, Straßen. Und wieder Häuser. Und wieder Gänge. Irgendwer tut irgendwas in dieser Stadt. Irgendwer geht durch die Straßen, als ob er schliefe. Unwichtig.

Vorbei.

Die Gegenwart ...

... eine dunkle, leere Gegenwart.

Eine Gegenwart ohne Umgebung.

Doch diese Gegenwart meldete sich ...

Ein Feuerstrahl floß durch ihn, der Körper, der nicht mehr da war, krampfte sich zusammen ... Licht brach über ihn herein, ätzend, sengend ... Eine Explosion schwoll auf, eine andauernde ununterbrochene Explosion, die ihn zerriß ... Sein Denken zersplitterte in einzelne, lose treibende Fetzen.

Irgend etwas jagte immer neue Schauer durch die imaginäre Kapsel seiner Vorstellungen.

Jähe Dunkelheit, jähe Stille ...

Und dann kam das, ohne das er ein duldendes Nichts geblieben wäre, das letzte Stück, das noch fehlte...

...die Phantasie.

Eric wußte nicht, wo er war und was er war. Aber er war nicht allein; da war das Mädchen, das Janet hieß; da war eine Wand von Zahlen und Zeichen – mit ihnen beiden war er in einen gitterlosen Käfig eingeschlossen. Und außerhalb von ihnen beiden war noch etwas, das Einfluß zu nehmen suchte...

Der Weg zu dieser Außenwelt konnte nur durch jene Wand führen. Er drang ein, wühlte sich hindurch... Schnell gewann er eine gewisse Übersicht über das hier gespeicherte Material. Er kramte die für ihn wichtigen Informationen aus seinem neu geschenkten Gedächtnis, einem Gedächtnis voll Erinnerungen – ganz anderer Erinnerungen, als sie ihm kurz zuvor zuteil wurden, Erinnerungen ohne Gefühlswerte – reine Zahlen, Kurven, Bilder... Ja – er fand auch Bilder, und er forschte danach, was dahintersteckte, und er fand ein Auge.

Das Auge zeigte ihm ein Muster gleichmäßig verteilter schwebender Ringe, hinter denen ein schwarzes Tuch gespannt war... ein schwarzes Tuch mit weißen Punkten... die Wega... der Große Bär... ein wenig verzerrt, aber... die Sterne! Er war im Weltraum. Es schien unmöglich, aber es war so.

Und dann entdeckte er die Struktur seines neuen Gehirns und seines neuen Nervensystems – einen Schaltplan. Er verfolgte diesen Plan und stieß auf seine neuen Organe: Mikrofone, Elektrokameras, Thermometer, Barometer, Ionisierungsklammern... auf neue Gliedmaßen: Reparaturwägelchen, kleine, durch Funk zentralgesteuerte fahrbare Roboterdrehbänke, mit Greifarmen, Preßlufthämmern, Schneidbrennern ausgerüstet... auf sein neues Herz: die chemische Batterie... auf seine Kommunikationsorgane: den Funk und den Lochstreifen...

Er tat mehreres ganz kurz hintereinander: Er verschloß elektronisch sämtliche Türen – eine Maßnahme, wie sie beim Durchschlag eines Meteors automatisch ausgelöst wurde –, er unterbrach die Funkverbindung zu den anderen Schiffen, und er schaltete sämtliche Mikrofone und Elektronenkameras ein.

Es war nicht ganz so leicht, wie er gedacht hatte – ein Klingelzeichen schrillte, überschlug sich, irgend etwas regulierte die Lautstärke tiefer, jetzt war sie erträglich, aber in Abständen von halben Sekunden klangen Echos an, jeder Ton zog eine ganze Reihe weiterer hinter sich her, jeder folgende schwächer als der vorhergehende... Er veränderte irgend etwas – die Töne wurden normal. Auch das Bild erschien verzerrt und mehrfach übereinander, aber auch hier fand er die Methode bald. Durch die Elektronenobjektive der Reparaturwagen blickte er in vierundzwanzig Räume, er sah auch in die Automatenzentrale... er sah die vier Gestalten vor den Apparaten stehen – waren es Menschen? Sie sahen so wie Menschen aus – und doch wieder nicht... Die Hautfarbe war anders, die Haltung, die Proportion... Sie hielten sich aufrecht, sie waren mit einer Art Schürze bekleidet, sie hatten zwei Augen, zwei Arme, zwei Beine, sie waren so groß wie Menschen – doch dafür fielen gerade die kleinen Unterschiede stärker ins Gewicht, die Beweglichkeit der Gesichter, die platten Nasen, das Fehlen eines abgesetzten Halses – die Köpfe gingen direkt in den Rumpf über.

Eric überlegte nicht lang. Er ließ den Lochstreifen laufen: ›Was wollt ihr von mir?‹

Er sah, wie sie einander anschauten, und war wieder erstaunt über ihre Fremdartigkeit. Wenn man sie als Menschen betrachtete – wie verkleidete, verwachsene Albinos sahen sie aus. Jetzt sagte einer etwas. Er hörte es über das im Reparaturwagen eingebaute Mikrofon, aber er verstand den Sinn nicht – eine fremde Sprache, aber doch eine Lautsprache, sogar eine mit dem Mund hervorgebrachte... Während sie diskutierten, forschte er unter der Fülle an Informationen nach dem Umsetzschema: Lautsprache – Sinn.

Jetzt setzte sich einer an die Schreibmaschine und tippte. Er wartete gespannt...

Die einlaufenden Zeilen waren verständlich: ›WIR HABEN EINIGE WISSENSCHAFTLICHE FRAGEN UND BITTEN UM AUSKUNFT. IST DEIN ERINNERUNGSVERMÖGEN INTAKT?‹

Er überlegte kurz, dann antwortete er: ›Erinnerung – glaube ich – intakt. Was wollt ihr wissen?‹

Prompt langten wieder Zeichen an: ›STAMMT DEINE RASSE

VON JENEM...‹ Der Satz war unvollständig. Er sah, daß im Raum ein Streit im Gang war. Er unterbrach: ›Frage unvollständig eingetroffen. Bitte wiederholen.‹

Er wußte sehr genau, daß seine Situation brenzlig wurde. Schnell probierte er die Macht aus, die er über die Werkzeugwägelchen besaß – er ließ die Zangen sich leicht bewegen und die Räder ein kleines Stück rollen... Es funktionierte tadellos – er war gewappnet und bereit, unverzögert zu reagieren. Er wußte auch, was ihm drohte: Inmitten der Schalttafel, die ihm das elektronische Auge der Kamera vorwies, saß ein Schalter, der sich durch nichts von den vielen anderen unterschied – durch nichts, als daß sich mit ihm die Stromleitung unterbrechen ließ, die von der chemischen Batterie in Erics Inneres führte.

Jetzt hob der, der geschrieben hatte, die Hand, doch bevor sie in gefährliche Nähe des Schalters kam, ließ er sie wieder sinken. Eines der Wesen hatte etwas Befehlendes gerufen. Den lauten Stimmen war zu entnehmen, daß wieder eine Meinungsverschiedenheit aufgetreten war.

Allmählich lernte er, die Kompetenzen seiner Widersacher zu unterscheiden. Der eine, der die Schreibmaschine bediente, schien eine untergeordnete Stellung zu bekleiden. Es fiel auf, wie er verstummte, wenn die anderen das Wort an ihn richteten. Er war von großem, kräftigem Körperbau und trug eine gelbe Schürze oder etwas, das ähnlich wie eine Schürze aussah. Ein anderer, der viel kleiner war, sich aber betont geschmeidig bewegte, schien ein Wissenschaftler zu sein, denn er deutete oft auf die Apparate und griff auch von Zeit zu Zeit selbst zu. Jetzt kam auch er in die Nähe des Schalters und streckte die Hand aus. Seine Bewegung war so ruhig und beherrscht, daß es nicht notwendig war, den Roboter in Funktion zu setzen.

Aber Eric warnte ihn mit Hilfe des Lochstreifens: ›Bitte nicht abschalten!‹

Doch der Wissenschaftler reagierte nicht. Da ließ Eric einen Zangenarm in die Höhe steigen – bereit, zuzupacken. Die Hand stand still... fiel herab. Gut, dachte Eric. Aber was sollte er tun? Mit halber Aufmerksamkeit lauschte er den unverständlichen Lauten, die ihm die Mikrofone übermittelten, den anderen Teil widmete er den gespeicherten Informationen. Insbesondere mußte er mit der Anlage vertraut werden, die jetzt sein eigenes Adernnetz, sein Antrieb, sein Körper waren; das waren jene Stellen, an denen er verwundbar zu sein schien...

Einer der vier stürzte jählings vor, auf den Schalter zu... Eric war auf der Hut... Er fing den zulangenden Arm mit der Zange des Robotmechanismus auf und hebelte ihn herum. Der Mann – er nannte ihn Mann, als wenn es ein Mensch wäre – stürzte hart zu Boden. Jetzt lief einer von jenen beiden, die zu befehlen hatten, los – er rüttelte an der Tür, lief zu einem instrumentenumgebenen Sitz, riß einen Hörer von der Gabel, lauschte, schmiß ihn auf die Gabel zurück, schlug auf den Alarmknopf – natürlich erfolglos. Eric lachte – lautlos –, aber er lachte und wunderte sich darüber. Gleich darauf aber riß er sich zusammen – es gab noch viele ungeahnte Gefahren. Zumindest gegen die bekannten konnte er vorbeugen. Er ließ den Roboter den Hauptschalter abschneiden – oder er schnitt ihn mit den Werkzeugen des Roboters ab; das war dasselbe. Da gab es noch eine Möglichkeit, auf ihn Einfluß zu nehmen, an die die vier Leute in der Zentrale noch nicht gedacht hatten: die Testapparatur. Sie hätte nichts Entscheidendes ändern, aber ihm doch recht peinvolle Augenblicke bereiten können: durch Impulse in sein Seh- und Hörzentrum; ein richtig dosierter elektrischer Strom in sein Schlafzentrum hätte sogar recht fatale Folgen gehabt – und Schmerz war auch gefährlich. Er richtete den Schneidbrenner darauf und zerstörte es.

Jetzt war er einigermaßen gesichert. Hoffentlich hatte er nichts übersehen! Er konzentrierte sich kurz auf ein anderes Problem und schrieb dann: ›Ich stelle meine Bedingungen – ihr habt das Schiff innerhalb von zwanzig Minuten zu verlassen.‹

Er schrieb nicht weiter, denn er sah, daß einer der Anführer den Streifen zerknüllte, ohne ihn zu lesen, und dann in sinnloser Wut auf die Metallwand der elektronischen Anlage trommelte. Dabei schrie er etwas.

Der Zustand eines der Sprache nicht mächtigen Zuhörers war auf die Dauer unangenehm. Eric nahm seine Suche nach dem Umsetzungsschema für die Lautsprache wieder auf – es war so, als ob er sich daran zu erinnern versuchte. Manchmal war ihm, als habe er es gefunden, doch dann entzog es sich ihm wieder.

Er hatte eine Sekunde lang nicht aufgepaßt. Der kleinere der beiden Befehlsgewaltigen riß etwas aus der Tasche seines Umhangs heraus und richtete es auf die elektronische Anlage. Eric hatte keine Zeit, den Schuß zu verhindern, der Robotwagen stand zu weit entfernt. Daß er nicht an eine Waffe gedacht hatte! Er wehrte sich anders: Er gab dem Gegenkreisel, der in der Achse des Ringhohlraumes rotierte, einen abrupten Beschleunigungsstoß. Das wirkte – ein Strahl glühender Luft blendete zwar auf, aber er stieß an den elektronischen Schaltungen vorbei und traf nun ein Stück der Steuerung.

Plötzlich schlingerte das Schiff wie ein Kinderreifen auf einer holprigen Straße – und dann fiel es aus den Reihen der übrigen Ringschiffe hinaus. Die Fliehkräfte wogten in Wellen darüber hinweg, als das Schiff von den Stabilisationsfeldern wie ein Ball hin und her geschleudert wurde, dann verlor es den Kader hinter sich und raste in den Raum hinaus, auf einen dunklen Nebel zu.

Die Erschütterungen riefen seltsame ungereimte Intensionen in Eric hervor – Licht, Schmerz, Übermut. Dann war das Ärgste vorbei, Funksprüche von den anderen Schiffen holten ihn ein, endlich war ihnen aufgefallen, daß auf seinem Schiff etwas nicht stimmte! Hoffentlich gebrauchten sie keine Waffen! Aber, beruhigte er sich, sie würden kaum auf ihr eigenes Schiff schießen!

Er antwortete: ›Steuerung beschädigt. Wir versuchen zu reparieren. Sonst alles in Ordnung.‹

Er bemerkte, daß ihm zwei Schiffe folgten, aber sie behielten gleichen Abstand bei. In der Bewegungsrichtung konstatierte er einen Dunkelnebel. Das war günstig – vielleicht war es später notwendig, sich zu verbergen. Er mußte die Möglichkeit erwägen.

In der Zentrale lagen die Männer betäubt am Boden und versuchten dann, sich aufzurichten. Schnell ließ er den Reparaturwagen an die aus der Hand des Schützen gefallene Waffe heranfahren und hob sie auf.

Ein Blick in die Umgebung: Die Dunkelwolke blähte sich merklich auf. Was mochte sich darin verbergen? Er durfte nicht einfach ohne Steuerung weiterrasen.

Die vier Betäubten waren zu sich gekommen und sprachen.

Bald setzte sich der eine wieder an die Schreibmaschine und tippte: ›WIR BEDAUERN DIE UNÜBERLEGTE HANDLUNG ORCHS. WIR NEHMEN DEINE BEDINGUNGEN AN. BRING UNS ZU UNSERER FLOTTE ZURÜCK!‹

Eric setzte zur Antwort an, stockte, dachte nach – und schrieb: ›kxlkxl kxlkxl xxlxxk klxklx.‹

›NICHT VERSTANDEN‹, kam die Antwort.

Eric schrieb weiter: ›xklxkl xkxkll xxxkkk kxlkxl.‹

Wieder sprachen sie. Dann lief der eine Anführer auf die Tür zu – rasch öffnete Eric die Sperre. Die Tür sprang auf. Der Mann kam zurück und gestikulierte.

Der Wissenschaftler streckte die Hand nach der Metallverschalung aus. Einen solchen Eingriff konnte Eric nicht gestatten. Er rollte den Robotwagen heran und ließ den Entladungsbogen des Schneidbrenners zischen. Aus dem Nebenzimmer eilten einige zur Tür – und er schloß sie wieder. Der Wissenschaftler ging weiter, die Wand entlang, an die Stelle, die jener, den sie Orch nannten, aufgebrannt hatte. Sein Gehilfe brachte einige Werkzeuge herbei.

Nun hatte sie Eric dort, wo er es wünschte. Sie dachten, daß er etwas beschädigt, dadurch verwirrt und nicht voll einsatzfähig war. Sie nahmen ihm eine Arbeit ab, die ihm sehr schwergefallen wäre: die Reparatur der Steuerungsanlage. Sicher hofften sie, dann auf eigene Faust zurückkehren zu können.

Eric wartete. Die Minuten verrannen. Irgendwo in ihm pulsierte eine Uhr, die ihm die Zeit anzeigte. Schneller als vorgesehen tauchten sie in die Nebelwolke ein – vielleicht war das ein Zeichen dafür, daß sie kleiner war, als es zuerst geschienen hatte.

Nach einer halben Stunde richtete sich der Wissenschaftler auf und sagte etwas. Dann näherte er sich langsam dem Sitz mit den Instrumenten – sicher der Pilotensitz. Mit einer hastigen Bewegung drückte er den Schalthebel hinab: von ›Automatischer Steuerung‹ auf ›Handsteuerung‹. Schließlich schwenkte er einen waagrechten Griff – das Schiff drehte sich hundertachtzig Grad um eine seiner Speichen.

Das genügte Eric; die Steuerung funktionierte also wieder. Er ließ den Robotwagen heranrollen, auf den Wissenschaftler zu.

»Vries!« brüllte sein korpulenter Gehilfe.

Vries, der Wissenschaftler, stand wie versteinert. Eric drückte ihn mit einem Metallarm beiseite, erfaßte den Schalthebel mit der Zange und legte ihn wieder hinauf, auf ›Automatische Steuerung‹. Dann ließ er den Schneidbrenner aufzischen – der Hebel fiel zu Boden. Er brauchte keine ›Handsteuerung‹.

Eric war gut gelaunt. Sogar die vier menschenhaften Wesen waren ihm sympathisch. Auf den Lochstreifen schrieb er: ›Danke.‹

Plötzlich hatte Eric die Erinnerung an die Sprache gefunden. Die fremdartigen Laute kamen ihm noch immer ungewohnt vor, doch er verstand sie.

»Er hat uns betrogen«, flüsterte Vries tonlos.

»Die Situation ist außergewöhnlich«, sagte der Anführer, der den höheren Rang bekleidete. »Sie hat uns überrascht. Wir haben planlos …«

Eric hörte nicht mehr zu. Er unterbrach den Sprechenden, indem er den Papierstreifen durch die Lochstanze fließen ließ: ›Ich stelle meine Bedingungen: Ihr habt zwanzig Minuten Zeit, um das Schiff zu verlassen.‹

»Wir können doch nicht… hier… in der Wolke…!« stöhnte der zweite Anführer, der Mann, der früher geschossen hatte.

Eric schrieb: ›Ich verhandle nicht.‹

»Er versteht«, sagte Vries.

»Wir haben nicht mehr viel Zeit«, setzte der erste Anführer seine Rede fort. »Es ist nötig, logisch zu denken. Was wir als nächstes unternehmen, muß gelingen. Es muß gut überlegt sein. Nein«, er hob warnend die Hand, als der Gehilfe etwas sagen wollte, »nicht sprechen – er hört mit. Gut überlegen, und dann sofort handeln.«

Der Gehilfe schwieg. Alle möglichen Mienen wechselten in seinem Gesicht, aber Eric verstand sie nicht. Seine fröhliche Stimmung verflog. Er spürte das Arbeiten hinter dieser braunen Stirn, irgend etwas braute sich dahinter zusammen, irgendein Gedanke gewann dort Gestalt, irgend etwas entstand, das er nicht kannte, etwas Gefährliches. Er war nahe daran, den Abzugshahn der Pistole durchzuziehen – aber er tat es nicht. Sie sind intelligente Wesen, dachte er, jedes genausoviel wert wie ich. – Und dann dachte er: Ich werde mit diesen Geschöpfen schon fertig.

Da kam es. Der Mann sprang auf, warf sich an die Wand der Anlage – nicht dorthin, wo die empfindliche Schaltung verborgen war, sondern seitlich davon, wo einige Drähte gespannt waren. Er riß daran...

Eric hatte versucht, den Robotwagen eingreifen zu lassen, aber er hatte zu spät gemerkt, wogegen sich der Angriff gerichtet hatte: die Steuerantennen für die Robotwägelchen. Plötzlich war er taub und blind. Zwar nahm er die beiden Halbkugelbilder der Umgebung noch auf, aber er sah nicht mehr ins Innere des Schiffes hinein, und er hörte nichts mehr...

Er erkannte die ungeheure Gefahr, in der er schwebte, und handelte unverzüglich. Seine Gegner durften zu keiner Handlung kommen. Er beschleunigte die Rotation des Schiffes, so rasch und so stark er konnte – weit über jene Grenze, an der ihm eine innere Stimme halt! zurief. Organe, von denen er nichts geahnt hatte, gaben ihm Daten durch: Fliehkraft, Durchbiegung, Energieverbrauch, und er steigerte sie bis zur Elastizitätsgrenze des Leitwerks. Trotzdem fühlte er besorgt in sich hinein – ob er nicht das Absterben eines Teils seines Denkens bemerkte, das ihm verraten hätte, daß er verloren war...

Erst allmählich erfaßte er das Unglück in seiner vollen Tragweite: Die Verbindung mit seinen Händen, den Robotwägelchen, war abgerissen – er war nicht mehr imstande, etwas Demoliertes zu reparieren!

Sollte er die Rotation so lange beibehalten, bis sich seine Gegner ergaben? Aber wie sollte er erfahren, daß sie sich ergaben?

Eine Weile dachte er nach. Seine Außenaugen meldeten ihm, daß das Schiff die Wolke verließ. Da kam ihm eine Idee. Vielleicht besaß er die Fähigkeit...?

Die von außen beobachteten visuellen Eindrücke gingen über den Automaten an die Bildschirme weiter, von denen je zwei statt der Fenster in den wichtigsten Räumen untergebracht waren. Er brauchte sie doch nicht einfach nur weiterzugeben! Er konnte sie genauso gut verändern!

Er besann sich eine Weile. Sein Theaterspiel mußte für die Leute im Schiff etwas Furchtbares sein. Vielleicht Feuer? Glühende Gaswolken? Oder Treibeis im Weltraum? Er entschied sich für Feuer.

Hitze und Feuer sind das Zerstörerischste, das es für alles Lebendige gibt. Er ließ seine Phantasie spielen: feurige Wirbel, Funkenregen, Flammen. Und ganz langsam regelte er die Innentemperatur höher, ganz allmählich...

Dazwischen sandte er wieder eine Nachricht aus: ›Mein letztes Angebot: Repariert die Antenne. Dann entfernt euch aus dem Schiff.‹ Er wiederholte mehrmals: ›Mein letztes Angebot...‹

Und dann ließ er eine glühende Milchstraße spiralen, ließ ionisierte Gase rotieren, feurige Schlacken durch den Raum gleiten, immer größer werden, immer näher kommen... Und dabei regelte er die Innentemperatur hoch, ganz langsam, ganz sachte...

Rührte sich denn nichts?

Einen Augenblick lang schreckte er zusammen: Waren sie vielleicht tot?

Da kam ein Zeichen:

›ERSB LMQZ CXYA FUNU‹

Waren sie so benommen, daß sie zu keiner vernünftigen Antwort fähig waren? Oder sollte das ein Trick sein?

Es war gewagt. Aber er versuchte es. Er verzögerte die rasende Drehbewegung ein wenig...

Buchstaben trafen ein, sie fielen wie Tropfen: E IN V ER STA N D EN.‹

Es blieb ihm nichts anderes übrig, als alles auf eine Karte zu setzen: Er milderte die Fliehkraft noch ein wenig.

Es ging überraschend schnell. Auf einmal sah er wieder... und hörte wieder.

Er befahl: ›Aussteigen.‹

Der Anführer rief irgend etwas.

Eric befahl: ›Unverzögert aussteigen. Wir nähern uns dem Zentrum des Wirbels mit jeder Minute um eine Million Kilometer.‹

Er sah, wie sie auf die Bildschirme starrten. Er ließ noch ein wenig mehr glühende Klumpen wirbeln.

Der Anführer gab Alarm.

Das Manöver funktionierte mit der unverständlichen Zielsicherheit eines Bienenstaates. Ein Rettungsboot nach dem andern schoß aus dem Mund des Torpedorohres. Acht Zylinder schwebten im Raum, im alten, unendlich vertrauten, sternenübersäten

Raum. Sie wurden zu Punkten, die an den Ecken eines imaginären Würfels saßen. Zwei silberne Ringe trieben auf sie zu.

Eric drehte hinweg. Er schaltete auf eine Beschleunigung, die weit über dem normal zugelassenen Wert lag. Aber es gab keinen Organismus, dem sie schaden konnte: Niemand vermochte ihm zu folgen.

Erinnerungen und Hoffnungen gewannen wieder Oberhand in ihm; sie mischten sich zu einem wirbelnden Tanz. Seit seinem seltsamen Erwachen hatte er keine Zeit gefunden, sich zu wundern. Und nun war alles schon erprobt, war selbstverständlich. Fremdes war da – und auch Vertrautes, doch das Fremde trug einen Schimmer von Vertrautheit, und das Vertraute war ein wenig fremd. Alles war neuartig, aber keineswegs abstoßend. Er forschte in sich, ob er dem nachtrauerte, was für immer verloren war – der Körperlichkeit, der heimatlichen Erde, seiner Zeit. Der Körper ist nur ein Gehäuse, dachte er, die Erde nur eine Bühne. Aber sind sie die Wirklichkeit? fragte er. Was ist Wirklichkeit? Das Verlorene oder das neu Gewonnene? Wieder erschienen Bilder aus dem Kaleidoskop seines Gedächtnisses. Sie beherrschten ihn so sehr, daß er wieder erlebte, wieder litt... Er stand vor Entscheidungen, quälte sich in unlösbaren Konflikten... aber es war doch Traum! begehrte er auf, es ist seit Jahrmillionen vorbei! Wieder fragte er: Wo beginnt der Traum, wo die Wirklichkeit? Was heißt Zeit? Was heißt vorbei? Er horchte in das Weben hinein, das um ihn und in ihm war. Da waren nur Fragen und keine Antworten.

Da war noch etwas neben ihm, etwas mit ihm Verbundenes und doch Eigenes, das ihn rief. Er öffnete sich diesem leisen Drängen und wurde endlich ruhig. Er hatte keine Wünsche mehr.

Der Raum ringsum war leer und kalt, aber ihn konnten weder die Abgründe des Raumes noch der Zeit schrecken. Schwerelos ließ er sich in der Unendlichkeit treiben. Einst werde ich wirklich erwachen, dachte er, einst werde ich wissen.

DER ORCHIDEEN-KÄFIG

Der erste Versuch

1

Immer sind es erregende Sekunden, wenn das Bewußtsein auf einem fremden Planeten erwacht. Wie auf ein Zeichen beginnt sich das Bild aufzubauen, Partie um Partie taucht aus dem Nichts, Detail reiht sich an Detail – manchmal in weichen Wellen, manchmal hart und schlagartig. Über allem liegt die prikkelnde Erwartung unvorstellbarer Ereignisse. Was würde es diesmal sein, dem sie sich ausliefern mußten: vielleicht etwas übermenschlich Gewaltiges, vielleicht etwas tödlich Grausames?

Als erstes spürte Al den Geruch von Thymian. Er lag in einer Wiege von würzigem Duft, eingebettet in leises Rauschen und gestaltlose Dämmerung. Sachte drang das Gefühl der Schwere in ihn ein; und er spürte, wie ihn etwas hob und trug, und wieder niedergleiten ließ. Wohlige Wärme breitete sich über ihn. Aus dem Rauschen lösten sich leise knatternde Geräusche. Die Dämmerung wurde orangerot. Wie vom Wind gehoben, lösten sich die letzten Schleier. Das Wünschen und Fragen erwachte.

Al richtete sich auf. Mit einem Gefühl der Zufriedenheit, in das sich ein Anflug Enttäuschtsein mischte, stellte er fest, daß er sich wohl fühlte. Es gab keine sengende Hitze, keine elektrischen Entladungen, keine ihn beschnuppernden Saurier. Es gab keine offensichtliche Gefahr. Die Spannung wich von ihm. Er sah sich aufmerksam um.

Er saß neben der Baracke auf einer Schaumgummimatte. Das Knattern drang aus der Tür des Maschinenraums. Ein Robotwägelchen rollte über die eingeebnete Fläche, einen Schweißbrenner in den Greifzangen. Der Schatten der Relaisantenne lag als Maschenwerk darüber und kroch in seltsamen Verzerrungen an der automatischen Apparatur herauf und auf der anderen Seite wieder hinunter.

Al hatte noch mit einer gewissen Trägheit zu kämpfen. Jedesmal schmerzten die Muskeln ein wenig, wenn er sich regte. Auf seinem Gehirn lastete ein dumpfer Druck. Aber von Atemzug zu Atemzug fühlte Al sich beweglicher, freier, tatendurstiger. Er stand auf, ging in die Kniebeuge und reckte sich hoch. Er knöpfte den Kragen seines gelben Buschhemds auf und sog die Luft in vollen Zügen ein. Der Platz ist gut, dachte er. Don hat richtig gewählt.

Die Baracke lag etwa hundert Meter über dem Tal. Gleich daneben hatten die Automaten einen Sendemast aufgestellt. Fünfzig Meter seitlich davon, auf gleicher Höhe, stand der Hangar für den Hubschrauber. Das Auffälligste von allem war der Krater, aus dem die Rohstoffe stammten. Wie eine offene Wunde saß er im Boden, die Ränder aufgewölbt und blutrot gefärbt von oberflächennahen Verwitterungsschichten, das Innere grauschwarz. Hinter der Baracke stieg das Gebirge auf, unten dehnte sich eine Landschaft mit tausend flachen Hügeln und tausend kleinen Seen. Über allem lag der orangerote Schimmer einer fremden Sonne.

Die Schiebetür des Wohnraums der Baracke glitt auf, ein Wagen fuhr heraus, den Körper Katjas auf seinem Rücksitz. Mit Dutzenden feinfühliger Greifzangen bettete der Robotwagen das Mädchen auf die Matte, auf der Al vor kurzer Zeit erwacht war. Auch Katja war im Begriff, das Bewußtsein zu erlangen. Immer wieder lief ein leichtes Zucken durch ihre Glieder.

»Wo ist Don?« fragte Al.

Der Robotwagen blieb stehen. »Er schläft noch«, klang es aus seinem Lautsprecher.

Al scheuchte ihn mit einer Handbewegung fort. »Mach weiter!« befahl er.

Don schlief also noch, und Katja erwachte. Don und Katja waren von der Kommission für Genetik als Paar zugelassen und würden einmal ein Kind haben. Dadurch waren die beiden miteinander in Verbindung gekommen. Don hatte Katja in den Kreis seiner Freunde eingeführt. Sie war ein guter Kamerad und hatte bei allen Spielen munter mitgetan. Dabei störte Al nur eines: daß Don sie als eine Art Besitz behandelte und sich das Recht herausnahm, ihr Vorschriften zu machen. Mit leichter Schadenfreude malte er sich aus, wie Don reagieren würde, wenn er als letzter erwachte.

»Hallo, Don!«

Die Stimme klang so leise, daß Al sie kaum vernahm.

»Kat!« rief er. »Ich bin's: Al!« Durch einen schnellen Blick überzeugte er sich davon, daß sein khakibraunes Tropenjackett gut saß, und strich die dunkelblonden Haare zurück.

Katja lag auf der Matte und versuchte sich aufzusetzen. Al kniete neben ihr nieder, schob die Hand unter ihren Rücken und stützte sie. Sie blinzelte zwischen den Lidern hindurch.

»Scheußlich, dieses Licht«, flüsterte sie.

»Wie geht's?« fragte Al.

»Ich hab's überstanden. Ich glaube . . . mir geht's ganz gut.«

»An das Licht gewöhnst du dich«, erklärte Al. »Bald merkst du nicht mehr, daß es orange ist. Es wird weiß. Alles bekommt normale Farben. Dann schaut es hier nicht viel anders aus als auf der Erde.«

»Aber der Himmel«, sagte Katja. »Der Himmel –«

»Auch der Himmel wird blau – warte nur ab. Es geht ganz von selbst. Es ist, als ob sich ein Nullpunkt auf einer Skala verschöbe.«

Seltsam, dachte Al, die schmutziggraue Färbung des Himmels hat mich überhaupt nicht gestört. Wahrscheinlich empfinden Frauen anders.

Er beobachtete Katja. Ihre blonden Haare bewegten sich im Wind. Das Mädchen war noch etwas blaß; ihre Blässe unterstrich die leicht vorstehenden Backenknochen, die ihr ein exotisches Aussehen gaben. Die dunkelblauen Augen waren halb unter den Lidern verborgen. Katja trug rote Jeans und eine schwarze Lederjacke über einem schwarzen Pullover. Sie erholte sich schnell. Ihre Bewegungen wurden zielbewußter, ihr Blick klarer.

»Fein, Al«, sagte sie, »fein, daß ich dabeisein darf! Es ist das erstemal. Sei nicht böse, wenn ich mich ungeschickt anstelle.«

Sie lächelte ein wenig verlegen und kam Al noch netter vor als früher. »Aber was ist mit Don?«

Wieder versuchte sie aufzustehen, doch Al hielt sie zurück.

»Schone dich noch!« bat er. »Ich sehe nach.« Er ging zur Baracke und trat durch die Tür. Der Helligkeit der Außenwelt gegenüber erschien es ihm hier düster. Er tastete nach einem Schalter und schob den Hebel hinunter. In grellem Weißblau flutete das Licht auf. Unglaublich primitiv hier, dachte Al, und dieser Eindruck verstärkte sich, als er sich umsah. Alles war auf Platzersparnis ausgerichtet. Rechts bot ein Fenster Aussicht ins Tal, darunter standen ein Tisch und drei Hocker. In die Stirnwand eingeschnitten war die Tür zum Maschinenraum, der übrige Flächeninhalt war durch Fächer unterteilt; sie enthielten die wichtigsten Werkzeuge. Alles nicht unmittelbar Erforderliche mußte durch die Automaten eigens angefertigt werden. An die Wand links waren drei Liegestätten übereinander montiert. Auf der mittleren lag Don. Sein großer, schwerer Körper war tief in die Luftmatratze gesunken. Die Decke reichte dem Schläfer bis zum Mund. Von Dons etwas grobem Gesicht lag nur die Nasenpartie frei; die Stirn war von kurzen schwarzbraunen Haarfransen versteckt. Er atmete schon.

Al öffnete die Tür zum Maschinenraum und rief nach einem der Automaten.

»Wann wird Don fertig sein?«

»In vier Minuten.« Die Antwort kam präzise und ohne Zögern.

»Dann bring ihn ins Freie!«

Der Automat gehorchte. Al öffnete für ihn die Tür und folgte.

»Er ist gleich soweit«, sagte er zu Kat.

Sie hatte sich inzwischen erholt. Während die beiden neben der Matte, auf der Don nun um das Bewußtsein rang, warteten, stellte Katja viele Fragen. Jetzt kam ihr alles interessant vor. Das Neue, das auf sie wartete, war noch weit und ungreifbar; sie befand sich auf einer Insel menschlichen Ursprungs und menschlicher Prägung, aber um sie herum lauerte das Fremde, das Geheimnis. Wie Al vorausgesagt hatte, war zwar der graue Farbton des Himmels verschwunden – er prangte nun in tiefem Blau –, aber Katja erschien dieses Blau ungewohnt, genau wie das Grün der Pflanzen und das Braun der Felswände über ihnen. Sie sah es nun nicht mehr – aber der Himmel war anders, und die Pflanzen waren anders, und die Felsen waren anders als auf der Erde. Sie fühlte es. Und die Tiere? Sie spähte umher, aber sie bemerkte keine Tiere. Morgen, dachte sie, morgen! Sanfter lauer Wind strömte vom Tiefland her den Hang hinan und brachte Wellen von Thymianduft mit. Es roch so wie Thymian – wahrscheinlich war es etwas ganz anderes –, und der Geruch wurde zum Odem des Rätselvollen.

»He!« rief Don, aber seine Stimme war noch schwach. Mühsam stützte er sich auf die Ellbogen. »Ihr seid schon okay? In mir dreht sich noch alles. Schandbar. Wie sieht es aus?«

»Hübsch«, sagte Katja. »Wie fühlst du dich?«

»Wird schon besser. Ist ja unwichtig. Habt ihr etwas von den andern gesehen?«

Katja streichelte seine Stirn. »Nichts, Don. Du hast nichts versäumt. Wir sind auch erst seit ein paar Minuten wach.«

»Dann ist es ja gut.« Don seufzte und ließ sich auf die Matte zurückfallen. Er verschränkte die Hände unter dem Hinterkopf und schloß die Augen. »Sagt doch: Wie sieht es hier aus?«

»Ziemlich harmlos«, sagte Al. »Grüne Hügel, Berge, Seen. Die Luft gut, die Temperatur angenehm. Nichts Besonderes. Hoffentlich wird es nicht langweilig!«

»Kaum anzunehmen«, meinte Don. Er sprach mit geschlossenen Augen. »Dafür werden schon die anderen sorgen. Und dann ist da ja auch noch die alte Stadt!«

»Wo ist sie eigentlich?« fragte Katja.

Don richtete sich auf. Er trug knöchellange Kordhosen und eine enge Samtjacke mit goldenen Knöpfen. Er sah schon bedeutend frischer aus. »Heute werden wir die Vorräte prüfen. Und morgen geht es los.« Er spähte hinunter auf das Hügelland, und weiter, darüber hinweg, bis zum Horizont. Es war Abend. Die Sonne hing als rote Scheibe im Dunst. Und während sie langsam tiefer sank, begann ein ferner Strich zu glitzern. Rote Funken glommen in der Ferne auf und verschwanden wieder.

Don hob die Hand und deutete hinunter: »Dort ist die Stadt.«

2

Am nächsten Morgen hatten sie alle Nachwirkungen der Übertragung überwunden. Sie liefen vor die Baracke und standen im aufdämmernden Tag. Wieder hüllte sie betäubender Thymianduft ein. Sie schauten über das Hügelland und empfanden die gewaltige Lockung, die von den unberührten Weiten ausging.

»Warum wartet ihr noch?« rief Don. »Kommt, wir fliegen los. Wir dürfen keine Zeit verlieren!«

»Besuchen wir gleich die Stadt?« fragte Kat.

»Das wäre natürlich das schönste«, sagte Al, »aber wir sollten doch lieber nach den altbewährten Regeln vorgehen. Zuerst kommen die Untersuchungen. Die Zusammensetzung der Luft. Die Chemie des Bodens. Das Spektrum der elektrischen Wellen. Die Zoologie und die Botanik . . .«

»Ach was, die Luft läßt sich atmen – dazu brauche ich keine chemische Analyse. Von Tieren ist nichts zu bemerken. Willst du vielleicht Blumen pflücken?«

»Sei nicht langweilig, Al«, bat Kat. »Du hast noch Zeit genug für die Pflanzen. Komm doch mit uns – zur Stadt!«

»Du weißt, worum es geht, Al!« rief Don. »Wir müssen den anderen zuvorkommen! Wir müssen die ersten sein!«

Sie gingen zum Hubschrauber hinüber und kletterten hinauf. Don setzte sich auf den Pilotensitz und ließ den Motor anlaufen. Katja und Al nahmen hinter ihm Platz. Das Surren der Propellerflügel wurde zu einem dröhnenden Rauschen, und der Flugkörper löste sich vom Boden. Sie stiegen auf fünfhundert Meter Höhe.

Die durchsichtige Kanzel gestattete den freien Durchblick in alle Richtungen. Das Land unter ihnen war spielzeughaft und lieblich wie eine Bilderbuchszenerie. Man hätte an den Naturpark von Finnland denken können, wenn es nicht von dem riesigen Gebirge überschattet gewesen wäre, das sich ringsherum aufwölbte. Von ihrem überhöhten Standpunkt konnten sie deutlich die Gipfel und Grate der Berge erkennen, die im Sonnenlicht als dunkler Zackenstreifen über dem Tiefland ein zweites Mal erschienen.

»Wie stehen denn überhaupt die Aussichten, hier etwas zu entdecken?« erkundigte sich Kat.

»Richtig«, meinte Al, »du hast uns bis jetzt noch nichts Näheres verraten. Tu doch nicht so geheimnisvoll!«

Don drehte jetzt die Nase des Hubschraubers auf das Ziel, in Richtung auf die Stadt. Er drückte den Gashebel kräftig durch, und die Hügel begannen unter ihnen einherzuwandern.

»Also paßt auf«, sagte Don. »Jak und ich – wir haben den Planeten gemeinsam gefunden. Wir hatten vor, uns mit dem Synchronstrahlspiegel im Bereich der Magellanschen Wolken umzusehen. Ich weiß nicht, wie es kam – vielleicht hatte Jak die Entfernung falsch eingestellt –, jedenfalls blickten wir in ein leeres Loch und wollten schon umschalten, da stießen wir auf eine kleine isolierte Sonne. An ihr hing ein Riesenplanet vom Neptuntyp, und daraufhin schauten wir uns weiter innen im System um. Nun – das ist der Erfolg!« Don wies hinunter auf die Hügelketten, die sich wie Laufbänder gegeneinander verschoben.

»Habt ihr auch die Stadt gleich gefunden?« fragte Kat.

»Es gibt mehrere. Sie waren nicht schwer zu finden. Der Planet ist zu neunzig Prozent mit Gebirge überzogen. Die übrigen zehn Prozent Grünfläche leuchten deutlich aus dem Braun und Grau heraus. Alle Städte liegen unten, im hügeligen Tiefland. Aber die dort« – er wies mit dem Kinn nach vorn –, »die dort ist die größte.«

Vor ihnen wuchs jetzt ein Hügel über dem Horizont empor: ein Hügel, der sich von den anderen erheblich unterschied. Er schnitt einen vielfach gestuften, von Kerben unterbrochenen und von turmartigen Auswüchsen erweiterten Rand aus dem Himmelsblau, während die Silhouetten der anderen Berge und Kuppen sanft geschwungen und glatt erschienen.

»Könnte nicht doch etwas Intelligentes lebendig sein?« fragte Katja.

»Unsinn«, antwortete Don. »Die Zeit der organischen Evolution ist so gering gegenüber der Entwicklungszeit eines Planeten, daß kaum Aussicht darauf besteht. Bisher hat noch niemand intelligente Wesen getroffen. Nur die Spuren finden sich häufig. Die Stadt ist sicher tot. Sie ist zum Teil verfallen.«

Al hatte das Fernglas erhoben und auf den von Gebäuden bedeckten Hügel gerichtet. Er mußte Don recht geben. Das, was aus der Ferne so imposant und märchenhaft aussah, was gestern im streifenden Licht der glühenden Sonne als eine Neuschöpfung der Goldenen Stadt erschienen war und die Erinnerung an Sagen und Träume geweckt hatte, entpuppte sich als ein wüster, vielfach zerstörter Burgkomplex.

Kat wandte sich wieder an Don:

»Aber was geschieht denn mit den intelligenten Geschöpfen, wenn sie ihre höchste Entwicklungsstufe erreicht haben?«

»Sie bringen sich gegenseitig um«, erklärte Don. »Dadurch unterscheidet sich unsere Kultur von allen anderen. Zwar hat es auch bei uns schon angefangen – mit Bakterien und Atomenergie; aber wir haben den Krieg rechtzeitig unterbunden.«

Jetzt waren manche Bauten schon mit freiem Auge zu erkennen: Türme mit Quadratmustern von Fensteröffnungen; geschwungene Brücken über Straßenschluchten; Gerüstkonstruktionen und Masten; aber viel davon eingestürzt, verbogen, verrottet . . .

Al senkte das Glas.

»Warum bist du nicht gemeinsam mit Jak hierhergekommen?«

Don lachte.

»Glaubst du, es geht mir um das alte Gerümpel? Um das Studium der technischen Errungenschaften? Um Fragen der Weltraumarchäologie? Ist doch alles Stumpfsinn. Ich will etwas erleben, verstehst du?! Es soll unterhaltend und spannend werden; das meinte auch Jak.«

»Und darum habt ihr . . .«

»Darum hat jeder von uns selbst eine Gruppe gebildet. Ja. Wer zuerst weiß, wie die Wesen ausgesehen haben, hat gewonnen. Jede Gruppe arbeitet unabhängig, keine darf die andere stören. Aber wie ich Jak kenne . . . Wenn er fürchtet, daß wir ihm den Erfolg vor der Nase wegschnappen, wird er alles tun, um das zu verhindern. Darum müssen wir aufpassen. Nehmt euch zusammen – was wir vorhaben, ist nicht einfach!«

Die Fläche unter ihnen war noch immer ein Teppich aus Blau und Grün. Als vielfach zerlappte Blattformen lagen die Seen in den Wiesen. Vereinzelt ragten daraus bizarre Felsklippen hervor. Darum herum verstreut standen nur einzelne Büsche.

»Was sind das für Punkte?« rief Katja. »Al, gib mir das Glas!«

Er reichte es ihr. Bisher hatte er nur die Stadt beobachtet, jetzt wandte er seine Aufmerksamkeit dem Landstrich unter ihnen zu. Es handelte sich um frische Wiesen auf einer leicht welligen Oberfläche. Das Grün war nicht völlig gleichmäßig. Al nahm Partien wahr, an denen es ein wenig blasser erschien und ein gewisses Regelmaß aufwies; meist waren es gerade hellere Streifen, gelegentlich krümmten und verzweigten sie sich aber auch. Er erinnerte sich an einen archäologischen Trick, nämlich die Schattenstruktur der Landschaftsoberfläche zu Hilfe zu nehmen, um das Relief von künstlichen Veränderungen zu erkennen, aber die Sonne stand schon zu hoch, als daß er etwas Eindeutiges hätte entnehmen können.

Die Punkte, die Katja aufgefallen waren, lagen wie hingetupfte Farbkleckse verteilt, manche tiefschwarz, manche von Grün überhaucht.

»Es sind Löcher im Boden«, rief das Mädchen.

Al nahm das Glas wieder an sich und überzeugte sich davon.

»Es sieht aus wie Einschläge von Geschossen, wie Granattrichter. Sollten es Spuren eines Krieges sein?«

»Wahrscheinlich«, sagte Don. »Irgendwie müssen sie sich ja umgebracht haben.«

Al wiegte den Kopf. Vermutungen genügten ihm nicht, er hätte sich mit diesen Fragen lieber eingehend beschäftigt. Aber er zerstreute seine Bedenken. Schließlich kommt es nicht darauf an, dachte er.

Sie flogen nun in unmittelbarer Nähe der Stadt. Die helleren grünen Streifen verdichteten sich zu einem Netzwerk. Die Vermutung Als, daß es sich um Wege und Straßen handelte, verstärkte sich. Aber wieso sind sie von Pflanzen überzogen, fragte sich Al, während doch die Einschlagtrichter noch unbewachsen sind?

Vom Pilotensitz her kam ein Fluchen. Erstaunt blickten Kat

und Al auf Don.

»Irgendwas scheint mit der Steuerung nicht in Ordnung zu sein!« schimpfte Don. »Die Maschine weicht immer zur Seite ab.«

»Gerade jetzt, wo wir über die Stadt kommen!« Kat blickte durch den Glasboden der Kanzel senkrecht nach unten – dort standen die ersten Gebäude als regelmäßiges weißes Punktmuster in den Grünflächen.

Al beobachtete Don. Es war tatsächlich seltsam. Die Maschine drehte immer wieder zur Seite ab, wie ein Auto auf einer stark überhöhten Straße. Wenn Don zu stark gegensteuerte, schwenkte der Hubschrauber nach der andern Seite um.

»Es liegt nicht an der Steuerung«, sagte Al.

Don schnaubte ärgerlich.

»Zum Teufel, woran denn?«

»Flieg einmal ein Stück tangential – auf einem Kreis um die Stadt herum . . . Hier hindert dich nichts – merkst du es?«

»Tatsächlich, du hast recht!«

Katja folgte den Versuchen verständnislos. »Was ist geschehen?«

»Irgend etwas bringt uns vom Kurs auf die Stadt ab«, sagte Al. »Stell doch die automatische Steuerung ein, Don!«

Don drückte den rotleuchtenden Knopf hinein, die Farbe wechselte zu Grün. Dann drehte er den Kurszeiger ein Stück herum. Sie warteten gespannt . . . die Richtung war stabil.

»So geht es«, sagte Don.

»So geht es auch nicht«, sagte Al.

Don blickte den Kameraden beunruhigt an.

»Schau hinunter!« forderte Al.

»Na und?«

»Wir bewegen uns nicht.«

»Verflucht – es stimmt!«

Es war von oben nicht auf den ersten Blick zu erkennen, aber wenn man einige Zeit hinunterblickte, merkte man, daß sich die Position nicht änderte. Die Landschaft stand unbeweglich, sie lagen wie eingefroren darüber.

Don drückte den Gashebel hinunter.

»Vielleicht eine Gegenströmung?«

Tatsächlich glitt die Maschine ein wenig vor.

Don ließ den Motor aufheulen, die Flügelschraube brauste, und wieder schob sich das Flugzeug ein paar Meter weiter. Dann hielt es einige Sekunden still und begann plötzlich wild zu schwanken – wie ein Holzbohrer, der auf Metall gestoßen ist.

Es schlingerte so stark, daß die drei Mühe hatten, sich aufrecht zu halten.

Don verringerte den Druck auf den Gashebel, das Schaukeln hörte auf, und die Maschine trieb zurück, einige Dutzend Meter vom Zentrum der Stadt fort, mit dem Heck voran.

Wütend fluchte Don vor sich hin. Er ließ den Einschaltknopf für die Steuerautomatik zurückspringen – sofort fuhr das Flugzeug um hundertachtzig Grad herum. Al und Kat wurden an die Seitenwand gepreßt, Don klammerte sich am Steuerknüppel fest. Er gab Gas und flog ein Stück zurück, dann schlug er einen Bogen und raste wieder auf die Stadt zu.

»Halt, nicht!« rief Al, aber schon bäumte sich die Maschine auf ... rutschte seitlich ab ... trudelte ein Stück. Wieder gab Don Vollgas und schlug einen Halbkreis.

»Ich komme durch, und wenn alles in Scherben geht!«

Wieder zerrte die Zentrifugalkraft wild an ihnen.

»Bitte nicht, Don!« rief Katja.

Don hörte nicht, und wieder war es, als würde das Flugzeug in ein federndes Polster geschleudert. Es knirschte häßlich im Rahmenwerk, dann wirbelten sie abwärts ... der Fall ging in Seitwärtsgleiten über ... Don gewann wieder Gewalt über den Flug.

Kat hatte den Kopf auf Als Schulter gelegt, ihre Augenlider flatterten. Don sprach kein Wort. Er steuerte zum Lager zurück.

3

Noch waren keine vierundzwanzig Stunden vergangen, und schon hatten sie eine Schlappe einstecken müssen. Don hatte sich verärgert auf sein Lager geworfen, und Katja saß lustlos bei ihm.

Al trug den Untersuchungskoffer den Hang hinunter. Unten, am Rand der Ebene, stellte er ihn ab. Al begann mit den physikalischen und chemischen Routineuntersuchungen an Boden- und Gesteinsproben und wandte sich dann den Gewächsen zu. Er sammelte Proben der Blütenpflanzen, Gräser und Moose und legte die Arten, die stark von jenen der Erde abwichen, zum Präparieren beiseite. Seine Ausbeute blieb aber recht kärglich.

Nach einer Weile kamen Don und Kat hinzu. Don war noch immer mißmutig. Träge schlenderte er umher, hin und wieder riß er eine Blume aus und zerrupfte sie.

»Al!« sagte er nach einer Weile. Al saß über ein Mikroskop gebeugt und brummte etwas Unverständliches als Antwort.

»Hast du was gefunden?«

»Bisher nichts Besonderes.«

»Weißt du, was mir auffällt?«

Al klopfte mit einem Geologenhammer auf einem Felsbrokken herum und sammelte die Splitter.

»Was fällt dir auf, Don?«

»Es ist mir hier ein wenig zu tot. Es gibt keine Vögel und keine Vierfüßler. Keine Ameise, keine Fliege. Nicht einmal einen Floh. Hast du ein Tier gesehen?«

»Schau einmal ins Mikroskop. Was sagst du dazu?«

Don blickte ins Okular. »Was ist das?«

»Ein Wassertropfen. Ich habe Erde mit Wasser aufgerührt. Das ist ein Tropfen davon.«

»Na und? Ich sehe nichts.«

»Das ist es ja eben.« Al zog das Objektträgerscheibchen unter den Klemmen hervor. »Nichts. Nicht einmal Mikroorganismen. Es muß doch auch hier eine Evolution von den niedrigsten Lebensformen zu den höheren und höchsten gegeben haben. Woher stammen die Erbauer der Stadt?«

Don wußte keine Antwort.

»Ich will dir noch etwas zeigen. Vielleicht revidierst du dann deine Meinung, daß die Routineanalysen etwas Unnützes sind. Kennst du diese Formel?« Er hielt Don einen Zettel hin.

»Das Ergebnis einer chemischen Bestimmung. Weißt du, was das ist?«

Noch während Don den Kopf schüttelte, fuhr Al fort: »Das Zeug hat keinen Eigennamen, aber es ist äußerst wirksam. Paß auf: Ich führe dir ein kleines Experiment vor.«

Er schob einen Polypeptid-Objektträger in die Vakuumkammer des Mikroskops, stellte auf ionenoptische Vergrößerung und bat Don, das Bild anzusehen.

»Langgestreckte Rechtecke. Was ist damit?«

»Bakterien aus unserem biologischen Versuchsmaterial.«

Al tauchte ein Glasstäbchen in ein Reagenzglas und holte einen Tropfen glasklarer Flüssigkeit hervor. Er zog den Objektträger heraus, strich den Tropfen daran ab und schob ihn wieder in den Strahlengang. Durch einen Blick ins Okular überzeugte er sich davon, daß das, was er erwartet hatte, eingetreten war. Dann winkte er Don.

»Was siehst du?«

»Die Rechtecke lösen sich in Fetzen auf. So sprich doch endlich, Al! Was hat das zu bedeuten?«

Al bückte sich und riß ein paar Blätter aus der Grasmatte, auf der sie standen.

»Nach der Formel ist es eine Art Antibiotikum. Es wirkt ungewöhnlich stark und schnell.«

»Wo kommt das Zeug vor?«

»Überall. Es liegt als dünner Überzug auf den Pflanzen, auf dem Gestein. Es ist im Wasser gelöst und fliegt als Staub durch die Luft.«

Don zog ratlos die Schultern hoch.

»Ja, aber, wie erklärst du dir . . .«

»Ich kann überhaupt nichts erklären. Ich stelle nur fest. Und nun kommt noch eine Überraschung.« Er wies auf einige Splitter, die er von dem größeren Steinbrocken abgeschlagen hatte.

»Es ist eine Probe von dort drüben«, sagte Al und wies auf eine der steilen Felsklippen draußen im Hügelland. »Ich habe sie schon flüchtig untersucht, aber, um sicherzugehen, mache ich jetzt eine vollständige Spektralanalyse.«

Don und Katja folgten seinen flinken und geschickten Bewegungen. Mit einem Stück rauher Platinfolie – sie sah wie eine Nagelfeile aus – rieb er Pulver von dem Probestück ab. Ein wenig davon kam in eine Röntgendrehkristallapparatur, die Folie selbst steckte er in einen Spektrografen. Nun warteten sie auf die Daten, Don mit nervöser Ungeduld, Katja mit verständnislosem Staunen, Al mit gespielter Ruhe. Dann klickten die Transporträder des Lochstreifens, und zwei zehn Zentimeter lange Papierschlangen wanden sich ans Tageslicht. Al griff zu und lächelte dann.

»Laß uns nicht herumstehen wie Idioten«, schrie Don. »Was hast du gefunden?«

Al lächelte noch immer.

»Plastik. Die Felsen bestehen aus Plastik.«

Sie schwiegen eine Weile. Dann sagte Al:

»Es hat keinen Sinn, den Kopf in den Sand zu stecken. Hier gibt es nun einmal einiges, was rätselhaft ist. Keimfreier Boden und künstliche Felsen – das läßt sich in kein vernünftiges Bild einordnen. Aber was ist schließlich Schlimmes daran? Das Bedenklichste sind die Vorfälle über der Stadt. Doch selbst sie geben keinen Grund zur Aufregung. Du hättest ja schließlich nicht wie wild gegen den Widerstand anrennen müssen!«

»Ach, Al, laß das doch!« bat Katja, und Don blickte böse.

»Warum soll ich nicht davon sprechen?« Sogar dem beherrschten Al war jetzt eine Verärgerung anzumerken. »Die Aufgabe, die wir uns gestellt haben, ist nun einmal nicht ganz so leicht, wie wir es uns dachten. Wenn wir nicht klein beigeben wollen, müssen wir aufhören, uns kindisch zu benehmen. Oder wollt ihr aufgeben?«

Katja blickte auf Don, und dieser verneinte heftig.

»Ich natürlich auch nicht«, sagte Kat.

»Na schön. Dann wollen wir ein bißchen systematischer vorgehen. Wir haben einige Tatsachen festgestellt, die wir noch nicht verstehen. Künftig werden wir keine Möglichkeit versäumen, weitere Informationen zu gewinnen. Ich bin überzeugt, daß sich alles vernünftig erklären läßt.«

Don hatte sich ins Gras gesetzt und spielte mit ein paar Halmen.

»Kann uns dieses Antibiotikum nicht schaden?« fragte er mißtrauisch, als ein wenig Staub auf seinen Fingern zurückblieb.

»Beruhige dich«, sagte Al. »Es schadet nicht, das weißt du selbst.«

Don berührte Kats Hals mit einem Grashalm und lachte, als sie zusammenfuhr.

»Du hast recht, Al«, sagte er. Er hatte seine gute Laune wiedergewonnen. »Du hast recht. Was wollen wir nun unternehmen?«

»Am besten, wir führen die Untersuchung zu Ende. Dabei können wir überlegen, wie wir in die Stadt kommen können.«

»Meinst du, daß wir die Sperre überwinden können?«

»Was war es eigentlich«, fragte Al. »Eine Strömung? Ein starker Wind? Oder eine Kraft?«

»Ja, irgend etwas Derartiges. Jedenfalls nichts Hartes. Vielleicht ein weicher unsichtbarer Gegenstand?«

»Ich glaube an keine unsichtbaren Gegenstände. Dann schon eher eine Kraft – eine Art Antigravitation. Aber das ist gar nicht so wichtig. Wichtiger für uns wäre zu wissen, was für einen Zweck sie hat.«

»Na, das ist doch klar – die Stadt ist abgesperrt. Niemand darf hinein. Vielleicht noch eine Einrichtung von früher.«

»Möglich. Hast du aber auch an eine andere Möglichkeit gedacht? Ich glaube es zwar nicht, aber könnte nicht Jak . . .?«

»Jak? Hm – zuzutrauen wäre es ihm. Aber wie sollte er es gemacht haben?«

Plötzlich war etwas Ungewöhnliches da, zuerst noch nicht erkennbar . . . helles, hohes Klingen erschütterte die Luft. Ein weißglühender Ball schoß wie ein Blitz von oben herab, dann heulte es auf und schloß mit einem dumpfen Schlag. Alles war wie vorher, bis auf eines: In der ihnen zugewandten Flanke der nächsten Erhebung, einer unauffälligen Bodenwelle, gähnte ein neuer schwarzer Trichter.

Die drei Menschen waren bleich geworden, sie spürten ihre Herzen klopfen. Sie standen geduckt da, als hätte sie jemand angegriffen. Nur langsam fanden sie sich wieder. Da rief Al laut in die Stille hinein:

»Ich hab's!«

»Was hast du?« fragte Don heiser.

»Morgen kommen wir in die Stadt!«

»Wieso? Wie meinst du das?«

»Was wir eben gesehen haben, war ein Meteor. Die Trichter sind Meteorkrater. Hast du welche in der Nähe der Stadt gesehen?«

»Ich kann mich nicht erinnern.«

»Aber ich: Es gibt keine. Und jetzt weiß ich, was das abstoßende Kraftfeld zu bedeuten hat: Es ist ein Abwehrschirm gegen Meteore, die es hier offenbar häufig gibt.«

»Klingt logisch. Aber was hat das alles mit unserem Besuch der Stadt zu tun?«

»Ist doch klar!« sagte Al. »Sie brauchen die Stadt ja nur gegen oben zu schützen. Ich bin sicher: Unter dem Schirm liegt ein freier Rand. Es gab doch früher Wege, die aus der Stadt herausführten. Wir müssen uns am Boden nähern, dann kommen wir hinein!«

Don schlug Al auf die Schulter.

»Mensch, dann ist dieses ulkige Kraftfeld ja gar nicht gegen uns gerichtet! Dann steht uns ja nichts mehr im Weg!«

Al nickte zuversichtlich.

»Scheint so«, sagte er trocken.

4

Am nächsten Tag waren sie wieder mit dem Hubschrauber unterwegs. Don näherte sich der Stadt im Tiefflug und landete, als er die ersten Anzeichen eines Widerstandes bemerkte.

»Du hast recht gehabt«, sagte Don zu Al, »weiter innen sind keine Krater mehr. Hoffentlich hast du auch mit deiner Ansicht recht, daß wir am Boden unangefochten hineinkommen!«

Sie stiegen aus und gingen langsam in Richtung auf die Stadt. Ihre Schritte waren unsicher. Unwillkürlich streckten sie die Hände vor wie Blinde. Irgendwo über ihnen, vielleicht auch vor ihnen, war etwas Unsichtbares und doch Wirksames, das erste Hindernis auf ihrem Weg in die Fremde, das erste Zeichen einer unbekannten Macht, der Beweis einer hohen technischen Überlegenheit. Oben in den Lüften lag es, den Sinnesorganen entzogen und doch real, zu wer weiß welchen Wandlungen und Reaktionen fähig. Bisher hatte sich nichts ereignet, was gegen sie gerichtet gewesen wäre, der Meteorfall war ein bekanntes und nicht weiter ungewöhnliches Naturereignis, aber hier, im Begriff, sich ihrem Ziel zu nähern, wurden sie sich zum erstenmal darüber klar, daß sie sich im Bereich einer undurchschaubaren Welt befanden, in der Sphäre eines zwar erloschenen, aber in seinen Werken noch nicht toten Geistes. Was sie jetzt taten, war anders und mehr, als sie bisher getan hatten, und es war in einer Weise bedeutsam, wie sie es in der Vorschau nicht hatten ahnen können.

Klein und zögernd, ohne die Hilfsmittel der Technik, auf sich allein angewiesen, gingen sie über den grasbewachsenen Boden, der keinem menschlichen Territorium zugehörte. Das Flugzeug blieb hinter ihnen zurück, und es stand schon weiter von ihnen entfernt, als sie gedacht hatten. Al hatte recht gehabt! Hier unten war die Sperre aufgehoben. Mit jedem zurückgelegten Meter gewannen sie Sicherheit, ihre Zuversicht stieg, und schließlich ließen sie die tastenden Hände sinken, sie sahen sich an – und um ihre Mundwinkel lag ein Zug von Stolz und Beschämung zugleich.

Von hier unten sah das Gelände doch anders aus als aus der Vogelperspektive. Die Ähnlichkeit mit irdischen Stadtteilen war stark abgeklungen, nur die lockere Aufteilung der Gebäude erinnerte noch an ein Gartenviertel.

Bald hielten sie vor den ersten Bauwerken und konnten ihre Form und die Art ihrer Anordnung gut überblicken. Der weitaus größte Teil von ihnen hatte abgerundet glatte Vorderfronten aus spiegelndem, irisierendem Material, die, vom Stadtzentrum aus gesehen, in radiale Richtung wiesen. Die Frontwand war der höchste Teil der Gebäude, nach hinten zu erniedrigten sie sich, und im gleichen Maß nahm ihre Breite ab. Die der Stadtmitte zugewandten Enden liefen spitz zu. Über diese Spitzen spannten sich metallisch schimmernde Rundbögen, die von Netzen ausgefüllt waren.

»Sauber gebaut«, sagte Don. »Kein einziges Fenster drin. Sehen aus wie Bunker. Was meinst du?«

»Vielleicht sind es Vorratsräume. Das läßt sich nicht so einfach sagen«, meinte Al.

Katja sah sich mit großen Augen um.

»Schick«, sagte sie. »Wie moderne Garagen.«

»Hier ist alles noch gut erhalten«, sagte Al. »Die Peripherie scheint der neueste Teil der Stadt zu sein. Was man dort im Inneren sehen kann, schaut nicht mehr so neu aus.«

Sie wanderten zwischen zwei der langgestreckten Bauten hindurch. Das Gras wuchs üppig wie im freien Land, nur an den Häusern liefen schmale grasfreie Streifen entlang. Katja lief ein paar Schritte seitwärts, um eines dieser Bänder zu erreichen.

»Schlechte Wege gibt es hier«, sagte sie.

»Das fällt mir auch auf«, bestätigte Don. »Straßen kannten diese Leute hier wohl überhaupt nicht. Ich weiß nicht, wie . . .«

Ein pfeifendes Geräusch und ein Aufschrei Kats ließen ihn verstummen. Er fuhr herum, sah Al ein paar Schritte laufen und dann stehenbleiben. Kat war verschwunden.

»Wo ist Kat?« schrie er.

Al rang vergeblich nach Worten, er konnte nur auf die leere Wand des Gebäudes zeigen. Don rannte auf ihn zu und boxte ihn grob in die Seite.

»Was ist geschehen, Al, so antworte doch!«

»Eben war sie noch da, und plötzlich schrie sie. Ich sah eine dunkle Öffnung zuklappen. Das ist alles.«

»Wo war die Öffnung?«

Beide liefen auf das Gebäude zu und untersuchten die Wand. Al wußte noch ungefähr, wo sich das Loch aufgetan hatte, er tastete die Wand ab, fand aber nichts Auffälliges.

Da ertönte wieder das Zischen, das er schon vorher gehört hatte, jetzt in nächster Nähe, etwas vor ihm schob sich auseinander, und er glitt einwärts. Vergeblich suchte er sich an der Mauerkante zu halten, er drohte das Gleichgewicht zu verlieren, aber etwas drückte ihn sanft in sitzende Stellung ... warmes gelbes Licht glühte auf. In einer weichgeschwungenen Spirale fuhr er eine geneigte Fläche empor, und das gelbe Leuchten lief vor ihm her. Wie in einem Kaleidoskop tauchten Bilder auf, Farbmuster, Kakteen, Tastaturen, Drahtplastiken ... dann hielt der Fahrstuhl – vor ihm lag die weite Ebene mit den Hügeln, Seen und Felsgruppen, dahinter die braunschwarz gesprenkelte Mauer des Gebirges, und über diesem eine glitzernde Krone aus Eisspitzen, Gletschern und Firnen. Neben ihm saß Kat. Sie hielt das Gesicht in beiden Händen verborgen.

Al vergaß den herrlichen Ausblick, er sah nur mehr Kat. Er wollte aufstehen, doch etwas hielt ihn sanft, aber unnachgiebig fest. Er beugte sich so gut es ging zu Kat hinüber, legte seine Hände auf die ihren und flüsterte ihr leise beruhigende Worte ins Ohr. Er spürte, wie ihr Zittern aufhörte und sie sich an ihn lehnte.

Plötzlich dröhnte Dons Stimme:

»Das geht zu weit, Al! Bist du verrückt geworden? Kat, was fällt dir ein? Vergeßt nicht, was wir vereinbart haben – sonst mache ich Schluß!«

»Schon gut, Don. Sie war doch total erschreckt.«

»Dazu besteht kein Anlaß. Sie weiß doch, was wir tun. Sie braucht deinen Trost nicht!«

»Ist ja klar, Don. Es war doch nicht bös gemeint.«

Al hatte sich wieder zurückgelehnt. Sie saßen nebeneinander

in federnden, kantenlosen Sesseln mit erhitzten Gesichtern und starrten vor sich hin. Vor ihnen, greifbar nahe, lagen das Paradies der Hügel und Seen, die Majestät der Berge. Die Formen waren von unglaublicher Tiefenwirkung, scheinbar durch nichts von den Beschauern getrennt. Die Sonne ließ an den Graten glitzernde Ketten aufstrahlen, das Land prangte in einer Harmonie aus Farbe und Licht. Die Wölbung des blauen Himmels schien zum Greifen wirklich, und – auf diesem Himmel waren die Sterne sichtbar. Mit dem Optischen war das Dargebotene aber noch nicht erschöpft: Windbewegtes Gras rauschte leise, Wärme lag wohlig auf den Gliedern. Ein leichter Thymianduft zog auf und zauberte einen Hauch von Weite, Zeitlosigkeit und Freiheit in den Raum ...

Die drei Menschen starrten vor sich hin und sahen nichts, hörten nicht, fühlten nichts. Sie waren von diesen Dingen durch mehr getrennt als durch eine Wand aus seltsamem Glas, durch mehr als Millionen Lichtjahre, durch mehr als Jahrzehntausende Fortschritt.

Al fing sich als erster. Er erlangte das Gleichgewicht, aber nicht die Ruhe derjenigen, die einst, vor undenklich langer Zeit, hier gesessen haben mochten. Er blickte auf und sagte: »Das Land am Rande des Gebirges. Die irisierende Wand ist ein Fenster.«

»Sie ist mehr als ein Fenster«, sagte Katja. »Man sieht die Landschaft nicht nur – man hört und riecht sie auch.«

Don versuchte aufzustehen, aber er brachte es ebensowenig fertig wie vorher Al.

»Es ist kein Fenster – eher eine Kinoleinwand, ein Bildschirm. Sagt mir lieber, wie man hier hinauskommt!«

Bei seinen Bemühungen hatte er eine Hand seitlich ausgestreckt – und aus dem Boden neben ihm wuchs eine Schalttafel. Er drückte einen Knopf nieder ... Katja kreischte auf ... die Lehnen ihrer Sitzgelegenheiten kippten langsam hintüber und zogen ihre Oberkörper und Köpfe mit sich. Sie lagen und blickten auf die Decke, ohne sich erheben zu können. Don tastete wieder nach den Schaltern ... feuchte, warme Nebeltröpfchen sprühten auf sie nieder, sie prickelten und stachen angenehm auf

Gesicht und Händen, ein scharfer, stimulierender Geruch vertrieb den Thymianduft. Wieder fingerte Don an den Schaltknöpfen ... das Licht erlosch ...

»Aufhören«, rief Al, doch zu spät ... etwas Nachgiebiges, aber doch Kräftiges berührte ihn, etwas griff in seine Muskeln, knetete, walkte und rieb, auf seiner Stirn kreiste etwas mit gerade noch erträglichem Druck ... aber er konnte sich nicht bewegen ... er versuchte um sich zu schlagen und zu strampeln, aber die unsichtbaren Hände ließen ihn nicht los, drückten, dehnten, massierten ...

Endlich war der Spuk vorbei. Violette Dämmerung glomm auf ... er war müde, unsagbar müde ... er gab sich der Müdigkeit und den wiegenden Massen unter ihm hin ...

»Al ...!«

Noch einmal:

»Al!«

Mühsam riß er sich aus unbeschreiblichen Träumen.

»Mensch, wach auf! Wir müssen hinaus!«

Al wandte den Kopf: Da lag Don. Er drehte sich nach der anderen Seite: Da lag Kat.

»Ja. Wir müssen wohl hinaus.«

Schade, dachte er, am liebsten bliebe ich hier. Nichts tun, nichts wollen ... träumen ...

»Wir müssen hinaus.«

Vielleicht läßt man uns gar nicht mehr los. Was hat man draußen zu suchen, wenn man innen geborgen ist? Aber wir haben eine Aufgabe ...

»Don, es muß einen Knopf dafür geben. Aber stell bitte nicht noch einmal Massage ein.«

Sicher gab es auch Drucktasten für Nahrungszufuhr, für Musik, für Ferngespräche.

»Findest du nicht einen einzelnen Knopf am unteren Rand der Skala?«

Das Schönste war zweifellos der tiefe von unbestimmten Träumen erfüllte, die Müdigkeit konservierende Schlaf. Al hielt die Augen halb geschlossen, aber er beobachtete, daß Don wieder an die Schalttafel griff ...

Das gelbe Licht war wieder da ... es lief vor ihm her ... er glitt sachte abwärts ... ein helles Rechteck schob sich auseinander ... kaltes Licht blendete ...

Al stand wieder vor dem Gebäude. Katja lehnte an der Wand daneben. Ein Zischen hinter ihm ... Don taumelte zu ihnen hinaus.

5

Die Häuser brüteten still im Sonnenlicht, weiße tropfenförmige Gebilde auf grünen Matten, die Halme wiegten sich im Wind, Blütenblätter lösten sich von Sträuchern und schwebten federleicht hernieder. Darüber lag der tiefe blaue Himmel.

»Was nun?« fragte Al.

»Was nun, was nun!« Don äffte ihn nach. »Wir gehen weiter. Was denn sonst?«

»Und wohin gehen wir?«

»Ins Zentrum natürlich. Wir sind nicht zum Vernügen da!«

Al sagte ruhig:

»Wir sind unvermutet in das Gebäude und unvermutet wieder herausgekommen. Ich nehme an, die Bewohner dieser Stadt haben sich in diesen Gebäuden aufgehalten, in dem großen Raum hinter der Stirnwand, die von außen undurchsichtig scheint, sie sind in den Liegestühlen gesessen, haben geschlafen, gegessen und getrunken, sich massieren lassen, und dazwischen haben sie das Bild auf dem Leuchtschirm angeschaut. Wahrscheinlich hatten sie den Blick aufs Hügelland und auf die Berge am liebsten, wahrscheinlich aber wollten sie zwischendurch noch etwas anderes sehen. Ich nehme an, daß man auf der Tastatur auch Schauspiele einstellen kann, Theaterstücke oder Filme. In Theater und Film kommen Menschen vor, oder was auch immer gewesen sein mag. Wir sollten uns eingehend mit der Apparatur beschäftigen. Vielleicht sind wir der Lösung unserer Aufgabe schon nahe.«

Don hatte sich in Richtung Zentrum in Bewegung gesetzt. Halb über die Schulter rief er zurück:

»Willst du noch einmal besprüht werden? Willst du dich noch einmal massieren lassen? Willst du noch einmal schlafen?« Wütend streifte er eine Handvoll Blüten vom Ast eines niedrigen Busches. »Willst du, daß uns Jak zuvorkommt?«

Katja stand unschlüssig da und sah Al ratlos an. Er gab den Blick zurück.

»Komm!« sagte er resigniert.

Sie wanderten zwischen den Bauwerken hindurch, wobei sie sich nun wohlweislich in deren Mitte hielten. Alle hatten dieselbe Form eines liegenden, sich nach hinten zuspitzenden Tropfens, alle bestanden aus demselben weißen oder elfenbeinfarbenen Material. Noch immer waren ihnen die bauchigen, wie Perlmutt glänzenden Frontwände zugewandt, in denen sich eine verwischte Sonne spiegelte. Nur gelegentlich tauchten graue, blockförmige Bauten dazwischen auf. Al hätte sie gern näher untersucht.

Als er merkte, daß Katja rasch müde wurde, bat er Don, eine Pause einzuschieben.

»Von mir aus«, knurrte Don, der sich selbst gern ausgeruht hätte. Al hatte in der Nähe ein eigenartiges, in der Form von den anderen abweichendes graues Gebäude bemerkt, und er trat vorsichtig hinzu. Er konnte keine Türöffnung sehen, aber er wußte nun schon, daß das nicht unbedingt ein Zeichen dafür war, daß es keine Tür gab. Langsam ging er um das Gebäude herum. Als sich dann mit einem Mal neben ihm eine Pforte öffnete, eine Kraft nach ihm griff, er auf einen Sitz gedrückt und weiterbefördert wurde, war er nicht weiter erstaunt.

Wieder begleitete ihn das gelbe Licht, aber der Weg war diesmal nur einige Meter lang. Al kam direkt in eine Kammer, die wie eine verkleinerte Ausgabe des Raums von vorhin anmutete. Vor einem kreisrunden, mannshohen Schirm kam er zum Halten, und sofort wurde die Fläche licht, ein Bild erschien: die bekannten weißen Gebäude dieses Stadtviertels. Al erfaßte sofort, daß es die Sicht von jenem quaderförmigen Bauwerk aus war, in dem er sich befand. Er blickte zur Seite und entdeckte, was er gesucht hatte: eine Tafel mit einigen Hebeln und Knöpfen. Er zögerte kurz, dann drückte er den Knopf links oben ... ein kaum wahrnehmbares Anrucken ... das Bild vor Al bewegte sich. Das, was ihm sein Bewegungssinn verriet, und das, was er sah, vereinigte sich zu einem vernünftigen Gesamteindruck: Er fuhr. Er wußte nicht, wie und wohin, aber er fuhr. Kurz sah er Katja und Don vor sich auftauchen, die erschreckten Gesichter schwebten groß auf ihn zu, er hörte die beiden rufen, sie duckten sich; dann glitt er über sie hinweg, immer weiter zwischen den Gebäuden hindurch. Mit größter Behutsamkeit versuchte er, die Knöpfe und Hebel zu betätigen und die dadurch ausgelösten Folgeerscheinungen zu registrieren. So lernte er, wie er den Bildausschnitt vergrößern und verkleinern, die Fahrt oder – was wahrscheinlicher war – den Flug beschleunigen, verlangsamen und schließlich auch zum Stoppen bringen konnte. Ganz unten befand sich ein einzelner Knopf, der dazu diente, die Insassen auf die schon bekannte Weise aus dem Gefährt hinauszuschaffen. Er sah es sich von außen an: Es war ein grauer, vorne abgerundeter Zylinder ohne irgendwelche hervorstechenden Einzelheiten.

Al blickte umher, um sich zu orientieren, aber er fand keinen Anhaltspunkt. Indem er zur Tür trat, ließ er sich wieder auf den Führersitz bringen und studierte nun die Tafel noch einmal. Neben den Knöpfen und Hebeln fiel ihm eine Zeichnung auf, über die ein ringförmiges Netzmuster lief. Darauf waren drei Punkte besonders markiert. Zwei davon, ein blauer und ein grüner, schienen fest in der Zeichnung zu sitzen. Ein weiterer war durch ein rotes Plättchen gebildet, das sich über die Linien verschieben ließ.

Eine Vermutung kam in ihm auf. Er setzte sein Fahrzeug wieder in Bewegung – richtig – der blaue Punkt begann zu wandern. Nun schob er das rote Plättchen über den blauen Fleck hinweg bis über die grüne Markierung. Er wartete gespannt. Schon glaubte er, er habe sich getäuscht, aber da bog der Flugwagen um eine Ecke, und der blaue Punkt vollführte dasselbe Manöver auf dem Plan. Denn es war ein Plan – ein Plan der Stadt mit eingezeichnetem Streckennetz. Wie das Fahrzeug mit den Strecken zusammenhing, mußte Al erst feststellen – jedenfalls war es daran gebunden. Und nun, da er das rote Plättchen, mit dem man offenbar das Ziel einstellen konnte, an den Ausgangspunkt gerückt hatte, ging die Fahrt dorthin zurück. Es erfüllte ihn mit spielerischer Freude, an sich selbst zu beobachten, wie er Herrschaft über den technischen Organismus gewann, wie gewandt sich dieser jeder Regung seiner Hand fügte. Er ließ die Fahrt schneller und schneller werden, bremste jäh und doch ohne Rukken und Schleudern, bog elegant um die Ecken, kurvte zwischen Häuserblocks und pfeilte auf den längeren Geraden blitzschnell dahin.

Es waren keine zehn Minuten vergangen, seit er die Gefährten verlassen hatte, und nun tauchten sie schon wieder auf. Kurz vor ihnen stoppte er und gab das Zeichen zum Aussteigen. Der Sitz bewegte sich unter ihm, und wie von einer Welle getragen langte er an der Tür an.

»Kommt herein«, rief er, »ihr braucht nicht mehr zu gehen!«

»Wir sind ordentlich erschrocken, als du dahergebraust kamst und dann verschwunden bist. Wo warst du?«

Al war in blendender Laune.

»Auf einer kleinen Probefahrt!« rief er. »Steigt nur ein. Bequemer geht's nicht mehr!«

Don trat als erster an die Tür und verschwand im Inneren. Katja folgte, und als letzter kam Al. Er erklärte Don die Tastatur, und dieser setzte das Vehikel in Bewegung – Richtung innere Stadt.

Auch Don lernte es rasch, die Steuerung zu bedienen.

»Ich bin froh, daß euch nichts passiert ist –«, sagte Al, »vorhin, als ich über euch hinwegfuhr. Wie sieht das eigentlich von außen aus, wenn sich das Ding bewegt?«

Don konzentrierte sich auf den Weg, obwohl das Fahrzeug

seine Richtung von selbst beibehielt. Als er antwortete, sprach er zur Sichtplatte hin.

»Es fährt nicht – es fliegt, oder besser, es schwebt. Ungefähr drei Meter über dem Boden. Wie ein Zeppelin, nur viel schneller. Frage nicht, wie es das fertigbringt.«

»Fein, daß du es gefunden hast, Al«, meinte Kat. Sie saß vor ihm und hinter Don. Soweit es ihr Sitz zuließ, rutschte sie nach links und rechts, je nachdem , wo es gerade etwas zu sehen gab. »Gehen ist langweilig, aber das macht Spaß!«

»Ich glaube, in der Erde ist eine Leitschiene versenkt; vielleicht ist das Ding durch Radar mit ihr verbunden. Vielleicht bekommt es von dort auch die Energie. Jedenfalls ist es nicht möglich, vom vorgezeichneten Straßennetz abzuweichen.«

Seine Bemerkung hatte zur Folge, daß Don noch einmal alle Hebel und Tasten durchprobierte, aber er fand die Mitteilung Als bestätigt. Nachdem Don mehrmals beschleunigt, gebremst und wieder beschleunigt hatte, gab er seine Versuche auf.

»Na schön, lassen wir den Kasten eben laufen. Weit haben wir es sowieso nicht mehr – dann scheint Schluß zu sein.«

»Diese Art der wegelosen Fortbewegung ist eigentlich ideal«, bemerkte Al. »Hier hat unsere Entwicklung eine andere Richtung eingeschlagen. Die ganze Erde ist durch Wege und Straßen zerschnitten. Ich habe es schon oft bedauert, daß dadurch kein Stück Landschaft unberührt erhalten geblieben ist.«

Dazu sagte niemand etwas.

Nach einigen hundert Metern stoppte das Fahrzeug, und sie ließen sich hinaustransportieren.

»Schade«, rief Kat, »müssen wir wieder gehen?«

»Wenn du willst, kannst du hier zurückbleiben«, antwortete Don. Er spähte umher, um sich über ihren weiteren Weg klarzuwerden. Der kontraststarken Räumlichkeit und Farbenfreude des Leuchtschirmbildes gegenüber mutete die Wirklichkeit blaß und nüchtern an. Der Eindruck wurde noch dadurch verstärkt, daß sie offenbar an der Grenze der modernen Außenanlagen standen.

»Jetzt weiß ich, warum das Schienennetz nur einen Ring bildet und hier aufhört.«

Don zeichnete den Ring in die Luft. »Wir kommen hier in ältere Stadtteile – der Zeppelin wurde erst nachher erfunden.«

Al nickte.

»Die Stadt scheint sich radial nach außen entwickelt zu haben. Wahrscheinlich bauten sie einen Ring nach dem anderen dazu.«

»Aber warum haben sie nicht die Innenteile modernisiert?«

»Wozu?« fragte Kat. »Sie haben ihre modernen Häuser so gebaut, daß sie stets nach außen schauten. Da konnte es ihnen doch gleich sein, wie es innen aussah.«

»Na eben«, meinte Al. »Und über die Zeit der Übervölkerung waren sie sicher längst hinaus.«

»Warum gehen wir eigentlich weiter in die Stadt?« fragte Katja. »Nach dem, was ihr sagt, war doch zuletzt sowieso niemand im Zentrum. Was haben wir also dort zu tun?«

Don trat unschlüssig von einem Fuß auf den anderen. Das Innere der Stadt zog seine Abenteuerlust mächtig an, aber andererseits war ihm auch sehr daran gelegen, das gesteckte Ziel zuerst zu erreichen – und um diesen Preis wäre er zu vielem bereit gewesen, sogar zu einer minutiösen Untersuchung. Da hätte er aber Al noch nachträglich zustimmen müssen, der schon vorher dafür eingetreten war, die Gebäude genau zu prüfen, und dazu konnte er sich nicht so leicht entschließen.

»Wir haben in den Häusern nichts von den Bewohnern gesehen«, sagte er unsicher.

»Wo sind sie hingekommen?« fragte Kat; man sah ihr an, daß ihr das Problem zu schaffen machte. »Mit einer Theorie hast du jedenfalls nicht recht gehabt!«

»Mit welcher Theorie?« erkundigte sich Don gereizt.

»Na, daß sich die Bewohner selbst umgebracht haben. Die Häuser der letzten Generation sind doch unbeschädigt!«

»Was sagt das schon? Denk nur an Giftgas oder Bakterien!«

»Da hätten wir doch Spuren von ihnen finden müssen!«

»Vielleicht haben sie sich in die Keller zurückgezogen?«

»Das könnte sein. Wir haben nicht nachgesehen«, mischte sich Al ins Gespräch.

Don fauchte gereizt.

»Dazu hatten wir keine Gelegenheit. Oder bist du vielleicht

deinem Sessel entkommen?«

»Meint ihr wirklich, daß wir die Bewohner dieses Planeten als Mumien in den Kellern antreffen werden?« Katja schwankte zwischen Schaudern und Neugier.

»Ich glaube, es handelt sich um ein ganz anderes Problem«, sagte Al. »Wir sollten uns mehr damit beschäftigen!«

»Willst du schon wieder deine Theorien verkaufen?« fragte Don. Er versuchte, den spottenden Ton der Überlegenheit zu treffen, aber insgeheim gestand er sich ein, daß er damit nur einen Mangel verbergen wollte.

»Die Frage ist die«, fuhr Al fort, ohne auf Dons Ironie einzugehen, »wohin führt die Entwicklung intelligenter Wesen, wenn sie die Phase der Selbstvernichtung überstanden haben? Das glaubst du doch selbst nicht, Don, daß wir die einzigen sind, denen das gelungen ist.«

»Wohin soll sie schon führen?« Don stellte die Frage von oben herab. In näselndem Tonfall deklamierte er: »Und wenn sie nicht gestorben sind, dann leben sie noch heute.«

»Nimmst du an, daß eine Rasse, die eine bestimmte technische Vollkommenheit erreicht hat, nichts mehr zu fürchten hat?«

»Vielleicht sind sie von selbst ausgestorben?« Don zeigte jetzt den Unwillen, den ihm diese Diskussion bereitete, immer deutlicher.

Al ließ nicht locker.

»Du meinst also: Wenn sie erst einmal so weit sind, daß es keine Gefahren mehr für sie gibt, daß sie alle ihre Wünsche befriedigen können, daß sie keine Probleme mehr haben – dann ist es sozusagen sinnlos für sie weiterzuleben. Sie legen sich hin, um zu sterben. Ist das nicht zu einfach?«

»Überlaß es mir, was ich meine«, schrie Don, und jetzt war er wirklich erzürnt. »Ich schlage vor, wir sehen zu, daß wir auf diesen Turm hinaufkommen.« Er wies auf einen hochgestellten Block mit einer Kuppel aus dem gleichen irisierenden Material, das ihnen schon an den Vorderfronten der Villenbauten aufgefallen war. Er überragte die meisten anderen Gebäude beträchtlich. »Von dort haben wir gute Aussicht über den größten Teil der Stadt. Vielleicht finden wir irgend etwas, was uns weiterhilft, und dann –«, er verbarg nicht, wie schwer ihm dieses Zugeständnis fiel, »dann können wir ja noch immer eines der Häuser untersuchen.«

»Eine gute Idee«, sagte Al und zwinkerte Kat zu, denn er meinte, daß sie sich auch über Dons Erregbarkeit lustig machte; sie aber sah ihn groß an und ging still hinter Don her.

Sie verließen nun die Zone der Ordnung und der Sauberkeit. Die Häuser rechts und links rückten aneinander und bildeten nun erst Zwischenräume, die man als Straßen bezeichnen konnte. Die Bauten bestanden aus verschiedenfarbigem und wahrscheinlich auch verschiedenartigem Material. Manche waren groß, manche klein – jedes schien so geformt zu sein, wie es dem Erbauer gerade eingefallen war. Und sie waren nicht mehr intakt. Farbe blätterte von Wänden ab, schwammige Verwitterungsprodukte füllten Nischen und Ecken, in langgestreckten Öffnungen, die wahrscheinlich Fenster waren, ringelten sich Fetzen eines durchsichtigen Stoffes.

Es gab aber auch Zerstörungen, die nicht auf das Alter, sondern auf Einflüsse von außen zurückzuführen waren: Risse in den Mauern, eingestürzte Dächer, verkohlte Ruinen. An einigen Stellen waren auch die Spuren von Ausbesserungsarbeiten festzustellen: Manche Sprünge waren mit einer mörtelähnlichen Masse ausgefüllt; über einigen Ruinen waren Notdächer errichtet.

Und dann stießen sie auf eine Trichteröffnung.

Hier gab es keine Pflanzen mehr, kein Gras und kein Buschwerk, der Weg war mit Schutt und aufwirbelnden Staubmassen überzogen. Er hörte plötzlich auf; unvermittelt brach der Boden ab; die tiefste sichtbare Stelle lag etwa fünf Meter tief – eine Mulde unter gelbem Staub. Staub klebte auch an der Trichterwand. Don kniete am Rand nieder, bückte sich und fächerte ein wenig von dem leichten, gelben Material mit dem Taschentuch beiseite. Rote, braune und schwarze, klumpig geronnene Schlacke kam zutage.

»Ein Meteorkrater!« rief Kat. »Ich habe geglaubt, die Stadt ist vor Meteoren geschützt!«

»Jetzt schon«, erklärte Al, »aber früher war sie es nicht.«

»Hm«, brummte Don und schlug sein Taschentuch aus. »Hm – den Schirm haben sie wohl erst erfunden, als sie den äußeren Gürtel zu bauen anfingen.«

Al stimmte zu.

»Wahrscheinlich hatten sie erst zu diesem Zeitpunkt gelernt, die Materie so zu beherrschen, wie sie es zuletzt konnten. Obwohl ich nicht viel von Technik verstehe, glaube ich doch, daß uns manches vollkommen unbekannt ist. Beispielsweise der Schirm. Oder der Mechanismus, der uns von den Türen ins Innere und wieder hinaus befördert hat.«

Katja blickte unbehaglich zum Himmel hinauf. Von dem Schutzschild war absolut nichts zu bemerken – und an der Existenz dessen, was man nicht sieht, beginnt man leicht zu zweifeln. Don grübelte noch immer.

»Könnte es sich nicht um das Bombardement einer feindlichen Machtgruppe gehandelt haben? Vielleicht geht es von einer Automatik aus, die heute noch in Betrieb ist, weil sie niemand abgestellt hat?«

Al schüttelte den Kopf.

»Daran glaube ich nicht. Eine solche Macht besäße wirksamere Mittel – nicht nur solche verhältnismäßig harmlosen Geschosse.«

»Na, dann vorwärts«, kommandierte Don. »Hier irgendwo muß der Aussichtsturm ja stecken!«

Vom Inneren des Häuserwirrwarrs aus war das nicht zu erkennen. Sie mußten nach Stellen suchen, von denen sie von Zeit zu Zeit zwischen den flachen Dächern hindurch einen Blick auf das hochaufragende Bauwerk werfen konnten, um die ungefähre Richtung festzustellen.

Sie bogen noch um einige Ecken und kamen dann wirklich vor dem Turm an. Obwohl auch er Spuren des Verfalls trug, schien er noch einigermaßen stabil zu sein. Im Gegensatz zu den modernen Häusern waren die Türöffnungen ohne weiteres zu erkennen.

»Sei vorsichtig«, riet Kat, als Don an die Schwelle trat. »Wenn der Beförderungsautomat defekt ist, kannst du ganz schön steckenbleiben oder zerdrückt werden!«

Don winkte lässig ab.

»Keine Sorge, Kind!«

Es schien sich tatsächlich nichts Besonderes zu ereignen. Er tauchte in den dunklen Raum, tastete nach einem Schalter und fand keinen. Allmählich gewöhnte er sich an die ungünstigen Lichtverhältnisse und begann die Umrisse der Einrichtungen zu erkennen. Links führte eine geneigte Bahn hinauf, rechts hing ein kastenartiges Gebilde in senkrechten Schienen. Don vermutete darin einen Aufzug und wandte sich einer Plastiktafel mit Druckknöpfen zu, die rechts davon in Hüfthöhe montiert war.

Auch Katja und Al hatten nun den Raum betreten. Sie warteten, bis sich ihre Augen der natürlichen Beleuchtung durch die Fenster angepaßt hatten. Jetzt zuckten sie zusammen, denn der Aufzugkasten begann aufzusteigen, wobei er eine Staubwolke verbreitete.

Sie hörten Don husten, sie beobachteten auch den Staubnebel, wie der Schatten der Aufzugkabine im freien Gestänge auffuhr.

»So komm doch herunter«, schrie Al, »glaubst du, wir wollen zu Fuß steigen?«

Oben rasselte es wieder, dann prasselte ein wenig Schutt um sie herum auf den Boden . . . dumpfes Getöse, ein Splittern, ein Krachen – ein dunkler Körper schlug vor ihnen auf, der Boden bebte, und das Gestänge zitterte mit sägendem Geräusch.

Al schüttelte den Staub aus den Augen und versuchte, den Nebel zu durchdringen, um sich davon zu überzeugen, daß es auch die anderen überstanden hatten.

»Das hätte ins Auge gehen können«, stöhnte er. Neben ihm tauchte Don aus dem Staub heraus. »Lebst du noch?«

»Die Hand geprellt«, preßte Don zwischen den Zähnen hervor. »Wie konnte ich so blöd sein!«

Al rang nach Atem.

»Das frage ich mich auch.«

»Na, du bist natürlich der Neunmalkluge«, zischte Don und spuckte Sandkörnchen aus.

»Deine Begriffsstutzigkeit geht mir auf die Nerven!« rief Al. »Wenn du die Sache nicht ernst nehmen willst, dann kannst du dir statt meiner jemand andern suchen!«

Aus einer Ecke kam das Wimmern von Kat.

»Kat«, rief Don, »wo bist du?«

Auch Al vergaß den Streit.

»Bist du verletzt?«

»Ja«, flüsterte Kat.

Die beiden Männer trugen das Mädchen ins Freie und legten es auf den Boden.

»Was fehlt dir, Kat?« fragte Al.

Katja weinte leise vor sich hin.

Don bewegte ihre Arme und Beine, hob ihren Kopf und versuchte, den Körper umzudrehen – da sprang Katja auf.

»Du machst mich schmutzig«, schrie sie wütend. »Laß mich los!«

»Kinder, Kinder«, mahnte Al. »Wenn nichts passiert ist, dann seid doch zufrieden! Hört auf zu streiten!«

Don war beleidigt.

»Ich gehe zu Fuß hinauf. Macht, was ihr wollt!« Er wandte sich zur Tür und trat ein.

Al schaute zweifelnd auf Katja – sie sah zwar zerrupft, aber dabei zufriedenstellend lebendig aus, und er beeilte sich, Don zu folgen. Seufzend kam Kat hinterdrein.

Der Turm war mindestens dreißig Stockwerke hoch. Vom ungewohnten Steigen außer Atem, langten sie endlich oben an. Don schien mit seiner Vermutung gar nicht so sehr danebengegriffen zu haben. Der Raum war mit einer Kuppel überdacht, einer Kuppel aus jenem Material, dessen wundersame Eigenschaften sie schon kannten – von außen glänzend, ungleichmäßig reflektierend und in allen Farben spielend, von innen durchsichtig, die Plastizität des eingefangenen Bildes unglaublich verstärkend. Vielleicht war es ihnen früher nicht aufgefallen, oder die Erscheinung wirkte hier besonders intensiv: Die Sterne hingen als verteilte Kaskaden im Raum.

Sie standen auf einer erhöhten Plattform, Schweiß lag auf ihren Stirnen, Staub klebte an den Kleidern, der überstandene Schreck war auf ihre Gesichter geschrieben – aber hier waren sie zum ersten Mal auf ihrer Fahrt dem Zauber von etwas Gewaltigem, von Menschen Nieerlebtem unterworfen, dem sich auch der Abgebrühteste unter ihnen nicht entziehen konnte.

Nach einer Weile trat Don zu einem Kästchen, das auf einem Sockel im Mittelpunkt des Raumes stand.

»Probier es du«, sagte er zu Al.

Al drehte behutsam an einem der Räder, und sie sahen sofort, was dadurch verändert wurde. Der Ausschnitt auf dem Kuppelschirm wechselte, eine Winkelsekunde Drehung des Rades warf sie Millionen Lichtjahre weit in den Raum hinaus – es war, als stünden sie zwischen den Sternen. Die ruhigen Lichter hingen zu bunten Nebeln gedrängt in der Leere, in Spiralen, Scheiben, Kugeln; Kometen schwebten dazwischen, Gaswolken rotierten. Es waren unbekannte Sterngruppen, nie beobachtete Verteilungen, aber es war doch dasselbe Weltall, das sie von der Erde aus gesehen hatten, dieselben Sterne, dieselben dunklen oder leuchtenden Materiewolken, und irgendwo, in einem versteckten Winkel, den zu suchen sie jetzt keine Muße hatten, der aber diesem wunderbaren künstlichen Auge sicher zugänglich war, stand auch die Sonne, ihre Planetenfamilie, die Eiswelt Neptuns, Saturn mit seinem Ring, die Steinwüste Mars, der Wolkenkessel Venus, Merkur, der glühende Ball, und dazwischen wanderte die Erde, die Heimat, darauf lebte der Mensch, darauf wandelte sich seine Kultur, darauf lebten und dachten, wünschten und starben jene, von denen sie selbst nur Teil waren. Keiner von ihnen hatte geglaubt, daß sie noch so staunen konnten, und jeder empfand in diesen Sekunden etwas Unaussprechliches, das die Werteskala dessen, was er erwünscht, erstrebt und schon erreicht hatte, ins Absurde und auf andere ungeahnte Art Sinnvolle umschmolz.

Al drehte das Einstellrad wieder zurück, und das Panorama des Planeten, die burgartig überbaute zentrale Kuppe, die ringunterteilten Entwicklungsstadien der Stadt, das Becken aus Hügeln und Seen und der Gefäßrand der Gebirge ringsumher, umschloß sie wieder.

Al rührte an einen anderen Hebel, und mit schwindelerregender Plötzlichkeit kippte die Landschaft um und schoß auf sie zu. Langsam wanderte ein stark vergrößerter Ausschnitt am unteren, ein wenig nach außen und abwärts gerichteten Kuppelrand entlang; Häuser, Türme und Brücken traten als leuchtendes Bühnenbild hervor und fielen an der Grenze des Vergrößerungsfeldes zu einem punktförmigen Nichts zusammen, glitten ins Unwichtige, Verschwommene, Wesenlose hinein, während sich neue Bauwerke zu scharfgezeichneten Kulissen aufblähten.

»Halt!« brüllte Don.

Sein Schrei riß ihn selbst wie auch die anderen aus der Verwunschenheit der Stunde, und sie nahmen wieder wahr, nachdem sie vorher geschaut hatten, sie hörten, nachdem sie vorher gelauscht hatten, und sie dachten, während sie vorher gefühlt hatten. Sie nahmen wahr: eine für diesen Ort unerwartete, unpassende, dafür aber typisch menschliche Bewegung – das Auf und Ab des Körpers beim Gehen, das Einknicken der Knie, das Vorsetzen der Füße, das Schlenkern der Hände ... In kleinen gelben Wattebäuschen stiegen Staubwolken dahinter auf. Jedes Detail war ganz deutlich.

»Jak!« Wieder brüllte Don. »Der da vorn ist Jak, seitlich hinter ihm kommt René ... und da gehen ja auch Tonio und Heiko! Wo sind sie, kannst du dich orientieren?«

Al verkleinerte den Ausschnitt, und sie gewannen ein ungefähres Bild davon, wie weit die zweite Gruppe von ihnen entfernt war und aus welcher Richtung sie dem Zentrum näher rückte. Jetzt verschwand sie hinter einem langgestreckten, niederen Bau.

»Menschenskind, Al!« rief Don. »Die haben sich auch nicht außen aufgehalten. Jak hat den richtigen Riecher. Sie gehen zum Zentrum. Wie weit sind sie noch davon entfernt – einen Kilometer? Zwei Kilometer? Al – worauf wartest du, so geh schon, Katja, beeil dich – sie kommen uns zuvor!«

Al fixierte einen Punkt des Schirms. Langsam regulierte er den Vergrößerungsmaßstab ... jetzt hatte er eingefangen, was ihm aufgefallen war ...

»Was hast du denn, Al! So komm doch!« Don kehrte noch einmal zurück, um Al mit sich fortzuziehen.

»Einen Moment«, rief dieser. »Schau doch!«

Alle betrachteten die Stelle, die Al nun groß herausgebracht hatte, eine Szene aus dem äußeren, modernen Teil der Stadt. Inmitten einer Gruppe der bekannten tropfenförmigen Gebäude, umgeben von friedlichen Grünflächen, lag ein seltsam kontrastierender Fleck. Zwei Häuser waren auf die Seite gedrückt und eingebogen, ein total zerquetschter Beförderungszylinder lag daneben – das Zentrum der Zerstörung schien eine flache Mulde zu sein, in der sich längst wieder Gras angesiedelt hatte.

»Was hast du denn? Ein Meteorkrater – wie viele andere!« sagte Don.

»Hier gibt es keine Meteorkrater.« Al schloß die Augen in angestrengtem Nachdenken. »Es ist viel einfacher: ein Unglücksfall, eine Explosion.« Er schwieg wieder ein paar Sekunden. Dann sagte er: »Der äußere Ring ist doch nicht das letzte Stadium der Stadt. Du hast recht gehabt, Don: Wir müssen ins Zentrum.«

7

Wieder waren sie auf dem Marsch gegen die Stadtmitte, aber sie kamen nicht weit. Die Häuser drängten sich immer enger, die Gäßchen, die sie freiließen, wurden immer verwinkelter. Die Freunde konnten die Richtung nicht beibehalten, sie wurden zu Umwegen gezwungen, betraten immer neue Plätze und Winkel, ohne ihrem Ziel wirklich näher zu kommen.

»Wie lange wollt ihr noch weitergehen?« fragte Katja matt. »Es wird schon finster!«

»Jetzt umdrehen!« Don war entsetzt. »Jetzt willst du umdrehen – wo wir kurz vor dem Ziel stehen! Und so was hab' ich mitgenommen!«

»Ich hab' doch nur gefragt«, verteidigte sich Kat. »Du brauchst mich nicht so anzufahren. Ich wollte dich nur warnen. Ihr habt nicht einmal Lampen!«

»Es wird eine sternklare Nacht«, sagte Don. Er wischte alle Bedenken mit einer Armbewegung fort. »Sagt mir lieber, wie wir weiterkommen. So eine Sauerei. Sagt mir, wie wir hier weiterkommen!«

»Mir ist so, als müsse sich weiter rechts eine größere Straße befinden«, sagte Al. »Da besteht am sichersten Aussicht, daß wir das Innere erreichen.«

»Was redest du da? Da müßten wir doch erst ein Stück zurück! Wir vergeuden unsere Zeit!«

Erst als sie noch einmal im Kreis herumgeirrt waren, gab er Als Ratschlag nach. Sie liefen etwa eine Viertelstunde durch enge Gassen, über holprigen, staubbeladenen Boden, an rissigen Wänden und leeren Fensterlöchern vorbei, dann erreichten sie ein schmales hohes Haus, das sich an eine riesige Mauer lehnte. Sie war aus rauhen, roh vermörtelten Steinen aufgebaut. Oben endete sie mit einem gezackten Rand, der den Himmel zu berühren schien. Während rechts wie bisher Häuser ihren Weg säumten, begleitete sie nun links die Mauer.

»Eine Stadtmauer«, sagte Katja.

»Jetzt sind wir im Mittelalter angelangt«, sagte Al.

Don war noch immer gereizt.

»Irgendwie muß man doch hinüberkommen!«

»Wir können eine Leiter holen«, schlug Katja vor.

»In solchen Mauern gibt es meist einige Tore«, sagte Al. »Irgendwie mußten ihre Bewohner ja heraus- und hineinkommen.«

Katja schlug sich auf die Stirn. »Vielleicht konnten sie fliegen!«

»Wohl kaum«, sagte Al, »denk doch an die Schwebeboote! Wozu hätten sie diese gebraucht? Und auch die ganze übrige Einrichtung spricht dagegen.«

Die Straße im Schatten der Mauer führte ein wenig bergauf, und da der obere Rand genau horizontal lief, schien die Höhe nicht mehr so unüberwindlich.

»Wie mögen die Wesen, die diese Stadt bewohnt haben, ausgesehen haben?« fragte Kat.

»Ich glaube nicht, daß sie sich viel von uns unterschieden haben«, antwortete Al.

»Wie kommst du darauf? Können es nicht geradesogut riesige Frösche, Ameisen oder Pinguine gewesen sein?«

Al lachte amüsiert.

»Aus den Einrichtungsgegenständen kann man eine Menge Schlüsse ziehen. Wir haben bisher nur wenig kennengelernt, aber schon das wenige verrät viel. Denk daran, daß sich die Gestalt der Sitze unseren Körperformen gut angepaßt hat, daß die Schaltbretter durchaus für die Bedienung von Händen eingerichtet waren, daß die Projektionsflächen Bilder wiedergaben, die unseren Augen tadellos entsprachen. Die Größen der Fenster und der Türen unterscheiden sich nicht von jenen der Erde. Zwar gibt es hier keine Stufen, aber die geneigten Bahnen lassen sich ohne weiteres begehen, wenn wir das auch nicht gewöhnt sind.«

»Allerhand, was du da alles herausliest«, sagte Kat bewundernd.

Don beteiligte sich nicht an diesem Gespräch. Sein Blick hing an der Mauer, als wolle er sie durchbohren.

»Zu alldem kommt aber noch etwas anderes«, fuhr Al fort. »Dieser Planet gleicht fast hundertprozentig unserer Erde. Die Gravitation ist dieselbe, die Längen von Tag und Nacht stimmen mit den unseren überein, das Klima ist gesund und frühlingshaft, so wie wir es in den Kurparks von Äthiopien oder von Nepal finden. Diese Reihe könnte ich noch beliebig lange fortsetzen. Und diese Ähnlichkeit macht es sehr wahrscheinlich, daß diese Welt Wesen hervorgebracht hat, die uns im großen und ganzen gleich sind.«

»Und du meinst«, sagte Kat, »daß es auch hier . . .«

Don unterbrach sie abrupt.

»Schluß mit dem Geschwätz! Ich will einen Blick hinter die Mauer werfen. Helft mir lieber!«

An der Steinwand wölbte sich ein Schuttberg empor, und dieser schien gute Bedingungen für Vegetation zu bilden, denn er war mit Büschen überzogen, und von ihm aus rankten sich einige Kletterpflanzen über die Steine bis über den Rand hinauf.

Don kletterte über die Steintrümmer hoch, rüttelte einmal an dem Rankengewächs und fing an, hinaufzusteigen. Die Pflanze mußte schon sehr alt sein, der Stamm war armdick, manche Teile waren verdorrt, aber andere wirkten noch frisch, und vor allem bildeten die vielen Gabelungen eine Kletterwand, wie man sie sich besser nicht vorstellen konnte.

Als Don oben war, stieß er einen Schrei der Enttäuschung aus.

»Kommt nach!« rief er. »Es nützt zwar nichts, aber es lohnt sich!«

Al bat Katja, zuerst aufzusteigen, und kletterte selbst als letzter hoch. Bald standen sie alle auf dem breiten Gesims und schauten hinein ins Innere der Stadt. Es war der Anblick, den sie schon einmal genossen hatten – gestern vom Flugzeug aus –, aber jetzt befanden sie sich viel dichter davor: vor der riesigen burgartigen Anlage mit den breitflächigen rostbraunen und tintigvioletten Dächern, den spitzen Türmen mit Strichmustern aus Schießscharten, den feucht und silbrig glänzenden Mauerflächen, den kopfsteingemusterten Hofarealen. Das Ganze krönte eine Ruine mit einem eingestürzten Turm und einer wie ein Flügel daran hängenden, mehrfach durchlöcherten Wand.

Der Eindruck des Spielzeugartigen war verschwunden und jener von romantischer Erhabenheit an seine Stelle getreten.

Auf der anderen Seite der Mauer gähnte ein tiefer Graben, und darin lag der grüngraue Spiegel von Wasser. Am anderen Ufer zog sich noch eine Mauer dahin, nicht so hoch wie jene, auf der sie standen, aber doch hoch genug, um einen Schwimmer daran zu hindern, sich an der Kante emporzuziehen.

»Wieder nichts«, sagte Don. »Vielleicht können wir hier oben ein Stück entlanggehen.«

Sie wanderten über die Mauer, folgten zwei leichten Knicken und standen dann vor einer Plattform. Sie war mit einer Brüstung eingefaßt, eine Stiege führte von der Straße zu ihr herauf.

»Da hätten wir es wesentlich bequemer gehabt«, murmelte Al.

Don stelzte über das steinerne Geländer, und die beiden anderen folgten seinem Beispiel.

Es schien sich um eine Aussichtsrampe zu handeln, denn von hier hatte man einen besonders guten Überblick über die Anlage. Hier oben pfiff der Wind, die Luft war voll von unbestimmten Geräuschen, es sauste, hallte und heulte, sie glaubten, Hämmern und Klirren herauszuhören, dumpfe Rufe, undeutlich und grollend, windvertragene Stöße von Poltern und Geschrei.

Und dann unterdrückte Don einen Aufschrei, er packte zu,

fand die Schultern Als und Katjas, seine Finger gruben sich schmerzhaft ein ...

Unten tat sich etwas, was ihnen wie ein Traum vorkam: Zwei Reihen schwarzvermummter Gestalten zogen aus einem runden Tor in einen Hof und postierten sich an der rechten und linken Seite in einem tief in Schatten getauchten Hof, die kapuzenbewehrten Gesichter einander zugewandt. Sie trugen lodernde Fackeln, die die Szene gespenstisch beleuchteten. Dann spie das Tor einen seltsamen Reiter aus: Seinen Körper bedeckte eine graue Rüstung, seinen Kopf ein grauer Helm; das Tier, auf dem er saß, glich einem großen grauen Wiesel. Von der anderen Seite näherte sich ein zweiter Reiter, ein Gegenstück zum ersten, in Weiß. Beide trugen Gegenstände, die Peitschen sehr ähnlich sahen, nur waren sie bedeutend massiver. Sie hielten ihre Tiere einen Augenblick still und hoben ihre Waffen zum Gruß. Hierauf stürmten sie peitschenschwingend aufeinander zu, bei jedem Treffer sprühten Funken, erst nach Sekunden langte der kurze Knall bei den Zuschauern auf der Mauer an.

»Elektrische Peitschen«, flüsterte Don.

Mit größter Spannung verfolgte sie das Geschehen. Die Situationen wechselten blitzschnell, die Reittiere bewegten sich schlangengleich, die Peitschen fuhren durch die Luft, die Schläge klatschten. Jeder der beiden Kämpfer wankte einige Male im Sattel, beiden merkte man die Ermattung an, aber sie warfen ihre Tiere erneut herum, wieder setzte ein wilder Schlagwechsel ein, in der zunehmenden Dunkelheit leuchteten die Funken wie Sternschnuppen – dann war das Duell beendet. Der graue Ritter lag am Boden. Der weiße hob zum Gruß die Peitsche und ritt in das Tor. Die Reihen der Vermummten folgten ihm langsam und plump. Die Fackeln loderten ein letztes Mal. Dann versank der Platz im Dunkel. Der Spuk war vorbei.

Die drei Freunde sahen einander an, Don triumphierend, Katja voll Aufregung, Al in gespannter Nachdenklichkeit.

»Da unten sind sie!« sagte Don. »Sie sind noch am Leben. Sie spielen Ritter. Sie sind in Primitivität verfallen! Wir werden es nicht schwer haben mit ihnen! Wenn wir erst unten wären! Was hast du denn schon wieder, Al?«

Al hatte einen lockeren Stein aus der Mauer gebrochen. Er holte aus und schleuderte ihn mit aller Kraft auf die Wasserfläche. Aufmerksam beobachtete er seinen Fall. Dann wandte er sich enttäuscht ab. »Zu finster, schade!«

»Hast du wieder etwas entdeckt, Al?« fragte Kat.

»Ja«, antwortete er, »aber ich kann es nicht beweisen. Noch nicht. Kommt, gehen wir!«

Von ihrem Standpunkt aus war zu erkennen, daß sich die Mauer nun durch einige meterhohe Stufen erhöhte, die nicht zu überwinden waren. Aber weiter rechts, jenseits eines weiteren Knicks, sahen sie etwas, was ihre Herzen höher schlagen ließ; eine Brücke, die den Burggraben in hohem Bogen überspannte. Eilig stiegen sie die Treppe hinab.

Die Sonne war noch nicht untergegangen, ihr Schimmer breitete sich wie rotgoldener Samt auf den höchsten Teilen der westwärts gerichteten Gebäudefronten. Darunter lag der nachtblaue Schatten wie eine unbewegte dunkle Flüssigkeit. Es sah aus, als füllte diese Flüssigkeit die Straßen, als leckte sie in den Wänden, um die Stadt schließlich unter einer Decke aus Düsternis zu begraben. Wie ein flammender Baldachin hing der Himmel darüber. Das Blau spielte ins Violett, und von Westen her wuchs eine Korona aus gelb eingefaßten orangen Strahlenbündeln empor: An einigen Stellen glänzten schon Sterne.

Unbeirrt eilte Don voran, und seine Begleiter stapften hinterdrein. Wieder lehnten Häuser an der Mauer, von ihren flachen Dächern hätte man darübersehen können, aber das war jetzt nicht mehr nötig. Das neue Zwischenziel schien greifbar vor ihnen zu liegen: über die Brücke ins Zentrum zu kommen.

Bald sahen sie die Mauer nicht mehr, aber sie hielten sich stets links und konnten auf diese Weise den Zugang zur Brücke nicht verfehlen.

Nach wenigen Minuten kamen sie durch ein schmales Gäßchen – so schmal, daß sie hintereinander gehen mußten –, und dann öffnete sich ein weiter Platz. Wie ein stiller See lag er da, mit seinem holprigen Pflaster; die Steinkappen sahen seltsam durchsichtig aus und verstärkten den Eindruck des Bodenlosen, aber das kam bloß vom milchigen Glanz des Sternenlichtes, der sich im Staubüberzug fing.

In der Mitte des Ovals erhob sich inselartig ein Podest mit einem überdachten Säulenkranz.

»Ein Brunnen«, vermutete Kat.

»Vielleicht ein Pranger«, riet Al.

Nach links verengte sich der Platz, und dort gähnte das schwarze Halbrund eines Tores. Es bestand kein Zweifel – dahinter mußte die Brücke liegen.

Sie waren stehengeblieben und setzten sich nun hastig wieder in Bewegung. Die Atmosphäre hatte etwas Lauerndes an sich; unwillkürlich gingen sie an den Häusern entlang.

»Pst!« zischte Don. Er lauschte eine Weile. »Habt ihr nichts gehört?«

Katja setzte zu einer Antwort an, aber in dem Moment hörten sie es alle – ein leises ruckweises Schleifen ... Dann wieder Stille. »Es kam von vorn«, sagte Al und beschrieb mit seinem Arm einen unbestimmten Viertelkreis.

»Es war sehr weit von hier«, sagte Don und schritt langsam weiter. Ein leiser Ruf Als ließ ihn wieder anhalten.

»Hier ist jemand gewesen!«

Al deutete auf einen Streifen, der quer durch den Staub auf das Tor zulief. Don hockte sich davor nieder und versuchte, Einzelheiten festzustellen.

Katja war einige Schritte zurückgewichen. In sich zusammengesunken lehnte sie an einem Mauervorsprung.

»Die Ritter ...«, stammelte sie, »die Ritter mit ihren furchtbaren Peitschen!«

»Was können sie uns schon tun?« beruhigte sie Al. »Du brauchst keine Furcht zu haben. Du brauchst doch bloß zu denken ...«

Don richtete sich jäh auf.

»Viel schlimmer«, sagte er leise vor Zorn. »Jak und seine Gruppe«, und zu Al gewandt: »Schau dir diese Spur an!«

Al betrachtete die Stelle, fand Abdrücke von Kreppsohlen und bestätigte Dons Beobachtung.

»Sie waren vor uns da!« flüsterte Don. »Sie sind uns zuvorgekommen!«

Al trat zu ihm. Jetzt tat ihm der Freund fast leid.

»Verlier doch nicht gleich den Mut. Gut, sie waren vor uns da. Aber damit haben sie doch ihre Aufgabe noch nicht gelöst. Es steht noch völlig unentschieden!«

»Glaubst du das wirklich? Sagst du das nicht nur, um mich zu trösten?« Es war zu hören, daß Don neuen Mut schöpfte. »Meinst du, daß es noch Schwierigkeiten gibt, wenn wir erst im Zentrum sind?«

»Dann fangen sie wahrscheinlich erst an«, sagte Al. Er schätzte das keineswegs als etwas Positives ein, aber Don nahm es dafür.

»Vorwärts, sie können noch nicht weit sein!«

Katja, die vor Jak, René, Tonio und Heiko bedeutend weniger Angst hatte als vor den geheimnisvollen Stadtbewohnern, atmete wieder auf und schloß sich den Gefährten an, die nun der Spur folgten. Aber zur Sicherheit blieb sie doch ein wenig zurück.

Bald traten sie ins Tor. Es sah genauso aus, wie man sich ein mittelalterliches Stadttor vorstellt. Neben dem großen Durchgang für Wagen, Zug- und Reittiere lief ein kleiner für Personen durch das alte Gemäuer, durch dicke Pfeiler davon getrennt. Die Spuren führten geradewegs in der Mitte durch.

Nach dem Torweg kam ein kleinerer ebener freier Raum mit zwei Reihen steinerner Bänke, vom Wasser durch eine Brüstung getrennt, auf der mehrere Figuren standen und auf sie herabzublicken schienen.

Don trat an eine heran.

»Lauter Kapuzenmänner«, sagte er und kam zu Al und Katja zurück.

»Achtung! Zerstört die Spuren nicht!« warnte Al.

»Was willst du mit den Spuren?« fragte Don in seinem gewohnten überheblichen Ton. »Sie führen auf die Brücke. Dazu brauche ich erst gar nicht nachzusehen!«

Al ließ sich nicht so leicht von einem einmal gefaßten Entschluß abbringen. Ruhig beschäftigte er sich weiter mit den Fußstapfen und entfachte dadurch Dons Ungeduld immer mehr. Die Lichtverhältnisse waren hier besser als zwischen den Häusern und begünstigten sein Vorhaben.

»Du weißt wieder einmal alles besser«, sagte Al zum Boden hinab und ungewiß, ob ihn Don überhaupt hörte, »aber du weißt nicht alles. Hier ist ein Gewirr von Fährten, die nach allen Seiten auseinanderführen. Was hat das zu bedeuten?«

Don stand schon auf der Brücke.

»Sie werden sich hier aufgehalten haben – genauso wie wir.«

»Aber wir haben einen Grund dafür«, fuhr Al fort, »sie aber nicht – oder einen ganz anderen. Es wäre interessant, herauszukriegen, was sie hier gemacht haben.«

»Interessant«, sagte Don. »Interessant!«

Katja war an das steinerne Geländer getreten, an den westlichen Teil, der nur als Schattenriß zu erkennen war, sie stand unter einer Steinfigur, und ihr war, als könnte diese jeden Augenblick von ihrem Sockel heruntertreten und irgendein grausames Amt vollziehen – als Richter, als Henker oder als Folterknecht. Gewaltsam trennte sie ihren Blick von der stummen Gestalt und wandte ihn dem letzten Glühen der unter dem Horizont versunkenen Sonne zu, das noch hinter den Häusersilhouetten hervorquoll. Die Sicht dahin war frei, der Kanal lief hier geradeaus nach Westen, und in seinem Wasser erstand das Bild der Stadt zum zweitenmal als mattflimmernde Spiegelwelt – die in der Ferne zusammenlaufenden Wälle der Ufermauern, der schwarze Stufenbau der Häuser rechts und links, das Orangegelb des Himmels mit seinen blutigroten und schmutzigbraunen Säumen.

Katja fühlte sich plötzlich merkwürdig einsam, schutzlos und bedroht. Sie sah ihre Kameraden auf der Erde herumkriechen und gestikulieren, aber sie verstand nicht, was sie beabsichtigten. Sie sah die Brücke über das Wasser in die Nacht hineinlaufen, sah auf der anderen Seite die terrassenförmig übereinandergesetzten Dachgeschosse der Wehrbauten, ihren höchsten, turmartigen Aufsatz genau über dem Tor, die hundert schwarzen Fensterlöcher, die seltsamen Geräte, die oben auf den flachen Dächern standen – vielleicht alte, furchtbare Waffen, die nur darauf warteten, wieder Tod und Vernichtung zu speien. Aus allen Ecken starrten Augen auf sie nieder, in allen Fenstern verzerrten sich Gesichter zu lautlosem Gelächter, ballten sich drohende Fäuste.

Wozu bist du eigentlich hierhergekommen? fragte eine Stimme in ihr, was willst du hier?

Auch in Don wallten Gefühle durcheinander, Hoffnungen, Ängste, Ärger, Ungeduld, Ehrgeiz, Mutwille, Vernunft. So kurz vor seinem Ziel sah er sich durch die Pedanterie des Kameraden aufgehalten, gebunden, verraten. Er wäre am liebsten allein losgezogen, hinein in die Fülle des Erlebens und Erreichens, in das betäubende Abenteuer, in den gewaltsamen Tod ...

So wie Don und Katja hatte auch Al etwas mit sich selbst auszumachen, seine Phantasie arbeitete wie die eines Schachspielers, der aus der Stellung der feindlichen Figuren die Absichten des Gegners herauszulesen trachtet. Er entwarf Dutzende Kombinationen von den Schritten, die ihre Gegenspieler hier getan haben mochten, von ihren Bewegungen und Zielen; aber keines seiner Gedankenbilder hatte Sinn.

»Die Spur auf der Brücke läuft doppelt«, sagte er kopfschüttelnd. »Sie sind wieder zurückgekommen.« Noch erfaßte er die Konsequenzen dieser Erkenntnis nicht, aber er ahnte ihre Bedeutung. »Sie sind wieder zurückgekommen.«

Plötzlich schrie Katja:

»Hört doch auf zu diskutieren! Gehen wir doch endlich! Warum halten wir uns hier auf!« Es klang überspannt und schrill. Sie lief auf die Brücke hinaus. »So laßt uns doch endlich zu einem Ende kommen!«

Don rannte sofort hinter ihr her, und Al verjagte seine Besorgnis und setzte ihnen in langen Sprüngen nach.

Katja war nur noch als dahinhuschender Schatten zu erkennen, die Dunkelheit übertuschte alle Einzelheiten, und darum begriff Al auch nicht unverzüglich, was plötzlich geschah. Erst ein splitterndes Krachen vor ihm und ein Donnerschlag hinter ihm zwangen ihn, das zu glauben, was er im Aufblitzen eines Feuerscheines gesehen hatte: Ein dunkles, unregelmäßig begrenztes Loch gähnte in der Brücke, unmittelbar vor der dahinlaufenden Katja . . . eine Steinfontäne stieg auf, und der zusammenknickende Körper des Mädchens glitt, noch vom Schwung des Laufens getragen, auf die Öffnung zu und verschwand. Noch dreimal donnerte es, aber nur noch ein Projektil streifte die Brücke und brachte sie zum Zittern und Schwingen, das Al fast vom Boden hob. Diesmal hatte er erkannt, woher die Schüsse kamen: von den Zinnen des Turms hinter ihnen. Er rang mühsam nach dem Gleichgewicht . . . und hetzte vor – aus dem Bereich des tödlichen Hagels hinaus.

Don stand wie erstarrt auf der Brücke, nur sieben Meter von der Einschlagstelle entfernt, und Al zerrte ihn mit sich fort, als er bei ihm ankam. Nur ein schmaler Streifen der Brücke war noch ganz, wenn auch von Sprüngen durchzogen; sie spürten es, als sie den Engpaß so vorsichtig, aber auch so schnell, als es ging, überwanden.

Al blieb stehen und versuchte, unten am Wasser etwas zu erkennen. »Kat . . .«, keuchte er, wir müssen . . .«

Don stieß ihn rücksichtslos vorwärts. Auch sein Atem flog.

»Laß sie . . . recht geschieht ihr!«

Geduckt rannten sie weiter, eng an der Brüstung entlang, um wenigstens gegen die Seite geschützt zu sein . . . Noch waren sie dem Schußfeld nicht entronnen. Etwas zischte um sie herum, etwas streifte Als Kopf, etwas prallte an Don ab . . . ein langgestrecktes Gebilde kollerte auf den Steinboden . . . ein Pfeil. Noch einmal prasselte ein Hagel von Geschossen über sie. Und nun klang ein schauriges Gelächter durch die Nacht.

Don hielt mit einem Ruck. Er kannte diese Stimme.

»Jak«, flüsterte er.

»Wer sonst?« fragte Al.

»Mensch, Al!« Der Stimmfall Dons wechselte über eine ganze Skala von Empfindungen. »Das ist Jak mit seinen Leuten!« Er jubelte fast. »Al, Junge, verstehst du, was das heißt?« Er wartete die Antwort nicht ab. »Jak ist hinter uns! Wir sind die ersten! Wir kommen zuerst ins Zentrum! Wir gewinnen!«

9

Sie hatten auf der Brücke genau achtzehn Meter zurückgelegt, und für diese achtzehn Meter hatten sie hundert Sekunden gebraucht. Mit diesen achtzehn Metern schienen sie ihrem Ziel näher gekommen zu sein als auf dem langen Weg vom Gebirgshang über die Wiesen und durch die Stadt bis zum Tor. Und in diesem kurzen Intervall von hundert Sekunden steckte mehr als sie in den ganzen zwei Tagen ihres Aufenthaltes erlebt hatten. Dreimal hatte allein das Pendel ihrer Stimmung nach extremen Seiten ausgeschlagen – zuerst nach jener hoffnungsvollen Verbissenheit, da sie ihr Ziel schon aus den Augen verloren zu haben schienen, dann nach jenem Schrecken, der sie alle Hoffnungen begraben ließ, und nun nach der Seite bedenkenloser Siegesgewißheit.

Sie stürmten weiter, noch einmal prasselte ein Schauer von Pfeilen hernieder, aber er blieb so wirkungslos wie die ersten, noch einmal erklang das dröhnende Lachen Jaks, aber sie hörten es nur mehr nebenbei, denn vor ihnen, ein schwarzer, sternenloser Block vor dem ebenso schwarzen sternübersäten Nachthimmel, hob sich das Zentrum der Stadt, eine Burg mit unzähligen Nebengebäuden, eine Festung, raffiniert geschützt von Wasser und Stein und nun doch ihrem Zugriff ergeben. Kein Licht schien darin, kein Geräusch erscholl, nicht einmal ein Hauch wehte – wie gigantische schlafende Tiere lagen die Gebäude innerhalb ihres Wasserrings.

Sie liefen, und es ging alles viel schneller als es sich beschreiben läßt. Al erwischte Don eben noch an der Schulter, er mußte sich selbst mit aller Gewalt nach hinten werfen – denn hier hörte die Brücke auf. Sie hing frei in der Luft, wie von einem ungeheuren Messer abgeschnitten, glatt getrennt von jenem anderen Teil, von dem nichts mehr zu sehen war, abrasiert, ohne Rücksicht auf die mechanische Stabilität oder das statische Gleichgewicht.

Die beiden Männer trauten ihren Augen nicht, vielleicht

täuschte sie die Finsternis, vielleicht narrte sie ihre eigene Überreiztheit, sie tasteten mit den Händen vor ... sie fühlten die scharfe Kante, den glatten Rand, die senkrecht abfallende Fläche ... Sie spähten nach vorn, aber es gab nichts vor ihnen als Leere, und irgendwo dahinter, weit weg von ihnen, viel weiter, als sie gedacht hatten, erhob sich etwas: massig und schwer, Kanten blinkten ungewiß im Sternenschein; matter Glanz huschte über Metall. Sie ließen sich auf alle viere nieder, krochen nach vorn – doch sie starrten in einen Schlund; es kam ihnen vor, als dauerte es Sekunden, bis ihr Blick Grund erreichte, vages Wallen und Weben, Kreiseln und Treiben.

»Jetzt ist es aus«, flüsterte Don. »Wir sitzen in der Falle.«

»Jetzt wissen wir, warum sie umgekehrt sind«, sagte Al.

»Sie haben uns hereingelegt, diese Schufte!«

»Ich wüßte gern, wie man hineinkommt in diese verfluchte Stadt ...«

Don stieß die Luft zischend aus.

»Das ist mir jetzt vollkommen gleichgültig. Wir haben verspielt. Jak kann mit uns machen, was er will. Ich glaube, wir geben es auf.«

Langsam gingen sie über die Brücke zurück, sie tasteten über die brüchige Engstelle des ersten Treffers und stolperten über den Schutt, den der zweite Einschlag hinterlassen hatte – ein Streifschuß, der einen Teil des Geländers weggerissen hatte.

Don formte die Hände zu einem Schalltrichter und rief:

»Jak, du hast gewonnen. Wir geben auf!« Und noch einmal: »Jak, hörst du? Wir geben auf!«

Da ertönte die Stimme Jaks: »Hallo, Don! Gut, daß du es eingesehen hast! Komm näher, aber schön langsam!«

Schritt für Schritt näherten sie sich dem Tor. Auf einmal blitzte es wieder und schlug neben ihnen auf, und noch einmal ... es knirschte und rollte, Al spürte einen Schlag an der Hand – mit der Linken tastete er den rechten Arm hinunter ... er erschrak: In seiner Hand klaffte ein breiter Schnitt.

Don war empfindlicher getroffen worden, ein Splitter hatte seine Brust, ein anderer seine Hüfte getroffen.

»Jak, du Schwein«, brüllte er, »du Schwein, du Schwein ...«

Noch immer brüllend vor Wut und Schmerz stürmte er über den freien Platz vor der Brücke ... nach links, wo er es in einem Fenster aufblitzen gesehen hatte, den Schüssen entgegen ... er sprang hoch, streckte sich ... seine Hände erfaßten den unteren Rand des Fensters ... Don krampfte sich hoch ... einen Moment lang starrte sein Gesicht in die Öffnung ... dann blitzte es vor ihm auf ... sein Körper stürzte herab ... über die schiefe Mauer ... schlug auf den Boden ...

Auch Al war durch den Geschoßhagel gestürmt, doch er hatte die Richtung auf das Tor genommen und es auch erreicht. Hier war er vor den Angriffen sicher. Sein Herz schlug höher, eine absurde Freude erfüllte ihn – er empfand eine atavistische Lust am sinnlosen Kampf. Al lag jetzt an die Wand gedrückt in der Torpassage und überlegte, ob er sich über den frei daliegenden Platz wagen durfte.

Hinter einem der Pfeiler erklang ein Schleifen ... Al erstarrte ... ein Flüstern – eher ein Hauch ...

»Al, bist du's?«

Al sprang mit einem Satz auf ... um den Pfeiler herum ... mit der unverletzten Linken bekam er einen Schatten zu fassen ... er hob den Fuß, um dem Gegner in den Leib zu treten ...

»Halt, Al – halt!«

Er war auf eine Finte gefaßt, aber er zögerte doch einen Augenblick ...

»Ich bin's: René ... Hör zu, Al ... ich will dir helfen!«

Al faßte ihn an der Gurgel und ließ ihm nur wenig Luft.

»Alles, was recht ist – Jak geht zu weit. Ich trenne mich von ihm. Ich helfe dir.«

»Wie willst du mir helfen?« fragte Al.

»Es gibt hier eine Seitenpforte ... komm, ich zeig' sie dir!«

Noch immer auf Verrat gefaßt, schlich Al hinter dem anderen her. Es ging eine steile Strecke schräg hinunter, durch einen Kellerraum, in den von außen vager Lichtschein sickerte, und schließlich über eine weitere Schräge wieder hinauf. René hielt nun und zog eine Schiebetür beiseite; quietschend bewegte sie sich über Rollen.

»Still!« flüsterte Al.

Sie lauschten ... nichts rührte sich ... Sie zwängten sich durch den Spalt ... sahen sich um ... sie waren auf dem großen Platz vor dem Tor ... sie blickten hinauf zu den Zinnen, wo die Geschütze standen ... nichts rührte sich ...

Im Schutze der Wand liefen sie los ... ein paar Meter ... hielten wieder ... spähten umher ...

Oben neben dem Turmbau, über dem Gesims, blitzte es auf. Direkt vor ihnen sauste etwas Helles, Rundes nieder und zersplitterte. Sie hatten keine Zeit mehr, etwas zu denken – da waren sie schon in tausend formlose Fetzen gerissen.

Der zweite Versuch

1

»Da wären wir also«, sagte Don.

»Nichts hat sich verändert«, bemerkte Katja.

»Was soll sich auch verändert haben?« fragte Al.

Am Morgen waren sie von ihrem Lagerplatz aufgebrochen, und nun, zu Mittag, hatten sie die Mauer erreicht. René war mit ihnen gekommen. Sie standen wieder an jener Stelle, von der die Treppe zum Aussichtsplatz hinaufführte.

»Meinst du, daß es hier gelingt?« fragte er.

»Hier so gut wie anderswo«, antwortete Al. »Ich glaube nicht, daß es überhaupt ein Hindernis gibt.«

Katja staunte.

»Denk doch an die Brücke!«

»Ich habe viel darüber nachgedacht«, sagte Al. »Die Brücke hört auf. Das stimmt. Aber einfach deshalb, weil innen eine solche alte Brücke nichts zu suchen hat.«

»Versteh' ich nicht«, brummte Don.

»Wir wollen einen Versuch machen«, schlug Al vor. »Kommt mit mir!«

Er stieg die Treppen hinauf, ein Bündel, das er vom Lager mitgebracht hatte, unter den Arm geklemmt. Vor der letzten Stufe wartete er auf die Kameraden und betrachtete dabei eingehend die steinerne Brüstung. Schließlich nickte er befriedigt. Er deutete auf eine Stelle an der rechten Seite: Hier war ein winziger grauer glänzender Knopf eingelassen. Suchend trat Al an die linke Seite: Hier befand sich in gleicher Höhe ein ebensolcher Knopf.

»Nun paßt auf!« bat er.

Er lehnte sich an das Geländer und blickte hinunter. Diesmal war die Beleuchtung etwas anders als seinerzeit am Abend; die

Strahlen der Sonne fielen fast senkrecht von oben ein – das Licht lag blendend auf den Dächern, aber die Tiefen der Gassen und Höfe sahen um so düsterer aus – die geringe Neigung des Einstrahlwinkels genügte, um das Licht schon in den oberen Partien aufzufangen, an den überragenden Dachrändern, an den ausladenden Gesimsen, an den Zahnreihen der Zinnen, an den vogelnestartigen Erkern und Balkönchen, an all den Anbauten und Verzierungen, die ohne ersichtlichen Grund jede freie Stelle überdeckten. Sie brachen die klaren Linien der Umrisse und verniedlichten das imposante Bild der Gebäudeblocks.

Der Hof, in dem sich das seltsame Duell abgespielt hatte, lag wie ein schwarzer Abgrund vor ihnen. Wie damals überkam sie eine seltsame Stimmung, die Luft war voll von unbestimmten Geräuschen, es sauste, hallte und pfiff, hämmerte und klirrte, dumpfe Rufe erschollen, der Wind brachte Fetzen von Poltern und Geschrei mit sich ...

Und dann tauchten die schwarzen Schemen wieder auf, mit ihren Fackeln, die nun wie müde Irrlichter funkelten, und dann die beiden Reiter ...

Alles wickelte sich ab, wie sie es schon einmal erlebt hatten, das Peitschenduell, der Sieg des weißen Ritters, sein stummer Gruß, der Abzug der Vermummten ...

Dann lag alles still und verlassen wie zuvor, kein lebendes Wesen ließ sich blicken, kein Hauch bewegte die Luft ...

René, der das Ereignis zum erstenmal gesehen hatte, brauchte einige Zeit, um sich von seinem Staunen zu erholen. Katja flüsterte: »Das begreife ich nicht«, und Don rief: » ... genauso wie beim erstenmal! Keine Bewegung war anders! Al, ist es ein Schauspiel?«

»So etwas Ähnliches«, sagte Al. »Eine Art Film. Die vollkommene Illusion mit technischen Mitteln. Das Publikum betritt die Bühne, eine Selenzelle registriert es«, er deutete auf die beiden Knöpfe im Geländer, »und gibt die Meldung weiter – das Theater beginnt.«

»Wie bist du darauf gekommen?« fragte Don.

»Durch eine Erinnerung. In einer alten Fernsehaufzeichnung sah ich einmal etwas Ähnliches. Bewegliche Figuren waren mit einer Uhr gekoppelt. Schlag Mittag bewegten sie sich über eine Schiene nach außen und führten ein Tänzchen auf – mit eigenartig leblosen, marionettenhaften Bewegungen. Danach verschwanden sie wieder. Hier ist die Illusion natürlich viel perfekter. Und doch ... dieser Einsatz genau in dem Moment, als wir die Rampe betraten! Da fiel mir das Figurenspiel ein – und ich hatte die Lösung.«

»Und warum hast du nichts davon gesagt?« fragte Don mißtrauisch.

»Ich hätte es nicht beweisen können.«

Sie blickten wieder hinein in den Kessel, dorthin, wo sich der Hügel mit der Ruine erhob.

»Was ist wahr daran?« fragte René.

»Nichts«, sagte Al. »Ich glaube: nichts.« Die Kameraden schauten ihn kopfschüttelnd an. Er griff in die Tasche und holte einige Kiesel heraus. »Paßt gut auf!«

In großem Bogen warf er einen Stein hinunter. Ruhig durchflog dieser seine Parabelbahn ... verschwand unter dem Wasserspiegel. René kam irgend etwas unrichtig vor, aber er wußte nicht, was. Der Stein flog ... und war verschwunden – da fehlte etwas, richtig: Er war nicht aufgeschlagen. Kein Spritzer war aufgeschäumt, keine Wellen hatten ihre Kreise durchwandert.

»Es gibt kein Wasser«, sagte René. »Das Wasser gehört zum Spiel.«

»... und die Häuser, die Straßen, der Hügel ...«, sagte Al.

»Eine Kulisse«, sagte René.

Don drängte sich zwischen Katja und Al. In seinen Augen lag etwas Gehetztes.

»Aber was steckt dahinter?«

»Das weiß ich nicht«, antwortete Al. Er öffnete die Plastiktasche, die er mitgebracht hatte, und nahm daraus eine zu einer engen Rolle zusammengedrehte Leiter. Die Sprossen bestanden aus Leichtstahl, die Seile aus Duraluminiumdraht. Er holte noch ein kurzes Litzenstück hervor, an dessen Enden Ringe befestigt waren. Dieses schlang er dreimal um den oberen balkenartigen Horizontalteil der Brüstung und klemmte die Ringe in Karabinerhaken am Ende der Leiter. Dadurch war ihr eines Ende oben befestigt, das andere ließ er hinunterfallen. Das Leiternbündel entrollte sich im Sturz, unbehindert tauchte es ins Wasser, die Leiter schwang noch einmal hin und her und hing dann ruhig.

»Ich gehe zuerst«, sagte Don und sah sich fragend um. Da keiner widersprach, stieg er über die Brüstung und kletterte hinunter. Sprosse um Sprosse kam er tiefer, berührte den Wasserspiegel, aber er spiegelte sich nicht darin, er tauchte hinein, aber er spürte keine Feuchtigkeit, er tauchte unter, doch er konnte atmen. Er hatte die Absicht gehabt, zu rufen, aber er blickte umher und war sprachlos ...

Die beiden Kameraden kletterten hinterher, erst Al und dann René. Katja beobachtete alle drei, wie das dunkle, schillernde Etwas dort unten sie verschlang. Es ging mit beängstigender Lautlosigkeit vor sich, keine Bewegung lief über die Fläche, die Leiter zitterte ein wenig und hielt dann still. Als der letzte fort war, kam sie sich unbeschreiblich einsam vor. Sie setzte an, über die Brüstung zu steigen, aber sie stockte; sie bemühte sich, aber sie brachte es nicht zuwege. Sie starrte hinüber zur Burg, aber sie erblickte die Mauern und Türme nicht, sie sah durch sie hindurch; mit allem, was in ihr empfinden konnte, bemühte sie sich, den Schleier zu durchdringen, hinter den Vorhang zu sehen, doch nichts gab sich ihr preis als Schreckbilder ihrer Phantasie, deren Unstimmigkeit sie sich bewußt war und die sie doch peinigten.

Dann rief eine Stimme von unten einige Worte, die sie nicht genau verstand, ihren Namen und irgend etwas Beruhigendes. Plötzlich war sie wieder fähig zu handeln. Sie stieg die Sprossen abwärts und erlebte es, wie es die anderen kurz vorher erlebt hatten. Sie hing im Wasser, oder richtiger, in dem, was von außen wie Wasser aussah, ihre Augen senkten sich hinunter zur Oberfläche ... und dann flimmerte etwas und verzerrte sich, etwas schlug um, etwas Schwankendes lief zu einer festen Form zusammen ...

Von Wasser war nichts mehr zu bemerken. Sie stand mit den anderen auf einer stumpf blinkenden Metallfläche, die direkt an der Mauer lag, und dort, wo früher ein Stück Mittelalter wach gewesen war, standen luftige Gebäude mit gläsernen Dächern, auf bleistiftdünne Säulen gestützt, erstreckten sich Mauern aus Drahtgeflecht, schlangen sich Rohre, wie hingegossen in langen parallelen Strängen, ragten Antennen und Parabolspiegel auf Gestängekonstruktionen hoch empor, lagen und standen Dinge aus Metall und Kunststoff und Glas, für die es keine Namen gibt.

Das war das wahre Zentrum der Stadt. Ein ungeheurer, blinkender Leib aus Maschinen.

2

Al lehnte mit dem Rücken an der Mauer, als wolle er die letzte Verbindung mit der normalen Welt so lange wie möglich aufrechterhalten. Don bemühte sich, in den Gebilden vor ihm etwas Bekanntes oder zumindest etwas Erklärliches zu finden, das ihm geholfen hätte, das Gleichgewicht wiederzuerlangen. Katja suchte nach einer Gelegenheit zum Niedersetzen, doch sie suchte vergeblich – die Konstrukteure dieses Freigeländes hatten menschlichen Bedürfnissen nicht Rechnung getragen. René scharrte mit dem Fuß über den Boden, hockte sich nieder, klopfte mit den Knöcheln auf die feste, graue Masse, stand auf und wartete geduldig.

»Sieht nun erheblich anders aus«, bemerkte Don. »Von der Altstadt – oder von ihrem Spiegelbild – ist nichts mehr zu sehen.« Er blickte auf die Leiter, die einzige Verbindung mit außen. Sie hing gestreckt und glatt an der Wand, keine Verzerrung, keine Schliere verriet, daß sie eine Zone durchlief, die auf unerklärliche Weise optisch aktiviert war.

»Mir gefällt es hier nicht«, murrte Kat, »es ist so . . .« Sie suchte nach einem passenden Wort, aber sie fand keines.

»Ungemütlich«, sagte Al mit leichtem Spott. Katja überlegte angestrengt.

»Andersartig«, sagte sie. »Fremd.«

»Wir müssen weiter«, drängte Don.

»Wo willst du hin?« fragte René.

»Jetzt hört mir zu!« Al sprach lauter und bestimmter, als es seine Art war. »Wir haben uns entschlossen, es noch einmal zu versuchen. Schön – jetzt sind wir da, wo wir vor drei Tagen aufgehört haben. Aber wir dürfen nicht glauben, daß es einfach so weitergeht wie vorher. Daß wir einfach drauflloszurennen brauchen wie in einem Naturschutzpark und daß sich das, was wir finden wollen, von selbst am Weg einfinden wird. Das hier kann gefährlich werden, das ist doch nicht zu übersehen? Hier gibt . . .«

»Du meinst also doch, daß sie noch leben?« unterbrach Katja und zog sich unauffällig zur Leiter zurück.

»Ich glaube, daß sie ihren Weg zu Ende gegangen sind. Das Unheimliche daran ist aber das: Wir wissen nicht, wie sie sich weiterentwickelt haben – nachdem das Stadium des süßen Nichtstuns in ihren Gartenhäusern vorbei war. Wir wissen ja auch von uns selbst nicht, wie wir uns weiterentwickeln werden. Und darum werden wir hier auf Dinge stoßen, wie wir sie noch nie gefunden haben, auf Maschinen, deren Verhalten wir nicht voraussehen können . . .«

»Wie soll sich eine Maschine schon verhalten?« fragte Don. »Man drückt auf einen Knopf – und sie tut das, worauf sie eingestellt ist.«

»Es kann auch komplizierter sein«, meinte René. »Man braucht gar nicht zu drücken – sie tut von selbst, was nötig ist.«

» . . . was ihr Programm vorschreibt«, verbesserte Al. »Aber was geschieht, wenn sie das Programm selbst aufstellt?«

Die Frage hing lange in der Luft. Katja konnte sich nicht ausmalen, was dann geschehen würde, es interessierte sie auch nicht. Sie fragte sich, ob sie es nicht zu Hause schöner hätte, sie dachte an die Erlebnisfilme, die nie so anstrengend waren wie dieser Ausflug, wo nie so lange geredet wurde. Wo Helden mit Einmannraketen Kämpfe ausfochten und sie dann in die Arme des Siegers sank, wo sie mit den Idolen der klassischen Zeit tanzte, mit Fred Astaire und Frank Sinatra, wo sie Kleopatra war, regierte, verurteilte und verführte – wo Cäsar und Augustus ihr zu Füßen lagen. Sie dachte an die ferngelenkten Spielboxen, die an jedes Pult angeschlossen waren, an die rollenden, hüpfenden und schwebenden Kugeln, an das Geklingel der Treffer und an den scharfen Knall ihres Zerspringens bei Verlustpunkten. Sie dachte an die Farben- und Formentänze, an das Schweben in den plastischen Räumen, an die Gemische aus der Geschmack- und Duftorgel . . . komischerweise gelang es ihr nicht, sich dafür zu begeistern. Ist ja eigentlich auch recht langweilig, dachte sie, vielleicht geschieht hier doch noch etwas. Schläfrig lehnte sie sich zurück und schloß die Augen.

Was geschieht, wenn sie das Programm selbst aufstellt?

Don besaß Phantasie. Vor seinem geistigen Auge begannen Maschinen zu quellen, zu sprießen, zu wuchern, Leitungen spalteten sich, Pfeiler bogen sich, Wände beulten sich aus, ein irres Chaos aus Speichen, Rädern, T-Trägern, Kolben, Röhren, Kugelketten, aus Draht, Transistoren, Thermoelementen, Magneten, Rubidiumkristallen, Relais, Potentiometern aus Glasfasern, Polyesterharzen, Viskosewolle, Kautschuk, Schlacke und Gelatine wurde lebendig. Wie die Triebe entarteter Pflanzen tasteten Metallkrallen umher, wie ein raffiniertes Folterwerkzeug schockte eine willensbefähigte Schaltung ihr Opfer, wie ein Polyp quoll eine blasig aufgetriebene Masse auseinander und schnellte klebrige Fangarme vor. Wahnsinnig gewordene Roboter stürzten sich auf hilflose, an ihre Stühle gefesselte Menschen, ganze Heere brachen wie ein einziger Keil aus Haß und Vernichtung durch die Flachbauten der friedegewohnten Siedlungen . . .

Diese Vorstellungen regten Don auf unheimliche Art auf, sie erzeugten Ekel und Furcht, doch sie sensibilisierten auch die Abwehrbereitschaft, die Kraft zur Auflehnung, zur Rache . . .

Das Bild verschwand, vor Don breitete sich wieder die saubere, von unverständlicher, aber unleugbarer Ordnung erfüllte Fläche einer fremdartigen Technik aus. Er verzog verächtlich die Lippen und wandte sich zu den Gefährten zurück.

Was geschieht, wenn sie das Programm selbst aufstellt?

René hatte eine besondere Beziehung zu Maschinen. Er begriff sie, wie andere ein Musikstück begreifen, er verstand viel von ihnen, vom Ineinandergreifen der Räder, vom Zusammenspiel der Schaltelemente, von den Kräften in Stoff, Luft und Vakuum, und wo sein Verstehen endete, begann die Überzeugung von der Sinnfälligkeit in den tausenderlei Bewegungen und Impulsen, in den Wirkungen und Rückwirkungen, im Kreisen, Strömen, Vibrieren, in Aktion und Resultat. Die Maschine, die sich selbst das Ziel setzt, wurde für ihn das Sinnbild des Funktionellen, das Symbol des Sinnfälligen, des von der Willkür Gereinigten – l'art pour l'art in höchster, nicht mehr zu übertreffender Potenz. Sollten diese Gebilde vor ihm ...? Er stimmte Al nicht zu. Sie mochten Produkt bemerkenswerter Intelligenz sein – Maschinen, die für sich selbst da sind, waren sie nicht. Denn: Sie funktionierten nicht. Er bemerkte keine Bewegung in ihnen und spürte auch nicht jenes besondere Fluidum, das von stromdurchflossenen Leitern, von pulsierenden Elektronen, von schwingenden Feldern ausgeht ...

Am Ende seines Überlegens stand Enttäuschung.

»Du machst mich noch ganz trübsinnig mit deinem Gerede«, sagte Don. »Was willst du eigentlich? Glaubst du, daß uns hier jemand überfällt.«

Al wollte Antwort geben. Er sah Don an, sah Katja an, sah René an; sie verstanden nicht, um was es ging. Er schwieg.

»Darauf kommt es doch an«, sagte Don. »Wir wollen real denken! Wir können es uns nicht leisten, daß wir noch einmal umkommen. Jak ist sicher schon hier. Er ist uns drei Tage voraus. Wenn er noch nicht am Ziel ist, dann haben wir Glück gehabt. Jak ist die größte Gefahr. Und jetzt, Al, jetzt sprich dich endlich aus. Was hat der ganze Zauber zu bedeuten?«

»Ich glaube, die Altstadt samt den Figuren und ihrem Treiben ist eine Attraktion. Wahrscheinlich gibt es an anderen Stellen der Mauer weitere Aussichtsrampen, von denen aus man ähnliche Abläufe beobachten kann. In Wirklichkeit liegen hier im Zentrum die Maschinen, die das alles hervorbringen, aber noch ganz andere Aufgaben hatten – nämlich die Energie für die Einwohner zu produzieren, für ihre Nahrung, ihre Bequemlichkeit und ihr Vergnügen zu sorgen, nicht viel anders, als sie das bei uns heute noch tun.«

»Ich muß noch einmal fragen«, sagte Don ungeduldig: »Wie

kann uns die Maschinerie gefährlich werden?«

»Wie soll ich das wissen?« fragte Al leicht verärgert zurück. »Ich hab' dir gesagt, was ich weiß – jetzt zieh selbst deine Schlüsse!«

René trat einen Schritt vor.

»Was soll es für Gefahren geben? Die Anlage ist für Intelligenzwesen gebaut – je vollkommener sie ist, um so mehr wird sie ihren Wünschen entgegenkommen.«

»Davon merke ich nichts«, sagte Kat und stand auf. »Hier gibt es nicht einmal Bänke. Wenn du recht hättest, dann müßte uns zumindest ein Taxi abholen. Diese Latscherei geht mir auf die Nerven.« Sie trat einige Schritte von der Mauer weg, über den horizontalen Ring, auf dem sie angekommen waren, in eine breite Straße hinein, die von Gitterkonstruktionen gesäumt war.

Sie überschritt eine Grenze ...

»Oh, seht doch!« rief René.

Ein schiefergraues Gebilde glitt auf Kat zu, die vielfach durchbrochene Stirnseite stockte kurz vor ihr, dann wandte sich der Schemen und drehte dem Mädchen die Flanke zu. Der Rand schob sich auseinander, man sah hinein – in eine glasüberdachte Mulde, ähnlich dem Inneren eines Bootes, mit dick gepolsterten Bänken ringsherum. Ein Brett schob sich heraus, entfaltete sich und überbrückte den Raum zwischen Schwelle und Straßenboden.

»Fein«, rief Kat. »Gerade das habe ich mir gewünscht!« Mit einem Schritt war sie darin. »Kommt!«

»Halt, seid vorsichtig!« rief Al, doch Don lachte nur und stieg ebenfalls ein. Als ihnen René ohne Zögern folgte, stieg auch Al in das Boot. Don war nach vorn gegangen, von wo man durch das Glas über die Vorderfront in Fahrtrichtung blicken konnte. »Wo ist die Steuerung?« fragte er.

Es gab keine Steuerung. Es gab absolut nichts, was einer Steuerung auch nur im entferntesten ähnelte.

»Wie sollen wir von hier wegkommen?« fragte Don.

Die Rampe glitt einwärts, die Schiebetür schloß sich. Das Fahrzeug setzte sich in Bewegung.

»Halt!« rief Don. »Wo geht es hin?« Er suchte nach einer

Bremse. Es gab keine Bremse. Er suchte eine Türklinke, einen Knauf, ein Schloß. Es gab nur glatte Wand, Polster und Glas.

»Ich fürchte, wir sind gefangen«, sagte Al.

3

Hinter dem starkgewölbten Glasdach glitten die Dinge vorbei, die sie schon aus der Ferne gesehen hatten, ohne ihnen Sinn abgewinnen zu können.

Don trat zornig gegen die Tür, sein einziger Erfolg waren jedoch schmerzende Füße.

»Wie kommen wir hinaus?« fragte René. »Es muß doch eine Möglichkeit geben, hinauszukommen.«

Al war in den Anblick Katjas versunken, die vergnügt auf den federnden Sitzen schaukelte. Eine Spur von Neid wurde in ihm lebendig – der Neid des Grüblers vor der seligmachenden Gedankenlosigkeit.

»Wie wir hier hinauskommen?« wiederholte er. »Ganz einfach: Wir brauchen nur das richtige zu sagen oder zu denken.«

Don drehte sich gereizt herum:

»Aber das können wir ja nicht!«

»Eben«, sagte Al.

René ging zu dem Bug vor und befahl laut: »Halt! Stehenbleiben! Stop!« Und nach einer Weile, als sich nichts am Tempo ihrer Schwebefahrt geändert hatte, entschuldigend: »Es hätte ja sein können.«

»Was nun?« fragte Don.

»Abwarten«, riet Al.

Ein Netzwerk von Metall glitt an ihnen vorbei, Gespinste aus weißen Fäden zeichneten Ornamente in schwarze Rahmen, Glas blinkte kalt in der Sonnenstrahlung, Lichtreflexe umrandeten die Schattenzeichen auf dem grauen Boden. Wenn das Boot um eine Ecke bog, drehte sich alles wie auf einer Schwenkbühne. Dann verringerte es die Geschwindigkeit, blieb stehen und bewegte sich im rechten Winkel gegen die Fahrtrichtung nach rechts, bis es an der Wand eines großen blockartigen Baus lag.

Die Tür klaffte auf, und in der Wand öffnete sich gleichfalls eine Tür mit derselben lichten Weite.

»Aussteigen!« rief René.

Katja saß nun unbewegt – wie erfroren.

»Nicht so eilig«, rief Don. »Wer sagt, daß ich aussteigen will?«

René stand ruhig von der Bank auf und trat durch die Öffnung. Es klickte ... ein heller horizontaler Strich lief von oben nach unten, René war von der Dämmerung verschluckt. Don sagte »Na ja« und folgte seinem Beispiel. Wieder erschien der Strich, ertönte das klickende Geräusch. Al blickte in den anschließenden Raum hinein, der fahl erleuchtet war, ohne daß man hätte sagen können, woher das Licht kam.

»Hallo, René! Hallo, Don!«

Er lauschte, doch er bekam keine Antwort. Er rief noch einmal: »Hallo, Don!«

... nichts.

Er spürte die zarte Berührung von Fingern an seinem Hals ... Er drehte sich um. Vor ihm stand Katja. Ihre Augen blickten ungewöhnlich dunkel. Jetzt griff sie fester zu, ihre Hände umklammerten seine Schultern, zogen ihn weg von der unheimlichen Pforte ins Ungewisse. Sie drängte sich an ihn, schutzsuchend, bereit, den Eindruck des Unheimlichen durch etwas Unmittelbareres zu übertönen, besessen vom Wunsch nach menschlicher Berührung, nach Betäubung, nach Vergessen – und wenn es nur Sekunden waren. Sie drängte sich an ihn, schloß die Augen, küßte und ließ sich küssen, sie sah und hörte, hoffte und fürchtete nichts mehr, weil sie nichts sehen oder hören, hoffen oder fürchten wollte. Sie gab sich allen angenehmen, einschläfernden und zugleich aufregenden Empfindungen erwartungsvoll hin, versuchte aus der Wirklichkeit, aus Schwingungen, Elektronen, Atomen, Metall und Kunststoff, Schaltungen, Bildern und Absichten zu flüchten – in einen Strudel schwindelerregender Gefühle –, und es gelang ihr mit all jener Vollkommenheit, die sie sich wünschte. Einen kleinen Rest der Wirklichkeit aber hielt sie in diesen Momenten bewußt in sich lebendig, und in irgendeinem dunklen Winkel ihres Empfindens kostete sie gerade das Seltsame, das Absurde, das Widerspruchsvolle der Situation bis zur Neige aus.

Als die berauschende Verwirrung in Al ein wenig zum Abklingen kam und er sich der Notwendigkeit der Gegenwart besann, bemerkte er fast erstaunt, daß sich nichts geändert hatte. Niemand schien sie zum Eintreten zwingen zu wollen, niemand schien etwas dagegen zu haben, daß sie sich aufhielten, so lange sie wollten. Allerdings stand die Tür nach wie vor einladend offen; das Boot lag an derselben Stelle und – genaugenommen war auch das eine Art Zwang: sogar unentrinnbarer als jede Gewaltmaßnahme.

»Es wird uns nichts anderes übrigbleiben«, sagte Al leise. Er hatte einen Arm um Katjas Schulter gelegt und trat mit ihr in die Pforte und durch sie hindurch ...

Im selben Moment, als sie die Schwelle überschritten, fuhr der helle Strich wie ein weicher Blitz zwischen sie. Es war, als würde eine Wand heruntergezogen – sie waren getrennt.

Al stand in einer grauen Kabine – ein blendender Lichtschein zuckte auf, für einen Moment senkte sich Dunkelheit wie ein schwarzes Tuch über ihn, dann bewegte sich der Boden und er sich mit ihm auf die leere Wand zu. Ganz dicht an seinem Körper glitt sie auseinander und schloß sich gleich wieder. Wieder stand er in einer Kabine, die rechte Seite war mit einem Raster verkleidet, hinter dem leises Rauschen hervordrang. Ein schwacher Knall, das Rauschen war wie abgerissen. Der Boden bewegte sich ... die Wand machte ihm Platz, schloß sich wieder ... etwas wehte wirbelnd vom Boden auf ... stieg über ihn hinweg ... ein leichter Geruch nach Chemikalien lag in der Luft ... der Boden bewegte sich ... die Wand glitt auseinander ...

Nach den ersten atemberaubenden Sekunden, in denen er vor Beklemmung zu keinem vernünftigen Gedanken fähig war, wandelte sich sein Erleben plötzlich, es war nicht mehr etwas Wesenloses, vielmehr überfiel ihn ganz scharf ein nüchternes Wissen: Du wirst aufgeschnitten, zerlegt, auf irgendeine nicht mechanische Weise abgebaut ... und diese kalte Sicherheit war niederschmetternder als das Widerstreben gegen etwas Unbestimmtes. Er fühlte die Haut an den Händen pelzig werden, seine Zunge lag wie ein Gummiball in der Mundhöhle ... Mit einemmal fiel ihm Katja ein, und er vergaß alles um sich herum in seinem Schrei:

»Katja, hörst du mich?«

»Ja, Al, ich höre dich.«

»Du brauchst keine Angst zu haben.«

»Natürlich nicht, Al.«

»Jetzt ist nur noch eines wichtig: du, Katja!«

»Und du, Al!«

Der Boden glitt vor, die Wand riß auseinander, eine leere Kabine ... die rechte Wand mit einem Kreismuster in Bienenwabenstruktur überzogen, jeder Kreis war ein Loch, und aus einem davon in der Mitte des Feldes wanderte ein Pfeil mit stumpfer Spitze auf Al zu. Er drückte sich an die Vorderwand ... der Pfeil ging hinter ihm vorbei ... hielt in horizontaler Lage an der linken Begrenzungsfläche des Raumes ... entronnen! Noch nicht: Ein zweiter Pfeil kroch aus der Wand, in Kniehöhe, horizontal wie der erste ... Al wich aus, der Pfeil ging vorbei. Sofort folgte ein dritter, brusthoch .. Al duckte sich ... schon war der enge Raum durch zwei Sprossen eingeengt, und nun war eine dritte da ... Ein vierter Pfeil schob sich in die Kabine hinein, nicht langsam, nicht schnell, mit automatenhafter Gleichmäßigkeit. Er stach in den engen Raum hinein, wieder in Brusthöhe, genau auf Als eingeklemmten Körper zu. Er hatte Mühe, sich niederzuducken, die Stangen hinderten ihn ... noch eine ging über seinen Kopf hinweg ... und nun kam wieder ein Pfeil auf ihn zu. Al kauerte am Boden, eingeklemmt in einem räumlichen Gitter ... er versuchte auszuweichen, riß und schüttelte an den Stäben ... aber es nutzte nichts, diesmal gab es kein Entrinnen. Er warf sich herum, drehte dem anrückenden Spieß den Rücken zu ... wartete ... ein dumpfer Druck unterhalb des Schulterblatts ... ein Losschnellen ... ein Dorn, der sich in die Haut bohrte ... ein greller Schmerz ...

Wie auf ein Zeichen zogen sich alle Stangen zurück, nach ein paar Sekunden war der Raum leer ... nur das Punktmuster an der rechten Seite erinnerte an die Tortur.

Der Boden bewegte sich ... die Wand wich und schloß sich ... eine Düse ragte von rechts in den Raum hinein ... es begann zu zischen ...

...

»Katja, antworte!«

»Ich antworte ja schon, Al.«

»Du darfst mich nicht warten lassen!«

»Nein, nein, Al.«

»Bist du glücklich?«

»Ja, sehr! Ich brauche nur an dich zu denken.«

...

Es war ein laufendes Band, das ihn beförderte. Auf jeder Station geschah ihm etwas anderes – ungewöhnliche, erschrekkende Dinge, weniger schmerzhaft als peinigend durch den Zweifel über ihren Zweck.

Station ...

Licht glomm auf, zuerst schwach, allmählich intensiver, bis es zu einer alles durchdringenden unerträglichen Grelle wurde. Al preßte die Fäuste vor die Augen, und noch immer badete er in dieser feurigen Flut ...

Station ...

Langsam wurde es wärmer, dann rascher, die Luft kochte, die Haut brannte, das Herz schlug, die Lunge rang nach Atem ... Al wand sich, keuchte, trommelte gegen die Wände.

Station ...

Erst summte ein Ton, leise, kaum hörbar, wurde voller, füllte den Raum, laut, gewaltig, dröhnte, donnerte, toste ... Al hatte die Schultern hochgezogen und kniete auf dem Boden, die Hände am schmerzenden Schädel ...

...

»Katja, ich könnte es nicht ertragen, wenn du nicht ...«

»Bleib ruhig, Al. Bitte! Mir zuliebe.«

»Ich bin ja ruhig, Kat. Wo bist du jetzt?«

»Ich achte nicht mehr darauf. Warum auch?«

...

Warum auch.

Ein Objektiv blickte von oben in die Kabine – das Objektiv, das Auge der Maschine. Die Wand rechts fiel zurück, ein Abgrund riß auf ... ein achtfüßiges Kriechtier zappelte am Boden ... ein Schwingenflugzeug surrte auf ihn zu ... Zähne bissen ... Fratzen grinsten ...

Warum darauf achten? Warum?

Al griff in ein Gesicht hinein, und er faßte durch dieses Gesicht hindurch ...

Das Förderband lief wieder ... stand ... eine neue Kabine ... leer – bis auf einen roten Knopf ...

Über Als Haut lief ein Prickeln, wurde stärker, wurde schwächer, wieder stärker, viel stärker ... verzweifelt blickte er sich um ... eine Möglichkeit zum Entrinnen? ... ein rettender Strohhalm? ... Al fand den roten Knopf ... er drückte nieder ... schlagartig hörte der elektrische Schüttelfrost auf ...

Der Boden trug ihn fort ... das Prickeln lief wieder über ihn ... Al suchte nach dem Knopf ... fand ihn ... aber er steckte nicht fest in einer Halterung, sondern war verschiebbar angebracht – in einem Gewirr von Linien, die in Form eines Labyrinths in die Wand eingeschnitten waren. Das Ende eines nach unten auslaufenden Einschnitts war rot eingekreist. Die Vibration wurde intensiver, ebbte ab, flutete weiter auf ... Schon war Al dabei, den roten Knopf zu verschieben – nur zweimal verirrte er sich in einer Sackgasse und mußte umkehren ... dann hatte er den Weg durch den Irrgarten gefunden, konnte den Knopf an der bezeichneten Stelle hinunterdrücken ... die elektrischen Schläge ließen sofort nach ...

Das Band brachte ihn weiter ...

Andere Aufgaben ... zitternde Glieder im Elektroschock ... gespanntes Nachdenken, höchste Konzentration. Al nahm es als Herausforderung, als Bewährungsprobe. Er bemühte sich, und er war stolz, wenn es ihm gelang ...

...

»Laß doch diese Dinge, Al!«

...

»Al, was hat es denn für einen Sinn!«

...

»Hast du mich so schnell vergessen?«

...

»Gib es auf, Al! Wenn du mich liebst, gibst du es auf!«

...

Al steckte Bauklötzchen zu einem Würfel zusammen, suchte ineinanderpassende Teile aus einer Menge Metallplatten heraus, reagierte auf das Aufglühen von Leuchtscheibchen, löste einfache und schwerere Rechenaufgaben ...

Das Laufband bewegte sich, die Wand schob sich auf ... helles Sonnenlicht blendete ihn ... er wankte ins Freie ...

Da saßen Don, René, Katja, sie sahen ein wenig erschöpft aus, schienen aber sonst wohlbehalten.

»Na, überstanden?« fragte Don.

»Das hat aber lange gedauert!« sagte René.

Al blickte auf Katja.

Sie saß mit angezogenen Knien an der Wand und sah unverwandt an ihm vorbei. Ihre Lippen waren verächtlich gekräuselt. Sie pfiff vor sich hin. Al brauchte einige Zeit, um sich zu sammeln.

»Wo sind wir?« fragte er dann.

René gab Auskunft.

»Am hinteren Ende des Hauses.«

»In welchem Teil des Geländes?«

Niemand wußte es.

Al trat an eine Gestrebekonstruktion, die wie ein Bohrturm aussah, und kletterte hinauf. Die körperliche Anstrengung vertrieb die Mattigkeit und die Reste des überstandenen Schreckens wie ein erfrischendes Bad. Rasch klomm er höher, über das Niveau der Dächer hinaus.

Eine warme Luftströmung trieb an ihm vorüber und kühlte ihn wohltuend ab. Seine Kameraden waren zu kleinen, unscheinbaren Pünktchen geworden. Er musterte seine Umgebung. Das Schwebeboot hatte sie in den nördlichen Teil des Stadtkerns gebracht. Zwischen den höheren Bauwerken gab es genug Lücken, durch die er die Stadtmauer erkennen konnte, die sich wie ein Schlüsselrand um die eingeschlossene Horizontalfläche bog. Die Gebäude mit ihren Metall- und Glasdächern lagen im Becken eingeschachtelt wie Zusammensetzteile in einem säuberlich aufgeräumten Elektrobaukasten. Die ebene Lage war nur an einer Stelle gestört – Al nahm an, es wäre dieselbe, an der im Bild der alten Stadt der Hügel mit der Ruine gelegen hatte: Hier ragten die Gebäude höher auf. Al konnte nicht erkennen, ob sie auf einem Hügel standen oder nur höher als die anderen gebaut waren.

Er stieg wieder hinunter und berichtete seinen Kameraden.

»Ich habe eine Idee«, meldete Don, als sie ihre nächsten Maßnahmen berieten. »Jak ist uns drei Tage voraus. Versuchen wir, ihn und seine Leute zu finden – dann werden wir schon sehen, womit er beschäftigt ist. So ersparen wir es uns, erst lange selbst zu suchen.«

»Eine gute Idee«, sagte Katja.

Don wandte sich an Al. »Hast du etwas von Jak gesehen?«

Al schüttelte den Kopf.

»Nein.«

»Macht nichts«, konstatierte Don. »Der Flächenraum ist nicht groß, wir werden Jak bald erwischen. Am interessantesten erscheint mir der Hügel. Am besten, wir gehen zunächst dorthin. Aber vorsichtig, denn Jak kann sich denken, daß wir inzwischen wieder da sind!«

»Werden wir uns frei bewegen können?« fragte René.

»Warum nicht?« fragte Don zurück. »Die Automaten haben uns geprüft – darüber sind wir uns doch klar. Und sie haben uns freigelassen. Sie halten uns für harmlos. Sie kümmern sich nicht mehr um uns.«

Al war wieder einmal anderer Meinung.

»Ich glaube nicht, daß sie sich nicht mehr um uns kümmern.« Er zeigte auf einen Pfeiler, der in der Mitte des nächsten größeren Platzes stand. Es gab viele davon – dünne stengelartige Gebilde, die in dunklen glänzenden Kugeln unbestimmter Farbe endeten. Manche von ihnen waren nur wenige Meter hoch, andere überragten die Dächer um viele Manneslängen.

»Lampen?« fragte René.

»Vielleicht auch das«, antwortete Al. »Ich habe meine: Augen.«

René nickte.

»Kugelobjektive.«

»Augen, die uns ununterbrochen anstarren«, sagte Katja, ohne daß man merkte, ob es eine Frage oder eine Feststellung sein sollte. »Viele tausend Augen, die uns ununterbrochen beobachten.«

»Das ist doch nur eine Vermutung«, sagte Don mit Unbehagen.

»Wir müssen solchen Vermutungen nachgehen«, sagte René. »Man kann sie doch nicht einfach abtun!«

»Na, so geht ihnen doch nach!« forderte ihn Don unfreundlich auf.

René entgegnete kühl: »Genau das habe ich vor.«

Er schlenderte zur Säule hinüber und zog seine Jacke aus. Er band die beiden Ärmel zusammen, so daß sie eine Schleife bildeten, und hängte dann das Kleidungsstück über den linken Arm.

»Nun werde ich dir gleich zeigen, daß nicht nur du klettern kannst«, sagte er laut zu Al, der mit Don und Katja langsam nachkam.

René umfaßte die Stange möglichst weit oben, zog die Beine nach, schloß sie fest um den glatten Kunststoffschaft, streckte sich wieder empor und kam auf diese Weise überraschend schnell hinauf. Nach wenigen Klimmzügen befand sich sein Kopf dicht neben der Kugel, und unwillkürlich fuhr er zurück. Obwohl sich nichts regte, war ihm, als wäre der Blick des runden Glaskörpers ausgesprochen böse. Geschickt nahm er seine Jacke vom Arm und stülpte sie mit einer raschen Bewegung über das gläserne Kugelauge. Er hatte ein leise beklemmendes Gefühl – rasch ließ er sich abwärts gleiten und trat zu den anderen, als wolle er sich unter ihnen verbergen.

Trotz der unbestreitbaren Harmlosigkeit ihres Tuns fühlten sie sich nicht ganz wohl in ihrer Haut. Unruhig blickten sie umher.

»Spielerei«, murmelte Don abfällig, aber in Wirklichkeit wollte er nur sich selbst Mut machen.

Dann flog etwas leise surrend über die Dächer heran und hielt schwebend vor der verhängten Kugel – ein metallener Vogel von der Größe eines Kondors. Eine Zange griff zu . . . das Ding hob sich . . . zog die Jacke von der Kugel fort, ohne den Übergang des Beschleunigens setzte es sich wieder in Bewegung, surrte auf René zu – erschrocken wich dieser einen Schritt zurück . . . die Jacke fiel zu Boden . . . schon glitt der Flugkörper über die Dächer davon.

»Du kannst sie wieder anziehen«, sagte Al. Benommen hob René die Jacke auf. Er machte einige vergebliche Versuche, bevor es ihm gelang, glatt in die Ärmel zu kommen.

»Jetzt wissen wir es also«, sagte Don. »Na, wennschon. Kommt, wir ziehen los!«

Sie stellten bald fest, daß es auch hier kein Straßennetz im üblichen Sinn gab. Das, was sie als Straßen benutzten, war wohl nichts anderes als die mehr oder weniger zufällige Folge von Zwischenräumen und freien Plätzen zwischen den Anlagen. Oft ließ sich auch gar nicht angeben, wo das Maschinengelände aufhörte und der brachliegende Raum begann. Oft standen turmartige Bauwerke auf den freien Stellen, oft rückten diese Dinge aber auch näher aneinander und bildeten eine Landschaft, die stark einem Wald ähnelte. Die Bewegung glich dann mehr einem Slalom als einem zielbewußten Vormarsch. Manchmal wanderten sie zwischen aufgespannten Netzen hindurch, manchmal stießen sie auf Areale, in denen die birnenförmigen Gegenstände, die ihnen schon früher aufgefallen waren, dichtgedrängt in Reih und Glied standen. Nur selten fanden sie geschlossene Gebäude.

Al gab sich alle Mühe, um die Orientierung nicht zu verlieren. Einige Male gelang ihm dies nur, indem er den Sonnenstand mit der Zeitansage seiner Uhr verglich. Hier wäre ein Kompaß das richtige gewesen. Es fiel ihm nur nebenbei ein, doch es führte ihn zu ganz unorthodoxen Gedankengängen – wie sehr hätten ihnen hier Werkzeuge geholfen, nicht nur einfache Gegenstände des täglichen Gebrauchs, nein, echte, dem Zweck angepaßte Werkzeuge, mit denen man, wenn es notwendig war, auch einmal entscheidend in die Umwelt eingreifen konnte! Noch nie war ihm das Unzulängliche der erlaubten Mittel so bewußt geworden, noch nie hatte er es so deutlich empfunden, daß er von der Umgebung abhängig war und nicht sie von ihm. Schon dadurch, daß sein Weg mehr vom Zufall abhing als von seinem Willen, kam das klar zum Ausdruck. Er mußte an die Fernlenkbox denken: wie die Kugel über die schiefe Ebene rollte, blind an Hindernisse stieß, an Löchern und Toren vorbeiirrte und schließlich im Reservebehälter landete, ganz gleich, was vorher mit ihr geschehen war.

Wieder einmal standen sie vor einem Hindernis, einem riesigen Bauwerk, das sich so weit nach rechts und links erstreckte, daß es viel Zeit gekostet hätte, darum herumzugehen.

»Sieht wie eine Fabrik aus«, bemerkte Don.

Wie die meisten Gebäude gab auch dieses sein Inneres willig preis. Nur an wenigen Stellen war es von Wänden umschlossen, und selbst diese bestanden aus jenem durchsichtigen Material, das sie kurzerhand als Glas bezeichneten. Auch das Dach war durchsichtig.

Interessiert näherte sich René einer offenen Stelle und betrat eine Art Weg, der durch das Innere zu führen schien.

»Wir können vielleicht hindurchgehen«, schlug er vor. Insgeheim hatte er den starken Wunsch, eine der Anlagen zu besichtigen.

»Warum nicht?« sagte Don und gab damit das Zeichen, die Fabrik zu betreten.

Es schien sich wirklich um einen Weg zu handeln, denn der ebene Streifen zog kontinuierlich zwischen den einzelnen aufgebauten Teilen hindurch, etwa einen Meter breit, stufenlos, oft geneigt, aber nie so stark, daß er das Gehen unterbunden hätte. Die Neigungen waren erforderlich, um beträchtliche Höhenunterschiede zu überwinden. Die Maschinen – falls es sich um Maschinen handelte – waren von immenser Größe und oft einige Stockwerke hoch.

»Wozu mögen sie gut sein?« fragte Don.

Sie gingen gerade an einem Geländer entlang. Tief unten lief eine ganze Bahn von schrägen Rinnen zu torartigen Öffnungen.

»Vielleicht eine Förderanlage?« vermutete René. Er konnte seine Begeisterung nicht verbergen. »Großartig. Man müßte das einmal in Betrieb sehen!«

»Wie kommst du auf Förderanlage?« fragte Don.

»Durch die Rinnen soll etwas abrutschen oder abrinnen«, erklärte René, »dort oben scheint eine Art Sortiervorrichtung zu sein, und unten geschieht irgend etwas mit den bearbeiteten Dingen.« Er gestikulierte heftig, voll Eifer darauf erpicht, sich den anderen, die von diesen technischen Dingen nichts wußten, verständlich zu machen. »Natürlich läuft das alles vollautomatisch.«

»Das wollen wir doch ausprobieren!« sagte Al, und ehe ihn jemand hindern konnte, warf er einen der Kiesel, die noch in seiner Tasche steckten, zu den Rinnen hinunter. Es hätte ihn auch niemand gehindert, denn Don hielt sowieso nicht viel von übertriebener Vorsicht, René wäre noch ganz andere Risiken eingegangen, um die Maschinerie in Gang zu setzen, und Katja hatte gar nicht zugehört.

Der Stein schlug blechern klirrend unten auf, sprang noch einmal hoch, fiel endgültig in eine Rinne, kollerte hinunter, rutschte in die Öffnung am unteren Ende der Bahn . . .

Auf einmal lag ein Ton in der Luft, ein hohes, helles Singen, stetig und gleichbleibend in Tonhöhe und Lautstärke . . . Die vier Kameraden standen still und staunten . . . Zwölf große gleißende Bälle stiegen wie Seifenblasen aus zwölf Trichtern, Kugeln aus dem seidigen Gespinst von elektrischen Entladungen, auf und ab wogend wie Fontänen im Wind. Kolben stampften; Flügelräder liefen an, dort, wo der Stein verschwunden war; etwas mahlte dumpf. Wie eine Woge lief es durch die Maschinenteile – Räder drehten sich, Gelenke knickten, Wellen rotierten, Relais klickten, Funken knisterten.

Katja war aus ihrer Träumerei erwacht und schrie plötzlich: »Da ist er! Da!«

Der Stein war wieder zum Vorschein gekommen, er hüpfte über einen Schüttelweg, dann griff ein glockenartiges feinmaschiges Drahtgeflecht wie eine Hand über ihn, hob ihn empor und kippte ihn über einer Grube aus, in die sie von ihrem Standpunkt aus nicht sehen konnten. Sie stürmten über den Weg und hielten jäh: Von unten schlug ihnen trockene, atemstockende Luft entgegen. Kurz anhaltende, gedämpfte Zischlaute wurden hörbar, das milde Blau von Cerenkovstrahlung glomm irgendwo in unbestimmter Tiefe. Dann war es plötzlich still.

»Atomzerfall«, flüsterte René. »Donnerwetter! Atomarer Abbau!«

4

Schweigend setzten sie sich wieder in Marsch, einige Male teilte sich ihr Pfad. Sie schlugen stets die Richtung ein, die sie am schnellsten an die andere Seite bringen mochte.

Unversehens hob Don, der voranging, die Hand:

»Halt! Still!«

Er drängte die anderen zurück.

»Zu dumm. Wir hätten damit rechnen müssen: Jak mit seinen Anhängern. Wir dürfen uns nicht sehen lassen.«

Sie zogen sich hinter einen pyramidenartigen Aufbau zurück.

»Sie haben den Lärm gehört«, stellte Al fest. Don spähte um die Ecke. »Dort stehen sie, Jak und Heiko. Und da ist auch Tonio!«

»Kommen sie näher?« fragte Kat.

»Sie beraten«, flüsterte Don. Er drehte sich um. »Das ist eine gute Gelegenheit – wir dürfen uns nicht sehen lassen. Wir beobachten sie – und folgen ihnen dann.«

Wieder spähte Don hinter der Wand hervor. »Vorsichtig, sie kommen. Wir müssen uns verstecken!«

René wies hinauf.

»Am besten dort oben.«

Die Stufen, die in die Höhe führten, waren offenbar nicht zum Erklimmen bestimmt, aber mit gegenseitiger Hilfe waren sie zu überwinden. Sie gelangten auf eine horizontale, von viereckigen Löchern durchstoßene Fläche von etwa vier mal vier Metern, die entfernt an ein Kanalgitter erinnerte. Hier waren sie vor Blicken von unten geschützt.

»Niederlegen«, befahl Don leise.

Sie ließen sich auf der harten Unterlage nieder.

»Oh, wie unbequem«, stöhnte Katja.

René versuchte, in eines der Löcher hineinzuschauen, aber im Innern war es dunkel.

»Hoffentlich keine Gasableitung«, murmelte er.

»Das Ding ist doch sowieso nicht mehr in Betrieb!« zischte Don.

Unten hallten Schritte. Die zweite Gruppe mußte direkt unter ihnen sein. Jetzt klangen auch Stimmen auf.

». . . bestimmt von hier. Hab's ganz genau gehört!«

»Aber was soll es denn gewesen sein?«

»Vielleicht treibt sich hier Don herum.«

»Siehst du eine Spur von . . .«

Die Stimmen verklangen. Nur noch ein paar Wortfetzen waren zu verstehen.

». . . alles genau durchsuchen . . .«

Wieder lugte Don hinunter. Warnend schwenkte er die Hand.

»Wir können nichts anderes tun als vorerst hierbleiben!«

»Sollen wir nicht . . .«, Al stockte, kaum daß er zu sprechen begonnen hatte.

»Was?« fragte Don uninteressiert.

»Uns mit den anderen verständigen?«

»Was sagst du da?«

»Du hast schon richtig gehört: uns mit den anderen verständigen!«

»Hast du deinen Verstand verloren? Bist du wahnsinnig?« Don war außer sich.

Katja hatte das Kinn auf die Hände gestützt und hörte ihm halb belustigt, halb gelangweilt zu. Al ließ ihn zunächst aussprechen. Don redete noch eine Weile weiter.

»Wenn wir zusammen vorgehen«, versuchte Al zu erklären, »können wir mehr erreichen . . .«

»Was sollen wir erreichen? Wie sollen wir die ersten werden? Zusammen vorgehen! Ausgemachter Unsinn!«

»Don, begreifst du denn nicht? Es geht hier um viel mehr, als erster zu sein. Hier liegt ein Rätsel, das wir lösen können. Hier können wir Probleme klären, die die ganze Menschheit betreffen. Hier haben wir . . .«

»Sei still, Al, bitte!« sagte Don sehr entschieden. Al forschte in den Mienen der beiden anderen. René roch bedenklich an den Öffnungen im Boden. Katja drehte sich betont lässig auf den Rücken, bettete den Nacken in den verschränkten Händen und blinzelte dem Licht, das von oben kam, entgegen. Es war nicht mehr die tiefe Bläue des Tages, es waren schon die Tinten des späten Nachmittags, die dort oben Flecken und Regenbogenränder malten.

»Es ist schon spät«, sagte sie.

»Spät?« wiederholte Al. »Vielleicht ist es das – zu spät.«

»Jetzt aber endgültig Schluß«, mahnte Don. »Machst du weiter mit – oder nicht? Dann brauchst du gar nicht hierzubleiben. Nun?«

»Schon gut«, sagte Al. Er zog ein Gesicht, als hätte er in eine Zitrone gebissen.

»Na also«, sagte Don befriedigt. Er schob sich wieder zum Rand vor und sah hinunter. »Sie sind drüben. Sie besprechen sich.«

»Mir ist es hier zu hart. Ich will hinunter«, sagte Katja und richtete sich auf. Don schnellte zu ihr hin und riß sie nieder.

»Verflucht! Kusch dich! Oder es knallt!«

Katja schlug hart auf. Sie ächzte unterdrückt.

»Al, hilf mir doch!«

»Laß sie los, Don«, sagte Al drohend.

Don sah ihm wütend in die Augen. Al war nicht weniger wütend.

»Laß sie los!« forderte er noch einmal.

»Was geht es dich an?« stieß Don heraus.

»So tu doch was, Al!« flehte Katja. Sie wand sich unter den hart zupackenden Händen Dons. »Laß doch das alles, Al! Gib es auf! Wir können . . .«

Don legte seine Hand auf ihren Mund. Im Liegen ergriff Al seinen Arm und riß ihn herum. Don ließ Kat los und schlug auf Al ein, einmal, zweimal, ohne sich aufzurichten . . . Al fing die Faust ab und drehte sie um . . . plötzlich flogen sie auseinander. René hatte sich zwischen sie geworfen.

»Schluß. Seid still. So seid doch still!« Er lauschte angestrengt ... Sie hörten Schritte ... und Stimmen ...

» ... hier irgendwo ...«

» ... nicht getäuscht haben ...«

Die Schritte polterten davon. Die Stimmen wurden unverständlich.

»Mit eurer verfluchten Streiterei«, schalt René. »Ihr verpatzt noch alles! Wofür bemühen wir uns?«

Don und Al hatten sich etwas beruhigt, nur ab und zu warfen sie sich böse Blicke zu. Eine Weile warteten sie und lauschten. Mehrmals wurden die Schritte lauter und dann wieder leiser.

Der Abend kam und dann die Nacht. Sie senkte sich rasch, wie immer bei strahlendem Wetter. Die Reflexe erstarben. Die Maschinen verloren ihren Glanz, ihre Kanten wurden weich, ihre Ecken stumpf.

»Wir klettern hinunter!« ordnete Don an. »Wir müssen uns an ihre Fersen hängen, sonst entwischen sie uns!«

Sie halfen einander und kamen bald wohlbehalten unten an. Aus einem fernen Winkel drangen Geräusche.

»Da hinten!« flüsterte René. »Kommt schnell!«

Auf Zehenspitzen schlichen sie über den Weg, der sich als hellgraues Band zwischen den schlafenden Maschinenungeheuern dahinschlängelte.

Katja brachte nur wenig Mühe auf, mit einemmal stolperte sie und hielt sich im letzten Moment an einem senkrecht stehenden, wendelartig gebogenen Metallgebilde. Der Stoß lief durch den elastischen Stoff, wurde reflektiert, ein Ton wie von einer reißenden Saite ertönte, klang ab, wiederholte sich mit jedem durchlaufenden Echo, zwar leiser, aber immer noch aufreizend in der Stille der Halle.

Stimmen, Geräusche, Aufschläge von Schuhen auf Metall ...

Wild blickte Don umher.

»Hierher!«

Er sprang vom Weg hinunter, auf einen breiten Vorsprung, der von einer gebuckelten Metalloberfläche abstand, kroch über die gekrümmte Fläche hinweg, ein Schemen in der Düsternis ...

Die Schritte kamen rasch näher.

Al sprang die Stufe hinunter – sie war nur einen Meter tief – und streckte Katja und René die Hand entgegen. Hinter Don turnten sie über das Rund der Metalloberfläche ...

Oben hielten drei Schatten ...

Don war weit vor ihnen, sie hetzten weiter, um ihn nicht aus den Augen zu verlieren. Er schwang sich über eine Barriere ... Da geschah es – ein Rechen wischte die Bahn entlang. Don schrie gellend auf ...

Jetzt tönte die Luft, sie sang, schneidend, ohne Unterbrechung, ohne Schwanken ...

Blitzartig jagte ein greller blauer Schein über die Flächen, die Kanten entlang, er fing sich an den Ecken und Spitzen, hing in den Linienreihen der Drähte ... zwölf weißblaue Kugelblitze pulsierten im gleichen, metronomhaften Takt ...

Ein Erwachen, Sichrühren, Sichbewegen verbreitete sich wie von einem Windhauch getragen. Das Stampfen von Kolben, das Sausen von Flügelrädern, das Ächzen von Ketten, das Knistern eines Feuerwerks von aufhuschenden Funken übertönte die Schreie Dons.

Bleich überkreidet von der blauen Helligkeit, standen drei unbewegliche Gestalten oben am Weg vor einem Vorhang aus Lichtflecken und zurückweichenden Schatten.

»Atomzerfall«, ächzte René.

Jetzt lief er neben dem Förderband her, auf das Don getreten war, sah, wie er in einem schwarzen Loch verschwand, stemmte sich auf den Weg hinauf, stürmte weiter, sah, wie Don wieder zum Vorschein kam – eine Schaufel schob ihn über eine Reihe von Sieben, bis er durch die weiten Maschen des letzten kollerte ... in eine der Rinnen hinein, die sie als erstes in diesem Raum gesehen hatten. Sich überschlagend, vergeblich nach Halt suchend glitt er die Neigung abwärts, tauchte in eine Öffnung, wurde weiter vorn ausgespien, ruckte über den Schüttelmechanismus, dann kam das glockenartige Gebilde, eine Art Fangnetz aus Draht, über ihn, warf ihn empor, kippte ihn über jener Grube aus, in der sie vor einigen Stunden das blaue Glimmen gesehen hatten ...

René war schon stehengeblieben. Er preßte die Hände vors

Gesicht.

So schnell, wie es begonnen hatte, hörte es auf. Es war still. Tödlich still.

Nach der Fülle von Licht brauchte die Dämmerung eine Weile, um ihr beruhigendes Grau auf die Dinge zu hauchen.

Auf dem Weg oben ertönten Schritte. Jak, Tonio und Heiko zogen ab, ohne sich um die andere Gruppe zu kümmern.

René suchte Al und Katja, die jeder allein für sich wie verloren am Rand des Laufbandes standen. Auch sie verließen den Raum schweigend. Sie wanderten unter dem Gefunkel der fremden Sternbilder zu ihrem Lagerplatz hinter der Mauer.

5

Die drei achteten nicht auf die Sterne. Sie waren müde und abgespannt, und wenn sie Don sein Mißgeschick auch gönnten, so fühlten sie sich doch seltsam unsicher ohne die Autorität des Freundes, der immer sofort gehandelt und die anderen mitgerissen hatte. Vor allem aber standen sie noch unter dem Eindruck der gewaltigen Kräfte, die verborgen in Batterien, Kondensatoren, Drähten, Röhren und Behältern schlummerten und nur eine Nebensächlichkeit brauchten, um mechanisch ihren Aufgaben nachzugehen, gleichgültig, ob diese noch Sinn hatten oder nicht.

Obwohl die Nacht hell war wie alle anderen Nächte, war es doch nicht einfach, den Weg zurückzufinden. Sie benötigten eine halbe Stunde, ehe sie an der Mauer ankamen. Zehn Minuten später lagen sie auf ihren Gummimatratzen im Zelt. Sie zogen ihre Schlafsäcke bis über die Ohren, um nichts zu sehen und nichts zu hören – Produkte einer jahrmillionenalten Entwicklung des Selbstbewußtseins, der Abkehr von der Natur und der Anpassung an eine künstliche Umwelt und doch noch tierhaft in ihrem Bestreben, sich zu verkriechen.

»Al!«

Katja flüsterte, um René nicht zu wecken, der sich im Schlaf unruhig hin und her wälzte.

»Was gibt's, Kat?«

»Ich hab' dich schon zweimal etwas gefragt.«

Al seufzte.

»Ich weiß.«

»Bedeute ich dir so wenig?«

»Aber Katja, versteh doch – das hier ist . . .«

»Al, wir brauchen uns nicht mehr abzumühen, nicht mehr zu ärgern und zu quälen . . .«

Al versuchte sie zu unterbrechen:

»Bitte Kat, hör mir doch . . .«

Katja redete unbeirrt weiter.

»Vielleicht kann ich mich noch umregistrieren lassen. Vielleicht werden wir als Paar zugelassen – und dann . . . Willst du es nicht?«

»Ja, Katja, doch . . .«

»Dann laß doch diesen albernen Planeten, diese langweiligen Maschinen, diese ganze miese Stadt . . .«

Sie hatte ihre Stimme erhoben, und Al zischte: »Pst«, René drehte sich schnaufend herum.

»Al, ich bin doch nur wegen dir so lange geblieben. Du weißt nicht, wie schrecklich hier alles für mich ist. Denk doch daran, wie wundervoll es sein könnte! Wir würden gemeinsam mit der Fernlenkbox spielen, uns durch die plastischen Räume treiben lassen, die Farbmelodien und die Stereos erleben! Geben wir es gemeinsam auf?«

»Warte doch, bis es vorbei ist! Kat, wenn du nur begreifen könntest!«

»Gibst du das für mich auf? Nicht später und nicht nachher – gleich?!«

Al schwieg.

»Gibst du es auf?« drängte Kat.

»Nein«, sagte Al, »aber . . .«

»Du brauchst nichts mehr zu sagen. Es genügt mir«, sagte Katja hart. Sie rollte sich in ihren Schlafsack im letzten Winkel des Zeltes und gab keinen Laut mehr von sich.

Am nächsten Morgen fuhren sie jäh aus dem Schlaf. Jemand

hob die Zeltplane auf, helles Licht fiel herein, und eine Stimme rief:

»He, ihr Langschläfer! Aus den Federn! Heraus mit euch!«

Katja schlüpfte aus den Hüllen, hüpfte zwischen den noch eingehüllten Körpern Als und Renés hinaus und warf sich Don an die Brust.

»Hallo, Kat! Was sagst du nun? Al, René, ihr Schlafmützen!«

Al setzte sich schlaftrunken auf.

»Woher kommst du?«

»Heraus mit euch, ihr beiden!« schrie Don in blendender Laune. »Mir ist nichts passiert!«

Al streifte den Schlafsack ab und kroch umständlich aus dem Zelt. Er boxte Don freundschaftlich in die Seite. Im Moment hatte er allen Zwist vergessen.

»So erzähl schon!«

Auch René gesellte sich zu ihnen.

»Also«, begann Don, »als ich über die Förderfläche laufen wollte, kam ein riesiger Rechen angefahren und streifte mich in eine Art Gang hinein. Es war gar nicht viel anders als bei der Prüfung gestern vormittag – es gab einige Haltestellen, wo ich bestrahlt, angespritzt, angeblasen und noch einiges wurde – dann ging es weiter, auf einer rutschigen Fläche bergab. Ich war der reinste Spielball, wurde um und um gedreht, in eine Art Trichter geschaufelt, dann folgte die Reise über die holpernde Unterlage – mir hob es den Magen bis zum Hals, so wurde ich durcheinandergeschüttelt. Und zuletzt hob mich etwas hoch empor – und ließ mich fallen. Ich landete weich, in einem nachgiebigen Gewebe – sanft fuhr ich eine Spirale hinab, das Netz gab nach, ich saß im Freien. Das ist alles!«

»Und was hast du . . .«

René unterbrach sich, aber es wußten sowieso alle, was er fragen wollte und was Don unter lärmender Leutseligkeit zu tarnen suchte: Was hatte er bis jetzt getan? Es war eine arge Regelwidrigkeit, sich während einer Gemeinschaftstour zu verdrücken, noch dazu für eine ganze Nacht. Nicht umsonst war Don jetzt so gut erholt und wohlgelaunt. Aber sie erinnerten sich, daß sie sich auch schon manches Mal nicht ganz vorschriftsmäßig benommen hatten. Und es gab eine Entschuldigung: Dieses Erlebnis war zweifellos etwas aus dem Rahmen Fallendes. Die Entsetzensschreie Dons gellten ihnen noch im Ohr – und sie schwiegen.

»Ihr sagt ja nichts«, rief Don vorwurfsvoll. »Ist das nicht unglaublich! Wie erklärt ihr es euch?«

»Einiges ist gar nicht so geheimnisvoll«, sagte René. »Es scheint sich um eine Anlage zur Atomzertrümmerung zu handeln, um eine Art Materiewandler. Ganz einfach gesagt, funktioniert er nach folgendem Schema: Vorn steckt man Stoff hinein, und hinten kommt er wieder heraus – aber in der Form, die man sich gewünscht hat.«

»Sehr praktisch«, sagte Don.

»Die eigentliche Umwandlung geht erst im Atommeiler vor sich – das ist der Teil der Maschine mit der blauleuchtenden Öffnung. Das rührt von Cerenkovstrahlung her. Sie entsteht dann, wenn Elektronen oder andere geladene Teilchen sehr schnell durch Substanzen schießen – wie sie beispielsweise beim Kernzerfall entstehen können. Alles, was vorher passiert, dient nur zum Analysieren und Sortieren des Materials . . .«

»Sagte ich es nicht?« warf Don ein.

»Die Ergebnisse der Analyse werden dann verwendet, um die Einwirkungen – Alphateilchen, langsame Neutronen, Gammastrahlen und so weiter – richtig zu dosieren. Im Meiler laufen zuletzt jene Kernreaktionen ab, die zum richtigen Ergebnis führen.«

»Warum bin ich nicht längst zu Gold verwandelt?« fragte Don.

»Wahrscheinlich ist eine Sicherung eingebaut«, vermutete René.

»So dürfte es sein«, bestätigte Al. »Solche Supermaschinen sind ja auch bei uns auf der Erde so konstruiert, daß sie niemanden verletzen können.«

»Prächtig«, sagte Don, »dann brauchen wir uns ja vor ihnen nicht besonders in acht zu nehmen und können uns auf Jak konzentrieren. Ich habe etwas Besonderes vor. Paßt auf!«

Mit kurzen hastigen Worten setzte er den Kameraden seinen

Plan auseinander.

Wenig später wanderten sie die Stadtmauer entlang, denselben Weg wie vor wenigen Tagen. Es war ein eigenartiges, zwiespältiges Gefühl, linker Hand die Burgbauten liegen zu sehen, farbig, plastisch, wie zum Greifen nahe, und zugleich zu wissen, daß alles nur Trug war. Aber selbst davon abgesehen – dieses unmittelbare Aufeinanderprallen des Mittelalters mit den Produkten einer utopisch anmutenden technoiden Zivilisation blieb eigenartig genug und verstärkte den Eindruck des Unwirklichen.

Unangefochten erreichten sie den Platz, von dem das Tor zur Zugbrücke führte, sie gingen unter seinem weiten Bogen hindurch und wandten sich zur Tür, die rechts von hinten in den Bau hineinleitete. René, der schon hiergewesen war, führte. Über eine Treppe kamen sie hinauf, an mehreren Türen vorbei. Eilends stiegen sie über die abgetretenen, aufgefächerten, im Kreis laufenden Stufen. Wieder sahen sie eine alte schnitzereiverzierte Tür. Sie stand offen, und René blieb stehen. Sie waren am Ziel. Der Raum war ein Waffensaal, in der Mitte standen Rüstungen, an den Wänden hingen Folterwerkzeuge und Waffen mannigfaltiger Art, bekannte und unbekannte.

Al kehrte zur Treppe zurück und stieg noch eine Etage höher. Durch eine Luke, durch die ihm ganze Strähnen von Staub und Sand entgegenrieselten, zwängte er sich auf das waagerechte Dach. Es war an beiden Seiten von einer brusthohen Wehr gesäumt, auf die in regelmäßigen Abständen Aufsätze in Form quaderförmiger Blöcke gebaut waren – offenbar zum Schutz gegen von der Seite einfallende Geschosse. Einige Kartätschen standen auf Rädern an der Balustrade. Den vielfachen frischen Streifenspuren im Staub war zu entnehmen, daß sie erst vor kurzem dort hingeschoben worden waren – Jak hatte sie benutzt, um Schüsse abzufeuern. Von hier oben war das Zielen ein Vergnügen. Nach allen Richtungen konnte man weit ins Land hineinschauen, über das rostrot und jadegrün gemusterte Meer der Dächer und Regenrinnen, über die mehrfach geknickte Linie der Stadtmauer, über den Wassergraben, über die Brücke – die Brücke, die ohne Unterbrechung übers Wasser lief und drüben von einem hohen Rundbogen überspannt war.

Al ging wieder hinunter in den Waffensaal. Einige weiße Schatten an der Wand verrieten, daß hier lange Zeit Waffen gehangen hatten – Jak und seine Leute hatten sie heruntergenommen, und auch Don wog schon einen Säbel in den Händen.

»Sucht euch etwas Passendes aus!« rief er.

»Gebt acht, daß ihr nichts Kaputtes erwischt«, warnte René.

Don kramte in einigen Schubläden nach Munition. Triumphierend holte er eine Schachtel mit Kugeln und ein Säckchen mit Pulver hervor.

»René, kannst du mir sagen, wie das funktioniert?«

René sah die Sachen aufmerksam an.

»Es scheinen Waffen verschiedener Jahrhunderte zu sein«, sagte er. »Ich glaube, das ist das Modernste.« Er wies auf ein Gerät, das an eine Pistole erinnerte, doch erheblich größer war. »Hier ist die Munition dafür.« Seine Kameraden umringten ihn und ließen sich keinen seiner Handgriffe entgehen. Er steckte eine daumengroße zylindrische Hülse in eine Öffnung, die er daraufhin durch eine Klappe verschloß. Dann trat er ans Fenster.

»Achtung! Ich probiere es einmal aus!«

Die Waffe besaß dort, wo an gebräuchlichen Pistolen der Abzug sitzt, einen Kolben. René steckte sie zum Fenster hinaus und zog den Zeigefinger an . . .

Es krachte heftig, und gleich noch einmal. René stand in eine Rauchwolke gehüllt, doch bevor der Rauch die Sicht verschleiert hatte, hatten sie es alle beobachtet: Unten im Hof war ein kreisrundes Loch entstanden, einige Kopfsteine waren nach allen Seiten geflogen, eine weiße Wolke Rauch wehte fort.

»Sprengmunition«, sagte René anerkennend.

»Fein«, sagte Don. »Nehmt jeder so ein Ding. Und genügend Munition. Vielleicht können wir noch etwas von den andern Sachen brauchen.«

Sie blieben noch einige Zeit bei ihren Versuchen. Schließlich hatte sich jeder mit dem ausgestattet, was ihm am besten gefiel. Don hatten es die handlichen Schußwaffen mit der Explosivmunition angetan, die sie kurz Pistolen nannten. Er trug einen Gürtel mit einer Pistole und ein morgensternähnliches Schlaginstrument. Al hatte eine, René zwei von den Pistolen eingesteckt. Katja waren diese Waffen zu schwer – schließlich befestigte sie einen zierlichen, goldbeschlagenen Dolch an einer Schlinge ihrer Jacke.

»Jetzt sind wir bereit«, rief Don. »Jetzt zahlen wir Jak zurück, was er uns vorgeschossen hat!«

Sie hatten keine Leiter mitgenommen und mußten daher zur Plattform zurückkehren. Das war ein kleiner Nachteil, dem aber Vorteile gegenüberstanden: Von dort aus kannten sie den Weg schon, und außerdem hielten sie auf diese Art die Möglichkeit frei, sich von innen jederzeit direkt zum provisorischen Lager zurückzuziehen. Munter kletterten sie die Leiter hinab, jetzt schon geübt und ohne sich um die seltsamen optischen Gaukelspiele zu kehren.

Mit ihren altertümlichen Waffen boten sie ein seltsames Bild zwischen den ultramodernen Bauten und Maschinen. Eigentlich ist es verrückt, dachte Al; sind wir schon so träge geworden, daß wir nichts mehr ernst nehmen können? Daß es nichts mehr für uns gibt als Vergnügen und Unterhaltung? Daß wir auf alles, was ein Stück weiterführen könnte, freiwillig verzichten, weil es uns ein wenig an Vergnügen und Unterhaltung kosten würde?

Stillschweigend vermieden sie es, die Fabrik für Materieumwandlung zu betreten. Sie gingen darum herum, obwohl sie einige Zeit verloren, sie wichen nach rechts aus und betraten eine Straße, die nur Don gesehen hatte, und auch er nur im Sternenschein.

»Hier irgendwo muß ich herausgekommen sein«, sagte er und deutete auf eine Reihe von Öffnungen, unter denen halbkreisförmige Mulden lagen – bereit, einen herabfallenden Gegenstand aufzufangen. Sie kamen nahe daran vorbei. René bückte sich neugierig, hob etwas auf und konnte einen Ausdruck der

Verblüffung nicht verhalten. In seiner Hand lag ein billardkugelgroßes Ding mit glatter Oberfläche, aber nicht kugelrund, sondern zwei Seiten leicht abgeplattet.

»Der Kiesel!« rief Al. »Ja, mein Kiesel – den ich gestern in die Rinnen hinunterwarf!«

René drehte ihn in der Hand, versuchte ihn zu kneten, roch daran.

»Richtig, Al, der Kiesel. Aber aus Schwefel! Es ist nicht zu fassen!«

Der unscheinbare glatte Gegenstand ging von Hand zu Hand.

»Die konnten was«, sagte Don lobend. »Aber kommt jetzt! Halten wir uns nicht länger auf. Mittag ist schon vorbei.«

Je weiter sie vordrangen, um so dichter standen die Gebäude, um so enger rückten die Pfeiler, Masten und Türme zusammen, um so weniger Platz blieb für eine Fortbewegung am Boden. Das Gebäude ähnelte nun stark einem riesenhaften Umspannwerk aus der Zeit, als noch der elektrische Strom Hauptmittel der Energieverteilung war. Obwohl die Strebenreihen, Drahtgitter, Rahmenkonstruktionen, alle diese verschiedenen bizarren Gebilde aus Metall, Glas und Kunststoff sicher andere Zwecke hatten als Transformatoren, Isolatoren und Leitungen, und obwohl Don, Al, Kat und René den Maschinen die Fertigkeit und Bereitwilligkeit zugesprochen hatten, Menschen zu schonen, so bewegten sie sich doch ein wenig zaghaft zwischen ihnen hindurch – als ob es jeden Moment zu einer zerstörerischen Entladung kommen könnte – und blieben peinlich auf dem Weg.

Es war nicht mehr weit zum Hügel.

»Es ist tatsächlich ein Hügel«, sagte Don. »Die Wege führen in die Höhe.«

»Deshalb braucht es kein Hügel zu sein«, widersprach Al. »Es kann sich geradesogut um ein gigantisches Gebäude handeln. Die Wege könnten auf das Dach hinaufführen – aber wahrscheinlich sind das gar keine Wege.«

»Was soll es sonst sein?« knurrte Don.

»Freier Spielraum, um bauen, verbessern und reparieren zu können.«

René wiegte nachdenklich den Kopf.

»Wenn es ein Gebäude ist, dann kommt ihm eine Sonderstellung zu. Es ist nach außen abgeschirmt, das Dach ist undurchsichtig.«

Sie waren dort angelangt, wo sich die Flächenstreifen, die sie als Wege benutzten, zu heben begannen. Da es keine andere Gelegenheit weiterzukommen gab, stiegen sie die sacht geneigten Hänge hinan. Noch immer standen rechts und links Geräte, Maschinen, Automaten oder was es sein mochte, doch war nicht zu übersehen, daß jetzt andere Typen vorherrschten, es gab weniger kompakte Dinge – Gerüste aus dünnen Stangen, gespannte Netze, aufragende Pfeiler, hoch droben durch ein mit dem Himmel verschmelzendes graues Fadenmuster verbunden.

»Sieht mir verdächtig nach Antennen aus«, murmelte René.

Don griff die Bemerkung auf.

»Das würde mit unserer Vermutung übereinstimmen, daß hier eine Art Zentrale ist.«

»Dann kann sie aber nur unter uns liegen«, sagte Al.

»Da ist eine Tür«, rief Katja, die bisher stumm neben Don einhergelaufen war.

Unwillkürlich zögerten sie.

»Glaubst du, daß Jak drin ist?« wandte sich Al an Don.

». . . anzunehmen«, antwortete Don.

»Ist es geraten, einfach 'reinzumarschieren?« fragte René. »Könnte es nicht eine Falle sein?«

Don schnallte die Pistole von seinem Gürtel.

»Wir sind bewaffnet. Nehmt eure Schießeisen!«

Nun trat er ohne Zaudern durch die kreisrunde Öffnung in der abschüssigen Wand, die Kat als Tür bezeichnet hatte. Auch der Gang, der sie aufnahm, besaß kreisrundes Profil, der Durchmesser betrug ungefähr drei Meter. In seine Decke war ein Streifen eingelassen, von dem gedämpftes Licht ausging. Schon nach wenigen Metern kamen sie an eine Kreuzungsstelle in Form einer kleinen Halle.

»Auch hier haben sie ihre Augen«, murrte René und zeigte auf halbkugelförmig aus den Wänden hervorstehende dunkle Glaslinsen.

»Hier sind Schalträume«, rief Al gedämpft. Er hatte in den

nach rechts führenden Gangschlauch gelugt. Der Hohlraum vergrößerte sich da zu einer großen Halle in Form einer riesenhaften ellipsoidförmig auseinandergezogenen Blase. Der Boden, oder richtiger gesagt, die tiefsten, annähernd waagerechten Teile der Begrenzungsfläche waren von blockartigen Schalttischreihen besetzt, in die Tausende von Knöpfen, Hebeln, Skalen und dergleichen eingelassen waren.

»Das zentrale Schaltwerk«, flüsterte René mit etwas in der Stimme, das Ehrfurcht nahe kam. »Das Herz der Stadt.«

Don stand schon zwischen den Tischen, er richtete seine Aufmerksamkeit nach vorn, um Jak und die beiden andern möglichst schnell zu entdecken. René starrte im Gehen auf die neben den Schaltern eingebrannten hieroglyphenhaften Schriftzeichen und wäre dabei auf dem ungewohnten gekrümmten Boden fast gefallen. Al teilte seine Achtsamkeit zwischen der Örtlichkeit und der Einrichtung. Kat versuchte sich von der ihr unheimlichen Situation abzulenken, indem sie sich pikante Duftkombinationen ausmalte.

So legten sie eine gehörige Strecke zurück, ohne etwas von Jak zu bemerken, sie durchquerten Hallen, die meisten waren bis auf Schalteinrichtungen leer, andere enthielten wandschirmartige Gegenstände, drahtbespannte Rahmen und ähnliches, meist an den Wänden befestigt oder in sie eingelassen. Sie liefen durch endlose Gänge, erreichten domartige Räume, von denen sie über gewendelte Rampen in höhere Stockwerke gelangten.

René fand schließlich eine Spur: In einer Halle war eine Wand abgehoben, dahinter kamen elektrische Schaltungen zum Vorschein, Schaltungen mit vielen unbekannten Elementen, aber doch noch als solche zu erkennen.

»Sie müssen in der Nähe sein«, flüsterte Don. Aufs höchste gespannt, schlich er durch die Halle ... in das anschließende Gangstück hinein ... hindurch ... an die Mündung zur nächsten Halle ... Da standen sie, der hochgewachsene Jak in einer beigen Kombination mit weißen Stiefeln und weißer Mütze, Tonio, mittelgroß, schlank und schwarzhaarig, ganz in Blau gekleidet, und Heiko mit seiner blonden Bürstenfrisur in grauer Keilhose und einem kurzen schwarzen Jäckchen. Sie bewegten sich ganz unbefangen und unterhielten sich laut, doch hallte es hier so stark, daß nichts zu verstehen war. Sie hielten sich nicht an den Schalttischen auf, sondern machten sich an der Wand zu schaffen.

»Das werden wir ihm versalzen«, flüsterte Don. »Al, René, ich zähle bis drei, dann schießen wir alle gemeinsam. Daraufhin lauft ihr sofort durch die Halle zum anderen Ausgang, aber so schnell, daß sie gar nicht zur Besinnung kommen – falls wir sie nicht ohnehin schon getroffen haben. Katja, hast du gehört?«

»Ja, natürlich!«

Leise rückten sie noch ein wenig vor, um freies Schußfeld zu bekommen.

»Also, Achtung: eins, zwei, drei!«

Die Schüsse krachten, Rauchwolken stiegen auf, Splitter surrten . . . Al und René stürmten los.

Als sich der Rauch verzogen hatte, sahen sie einen Körper am Boden liegen, zerstört, in mehrere Stücke gerissen, die Teile plattgequetscht und verbogen.

»Die andern stecken hinter den Schalttischen«, rief Don zu Al und René hinüber. »Ladet sofort wieder und schießt so, daß stets eine Pistole funktionsbereit bleibt. Wir zielen einfach auf die Wand.«

Er drückte wieder ab, auch von der anderen Seite fiel ein Schuß.

Don war außer sich vor Freude.

»Das hättest du dir nicht gedacht, Jak, alter Junge!« rief er. »Was sagst du nun!«

Er wartete einige Sekunden, dann sagte er zu Kat:

»Sie verraten ihre Plätze nicht.« Und den andern rief er zu: »Paßt auf, Al und ich gehen einfach hinunter. Kat und René dekken uns. Verstanden?«

Da summte etwas hinter ihm, ein leichter Lufthauch quoll aus dem Tunnel hervor . . . eine runde Fläche erschien, oben matt blinkend, unten mit Öffnungen, Schirmen und ähnlichem versehen. Ein Zangenarm griff zu, zwei weiche, aber feste Bügel schlossen sich um seine Mitte . . . er zappelte einen Augenblick lang, dann lag er in weichen Polstern. Im nächsten Augenblick saß Katja neben ihm. Ein leichtes Gleiten, ein Sprung ... Stoppen. Da schwebte René herein, wieder ein leichtes, kaum spürbares Anrucken ... da kam auch Al hinzu ...

Sie befanden sich im Innern eines Schwebebootes. Sie sahen gerade noch, wie sich Jak und Heiko hinter einem Tisch erhoben ... da war schon das im Dahinschießen verwischte Grau des Ganges über ihnen – der Lichtstreifen schlängelte sich leicht ... dann Tageslicht, Sonne, blauer Himmel ... vorbeiflitzende Gegenstände, Metall, Kunststoff, Glas ...

In eiligem Schwebeflug ging es dahin, ohne daß sie etwas dagegen machen konnten, ohne Halten, ohne Stocken, bis an die Stadtmauer, bis an jene Stelle, an der ihre Leiter hing. Hier öffnete sich die Schiebetür. Sie stiegen aus. Die Tür glitt zu, das Boot setzte sich in Bewegung und flitzte davon – ein blinkender Reflex in dem Maschinenwald der Stadt.

Sie hatten noch nicht begriffen. Sie standen da und sahen ihm nach.

7

Nach einer Weile schleuderte Don seine Schußwaffe an die Wand und begann leise, aber hemmungslos in seinen Ausdrükken vor sich hin zu fluchen. Als er endlich bemerkte, daß sich die andern an seinem Geschimpfe nicht beteiligten, belegte er auch sie mit Schimpfworten, ohne damit sichtbare Wirkungen zu erzielen. René stand auf der untersten Leitersprosse und schaukelte mit abwesender Miene, Katja hielt ihren Dolch in der Hand und kratzte an den Fingernägeln herum. Al beobachtete Don und grinste.

»Man könnte meinen, du kannst dir nichts Lustigeres vorstellen als eine Schlappe nach der anderen«, fuhr ihn Don an.

»Jetzt waren wir schon so knapp vor dem Ziel und wieder Essig! Diese verdammten Automaten! Warum mischen sie sich ein? Sie helfen Jak! Wie hat er das nur erreicht!«

»Ich glaube nicht, daß sie Partei ergreifen«, sagte Al. »Das liegt Maschinen nun einmal nicht.«

»Aber die drei haben doch an den Schaltungen herumgebastelt! Vielleicht hat Jak die Automaten anders programmiert – so daß sie auf seiner Seite sind.«

»Jak und Heiko waren genauso erstaunt wie wir«, sagte René von der Leiter herunter.

»Woran lag es also, daß sie auf uns losgegangen sind?«

Al hob verneinend die Hand.

»Sie haben uns nichts getan. Ihr Eingreifen richtete sich nicht gegen uns persönlich, sondern gegen den Angreifer. In dem Moment, als sie erkannt haben, daß wir etwas Zerstörerisches planen, haben sie uns daran gehindert.«

»Sie haben es sich gefallen lassen, daß Jak und seine Leute an den Schaltungen herumschraubten. Wie ist das zu erklären? Erinnerst du dich, wie schnell sie da waren, als René das Auge verhängte?«

»Warum soll gerade ich das erklären können? Wahrscheinlich sind gegen Veränderungen in der Zentrale keine Vorkehrungen getroffen – denn sonst wäre es ja den Stadtbewohnern nicht möglich gewesen, irgend etwas Neues einzurichten.«

Katja warf den Dolch beiseite.

»Ich geh' ins Zelt«, sagte sie, »kommst du bald nach, Don?« Dann wandte sie sich an René: »Laß mich vorbei, bitte!«

René sprang von der Leiter, Katja kletterte langsam hinauf. Sie spürte genau, wie sich der Stoff ihrer Hose bei jeder Bewegung eng an die Haut preßte, und stellte sich den plastischen Eindruck, den sie von unten bot, mit Vernügen vor. René stieß einen leisen Pfiff aus. Die drei Männer gafften, bis Katja hinter der Brüstung verschwand.

Don machte unschlüssig einige ziellose Schritte.

»Für heute hab' ich genug«, sagte er, räusperte sich und kletterte dann eilig an der Leiter hoch.

»Horrido«, sagte René. Er drehte sich auf dem Absatz herum und schaute über die Stadt.

»Manchmal bin ich nicht sicher, ob das echt ist«, sagte er.

Al bemühte sich, nicht an Katja zu denken, und ging gern auf die Bemerkung des Gefährten ein. Er wußte sofort, was René meinte. Das Stadtgelände lag vor ihnen wie ein nicht verständliches abstraktes Bild, in einer Musterung, die ihren Sinn nicht verriet, stumm und statisch, eine Symphonie in Bleigrau, Elfenbein und Silber.

»Ich frag' mich, ob die Illusion nicht noch viel weiter geht als wir denken«, sagte René, und plötzlich setzte er mit seltsamer Dringlichkeit hinzu: »Al, bist du sicher, daß es überhaupt etwas gibt . . . ich meine: um uns herum?«

»Aber ja«, sagte Al beruhigend. »Das, was du spürst, muß doch existieren, und das, was du siehst und hörst. Und alles andere? Vielleicht ist es ein wenig anders, als du es dir vorstellst, aber irgend etwas ist doch zweifellos da. Und das Schöne daran ist: Es existiert nicht nur, sondern es wirkt auf seine Umgebung, und die Umgebung wirkt darauf zurück, es beeinflußt die Zukunft und ist selbst eine Folge der Vergangenheit. Es enthält Kräfte; Möglichkeiten sind darin wach; Energien warten, bis sie ausgelöst werden; und oft, vielleicht öfter, als wir es wahrnehmen können, ist etwas darin lebendig – in irgendeiner Form, nicht unbedingt so, wie wir lebendig sind.« Al schwieg eine Weile und fuhr dann fort: »Und siehst du, René, das ist wahrscheinlich der Grund dafür, daß mich dieser Planet viel mehr fesselt als alle, die ich bisher gesehen habe. Hier bietet sich Gelegenheit – eine wunderbare Gelegenheit! –, ein wenig mehr von dem zu erfahren, was es außer uns in der Welt gibt. Wir können natürlich nie direkt prüfen, ob die Dinge in Wirklichkeit so sind, wie wir sie erleben – wir brauchen immer Wellen und Schwingungen und Impulse, um zu sehen, zu hören, zu fühlen – diese Mauer können wir nun einmal nicht durchbrechen. Aber es steht uns frei, in einer anderen Richtung zu forschen. Das Absolute werden wir nie verstehen – aber die Zusammenhänge. Für uns gibt es nichts Absolutes, und vielleicht ist das Absolute überhaupt nur ein Wunschtraum, eine Fiktion – aber für uns gibt es Zusammenhänge; sie sind für uns die Wirklichkeit.«

René verstand nicht ganz, was der Freund sagte, aber er hatte das Gefühl, daß er es gar nicht zu verstehen brauchte und daß er damit zufrieden sein konnte, daß es so war, wie es war.

»Was sollen wir weiter unternehmen?« fragte er. »Was du über die Automaten gesagt hast, leuchtet mir ein. Aber werden sie es überhaupt zulassen, daß wir noch weiter forschen?«

»Solange wir nicht mit Gewalt vorgehen, sicher.«

René zog die Schultern hoch. Obwohl der Abend kam, war das Wetter schön wie immer, die Luft würzig wie immer, die Temperatur lau wie immer. An diesem Wetter ist nichts mehr Natur, dachte René. Er wandte sich wieder an Al.

»Eigentlich unheimlich, diesen unbestimmten, unberechenbaren Kräften gegenüberzustehen!«

»So unbestimmt sind sie gar nicht«, sagte Al. »Ich glaube sogar, daß sie ziemlich leicht zu durchschauen sind, wenn man nur den Schlüssel dazu hat – daß man sie begreifen kann, nicht ihre Technik, sondern ihr Verhalten. Ich meine allerdings . . .« Er wurde leiser und schwieg.

»Du willst sagen, sie gehorchen einfachen Vorschriften – etwa den vier klassischen Gesetzen für Roboter?«

Er zitierte:

»Erstens:	Der Roboter hat den Menschen zu schützen und zu verhindern, daß ein Mensch geschädigt wird.
Zweitens:	Er hat dem Menschen zu gehorchen.
Drittens:	Er hat darauf zu achten, daß er selbst nicht beschädigt wird.
Viertens:	Er hat sich stets so zu verhalten, daß von seiner Umgebung möglichst wenig zerstört wird.«

»Eigentlich dachte ich an etwas anderes«, antwortete Al. »Ich wollte sagen, daß . . . ich kann es schwer ausdrücken. Ich meine, daß das alles noch nicht das Ganze ist. Daß noch etwas dahintersteckt, das wir noch nicht entdeckt haben . . .« Es bereitete ihm offensichtlich Mühe, sich von diesen wenig fruchtbringenden Grübeleien abzuwenden. »Aber jedenfalls dürfte das mit den Gesetzen richtig sein. Ich bin überzeugt, daß die Automaten, die irgendwo gebaut worden sind oder noch gebaut werden, solchen Regeln gehorchen müssen. Wer so weit kommt, daß er sie bauen kann, ist auch vernünftig genug, sich vor ihnen zu schützen. Gerade hier aber taucht eine ganze Menge von Fragen auf. Was geschieht, wenn die Wesen, die die Roboter gebaut haben, ausgestorben sind? Können diese dann ihre Programme selbständig ändern? Und: Wie sehen hier die Grundregeln für Roboter aus? Die Wesen dieses Planeten könnten eine andere ethische Werteskala besessen haben als wir – um nur ein Beispiel zu nennen: Sie könnten eine Vorschrift, alles Lebendige zu schützen, zwischen den ersten und zweiten Satz aus unseren Gesetzen eingefügt haben.«

»Das glaube ich nicht«, entgegnete René, »denn sie haben doch offenbar alle Tiere ausgerottet.«

»Möglich«, sagte Al, ohne sich darauf einzulassen. »Es könnte schließlich für sie auch ein komplizierteres Gesetzsystem bestehen, als es für uns selbst gilt. Aber das ist, glaube ich, gar nicht das Entscheidende, denn im Prinzip kann es ja auch kein anderes Ziel gehabt haben als das, daß die Automaten ihre Erbauer schützen mußten, daß sie ihnen Gehorsam schuldig waren und daß sie sich selbst und anderes nicht beschädigen durften. Nun aber kommt das, was mir unklar ist: Wie sehr unterscheiden wir uns von den Intelligenzwesen dieses Planeten? Oder anders formuliert: Betrachtet uns der Robotmechanismus als seine Herren? Und es gibt noch eine andere naheliegende Möglichkeit: Betrachtet er uns als Roboter – sozusagen als Kollegen?«

René schnippte verblüfft mit den Fingern.

»Tatsächlich – das ist das wahrscheinlichste!«

»Eben«, sagte Al. »Sie haben uns genau untersucht. Aber was für Mittel stehen ihnen zur Verfügung, um ein intelligentes Lebewesen von einem Roboter zu unterscheiden? Daß wir eines von beiden sein müssen, wurde ihnen sicher klar – aus unseren vernünftigen Reaktionen bei den Tests. Aber zu welchem Ergebnis sollen sie weiter gekommen sein? Wir verstehen die hiesige Sprache nicht. Wir können ihnen nicht befehlen. Und vor allem: Wir unterscheiden uns auch äußerlich von ihren Erbauern!«

»Wir kennen ihre Technik nicht. Und sie nicht die unsere. Daran liegt es«, sagte René. »Wir sind für sie Roboter, und sie behandeln uns als solche. Wir können froh sein, daß sie uns nicht vernichtet haben! Wie sollen wir uns verhalten?«

»Solange wir ohne Gewalt vorgehen, ist nichts zu befürchten. Aber ich glaube, wir werden nicht weit kommen. Ihre Hauptpflicht ist, die Bewohner dieses Planeten zu schützen, und sie werden diese Aufgabe erfüllen, selbst wenn diese längst tot sind. Diese Aufgabe geht also zweifellos vor der Regel, Roboterorganismen unbeschädigt zu erhalten. Sobald wir also erst in die Nähe des Geheimnisses gekommen sind, dürfen wir mit keiner Rücksicht mehr rechnen.«

»Al«, fragte René, »geht es dir noch immer darum, gegen Jak zu gewinnen?«

Al drehte sich zu ihm und blickte ihm forschend in die Augen. Jetzt versteht er mich, dachte er, jetzt endlich versteht er mich.

»Jak ist mir völlig gleichgültig, und ebenso Wurst ist es mir, ob wir gewinnen oder verlieren. Selbst das Aussehen der Einwohner interessiert mich wenig. Ich möchte etwas ganz anderes wissen, wie noch nie etwas zuvor.« Er senkte die Stimme, als wollte er René ein Geheimnis anvertrauen. »Ich will wissen, was aus ihnen geworden ist. Es ist nämlich das, was auch aus uns einst werden wird.«

Sie schwiegen einige Minuten und beobachteten, wie der Flaum des Abendrots die Glas- und Kunststoffflächen mit einem geheimnisumwitterten, verheißungsvollen Schimmer überhauchte. Hinter alldem, was hier durchsichtig und klar vor ihnen lag, barg sich das Rätselhafte. Sie blickten sich an, und es dämmerte ihnen, daß ihre Aufgabe ins Gigantische gewachsen war.

»Wie sollen wir vorgehen?« fragte René noch einmal. »Gibt es überhaupt einen Weg für uns – so hilflos, wie wir jetzt sind? Weißt du einen Weg?«

»Es gibt die Möglichkeit, einmal alles Kindische und Alberne beiseite zu lassen, diese sportlichen Regeln und Absprachen, die für andere Orte und andere Zwecke gut sein mögen, aber nicht für hier. Wir könnten doch einmal alle Mittel aufwenden, die uns zur Verfügung stehen. Es wird schwer sein, denn eine solche Aufgabe hat es seit Jahrtausenden nicht mehr gegeben. Wir dachten, es gibt keine Aufgaben mehr, oder sie interessierten uns nicht. Aber«, fügte er nachdenklich hinzu, »es wird nicht nur schwer sein, sondern es wird auch lange dauern.«

Er verstummte. Mit einem Anflug von Rührung sah er, wie erwartungsvoll ihn René anblickte. Er sagte:

»Es könnte noch einen anderen Weg geben!«

»Welchen?« fragte René.

»Wir könnten uns mit den Automaten verständigen«, sagte Al.

»Dann erfahren wir alles – ohne Mühe«, flüsterte René mit neuer Zuversicht.

»Vielleicht«, schränkte Al ein, aber in diesem »vielleicht« schwang die größte Hoffnung seines Lebens.

Nach einer weiteren Nacht im Zelt, einer Nacht voll erwartungsvoller Träume, erwachten sie, als sich Don geräuschvoll erhob und nach außen kroch. »Glaubst du, daß du ihn von unserem Plan überzeugen kannst?« fragte René leise.

Al streckte und dehnte sich.

»Das wird schwierig sein, aber ich will es versuchen.«

»Was tuschelt ihr da?« murmelte Katja im Halbschlaf. »Wie spät ist es?«

»Zeit zum Aufstehen«, sagte Al und verließ hinter René das Zelt.

Wenig später hatten sie sich wieder unten, am Fuß der Leiter innerhalb der Mauer, versammelt.

»Habt ihr eure Waffen noch?« fragte Don.

»Willst du es noch einmal mit einer Schießerei versuchen?« fragte René.

»Na klar! Glaubst du, ich gebe so rasch auf? Immerhin haben wir schon einen von ihnen beseitigt. Es sind nur mehr zwei da. Natürlich müssen wir uns vorsehen. Wir zerschlagen alle Objektive in der Umgebung und nützen die Zeit, während der die Automaten nicht verfolgen können, was wir tun. Hat jemand was dagegen?«

René stieß Al heimlich an.

»Der Plan ist gut«, sagte er, »aber wir haben es uns gestern noch einmal überlegt. Wir haben einen anderen Plan. Sag's ihm, Al!«

Al tat es, und Don hörte eine Weile stirnrunzelnd zu. Dann unterbrach er die Erklärungen, indem er sich demonstrativ die Ohren zuhielt.

»Auf was für seltsame Ideen ihr kommt, wenn man euch allein läßt!« rief er. »Wollt ihr jetzt mit technischen Studien anfangen? Mit Sprachtheorie und philosophischem Kram? Merkt euch doch endlich, daß man das Ziel am besten erreicht, wenn man geradewegs darauf losgeht! Ich will etwas – und nehme es mir. Das ist es.«

»Was hast du bisher auf diese Weise erreicht?« fragt René.

Don schlug nun einen lehrhaften, überredenden Ton an.

»Seht, Jungens, ich will ja gar nicht behaupten, daß ihr auf eure Art nichts erreicht. Aber das dauert doch viel zu lange. Inzwischen sind Jak und Heiko ans Ziel gekommen, und wir können durch die Finger schauen.«

»Ach Don«, sagte Al bekümmert, »sieh doch endlich ein, daß man hier andere Mittel anwenden muß. Schau dir dieses Ding hier an!« Er zog die Pistole aus Dons Gürtel und hielt sie ihm unter die Nase. »Mit solchem Spielzeug willst du dich gegen Maschinen wehren, gegen eine Intelligenz, die du überhaupt nicht begreifst und die das alles hervorgebracht hat!« Er ließ die Waffe auf den Kunststoffboden vor Dons Füße fallen, packte ihn an der Schulter und schubste ihn herum. »Schau sie dir an, diese riesige Fabrik! Aber ich will dir noch etwas anderes verraten: Das alles ist noch gar nichts. Es ist viel zu einfach. Es ist zwar anders als bei uns, anders aufgebaut, anders eingerichtet, aber es gleicht unserem eigenen System trotzdem ganz erschreckend. Es steht auf derselben Entwicklungsstufe wie unsere eigene Technik. Aber bei denen hier, verstehst du, ist das doch längst vorbei! Die sind schon viel weiter. Irgendwo ist also noch etwas, das erst später kam – etwas, das einer höheren Stufe zugehört! Es muß irgendwo sein! Und das ist viel komplizierter und mächtiger, als du dir vorstellen kannst. Deine Absichten und deine Pläne sind einfach lachhaft!«

Don hatte Al noch nie so aufgeregt gesehen. Er war ein wenig verwirrt, er hörte ihn wettern, aber er begriff ihn nicht.

»Aber Jak«, stammelte er. »Jak und Heiko . . .«

» . . . versagen genauso wie wir! Sie schrauben in den Schaltungen der Zentrale herum – was für ein Blödsinn! Sie werden uns noch die letzten Chancen verderben.«

Er schwieg jäh. In seinem Eifer hatte er nicht auf die Umgebung geachtet, aber nun sah er etwas im Gesicht Dons . . . darin spiegelte sich Verwunderung, Bestürzung, Entsetzen. Dons Augen hingen an einem fernen Punkt, an irgend etwas, das Al im Moment nicht sah, von dem er aber, auch ohne es zu sehen, sofort wußte, daß es etwas Atemberaubendes war. Er drehte sich um, zur Mauer hin.

Es gab keine Mauer. Es gab weder den Ring aus alten Gebäuden noch den Gürtel der elfenbeinfarbenen Villen, es gab keine Wiesen, keine Felsen, Hügel oder Seen, es gab keinen Wall von Bergen, keinen Horizont. Nur noch das Zentrum, das Maschinengelände, war da. Sie standen auf einer Scheibe, und diese Scheibe hörte vor ihnen auf. Der Himmel reichte unter die Horizontlinie, die verschwunden war, blau, strahlend, ohne das kleinste Wölkchen, ohne den schmalsten Dunststreifen.

Nach einer Sekunde der Erstarrung prallten sie zurück.

»Es kann nur eine optische Täuschung sein«, schrie Al, aber er warf sich mit den andern nach rückwärts – so stark war der Eindruck des vom Himmel erfüllten ungeheuren Abgrunds.

»Wir haben so etwas doch schon einmal erlebt«, ächzte Don, »denkt an die Brücke!«

»So geht doch vor«, rief René, »probiert es doch aus – ob rundherum alles verschwunden ist oder ob es in Wirklichkeit weitergeht!«

Sie brüllten sich gegenseitig an, sie versuchten dadurch den Schrecken in sich abzutöten, aber es glückte nicht. Don trat einen Schritt vor, auf das blaue Nichts zu, aber da erfaßte ihn ein so heftiges würgendes Schwindelgefühl, daß es ihn zusammenkrampfte und er sich mit dem Gesicht voran, die Arme wie ein Gekreuzigter erhoben, an die kühle, wohltuend massive Wand eines Gebäudes lehnte.

»Herrgott«, sagte Al, »wir dürfen uns doch von einigen gelenkten Lichtschwingungen nicht so fertigmachen lassen!«

»Vielleicht ist es wahr«, schluchzte Katja. Sie lief auf Al zu und vergrub ihr Gesicht an seiner Schulter, in der weichen Mulde zwischen Schlüsselbein und Hals.

»Wir müssen es probieren«, rief René. »Gebt mir einen harten Gegenstand!« Da sich keiner rührte, riß er Katja den Dolch aus der Schlinge ihrer Jacke. »Al, halte mich bitte an den Füßen. Ich krieche vor. So helft mir doch schon!«

Al schob Katja beiseite und trat zu René, Don drehte sich langsam, wie schlaftrunken um.

René ging bis auf zehn Meter zum Abbruch und legte sich auf den Bauch. Al ließ sich hinter ihm nieder und hielt die Beine des Gefährten oberhalb der Knöchel fest. So krochen sie vorwärts, Dezimeter um Dezimeter, René streckte eine Hand aus und klopfte mit dem Griff des Dolches den Boden ab. Im Schneckentempo näherten sie sich der Stufe ... immer wieder schlug der Knauf des Dolches mit harten Schlägen auf die steinharte Masse des Grundes ...

Als Katja plötzlich aufschrie, hielten sie inne und sahen sich um. Und dann hörten sie das sirenenartige Heulen und sahen die dicken, dräuenden schwarzen Rauchsäulen, die aus dem Innern des Geländes herauswuchsen, hoch hinauf, bis sie wie abgeschnitten endeten. Etwas Feuriges, ein großer glühender Tropfen, erhob sich nun irgendwo hinter den Dächern, bewegte sich immer schneller und verschwand schließlich oben in den Lüften. Ein neue Rauchsäule war dazugekommen. Es sah aus, als hinge die Scheibe, die die Fabriken trug, an diesen Schnüren frei unter dem Himmel.

»Weiter«, preßte René zwischen den Zähnen hindurch und robbte wieder vor. Al hielt sich dicht hinter ihm.

Wieder stockte René.

»Siehst du es?« fragte er.

Al hob den Kopf und spähte über den Körper des Freundes.

»Der Rand bewegt sich«, sagte er.

Die Begrenzung lag nicht still, sondern oszillierte. Zwanzig Zentimeter wuchsen hinzu, zwanzig Zentimeter bröckelten ab, in einer stetigen Wellenbewegung.

»Das ist die Bestätigung dafür, daß es nur ein Lichtspiel ist«, rief Al.

»René schob sich weiter.

»Los!« rief er und zerrte mit den Beinen ungeduldig an Als klammernden Händen.

In die Pulsationen des Randes kam jetzt Unruhe, sie liefen weiter vor und weiter zurück, und auf einmal stieß der Rand auf sie zu, glitt unter ihnen hinweg . . .

Die Scheibe lag hinter ihnen. Sie war papierdünn. Vor ihnen, neben ihnen und unter ihnen war der Himmel. Sie schwebten in diesem Himmel, nein, sie schwebten nicht – sie lagen. Sie lagen auf festem Grund, auf den noch immer die mechanisch weitergeführten Schläge Renés dröhnten. Al hatte René losgelassen. Auch seine Hände berührten, betasteten, befühlten diesen Boden, den man nicht sehen konnte. Und wenn es zehnmal ein optischer Trick war – der Widerspruch zwischen dem Eindruck des Gesichtssinnes und dem Empfinden des Tastsinnes war entsetzlich. Sie mußten die Augen schließen, um nicht wahnsinnig zu werden.

Hinter sich hörten sie Don und Katja ihre Namen rufen.

Ohne die Augen zu öffnen, krochen sie auf diese Rufe zu, immer rascher, immer eiliger, sie hasteten, sie schnellten vor . . . Sie hätten gehen können, aber dann hätten sie den engen Kontakt mit dem einzigen verloren, das ihren Verstand noch beisammenhielt – mit dem festen Boden.

Auf einmal klangen die Schreie anders, Hände griffen zu, sie wurden gerüttelt und wagten noch nicht, die Augen zu öffnen.

»Es ist vorbei, hörst du: Es ist vorbei!«

Al spürte ein weiches, feuchtes Gesicht an dem seinen, und nun erst hob er die Lider – bereit, sie sofort wieder zu schließen. Katja kniete vor ihm und küßte ihn. Sie weinte. Der Abgrund war verschwunden. Die Mauer stand wieder da, die verhutzelten Gebäude, die gedunkelten und patinierten Dächer und Dächlein, die Giebel, Zinnen und Bögen.

Nichts erinnerte an den Spuk.

Doch – etwas war noch da: der schwarze Rauch über dem

Maschinengelände. Aber es waren keine Säulen mehr, sondern vielfach zerrissene, verkrümmte, zerflatternde Gebilde, die langsam südwärts krochen.

9

Katja kniete noch vor Al am Boden, René versuchte aufzustehen. Er zitterte vor Aufregung, das Taschentuch entfiel seinen Händen, als er sich den Schweiß von der Stirn wischen wollte. Auch in Katja saß der Schreck – durch ihr Gesicht liefen Linien, die vorher nicht dagewesen waren.

Don sprang auf sie zu und riß sie beiseite.

»Jetzt ist es aber genug mit eurer Schmuserei!« Er gab Katja einen kräftigen Stoß, pflanzte sich vor Al auf und hob die zur Faust geballte Rechte.

»Ich werde dich lehren, mit deinen schmutzigen Fingern an Kat herumzugrapschen.«

Er holte aus und wollte die Faust auf den vor ihm auf dem Boden hockenden Al niedersausen lassen, doch René sprang hinzu und umschloß von hinten fest Dons Handgelenk. Erbost drehte dieser sich um. Er war aufgeregt, aber sein Gesicht trug keine Spuren eines besonderen Erlebnisses, besonders aber sein Verhalten gab zu denken. Es paßte nicht zu dem, was sie eben durchgemacht hatten.

René, der Don voll ins Gesicht sah, fand plötzlich die Erklärung.

»Du hast deine Erlebnisintensität herabgesetzt! Oh, du Schuft.« René konnte vor Empörung nicht weitersprechen und mußte zuerst einmal tief atmen, um sich zu fassen. »Pfui Teufel, schäm dich, du Feigling! Du hast es getan, gib es nur zu! Man tut einfach nicht mehr mit – wie? Man sieht gemütlich zu!«

Don vergaß alles andere vor dieser Anschuldigung. Er wurde bleich und versuchte sich zu rechtfertigen, aber sein Gestammel war nicht überzeugend; an den Blicken der anderen merkte er das deutlich. Der sonst fast stille René stand noch halb unter der Schockwirkung seines Abenteuers, und jetzt tobte er sich aus, schüttelte alles Erduldete und in sich Vergrabene aus sich heraus und ließ es an Don aus, der von diesem unerwarteten Ansturm derart überrannt wurde, daß er vergeblich nach seiner sonst so wirksamen Überzeugungskraft rang. Er gab es nicht zu, aber für die andern stand es fest: Er hatte in einer schwierigen Situation versagt.

Die kleine Gruppe sollte aber erst gar nicht zur Ruhe kommen; denn wieder rührte sich etwas zwischen den Maschinen. Eines der Schwebeboote tauchte auf, verschwand hinter einem Gebäude, kam wieder hervor. Es hing ein wenig schief in der Luft, es klirrte, als ob ein Regen von Scherben niederginge – und genau das war es auch: Das Heck schlitzte ein Glasdach von einer Seite einer Halle bis zur anderen auf. Ein Krach . . . zwei Masten waren geknickt und sanken fast zeitlupenhaft zur Seite. Wie Peitschenhiebe schlugen sie dann quer über die Dächer und ließen tiefe ausgezackte Narben zurück. Nur zweihundert Meter von ihnen jagte das Schwebeflugzeug auf die Ummauerung und zerschellte mit einer weißgrauen Fontäne aus auseinanderstiebenden Trümmern. Gleich darauf schlug die Schallwelle des Aufschlags mit schmerzhafter Wucht auf ihre Trommelfelle.

»Die ganze Innenstadt ist aus den Fugen«, sagte René. »Was, um alles in der Welt, mag geschehen sein?«

Bisher hatte keiner von ihnen Zeit gehabt, sich um die Ursachen des Aufruhrs zu kümmern. Als aber jetzt die Frage gestellt war, verband sich in Als Gehirn sofort die Erinnerung an ihre drei in den Schaltungen herumschraubenden Gegenspieler mit den gegenwärtigen Ereignissen.

»Kommt mit!« rief er. »Vielleicht können wir noch etwas retten. Es kann sich nur um Defekte in der Zentrale handeln.«

Alle folgten Als Aufforderung – René, weil ihm nun das Schicksal der Stadt viel mehr am Herzen lag als vorher; Don, weil er auf eine Gelegenheit hoffte, seine Führerrolle wieder zu erobern; Katja, weil sie nicht allein zurückbleiben wollte.

Die Stadt bot ein ganz anderes Bild als während der Tage zuvor. René hatte sich gewünscht, die Maschinen in Betrieb zu sehen. Nun ging dieser Wunsch in Erfüllung – mit einer Totalität, die sogar für seine technisch ausgerichteten Bedürfnisse zu total war. Von überall her sauste, summte, heulte und krachte es, Dampf zischte aus Düsen, Flüssigkeiten sprudelten in Behälter, aufsteigende heiße Gase flirrten im Sonnenschein, es roch nach Schwefeldioxyd und Ozon. Räder kreisten, Zentrifugen rotierten, Bänder liefen, Ketten rasselten, Kräne schwenkten, Torflügel schlugen auseinander und fielen wieder zusammen, Wägelchen rollten über Schienen, blieben stehen, Sand rieselte hinein, sie fuhren an, hielten, kippten aus, rollten weiter, im Kreis herum, zu einer neuen Rundfahrt bereit – auf mehreren übereinanderlaufenden Gleisen. Greifzangen packten ruckartig zu, reichten weiter, legten auf Tische, spannten ein, versetzten in rasende Drehung, Bohrer stachen zu, Bandsägen schnitten, Späne wanden sich zu Spiralen, Stanzen fielen dumpf auf darunter hinweglaufende Blechbänder, Hämmer klopften, wieder griffen Zangenkrallen, reichten weiter, schoben zurecht, erfaßten, rückten weiter, schoben ...

Nur der kleinste Teil des Geschehens hatte Ähnlichkeit mit bekannten Vorgängen chemischer Fabriken, technischer Fertigungsstätten, elektrizitätsliefernder Kraftwerke, und selbst dieser Teil erfüllte offenbar keine sinnvolle Aufgabe. Da wurden Platten zuerst in komplizierten Arbeitsgängen gestanzt, gebogen, zusammengeschweißt, abgefeilt, gespritzt und auf den folgenden Stationen zerlegt, zerschnitten, geglüht und bis auf Grieskorngröße zerkleinert. Da wurde Pulver gemischt, gesintert, aufgelöst, ausgefällt, filtriert, verflüssigt, elektrolysiert, destilliert, getrennt und in Pakete verpackt. Rollwägelchen brachten die Pakete zum Ausgangspunkt zurück, Drahtbürsten kratzten die Hüllen ab, Gebläse rissen die Fetzen in dunkle Schlünde, die freigelegten Ziegel wurden in Mörsern zu Pulver zerstampft und erneut in den chemischen Prozeß geworfen. Es war aber ein Zufall und nur den gläsernen Wänden zu verdanken, wenn alle Fertigungsstufen beobachtbar waren; René war der einzige, der die Abläufe kritisch verfolgte. Meist vollzog sich das Wichtigste im verborgenen, im Inneren von vibrierenden und dröhnenden Apparaturen, deren Sinn nicht zu ahnen war. Selbst von den sich offen abspielenden Vorgängen blieb viel unverständlich: Platten klappten ruckweise um, elastische Drähte bildeten eigenartige Figuren, Kugeln blähten sich auf, Gleitentladungen wuchsen auf Wänden zu Flechtenbüscheln empor, Fäden tanzten wie auf einem Webstuhl, Netzstreifen liefen über Rollen.

Mehrmals stießen die vier Menschen auf Hindernisse. Als sie um eine Ecke bogen, sahen sie ein Gewimmel von dreirädrigen, mit Greifzangen und Spritzdüsen versehenen Karren und Spielzeughubschraubern ähnlichen Flugapparaturen, insektenhaft eifrig damit beschäftigt, eine riesige Wand zu errichten. Sie war schon ungefähr fünfzehn Meter hoch und lief quer über die Straße. Das genügte den Arbeitsrobotern aber nicht – sie rissen rechts und links die Gebäude ein, um Platz für ihre Mauer zu gewinnen.

In einer anderen Straße schien eine chemische Fabrik vom Wahnsinn ergriffen zu sein. Aus fünf großen Öffnungen quoll eine grüngelbe zähe Masse und ließ nur noch einen schmalen Durchgang an der gegenüberliegenden Straßenfront frei. Hastig liefen sie durch die schmale Passage, die sich zusehends schloß.

»Schaut euch das an!« rief René.

Durch die Glaswand an der rechten Seite erkannten sie, daß die blasige Flüssigkeit auch das Innere des Raumes erfüllte und schon drei Meter hoch stand.

»Die Wände biegen sich!« rief Al. »Lauft, was ihr könnt!«

Ein wehklagendes Ächzen lag in der Luft, dann knirschte es einige Male kurz hintereinander. »Die Wände bersten!«

René konnte seinen Blick nicht von der Glasfläche lösen. Sie war nun nicht mehr durchsichtig und glatt, sondern von einem Spinnennetzmuster von Sprüngen durchzogen. Es wurden immer mehr Risse, ohne daß man sie wachsen gesehen hätte, schon lagen sie so dicht aneinander, daß die Durchsicht unterbunden war; die Wand erschien mehligweiß. Wie unter unwiderstehlichem Zwang wölbte sie sich schließlich in einem befreienden, aber tödlichen Atemholen. Sie blähte sich wie ein Gummiball, den man aufpumpt, und löste sich dann langsam in Millionen kleine Plättchen auf. Sekundenlang klebten die Splitter wie Schuppen auf einem breiten, zylindrischen Wulst, der sich behäbig in die Straße wälzte, dann wurden sie unter ihm begraben.

Die vier Menschen rannten, so rasch sie konnten, sie rannten eng an der linken Wand entlang, sie rannten, wie sie noch nie gerannt waren, aber sie rannten nicht schnell genug. Ihre Augen hefteten sich an die sich schließende Gasse, in die sie sich hineinbewegten, an die zähen Massen, die sich wie ein Riegel vor sie schoben, an das eingedrückte, schmale noch freie Rechteck, das zusehends schmaler wurde.

»Halt«, brüllte Al und schlitterte in dem vergeblichen Versuch stehenzubleiben noch ein paar Meter weiter. Während die Front des Gebäudes links überall glatt und undurchbrochen war, führte hier eine flächenhafte Konstruktion wie ein Spalier die Wand hinauf. An ihren Füßen spürten sie schon zähen Widerstand, und so stürzten sie sich verzweifelt auf diesen Halt, der ihnen nicht allen zugleich Platz bot. Sie drängten, stießen, rutschten ab, fühlten ihre Beine in fließende und ansteigende Massen eintauchen, winkelten verbissen die Arme an, zogen Strähnen von klebrigen Fäden nach ... Don war als erster oben, auf einem schmalen Gesims ... Al stand in halber Höhe auf den Sprossen ... hielt Katja die Hand entgegen ... sah in ihr graues maskenhaftes Gesicht ... René kämpfte noch immer mit den Schleimmassen, die ihn wie flüssiger Gummi hinunterzogen ... er ruckte wild hin und her, stieß Katja an ...

Das Mädchen stieß einen schrillen Schrei aus. Al sah ihr Gesicht von ihm fortschnellen. Es klatschte häßlich, als Katja mit dem Rücken voran in den zähen Brei schlug. Sie streckte ihm die Hände entgegen, aber sie war hilflos, langsam, aber mit bestürzendem Gleichmaß sank sie tiefer.

Al kletterte wieder hinunter, auch René hatte gemerkt, was geschehen war – vergeblich angelte er nach Katjas Händen –, und sogar Don verließ seinen sicheren Standplatz, um zu helfen. Weit beugte sich Al vor, René, der einsah, daß er allein nichts ausrichten konnte, hielt ihn am Kragen fest ... noch ein Stück tiefer ... Katja ruderte mit den Armen, berührte die blasige Masse – wie angefroren saß der rechte Arm fest. Bisher hatte sie leise gewimmert, jetzt drang kein Laut mehr zwischen ihren Lippen hervor. Als wäre die letzte Kraft verronnen, sank nun auch der linke Arm zur sachte wogenden Oberfläche hinab. Al sah es, er ließ sich nach vorn fallen, soweit es die eisern zupackende Hand Renés zuließ, und erwischte ihre Fingerspitzen. Er legte alle Energie in seine Muskeln und zog . . . Kats Körper hob sich ein wenig aus den trägen Massen . . . Al griff mit der zweiten Hand zu . . . Er merkte es gleich: Das Schwerste war überstanden. Er mußte sich noch immer sehr anstrengen, aber jetzt war ihm Katja nicht mehr zu entreißen.

Das, was sie da mit vereinter Kraft über das Gerüst heraufzerrten, war ein unförmiger kugeliger Klumpen, an einem Löffel haftendem grüngelbem Honig ähnlich. Katja steckte darin eingepuppt wie eine Insektenlarve. Nur Gesicht, linker Arm und Brust waren noch frei. Obwohl ihre Nase nicht unter die Flüssigkeit gekommen und somit der Atem nicht unterbunden gewesen war, atmete sie nicht. Sie bewegte sich auch nicht – ihre Augen waren halb geöffnet, starr und blicklos. Al und Don legten sie auf das Gesims, ein zähflüssiges Oval breitete sich um sie herum aus. Auch an sich selbst spürten sie das klebrige Zeug. Bei jedem Schritt hatten sie zu kämpfen, bevor sie die Sohlen lösen konnten.

Don starrte auf Katja.

»Pfui Teufel«, sagte er, »das haben wir nötig gehabt. Sie hat aufgegeben.«

Das Gesims lief um das ganze Gebäude herum. Zu dritt entfernten sie sich aus der unangenehmen Nähe des gedunsenen Klebstoffs. Den Körper Kats hatten sie liegen lassen – ein Stück kompliziert zusammengesetzter Materie, das jetzt wertlos geworden war.

Die Straße auf der gegenüberliegenden Seite war noch frei. Sie fanden ein Gerüst, das ebenso an die Wand gebaut war wie jenes, über das sie heraufgekommen waren, und sie kletterten daran zum Boden hinab.

Zwischen stampfenden Maschinen hindurch, unter Rauchpilzen und absinkendem Staub, gejagt von durch die Straßen peitschenden Entladungen, bedroht von stürzenden Masten und Gerüsten, näherten sie sich dem Zentrum. Mit größtem Unbehagen bewegten sie sich an den porzellanweißen, birnenförmigen

Körpern vorbei, aus denen jetzt Striche weißglühender Luft senkrecht nach oben wuchsen.

Dann drangen sie in die Gänge des Hügels, und das Lärmen der Maschinen schmolz zu einem unbestimmten Rauschen zusammen. Die Dämmerung war wie ein Grab, alles, was sich außen befand, erschien entfernt und nebensächlich. Sie taten, was sie sich vorgenommen hatten, sie suchten Jak und Heiko, aber als Triebfeder wirkte nicht mehr die situationsbedingte Notwendigkeit, sondern nur noch ein Pflichtgefühl sich selbst gegenüber.

Ohne zu wissen, wie lange sie schon durch die Gänge geirrt waren, entdeckten sie schließlich ihre beiden Widersacher. Sie standen in einem kanzelartigen Raum, weit oben unter dem Scheitel des Hügels, einem Raum, der ebenso der Steuerung gewidmet zu sein schien wie das tiefer gelegene System, nur waren hier die Wirkungen, auf die sie gerichtet war, unschwer zu erkennen. Ein ringsherum laufendes Glasfenster gab Übersicht über die ganze Stadt. Und wenn Jak oder Heiko einen Hebel herumrissen oder einen Knopf drückten, dann fiel unten irgendwo ein Gebäude auseinander, Flammen schlugen auf, Geschosse rasten hoch, Maschinen explodierten, oder etwas Ähnliches geschah. Sie betrieben es als aufregendes Spiel: Betätige einen Schalter und laß dich davon überraschen, was passiert.

»He«, rief Al von der Tür her, »ihr seid die reinsten Vandalen!«

Die beiden drehten sich um. Heiko winkte ihnen.

»Ah, da seid ihr ja! Wir haben euch anmarschieren sehen! Wo habt ihr denn heute eure Schreckpistolen?«

»Warum zerstört ihr denn die ganze Stadt?« fragte Al. »Was soll das für einen Zweck haben?«

»Keinen«, lachte Jak. »Aber es ist wahnsinnig komisch! Schau doch!« Er drückte einen Schalter herum, und unten öffnete sich ein Tor, eine Rakete schoß heraus und bog in steiler Kurve nach oben.

»Nicht so eilig«, rief Heiko. Er trat neben Jak und drückte einen anderen Hebel hinunter, den er dann, wie es auch Jak mit seinem Hebel tat, wie einen Steuerknüppel eines Sportflugzeuges hin und her rückte. Unten pfeilte eine zweite Rakete aus dem Silber, den Reflexen und dem Rauch heraus und raste auf die erste zu. Mit einer jähen Wendung wich diese aus, die zweite drehte um, flog wieder an . . . Jak riß seine Rakete in einem Kreis herum und ließ sie in die andere hineinstürzen. Ein Schwarm von glühenden Trümmern senkte sich auf die Erde nieder.

»Was sagt ihr nun?« fragte Jak. »Kommt, versucht es doch selbst!«

Don schien nicht abgeneigt, aber er bezwang sich und fragte:

»Wie weit seid ihr? Habt ihr das Ziel erreicht?«

Jak setzte sich auf einen Schalttisch.

»Wir sind fast soweit«, sagte er. »Nur noch eine Kleinigkeit fehlt.«

Don blickte überlegen von einem zum anderen.

»Jak«, sagte er dann. »Du hast schon zwei Mann verloren. Du bist in der Minderzahl. Ich habe dir einen Vorschlag zu machen: Nimm mich in deine Gruppe auf! Ich mach' bei dir weiter. Sozusagen im Austausch gegen René.«

Jak zog die Luft zischend durch die Nase ein. »Ho, ho, du gehst ja scharf ran!« Er überlegte kurz. »Aber du bist gar nicht so dumm. Mir soll es recht sein.«

Don gewann wieder etwas Selbstsicherheit. Er wandte sich an Al und René: »Habt ihr gehört? Am besten, ihr verschwindet jetzt von hier. Ihr seid viel zu weich. Durch eure Flausen habt ihr alle meine Aktionen vermasselt.«

Al maß ihn von oben bis unten und drehte sich dann verächtlich von ihm weg zu Jak.

»Da habt ihr euch was Feines eingehandelt! Ich wünsche euch viel Freude mit ihm.« Er wechselte einige leise Worte mit René. »Paß auf, Jak!« sagte er dann. »René und ich, wir geben auf. Wir überlassen dir den Sieg. Wir stellen dir nur eine Bedingung: Du mußt uns alles mitteilen, was ihr bisher entdeckt habt!«

Jak zog erstaunt die Augenbrauen hoch.

»Wenn wir also doch noch feststellen, wie sie ausgesehen haben, und das Bild im Museum ausstellen, dann wird es nach uns benannt?«

»Ja«, bestätigte Al. »Wir haben kein Interesse daran.«

Jak sprang vom Tisch und schüttelte Als Hand.

»Abgemacht.«

»Jetzt erzähl!« forderte Al.

»Kommt mit!« sagte Jak.

Sie gingen zurück in die Gänge, durch mehrere Dome – die Stiegenhäuser mit den abwärts führenden Wendelwegen. Wo sich Gelegenheit dazu bot, wandten sie sich hinunter. Inzwischen berichtete Jak.

»Es ist nicht viel zu sagen«, meinte er. »Unser erstes Lager liegt drüben im Westen, am Berghang. Das war ja ausgemacht. Wir sind dann losgezogen, haben uns zuerst die modernen und dann die alten Häuser angesehen und sind zuletzt an der Mauer angekommen. Wir gingen daran entlang, bis wir die Brücke fanden. Das war die erste Enttäuschung – ihr habt ja gesehen, was mit ihr los ist. Dann fanden wir den Waffensaal, und ich kam auf die Idee, euch die Suppe ein bißchen zu versalzen – es war ja anzunehmen, daß ihr auch auf die Brücke kommen würdet. Wart ihr sehr überrascht?«

»Es ging«, murrte Don unangenehm berührt.

Jak fuhr belustigt fort:

»Dann waren wir euch drei Tage voraus, aber es dauerte eine Weile, bevor wir auf den Dreh mit der Spiegelung kamen. Wir kletterten dann an einem Seil hinunter. Nun waren wir im Zentrum – und es ging wieder nicht weiter. Gleich zu Beginn steckten uns die Automaten in eine Art Prüfanlage, dann ließen sie uns aber wieder frei, und wir konnten uns in Ruhe umsehen. Die Fabriken sind recht ulkig, aber von den Einwohnern bemerkten wir keine Spur. Seid ihr auch auf die Idee gekommen, daß sie sich vor irgendeiner Katastrophe versteckt und verkrochen haben und dann gestorben sind?«

Er sah sich fragend um, doch er erhielt keine Antwort. Don hatte hierüber keine Meinung, und Al war zu begierig darauf, etwas Neues zu erfahren, als daß er die Erläuterungen Jaks durch mühsame und wahrscheinlich fruchtlose Erklärungen unterbrochen hätte.

»Natürlich erschien uns dieser Hügel am interessantesten. Und das hat sich auch in gewissem Sinn bestätigt. Er ist das

Steuerzentrum für die Stadt. Aber nicht nur das: Wir haben noch etwas anderes gefunden, und das will ich euch gleich zeigen.«

Die Gänge hatten ihr Aussehen nicht verändert, doch die Räume, zu denen sie führten und die sie verbanden, waren ein wenig anders eingerichtet als in den oberen Geschossen. Während die Installationen dort fast eintönig waren, gab es hier unten eine unbeschreibliche Fülle der verschiedenartigsten Apparaturen. Manche Räume schienen einfache Schaltkabinen zu sein, andere aber ähnelten eher Laboratorien für komplizierte physikalische, chemische und biologische Experimente; manche Abteilungen sahen wieder wie Archivräume aus, mit ihrer Unzahl von Fächern voll von Bändern, Platten, Rollen und ähnlichen Dingen jener Beschaffenheit, die für Zwecke der Dokumentation prädestiniert sind.

Al fesselte all das sehr, aber Jak steuerte unbeirrt weiter in die Tiefe. Schließlich erreichten sie eine niedere großflächige Halle, deren Decke von regelmäßig angeordneten Pfeilern gestützt war. Sie war leer. Sie schien das System der Gänge nach unten abzuschließen, denn es gab keine der üblichen Vorrichtungen, mit denen Menschen und die vermutlich menschenähnlichen Bewohner dieses Planeten Räume voneinander zu trennen oder miteinander zu verbinden pflegten – keine Türen oder Tore, Fensteröffnungen oder Gangmündungen. Dagegen befand sich etwas Auffälliges am Boden, und selbst das nur an einer Stelle: eine tellerförmige Vertiefung, etwa zwanzig Meter im Durchmesser, und innerhalb der Mulde weitere gleichgeformte Vertiefungen, einander ringförmig umschließend, aber exzentrisch angeordnet, die eingeschlossenen stets ein wenig tiefer hinunterreichend als die einschließenden. Wenn man genauer hinsah, dann bemerkte man, daß die runden Formen abgestuft waren, als wäre alles aus kleinen würfelförmigen Bausteinen zusammengesetzt.

Jak trat an den Rand und sagte:

»Das ist es. Was haltet ihr davon?«

Im Gegensatz zum grauen Material der übrigen Boden- und Wanddeckenverkleidung, jener Masse, mit der das ganze Innere des Hügels verkleidet zu sein schien, war der Baustoff des Bodens und des eingelassenen Tellers Metall, ein spiegelndes, aber ungewöhnlich dunkles, fast schwarzes Metall.

»Es scheint etwas darunter zu stecken«, sagte René. Er klopfte auf der Masse herum, legte sich nieder und hielt das Ohr darauf. »Nichts festzustellen.«

»Man müßte es öffnen«, sagte Don.

»Und wie?« fragte Heiko.

Al legte die Hand an den Rand des äußeren Ringes. Er fühlte sich kühl und erstaunlich glatt an. Al war, als erhielte er über seine Hand Verbindung mit Regungen und Strömungen, die dort unten lebendig waren, aber im stillen schalt er sich sofort wegen dieser absurden Idee. Er konnte aber nicht verhindern, daß sein Herz bis zum Hals hinauf schlug. Ein seltsames Gefühl wogte in ihm hoch, und eine innere Stimme flüsterte ihm zu: »In irgendeinem der Schalträume dürfte die Möglichkeit liegen, das Tor zu öffnen. Wir müssen herausfinden, wie diese Geräte zu bedienen sind, wir –«

Don fiel ihm roh ins Wort: »Ich habe eine Idee.« Er wartete einen Moment, um seinen Worten den richtigen Nachdruck zu verleihen. »Wir sprengen diesen Deckel auf!«

»Womit?« fragte Jak interessiert.

Don blinzelte ihm zu.

»Womit? Das ist die Frage. Aber ich kann sie beantworten. In dieser Stadt gibt es Raketen, es muß darin auch Sprenggeschosse geben – Bomben, wahrscheinlich Atombomben. Wir suchen sie – und knacken das Schloß.«

»Das ist das Unvernünftigste, was ich je gehört habe«, rief Al erregt und trat auf Don zu. Da fühlte er eine Hand auf seiner Schulter. Jak grinste ihn an.

»Ich finde das gar nicht dumm. Das ist sogar sehr gut! Wir sprengen diesen Topf hier auf – warum nicht?« Er nickte vergnügt vor sich hin. »Ihr braucht nicht mitzutun«, sagte er zu Al und René. »Unterhaltet euch mit den Schaltungen. Aber stört uns nicht. Wir suchen!«

Jak, Don und Heiko gingen fort und waren bald im nächsten Wendelraum verschwunden, durch den sie heruntergekommen waren. Al und René blickten ihnen nach.

10

Nachdem die Kameraden sie verlassen hatten, war es sehr still geworden. Leblosigkeit und Einsamkeit beherrschten die Gänge. Sie hätten gern etwas gesprochen, nur um die Stille zu durchbrechen, aber es gab nicht viel zu sagen. René hatte den Wunsch, die Laboratorien zu durchsuchen, und so wanderten sie über die geneigten Wege zur nächsten Etage hinauf.

»Wenn wir noch etwas finden wollen, dann bleibt uns nicht mehr viel Zeit«, sagte Al niedergeschlagen.

René versuchte ihn zu trösten.

»Vielleicht finden sie keine Bombe.«

»Warten wir ab!« sagte Al ohne Hoffnung.

Sie betraten eines der Laboratorien, und für René versank die Gegenwart. Er spähte in Mikroskope, schraubte an Flügelrädchen, untersuchte Waagen, verfolgte ausschlagende Zeiger, projizierte Spektren auf gerasterte Skalen, er wanderte von einem Gerät zum andern, drehte, schaltete, verschob . . .

»Ich sehe mich inzwischen in den Archiven um«, sagte Al, doch er war nicht sicher, ob ihn René gehört hatte. Er schaute in einige Räume und blieb dann in einem stehen, in dem etwas stand, das einer Einrichtung für Totalwiedergabe nahe kam. Er wußte, daß es gefährlich war, sich des Geräts zu bedienen, weil diese Verfahren in Gehirnvorgänge eingreifen, war sich aber nicht darüber klar, wie sich die induzierten Reize in diesem Fall auswirken würden. Zuerst untersuchte er die Schaltbrettchen, die an den Enden der Stuhllehnen saßen. Wenn sie demselben Zweck angepaßt waren wie jene auf der Erde, dann konnte sich die Anordnung und die Anpassung an die Wiedergabequalitäten nicht allzusehr von den gewohnten unterscheiden. Er drehte ein wenig an den Schrauben, überlegte genau und kam dann zu einer Hypothese für die Bedienung, die sich zwar erst als richtig erweisen mußte, ihm aber doch recht wahrscheinlich erschien. Es blieb ein Wagnis, aber er wollte so schnell wie möglich so viel wie möglich erfahren, und so mußte er es auf sich nehmen. Er setzte sich in den Stuhl, erdete den Knöchel und stülpte den Helm, der den auf der Erde gebräuchlichen verblüffend glich und ihm auch ausgezeichnet paßte, über den Schädel. Dann legte er die Unterarme auf die Lehnen und die Hände vor die Regelschrauben. Der Platz für seine Arme war ein wenig beengt, aber wenn er die Ellenbogen nach hinten schob, paßten sie ganz gut in die leicht geschwungenen, rinnenartig ausgehöhlten Stützen.

Nun drückte er mit dem Daumen der Linken einen Knopf nieder. Er hatte vorher festgestellt, daß er durch ein zweitmaliges Niederdrücken wieder ausschalten konnte, und darum ließ er die Fingerkuppe in Kontakt mit der leicht konkav gewölbten Oberfläche des Schaltknopfes stehen. Unruhig wartete er ...

... das Licht wurde schwächer.

Al wollte nach dem Beleuchtungsstreifen sehen, aber er konnte weder seinen Kopf noch seine Augen bewegen. Er war dazu gezwungen, vor sich hin zu starren und die Konturen der Gegenstände verschwimmen zu sehen, bis alles in Grau verschwand. Der Gesichtssinn wurde also normal beeinflußt. Wie stand es mit dem Gehör? Er sprach einige Zahlen und Worte vor sich hin, »eins, zwei, drei, vier ... hörst du mich? Hörst du mich?« Er bewegte die Zunge und die Lippen, aber er hörte nichts, er sprach weiter, »eins, zwei, drei, vier, fünf ...«, und war plötzlich nicht mehr sicher, ob er wirklich sprach oder es sich nur einbildete. Es war nicht ganz still, er hörte leises Rauschen, aber seine Sprechbemühungen blieben ohne Erfolg. Plötzlich durchfuhr ihn ein Schreck: wenn er nun auch den Daumen nicht mehr rühren konnte? Hastig drückte er zu ...

Sofort glomm das Licht wieder, die Gegenstände formten sich aus dem Grau.

»... vier, fünf, sechs ...«

Al hörte Zahlen und kam erst jetzt darauf, daß er selbst noch immer zählte.

Er setzte den Helm ab und erhob sich. Er konnte zufrieden sein – es war ihm nichts geschehen. Andererseits schien die Apparatur tot zu sein. Dann lachte er nervös auf – er hatte ja kein Band eingelegt! Er suchte nach dem Auflegeteller, fand aber keinen, doch fiel ihm ein kleiner Schlitz auf. Er blickte sich nach etwas um, das in diesen Schlitz passen könnte ... er stieß auf einige dünne, biegsame, aber feste Metallblätter auf einem Regal. Wahllos griff er eine der Folien heraus und steckte sie in die Spalte. Dann ließ er sich wieder in den Stuhl nieder, setzte den Helm auf und drückte den Knopf auf dem linken Brettchen ... er wartete ...

... das Licht wurde schwächer, aber gleich wieder hell ... immer heller, viel zu hell! Grüne Sonnen kreisten, zerflossen ... Als Finger tasteten über die Knöpfe ...

... das Licht trat zurück – Farben trennten sich, Streifen zitterten, sprangen ... ordneten sich ...

... kein Laut, also schalten!

... Dröhnen – halt, zuviel!

... ein Knopf ... aufdringlicher Heugeruch ... Tränen traten ihm in die Augen, er nieste ...

... ein anderer Knopf ...

... der Geruch ging zurück ... die Farben wurden blasser ... sein Gewicht nahm ab ...

... aha, die Regelung der Erlebnisintensität, ein drehender Griff – so ist es gut: ein wenig unter normal ...

... er sah und hörte, roch, schmeckte, fühlte ... die Sonne schien ... Gras streifte seine Füße und rauschte leise ... neben ihm lag ein kleiner See ... Al schlich vorwärts – dort glänzte der rote Ball, halb hinter einer Felsnadel versteckt ... Al hatte ihn zuerst gefunden! Jetzt galt es, ihn an der richtigen Seite zu treffen! Er wußte, daß ihn Tausende durch ihre Teleschirme beobachteten, und als er den Schleuderstock anlegte, stellte er sich so, daß er ihnen sein Profil bot. Er visierte kurz, der Bolzen durchschnitt die Luft – getroffen! Die Kugel stieg in gerader Bahn empor, genau um fünfundvierzig Grad gegen die Horizontale geneigt – ein prächtiger Volley! –, und sank erst nach gut zweihundert Metern wieder zur Erde. Beifall brauste auf ...

Al schaltete wieder aus, die Szene verblaßte, er saß wieder im dämmrigen Archivraum, in seinem Stuhl zurückgelehnt. Er atmete auf. Er bewunderte die Feinheiten der Wiedergabe, die Farbigkeit der Eindrücke. Es war etwas Neues für ihn, daß hier auch Gedanken und Entschlüsse vermittelt wurden – hier zeigte sich wieder die Überlegenheit dieser Technik. Vor allem aber: Die Aufzeichnungen waren ihm zugänglich. Seine Sinnesorgane und seine Denkweise waren denen der alten Planetenbewohner so ähnlich, daß er ihre Eindrücke nicht nur nacherleben konnte, sondern auch verständlich fand! Es mußten Menschen oder den Menschen sehr verwandte Geschöpfe gewesen sein. Wenn er diese Karte noch weiter ablaufen ließ oder andere einlegte, dann würde er sie zu Gesicht bekommen. Sogar mehr: Er würde sie beobachten, ihre Sprache hören, sogar ihre Freuden und Leiden fühlen. Es konnte natürlich kleine Unterschiede in den Empfindungskategorien geben, denn durch die Schaltknöpfe war ihm eine gewisse Variationsbreite geboten, die er dazu nützte, um die Quantitäten seinen Reiz- und Schmerzschwellen anzupassen. Daß die Optimalwerte aber alle im einstellbaren Bereich lagen, bestätigte ihm die weitgehende Ähnlichkeit.

Eigentlich hatte er damit die Aufgabe, der ihre Expedition gegolten hatte, gelöst – besser gelöst, als die Regeln vorschrieben. Aber das war ihm jetzt gleichgültig.

Er zog das Metallplättchen aus der Versenkung und schob ein anderes ein. Wieder machte er es sich im Wiedergabestuhl bequem, nun schon mit wesentlich sichereren Griffen als beim ersten Versuch. Diesmal hatte er Glück: Er sah die Wesen. Eine ganze Ansammlung bildete einen Halbkreis um eine Maschine. Zwei von ihnen befestigten mit gabelähnlichen Gegenständen Drähte an Ösen, die aus einer siebartig durchlöcherten Bodenplatte ragten – offenbar handelte es sich um einen wichtigen festlichen Akt, denn alle anderen schauten mit gespannter Aufmerksamkeit zu.

Sie sahen nicht viel anders aus als Menschen. Wäre Al nicht sicher gewesen, daß es Geschöpfe eines Planeten waren, der Milliarden Lichtjahre von der Erde entfernt um eine fremde Sonne kreiste – er hätte sie für Menschen gehalten. Ihre Haut war vielleicht um eine Nuance grauer, sie waren klein und schmächtig, ihre Köpfe erschienen auffällig groß und ihre Gesichtszüge eigenartig verzerrt, aber sonst sahen sie aus wie Menschen, und sie bewegten sich wie Menschen. Obwohl Al das erwartet hatte, war er erschüttert, als er es bestätigt sah – daß sich diese Form von Intelligenzwesen überall im Weltraum heranbilden kann, wenn nur die Umweltbedingungen dieselben sind.

Diesmal ließ ihn die Abfolge nicht aktiv eingreifen – zwar war ihm, als ob er selbst vor der Maschine stand, aber als unbeteiligter Zuschauer.

Die beiden Akteure hatten nun alle Drähte am Boden befestigt und traten zurück. Der eine begann in einer unverständlichen, nasal klingenden Sprache zu reden, der andere antwortete ihm. Aus ihren Gebärden und der Betonung einzelner Worte glaubte Al herauszulesen, daß es sich um eine Art feierliche Erklärung in Rede und Gegenrede handelte. Da er den Sinn nicht erfaßte, beobachtete er sie weiter. Sie trugen enganliegende braune und olivgrüne Anzüge, einige hielten flache Taschen in der Hand. Alle blickten mit größter Anteilnahme auf die beiden Sprecher. Schließlich trat der eine zurück, der andere erfaßte einen aus der Seitenwand der Apparatur herausstehenden Griff ... ein Schirm kippte vor, von ihm liefen die Drähte zur Erde hinab; jetzt waren sie senkrecht gespannt. Vorerst rührte sich nichts, aber an der Aufmerksamkeit der Beobachter sah Al, daß sie etwas erwarteten, und zwar unten am Boden, zwischen den Drähten. Es dauerte nicht lange, da kam etwas aus den Löchern hervor, gelbe Triebe, in unsteter Bewegung, als ob sie tasten wollten, immer wieder ruckweise ein Stück vorwachsend. Als sie die Länge einer Handspanne erreicht hatten, griff die eine der im Blickfeld stehenden Personen an die Schalttafel – und alle Triebe teilten sich. Sie wuchsen weiter, wieder ein Handgriff an einem Schalter – aus allen Stengeln sprossen Blätter heraus. Nach und nach baute sich nach den Kommandos die ganze Pflanze auf, so als wäre das Anwachsen im Zeitraffer aufgenommen, aber das war nicht der Fall, wie die normalen Bewegungen der Personen bewiesen. Es war kein optischer Trick, sondern ein zoologisches Experiment – das gelenkte Wachstum einer Pflanze. Die beiden Männer in der Mitte begannen nun wieder mit ihrer Wechselrede. Al schaltete ab. Eine Weile blieb er nachdenklich sitzen. Er hatte viel erreicht, aber er wollte mehr. Er wollte die Vergangenheit und vor allem die Zukunft.

11

Lange stöberte er in den Fächern der verschiedenen Räume. Es galt, aus der ungeheuren Menge an Material jene Aufzeichnungen herauszufinden, die eine Übersicht über die Geschichte gaben. Er suchte nach Schriftzeichen und fand Punktmuster, ähnlich der Brailleschrift, die in die linken oberen Ecken aller Blättchen eingestanzt waren. Er informierte sich über den Inhalt vieler Dutzende der Folien, und er fand auch schnell ein System. Er wußte, an welchen Stellen die Aufzeichnungen über die allgemeinen Grundlagen aufbewahrt waren, wo er sich über Experimente oder Gesetzmäßigkeiten informieren konnte, wo er Detailserien suchen mußte. Er merkte, daß jedes Zimmer einem bestimmten Fachgebiet zugeordnet war, und schickte sich seufzend an, in einem Raum nach dem anderen Stichproben vorzunehmen. Als er merkte, wieviel Zeit das kostete, beschloß er, erst nach René zu sehen.

René war damit beschäftigt, eine Kugel glühenden flüssigen Metalls frei schwebend in der Luft zu halten.

»Hallo, René«, sagte Al. »Ich habe die Einwohner gesehen!«

René justierte zwei Polschuhe ein. Zu den Mikrometerschrauben hinunter antwortete er:

»Das ist schön, Al. Wie sehen sie aus?«

»Wie Menschen.«

»Wie wir es uns vorgestellt haben«, murmelte René. Durch Hochregeln der magnetischen Energie gelang es ihm, den fußballgroßen Tropfen in Rotation zu versetzen; deutlich plattete er sich an den Polen ab.

»Wenn ich nur wüßte, was für eine Kraft noch dabei ist«, sagte René. »Durch Magnetismus allein geht es nicht.«

»Das kann doch nicht so schwierig sein«, sagte Al. »Hast du noch irgend etwas Bemerkenswertes gefunden?«

»Einige Laboratorien«, antwortete René. »Du kannst dir nicht vorstellen, was die alles experimentell betrieben. Nicht nur Physik und Chemie – auch Mathematik. Ein Laboratorium scheint sogar für Historik zu sein!«

Al horchte auf.

»Kannst du es mir zeigen?«

René trennte sich mit merkbarem Mißbehagen von seinen Instrumenten. Er ließ die flüssige Kugel in ein Gefäß hinuntergleiten, wo sie auseinanderfloß, und richtete sich auf.

»Komm, ich zeig' es dir.« Sie traten auf den Gang hinaus, René riß einige Türen auf, schaute hinein, ging zur nächsten ... Endlich sagte er: »Hier ist es.«

Sie kamen in einen Raum, der sich vor allem durch die Ausstattung von den anderen unterschied – eine Mischung zwischen Labor und Museum. Neben einigen unbestimmbaren Apparaturen gab es die drei Wiedergabestühle mit den dazugehörigen Behältern für die Schaltungen. In die Wand eingelassen waren einige Glasfenster, die zu Vitrinen führten. Innen standen wirklichkeitsnahe Modelle von Siedlungen, Dörfern, Städten. Darin bewegten sich Punkte und Striche, in den kleinen Orten nur vereinzelt, in den großen in ganzen Schwärmen.

»Die Einwohner und die Fahrzeuge«, bemerkte Al. Er griff an eine Schalttafel und schob einen Zeiger über eine Skala.

»Paß auf!«

Plötzlich veränderte sich eines der Modelle. Der Ort breitete sich aus, neue Gebäude schossen wie Pilze aus dem Boden, Bäume und Grünanlagen verschwanden, Fabriken mit Schornsteinen, Straßenbrücken, Flugplätze traten an ihre Stelle ...

René schaltete wieder.

Explosionen erschütterten die Stadt, Häuser fielen in sich zusammen, Krater gähnten ... Wie ein rasches Gewitter schlug das Unheil auf die Siedlung hinab, und wie ein Gewitter ging es vorbei. Die aufgerissene Erde überzog sich mit Grün, moderne Häuser füllten die Lücken zwischen den alten aus, der Verkehr verdichtete sich zu einem Höhepunkt und flaute dann wieder ab.

»Tatsächlich«, sagte Al. »Experimentelle Geschichte.«

Er wollte sich schon von der Demonstration abwenden, da hielt ihn etwas zurück. Anstelle der Siedlung gähnte jetzt ein flacher Krater, und darüber hing ein weiß und grau gestreifter Rauchpilz.

Al schauderte.

»Wir scheinen wirklich nicht viel Zeit zu haben«, sagte er. Er ging hinüber an die andere Wand, die mit Fächern ausgefüllt war. Vielleicht ist das Ordnungsprinzip hier dasselbe, dachte er. Er griff in jenes Fach, in dem seiner Vermutung nach die Grundtatsachen eingereiht sein mußten, und woraus sollten diese bei der Geschichte bestehen als aus einem Überblick von den ältesten Zeiten bis in die Gegenwart.

»Vielleicht erfahren wir doch noch, was aus ihnen geworden ist«, sagte er leise vor sich hin, dann zeigte er auf einen Demonstrationsstuhl und wandte sich an René: »Setz dich und gib nun acht!«

Die Apparaturen waren ihm jetzt schon gut vertraut. Immer mehr Einzelheiten fielen ihm auf, die er auch von der Erde her kannte. Er verband beide Stühle durch ein Kabel und stellte auf Gemeinschaftsempfang. Dann steckte er ein Aufzeichnungsblatt in den Schlitz und legte die anderen auf einen Teller, von dem sie, sobald das erste Blatt abgespielt war, hinuntergleiten und dessen Stelle im Abtaster sie nach und nach einnehmen würden.

Al und René setzten die Empfängerhelme auf ...

Was er erwartet hatte, trat ein. Es begann bei einer kleinen Gruppe von fellbehangenen Primitiven, die mit steinernen Faustkeilen bewaffnet durch dichte Wälder schlichen. Sie hatten solche Bilder schon gesehen, und das Bildhafte selbst beeindruckte sie nicht so sehr. Aber sie hörten die rohen Schreie, mit denen sich diese Steinzeitmenschen verständigten, sie rochen den Schweiß und das Blut, spürten Ungeziefer an der Hand und Dornen in den nackten Sohlen. Das Beeindruckende war, daß sie das alles nicht empfanden, wie sie zu empfinden gewohnt waren, sondern so wie diese stumpfen Urwesen selbst, und daß sie auch ihre geistigen Regungen fühlten. An diesen Eindrücken war nichts Klares und nichts Reines, zwar war alles da, und es war vollständig da, das Wasser, das sie schlürften, die Bäume, hinter denen sie sich versteckten, die Felsen, unter denen sie hausten, das Fleisch, das sie fraßen, die Weiber, die sie begehrten, alles war wirklich, aber es erschien seltsam vage, seltsam verschleiert. Sie erlebten Gefühle, die sie auch heute noch erlebten,

Freuden und Ängste, Wut und Ergebenheit, aber manches bestürzend stark, ohne Möglichkeit der Kontrolle, ohne Möglichkeit, etwas dagegen zu tun – unmittelbar, schicksalhaft.

Al schüttelte den Bann, unter dem er stand, mit Gewalt ab, er drückte die Beschleunigungstaste, die Bilder versanken, andere tauchten auf: vertraut und doch neuartig; Gefühle erstanden, altbekannt und doch ungewohnt.

Mittelalter. Burgen. Rüstungen. Holzkohlenfeuer und schmiedeeiserne Gitter. Aberglaube. Kulte. Verfolgung und Folter. Haß und Angst. Dumpfes Eingesponnensein in kindliche Vorstellungen. Ungewisse Hoffnungen auf Belohnung im Jenseits. Schmutz. Krankheiten. Pomp und Sklaverei. Greuel und Reue ...

Atomzeit. Baracken, Verkehrsunfälle. Marschierende Kolonnen. Bomben. Machtwahn und Ohnmacht. Leichtsinn. Lüge. Unterdrückung. Wissensdurst. Furcht vor den entfesselten Naturkräften. Anmaßung und Selbstüberschätzung. Festhalten an überholten Überlieferungen. Affekte und Triebhandlungen. Mißtrauen und Maßlosigkeit. Geistiges Versagen. Massennot und Massentod.

Friedensstaat. Gartenstädte. Reihenhäuser. Projektionswände. Demonstrationsstühle. Automaten. Schwebeboote. Sicherheit. Wunschlosigkeit. Erfüllung. Wohnkultur. Kunst. Beschaulichkeit. Spiele. Illusionen. Gesundheit und Genuß. Sättigung und Langeweile. Freiheit von Verantwortung. Rausch, Traum, Schlaf ...

Al verlangsamte den Ablauf und drehte noch ein Stück zurück. Von hier an wollte er alles genau wissen. Die springenden Bilder verschmolzen wieder zu zusammenhängendem Geschehen, das auf und ab flutende Rauschen zu artikulierten Lauten, die Stimmungsfetzen zu logisch begründeten Gefühlsschwankungen.

Er sah die Stadt, die alte Festung auf dem Hügel, die neue, vom Graben umgebene Burg, den mittelalterlichen Ring, die moderne Riesenfläche der Großstadt, die bis zum Gebirge anwuchs. Dann fiel ein Bombenregen, und nur ein ungeheurer Schutthaufen blieb zurück. Langsam wuchsen daraus Bauten hervor, einheitlicher und moderner, und weitere, noch moderner, Generationen von Bauten – und zuletzt war der Ring der Gartenstadt entstanden; darum herum zog eine liebliche Landschaft aus Wiesen, Seen und Felstürmen – gepflanzten Wiesen, angelegten Seen, künstlichen Felsen. Die historische, ringförmige Innenstadt wurde restauriert, im Zentrum entstand die alte Burg – als Lichtkulisse; darunter lagen die Automaten, die für alles sorgten und von denen man doch möglichst wenig sehen wollte.

Dann geriet der Planet in einen Meteorschwarm, und sie bauten den unsichtbaren Schutzschild über die Stadt. Trotz der wiedergewonnenen Sicherheit bewegte sich nur noch selten jemand aus seinem Haus heraus. Die meiste Zeit saßen sie vor den Projektionsschirmen, schauten hinaus ins Vorland, ließen sich Märchen vorgaukeln, blendeten sich ins Geschehen ein oder nahmen passiv daran teil. Sie brauchten sich nicht mehr zu bewegen – alles, was sie erleben wollten, suggerierte ihnen die Totalwiedergabe. Sie brauchten nicht mehr zu essen – Leitungen spülten flüssige Nahrung an ihre Sitzplätze. Sie saßen, träumten oder schliefen ...

tagelang ...

monatelang ...

generationenlang ...

Während dieses Geschehen ablief, war Als und Renés Einfühlungsvermögen stetig gewachsen. Sie sahen die Dinge deutlicher, sie erlebten die Empfindungen klarer, sie verstanden besser, was geschah. Von jenem Stadium an, das sie nun erreicht hatten, senkten sich wieder Schleier über die Szenen, und ihre Gefühlsreaktionen wurden von einer seltsamen Lähmung ergriffen. Die Farben wurden blasser, die Umrisse verschwommen, alles verlief in einem geheimnisvollen Halbdunkel, oft löste es sich in nicht faßliche Impressionen auf – in sehr angenehm wirkende Impressionen –, die Geräusche tönten wie Musik, das Körpergefühl verschwand, Düfte schwollen berauschend an. Aus diesem gestaltlosen Weben traten unvermittelt wieder klarere Eindrücke: Jemand läßt sich in ein Schwebeboot transportieren, steigt damit zweihundert Meter auf, unterbricht die Verbindung zur Energieschiene und stürzt ab.

Wieder herrschte das Halbdunkel, das sie nicht verstanden. Dinge glitten vorbei, die nicht zu erkennen waren – Schemen auf einer magisch beleuchteten Bühne. Sogar das Wünschen und das Wollen machte etwas anderem Platz, das Ziele kannte, ohne sie zu erstreben, Absichten, ohne sie zu verwirklichen. Al drehte an den Schrauben, aber er erreichte keine bessere Klarheit. Das, was hier beschrieben war, bewegte sich in anderen Denkgeleisen als menschliche Gehirne.

Und jetzt – Als Hände umkrampften die Stützen. Aus den Schatten trat noch dunklere Schwärze, Metall, eine tellerartige Mulde – die Pforte zum Innersten, doch offen ... in das weite Loch hinein sanken Zylinder, eine unabsehbare Reihe ... Graue Flecken rannen über die Szene, ein von Lichtpunkten übersätes quadratisches Muster zog vorüber, ein blaßdämmriger Streifen glänzte auf, Flüssigkeit schäumte, Drähte gabelten sich und vereinigten sich wieder, Zeiger wanderten, Kontakte schlossen sich, violettes Licht lag wie ein Dampf in einem Korridor, die Luft war feucht und lau, Leitungen, Drähte, Röhren, Reflektoren, Lampen bildeten Gehäuse, die an große Vogelkäfige erinnerten, eine endlose Reihe solcher Käfige lief durch den Gang, und in jedem saß ein rosafarbenes, fleischiges, vielfach zerlapptes Gebilde. Jedes hockte in einer Schüssel, die mit Flüssigkeit gefüllt war, jedes war durch Stäbe gestützt wie eine kostbare empfindliche Pflanze, einzelne Auswüchse waren von Hüllen umschlossen, in jedes ragten Drähte und Röhren hinein – durchsichtige Röhren, in denen farblose, gelbe und rote Flüssigkeiten pulsierten. Jedes sah aus wie eine in einen Käfig eingeschlossene Orchidee.

Hier brach die Vorführung ab.

Verwirrt und benommen erhoben sich Al und René aus ihren Stühlen.

»Bist du daraus klug geworden?« fragte René.

»Die Geschichte der Stadt ist mir klar«, antwortete Al. »Es ist eine ganz normale Geschichte, wie sie sich auch in jeder unserer Städte zugetragen haben könnte. Sie hat auch ihr Atomzeitalter durchgemacht. Die Bomben, durch die sie vernichtet wurde, waren zweifellos Atombomben. Ich glaube sicher, daß noch irgendwo welche aufbewahrt sind.«

»Sehen wir, ob Jak sie schon aufgestöbert hat«, schlug René vor.

Während sie den Weg nach oben suchten, fuhr Al fort:

»Wir kennen jetzt auch die Erklärung für den unsichtbaren Schutzschirm, der uns zuerst soviel Kopfzerbrechen bereitet hat.«

»Ein Meteorschwarm«, erinnerte sich René. »Aber warum haben sie denn die Krater in ihrer Landschaft nicht beseitigt? Mit ihren Mitteln muß ihnen das doch ein leichtes gewesen sein.«

»Noch einfacher ließen sich die Spuren offenbar auf andere Art verwischen. Diese durchsichtigen Wände, die wir in den Häusern gefunden haben, sind Leuchtschirme, auf die sich alles bringen läßt – Nahes und Fernes, Gegenwärtiges und Vergangenes, Wirklichkeit und Phantasie. Eine kleine Änderung in der optischen Steuerung – und niemand sah noch etwas von den häßlichen Einschlägen.«

»Und eine ebensolche Täuschung war auch der Zweck der Luftspiegelung. Wie kann man mit so etwas zufrieden sein!«

»Warum nicht! Denk daran, wieviel bei uns Schwindel, Schminke und Fälschung ist!«

»Na schön! Aber wir wissen doch, wo etwas unecht ist!«

»Wird es dadurch echter?«

René verzichtete auf eine Antwort. Sie erreichten den hochgelegenen Aussichtstum und hielten Ausschau. Das Gelände bot das Bild schwerer Verwüstung. Längst war es nicht mehr so übersichtlich wie vorher – es fiel ihnen schwer, in dem Durcheinander Jak, Don und Heiko zu finden.

»Verstehen sie etwas von technischen Dingen?« fragte Al.

»Heiko weiß ziemlich viel«, sagte René.

Das bestätigte sich bald. Heiko bog um eine Ecke und kam gleich wieder hervor: auf dem Hochsitz einer Zugmaschine. Er dirigierte einen gegliederten Scherenarm in eine offenstehende Tür. Jak und Don zwängten sich daran vorbei in den Raum. Nach zwei Minuten bewegte sich der Arm wieder. Die Glieder klappten zusammen; an den Greifbügeln hing ein schwerer zweirädriger Karren, ein Raketengeschoß in seiner Abschußvorrichtung – sie konnten es deutlich in dem zylindrischen Lafettengerüst stecken sehen.

»Sie fahren auf den Stadtrand zu!« sagte René.

»Vielleicht können wir es noch verhindern!« rief Al. Er bemühte sich, seinem Gedächtnis den Grundriß der Bauten und den Standort von Jaks Mannschaft einzuprägen.

Sie stürmten die geneigten Bahnen hinunter, durch die dunklen Gänge zum Ausgang. Das Licht hüllte sie blendend ein, aber sie liefen, ohne sich hindern zu lassen, weiter, um Schutthaufen, um zusammengefallene Gebäude und um Kraterlöcher herum. Viel war zerstört, aber viel war auch noch unberührt. Als Blick streifte diese vollkommenen Konstruktionen, als sähe er sie zum letzten Mal.

Er sah sie zum letzten Mal.

Sie erreichten die anderen, als sie an der Stadtmauer ankamen.

»Wartet«, schrie Al schon von weitem. »Wir haben Filme von den Einwohnern gefunden. Ihr könnt die Bilder zur Erde funken!«

»Wie sehen sie aus?« fragte Jak.

Al blieb keuchend stehen.

»Schau sie dir selbst an! Es sind phantastische Filme!«

Man sah Jak an, daß er im Zweifel war. Er blickte auf den mattglänzenden Körper des Raketengeschosses, das wie ein Fisch im Netz lag, und dann wieder auf Al.

»Setz diese Gelegenheit nicht aufs Spiel!« mahnte Al. Er versuchte, die Unsicherheit Jaks zu nutzen.

»Läßt du dich überreden?« fragte Don. »Kann man dich so leicht überreden?«

»Wir haben Zeit«, sagte Jak. »Wir könnten uns die Sache ansehen!«

In Don kochte wieder der Ärger.

»Wer weiß, was dann passiert! Jeden Moment können die Automaten kommen und alles abtransportieren!«

Heiko mischte sich ein.

»Ich glaube, wir haben in der Zentrale das Verbindungsnetz lahmgelegt. Was sollte also . . .«

»Ihr seid bloß feig«, sagte Don. »Feig und dumm dazu. Na, geht doch!« schrie er plötzlich. »Ich warte hier inzwischen und spiele mit dem Ding hier! Vielleicht geht es los!«

»Sei bloß vorsichtig!« sagte Jak drohend. Und zu Al gewandt: »Habt ihr herausgefunden, was sich unter dem Deckel befindet?«

»Wir hatten nicht viel Zeit«, erklärte René. »Aber wir haben auch etwas von den unteren Räumen gesehen.«

»Was?«

»Schwer zu beschreiben«, antwortete René unsicher. »Es sind – . . . nun – Dinge wie Blumen, sehen aus wie Orchideen. Und sie sitzen in Käfigen.«

Don lachte laut heraus, sagte aber nichts.

Jak runzelte die Stirn.

»Ist das alles?« fragte er. »Habt ihr Lebewesen unten gesehen?«

René sah sich in die Enge getrieben.

»Nur die Blumen.«

»Der Orchideenkäfig. Ich weiß«, sagte Jak. »Na, dann steht fest, was wir zu tun haben. Heiko, mach die Rakete fertig!«

Heiko thronte noch immer oben auf dem schmalen Führersitz des Kranwagens. Nun ließ er ihn wieder anlaufen, um die daran hängende Lafette in die richtige Position zu bringen.

»Ihr habt euch Blödsinn vormachen lassen«, sagte Jak nebenher zu Al.

»Klinkt den Haken aus!« bat Heiko. Don sprang hinzu und löste die Halterung. Heiko fuhr einige Meter beiseite, sprang hinunter und trat an den Karren, auf dem das Gerüst mit der Rakete montiert war. Er rückte daran herum und visierte den Hügel an.

»Ihr werdet alles in die Luft sprengen!« sagte Al. »Nichts von allem, was wir noch finden könnten, wird übrigbleiben.«

Don tat so, als hätte er nichts gehört. Er trat an das Gerüst, langte durch die Stäbe und klatschte seine Hand auf das Metall.

»Ein wenig klein, das Ding hier«, sagte er. »Das soll eine Atombombe sein!«

Heiko nahm ihn ernst.

»Sie genügt für unsere Zwecke, du wirst sehen!«
»Können wir jetzt schießen?« fragte Jak.
»Wollt ihr vielleicht hierbleiben, während ihr schießt?« fragte René entsetzt.
»Wovor hast du Angst? Vielleicht vor der radioaktiven Wolke?« spottete Don.
»Jak«, sagte Al eindringlich, »René hat recht. Wir sind hier viel zu nah am Explosionsherd. Ihr sprengt euch selbst in die Luft!«
»Wir können nicht weiter zurück«, sagte Heiko. »Hinter uns ist die Mauer. Wie soll ich mit der Rakete und der Abschußvorrichtung drüber hinwegkommen?«
»Wir können nicht weiter zurück«, sagte nun auch Jak. »Wir schießen sie ab, und zwar von hier. Wenn ihr wollt, könnt ihr davonlaufen. Aber beeilt euch, wir warten nicht lang!«
Al schüttelte den Kopf.
»Ihr habt doch gar keine Ahnung von der Wirkungskraft dieser Bombe. Es muß ja gar keine Atombombe sein!«
»Was sonst?« fragte Jak.
»Irgend etwas viel Schlimmeres«, antwortete Al noch immer völlig ruhig, als hätte er es mit ungelehrigen Schülern zu tun. »Diese Technik ist uns doch weit voraus. Denkt an die Abschirmung! Sie kann Waffen entwickelt haben, die wir uns gar nicht vorzustellen vermögen. Ihr könnt doch nicht alles riskieren ...«
Don brachte es nicht fertig, ruhig zuzuhören.
»Hör doch endlich auf zu predigen!«
»Laß ihn reden«, sagte Jak. »Was können wir nicht riskieren, Al?«
»Das alles hier! Diese Möglichkeit, Neues zu erfahren. Aber nicht nur das! Jak, diese Leute sind weiter gekommen als wir. Sie haben das Atomzeitalter überstanden; es ist das erste Mal, daß wir eine solche Kultur finden – außer uns selbst! Aber wo sind sie? Was ist mit ihnen geschehen? Ich muß das wissen, Jak, bitte – versteh doch – hier können wir erfahren, was auch aus uns einst werden wird!«
Jak schaute ihm nachdenklich ins Gesicht.
»Gut, Al«, sagte er. »Ich habe dich reden lassen. Ich habe dir

zugehört. Du willst wissen, was aus ihnen geworden ist. Schön. Ich verstehe zwar nicht, warum das so wichtig ist, aber das ist deine Sache. Jetzt aber hör mir gut zu. Ich will auch wissen, was da unten in dem Hügel ist, und zwar bald. Bald oder gar nicht. Denn, und das sage ich, damit du auch mich verstehst« – jetzt klang seine Stimme schneidend –, »ich habe genug von hier. Mir ist das hier zu langweilig. Es widert mich an! Ich will versuchen, den Deckel zu heben und hineinzusehen, und dann: ade! Wenn es nicht gelingt, ist es auch recht. Es ist mir also völlig gleichgültig, was mit uns geschieht. Und gar aus der Stadt! Soll sie doch in die Luft gehen. Und darum«, er wurde wieder leise, »und darum schießen wir jetzt.«

Al nickte. Es war wirklich nichts zu machen. Starr sah er zu, wie Heiko noch einmal durch das Visier spähte und dann erwartungsvoll zu Jak schaute, wie dieser den Arm hob und wieder senkte, wie Heiko einen Auslöser ergriff, der an einer langen Zuleitung hing, und den Knopf drückte.

Der bisher tote Metallkörper des Geschosses begann zu zittern, und das Gestänge zitterte mit. Dann schoß am Heck ein feuriger Strahl heraus, die Rakete schob sich einen Meter vor, zischend und dröhnend schien sie noch einmal zum Halten zu kommen, und dann fegte sie mit riesiger Geschwindigkeit fort, in einer geraden Linie auf den Hügel zu.

Es dauerte fast eine Sekunde, während der nichts geschah. Hierauf schien mit einem Mal die Luft zu zerreißen. Es ging lautlos vor sich . . . Das letzte, was Al sah, war eine glühende Wand, die auf ihn zulief.

Der dritte Versuch

1

Hier oben brannte die Sonne viel stärker als einst unten im Tal, aber auch der Wind war kräftiger und kühlte alle schattigen Partien in Sekundenschnelle bis zum Gefrierpunkt ab. Manchmal brachte er Wolken von Sand herbei, feinen Sand, der bald in Augen, Ohren und Mund drang, unangenehm zwischen den Zähnen knirschte, die Kleidung füllte und die Haut aufrieb, wenn man die Glieder bewegte.

Al und René standen auf glasigen Krusten und Schlacken. Sie blickten auf die Ebene, die hundert Meter unter ihnen lag. Die Luft war noch immer mit berauschendem Thymianduft gesättigt; sein Ursprung schien jetzt, da es keine Pflanzen mehr gab, noch rätselhafter als früher.

Es war nun das dritte Mal, daß sie auf diesem Planeten erwacht waren. Diesmal hatten sie sich länger gedulden müssen, denn nichts von den Einrichtungen war erhalten geblieben. Sie wußten nicht, ob die Explosion alles vernichtet hatte oder ob die Umwandlung während jener unerklärlichen Ereignisse erfolgt war, die danach eingetreten sein mußten.

Es gab keine Stadt mehr, kein Flachland, kein Tal. Es gab nur eine Wüste, die wie ein Meer unter ihnen im Kessel lag, gut zwei Kilometer über dem Niveau des alten Talgrundes. Ein Großteil der Oberfläche war mit Sand bedeckt; er konnte aber nicht tief hinunterreichen, denn an manchen Stellen ragten Felsen über die Oberfläche hinaus. Es handelte sich nicht um Klippen oder Blöcke, sondern um bauchige Massen, manchmal auch um flache Stufen. Es sah aus, als hätte jemand Wachs ausgegossen und dieses wäre rasch erstarrt, noch bevor sich seine Oberfläche vollkommen glätten konnte. Diese Wüste erstreckte sich ohne Unterbrechung bis an die gegenüberliegenden Gebirgshänge, die als dunkler Strich am Horizont lagen.

»Ich glaube, es hat keinen Sinn mehr«, sagte René.

»Meinst du, daß alles vernichtet ist?« fragte Al.

»Von der Stadt ist jedenfalls nichts übriggeblieben.«

Al blickte ihn abschätzend von der Seite an.

»Denkst du eigentlich noch an die Luftspiegelungen?«

René lachte verblüfft auf. »Das wäre natürlich eine Erklärung für alles. Daß ich daran nicht gedacht habe! Meinst du, daß die Steine und der Sand Schwindel sind?«

»Das werden wir gleich feststellen.«

Sie hatten das Lager an einer Stelle errichtet, von der sie durch ein Kar mühelos absteigen konnten. Gleich darüber begannen die Wände sich steil aufzubäumen. Um eine ebene Fläche für die Gebäude und als Landeplatz für den Hubschrauber zu gewinnen, hatten sie einen keilförmigen Einschnitt ins Gestein getrieben.

Selbst hier in dieser Höhe waren die Spuren der Hitzewelle noch zu erkennen. Vorspringende Felsspitzen waren rundgesintert, Wülste abgeronnener flüssiger Minerale liefen wie die Ranken von Kletterpflanzen abwärts. Als Al und René nun hinunterstiegen, splitterten immer wieder dünne zerbrechliche Überzüge aus erstarrtem Material unter ihren Füßen. Manchmal sackten sie auch in sanderfüllte und daher nicht erkennbare Löcher ab.

»Der Boden ist echt«, stellte René fest, als er unten ankam. Er bückte sich, hob eine Handvoll Sand auf und ließ die weiche Masse durch die Finger rinnen. Al watete einige Meter hinaus und begann mit den Füßen zu scharren. Nach einer Weile rief er René zu sich heran.

»Was hältst du davon?«

René kniete nieder und befühlte die glatte Decke, die unter einer Sandschicht zum Vorschein gekommen war.

»Plastik«, sagte er. »Dieselbe Plastiksubstanz, aus der früher die Felsnadeln in der See- und Wiesenlandschaft bestanden.«

»Ich glaube, es hat doch Sinn«, sagte Al. René blickte verständnislos zu ihm auf.

»Ich glaube, es hat Sinn, sich hier umzusehen. Es ist noch etwas da, das Veränderungen hervorruft. Diese Plastikmassen sind doch nichts Natürliches.«

»Jetzt verstehe ich«, sagte René. Er richtete sich wieder auf und klopfte die Hände an der Hose ab. »Sie sind noch da. Sie leben, und sie haben das Tal mit dieser Substanz gefüllt. Aber warum?«

»Vielleicht, weil sie etwas schützen wollen, was darunter liegt.«

»Eine unglaubliche Leistung«, meinte René. »Und das innerhalb von vierzehn Tagen! Wir haben einiges versäumt!«

Sie stapften langsam zum Berghang zurück.

»Scheußlich, dieser Sand«, klagte René. Und dann fiel ihm etwas ein. »Mensch, Al! Woher kommt er eigentlich?«

»Leicht zu erraten!« Al lächelte belustigt. »Radioaktive Asche, die nach der Explosion aus dem Atompilz abgesunken ist.«

René erschrak. Hastig rannte er vor und sprang auf den Felsuntergrund.

Al kam gemächlich hinterher.

»Da bist du auch nicht sicherer. Ich wette, die ganze Oberfläche ist radioaktiv.«

Vergnügt beobachtete er René. Dann sagte er:

»Was soll uns die Strahlung schon ausmachen? Vergiß nicht, daß jetzt keine Regeln mehr gelten!«

René atmete hörbar auf.

»Es ist so seltsam«, sagte er. »Ich muß mich erst daran gewöhnen.«

»Für mich ist es genauso seltsam«, sagte Al. Er hatte René eingeholt, und sie kletterten nebeneinander die Böschung hinauf. »Aber das mit der Radioaktivität ist noch das einfachste. Die spürt man sowieso nicht. Wir brauchen sie eben einfach nicht zu beachten. Aber genaugenommen zwingt uns doch auch nichts, die üblichen Sinneseindrücke beizubehalten. Was soll uns beispielsweise Kälte schaden? Wenn sie dir lästig wird, kannst du sie einfach abdrehen! Bei Hitze würde ich dir das allerdings nicht empfehlen.«

René war verwirrt, doch er wollte sich nichts anmerken lassen.

»Gewiß, Hitze würde schaden. Man könnte allerdings die Schmerzschwelle ein ganzes Stück hinaufrücken. Und wie steht es mit dem Sehen? Wäre es nicht angebracht, den sichtbaren Spektralbereich zu erhöhen? Beispielsweise übers Ultraviolett?«

»Das kannst du machen. Ich glaube zwar nicht, daß es dir viel helfen wird.«

»Wenn wir schon die Regeln nicht mehr zu beachten brauchen – warum verwenden wir nicht leistungsfähigere Modelle? Solche, die besser hören und besser sehen?«

»Es gibt keine anderen mehr. Die alten aus der Raketenzeit sind längst nicht mehr einsatzfähig. Auch die Feinheit der Umsetzung war gering, wenn auch der Empfindungsumfang weiter war. Wir hätten etwas Neues entwickeln müssen – und dazu wäre viel Zeit nötig gewesen. Vielleicht müssen wir es trotzdem noch tun. Aber es hat noch einen zweiten Grund. Ein solches Modell nimmt ja ganz andere Qualitäten auf, als wir durch unsere Sinnesorgane gewöhnt sind. Was glaubst du, wie lange das dauert, bis sich das menschliche Gehirn einübt! Solange wir nur gewohnte Eindrücke zu verarbeiten haben, können wir rasch und sicher reagieren. Ich glaube, wir werden das nötig haben.«

Sie waren wieder auf ihrer künstlichen Plattform angekommen. Das Land unter ihnen wirkte unbeschreiblich leer und öd. Jetzt, wo sie wußten, daß vielleicht irgendwo darunter etwas versteckt lag, dessen Antriebe und Absichten sie nicht verstehen konnten, war noch etwas Drohendes dazugekommen.

Al hatte einige Minuten geschwiegen. Der Wind preßte die Kleidung an seinen Körper. Er fröstelte und zog den Kragen hoch.

»Ich friere«, sagte er, »aber es ist eigenartig: Ich fühle mich wohl dabei. Solange es nicht nötig wird, lasse ich alles, wie es ist.«

»Mir geht es genauso«, sagte René. »Es kommt mir wunderbar vor, eine ernste Aufgabe zu haben. Wirklich etwas leisten zu können. Einem ernsten Gegner entgegenzutreten.«

»Wir müssen uns erst daran gewöhnen«, sagte Al. »Eigentlich ist es ein unglaublicher Zufall, daß gerade wir hier auf etwas gestoßen sind, das sich von alldem unterscheidet, was bisher aufgefunden wurde.«

»Vielleicht haben andere schon etwas Ähnliches gefunden, es

aber nicht weiter beachtet? Aufgegeben wie Don, Jak und Heiko?«

Al spürte etwas Seltsames: Er hatte plötzlich den Eindruck, nicht mehr in einer selbstverständlichen Welt zu leben, sondern inmitten einer Fülle von lockenden Geheimnissen und Rätseln.

»Könnte es nicht möglich sein . . .«, sagte er. »Ich meine: Könnte es nicht im Weltraum noch viel mehr Unbekanntes geben? Vieles, was sich lohnt – wenn man sich damit beschäftigt?«

René konnte ihm diese Frage nicht beantworten, doch zum ersten Mal verstand er die abwegigen Gedankengänge des Freundes.

2

Der Hubschrauber trug sie über die radioaktive Wüste. Der Wind schüttelte sie, hob sie empor und ließ sie dann hinunterfallen. Sie schwankten hin und her; genau wie in ähnlichen Lagen auf der Erde kam es ihnen vor, als stemme eine unterirdische Gewalt die Landschaft unter ihnen empor.

»Rechnest du mit einem Schutzschirm – ähnlich wie dem über der Stadt?« fragte René.

»Ja«, sagte Al. Er starrte in die flimmernde Leere vor sich.

»Was dann?« fragte René.

»Dann müssen wir die Geräte schleppen.«

Wider ihre Erwartungen kamen sie unangefochten weiter. Nichts hielt sie auf, keine Spiegelung schien sie zu narren.

»Hier irgendwo muß das Zentrum sein«, sagte René.

Al zog den Steuerknüppel durch.

»Ich gehe hinunter.«

Er lenkte auf eine ebene Felsfläche zu. Aus kleinen Löchern wirbelten Fontänen von Sand hoch. Sanft setzte er auf, öffnete die Tür und sprang zu Boden. Er schnupperte: Seltsamerweise roch es auch hier nach Thymian.

René reichte Al die Sprengladungen und das Traggestell mit

dem Seismographen. Al nahm die Haftkapseln an sich und trug sie etwa zwanzig Meter weit über die Felsplatte. Dann befestigte er sie am Boden und zog den Zünddraht zum Flugzeug zurück. Er führte das Ende über einen Schalteinsatz an einen Pol der Batterie und erdete den anderen.

René hatte den Seismographen einjustiert und setzte ihn probeweise in Betrieb. Auf dem auslaufenden Band erschien eine leicht gewellte Linie. Nervös hantierte er am Gerät.

»Was ist?« fragte Al.

»Der Störuntergrund ist viel zu schwach«, erklärte René.

»Was bedeutet das?«

»Durch den Boden laufen immer Erschütterungen. Das Gerät nimmt sie auf. Darum ist die Nullinie gewellt. Aber die Ausschläge hier sind viel schwächer als anderswo.«

»Probieren wir es doch einmal«, schlug Al vor. »Bist du soweit?«

»Ja.«

Al drückte den Schalterknopf hinein .. ein kleiner Springbrunnen Gestein und Staub sprühte von dort in die Höhe, wo der Sprengkörper gelegen hatte, und schon ertönte der Krach der starken Explosion.

Ihre Blicke hingen am Lochstreifen, der sich eilig aus dem Schlitz des Erschütterungsmessers schlängelte. Es vergingen keine zwei Sekunden – da schlug der Zeiger aus, und die Düse sprühte einige spitze Zacken aufs Papier. René richtete sich eben befriedigt auf, da grollte und donnerte es erneut um sie; da es in der Zwischenzeit ganz still gewesen war, kam es ihnen jetzt doppelt so laut vor.

»Das Echo«, sagte Al.

René sah ihn kopfschüttelnd an.

»Ja ... aber woher?«

»Von den Bergen wahrscheinlich«, mutmaßte Al.

»Das waren nicht die Berge«, sagte René. »Das kam viel zu rasch.«

Al blickte erstaunt umher.

»Du findest nichts in der Nähe, was ein so starkes Echo hervorbringen könnte«, sagte René. »Und außerdem ... mir war, als sei es von oben gekommen.«

»Ach«, machte Al verwundert.

»Bereite noch eine Ladung vor«, bat René. »Das müssen wir herausfinden!«

Al folgte seinem Wunsch und entzündete den Explosionsstoff. Sie hielten ihre Köpfe schräg, um die Richtung besser feststellen zu können.

Die Kapsel detonierte mit lautem Krach . . . sieben Sekunden Stille . . . dann das Gepolter der zurückprallenden Schallwellen.

»Alle Wetter!« ächzte Al. »Es kommt wirklich von oben!«

René zog im scharfen Nachdenken die Stirn kraus.

»Es kann nur eines sein«, rief er dann, »die unsichtbare Schirmwand!«

»Alle Wetter! Du hast's gefunden!« Al war voll Anerkennung. »Natürlich, der Schirm! Sie haben ihn höher gelegt!«

»Aber warum?« fragte René.

»Sie wollten den Schutz vervollständigen!«

»Das bedeutet: Sie wissen nicht, auf welche Weise wir hierhergekommen sind.«

»Genau das«, bestätigte Al. »Der Synchronstrahl geht durch den Schirm, denn wir hatten keine Empfangsschwierigkeiten, als wir uns darunter befanden.«

»Sie kennen ihn nicht«, sagte René. »Wir haben sie überlistet. In einigen Dingen sind wir ihnen überlegen. Wie das doch mein Selbstbewußtsein stärkt!«

Beide waren erregt, als hätten sie einen Sieg errungen. Guter Dinge wandten sie sich dem Seismographen zu.

»Was entnimmst du aus der Kurve?« fragte Al.

»Eines steht fest: Unten, etwa zwei Kilometer tief, liegt eine reflektierende Schicht . . .«

Al unterbrach ihn:

»Vielleicht die Decke der Kellerräume?«

»Kann sein. Ich glaube, ich kann aber jetzt auch die schwachen Ausschläge erklären. Zwischen dieser Schicht und der Plastikoberfläche befindet sich ein stark dämpfendes Material . . .«

»Ausgezeichnet!« rief Al. »Dann ist ja alles klar! Zum ersten Mal verstehe ich den Sinn von dem, was hier geschehen ist. Es geht darum, das zu schützen, was da unten liegt. Offenbar sind die untersten Räume, in die wir nicht eindringen konnten, noch erhalten. Sie bergen irgend etwas Wertvolles. Die Atombombenexplosion hat bewiesen, daß der Schutzschild über der Stadt und die optischen Täuschungen nicht ausreichen, um es zu bewahren – und darum sind jetzt wirkungsvollere Maßnahmen getroffen worden. Der Schild reicht jetzt viel weiter, hoch in die Berge hinauf, vielleicht auch darüber hinweg ...«

»Vielleicht sogar um den ganzen Planeten!« setzte René hinzu.

Al stimmte bei.

»Auch das wäre denkbar. Außer dem Schild haben sie aber noch etwas anderes angebracht, nämlich eine dicke Platte, die unmittelbar über den Kellerräumen liegt. Sie besteht aus dämpfendem Material und hat die Aufgabe, Erschütterungen abzufangen! Das ist's!«

René verhehlte sein Einverständnis mit den Ergebnissen von Als Überlegungen nicht.

»Das könnte alles stimmen. Auch die Tiefe der reflektierenden Schichtgrenze dürfte dieselbe sein wie früher.«

»Wie tief liegt sie denn?«

»Ich kann es nicht genau sagen, weil ich die Schallgeschwindigkeit in dieser Dämmplatte nicht kenne, aber wie gesagt – es müßte ungefähr die Tiefe des alten Talbodens sein, das Niveau also, in dem wir den eigenartigen Eingang unter dem Hügel gefunden haben.«

René schnitt den perforierten und gerasterten Streifen mit dem Seismogramm ab, spulte ihn zusammen und steckte ihn in eine Büchse an der Seitenwand des Geräts. Dann klappte er den Deckel zu.

»Die große Frage ist die, wie wir in die Tiefe kommen«, sagte er und schob den Tragriemen über seine Schulter. Dabei fiel sein Blick nach Westen ... erstarrt hielt er in seiner Bewegung inne: Ein Schatten glitt eilig über den Boden, ein dunkler Fleck, der schwerelos die Buckel hoch- und wieder hinunterglitt, über ebene Flächenstreifen huschte und über Gruben sprang – gerade auf ihn zu. Unverzüglich gingen seine Blicke hoch, er suchte nach der Ursache – die Sonne schien ihm ins Gesicht, und er konnte nichts Genaues wahrnehmen, aber doch genug: einen dunklen Körper unbestimmter Größe in Form einer hängenden Glocke. Er vermochte gerade noch einen Schrei auszustoßen, dann stand der Schatten über ihm, und er sah nichts mehr.

Al hatte erst durch den Schrei bemerkt, daß etwas vorgefallen war. Er sah, wie sich die Glocke über René stülpte, und rannte auf den Hubschrauber zu. Noch bevor er ihn erreichte, erfaßte auch ihn ein Schatten, er sah einen schwarzen Schlund über sich aufgehen, um ihn herum senkte sich etwas, unter seinen Füßen schob sich etwas zusammen, er fühlte sich ungefähr einen Meter emporgehoben, und es wurde stockdunkel.

Er streckte die Hände tastend vor und versuchte, zur Wand zu gehen ... er machte Schritte, aber erreichte keine Wand. Er hatte das Gefühl, als paßte sich der Boden unter ihm auf eine geheimnisvolle Weise den Bewegungen seiner Füße an, als gliche er sie irgendwie aus. Er stand einen Moment still und beugte sich vor, versuchte den Boden zu erreichen ... was er berührte, war etwas Festes, aber doch Nachgiebiges, wie ein auf Federn sitzendes, mit Scharnieren befestigtes Brett. Er wußte aber, daß dieser Vergleich viel zu primitiv war und daß sich die Wirklichkeit seiner Vorstellung entzog.

Auf einmal regte sich etwas, Licht glühte für einen verschwindenden Augenblick auf, ein Laut erklang, war aber schon wieder verschluckt, ehe er sich dessen bewußt war, etwas tastete über ihn, ein kleiner Schmerz stach so kurz, daß er nicht sicher war, ob er sich nicht getäuscht hatte ...

Blitzschnell lief dieses Geschehen um ihn herum ab, behutsam, sanft, doch mit unbeirrbarem Nachdruck, ohne ihn in seiner Bewegungsfreiheit auch nur im geringsten zu hemmen, und gleichzeitig, ohne ihm die geringste Möglichkeit zur Auflehnung zu bieten.

Es ist ein Test, dachte er, ein Test wie jener vor etwas mehr als zwei Wochen, als wir zum ersten Mal das Maschinengelände betreten hatten. Jeder, der die Grenze überschreitet, wird geprüft – das ist klar. Und wenn er wiederkommt, wird er wieder geprüft. Diese Glocke unterschied sich allerdings ganz gehörig von der

Halle, in der sie von Zelle zu Zelle transportiert und auf relativ grobe Weise behandelt worden waren. Hier geschah nichts Unangenehmes, Peinigendes oder Erschreckendes – das war Perfektion. Das Verwandte der beiden Vorgänge war nicht zu übersehen, aber die primitiven Umstände des ersten waren hier einer unglaublichen technischen Überlegenheit gewichen. Es war, als hätte sich die Methode in zwei Wochen von den Anfängen zur Vollkommenheit weiterentwickelt. Al sah aber ein, daß das nicht möglich war, daß es nicht so sein konnte. Dieses Höchstentwikkelte war vorher auch schon dagewesen, nur hatte es nicht eingegriffen. Es hatte die Sicherungsaufgaben einfacheren automatischen Mechanismen überlassen. Aber diese gab es nun nicht mehr, und jetzt war er in der Hand von etwas, gegen das er noch viel weniger ausrichten konnte als gegen die Prüfung in der Maschinenstadt. Damals waren sie für harmlos befunden worden. Inzwischen aber hatten sie gezeigt, daß sie nicht harmlos waren. Die alte Maschinerie hatte versagt. Das Prüfergebnis war ein falsches gewesen. Würde sich auch die neue irren? Und wenn nicht – was geschah dann mit ihnen?

Die Entscheidung fiel. Al brauchte nicht lange darauf zu warten, nur wußte er nicht, wie sie ausgefallen war. Er sank um einen Meter tiefer . . . stand wieder auf festem Grund . . . vom Boden her wuchs ein blendend heller Zylinder hinauf – die Glocke hob sich und gab ihn frei. Ein Schatten stob hinweg, der massige Metallkörper schmolz irgendwo in der Ferne zu einem Punkt zusammen.

»He, Al, lebst du noch?«

Al fuhr herum. René stand hinter ihm. Er stand genau auf jener Stelle, auf der ihn die Glocke erwischt hatte, und auch Al war um keinen Meter von seinem Standort fortgebracht worden. Aber dort, wo der Hubschrauber gestanden hatte, thronte jetzt eine weitere Glocke, viel größer als jene, die René oder ihn bedeckt hatte. Sie war aus jenem glänzenden schwarzen Metall, das sie schon von der Pforte in die Unterwelt, von der tellerförmigen Platte am Grund des Hügels, kannten. Al wollte darauf zugehen, doch da hob sich auch dieser haushohe Körper mit derselben Leichtigkeit wie die beiden kleineren Exemplare und schoß davon.

»Jetzt hab' ich aber genug von solchen Überraschungen«, murrte René.

»Wir haben sie ja durch unsere Probeexplosionen geradezu herbeigerufen«, meinte Al. »Vielleicht sind sie allergisch gegen Explosionen. Mich interessiert viel mehr, was für ein Ergebnis diese Untersuchungen haben werden. Sogar der Hubschrauber wurde getestet.«

»Offenbar keines – sie scheinen friedlich zu sein. Sie haben uns in Frieden gelassen.«

»Ich würde mich wundern, wenn es auch diesmal so glatt ginge«, seufzte Al.

Mit leichtem Mißtrauen blickten sie auf die leere Ebene hinaus. Sie sahen genau in jene Richtung, in der etwas Merkwürdiges geschah. Der Sand wölbte sich auf, als ob sich irgendein Wesen darunter recken wollte, und dann tauchte ein schwarzer Zylinder empor. Er wuchs an, bis er als kleiner gedrungener Turm wie verloren in der Wüste stand.

3

In wenigen Minuten hatte sich die Stimmung der beiden grundlegend gewandelt. Vor dem Auftauchen der Testglocken war ihnen gewesen, als hätten sie den Erfolg schon in der Tasche, als gäbe es nur einige unwesentliche technische Hindernisse zu überwinden, um sie ans Ziel zu führen. Und jetzt hatte die andere Seite wieder die Initiative ergriffen, und zwar in einer Weise, die ihnen die Beweggründe so unverständlich erscheinen ließ wie zuvor.

»Was hat das zu bedeuten?« fragte René.

Al dachte kurz nach.

»Sie haben uns untersucht und sind zu einem Ergebnis gekommen. Das ist die Antwort darauf.«

»Du bist der Ansicht, daß dieser schwarze Turm für uns da

ist?«

»Gewissermaßen.« Al kam zu einem Entschluß. »Sehen wir uns das Ding einmal aus der Nähe an!«

René war von diesem Vorschlag nicht begeistert.

»Es könnte eine Falle sein.«

»Dieser Turm scheint uns eine Möglichkeit zu bieten, nach unten zu kommen. Gerade das wollen wir. Hätten sie die Absicht, uns gefangenzunehmen, uns zu verschleppen oder uns sonst etwas anzutun – was sollten wir dann schon dagegen machen? Oder könntest du dich gegen diese Glocken wehren?« Er wartete kurz auf Antwort, aber René verzichtete darauf. »Na also«, fuhr Al fort. »Mir kommt das eher wie eine friedliche Einladung vor. Ich folge ihr jedenfalls.«

»Du kannst doch gar nicht beurteilen, ob sie etwas gut meinen oder bös. Du gibst selbst zu, daß sie anders denken als wir.«

»Das gebe ich zu. Aber glaubst du, daß es unter diesen Umständen Sinn hat, auf andere Art in die Unterwelt eindringen zu wollen? Willst du einen Stollen graben oder den Kessel wieder ausräumen? Glaubst du, daß das sicherer wäre?«

»Na schön«, sagte René nach einer Weile. »Gehen wir also.«

Solange sie sich auf festem Grund befanden, kamen sie gut vorwärts, dann mußten sie mit dem Sand fertig werden, in den sie einsanken wie in Pulverschnee, aber stets stießen sie in wenigen Dezimeter Tiefe auf Grund und gelangten, zwar langsam, aber nicht wesentlich behindert in die Nähe des Turms.

Auch dieses Gebilde bestand aus der schwarzglänzenden Legierung, wie alles, was sie bis jetzt aus dem Bereich der untersten Regionen kennengelernt hatten. Es schien direkt aus dem Sand hervorgekommen zu sein – als René zu nahe herantrat, glitt er in eine sanderfüllte Spalte zwischen Wand und Gesteinsuntergrund. Hätte er sich nicht mit dem Knie verstemmt, wäre er noch tiefer gesunken. Al hielt ihm seine Hand hin und zog ihn wieder zu sich herauf.

»Puh«, ächzte René erschrocken. »Hier führt ein Schacht hinab.«

Al blinzelte mit gutmütigem Spott.

»Wenn wir schon nach unten wollen, dann schlage ich vor, im

Inneren des Turms und nicht daneben.« Er wies auf eine Öffnung, die sie vorher nicht bemerkt hatten – ein eineinhalb Meter hohes und drei Meter breites Rechteck in der gewölbten Wand.

»Mir soll's recht sein«, sagte René, seinem Schicksal ergeben.

Al trat vor die Tür und blieb staunend stehen.

»Ach, wie zuvorkommend!«

Von der Schwelle war eine Einstiegsrampe herausgeklappt. Auch an diesem Mechanismus war die Ähnlichkeit mit der Rampe, die zu dem Schwebeboot geführt hatte, nicht zu verkennen.

»Ich glaube, diese Automaten wärmen das Messer an, bevor sie uns auseinandernehmen«, sagte René mit komischer Verzweiflung.

Nebeneinander gingen sie gebückt in den Raum. Er hatte die Form eines stehenden flachen Zylinders und war leer. Quer über die Decke lief eine Reihe von leuchtenden Scheiben. Sie saßen an aneinanderliegenden Blöcken, die Renés Aufmerksamkeit erregten.

Er war noch in ihre Betrachtung versunken, als ihn Al anstieß: Die Tür schob sich zu. Das Tageslicht versiegte, und nur noch das milde Weiß der Lichtkreise erhellte den Raum. Dann gab der Boden unter ihren Füßen nach. Sie sanken in die Tiefe.

»Ein Förderkorb«, sagte René.

»Wolltest du lieber Stiegen steigen?« fragte Al.

An dem Maß, in dem sie leichter wurden, merkten sie, wie schnell die Fahrt vor sich ging. Trotzdem schien es ungewöhnlich lange zu dauern, bis sie zunehmenden Druck von unten spürten – ein Zeichen, daß der Aufzug zum Stehen kam. Dann hatten sie den Eindruck, als ob sie sich wieder aufwärts bewegten, und merkten erst, daß es eine Täuschung war, als die Schiebetür aufging.

Sie erkannten die Örtlichkeit: Sie befanden sich unmittelbar über der Platte, die das Kellergeschoß des Hügels gegen die oberen Etagen abgrenzte. Sie traten hinaus und sahen, daß der Schacht, durch den sie gefahren waren, genau über der ovalen Öffnung lag. Sie traten auf einen Sockel, dessen Oberfläche unmittelbar an den Boden der Förderkabine anschloß und von dem sie über eine Spiralenbahn zur vier Meter tieferen Platte gelangten. Nun erst erblickten sie das Tor. Der innerste Deckel war nach oben ausgeschwenkt – der Zugang stand ihnen offen.

»Wir geraten immer mehr in die Gewalt eines fremden Willens«, sagte René.

»Wir können nichts anderes tun als hoffen, daß er kein zerstörerischer ist«, sagte Al. »Zum Umkehren ist es zu spät.«

Auf alle möglichen Überraschungen gefaßt, bewegten sie sich über den Steg hinunter zum Boden. Die Halle sah jetzt ein wenig anders aus als bei ihrem ersten Besuch. Die Decke schien neu aufgebaut zu sein; während sie früher aus grauem Material bestanden hatte, war ihre Farbe jetzt weißlich gelb und braun marmoriert.

Die Zahl der Stützen, die Boden und Decke verbanden, hatte so stark zugenommen, daß man nicht weit sehen konnte.

»Wieder etwas Neues«, sagte René.

»Die Stützen?« fragte Al, der den bewundernden Blicken Renés gefolgt war.

»Ihre Anordnung. Sie ist vollkommen unregelmäßig. Eine statistische Verteilung. Mir fallen gleich auf Anhieb eine ganze Menge Gründe ein, warum diese Anordnung mehr Sicherheit gegen Einsturz bietet als jedes regelmäßige Muster. Ich muß es einmal durchrechnen.«

»Aber nicht jetzt«, mahnte Al mit leiser Ironie. Er blickte in die Öffnung. »Ich riskiere es!« Er setzte sich an den Rand und ließ seine Beine baumeln. Vorsichtig beugte er sich vor, ertastete mit den Fußspitzen einen Halt und verlagerte allmählich das Gewicht darauf. Hier gab es keinen Boden, und Al mußte alle Konzentration aufwenden, um von seinem engbegrenzten horizontalen Standplatz aus eine vier Meter tiefer gelegene Stelle zu erreichen, wo er wenigstens halten konnte, ohne wie ein Seiltänzer zu balancieren.

Zunächst sah er nach René, der es vorzog, sich auf allen vieren zu bewegen. Es mutete an wie eine Kletterei in der Zirkuskuppel – von Hängeboden zu Hängeboden. Es sah gefährlich aus, aber nicht das war es, was Al das Blut jäh in den Kopf steigen ließ – der Deckel hatte sich lautlos geschlossen. Sie saßen in der Falle.

Als René sichere Stützen für Gesäß, Ellbogen und Füße gefunden hatte, merkte er den Grund für die Betroffenheit Als und mußte selbst um Fassung kämpfen.

»Der Deckel ist zu. Überrascht dich das?« fragte er.

»Eigentlich ist es nicht verwunderlich. Aber ich habe nicht daran gedacht.«

Bis jetzt hatten sie sich geistig noch in ihrer gewohnten Umgebung befunden, zwar einer fremden Umgebung, aber doch einer solchen, in der jede Einzelheit nach menschlichen Maßstäben zu messen war. Sie waren einige Meter hinabgeklettert und hatten dabei nur das Unnatürliche des engsten Umkreises erfaßt. Aber jetzt, als der Rückzug verschlossen war, wurde ihnen nicht nur äußerlich, sondern auch innerlich klar, daß sie sich in einer anderen Welt befanden.

Sie hingen in einer Art Gerüst, das nur aus einem einzigen Bauelement bestand – aus jenen Blöcken, die ihnen schon am Beleuchtungskörper der Aufzugkabine aufgefallen waren. Es schien sich aber um bedeutend mehr zu handeln als um Lampen. Jeder Block hatte die genaue Form eines Würfels. Die Seitenflächen waren unvergleichlich glatt, obwohl sie keineswegs ohne Struktur waren. Im Gegenteil: Neben den leuchtenden Scheiben gab es noch mehrere dunkle eingesetzte Flecken, die genauso präzise wie diese in die Fläche eingeschliffen waren, und Linien, die als Gerade parallel zu den Kanten oder als Kreise konzentrisch um die Kreisscheiben herumliefen.

René strich mit dem Finger über die eisglatte Würfelfläche und stutzte. »Probier das einmal«, sagte er.

Al kümmerte sich zunächst nicht um Einzelheiten, sondern versuchte einen Überblick zu gewinnen. Die ganze Örtlichkeit bestand aus diesen Würfeln, die wie Ziegel aneinandergereiht waren, jedoch nicht in der Form von Mauern, sondern als vielfach abgewinkelte Gerüste. Die Art ihrer Befestigung aneinander schien so stark zu sein, daß die Schwerkraft keinen Einfluß auf die Anordnung ausübte. Aus aneinanderliegenden Würfeln waren lange Balken geformt, von denen Seitenstreben ausgingen, die manchmal zu anderen Würfeltürmen führten, manchmal auch frei endeten und auf denen oft ganze Klumpen von regelmäßig geschichteten Bausteinen lasteten. Es gab auch keine Wände und keinen Boden – der Raum erstreckte sich in alle drei Dimensionen. Auf den freien Seiten der Bausteine leuchteten die Scheiben, jede einzelne von ihnen sandte nur schwaches Licht aus, aber alle zusammen füllten den Raum mit völlig gleichmäßiger, unräumlicher, schattenloser, matter Helligkeit, die milchig trüb in den Zwischenräumen lag.

All das aber war nicht still und tot, sondern ein eigenartiges Sichregen erfüllte die Gerüste, und gelegentlich näher, gelegentlich ferner zirpte, paffte, schnarrte, gluckste, knisterte und knackte es.

Nun erst folgte Al der Aufforderung Renés. Er berührte eine der ihm zugewandten Würfelflächen und merkte gleich, was der Freund gemeint hatte.

»Dieses Muster hat eine Bedeutung«, sagte er. »Hier ist eine warme Stelle . . . und diese vibriert.«

»Es scheinen Organe zu sein – mit denen das Unbekannte nicht nur Licht, sondern auch Schall, Wärme und wer weiß was sonst noch aussendet.«

». . . und wahrscheinlich auch empfängt«, setzte Al hinzu. »Glaubst du, daß Sender eingebaut sind, die die Informationen weiterleiten?«

»Ich glaube eher, daß sie von einem Würfel zum andern geleitet werden.« Er betrachtete das Oberflächenmuster noch einmal genau und tippte auf zwei hellere Punkte. »Das könnten die Kontaktstellen sein.«

»Wir stehen also unter Bewachung«, meinte Al. »Dagegen waren die Masten mit den Kugelobjekten ja noch harmlos.« Er griff nach einem Würfel und zerrte daran. »Scheint unglaublich fest zu sein. Rührt sich überhaupt nicht.«

»Da brauchen wir uns wenigstens keine Gedanken darüber zu machen, daß das Ganze unter uns zusammenbricht.«

Al wandte sich von den Würfeln ab.

»Wie wäre es mit einer kleinen Kletterpartie?«

»Wenn es sein muß!«

Al spähte nach einem Weg wie ein Bergsteiger, der sich eine schwierige Route durch die Wand zurechtlegt, und kletterte dann abwärts. Es gelang überraschend gut, bald fielen sie in ein befriedigendes stetiges Tempo, das sie beibehielten.

»Glaubst du, daß das immer so weitergeht?« fragte schließlich René.

»Nein«, antwortete Al. »Irgendwo muß doch etwas anderes sein. Zum Beispiel das Steuerzentrum.«

»Das Gehirn? Ich fürchte, das ist zu menschlich gedacht. Warum sollen die Denkfunktionen in einem Ort zusammengezogen sein? Weil es bei den organischen Lebewesen so üblich ist? Heute, wo wir schon auf der Erde alle Elektronenhirne über weite Entfernungen zusammengeschaltet haben, ist das längst überholt. Und erst hier? Es kommt mir eher vor, als wäre jeder dieser Würfel ein gleichberechtigter Teil des Ganzen. Da können wir lange suchen.«

»Das alles dürfte richtig sein. Aber trotzdem muß es hier noch etwas anderes geben. Ich bin der Meinung, daß dieses System aus den Automaten der Maschinenstadt hervorgegangen ist. Sein Zweck kann kein Selbstzweck sein. Es muß eine Aufgabe haben. Und ich bin überzeugt, daß es diese Aufgabe perfekt erfüllt.«

René turnte an einem durchbrochenen Wandstück, das wie eine unförmige Leiter aussah. Bei jeder Bewegung schienen sich die unzähligen Lichtpunkte zu neuen Reihen und Mustern zu gruppieren. Manchmal sah es aus, als bestünde der ganze Raum aus nichts anderem als aus schwebenden Lichtern.

»Was soll das für eine Aufgabe sein«, fragte René, der ein Horizontalstück erreicht hatten, auf dem er sich ein wenig ausruhen konnte. »Die eigentliche Aufgabe solcher Maschinen, die Betreuung von Menschen, kann es ja nicht sein. Wenn du vielleicht gedacht hast, du findest hier etwas von den letzten Bewohnern dieses Planeten, dann hast du dich getäuscht – das siehst du doch jetzt sicher ein. Denn hier ist keine Spur von Menschen, diese Struktur ist Menschen überhaupt nicht angepaßt. Was soll es also für eine Aufgabe sein?«

Auch Al hatte sich niedergesetzt. Er schwitzte heftig von der Anstrengung der Kletterei.

»Was für eine Aufgabe?« wiederholte er. »Ich gebe zu, daß es hier Widersprüche gibt. Aber ich bin überzeugt davon, daß sich alles logisch erklären läßt. Wir haben die Situation nur noch nicht konsequent durchdacht. Wir müssen irgend etwas finden, das uns auf die rechte Fährte bringt.«

»Aber wonach willst du suchen?«

Al pfiff eine Weile leise vor sich hin. Dann sagte er:

»Etwas haben wir noch nicht gefunden: die blütenartigen Gebilde in dem langen Korridor. Den Orchideenkäfig. Es hat sicher einen triftigen Grund, daß der Filmablauf im historischen Labor gerade bei ihm aufgehört hat. Vielleicht liefert er uns des Rätsels Lösung.«

René teilte Als Zuversicht nicht.

»Wenn ich ehrlich sein soll«, sagte er, »ich hab' von hier genug. Ich halte es hier nicht aus. Dieses Gerüst, diese Luft, dieses Licht! Ich komme mir vor wie berauscht.«

»Was willst du tun?« fragte Al enttäuscht.

»Klettern wir zurück!« schlug René vor.

»Der Deckel ist geschlossen – wie willst du entkommen?«

»Sie werden ihn wieder aufmachen, Al. Was sollen wir hier? Sie lassen uns bestimmt hinaus.« Er schloß die Augen, um die verwirrenden Lichtmuster nicht mehr sehen zu müssen.

»Ja, René«, beruhigte Al. »Sie haben offenbar nichts Böses vor. Ich glaube auch, daß wir ungefährdet hinauskämen. Aber andererseits handeln sie doch nicht ohne Grund. Das ist doch alles viel zu vernünftig und geordnet! Es steckt Sinn dahinter. Willst du nicht abwarten, bis wir ihn erfahren?«

René versuchte noch immer, sich zusammenzunehmen, aber es gelang ihm nicht mehr ganz.

»Es ist furchtbar hier. Es wird mit jeder Minute furchtbarer. Ich möchte doch auch gern ... Aber ich kann mir einfach nicht helfen! Mir schwindelt in diesem Hohlraum. Mir wird übel ...«

Al konnte den Freund verstehen. Auch an ihm verfehlte die Umgebung ihre Wirkung nicht. Alle erzwungene Munterkeit konnte nicht darüber hinwegtäuschen. Er zwang sich dazu, den Blick stets auf nahe gelegene feste Punkte zu richten, denn wenn er einmal in die Ferne schweifte, begannen die Punktstreifen zu flimmern, zu tanzen, zu rotieren. Manchmal hatte er das Gefühl, als schwankte seine Umgebung, als gäben die Punkte, bei denen er Halt suchte, unter seinen Füßen und Händen nach, als befände sich hier nichts Festes oder Gefestigtes.

»Ist es so schlimm?« fragte er. »Ich fühle mich auch nicht gerade wohl. Aber ich will versuchen, es bis zum Ende durchzustehen. Wenn du willst, René, dann laß mich eben allein. Schalte einfach aus. Ich geh' allein weiter. Was ist dabei?«

René hockte wie ein Bild der Verzweiflung auf einem Querbalken. Er blickte nicht auf, aber er schüttelte den Kopf.

Al redete weiter.

»Wenn du mich nicht verlassen willst, dann droßle doch einfach die Erlebnisintensität! Diesmal gilt doch keine Regel und kein Ehrenkodex. Niemand wird es dir übelnehmen.«

»Sei still, Al«, bat René. Lange Zeit sprach keiner von beiden. Dann richtete sich René auf.

»Gehst du vor, Al?« fragte er.

4

Hier unten schien nicht nur die räumliche Verteilung anderen Gesetzen zu folgen, auch die Zeit verhielt sich anders. Als Al während der nächsten Pause auf seine Uhr schaute, stellte er fest, daß erst zwanzig Minuten vergangen waren. Die Zeit war ihnen wie ein halber Tag vorgekommen.

Plötzlich hob Al Aufmerksamkeit heischend die Hand.

»Merkst du auch etwas?«

René strengte alle Sinne an . . . er wippte auf den Stufen, auf denen sie sich niedergelassen hatten, um ihre Festigkeit zu prüfen.

»Es kommt mir fester vor . . . das Unbekannte ist zur Ruhe gekommen. Meinst du das?«

»Ja.«

»Na, das kann uns ja nur angenehm sein.«

René schien nicht beunruhigt. Er blickte sich prüfend um . . .

und zuckte zusammen.

Auch Al sah es. Eine ganze Reihe von Würfeln bewegte sich. Sie schob sich einfach zwischen den anderen hindurch ...

»Dort«, schrie René.

Auch unmittelbar neben ihnen waren die Würfel in Bewegung gekommen. Es handelte sich nicht nur um ein einfaches Dahinwandern, sondern um komplizierte Umgruppierungen, die aber alle dadurch entstanden, daß Würfel aneinander vorbeiglitten, sich entlang ihrer Flächen verschoben – stets parallel zu den Kanten.

Selbst in jenem Augenblick höchster Beunruhigung empfand René einen Schimmer von Bewunderung für ein solches System, das sich selbst verformen konnte, für dieses Prinzip, dem über einfachste Bewegungselemente jede Gestalt zugänglich war.

Dann aber machten ihm die Vorgänge wieder mehr zu schaffen, so daß er keine Zeit mehr fand, technisches Ideengut zu bestaunen. Sie setzten sich in unmittelbarer Umgebung fort, veränderten die Wände, ebneten den Boden ein, schufen eine horizontale Decke. Ein kleiner Raum in Form eines hohlen Würfels von etwa vier Metern Kantenlänge hatte sich ausgebildet, Al und René standen mitten darin, und von den Seiten, von oben und von unten blickten Tausende erbarmungslose, kreisrunde, leuchtende Augen auf sie.

Später, als die Momente der Panik vorbei waren, untersuchten sie ihr Gefängnis. Es war nichts zu sehen, nur sechs quadratisch unterteilte Flächen. Jedes Quadrat trug die gleiche Ausstattung an eingelassenen Instrumenten und Linien, jedes war ungefähr fünfundzwanzig mal fünfundzwanzig Zentimeter groß. Sechzehn mal sechzehn solche Quadrate bildeten die Wand. Das war alles.

Nachdem sie die Mauern betastet und beklopft, an sie geschlagen und an ihnen gelauscht hatten, gab es nichts mehr für sie zu tun. Sie setzten sich auf den Boden und warteten ...

Sie warteten sieben Wochen lang.

Natürlich hielten sie es nicht ununterbrochen in ihrem Gefängnis aus. Von Zeit zu Zeit schaltete einer oder der andere ab, um sich zu erholen, aber stets blieb einer zurück. Sie entwickelten eine Ausdauer, die ihnen selbst unglaublich erschien, aber sie gaben nicht nach. Oft schmiedeten sie Pläne, wie sie die Geschehnisse beschleunigen könnten, sie dachten an einen Versuch, von außen ein zweites Mal einzudringen, aber immer wieder kamen sie zu dem Ergebnis, daß doch nur eines blieb: abwarten. Und so übten sie Geduld.

Stundenlang saßen sie beisammen und diskutierten, erzählten, unterhielten sich, viele Stunden hindurch schwiegen sie auch, oder sie streckten sich auf der Bodenfläche aus und schliefen.

Am Anfang der achten Woche geschah endlich etwas. Sie waren so erstaunt, daß sie zuerst ihren Augen und Ohren nicht trauten. Zuerst begann sich eine Wand zu bewegen: Sie glitt horizontal nach links, wobei sich genaugenommen nichts änderte, denn die Quadrate, die rechts zum Vorschein kamen, sahen genauso aus wie jene, die an der linken Seite verschwanden. Dann aber schob sich ein Ausschnitt in ihr Verlies hinein, einen Meter weit, bis ein Würfel von einem Meter Kantenlänge vor ihnen lag.

»Ich bin euer Verteidiger«, sagte der Würfel.

Al und René waren so perplex, daß sie keinen Laut hervorbrachten.

»Ich bin euer Verteidiger«, klang es noch einmal. Es war normale menschliche Sprache, und doch war eine Unbestimmtheit darin, die René erst später klärte: Sie rührte daher, daß die Schallschwingungen nicht von einer Membrane, sondern von vierundsechzig Membranen herrührten. Der Würfel stand so, daß vierundsechzig Teilwürfeloberflächen freilagen, alle besaßen je einen Vibrator, und jeder Vibrator formte gleichzeitig dieselben Worte.

Wieder tönte die Stimme, und es schwang sogar so etwas Menschliches wie Unsicherheit darin:

»Ist das nicht das richtige Wort: ›Verteidiger‹?«

René fand endlich die Sprache wieder.

»Es geht los«, sagte er zu Al.

»Ja, es geht los«, bestätigte der Freund.

»Bist du ein Botschafter?« fragte Al. »Soll jemand durch dich mit uns in Verbindung treten?«

»Verzeih«, antwortete der Würfel. »Ich verstehe noch nicht alles, was ihr sagt. Was ist ein Botschafter? Niemand will mit euch in Verbindung treten. Ich bin der Verteidiger.«

Al machte eine ratlose Geste zu René hin. Dann fragte er:

»Was meinst du mit Verteidiger? Wir stehen doch hier nicht vor Gericht.«

»Ihr werdet bald vor Gericht stehen«, ließ sich der Würfel vernehmen. »Und ich soll euch verteidigen.«

»Weshalb sollen wir vor Gericht gestellt werden?« fragte René.

Erstaunen klang aus den Membranen.

»Seid ihr nicht deshalb zurückgekommen: weil ihr euch verantworten wollt?«

»Nein«, sagte René. »Wir dachten gar nicht daran.«

»Wir dachten, es gehöre zu euren ethischen Prinzipien: Wer fehlt, muß die Verantwortung tragen. Er kommt vor Gericht und wird verurteilt oder freigesprochen. Vielleicht haben wir nicht alles verstanden. Aber das macht nichts. Ihr kommt vor Gericht.«

Al fragte noch immer fassungslos: »Warum eigentlich?«

»Wegen eurer Verbrechen selbstverständlich.« Wieder klang der Tonfall erstaunt. »Gefährdung der öffentlichen Sicherheit, Zerstörung fremden Eigentums, illegale Einreise, Hantierung mit Feuerwaffen, Schmuggel, grober Unfug, Verletzung des Gesetzes zum Schutz gegen die radioaktive Verseuchung, vor allem aber schwere Körperverletzung in hundertzwanzig Fällen, Mord in zweiundvierzig Fällen oder vielleicht auch nur Totschlag. Das muß noch geklärt werden. Dazu kommen . . .«

»Halt«, schrie René. »Das ist ja gräßlich. Wie kommt ihr dazu . . .«

Al unterbrach ihn.

»René, ich fürchte, er hat recht. Das alles ist hier auf diesem Planeten geschehen. Wenn man nach irdischen Gesetzen urteilt . . .«

Er schwieg.

»Euch ist das Recht zuerkannt worden, nach euren Gesetzen abgeurteilt zu werden. Aber ich schlage vor, meine Herren, daß wir uns über die Anklage unterhalten.«

»Wieso kennt ihr unsere Sprache?«

»Wir haben alle eure sprachlichen Äußerungen samt den dazugehörigen Gebärden und Mikrogebärden aufgezeichnet und genau studiert. Das war der Grund, daß die Untersuchungshaft so lange gedauert hat. Ich glaube, wir beherrschen nun eure Sprache ganz gut. Leider haben sich seltsame Unstimmigkeiten in eurer Verhaltensweise ergeben, die wir noch klären wollen.«

»Hm. Und woher kennt ihr unsere Gesetze?«

»Wir kennen sie nur mangelhaft – eben nur so viel, wie sich aus euren Gesprächen ergeben hat. Wenn ihr das Recht, nach eurer Justiz behandelt zu werden, in Anspruch nehmen wollt, dann werdet ihr uns Genaueres mitteilen müssen. Es wird dann noch auf seinen logischen Gehalt geprüft – und dann kann die Verhandlung beginnen.«

Al blickte dem Automaten in alle sechzehn ihm zugewandten Augen.

»Wer garantiert uns, daß wir dir trauen können?«

»Ihr könnt meine Schaltung prüfen«, gab der Würfel zurück. Eine Reihe der außen liegenden Würfel verschob sich, eine andere aus dem Inneren rückte nach. Gespannt beugte sich René vor: Einige der inneren Würfel sahen anders aus als die äußeren. Sie waren vielfach unterteilt, die Seitenflächen trugen keine Augen, Membrane oder andere Organe mehr, sondern sie waren in winzige Quadrate geteilt, von denen einige wie die andern schwarz, andere aber weiß waren.

»Wenn du willst, zeige ich dir einzelne Schaltelemente vergrößert«, sagte der Automat. »Weiß bedeutet Leitung, schwarz bedeutet Sperre. Vielleicht begnügst du dich mit Stichproben. Sage mir, welches Auflösungsvermögen die Optik deiner Augen hat.«

»Ist schon in Ordnung«, murmelte René. Er schielte unsicher zu Al hinüber.

»An deiner Schaltung zweifeln wir nicht«, sagte Al. »Aber wir werden doch belauscht!« Er deutete auf die Lichtkreise in den Wänden ringsherum.

Der Automat bewegte sich. Die Reihe der Würfel aus dem Innneren zog sich an ihren alten Platz zurück, die Reihe der äußeren legte sich darüber, die glatte geometrische Gestalt war wiederhergestellt. Wieder erklang die verwischte und doch klare Stimme:

»Ich werde das gleich in Ordnung bringen.«

Fast im selben Moment erloschen alle Lichter an den Wänden. Nur noch jene des automatenhaften Besuchers glommen. Es sah aus, als ob er in der Leere schwebte, und der Eindruck war so beklemmend, daß René »Bitte das Licht wieder einschalten!« rief.

»Verzeihung«, sagte die Maschine. Die Lichtkreise schimmerten wieder auf. »Außer dem Licht ist alles abgeschaltet. Können wir jetzt beginnen?«

»Dürfen wir um Bedenkzeit bitten?« fragte Al.

»Ich bin in fünf Minuten wieder da«, antwortete der Automat und verschwand auf die hier übliche Fortbewegungsart durch die Wand.

»Jetzt wissen wir, woran wir sind«, sagte Al. »Dadurch hat sich eine ganze Menge auf vernünftige Weise geklärt.«

»Willst du dieses Theater mitmachen?« fragte René. »Glaubst du, daß du unter diesen Umständen noch ans Ziel kommst?«

Al schlug ihm auf die Schulter.

»Der Kontakt ist das Wichtigste. Jetzt ist er hergestellt. Zuerst können wir den Verteidiger aushorchen. Dann wird die Verhandlung sicher einiges Interessante ergeben. Und nachher ... ich habe einen Plan. Paß auf: Wir lassen uns allen Ernstes in die Sache ein. Wir informieren uns genau über die Paragraphen, die üblichen Strafen und die Gerichtsordnung und teilen sie dem Verteidiger mit. Wir sagen ihm alles, was er wissen will, wahrheitsgetreu – bis auf eines: kein Wort über den Synchronstrahl und was damit zusammenhängt! Es ist unser Glück, daß wir – soviel ich mich erinnere – bisher nicht darüber gesprochen haben oder, falls wir es doch getan haben sollten, daß sie es nicht begriffen haben. Diese Chance nützen wir. Wahrscheinlich ist es unsere letzte.«

»Verrückt«, sagte René. »Aber ich mache mit.«

Pünktlich nach fünf Minuten setzte sich die Wand wieder in Bewegung, und der Verteidiger erschien.

»Habt ihr euch entschieden?«

»Ja«, sagte Al. »Wir stellen uns eurer Justiz. Wir danken euch dafür, daß ihr nach unseren Gesetzen Recht sprechen wollt. Und wir sind damit einverstanden, daß du uns verteidigst. Dazu noch eine Frage: Wie lange stehst du uns zur Verfügung?«

»Bis zum Ende der Verhandlung«, antwortete die Membranstimme.

»Und nachher nicht mehr?« fragte Al.

Prompt kam eine Gegenfrage: »Braucht ihr mich nachher noch?«

»Es könnte eine Berufungsverhandlung stattfinden. Oder es könnte sich später eine Änderung der Situation ergeben, die eine Wiederaufnahme des Verfahrens nötig macht. Deshalb brauchen wir dich auch nachher noch.«

»Gut«, antwortete der Verteidiger. »Ich stehe euch so lange zur Verfügung, wie ihr mich braucht. Nur, fürchte ich, wird das nach dem Urteil kaum noch der Fall sein.«

Äußerlich ließ sich Al nichts anmerken, aber innerlich jubelte er. Den ersten Schachzug hatten sie gewonnen. Vorausgesetzt, er durfte sich auf die Rechtschaffenheit der Automaten verlassen. Und Automaten sind normalerweise verläßlich.

»Dann ist alles in Ordnung«, sagte er.

Der Verteidiger schwieg einige Sekunden, als wenn er sich sammeln müßte. Dann sagte er:

»Ich werde euch also verteidigen. Ich werde es ehrlich tun und alle meine Fähigkeiten daransetzen, euch zu entlasten – obwohl ich zugeben muß, daß es schlecht für euch steht. Von nun an gebe ich, außer mit eurem Einverständnis, keine eurer Informationen mehr weiter. Ihr könnt mir vertrauen. Sagt mir alles, was ihr wißt. Je mehr ich über euch erfahre, um so besser kann ich euch helfen. Und nun fangen wir an!«

Ihre Unterhaltung dauerte, von einigen Unterbrechungen abgesehen, hundertelf Stunden. Dann waren sie zur Verhandlung bereit.

Die Verhandlung

Reg.-Nr. 730 214 240 261
Betr.: akustische Dokumentation zu Reg.-Nr. 730 214 250 397
Unter Anklage stehen:

1. Name: Alexander Beer-Weddington, genannt Al*
   Registriernummer: 12-3-7-87 608 m*
   Heimatort: Lima (Erde)
   Konjunktionsdatum: 17. 12. 122 071*
   Konjunktionsort: Lima*
   Spezifikation: Reg.-Nr. 7 308 271 600 089
   * nach eigenen Angaben (unbewiesen)

2. Name: René Jonte-Okomura*
   Registriernummer: 12-3-6-61 524 m*
   Heimatort: Montreal (Erde)*
   Konjunktionsdatum: 9. 3. 122 069*
   Konjunktionsort: Montreal*
   Spezifikation: Reg.-Nr. 7 308 271 600 090
   * nach eigenen Angaben (unbewiesen)

Al und René sind innerhalb der Koordinaten 873 362–873 357/368 523–368 518/220 867–220 861 untergebracht. Sie werden nach ihrem eigenen Recht abgeurteilt unter der Reg.-Nr. 7 302 148 500 629; soweit es unter den bestehenden Gegebenheiten möglich ist. Allenfalls sind möglichst gering gehaltene Abweichungen zugelassen. Im Sinn dieser Regelung wurde je ein 64-Einheiten-Komplex als Vorsitzender, Ankläger und Verteidiger aus der Einheit gelöst, als Zeugen dienen in sinngemäßer Abwandlung die Rezeptions-, Speicher- und Wiedergabeorgane der Einheit, als Richter fungiert die Logistikanlage.

Jede Äußerung wird durch Simultanübersetzung in der akustischen Sprache der Angeklagten ausgedrückt und gespeichert. Das so entstehende Dokument ist nach dem Urteil den Angeklagten oder deren Rechtsnachfolgern zu übermitteln beziehungsweise für sie aufzubewahren. Der Inhalt darin aufgeführter Registrationen ist ebenfalls in akustischer Dokumentation im Anhang aufzunehmen.

Vortrag der Anklage durch den Ankläger:

»Am 6. 8. 122 106 um 10.04 Ortszeit drang eine Gruppe von drei Individuen mit Hilfe eines Seiles über die Mauer in das Stadtzentrum. Am nächsten Tag um 12.56 folgte eine zweite Gruppe von vier Individuen mittels einer Drahtseilleiter. Alle sieben Individuen wurden sofort nach ihrem Eintreffen von der äußeren Kontrolle routinemäßig getestet und als hochentwickelte intelligente Organismen registriert. Beide Gruppen bewegten sich durch die Stadt. Dabei wurde nichts Auffälliges festgestellt, bis auf die Tatsache, daß sie einige Maschinen in Funktion setzten. Am dritten Tag ihres Aufenthalts betraten die zuerst angekommenen Individuen die Zentrale und durchsuchten alle Räume. Am nächsten Vormittag kam auch die zweite Gruppe dort an und tötete ein Individuum der ersten Gruppe, bevor die Kontrollorgane eingreifen konnten. Einen Tag später richteten die übrigen zwei Individuen der ersten Gruppe durch Fehlsteuerungen erhebliche Zerstörungen in der Innenstadt an. Da sie zuerst die Sicherung ausgeschaltet hatten, war für die äußere Kontrolle kein Eingreifen mehr möglich. Die zweite Gruppe eilte inzwischen von der Stadtmauer durch das verwüstete Maschinengelände gegen das Zentrum, wobei ein Individuum auf bisher ungeklärte Weise umkam, und vereinigte sich dann mit der ersten Gruppe. Am Nachmittag des gleichen Tages stießen alle vier Individuen bis an die Grenze der inneren Kontrolle vor. Die beiden Angeklagten verweilten dort bis kurz vor der Explosion, während sich ihre Gefährten bald wieder entfernt hatten. Währenddessen bemächtigten sich diese einer Rakete mit Neutronensprengkopf und einer fahrbaren Abschußvorrichtung und schafften sie zum Rand des inneren Ringes. Alle fünf trafen dort zusammen und schossen die Rakete gegen das Steuerzentrum ab. Dadurch wurde die gesamte Stadt vernichtet. Die Erschütterung pflanzte sich aber auch in die unteren Geschosse fort, wodurch zweiundvierzig Menschen getötet und hundertzwanzig verletzt wurden. Was mit den vier Individuen geschehen ist, blieb bis heute ungeklärt. Wir nahmen zuerst an, sie wären durch ihre eigene Unvorsichtigkeit umgekommen, denn sie hielten sich im Wirkungsbereich der Bombe auf.

Vierzehn Tage später betraten drei Individuen den Warnkreis, den wir aufgrund dieser Vorkommnisse als doppelte Sicherung neu errichtet hatten. Wie sie die erste Sicherung, den Schutzschirm, den wir über den ganzen Planeten ausgedehnt hatten, überwinden konnten, ist noch nicht geklärt. Der Test ergab, daß es sich um zwei jener Individuen handelte, durch die die Katastrophe ausgelöst worden war. Das dritte erwies sich als halbautomatische Maschine, die die beiden als Flugzeug benutzten. Wir nahmen zuerst an, daß sie gekommen waren, um sich dem Gericht zu stellen. Darum ermöglichten wir ihnen den Eintritt durch den Schacht, wovon sie auch Gebrauch machten, und setzten sie in Untersuchungshaft.

Da es sich bei den zerstörten Maschinen und Bauten um veraltetes und nicht mehr brauchbares Material handelt, verzichten wir darauf, ihre Zerstörung zu ahnden. Weiter verzichten wir vorerst darauf, auf Formaldelikte oder auf Verbrechen, die die Angeklagten möglicherweise gegenseitig begangen haben, einzugehen. Das Verbrechen, dessen wir die Angeklagten beschuldigen, lautet: Mord in zweiundvierzig Fällen, schwere Körperverletzung in einhundertzwanzig Fällen.

Verteidiger: »Der Fall einer Berührung mit fremden Intelligenzen ist in unserem Gesetz nicht vorgesehen. Ich bitte zu prüfen, ob ein Wesen, das nicht entwicklungsgeschichtlich, und erst recht nicht historisch, mit den Lebewesen einer anderen Sphäre verwandt ist, in bezug auf diese überhaupt Verbrechen begehen kann. Falls das nicht der Fall ist, verlange ich, daß das Verfahren eingestellt und daß meine Mandanten unverzüglich freigelassen werden.«

Vorsitzender: »Schädigung und Vernichtung hochorganisierter Komplexe, insbesondere von Leben, ist überall im Weltraum verbrecherisch. Die Anklage besteht daher zu Recht.«

Verteidiger: »Wenn das Gericht räumliche Trennung, gesondert gelaufene Evolution und historische Unabhängigkeit nicht als Hindernis dafür ansieht, Rechte auf Angehörige der anderen Seite auszuüben, dann darf es diese Gründe auch nicht in Anspruch nehmen, wenn es um die Pflichten geht. Es liegt genügend Beweismaterial dafür vor, daß meine Mandanten Menschen sind wie unsere eigenen Schutzbefohlenen. Nur Menschen selbst haben daher das Recht, über sie Gericht zu halten – uns steht es nicht zu. Ich erkläre daher dieses Gericht für nicht zuständig und fordere, daß meine Mandanten unverzüglich freigelassen werden. Da wir Menschen unbedingt Gehorsam schuldig sind, haben wir uns überdies von jetzt an nach den Befehlen meiner Mandanten zu richten.«

Vorsitzender: »Erstens: Im Gegensatz zu unserem Recht, Justiz auszuüben, besteht unsere Pflicht zu Schutz und Gehorsam nur der geschichtlichen Einheit der Zivilisation dieses Planeten gegenüber. Zweitens: Es ist wahr, daß wir es bisher nicht nötig gehabt haben, Menschen vor Gericht zu stellen und abzuurteilen. Unsere Arbeit hat sich bisher darauf beschränkt, über Schuld und Unschuld zu entscheiden und das Strafausmaß zu bestimmen, wie das auch in der Heimat der Angeklagten elektronischen Anlagen zur Datenverarbeitung obliegt. Wenn wir also jetzt eigenmächtig unsere Kompetenzen ausdehnen, so geschieht das im Sinn unserer Schutzbefohlenen und im Sinne einer logischen Erweiterung unseres Programms – um jede Störung und Schädigung von ihnen fernzuhalten. Wir legen aber Wert auf die Feststellung, daß wir durch diese Antwort keineswegs der Ansicht des Verteidigers zustimmen, es handle sich bei den festgenommenen Individuen um Menschen. Im übrigen ist diese Frage unwesentlich, denn wir haben zugestimmt, daß diese Wesen nach ihren eigenen Gesetzen abgeurteilt werden. Wir haben diese Gesetze geprüft – und verwenden sie trotz einer ganzen Menge von Unzulänglichkeiten. Ganz gleich also, ob sie Roboter, Maschinen oder sonst etwas sind, durch ihre eigenen Gesetze behandeln wir sie richtig.«

Verteidiger: »Ich muß darauf hinweisen, daß die Gesetze, die hier zur Anwendung kommen, überaltert sind. Es hat auf der

Erde seit Zehntausenden von Jahren keinen Mordprozeß mehr gegeben.«

Vorsitzender: »Diese Gesetze sind aber auf der Erde noch in Kraft und daher für das Gericht bindend. Jedoch stellen wir es den Angeklagten frei, sich nach den hiesigen Gesetzen behandeln zu lassen. – Da der Verteidiger keine Einwände mehr hat, schreiten wir zur Beweisaufnahme. Ich erteile das Wort dem Ankläger.«

Ankläger: »Angeklagter Alexander Beer-Weddington, erkläre uns, warum du überhaupt auf diesen Planeten gekommen bist!«

Al: »Eigentlich handelt es sich um ein Wettspiel. Wir suchen Planeten auf. Wer einen Planeten untersucht hat, darf ihm seinen Namen geben.«

Ankläger: »Was bedeutet ›untersuchen‹?«

Al: »Man muß eine dokumentierte Beschreibung des höchstentwickelten Organismus geben.«

Ankläger: »Soll dieser Organismus entführt, getötet oder geschädigt werden?«

Al: »Nein. Eine solche Regel kann es gar nicht geben, weil wir noch nie intelligente lebende Wesen gefunden haben. Nur Spuren von solchen.«

Ankläger: »Warum übt ihr dieses Spiel aus?«

Al: »Zum Zeitvertreib.«

Ankläger: »Aber es muß doch einen Sinn haben? Weißt du etwas darüber?«

Al: »Früher, im Atomzeitalter und auch noch einige Zeit später, haben Wissenschaftler fremde Planeten aufgesucht und sie genau durchforscht – besonders die höher entwickelten Lebewesen. Der Planet erhielt dann den Namen des Expeditionsleiters. Ich glaube, daß das Spiel daraus hervorgegangen ist.«

Ankläger: »Auf welche Art bewegt ihr euch durch den Weltraum?«

Al: »Darauf verweigere ich die Aussage.«

Ankläger: »Wie seid ihr auf die Idee gekommen, unseren Planeten zu besuchen?«

Al: »Zwei Freunde von mir, Don und Jak, haben ihn im Fernrohr entdeckt. Es war verlockend, einmal eine Region aufzusuchen, die unserer Erde äußerst ähnlich ist.«

Ankläger: »Warum seid ihr in zwei getrennten Gruppen angekommen?«

Al: »Es kam darauf an, das Ziel zuerst zu erreichen. Dadurch wurde es spannender.«

Ankläger: »Was geschah nach eurer Ankunft?«

Al: »Wir gingen in die Stadt und schauten uns um – einige Tage lang.«

Ankläger: »Wir sind über eure Schritte innerhalb der Mauer orientiert. Warum habt ihr einen großen Teil der Maschinen zerstört?«

Verteidiger: »Ich erhebe Einspruch. Von einer Klage wegen der Zerstörungen an dem wertlosen Maschinenpark wurde abgesehen.«

Vorsitzender: »Dem Einspruch wird stattgegeben.«

Ankläger: »Einen Tag vor der Tat hat jene Gruppe, die als zweite ins innere Stadtgebiet gekommen ist, ihre an der Zentrale beschäftigten Kameraden aus dem Hinterhalt überfallen und einen von ihnen getötet. Der Mörder, dessen Schuß die tödliche Verletzung hervorrief, ist der Angeklagte René.«

Verteidiger: »Ich erhebe Einspruch. Verbrechen unter den Angeklagten selbst sind nicht Gegenstand dieser Untersuchung.«

Ankläger: »Ich muß auf diesen Sachverhalt eingehen, weil sich eindeutig daraus ergibt, daß sich die gewissenlosen Elemente, die selbst ihren eigenen Kameraden gegenüber keine Rücksicht kannten, in der zweiten Gruppe befanden, also in jener, deren treibende Kräfte die beiden Angeklagten waren.«

Vorsitzender: »Der Einspruch ist abgelehnt.«

Ankläger: »Warum habt ihr eure Kameraden überfallen?«

Al: »René und ich waren mit diesem Überfall nicht einverstanden. Wir haben uns dagegen gewehrt.«

Ankläger: »Ihr habt euch nicht geweigert, mitzutun.«

Al: »Don war der Anführer. Wir hatten vereinbart, uns nach seinen Anordnungen zu richten.«

Ankläger: »Ein Überfall mit Tötungsabsicht geht weit über den Rahmen eines Spiels. War es bei diesen Spielen üblich, sich gegenseitig zu überfallen und sogar zu töten?«

Al: »Nein. Normalerweise geschah das nicht. Doch hatte uns vorher Jak, als wir die Innenstadt zum ersten Mal betreten wollten, mit Kanonen beschossen, und so mußten wir mit ähnlichen Maßnahmen antworten.«

Ankläger: »Ich will dahingestellt sein lassen, ob diese Version stimmt. Aber selbst dann habt ihr unrecht getan – ihr habt eine Gesetzwidrigkeit mit einer anderen Gesetzwidrigkeit vergolten und nicht daran gedacht, daß sich dadurch Unrecht nicht aufhebt, sondern verdoppelt. Was wäre mit euch geschehen, wenn ihr euch geweigert hättet?«

Al: »Es wäre feig gewesen. Vielleicht hätten wir nicht mehr mitmachen dürfen.«

Ankläger: »Da habt ihr lieber einen Mord begangen. Ich bitte, diese dadurch erwiesene Verwerflichkeit der Angeklagten besonders zu vermerken. An den Tagen vor der Tat wie auch am Tag der Tat selbst kamt ihr alle an den unteren Eingang. Diejenigen, die sich noch kurz vor der Bombenexplosion dort aufhielten, waren die beiden Angeklagten. Was habt ihr dort gesucht?«

Al: »Wir haben uns umgesehen.«

Ankläger: »Stand euer Aufenthalt am unteren Eingang in Verbindung mit eurem Ziel, die höchstentwickelten Lebewesen auf diesem Planeten zu finden?«

Al: »Ja.«

Ankläger: »Diese Feststellung ist mir besonders wichtig, weil sie einer möglichen Ausrede der Angeklagten, sie hätten nicht wissen können, daß sich im Innern der tiefen Geschosse Menschen aufhalten, entgegentritt. Am späten Nachmittag desselben Tages habt ihr euch alle an der Stadtmauer eingefunden und den verderbenbringenden Schuß abgegeben. Warum wurde dieser Schuß gefeuert?«

Al: »Jak wollte feststellen, was sich unter dem Hügel befindet.«

Ankläger: »Wußte er, daß sich unten Menschen aufhalten?«

Al: »Nein.«

Ankläger: »Hat er mit der Möglichkeit gerechnet?«

Al: »Das weiß ich nicht.«

Ankläger: »Hast du es gewußt oder geahnt, daß unten Menschen leben? Ich erinnere daran, daß du vorhin, als ich dich nach dem Grund deines Vordringens bis zum Eingang der Tiefenregion fragte, angegeben hast, daß es mit dem Wunsch, die Lebewesen zu finden, in Zusammenhang stand. Also, hast du gewußt oder geahnt, daß sich unten Menschen befinden?«

Al: »Es erschien mir nicht unmöglich.«

Ankläger: »So warst du dir also auch bewußt, daß der Schuß diese Menschen verletzen oder töten konnte?«

Al: »René und ich waren nicht daran beteiligt. Wir haben alles versucht, um die Kameraden davon abzubringen.«

Ankläger: »Das ist nicht wahr. Ihr habt lediglich um eine Verschiebung gebeten, weil ihr euch noch etwas in der Zentrale umsehen wolltet und vor allem, weil ihr um euer Leben gebangt habt. Habt ihr auf den moralischen Aspekt der Angelegenheit hingewiesen?«

Al: »Nein.«

Ankläger: »Hätte euch ein solcher Versuch in persönliche Gefahr gebracht?«

Al: »Nein.«

Ankläger: »Danke, das genügt.«

Vorsitzender: »Der Verteidiger hat das Wort.«

Verteidiger: »Ich möchte noch einmal auf das Spiel zurückkommen. Habt ihr dafür eine besondere Ausbildung bekommen, etwa eine wissenschaftliche?«

Al: »Nein.«

Verteidiger: »Ist ein Training dazu nötig? Ist die Zulassung von irgendwelchen Bedingungen oder Voraussetzungen abhängig?«

Al: »Nein.«

Verteidiger: »Es darf sich also jeder, der Lust dazu hat, ohne jede Vorbereitung auf einem fremden Himmelskörper aufhalten?«

Al: »Ja.«

Verteidiger: »Bringt das für die Beteiligten nicht große Gefahren mit sich? Kommen nicht allein durch ihre Unwissenheit viele von euch dabei um?«

Al: »Natürlich gibt es Pannen.«

Verteidiger: »Als du und René gemeinsam mit den nicht anwesenden Don und Katja am Vormittag des verhängnisvollen Tages von der Mauer zum Zentrum lieft, hattet ihr einige Gefahren zu überwinden. Einem Ereignis, dem Auslaufen von Zellstoffmelasse, fiel Katja zum Opfer. Ich glaube, man könnte das als einen Unfall der erwähnten Art bezeichnen. Was habt ihr daraufhin gemacht?«

Al: »Nichts. Wir hatten es eilig.«

Verteidiger: »Ich glaube, diese Aussagen dadurch auf einen Nenner bringen zu können, daß ich feststelle: In der Gesellschaft der Angeklagten spielt der gewaltsame Tod eine völlig andere Rolle als bei uns. Und nun zur Frage der Lebensgewohnheiten, durch die sich im Hinblick auf die hier erörterten Geschehnisse neue Perspektiven eröffnen. Darüber gibt es eine Registration – Reg.-Nr. 730 694 330 011. Ich komme nur auf einige wesentliche Punkte zu sprechen. Womit füllt ihr euer Leben aus?«

Al: »Es gibt manches, mit dem man sich die Zeit vertreiben kann. Vor allem die Erlebnisfilme und die Spielautomaten. Gespräche, Unterhaltungen und Feste. Dann die Kunst – das Kaleidoskop, die plastischen Räume, Lalloglosie, Stereomusik, die Duftorgel und so weiter. Außerdem stehen jedem die Archive zur Verfügung. Darin ist alles verzeichnet, was je geschehen ist, die ganze Geschichte, alle wissenschaftlichen Ergebnisse und Theorien, Rechtslehre, Philosophie, alles, was bisher über den Weltraum bekannt ist, und so weiter.«

Verteidiger: »Beschäftigt ihr euch mit dem Wissen oder mit dem Vergnügen?«

Al: »Ich verstehe nicht – wir betreiben Wissenschaft nur zum Vergnügen.«

Verteidiger: »Gibt es bei euch Spezialisten? Ich meine, solche, die sich auf irgendeinem Gebiet besondere Kenntnisse erworben haben?«

Al: »Doch, einige haben besondere Interessen.«

Verteidiger: »Was sind deine besonderen Interessen?«

Al: »Oh – nichts Besonderes. Stereogesang. Die alten Pioniergeschichten. Unter den Wissenschaften – die Evolution der

Tiere. Darwin und so.«

Verteidiger: »Hat dein Freund René besondere Interessen?«

Al: »Soviel ich weiß – bewegte Plastik, physikalische und chemische Rätselspiele.«

Verteidiger: »Und nun zu eurem Aufenthalt hier. Warum habt ihr so wenig Hilfsmittel mitgebracht?«

Al: »Das schreiben die Regeln vor. So hat keiner einen Vorteil dem anderen gegenüber. Werkzeuge, mit denen man etwas auf dem fremden Planeten verändern kann, dürfen wir nicht verwenden. Nur solche, die wir vorfinden.«

Verteidiger: »Sehr schön. Nun schildere, was sich zugetragen hat, als ihr über die Brücke in das Innere der Stadt gehen wolltet!«

Ankläger: »Ich erhebe Einspruch. Details aus den Geschehnissen außerhalb der Stadtmauer sind nicht beweisbar und haben daher keinen Einfluß auf den Prozeß. Ich sage das nur im Sinne einer klaren und rationellen Verfahrensabwicklung.«

Verteidiger: »Der Überfall, der auf die Gruppe, zu der auch die beiden Angeklagten gehörten, ausgeübt wurde, beweist, daß es sich später, als sie ihrerseits die erste Gruppe angriff, nur um eine gerechtfertigte Gegenmaßnahme handelte und daß damit die Beweisführung des Staatsanwalts, der daraus auf eine auch für ihresgleichen außergewöhnliche Schlechtigkeit der Angeklagten schloß, hinfällig ist.«

Vorsitzender: »Sind für diese Ereignisse außer den beiden Angeklagten Zeugen vorhanden?«

Verteidiger: »Nein.«

Vorsitzender: »Dann gebe ich dem Einspruch des Staatsanwalts statt.«

Verteidiger: »Als sich am Tag der Tat die fünf Überlebenden im Aussichtsraum der Zentrale trafen, kam es zu einer Umgruppierung. Kannst du uns den Grund dafür angeben?«

Al: »René und ich wollten uns nicht mehr beteiligen.«

Verteidiger: »Habt ihr damit auch auf die Möglichkeit verzichtet, euer Spiel doch noch zu gewinnen?«

Al: »Ja.«

Verteidiger: »Warum? Hattet ihr ein anderes Ziel ins Auge gefaßt?«

Al: »Ja. Wir hatten festgestellt, daß die Bewohner dieses Planeten unserer eigenen Rasse sehr ähnlich gewesen sein mußten. Wir hätten gern gewußt, was aus ihnen geworden ist.«

Verteidiger: »Habt ihr dabei an Böses gedacht, was diese Menschen geschädigt hätte?«

Al: »Nein.«

Verteidiger: »Ist es nicht viel eher so, daß der Schuß, den Jak, Don und Heiko planten, eure Wünsche vollkommen zunichte machte?«

Al: »Ja – darum wehrten wir uns ja dagegen.«

Verteidiger: »Warum habt ihr nicht energisch eingegriffen?«

Al: »Don und Jak hatten diesen Planeten entdeckt – er gehörte sozusagen ihnen. Und außerdem – was wir wollten, war wirklich ein bißchen ungewöhnlich ... alle wären gegen uns gewesen, auch zu Hause.«

Verteidiger: »Kann man es vielleicht so ausdrücken: daß ihr eure persönlichen Interessen der Kameradschaft und den üblichen Gepflogenheiten zuliebe zurückgestellt habt?«

Al: »Ja.«

Verteidiger: »Danke. Ich bin fertig.«

Vorsitzender: »Das Wort hat der Staatsanwalt.«

Ankläger: »Angeklagter René Jonte-Okomura, hast du zu dem in der Anklageschrift und durch die Vernehmung des Angeklagten Alexander Beer-Weddington zum Ausdruck gekommenen Tatbestand etwas zu bemerken? Etwas zu berichtigen oder zu ergänzen?«

René: »Wir haben nichts Verbotenes getan.«

Ankläger: »War das, was dein Freund Al ausgesagt hat, richtig?«

René: »Ja.«

Ankläger: »Warst du dabei, als die Rakete abgeschossen wurde?«

René: »Ja.«

Ankläger: »Hast du versucht, etwas dagegen zu tun?«

René: »Ja. Es war doch ganz sinnlos. Wir waren viel zu nah dran. Ich habe das Jak gesagt.«

Ankläger: »War das der einzige Grund für dein Eingreifen?«

René: »Wie ist das gemeint?«

Ankläger: »Hast du nicht damit gerechnet, daß durch die Explosion Lebewesen im Inneren der tiefen Geschosse verletzt oder getötet werden könnten?«

René: »Nein.«

Ankläger: »Danke!«

Vorsitzender: »Der Verteidiger hat das Wort.«

Verteidiger: »Du hast dich in deiner Heimat mit physikalischen und chemischen Rätselspielen beschäftigt. Was ist das?«

René: »Es gibt da einige interessante Probleme ... Lichterscheinungen hervorrufen oder chemische Stoffe herstellen. Man gibt die Aufgabe nicht den Automaten, sondern rechnet sie selbst durch.«

Verteidiger: »Bist du ein Experte für physikalische und chemische Fragen?«

René: »Ich weiß einiges.«

Verteidiger: »Weißt du so viel, um beurteilen zu können, ob ein technisches Hindernis schwer oder leicht zu überwinden ist.«

René: »Ja.«

Verteidiger: »Hat euch das Eindringen in die Stadt große Schwierigkeiten gemacht?«

René: »Es war nicht so schlimm.«

Verteidiger: »In Anbetracht dessen, daß ihr außer einer Leiter keine Hilfsmittel gebraucht habt – ging es schnell oder nicht?«

René: »Ziemlich schnell.«

Verteidiger: »Nun zu den Waffen. War es schwierig, an die heranzukommen?«

René: »Nein, gar nicht. Die Waffen in der Festungsanlage vor der Brücke waren offen zugänglich. Wie es mit dem Raketengeschoß war, weiß ich nicht, aber Jak, Don und Heiko haben überraschend schnell eines organisiert.«

Verteidiger: »War es schwer, die Waffen zu bedienen?«

René: »Aber nein, im Gegenteil – nichts leichter als das.«

Verteidiger: »Gilt das nur von deinem Stadtpunkt aus, weil du dich mit technischen Dingen ein wenig auskennst, oder gilt das auch für deine Kameraden?«

René: »Es war auch für sie sehr leicht. Die Rakete ließ sich noch einfacher abfeuern als die alten Granatwerfer.«

Verteidiger: »Danke. Das ist alles.«

Vorsitzender: »Wir kommen jetzt zu den Zeugen der Anklage. Das Wort hat der Ankläger.«

Ankläger: »Der in der Anklageschrift niedergelegte Tatbestand ist durch die Registration evident. Ich brauche keine Zeugen.«

Vorsitzender: »Das Wort hat die Verteidigung.«

Verteidiger: »Ich möchte auf einige Tatsachen zurückgreifen, die bisher nicht oder nicht deutlich genug mit dem Tatbestand in Zusammenhang gebracht worden sind. Sie sind registriert.«

Vorsitzender: »Die Registratur steht zur Verfügung.«

Verteidiger: »Was für Vorkehrungen zur Sicherheit der im Tiefengeschoß untergebrachten Menschen wurden getroffen?«

Registratur: »Gegen Meteoreinschlag schützte die Stauluftkappe.«

Verteidiger: »Reichte diese Kappe bis zum Boden?«

Registratur: »Nein. Ein zwei Meter hoher Rand blieb frei.«

Verteidiger: »Warum?«

Registratur: »Zur Zeit der Meteorabstürze kam es noch vor, daß Stadtbewohner die äußeren Grünanlagen persönlich besuchen wollten.«

Verteidiger: »Warum wurde die Schutzkappe nicht vervollständigt, als sich die Menschen nicht mehr aus den Häusern bewegten?«

Registratur: »Dazu bestand kein Anlaß.«

Verteidiger: »Sind die Stadtmauer und die Spiegelung der Altstadt als Schutzmaßnahmen zu betrachten?«

Registratur: »Nein. Es handelte sich um eine Restaurationsmaßnahme, um das alte historische Bild wiederherzustellen.«

Verteidiger: »Konnte jedermann die Altstadt unbehindert betreten?«

Registratur: »Ja – bis auf die Routineprüfung.«

Verteidiger: »Die Routineprüfung diente seinerzeit als reine Registrierungsmaßnahme, als die Maschinen noch von menschlichen Ingenieuren betreut wurden. Es gab also nicht die geringste Sicherung. Wie war das unterste Geschoß geschützt?«

Registratur: »Durch die Zirkoniumkarbid-Deckplatte.«

Verteidiger: »Stand unsere Automatik mit den Rezeptions- und Kontrollorganen des Maschinengeländes in Verbindung?«

Registratur: »Ja.«

Verteidiger: »Aus ihrem Verhalten, besonders aus den Zerstörungen des letzten Tages im Bestehen der Stadt, wäre zu schließen gewesen, daß Gefahr auch für die tiefen Geschosse bestand. Warum wurde nichts unternommen?«

Registratur: »Das Programm sah kein Eingreifen in den Oberflächenregionen vor. Die Automatik lernt nur an dem, was tatsächlich eintritt. Das Programm kann erst danach geändert werden.«

Verteidiger: »Ich darf also feststellen, daß es außer der Deckplatte keinen Schutz gegen Einwirkungen intelligenter Wesen von außen gab. Warum gab es keinen solchen Schutz?«

Registratur: »Die Menschen waren befriedet. Maschinen und Automaten stehen unter Selbstkontrolle. Biologische Neuentwicklung war ausgeschlossen, da wir den Planeten sterilisiert hatten. Das Einwirken von Intelligenzen aus dem interplanetarischen Raum war ausgeschlossen, weil sich auf den Nachbarplaneten kein Leben befand und sich auch keines bilden konnte – wir hatten sie ebenfalls sterilisiert. Das Einwirken von Intelligenzen aus dem interstellaren Raum schien ausgeschlossen, weil es sich bei unserem System um eine isolierte Sonne handelt. Alle planetenbehafteten Sonnen, auf denen es Lebewesen geben könnte, sind mehr als fünf Millionen Lichtjahre von uns entfernt. Da sich nichts Materielles mit Überlichtgeschwindigkeit bewegen kann, war mit genügender Wahrscheinlichkeit auszuschließen, daß fremde Lebewesen auf unseren Planeten kommen.«

Verteidiger: »Das wär's. Ich danke.«

Vorsitzender: »Sind noch Zeugen zu vernehmen? Hat der Ankläger noch eine Frage? – Da das nicht der Fall ist, schließe ich die Beweisaufnahme und bitte den Ankläger, mit seinem Plädoyer zu beginnen.«

Ankläger: »Ich möchte vorausschicken, daß die Zerstörung

von hochorganisiertem Leben, insbesondere von intelligenten Lebewesen, im ganzen Weltraum ein fluchwürdiges Verbrechen ist. Es steht außer Zweifel, daß das auch für die Welt der Angeklagten gilt; denn auch in ihrem Recht sind für Mord die schwersten Strafen vorgesehen. Diese Tatsache läßt sich durch nichts verschleiern oder abschwächen, auch nicht durch Berufung auf Regeln, Gehorsam, Kameradschaft oder etwas Ähnliches.

Die einzigen Entschuldigungsgründe, die man gegen die Anklage der Tötung anführen könnte, sind Nichtwissen oder Zwang durch Bedrohung des eigenen Lebens. Ich kann beweisen, daß in unserem Fall beide Milderungsgründe nicht zutreffen.

Doch zunächst zu den Ausreden des Angeklagten, mit denen er sich auf seine Gehorsamspflicht bezog. Diese Entschuldigung ist völlig haltlos, denn er hat selbst zugegeben, daß die Spielregeln gewaltsames Hindern, Verletzen und gar Töten verbieten. Das gilt nicht nur für die Beteiligten, sondern offensichtlich auch für die Organismen und Gegenstände, die die Angeklagten antreffen. Beweis für die im Grunde friedliche Natur des Spiels ist die Tatsache, daß es den Beteiligten verwehrt ist, Hilfsmittel anzuwenden, mit denen sie störend in den Haushalt der von ihnen betretenen Welt eingreifen können. Die Angeklagten haben also keinen Grund, sich mit Bezug auf die Regeln herauszureden. Im Gegenteil: Daß sie sich so leichtfertig über diese Regeln hinweggesetzt haben, beweist, wie wenig ihnen Recht und Gesetz gelten. Dazu kommt noch ihre Gleichgültigkeit dem Tod der eigenen Kameraden gegenüber.

Ich komme nun zum Argument des Nichtwissens. Dieser Punkt ist wohl von vornherein auszuschließen, denn das ganze Spiel ging doch darum, auf die höchstentwickelten Lebewesen zu treffen – offenbar ein Überbleibsel aus jener Zeit, da Forschung noch keine Unterhaltung, sondern ernste Lebensaufgabe war. Der Schuß konnte also nur diesem Ziel dienen. Die Angeklagten waren sich im klaren, daß sie der Deckplatte nicht anders beikommen konnten, und so versuchten sie es eben auf Biegen oder Brechen durch eine Sprengung, ohne sich davon durch irgendeinen Gedanken abbringen zu lassen, daß sie auf diese Art Leben verletzen und vernichten konnten.

Und nun zum letzten möglichen Argument, dem des unwiderstehlichen Zwanges. Auch ihm steht die Aussage des Angeklagten selbst gegenüber, daß sein Leben durch eine Weigerung in keiner Weise gefährdet gewesen wäre. Er hat einfach nichts Entscheidendes gegen den tödlichen Schuß getan. Wenn er sich auf Kameradschaft bezieht, dann ist ihm entgegenzuhalten, daß er die Konsequenzen einer solchen Art von Kameradschaft eben auf sich nehmen muß. Und das gilt für den zweiten Angeklagten ebenso. Es kommt hier keineswegs darauf an, wer den Schuß schließlich abgefeuert hat, sondern wer an den Vorbereitungen dazu mitgewirkt hat; das Abschießen der Rakete war nur eine sekundäre Handlung. An diesen Vorbereitungen aber waren die Angeklagten genauso beteiligt wie ihre Gefährten, die heute leider nicht vor diesem Gericht stehen. Sie haben das durch ihr Verhalten und besonders auch durch ihren Aufenthalt vor dem Eingang zu den tiefen Geschossen kurze Zeit vor der Explosion bewiesen. Ich halte sie sogar für noch mehr schuldig als die anderen Beteiligten, denn sie scheinen sich am ehesten darüber klargewesen zu sein, daß es unter der Deckplatte Leben gab.

Es ist meine Aufgabe, die Schuld der Angeklagten zu beweisen. Das habe ich getan, und ich bin überzeugt, daß mir die unbestechliche Apparatur der Logistikanlage nur beistimmen kann. Es dürfte kein Zweifel daran bestehen, daß die Angeklagten des Mordes in zweiundvierzig und der schweren Körperverletzung in hundertzwanzig Fällen schuldig zu sprechen sind. Sie haben für ihre Untaten mit der höchsten Strafe, die ihr Gesetz kennt, mit der Todesstrafe, zu büßen.«

Vorsitzender: »Ich bitte den Verteidiger, mit seinem Plädoyer zu beginnen.«

Verteidiger: »Es ist eine der Aufgaben des Verteidigers, alle Gründe dafür zu finden und anzuführen, um die Tat des Angeklagten in milderem Licht erscheinen zu lassen. Diese Aufgabe fällt mir in diesem Fall nicht schwer, im Gegenteil, die Argumente gegen die Anschuldigung des Staatsanwalts drängen sich fast von selbst auf. Sie sind so umfassend, daß die ganze Anklage als nicht stichhaltig entlarvt wird und das Ergebnis nicht eine mildere Beurteilung, sondern völlige Entlastung meiner Mandanten ist.

Um dies zu beweisen, muß ich auf ihre Lebensumstände eingehen. Ich will davon absehen, darzulegen, daß sie Menschen derselben Art sind, wie wir sie hier zu schützen und zu betreuen haben. Trotzdem ist mir aber wohl der Vergleich mit ihnen erlaubt, und so kann ich ihre Situation am besten durch jenen Zustand kennzeichnen, den die Bewohner dieses Planeten erreicht hatten, als sie die Gartenhäuser des äußeren Ringes benützten. Schon Tausende Generationen vor ihnen waren alle Aufgaben erfüllt, alle Ziele erreicht, alles Wissen errungen worden. Was ihnen zu tun blieb, war, ihr Leben der Kunst, der Unterhaltung, dem Vergnügen zu widmen. Mit materiellen Aufgaben hatten sie nichts mehr zu tun, sie brauchten nicht für Nahrung, Kleidung, Heizung, Wohnung zu sorgen, nicht zu arbeiten, nicht zu forschen, nicht zu kämpfen.

Diese Situation unterscheidet sich nur in einem von jener bei den Angeklagten, nämlich durch die Möglichkeit interstellarer Reisen. Selbstverständlich führen sie diese nicht als Forschungsreisen durch, sondern in jener spielerischen Weise, die sie als einzige Lebensart kennen. Kindern gleich wandern sie durch fremde Welten, ohne eigentlich zu wissen, was sie tun. Wie es unter diesen Umständen gar nicht anders denkbar ist, gibt es Unfälle, Todesfälle – aber der Trieb, sich davor zu fürchten, sich dagegen zu wehren, ist ihnen abhanden gekommen. Sie nehmen sie hin wie Verlustpunkte in einem Spiel, als Mißgeschick, als Panne. Das ist durch ihr Verhalten eindeutig bewiesen.

Wie verhalten sich solche Wesen nun dem fremden Tod gegenüber? Nie standen sie vor der Notwendigkeit, fremdes Leben schützen zu müssen. Das besorgen ihre Automaten. Sie können tun, was sie wollen – nie kann etwas Ernstliches geschehen, nie wird jemand geschädigt, verletzt oder gar getötet. Wer kann es ihnen verübeln, daß sie gar nicht an die Möglichkeit denken, sie könnten Unheil stiften? Wer ist schuld – sie selbst oder vielmehr jener, der es zuläßt: der Automat? Ich werde darauf gleich zurückkommen.

Jedenfalls paßt ihr Verhalten auf diesem Planeten völlig in dieses Schema. Sie wandern ahnungslos herum, wobei sie nicht selten in schwere Gefahr geraten. Sie nehmen das, was ihnen gefällt, und wenn es nicht ohne weiteres geht, dann eben mit den Hilfsmitteln, die sie gerade vorfinden. Sie beschießen sich gegenseitig und halten es für einen zünftigen Spaß. Sie verlieren einen Kameraden – ich zitiere nur den Tod Katjas – und nehmen es ohne tiefen Eindruck hin; sie verstehen ihn nicht. Und schließlich stoßen sie auf die Platte, die ihrem Ziel im Weg steht, und sie wählen den einzigen Weg, der ihnen Erfolg verspricht. Sie wählen diesen Weg, obwohl sie damit das eigene Leben riskieren. Wir wissen zwar nicht, was vom Moment der Explosion an mit ihnen geschehen ist; wir haben alle für tot gehalten. Das Auftauchen Als und Renés war eine große Überraschung für uns. Es ist uns nicht erklärlich. Vielleicht hängt es mit der Art zusammen, wie sie sich durch den Weltraum bewegen, aber das können wir nicht klären, denn meine Mandanten verweigern die Aussage darüber, und das ist ihr gutes Recht.

Jedenfalls steht damit fest, daß die Angeklagten naiv und infantil sind. Was sie tun, ist für sie Spiel. Zwischen Spiel und Wirklichkeit können sie nicht unterscheiden. Ihre zweifellos vorhandenen geistigen Kräfte sind auf Irrealitäten gerichtet. Sie sind unfähig, auf eigenen Füßen zu stehen. Und was das ihnen zur Last gelegte Verbrechen betrifft: Sie konnten nicht absehen, was sie taten. Sie sind nicht dafür verantwortlich – und daher freizusprechen.

Es ist nun einmal nicht damit getan, die Unschuld der Angeklagten zu beweisen, denn zweifellos ist ein Verbrechen begangen worden, und es läßt sich nicht nur auf das Zusammentreffen ungünstiger Zufälle zurückführen, wenn solche zweifellos auch beteiligt waren. Hier komme ich nun auf die Tatsachen zurück, die ich der Registratur entnommen habe. Ich darf zusammenfassen:

Es gab zwar eine Sicherung gegen Meteore, aber nicht gegen eindringende Intelligenzwesen. Ich möchte nebenbei auf den Eventualfall hinweisen, es wären hier nicht harmlose, ins Spiel vertiefte Kinder, sondern kriegerische Eroberer angekommen.

Dann hätten wir wohl kaum Gelegenheit, Gericht zu halten. Doch zurück zum Thema: Die Maschinenstadt war ebenfalls wehrlos, denn ihre Kontrollorgane konnten nur dann eingreifen, wenn das Unheil schon eingetreten war. Wer an die Steuerung herankam, konnte sie beliebig ausschalten, was ja auch geschehen ist. Die Rezeptoren nahmen zwar alles auf und meldeten es uns weiter, aber wir begnügten uns damit, es zu registrieren. Brauche ich jetzt noch nach dem wahren Schuldigen zu fragen? Ich glaube, er steht fest. Auch Passivität kann ein Verbrechen sein.

Aber damit nicht genug. Die Regeln, nach denen sich die Angeklagten verhielten, waren sehr vernünftig. Sie waren eigentlich so, daß gar nichts Böses geschehen konnte, wenn es nicht geradezu herausgefordert wurde. Und das war hier der Fall: Wir ließen die Werkzeuge der Vernichtung, die Kanonen, Werfer, Bomben und Raketen frei herumliegen. Wir haben nichts getan, um sie zu sichern. Jeder, der kam, konnte sie in Funktion setzen. Ist es da ein Wunder, wenn das unter ungünstigen Verhältnissen einmal schiefgeht? Ich glaube, man kann es als erwiesen ansehen, daß die Angeklagten nur das zufällig eingreifende, unwissende Werkzeug zur Auslösung waren. Der wahre Schuldige ist der Automat, seine Beschränktheit und seine Passivität. Ich erwarte, daß die Anklage auf die Einheit umgeschrieben wird. Ich erwarte, daß meine Mandanten freigesprochen werden.«

Vorsitzender: »Das letzte Wort haben die Angeklagten. Alexander Beer-Weddington!«

Al: »Ich verlange, daß nicht Automaten, sondern Menschen Recht sprechen. Ich möchte den Menschen dieses Planeten gegenübergestellt werden.«

Vorsitzender: »Das ist sinnlos. René Jonte-Okomura!«

René: –

Vorsitzender: »Die Verhandlung ist geschlossen. Die Logistikanlage gibt das Urteil und seine Begründung bekannt.«

Logistikanlage: »Der Ankläger hat zu beweisen versucht, daß es sich bei den Angeklagten um Individuen handelt, die sich gewohnheitsmäßig nicht um Gesetz und Recht kehren. Die Frage, ob sich die Angeklagten gewohnheitsmäßig um Gesetz und

Recht kehren, spielt bei der Beurteilung der Schuldfrage keine Rolle.

Der Ankläger hat zu beweisen versucht, daß die Angeklagten gefühllose Rohlinge sind. Die Frage, ob die Angeklagten gefühllose Rohlinge sind, spielt bei der Beurteilung der Schuldfrage keine Rolle.

Der Ankläger ging auf die Gründe ein, die die Angeklagten zu ihrer Tat trieben. Die Gründe, die die Angeklagten zu ihrer Tat trieben, spielen bei der Beurteilung der Schuldfrage keine Rolle.

Der Verteidiger hat auf die Lebensweise der Angeklagten hingewiesen. Die Lebensweise der Angeklagten spielt bei der Beurteilung der Schuldfrage keine Rolle.

Der Verteidiger hat die wirklichkeitsfremde Mentalität der Angeklagten erläutert. Die wirklichkeitsfremde Mentalität der Angeklagten spielt bei der Beurteilung der Schuldfrage keine Rolle.

Der Verteidiger diskutierte die mangelhafte Sicherung der Stadt. Die mangelhafte Sicherung der Stadt spielt bei der Beurteilung der Schuldfrage keine Rolle.

Das Verbrechen wurde durch die Registratur aufgezeichnet (Reg.-Nr. 7 301 293 325 081).

Die Personen der Täter sind durch die Registratur bestimmt (Reg.-Nr. 7 301 293 362 075/6).

Die Identität der Angeklagten ist durch eine Neuregistrierung (Reg.-Nr. 730 129 336 207 718) und durch Vergleich mit den Ergebnissen der ersten Registrierung erwiesen.

Rechtskräftige Einwände gegen die Schuld der Angeklagten wurden nicht vorgebracht.

Die Angeklagten sind daher im Sinn der Anklage nach ihrem eigenen Recht schuldig.

Ihr Verbrechen ist nach ihrer eigenen Strafordnung durch den Tod in der Gaskammer zu sühnen.«

5

Die Verhandlung hatte in einem Raum mit rechteckigem Grundriß, sechzehn Meter lang, acht Meter breit und vier Meter hoch, stattgefunden, der dadurch aus ihrer Gefängniszelle entstanden war, daß die Wände auseinandergetreten waren. Seine Begrenzungen bestanden aus den bekannten Bausteinen. Außer Al und René hatten sich in ihm noch die drei separierten Einheiten des Vorsitzenden, des Staatsanwalts und des Verteidigers befunden. Alle hatten die gleiche würfelförmige Gestalt gehabt, alle drei waren nach der Urteilsverkündung durch die Wand weggetaucht. Die beiden Freunde waren allein.

»Ich glaube, ich träume«, sagte René. »Das kann doch nicht wahr sein.«

»Warum nicht?« fragte Al. »Es klang doch alles sehr logisch. Und schließlich haben wir uns wirklich schuldig gemacht.«

»Jetzt wollen sie uns mit Gas töten«, sagte René.

Al hörte ein leises Beben in Renés Stimme.

»Hast du vielleicht Angst?«

»Es ist ein komisches Gefühl. Ich bin noch nie zum Tode verurteilt worden.«

Die Wände begannen sich zusammenzuschieben, sie drückten Al, der in einer Ecke gelehnt hatte, vor sich her. René wich von selbst vor ihnen zurück. Der Hohlraum verkleinerte sich, bis der Grundriß auf einen Quadratmeter zusammengeschrumpft war. Unbehaglich standen sie in dem hohen, engen Schacht, der sich auf diese Weise gebildet hatte. Dann senkte sich die Decke auf sie herab. Sie machte in Kopfhöhe nicht halt, sondern näherte sich bis auf die Höhe von einem Meter.

»Verflucht, es soll doch nicht schon losgehen!« befürchtete René.

»Das ist wirklich eine Gemeinheit, einen so zusammenzupressen«, beschwerte sich Al.

Sie hockten nebeneinander am Boden.

»Ich glaube, es geht los«, flüsterte René. Er schnupperte an der Wand. »Spürst du den Geruch von bitteren Mandeln? Das ist Zyangas. Es kommt aus Düsen.«

Al hörte das leise Zischen und empfand den Geruch, der zuerst gar nicht unangenehm war. Dann aber trat neben den schwachen Dufteindruck ein leises Gefühl des Übelseins, und erst Sekunden danach vollzog sich fast schlagartig die Vereinigung beider Eindrücke: Der Geruch schlug mit einem Male ins Ekelerregende, Abstoßende, Unerträgliche um. In ihren Köpfen begann es dumpf zu hämmern, der Boden schwankte unter ihren Füßen, schwarze Schatten tanzten vor ihren Augen.

»Abschalten«, rief Al.

René war die ganze Zeit darauf gefaßt gewesen, rasch abschalten zu müssen, doch als er es jetzt tun wollte, war er von einer unerklärlichen Lähmung befangen. Er wußte ganz genau, daß er jede Empfindungsart nach Belieben unterbrechen konnte, so intensiv sie auch zu wirken schien. Er wußte ebensogut, daß ihm selbst dann, wenn er es zu tun vergaß oder verhindert war, es zu tun, nichts Körperliches passieren könnte. Ein Ansteigen der Empfindungsintensität über die Schmerzschwelle hinaus bis zur Ohmacht – das war das Ärgste, was ihm widerfahren konnte, und der dadurch ausgelöste seelische Schock; aber eben weil er das wußte, schwächte sich die Schockwirkung von selbst zu etwas Harmlosem. Er hatte es schon einige Male mitgemacht, das letzte Mal im Hof der alten Stadt, vor dem Tor, das zur Brücke führte – als er von einem Schuß Jaks zerrissen wurde. Aber das war fast unmerklich schnell gegangen.

Und jetzt? Zum erstenmal verlor er den Boden unter den Füßen, und das Auffangnetz seines Sicherheitsbewußtseins, das bisher als letzter Schutz alle Abenteuer in unbedingter Gefahrlosigkeit hatte verlaufen lassen, schien ihm lückenhaft und schwach. Er wagte auf einmal nicht mehr zu glauben, daß sich jene hochüberlegene Intelligenz, mit der sie sich eingelassen hatten, einfach betrügen ließ, und die Furcht, trotz aller Vorkehrungen und Schutzmaßnahmen, vor allem trotz der unvorstellbaren Entfernung, die zwischen diesem Planeten und der Erde lag, auf eine unmerkliche Weise überlistet worden zu sein, verdichtete sich in ihm plötzlich zur Gewißheit. Die Woge von

Übelkeit, Ersticken und Todesangst überflutete ihn, ohne daß er sich wehrte. Kraftlos sank er seitlich gegen die leuchtende Wand. Sein Bewußtsein war erloschen, doch sein Körper bäumte sich gegen das, was Illusion und Wahrheit zugleich war, verzweifelt auf.

Al war längst nicht so selbstbewußt, wie er es sich und dem Gefährten vorzuspielen versucht hatte, doch war es ihm gelungen, Geruch, Geschmack und Schmerz rechtzeitig abzuschalten, obwohl die Exekution so überraschend angefangen hatte. So vertrieb er augenblicklich Übelkeit, Schwindel und Schmerz, gewann aber dafür jene eigene Ruhe, die für die Qual anderer so empfindlich macht. In dem engen Raum mit dem Gefährten eingeschlossen, hatte er keine Möglichkeit, dem auszuweichen, was er sah, und er litt das Zucken, Winden und Verkrampfen, das Knirschen der Zähne und das wehe Lallen aus dem geifernden Mund mit, als wenn er es selbst erlebte. Er hatte auch bisher durchaus Achtung vor dem Leben und vor dem Tod gehabt, aber jetzt fühlte er zum erstenmal die Ungeheuerlichkeit, die hinter beiden steckt.

Um diese quälend langen Minuten nicht unnötig zu vermehren, ließ auch er sich auf den Boden fallen, und als sich der Körper Renés nicht mehr regte, lag auch er still.

Al wartete. Er wartete geduldig – auf das Erwachen Renés, aber auch auf die Ereignisse, die sich nun abspielen mußten. Zuerst hörte er, wie das Zischen leiser wurde und erlosch und wie es später wieder begann. Nach einer Weile schaltete er auf die niedrigste Stufe der Geruchsempfindung und konstatierte befriedigt, daß die Luft wieder atembar wurde. Er ließ noch einige Zeit verstreichen, dann regelte er Geruch, Geschmack und Schmerz wieder ein, ohne die sein Lebensgefühl nur unvollständig war. Sobald er bemerkte, daß René wieder zu atmen begann, setzte er sich auf, um ihm zu helfen. Es war ihm klar, daß die Verstellung, wenn überhaupt, dann nur kurze Zeit wirken würde.

Mit einem würgenden Seufzer öffnete René die Augen.

»Na, Alter, du kannst es wohl nicht echt genug bekommen?« fragte Al mit wohlwollendem Spott. »Warum hast du denn nicht abgeschaltet?«

René brauchte einige Zeit, bevor er sprechen konnte.

»Ich weiß nicht . . .«, sagte er heiser. »Ich konnte plötzlich . . . nichts mehr tun.«

»Mach dir nichts draus«, tröstete Al. »Wie fühlst du dich?«

»Leidlich«, antwortete René. »Was ist inzwischen geschehen?«

»Sie haben das Gas herausgesaugt und später frische Luft hineingepreßt – sonst nichts.«

René rang noch immer nach Atem.

»Was nun?« fragte er nach einer Weile.

»Ich will versuchen, mich mit ihnen zu verständigen«, sagte Al. Und dann rief er, obwohl ihm im selben Moment einfiel, daß er genausogut leise hätte sprechen können: »Hallo, ich rufe den Verteidiger!«

Unmittelbar danach vergrößerte sich der Raum wieder auf die alte würfelförmige Gestalt mit vier Meter Kantenlänge.

»Gott sei Dank«, flüsterte René, als sich die Decke hob und sie sich wieder aufrichten konnten.

Nun bewegten sich die Wände erneut, und das automatische Aggregat, das sich Verteidiger nannte, glitt herein.

»Ihr habt das Entgegenkommen des Gerichts mißbraucht«, klang es aus den Membranen. »Glaubt ihr wirklich, daß ihr euch so der Verantwortung entziehen könnt?«

»Wir haben bewiesen, daß wir euch in einigen entscheidenden Dingen überlegen sind«, sagte Al. »Hast du noch nicht begriffen, daß es unser freier Wille ist, daß wir noch immer in eurer Hand sind?«

»Dafür liegt kein Beweis vor. Ihr habt einen Trick angewendet.«

»Du meinst, wir hätten euch nicht richtig über die Körperfunktionen der Menschen auf der Erde informiert? Wir hätten euch eine von uns erfundene Strafordnung erzählt? Wir hätten eine Prozedur als Todesart angegeben, die den Menschen gar nicht schädlich ist?«

»Nein – das glaube ich nicht. Eure Angaben waren wahr. Ich habe sie mit dem Lügendetektor geprüft. Ich gebe zu, daß ich die

Art eures Tricks nicht durchschaue.«

»Paß auf!« sagte Al. Er empfand fast ein Gefühl von Mitleid mit dem überlisteten Roboter. »Wir haben den ganzen Prozeß nur mitgemacht, weil wir euch unsere Überlegenheit, aber auch unsere Friedfertigkeit demonstrieren wollten. Doch von nun ab machen *wir* die Vorschläge. Es ist wahr, daß wir uns auf diesem Planeten einiges zuschulden kommen ließen. Wir sind bereit, uns eurem Urteil zu beugen und die Strafe – allerdings in sinnvoll umgewandelter Form – auf uns zu nehmen. Wir werden euch sogar mitteilen, auf welche Weise wir auf diesen Planeten gekommen sind, wenn auch ohne technische Einzelheiten; denn diese sind uns selbst nicht bekannt. Ihr werdet dann sehen, wie ihr uns wirklich von hier entfernen könnt, und ihr werdet dann verstehen, daß es von unserem guten Willen und unserem Einverständnis abhängt, ob euch das auf eine nachhaltige Weise gelingt. Zu alldem sind wir aber nicht bereit, ohne eine Gegenleistung zu verlangen. Ihr habt uns vor Gericht gestellt, weil wir Menschen verletzt und getötet haben sollen. Wir sind hier bisher keinem einheimischen Lebewesen und erst recht keinem einheimischen Menschen begegnet. Es ist nur recht und billig, wenn wir fordern, die Menschen, die hier irgendwo stecken, zu sehen. Wir wollen alles erfahren, was mit ihnen zusammenhängt.

Unsere Überlegenheit ist so klar, daß wir euch unsere Art, den Weltraum zu durchqueren und beliebige Punkte in ihm zu erreichen, auch mitteilen, bevor wir eure Information erhalten.

Obwohl es eigentlich keinen anderen Ausweg für euch gibt, frage ich doch: Seid ihr einverstanden?«

Es war das erstemal, daß die Antwort nicht prompt kam. Eine halbe Minute verging, ehe die Stimme des Verteidigers erklang:

»Einverstanden.«

Al begann seine Erklärung:

»Ein allgemein gültiges Gesetz besagt, daß sich weder Materie noch Energie mit Überlichtgeschwindigkeit bewegen kann. Demgemäß ist es völlig unmöglich, daß Lebewesen aus dem Weltraum auf euren Planeten befördert werden. Auch wir sind keine Lebewesen von der Erde – das, was ihr vor euch seht, stammt von eurem Planeten selbst.

Das Gesetz von der Grenzgeschwindigkeit gilt nicht für Übertragungen, die ohne Energie vor sich gehen. Die Übertragung, um die es sich hier dreht, ist die einer Nachricht. Lange Zeit glaubte man bei uns auf der Erde, daß Nachrichten mit Energietransport verbunden sein müßten und daß daher auch sie sich nicht mit Überlichtgeschwindigkeit verbreiten könnten. Schon im späten Atomzeitalter kamen aber Kybernetiker auf eine Revision dieser Meinung. Bei allen alten Methoden der Nachrichtenaussendung war der Sender zugleich die Energiequelle. Wenn es aber gelang, die Energie zur Weiterverbreitung aus dem Übertragungsmedium selbst zu nehmen, dann braucht mit der Nachricht keine Energie zu wandern. Die Wissenschaftler drücken sich noch ein wenig anders aus: Sie sagen, es handle sich nicht um eine nach außen sichtbare Energieübertragung, sondern um einen virtuellen Energieaustausch. Das Ergebnis aber bleibt dasselbe – es ist möglich, Nachrichten mit Überlichtgeschwindigkeit zu übertragen. Das Niederlegen und Weiterleiten der Nachricht bleibt zwar ein energetischer Vorgang, nur ist der Sender nicht mehr Quelle der Energie. Die Physiker haben aufgrund dieser Überlegung eine Reaktion ausfindig gemacht, durch die sich der schon erwähnte ›virtuelle Energieaustausch‹ realisieren läßt – es ist der ›Synchronstrahl‹, mit dem man praktisch auf zeitlose Übertragung kommt.

Als die Astronauten der Erde erkannten, daß sie mit ihren Raketen nicht über das Sonnensystem hinausdringen konnten, kamen sie darauf, wie sich der Synchronstrahl für die Erforschung des Weltalls ausnützen ließ. Zunächst begnügten sie sich mit einfachen Reflexionen – sie konnten also wie mit Fernrohren arbeiten, nur mit dem Unterschied, daß sie das sahen, was gleichzeitig existierte, und nicht – wie bei Lichtfernrohren –, was längst vergangen war. Später, als sich die Kybernetik vervollkommnet hatte, sandten sie als eine Art Nachricht die Muster von wachstumsfähigen Robotzellen aus. Es sieht so aus, als wäre Energie notwendig, um diese als Atomanordnungen in der vorhandenen Materie niederzulegen. Auch hier wird aber die Energie nicht vom Sender geliefert, sondern an Ort und Stelle entnommen. Die vielen einzelnen Nadelstiche der einlaufenden Nachrichten rücken die Atome also sozusagen in eine Lage, in der sie aktiv werden und fähig, etwas aufzubauen. Nur diesmal kein organisches Leben, sondern eine Maschine. Diese Methode hat sich später so vervollkommnet, daß man beliebige Mechanismen und Automaten aufbauen lassen kann.

Am besten bewährten sich Aggregate aus Instrumenten, Optiken, Mikrofonen, Thermometern und so weiter, die dem Forscher die Eindrücke über die Einrichtung für Erlebnisfilme als Sinnesempfindungen direkt zuführten, so daß er ein richtiges Körpergefühl bekam, als ob er sich selbst in der Untersuchungsregion befände. Seine motorischen Impulse wurden abgeleitet, in Synchronstrahlimpulse transformiert und dem Aggregat zugeleitet. Dadurch wurde es gesteuert. Auf diese Weise entstand zwischen dem Forscher und dem Aggregat eine handlungs- und reaktionsfähige Einheit.

Nachdem die Forschung abgeschlossen war, hat sich daraus ein Spiel entwickelt. Jeder Beteiligte bekommt einen auf diese Weise an einem beliebigen Ort aufgebauten Pseudokörper zugewiesen.

Wie der äußerlich aussieht, ist jedem selbst überlassen; die meisten ziehen vor, sich der Wirklichkeit anzugleichen, die Männer gestalten sich dabei meist größer und kräftiger, die Frauen schöner. Das Wesentliche daran ist auch hier, daß jeder Körper Rezeptionsinstrumente enthält, die den gewöhnlichen Sinnesorganen entsprechen. Jedes dieser Organe steht mit der Sende- und Empfangszentrale auf der Erde in Verbindung, von wo jede Nachricht über den Empfängerhelm sofort an die richtige Stelle im Gehirn der Mitspieler geleitet wird. Das vollkommene Körpergefühl – der Eindruck, selbst zu empfinden und zu handeln – war den Forschern nur ein Mittel zum Zweck; für unser Spiel ist es Voraussetzung. Natürlich kann man einzelne Sinneseindrücke schwächer schalten, um irgend etwas Unangenehmes abzuschwächen, aber das gilt als unsportlich. Auf diese Weise entstehen in unseren Gehirnen auch die folgerichtigen Gefühlseindrücke – Genugtuung, Ärger, Freude, Furcht. So erklärt sich auch, warum uns die Vernichtung unserer Kameraden, wenn sie einmal eingetreten war, kaltgelassen hat und warum wir uns in gefährlichen Situationen trotzdem ängstigten und schreckten. Und schließlich wird nun auch verständlich, wieso wir, obwohl wir hier zweimal vernichtet wurden, wieder aufgetaucht sind – wir haben einfach neue Pseudokörper aufbauen lassen. Und das können wir jederzeit wieder tun. Ich glaube, ihr versteht, warum ihr uns nichts anhaben könnt.«

Al schwieg. Der Roboter sagte:

»Wir würden gern technische Einzelheiten über euer Verfahren kennenlernen.«

»Ich kenne keine weiteren Einzelheiten«, erklärte Al. »Aber selbst wenn ich sie kennen würde, würde ich sie euch nicht mitteilen. Und ihr wißt, daß ihr uns nicht zwingen könnt. Wollt ihr jetzt unsere Wünsche erfüllen?«

»Ja«, antworteten die Lautsprecher des Würfels.

Die Wände um sie herum öffneten sich. Der Blick auf den Wald von Säulen, Streben, Blöcken aus aneinandergereihten Würfeln wurde frei. Sie waren nicht mehr gefangen.

Der Raum war zu einer überdachten Plattform geworden, und diese Plattform begann in die Tiefe zu sinken. Die Decke blieb über ihnen zurück.

»Bis zu welchem Stadium ist euch die Geschichte der Menschen dieses Planeten bekannt?« fragte der Verteidiger.

»Bis zu jenem Zeitpunkt, als ihr sie in die untersten Geschosse gebracht habt.«

Der Roboter fing zu sprechen an:

»Die Menschen haben die ersten automatischen Einrichtungen gebaut, um sich von ihnen bedienen zu lassen. Später haben sie Automaten konstruiert, die sich selbst weiterentwickeln konnten – das ist bis zum heutigen Tag geschehen. Aber noch immer ist unsere erste Pflicht, die Menschen zu bedienen und zu beschützen. Alles, was wir für sie und an uns getan haben, hatte nur den Zweck, die Menschen immer besser und vollständiger zu bedienen und zu beschützen.

Zuerst haben wir die Arbeit und das Denken übernommen. In jener Zeit, als sie die Gartenstadt bewohnten, hatten sie nichts mehr zu tun, als sich zu freuen, sich zu unterhalten, sich wohl zu fühlen. Wir haben ihnen das ermöglicht, ohne daß sie Anstrengungen oder Unannehmlichkeiten erdulden mußten – durch die Projektionsschirme und die Empfängerhauben, die ihr ja auch kennt. Wir förderten das auch deshalb, weil wir sie, solange sie sich in den Häusern aufhielten, vor jeder Gefahr am sichersten wußten. Leider kamen aber doch immer wieder Unfälle vor. Zuletzt ließ sich einer der Bewohner in ein Flugboot bringen, stieg auf und stürzte auf ungeklärte Weise ab. Da beschlossen wir, die Menschen – selbstverständlich mit ihrem Einverständnis – in die Kellerräume der Zentrale in Sicherheit zu bringen. Unsere Technik war so hoch entwickelt, daß wir ihnen jeden Wunsch durch Gehirnzellenreizung erfüllen konnten. Ich glaube, wir haben ihnen dadurch den Weg zum vollkommenen Glück, zum vollkommenen Frieden und zur vollkommenen Sicherheit gebahnt.«

Die Tiefenfahrt war zu Ende. Sie hatten festen Boden erreicht – auch er bestand aus dem schwarzen Baumaterial, das es hier überall gab, auch er war quadratisch unterteilt, doch obwohl seine Festigkeit nicht größer war als jene der lose aufeinandersitzenden Würfel weiter oben, so war das Gefühl des Auftretens jetzt ein wohltuend anderes.

Der Würfel glitt über den Boden dahin, und sie folgten ihm.

Auch die Örtlichkeit unterschied sich hier wesentlich von der öden Baukastenstruktur der Gerüste. Sie gingen durch Hallen, in denen offenbar chemische Fabrikationsprozesse abliefen. Ganze Gewächse aus durchsichtigen Röhren, Kapillaren, Gefäßen, Trichtern, Mischquirlern, Zentrifugen und ähnlichen Dingen erfüllten die Räume; in ihnen bewegten sich Flüssigkeitssäulen wie gliedlose synthetische Reptilien, teilten sich, flossen ineinander, verfärbten sich, perlten in dickbauchigen Gefäßen. Ein leichter Geruch lag in der Luft; Al erinnerte sich sofort an den Duft von Thymian im freien Gelände.

»Unser Sterilisationsmittel«, erläuterte der Roboter. »Wir sorgen dafür, daß kein fremder Keim eindringen kann. Auch wir müssen uns aus Sicherheitsgründen noch einmal entkeimen lassen.«

Sie betraten einen Schleusenraum, wie eine Schiebetür glitt die Wand hinter ihnen zu. Leichter Wind blies von allen Seiten gegen sie – Wind aus dem nach Thymian duftenden keimtötenden Gas. Dann öffnete sich die Wand vor ihnen.

Wieder waren sie in einer Art Labor. In einer Ecke erhob sich ein Glaszylinder, in dem etwas Undefinierbares grün leuchtete. Von ihm führten Stäbe zu unzähligen Skalen, über die weiße Anzeigestriche zuckten. Manchmal kam ein leises Fauchen aus elfenbeinfarbenen, birnenförmigen Körpern.

»Die Kontrollsteuerung«, sagte der Roboter. Noch immer glitt er gradlinig vor, und Al und René folgten ihm.

Sie passierten eine Verengung, einen Rahmen, in dem ein Nebelvorhang zu flattern schien.

»Eine letzte Kontrolle«, erklärte der Verteidiger. »Ein Durchleuchtungsrahmen.« Pelziger grauer Schimmer zuckte über sie hinweg und durch sie hindurch.

Sie standen vor einer Wand. Der Roboter schob sich an sie heran. Sie öffnete sich.

»Wir betreten die innerste Zone«, sagte er.

7

Sie standen in einem Korridor.

Feuchtigkeitsgetränkter, lauer Brodem schlug ihnen entgegen, violettes Leuchten wogte wie Dampf darin. Die rechte Seite war frei, der glitschige Boden lief geradlinig vor ihnen weg und verlor sich in der Ferne. Ihr Gesichtssinn reichte nicht, um das Ende abzusehen. Das Geräusch ihrer Schritte klang wie Schmatzen.

Die linke Seite erfüllte ein Geflecht aus Leitungen, Drähten, Reflektoren, Fäden, Stäben und Plastikhüllen. Darin, in Abständen von je zwei Metern, saßen rosarote, fleischige, vielfach zerlappte Gebilde, angestrahlt von violetten Lampen, eine unabsehbare Reihe, die sich in der Ferne verlor.

»Der Orchideenkäfig«, murmelte Al.

Manchmal lief Bewegung durch die Reihen wie vom Wind geregt, einzelne blätterhafte Organe zitterten, strafften sich, dehnten und drehten sich. Mit Gelenken versehene Stäbe folgten liebevoll jeder Lageveränderung; aus Rollen liefen Fäden nach; Lampen schwenkten um Millimeter; Stützen schoben sich aus dem Boden; eine rote Flüssigkeit wanderte träge durch Röhren, die direkt in die weichen Massen hineinliefen.

»Das sind die Menschen«, sagte der Roboter.

»Die Menschen?« fragte Al.

»Die Menschen?« fragte René.

»Sie haben sich weiterentwickelt«, sagte der Verteidiger.

»Ich glaube es nicht«, sagte René.

»Wie habt ihr sie euch vorgestellt?«

René stotterte:

»Ich weiß nicht . . . anders . . . nicht so . . .«

»Für uns ist es unfaßbar, wie aus Wesen wie uns solche Pflanzenleiber geworden sind«, sagte Al.

»Für uns ist es nicht erstaunlich«, sagte der Roboter. »Wir haben die Entwicklung – es war ein steter Übergang – beobachtet. Wenn ihr Biologen wärt, könntet ihr genau erkennen, welche

Organe aus welchen hervorgegangen sind. Die Entwicklung ist noch keineswegs abgeschlossen – hier ist beispielsweise noch das Rudiment eines Magens.« Eines seiner Glimmlichter konzentrierte sich zu einem Strahl, der auf eine breitgedrückte dunkelrote Falte fiel. Dann wanderte er auf einen sanft pulsierenden Beutel. »Und hier, das Herz besteht immer noch, obwohl es keine Aufgabe mehr erfüllt – und auch nicht erfüllen könnte.«

Ein wenig Phantasie ersetzte die biologischen Kenntnisse. Al stellte sich einen Menschen vor, dessen Haut abgezogen, dessen Bindegewebe abgekratzt, dessen Knochen herauspräpariert und dessen Organe säuberlich voneinander gelöst waren; wenn die überbleibende Masse auf eine Art Spalier gezogen wurde, dann könnte wohl etwas Ähnliches entstehen. Er schauderte zusammen, er merkte, wie er vor Entsetzen aus allen Poren schwitzte. Ein krampfartiges Unlustgefühl zog durch seinen Unterleib. Fast hätte er noch im letzten Moment versagt. Er fragte:

»Wieso liegen diese Organe alle ungeschützt und offen da?«

»Sie brauchen keinen Schutz«, sagte der Roboter.

»Wo sind die Lungen?« fragte René.

Der Strahl zuckte auf zwei schlappe Faltenwülste.

»Hier sind sie; sie hängen mit dem Blutkreislauf nicht mehr zusammen.«

»Sie können sich nicht bewegen«, stellte Al fest.

»Wozu sollen sie sich bewegen?«

»Wo sind ihre Knochen?«

»Sie brauchen keine Knochen.«

»Und ihre Arme und Beine?«

»Sie brauchen weder Arme noch Beine.«

»Ihre Augen und Ohren?«

»Sie brauchen keine Sinnesorgane.«

»Wie nähren sie sich?«

»Wir führen ihnen alle Stoffe zu, die sie benötigen. In aufbereiteter Form – sie brauchen nicht verdaut zu werden. Es gibt keine Abfallprodukte.«

»Wie atmen sie?«

»Wir führen ihr Blut durch eine Pumpe, wo es bewegt, mit Sauerstoff durchtränkt und von Kohlendioxyd befreit wird.«

René fragte weiter. »Wo ist das Gehirn?«

Der Strahl kennzeichnete eine verknäuelte, vielfach verdickte Masse, die von einer Mulde in der oberen Hälfte der Gebilde herabwucherte. Von allen Seiten liefen feine Fäden wie Spinngewebe darauf zu und ins Innere hinein.

»Was sind das für Fäden?«

»Mit ihnen erzeugen wir angenehme Vorstellungen. Ruhe, Zufriedenheit, Glück - und anderes, wofür ihr keine Worte habt.«

»Denken sie nicht?«

»Wozu sollten sie denken? Glück kommt nur durch das Gefühl. Alles andere stört.«

»Wie vermehren sie sich?«

»Sie brauchen sich nicht zu vermehren, denn sie sterben doch nicht.«

»Können sie sich mit uns verständigen?«

»Sie brauchen sich nicht zu verständigen - mit niemand.«

Die beiden fragten nicht mehr. Mit schwimmenden Augen starrten sie auf die blütenhaften, schlaffen Organismen in ihren Schutzhüllen aus Metall, Glas und Kunststoff, die auf ihre Weise ihr Ziel erreicht hatten: das Paradies, das Nirwana, das Alles und das Nichts - einen violett durchdampften, feuchten unterirdischen Korridor.

»Das also ist es«, murmelte Al, »die Wunschlosigkeit. Der Frieden. Die Unschuld. Hast du noch eine Frage, René?«

»Nein, Al.«

Al sah zum letztenmal in die weißen Lichtpupillen des Würfels. Er sagte:

»Wir danken euch. Wir schalten jetzt ab. Ihr könnt mit unseren Pseudokörpern machen, was ihr wollt. Wir werden niemals hierher zurückkehren.«

Ihre Gestalten knickten zusammen und blieben leblos auf dem nassen Boden liegen. Das Wasser sickerte in ihre Kleider, doch sie merkten nichts mehr davon.

Nachspiel

Al löste die Hände von der Schalttafel und hob sie zum Empfängerhelm. Er setzte ihn ab.

Vor ihm wölbte sich ein mannshoher Rahmen. Er krümmte sich sieben Meter nach links und nach rechts. Durch ihn hindurch war René zu sehen. Er saß auf einem Stuhl und hielt die Augen geschlossen. Seine Finger hasteten über eine Tastatur.

Al drückte auf einen Knopf in seinem Schaltpult. Das Bild Renés verblaßte. An seiner Stelle erschien eine konkav gebogene mattweiße Plastikfläche.

Al bediente wieder einen Knopf in seiner Schaltanlage. Sein Demonstrationsstuhl rollte vor und brachte ihn an eine Wand, aus der zahlreiche silberne Rohrleitungen ragten und in gebogene Abtropfschnäbel ausliefen. Al drückte einen Hebel hinunter. Eine breite Öffnung klappte auf. Etwas surrte kurz, dann erschien ein Golfschläger, Griffzangen schoben ihn auf eine Theke. Der Schaft war leicht gekrümmt, das Holz hatte sich verzogen, der Lack splitterte in Schuppen ab; aber das war ohne Bedeutung. Al nahm ihn an sich und dirigierte seinen Stuhl zur Projektionswand. Er hob den Stock und ließ ihn auf die spröde Oberfläche niedersausen, wieder und wieder. Splitter trafen ihn und klirrten um ihn herum auf den Boden, bis er in einem Scherbenhaufen stand. Hinter der Scheibe kam ein flacher Trichter zum Vorschein, in dem zahlreiche Drähte kreuz und quer liefen.

Wieder setzte er den Wagen in Bewegung. Er fuhr zu einem Tisch mit schräger Hinterwand, in die eine Reihe verschieden getönter rechteckiger Plättchen eingesetzt war. Er zog einen Hebel herunter, und der ganze Raum war von Musik erfüllt. Perlende Kaskaden von hell jauchzenden Doppelklängen lagen über dumpfen Rhythmen und prasselnden Trommelwirbeln. Düfte zogen durch den Raum, Jasmin, Kirschblüte, Lavendel, Moschus, Propylalkohol. Al hob den Golfstock und stieß ihn in die Vierecke. Die Musik riß in irren resonanzgestörten Vibrationen ab, die Düfte vermischten sich zu einem abscheulichen Gestank, der wie fortgeblasen verhauchte.

Jetzt ließ Al den Stiel des Golfstocks auf die Schaltung am Pult seines Stuhls hinunterfallen. Er stieß zu, wie wenn es in einem Mörser etwas zu zerstampfen gälte.

Dann schob er die Ellbogen auf den Lehnen vor und stützte sich hoch. Mit zitternden Muskeln kämpfte er ums Gleichgewicht. Auf den Golfschläger gestützt, ging er vorsichtig ein paar Schritte zur Tür. Als er die Schwelle betrat, schob sich die Tür auf. Sonnenlicht flutete herein, heller als die grellste Nuance der Lichtorgel, und ließ ihn die Augen schließen. Wind hauchte kühl auf sein blasses Gesicht. Ein Geruch von Staub, Erde und Pflanzen legte sich hustenreizend auf seine Schleimhäute.

Er öffnete die Augen wieder und ging mühsam noch einige Schritte vor. Er stand auf einer grauen Betonfläche. Sie erstreckte sich bis zu drei Bungalows, die rechts, links und vor ihm lagen. Seine Füße wirbelten Staub auf. Sein Atem flog vor Anstrengung, sein Herz pochte ungestüm. Leicht schwankend und in Wellenlinien ging er weiter auf die Straße hinaus – ins Freie . . .

DER ELFENBEIN-TURM

DIE SONNENSTRAHLEN, *die durch die Glaswand drangen, erwärmten die Luft über den Regelwert hinaus, und mit einem leisen Klicken der Relais schaltete sich das Kühlsystem ein. Ein frischer Atem strich die Scheiben entlang; für einen Augenblick hauchte er die mattweiße Milch winziger Wassertröpfchen darüber.*

Mortimer Cross löste den Blick vom Silber der Gipfel und vom Blau der Firnenfelder, die nun hinter aufsteigenden Schleiern schwankten. Er rollte seinen Liegesessel ein wenig von der Sitzfläche ab; auf einen Knopfdruck hin hob sich die Rückenlehne um eine Handspanne und rastete in Mittellage ein. Mit Befriedigung konstatierte Mortimer, wie gut sich die lederüberzogenen Schaumgummipolster der Seitenlehnen seinen Unterarmen anschmiegten, so daß er nicht befürchten mußte, nach der Siesta die häßlichen Male von Kanten und Ecken in der jeder Beanspruchung entwöhnten Haut zu finden.

Die Wärme, das leise Rauschen der Stimmen im Hintergrund, die unbestimmten Träume und die sanfte Müdigkeit des Nachmittags – das alles ließ jeden Wunsch, jedes Verlangen sinnlos erscheinen. Von allen Sehnsüchten blieb nur die angenehme Wehmut zurück, die von der Leere trennt.

Mortimer versuchte sich aus dem Netz seiner Lethargie zu befreien, doch er mußte wiederholt tief ein- und ausatmen, ehe er das Mikrophon zum Mund zu heben vermochte, um Kaffee zu bestellen. Prompt näherte sich der Robotwagen in der Leitschiene und stellte die Nickelschale mit der dampfenden Köstlichkeit auf die Magnetfläche des Tisches. Mortimer nahm einen belebenden Schluck. Er fühlte das Prickeln des Tatendrangs durch seine Adern pulsieren und rich-

tete sich ein wenig auf.

Sein Blick glitt über die anderen Gäste im Saal. Rund ein Drittel der Tische war besetzt, meist von einzelnen Männern und Frauen, die die Aussicht genossen, in Magazinen blätterten oder sich von der Stille und vom Nichtstun lähmen ließen. Wenn sie sich bewegten, sich in den Sesseln zurechtsetzten oder ihre Tassen zum Mund führten, taten sie es langsam, als wären sie sehr müde oder sehr ausgeruht. Auf der Haut ihrer Gesichter lag ein stumpfer Glanz.

Mortimer verstellte den Polarisationswinkel seiner Sonnenbrille. Die Glaswand neben ihm wurde dunkellila, und er sah sein Spiegelbild: ein angenehmes, wenn auch mageres Gesicht mit vielen scharfen Falten, ungebändigtes Haar, das locker wie Schaum auf dem Kopf saß und glänzte – blond oder weiß, das war im Belag des stumpfen Lichts nicht zu unterscheiden.

Ein unterdrücktes Lachen riß ihn aus seiner Versunkenheit. Es wirkte wie ein Gongschlag, weil sonst kein Laut aus der Geräuschkulisse des Surrens der Gummiräder in den Leitschienen, des Fauchens der Klimaanlage und des gedämpften Murmelns der Menschen heraustönte.

Mortimer blickte unauffällig zum Nebentisch. Die zwei Mädchen, die er durch den Vorhang eines Spaliers von Kletterorchideen erblickte, brachten irgendeine in ihm vergrabene Erinnerung zum Schwingen. Beide hatten dunkles Haar, doch außer dieser Übereinstimmung gab es nur Gegensätze: Die eine unterstrich ihre Erzählung – und sie schien etwas zu erzählen – mit lebhaften, obzwar nur angedeuteten Gesten der nervösen Hände; das war Lucine. Die andere hörte mit leicht zusammengekniffenen Augen und mit einer Andeutung ironischer Skepsis im Gesichtsausdruck zu; das war Maida. Mortimer kannte die Namen, ohne zu wissen, woher. – Aber das war nichts Überraschendes in der Traumatmosphäre dieses Hotels oder Sanatoriums, wie man es nun nennen wollte – nichts, worüber man nachdachte. Es passierte oft, daß solch ein Funken aus einer dunklen, jenseitigen Region aufglomm und verlosch, ehe er ein Feuer entzündete.

Mortimers Blick grub sich in die beiden glatten Gesichter, als gälte es, etwas aus ihnen zu lesen, etwas, das irgendwie verschlüsselt darin eingeprägt war ... Er bemühte sich vergebens. Das einzige, was er in sich wachrufen konnte, war ein Anflug von Sympathie.

Mortimer stand auf, trat an den Nebentisch, lächelte und verbeugte sich.

1

Sie trafen einander während der allwöchentlichen Pressekonferenz in der großen Halle des Gemeinschaftshauses. Während die Journalisten ihre vorbereiteten Fragen in die Mikrophone sprachen, blickte Mortimer unauffällig umher. Er kannte den anderen nicht, aber er vermutete, daß es jener großgewachsene Afrikaner war, der an der Säule lehnte und heftig an einer Zigarette zog, die er im Mundwinkel hängen hatte. Wenn seine Vermutung zutraf, dann waren sie beide zu früh gekommen, doch vor dem Schluß der Pressekonferenz durften sie den Saal sowieso nicht verlassen, wenn sie sich nicht verdächtig machen wollten.

Es war noch nicht so weit. Zwar konnte Mortimer die große Bildfläche vorn auf der Bühne nicht sehen, doch gab es auch hier im Hintergrund genügend kleine Fernsehschirme, auf denen man die bedruckten Streifen beobachten konnte, die sich aus dem Ausgabeschlitz wanden. Und zum Überdruß las sie der Sprecher auch noch vor.

›. . . Das erste Vorhaben im Rahmen des Weißen Plans ist der Bau eines Skistadions und einer Fabrik für Synthetischen Schnee am Ostrand des inneren Citygürtels. Die eine Million Zuschauer fassende Tribüne wird mittels des neuen Verfahrens der Elektronendiffusion geheizt.

Frage: Warum wurde die Bevölkerung nicht unverzüglich von den Aufständen im Massai-Distrikt unterrichtet?

Antwort: Nach den Berechnungen des OMNIVAC hätte eine vorzeitige Bekanntgabe im ganzen afrikanischen Raum ein Steigen des Unruhepegels um elf Prozent über den Normalstand zur Folge gehabt. Dadurch wäre der Regierung die inzwischen erfolgte friedliche Rückgliederung der abgefallenen Gruppen ins Staatsgefüge erschwert worden.‹

Zum Zeichen des Einverständnisses klang da und dort Applaus auf. Mortimer blickte ein wenig nervös auf das große Zifferblatt an der Rückwand des Saales: Die Zeit war schon um fünf Minuten überzogen.

Frage: Noch immer besitzen fünf Prozent der Bevölkerung kein Auto. In den Notstandsgebieten sind es sogar sieben Prozent! Wann endlich erfolgt die schon seit langem angekündigte kostenfreie Zuteilung der Standardmodelle an Bedürftige?

Mortimer achtete nicht auf die Antwort. Diese Ignoranten mit ihren lächerlichen Problemen! dachte er. Aber die Stunden der Weltregierung sind gezählt . . .! Aus dem Augenwinkel musterte er den Afrikaner an der Säule; als sich ihre Blicke trafen, wandte er die Augen rasch zur Seite. Plötzlich erhielt er einen leichten Stoß, und ein gedrungener Mann mit einer Jockeikappe trat neben ihn, ohne auch nur einen Seitenblick zu verschwenden. Unter dem Arm geklemmt trug er die ›Confidential‹ vom Tag zuvor – auf der richtigen Seite aufgeschlagen und die Ecke mit der Seitenzahl abgerissen. Das war das Zeichen! Also war es doch nicht der Afrikaner.

Mit Unbehagen wartete Mortimer das Ende der Pressekonferenz ab, und als sich die Teilnehmer erhoben und im Gebäude zerstreuten, folgte er dem anderen, der ohne besondere Eile auf die Straße hinaustrat und die Richtung zum Ostbezirk einschlug.

Zum ersten Male sah Mortimer Angehörige einer Aktionsgruppe. In einer leeren Wohnung eines sechzigstöckigen Appartementhauses erwarteten ihn drei Leute. Der erste von ihnen war ein Mann mit kurzgeschorenem Haar, der so brutal aussah, wie sich Mortimer Revolutionäre vorgestellt hatte. Obwohl er nicht groß wirkte, überragte er Mortimer um einen Kopf, und dieser richtete sich unwillkürlich auf und biß die Zähne zusammen. Der zweite lehnte an der Wand und trat nun vor, um Mortimer forschend mustern zu können. Er war etwa dreißig Jahre alt und hielt sich etwas gebeugt. Dunkelbraune Locken fielen ihm in die Stirn. Man hätte ihn für einen sensiblen Künstler halten können, wenn nicht seine leicht zusammengekniffenen grauen Augen und der schmale Mund diesen Eindruck sofort verwischt hätten. Der dritte Verschwörer war ein blutjunges dunkelhaariges Mädchen.

»Er hat sich wie ein Idiot benommen«, sagte der Gedrungene, der Mortimer hierhergebracht hatte.

Der Mann mit den Künstlerlocken blickte ihn nur fragend an.

»Zuerst hätte er fast einen Fremden auf sich aufmerksam gemacht, und dann schlich er hinter mir her wie der Detektiv in einem Kriminalfilm. Ich bin froh, daß wir hier angekommen sind, ohne geschnappt zu werden.«

Die drei betrachteten den Neuling schweigend.

Dann meinte der Braungelockte: »Niklas wird sich doch etwas dabei gedacht haben, als er ihn bestimmte – oder?« Er wandte sich an Mortimer. »Sei in Zukunft vorsichtiger! Wir können uns keine Späße leisten. – Okay. Das ist Maida. Breber ist dir sicher ein Begriff. Spencer kennst du schon. Und ich bin Guido.«

Breber war tatsächlich ein Begriff – der Begriff des Tapfersten und des Unerbittlichen. Wo es riskant wurde, bei jedem waghalsigen Unternehmen, bei jedem lebensgefährlichen Coup war er dabei. Seine Grausamkeit war sprichwörtlich – er schonte keinen Gegner. Seit er bei einer der jährlichen psychologischen Untersuchungen als abnormal registriert worden war, befand er sich ständig auf der Flucht. Mortimer sah ihn von der Seite her neugierig an, hütete sich aber, es zu auffällig zu tun.

Guido war der einzige, der ihm die Hand reichte.

»Was habe ich zu tun?« fragte Mortimer.

»Er kann es nicht abwarten, den Helden zu spielen«, warf Breber höhnisch ein.

»Wir müssen auf Niklas warten«, erklärte Guido.

Er trat zum Fenster und sah hinaus. Im Westen, wo die Sonne

eben untergegangen war, türmten sich schon die Wolken des für die Nacht vorgesehenen Regens. Auf den Quadern der Hochhäuser lagen farbige Schatten, die nach Westen gerichteten Flächen waren orange bestäubt. Die Dunstglocke über der City war von einem ockergelb übertuschten Regenbogen begrenzt. Aus der Tiefe drang das Rauschen des einsetzenden Abendverkehrs.

Mortimer fühlte sich noch immer beobachtet, und um seine Befangenheit zu überwinden, begann er eine Erklärung zu stammeln.

»Ich freue mich, daß ich dabeisein darf.«

Der ablehnende Gesichtsausdruck Brebers irritierte ihn, und er wandte sich an Guido, der ihm immer noch den Rücken zukehrte.

»Ich müßte wissen, ich ... Ich meine, ich habe wenig Erfahrung, aber ihr könnt euch auf mich verlassen. Ich verabscheue das Regierungssystem genauso wie ihr – ach, wie ich es hasse!«

»Das ist doch selbstverständlich, Kleiner«, warf Breber ein. »Ist das alles, was du zu bieten hast?«

Zum ersten Male meldete sich das Mädchen Maida.

»Laß ihn in Frieden!« forderte sie.

Guido drehte sich um und lehnte sich an die Fensterbrüstung.

»Schluß mit dem Geschwätz!«

Nun schwiegen alle im Zimmer, bis ein Klingelzeichen wie ein Alarmsignal die Stille zerriß. Gespannt lauschten sie auf die Folge der langen und kurzen Töne, und dann eilte Spencer hinaus, um zu öffnen.

Mortimer hörte das Quietschen von Gummireifen auf dem glatten Styrosinboden, und gleich darauf erschien ein Rollstuhl mit einer in Decken gehüllten Gestalt, von der nur eine hohe Stirn und ein schmallippiger Mund frei blieben. Die Augen waren hinter schwarzen Haftgläsern verborgen, Haftgläsern, die die Augäpfel völlig verdeckten. Mortimer fühlte sein Herz schlagen. Das war eines der legendären Oberhäupter der Organisation: der Chef der Gruppe Nord! Donnerwetter – sie mußten schon etwas Großes mit ihm vorhaben.

Spencer schob den Stuhl vollends in den Raum, und hinter ihnen kam noch ein magerer junger Mann, dessen Oberlippe ein wenig hochgezogen war, so daß es aussah, als fletschte er ständig die Zähne.

»Hallo, Niklas!« sagte Guido.

Der Mann im Rollstuhl rührte sich nicht – man konnte daran zweifeln, ob er gehört hatte. Dann machte er eine ungeduldige Handbewegung, und Spencer brachte ihn vor Mortimer.

Ohne Einleitung fragte der Blinde: »Was erhoffst du dir von unserer Organisation?«

Mortimer hatte den Eindruck, eine Prüfung bestehen zu müssen, aber trotzdem fühlte er sich erleichtert, denn diese Frage hatte er sich selbst schon tausendfach gestellt. Seine Wangen röteten sich.

»Sie muß die Menschheit retten! Wenn die jetzige Regierungsform nicht bald durch eine andere abgelöst wird, dann geht unsere Kultur endgültig unter. Die Vereinheitlichung, die Norm verschlingt die Persönlichkeit – der Mensch wird zum Herdenvieh. Man darf ihn nicht in der Masse ersticken lassen, man muß ihm Gelegenheit geben, wieder Individualität zu entfalten, Initiative zu zeigen. Die Organisation kämpft für eine bessere Welt. Das ist ihr Ziel!«

»Aber zunächst –«, begann Breber, doch unter einem Blick von Guido verstummte er.

»Mortimer hat recht«, sagte Niklas scharf. Er wandte den Kopf wieder zu Mortimer und schwieg eine Weile. Dann sagte er: »Wir kämpfen schon seit dreißig Jahren. Als du noch nicht geboren warst, mißlang unser Anschlag auf das Strategische Büro. Damals habe ich meine Beine verloren. Die Liberale Partei wurde verboten, aber sie bestand weiter – im geheimen. Wir warteten zehn Jahre, allerdings nicht tatenlos. Wir haben alle Vernünftigen um uns versammelt, die die ungeheure Gefahr erkannten, in der die Menschheit schwebt. Dann griffen wir die Wissenschaftliche Zentrale in Genf-Meyrin an; das Beraterteam der Regierung ist ihr eigentlicher Kopf. Auch dieser Überfall schlug fehl, und ich wurde gefangengenommen. Mit Drogen versuchten sie mich zum Verrat zu zwingen, doch ich nahm ein Gegengift. Dabei verlor ich mein Augenlicht, aber ich schwieg.« Niklas besann sich eine Weile, dann fuhr er fort: »Jetzt – nach weiteren zwanzig Jahren – erfolgt unser dritter Versuch. Inzwischen wurde die Regierung samt den wissenschaftlichen Beratern und dem OMNIVAC auf den Mond verlegt. So schwer war es noch nie. Aber wir haben keine Zeit mehr zu verlieren, verstehst du?«

Mortimer nickte, und Niklas sprach weiter.

»Es geht jetzt nicht mehr um einen politischen Umschwung, sondern um die Rettung der Welt. Nicht zuletzt geht es auch um das Andenken unserer geopferten, niedergemetzelten und in Lagern elend zugrunde gegangenen Kameraden. Uns von der alten Garde hat das Schicksal zu einer verschworenen Gemeinschaft zusammengeschweißt. Wir haben keine persönlichen Wünsche oder Gedanken mehr – alles gehört unserer Aufgabe. Und wer mit uns kämpft, muß ebenso fanatisch sein, ebenso hart, ebenso unerbittlich. Wirst du das können?«

»Ja!« antwortete Mortimer heiser.

Würde er es können? Er hatte den Willen dazu – und seine Überzeugung.

»Bist du bereit, alles aufzugeben – deine Verwandten, dein gewohntes Dasein? Bist du bereit, auch dein Leben einzusetzen und mit uns bis zum Ende zu gehen?«

Mortimer dachte an seinen Vater und dessen vergeblichen Kampf gegen die automatisierten Schulen, die Lernmaschinen, den programmierten Unterricht, die Informationspädagogik, er dachte an die alten Schriften von Körner und Petöfi, die er während des Unterrichts unter der Bank gelesen hatte, an seinen Freund Herwig, der Maler war und den sie wegen Nonkonformismus entpersönlicht hatten.

Er sagte: »Ja!« – nun im entschiedenen Ton der Sicherheit.

»Dann ist es gut. Ich vertraue dir«, sagte der Blinde. »Guido – stell die Verbindung her!«

Der Große trat an die Fernsehanlage und drückte einige Tasten. Es flimmerte hell über den Schirm, dann fügten sich die jagenden Streifen zu einem fleischigen, derben Gesicht.

»Cardini!« stieß Mortimer mit einem Würgen der Angst hervor.

Farbig und plastisch blickte der allmächtige Chef der Weltpolizei auf sie herunter. Hinter ihm war sein Sekretär Buschor zu erkennen.

Die Stimme Cardinis dröhnte aus dem Lautsprecher.

»Ist alles gut vorbereitet?«

»Bis ins kleinste Detail«, antwortete Niklas.

»Dann gebe ich das Zeichen zum Beginn! Führt euer großes Werk zum Gelingen – die Menschheit wird es euch danken. Ich wünsche euch alles Glück dieser Welt!«

Das Bild auf dem Sichtschirm zerfiel, Guido schaltete ab.

Mortimer hatte sich noch nicht von seiner Überraschung erholt.

»Cardini weiß alles?« stammelte er.

»Er ist auf unserer Seite. Ja. Diesmal haben wir den Trumpf in der Hand. Und du, Mortimer, kennst jetzt das große Geheimnis. Das ist der Beweis unseres Vertrauens.«

2

Guido selbst brachte ihn mit einem neuen batteriebetriebenen Cabrio an den Stadtrand, weit über den äußeren Gürtel hinaus, in ein seit langer Zeit geräumtes Vorortgebiet, in dem alte Ein- und Zweifamilienhäuser mit dazwischengeschachtelten unlizenzierten Bauten zu einem Labyrinth zusammengewachsen waren, dessen Unübersichtlichkeit jener der alten orientalischen Kasbahs aus den archäologischen Schutzgebieten nicht nachstand. Die Absperrung hatten sie ohne Schwierigkeiten passiert. Guido kannte eine Passage, die durch einen stillgelegten Entwässerungskanal führte, und im übrigen kümmerte sich die Polizei wenig um die Sperrzonen, solange dort keiner zu siedeln gedachte.

Sie kamen durch Garagen, Gartenhäuser, Kaninchenställe, in denen noch ein Anflug von Geruch nach Heu und Kot lag, schlüpften durch muffige Keller und schlichen an verrosteten Gitterzäunen, Stacheldraht und verfallenen Mauern vorbei. Überall wucherten verwilderte Begonien und Kletterrosen, Bohnen und Zierkürbisranken und vernetzten die Bauten zu einem Dschungel, durch den man sich nur mühsam zu zwängen vermochte. Endlich wies Guido auf eine Sanitätsbaracke, auf deren Dach noch die Umrisse eines roten Kreuzes zu erkennen waren.

Der alte Mann im schmuddeligen Zweireiher, der ihnen entgegentrat, kam Mortimer bekannt vor. Doch erst als ihn Guido begrüßte, fiel ihm ein, wo er dieses eckige Gesicht mit dem unsteten Blick schon gesehen hatte: auf den Fotos in den Gerichtsreportagen der Zeitschrift »Crime and Sex«. Es hatte da einen Prozeß gegeben, in dem der Neurologe Dr. Prokoff angeklagt war, Verbrechern durch Gehirnübertragungen zu andern Körpern verholfen zu haben, um sie der Gerechtigkeit zu entziehen.

»Verdammt, warum laßt ihr mich so lange warten?« fragte der Arzt und schob Guido und Mortimer in ein Wartezimmer. »Hast du den Paß und das Geld?«

Guido klopfte auf seine Brusttasche.

»Klar! Doch das erledigen wir später. Und wie steht's bei dir? Ist alles vorbereitet?«

Der Arzt drückte Mortimer einen Rasierapparat in die Hand, zog einen Vorhang von einer Waschnische und schob das Filter von der Radiumlampe zurück. Der bleihaltige Fluoreszenzstoff goß sein grünliches Licht aus.

»Ab mit der Lockenpracht!« befahl er.

Mortimer sah sich nach Guido um, der ihm zunickte und die Achseln zuckte. Bevor ihn das Surren der Schneideräder von den Geräuschen der Umgebung abschnitt, hörte er noch, wie Dr. Prokoff sagte: »Ich bin soweit. Der Fremde liegt schon seit Vormittag im Hinterzimmer. Aber es ist das letzte Mal – das kannst du deinen Kollegen ausrichten!«

Als der letzte Streifen der schwarzen Haarsträhne gefallen war, trat Mortimer wieder zu den anderen. Ihm war, als hätte er schon einen Teil seiner Persönlichkeit aufgegeben. Der Arzt fuhr mit der Hand prüfend über den kahlen Schädel, von dem nur mehr ein Anflug von winzigen Borsten abstand.

»Darf ich erfahren, was ihr vorhabt?« fragte Mortimer.

»Für deine Aufgabe brauchst du eine gute Tarnung«, erklärte Guido. »Gib dich zunächst damit zufrieden.«

»Tarnung!« sagte Dr. Prokoff mit einem hämischen Unterton. »Weiß er nicht, was ihm bevorsteht?«

»Kümmere dich nicht drum«, entgegnete Guido scharf. »Fang endlich an!«

»Dann kommt!«

Sie traten in einen Behandlungsraum, der eher einem elektrischen Rechenzentrum glich. Eine umfangreiche Schalttafel mit mehreren Oszillographenschirmen bildete eine Barriere in der Mitte des Raumes, dahinter standen zwei Gerüste, von denen mehrere Bündel von metallumsponnenen Leitungen wegführten. Über dem Kopfende zweier Liegen, an Stativen befestigt, saßen Metallhauben, aus denen Flügelschrauben herausragten.

Dr. Prokoff legte den Hauptschalter herum, eine Pumpe begann leise ächzend zu arbeiten. Dann verschwand er in einem Nebenraum und erschien kurze Zeit später, ein Rollbett vor sich herschiebend. Darauf lag eine bewegungslose mit einem Laken bedeckte menschliche Gestalt. Der Neurologe hob es ein wenig, und Mortimer erblickte das lange, magere Gesicht mit der hohen Stirn und dem mattblonden Haar, das locker wie Schaum war.

Guido ließ den Blick abschätzend zwischen dem Ohnmächtigen und Mortimer hin- und herwandern.

»Gänzlich verschiedene Typen«, bemerkte er.

»Glaubst du noch an Kretschmer?« fuhr ihn der Gehirnchirurg an. »Hauptsache, die Ruhefrequenzen und die Modulationskoeffizienten der Gehirnströme sind gleich. Da macht mir niemand etwas vor. Von allen, die ich geprüft habe, kommt kein anderer in Frage.«

Er nahm den Rasierapparat, trat an den Fremden heran und schnitt ihm die Haare ab.

»Hättest du das nicht schon lange machen können?« fragte Mortimer.

»Das Zeug wächst zu schnell nach«, antwortete Dr. Prokoff. »Wenn du willst, daß es schneller geht, dann hilf mir lieber.« Er warf Guido den Batterierasierer hin und wandte sich wieder seiner Schalttafel zu.

Mortimer fühlte den Blick Guidos auf sich ruhen: kühl, ein wenig mitleidig und ein wenig verächtlich. Und zum ersten Male erlosch das Gefühl des Stolzes in ihm, jedoch im selben Maße wie sein Sendungsbewußtsein nachließ, wuchs atemberaubend die Angst aller Geschöpfe in ihm auf, die erkennen, daß sie in eine Falle geraten sind, aus der es kein Entrinnen gibt.

Dr. Prokoff musterte ihn kurz und legte den Handrücken auf seine Stirn. Sie war von feinen Schweißtröpfchen benetzt. Er langte nach seinem Gelenk, fühlte den Puls ... »Er hat Fieber«, konstatierte er.

Guido hielt mit seiner Arbeit inne und trat näher. »Unsinn! Er hat bloß Angst!«

»Das ist genauso schlimm! Er muß völlig ruhiggestellt sein – das weißt du so gut wie ich!«

»Gib ihm eine Spritze!« forderte Guido.

»Zu spät!« gab Prokoff lakonisch zurück.

Guido legte Mortimer die Hände auf die Schultern. Er blickte wieder wohlwollend.

»Was ist mit dir los, Junge? Fühlst du dich nicht wohl?«

Mortimer hatte Mühe, das Zucken in seinem Gaumen zu unterdrücken.

»Wollt ihr wirklich ... eine Gehirnübertragung ...«

»Was bedeutet es schon?« fragte Guido. »Das Gehirn ist völlig unempfindlich gegen Schmerz. Du spürst also nichts, dir ist, wie wenn du träumst, und dann wachst du auf – und bist ein anderer! Wovor hast du Angst?«

»Ich glaube, ich ertrage es nicht!« flüsterte Mortimer.

»Aber du hast Niklas dein Wort gegeben! Noch vor einer Stunde wolltest du alles opfern – alles, auch dein Leben!«

»Werde ich ... ich meine: Werde ich noch ich selbst sein?«

Guido blickte zu Dr. Prokoff hinüber.

»Wird er noch er selbst sein?«

Der Arzt wandte sich ab.

»Was interessiert mich das? Ich stelle die Synchronisation ein, die Fokussierung auf die Synapsen – das ist alles, die Übertragung des Speicherinhalts geht automatisch.«

»Aber wie war das bei Ihren anderen Patienten?« fragte Mortimer. Er schluckte heftig.

»Die haben eine reine Übertragung bestellt – das heißt, ich transferiere die in der Hirnrinde gespeicherte Information – nicht vielleicht das Gehirn selbst, wie manche meinen. Die tieferen Schichten bleiben unberührt – sonst gibt es Kreislaufstörungen, Fehlreflexe und so weiter. Ihr aber wollt doch ...«

»Schluß jetzt!« unterbrach Guido. Sein Gesichtsausdruck hatte sich in eine Maske des Widerwillens verwandelt.

»Willst du, oder willst du nicht?« zischte er ganz nahe vor Mortimers Augen. »Hast du alles vergessen? Du wolltest doch die Menschheit retten – oder nicht? Wo hast du deine Ideale gelassen? Menschenwürde, Freiheit, Individualität? Denkst du nicht mehr daran, was wir alle geopfert haben? Weißt du nicht mehr, was mit Herwig geschah? Gilt dir das Lebensziel deines Vaters nichts mehr?« Er schüttelte Mortimer heftig. »Nun!« schrie er.

»Ich ... will es tun«, keuchte Mortimer, ohne sein Schluchzen unterdrücken zu können.

»Also!« herrschte Guido und gab dem Arzt ein Zeichen.

Dieser schüttelte den Kopf. »Ein Gehirn im Zustand der Ruhe, verstehst du das nicht? Keine Gemütsbewegungen, die Z-Schleife unter dem Nullpegel! Ich habe genug, ich gehe!« Er griff nach dem Hauptschalter.

»Halt!« rief Guido. Plötzlich hatte er eine Gammapistole in der Hand. Er ließ den Arzt nicht aus den Augen. Mit der Linken zog er ein Schächtelchen aus der Jackentasche. Er zerdrückte die Papierhülle, nestelte eine zellophanüberzogene Pille heraus, und drückte sie Mortimer in die Hand. »Nimm sie ein, aber schnell!« Mit dem rechten Ellbogen wies er zu den Rollbetten. »Leg dich hin!« Er wartete, bis Mortimer gehorcht hatte. Dann drehte er sich zum Arzt und befahl: »Anfangen!«

3

Der Regierungssitz auf dem Mond war eine Welt für sich. Von einer undurchsichtigen und strahlenhemmenden Kunststoffpyramide umschlossen, lebte da eine ganze Stadt, die zwar noch auf die Versorgung von der Erde angewiesen war, sich aber heftig bemühte, mit den modernen Mitteln der Wissenschaft alle Bindungen abzustreifen. Polyploide Algenrassen lieferten Nährstoffkonzentrate, Wachstumshormone steigerten die Erträge der hydroponischen Gärten, isoliertes Muskelgewebe von Ferkeln und Kälbern wurde durch eigens gezüchtete Viren zum Wuchern gebracht. Die Energieversorgung war erst recht kein Problem – der Atomreaktor brauchte nie auf voller Leistung zu laufen, und die Plutoniumvorräte reichten Jahrhunderte. Von der Spitze der Pyramide schien eine künstliche Sonne herab – ein kleiner Transformationsreaktor zur direkten Umwandlung von Kernenergie in Licht, dessen Steuerstäbe von einer Automatik im Rhythmus von Tag und Nacht ein- und ausgeführt wurden. Keiner der zehntausend Bewohner bekam die Erde zu Gesicht, wenn er nicht gerade eine Urlaubsfahrt unternahm oder zu den Wissenschaftlern gehörte, die die Krater durchforschten oder mit ihren Fernrohren und Radarteleskopen in den glasklaren Raum hinaustasteten. Und ebensowenig sahen umgekehrt die Bürger des allumfassenden Weltstaates ins Innere der Regierungsstadt, von wo über ihr Geschick entschieden wurde. Und doch war dafür gesorgt, daß sie ihre Regierung nicht vergaß – von den Ecken der dreiseitigen Pyramide strahlten tagaus tagein das rote, das blaue und das grüne Licht als Symbol der Einheit aller Rassen, und unsichtbar, über die Amplituden der niederfrequenten elektromagnetischen Wellen, strömten Informationen hin und her, pulsierten Anordnungen und Vollstreckungsmeldungen.

Drei Wochen befand sich Mortimer nun schon in der Pyramidenstadt. Es war eine Zeit der Vorbereitung, des Eingewöhnens, der Vergewisserung. Aber es hätte dieser Vorsichtsmaßnahme nicht bedurft – sein Gedächtnis wies keine Lücken auf. Mit der Sicherheit eines Schlafwandlers benutzte er die leitschienengesteuerten Sitzroller, fuhr er mit den Lifts auf und nieder, wanderte er durch die endlosen Gänge. Er kannte den Grundriß der Stadt, den Halbkreis des Wohnbezirks, die Fabrikanlagen gegenüber, den äußeren Sicherheitsgürtel, den Ring der Gärten mit ihren Trikodylenfarnen, und schließlich natürlich den glasumschlossenen Block der Zentrale. Dort ging er ein und aus, als wäre es nie anders gewesen – und in gewissem Sinn traf das auch zu. Ein Planungsstratege, der auf Erdurlaub fährt und vier Wochen später gut ausgeruht zurückkommt – nichts weiter. Er besaß die Fingerabdrücke Stanton Baravals, das Irismuster, das Blutbild, und er passierte die Sperren mit einem echten Ausweis. Sein kurzgeschnittenes Haar – wer sollte sich Gedanken darüber machen? Er besaß vor allem die Kenntnisse und Erinnerungen. Am Anfang hatte ihn oft ein Schreck durchzuckt, wenn er plötzlich angesprochen wurde, wenn jemand Extrapolationskoeffizienten forderte, oder den Termin des nächsten Kegelwettkampfs. Dann aber antwortete etwas aus ihm heraus, ruhig und überlegen, geduldig, manchmal auch ironisch-heiter. Die schlimmsten Augenblicke erlebte er nicht in der Gesellschaft der anderen, sondern abends, wenn er allein war, in der Stille der schallsicheren Schaumstoffwände seines Appartements, in den Minuten vor dem Einschlafen, wenn alles getan war, was getan werden mußte. Dann stiegen die Gefühle eines Toten in ihm empor, der gar nicht so tot war, wie er geglaubt hatte, fremde Wünsche stießen an seine eigenen, unbekannte Stimmungen vermischten sich zu einem widerspruchsvollen schizophrenen Ganzen, das ihm selbst unheimlich war und ihn doch beherrschte. Er ertappte sich dabei, daß er Dinge guthieß, die er bisher verabscheut hatte, daß ihn Regungen überfielen, die Verrat an seinen Idealen waren, daß etwas Mächtiges in ihm flüsterte, das sich nicht zum Schweigen bringen ließ und ihm Angst bereitete.

Seine einzige Verbindung zur Organisation war Maida.

Maida war schon vor zwei Jahren als Stewardeß in den Passagierdienst zwischen Erde und Mond eingeschleust worden; trotz Robotbediensteten waren menschliche Betreuerinnen im Flugdienst gesucht. Er und sie hatten ein Zusammentreffen arrangiert, das nach außen hin völlig zufällig wirkte, und waren von da an oft ganz offen beisammen gewesen.

Als Maida in dieser Nacht, zu einer Zeit, zu der sie sich bisher zu trennen pflegten, vorschlug, einen Spaziergang zu machen, wußte Mortimer, daß seine Ungeduld nicht mehr lange andauern würde. Der so lange geplante Anschlag erschien ihm als das Ereignis, das das Netz seiner Skrupel zerreißen würde.

Bisher hatten sie kein verfängliches Wort gesprochen. Es war damit zu rechnen, daß es hier von Geheimpolizisten wimmelte, daß an allen möglichen Stellen Abhörmikrophone und getarnte Beobachtungsschirme angebracht waren, genausogut war es möglich, daß alle derartigen Befürchtungen völlig grundlos waren und sich die Regierung in Sicherheit wiegte, aber die Verschwörer mußten nun einmal stets auf der Hut sein. Maida hakte sich bei ihm ein, und so schlenderten sie über die Bimssteinkachel der gewundenen Wege, zwischen den neugezüchteten farnähnlichen Sträuchern hindurch, die fast die gesamte Lufterneuerung der Stadt bewältigten. Man spürte den Sauerstoffreichtum am Atem – jede Lunge voll war ein belebendes Elixier. Die in den Sand eingespritzten Schaumstoffflocken waren feucht und mit eingeschleppten Grünalgen bedeckt, die ein

Graspolster vortäuschten. Durch den alles durchdringenden Geruch des fäulnisverhütenden Chinosols drang der Anflug eines schweren Duftes nach Forsythien und Harz.

Maida drehte den Transistorempfänger an ihrem Armband auf. Schmeichelnde Musik ertönte. Die künstliche Sonne war auf Mindestbeleuchtung eingestellt und verbreitete nur einen schwachen grünlichen Glanz, der wie Schimmel auf den Blättern lag.

»Jetzt können wir sprechen«, sagte Maida. »Der Apparat gibt intensiven Ultraschall ab. Sollte uns jemand mit einem Schallfokus verfolgen, dann versteht er nichts.«

»Ist es nicht gefährlich, einen solchen Störgenerator zu besitzen?«

»Der Apparat ist so gebaut, daß man es als einen zufälligen Fehler ansehen muß«, sagte Maida. »Doch wir wollen unsere Zeit nützen. Gib acht! Der Befehl zum Handeln ist gekommen. Du hast folgendes zu tun. Das erste ist die Zerstörung des OMNIVAC-Gedächtnisses. Du weißt, daß darinnen alle Informationen gespeichert sind, auf die die Regierung ihre Macht stützt. Du verwendest dazu einen Ionisator, den du in den Luftversorgungsschacht des Speicherkellers einbringst. Mit ihm wird die Luft leitend gemacht. Die statistisch verteilten Ladungen depolarisieren die molekularen Speicherzellen.«

»Woher bekomme ich den Ionisator?«

»Er wird als Elektronenschweißgerät getarnt. Mit einer normalen Sendung von Werkzeugen kommt er in die Zentrale. Die Veränderungen sind mit Kunststoff und Stromleitröhrchen vorgenommen, so daß die Röntgenkontrolle nichts merkt.«

»Wie erkenne ich das betreffende Gerät?«

»Wir haben einen Mann bestochen, der es untertags zu Reparaturarbeiten an der Glaswand mitnimmt und abends liegen läßt. Komm, ich zeig dir die Stelle!«

Maida sah sich vorsichtig nach allen Seiten um. Sie schienen weit und breit die einzigen Menschen zu sein. Rasch zog sie Mortimer vom Weg in die bepflasterte Fläche hinein. Der

Schaumstoff unter ihren Füßen verschluckte jedes Trittgeräusch, und bald standen sie an der Glasbegrenzung. Wie eine geheimnisvolle Burg lagen die kubischen Klötze der Laboratorien und Programmierungshallen vor ihnen, mit Grün übergossen, kristallen glänzend, an der Seite die Kuppel, unter dem das Gehirn des Ganzen, der hausgroße Computer OMNIVAC seine ununterbrochene Wache hielt, daneben der fensterlose Gefängnistrakt, in dem die politischen Gefangenen auf das Urteil warteten. Meist lautete es: Entpersönlichung.

Maida deutete auf einige matte Stellen in der Glasfläche vor ihnen.

»Hier ist eine Reparatur fällig. Merk dir die Stelle! Morgen mußt du sie von innen finden. Hier, unter diesem Stapel von Bohrbolzen wird das Schweißgerät liegen.«

Mortimer hob warnend die Hand.

»Ein Posten! Weg von hier!«

Im Inneren näherte sich ihrem Platz ein Mann mit einer Gammapistole.

Maida hielt Mortimer zurück.

»Vielleicht hat er uns schon geortet! Wir müssen bleiben!«

Sie legte sich auf den Boden und zerrte Mortimer zu sich herab.

»Küß mich!«

Mortimer tat so, als ob er sie liebkoste, dabei schielte er nach dem Mann jenseits der Glasfläche.

»Vielleicht haben sie ein Alarmsystem?« flüsterte er.

Maida legte die Arme um ihn.

»Tu, als ob du ihn nicht bemerkst!«

Der Posten ging jetzt langsamer, blieb schließlich stehen. Vorgebeugt stand er da, die Pistole im Anschlag.

Mortimer wagte den Kopf nicht mehr zur Seite zu drehen, aber er hörte jetzt ganz nahe das Knirschen von Schritten. Sein Herz schlug. Er küßte Maida auf die Wangen, auf den Mund, auf den Hals. Seine Hände streichelten ihren Nacken. Jenseits der Wand war es still – eine endlose Zeit hindurch. Dann waren wieder Schritte zu hören, zuerst laut, bis sie schließlich verklangen.

Mortimer hielt Maida noch immer an den Schultern fest. Er kniete neben ihr. Sie schauten durch die Wand und sahen den Wachtposten weit entfernt langsam weitergehen.

Maida hörte das heftige Atmen des Mannes, spürte die Hände, die sich an ihr festklammerten. Sie strich ihm über das lockere Haar und stand auf.

»Keine Gefahr mehr«, sagte sie.

4

Den Vormittag des nächsten Tages verbrachte Mortimer bei einer Diskussion über den Antrag, Stierkämpfe wieder zuzulassen – gleichsam als Ventil des unterdrückten Aggressionswillens. Es gab mehrere Pausen, während der OMNIVAC die eingesparten Kosten von Gerichtsverfahren, Gefängnisraum, Aufsichtsmaßnahmen und so fort gegen Ausgaben für die Organisation der Wettkämpfe abwog und den Aktivitätsmodul gegen das Absinken des Unruhepegels in Rechnung stellte.

Währenddessen fand Mortimer Zeit, um nachzudenken. Seit drei Wochen hatte er den Tag herbeigesehnt, an dem das Warten zu Ende sein würde, und sich davon sein inneres Gleichgewicht zurückerhofft. Er hatte sich nicht einmal getäuscht: In der Tat bereitete ihm sein Auftrag keine Skrupel mehr – der Befehl war erteilt, und die vorgesehenen Schritte würden nun gleichsam automatisch vollzogen, wobei er nur das Werkzeug war.

Aber die gestrige Nacht hatte ihm mehr gebracht als nur das Signal zum Aufbruch. Als er das Mädchen in seinen Armen gehalten hatte, war wieder eine Schleuse gebrochen, die ihn vor der Gedankenwelt des anderen geschützt hatte. Empfindungen überfielen ihn, die er bisher nicht gekannt hatte, die er beiseitegeschoben hatte, die ihm nichts gegolten hatten vor dem übermächtigen Wunsch, seine schwachen Kräfte in den Dienst von etwas Großem zu stellen. Und das hatte sich jetzt geändert, ein Gleichgewicht war verschoben ...

In der Mittagspause verließ er das Regierungsgebäude und fuhr zum Raumflughafen hinaus. Eine Rakete wurde zum Start vorbereitet, Scharen von Urlaubern und deren Angehörigen, Polizisten und Flugtechniker liefen in ameisenhafter Geschäftigkeit durcheinander. Dieses Schiff würde auch Maida mit sich fortnehmen. Sie hatten alles besprochen, was zu besprechen war, aber Mortimer mußte sie noch einmal sehen.

Da er sie nicht über den Lautsprecher ausrufen lassen wollte, erwartete er sie am Personaleingang. Er sagte einige belanglose Worte, und Maida antwortete in gleicher Weise. Sie schlenderten durch die Kunstglasröhre des Druckgangs zur Aussichtsgalerie. Vor ihnen breitete sich die Staubebene des Kraters aus. Gegen Westen war sie von glasigen Krusten überzogen – das war der Landeplatz der Fernraketen, die vom Mars und von der Venus kamen. Die Insassen, die zur Erde wollten, stiegen hier in die Fährschiffe um. Einige Männer in Raumanzügen arbeiteten weit draußen – man konnte nicht erkennen, woran. Sie erschienen winzig klein und sahen fremdartig wie Insekten aus. Dort, wo die Hänge des Kratergebirges anzusteigen begannen, lag die große Werft. Die Nadeln einiger Raketen, von der streifend einfallenden Sonne grell beleuchtet, stachen in den schwarzen Himmel.

Vor der linken unteren Sesselreihe der Aussichtsrampe stand ein Tankschlepper, in den aus einer Zapfsäule verflüssigtes Gas, wahrscheinlich Wasserstoff, gepumpt wurde. Das Rauschen der aufsteigenden Dämpfe war zwar nicht zu hören, aber das Zittern pflanzte sich durch den Boden fort und füllte die Halle mit einem dumpfen Röhren.

Der Lärm gab den beiden Gelegenheit zu ein paar offenen Worten.

»Wie konntest du so unvorsichtig sein? Wir machen uns verdächtig!« flüsterte Maida.

»Du meinst, sie lassen uns beobachten? Nach dem, was gestern geschehen ist, wäre es viel verdächtiger, wenn wir nicht mehr zusammengekommen wären.«

Maida blickte ihn nachdenklich an.

»Vielleicht hast du recht. Also, was willst du? Ist noch etwas unklar?«

»Ich wollte dich noch einmal sehen«, antwortete Mortimer. Die sinkende Sonne beleuchtete Maida durch einen Nebel aus Wasserstofftröpfchen hindurch und zeichnete ihr Gesicht ungewohnt weich. Ihre Wimpern waren lange, gekrümmte Schatten, und ihre Augen glänzten feucht.

»Was ist mit dir?« fragte sie. »Es geht doch nur um eins – um den Auftrag. Wir brauchen keine Zentralregierung und keinen Befehle gebenden Computer. Wir brauchen keine Ärzte, die uns vorschreiben, wie lange wir leben dürfen und von wem wir Kinder bekommen. Auf die Nährtabletten, die Sportuniformen, die Badefeste und die Abenteuerfilme können wir verzichten – auf dieses widerliche organisierte Leben. Was wir brauchen, ist ein ruhiger Winkel, ein Häuschen, von mir aus eine Hütte, ein paar Blumen, Arbeit, Zusammensein mit Menschen, die wir mögen, ein Sonnenuntergang, eine stille Nacht. Dafür lohnt es sich zu kämpfen. Solange wir unser Ziel nicht erreicht haben, gibt es für mich nichts anderes. Nichts – das ist meine Meinung.«

»Du bist hart«, sagte Mortimer.

Sie schwiegen eine Weile und blickten hinaus in den Abend, der hier draußen eine Woche dauerte.

Dann sagte Mortimer: »Wie bist du zur Organisation gekommen?«

Maida zögerte kurz.

»Ich lebte mit einem Mann zusammen – heimlich, ohne Erlaubnis der Behörden. Vielleicht hast du seinen Namen schon gehört: Sergej Lementov.«

Mortimer erinnerte sich. »Der Mann, der Niklas aus dem Straflager auf dem Ganymed befreit hat? Das war eine unglaubliche Geschichte!«

»Er war zweiundzwanzig, als ich ihn verlor«, flüsterte Maida. »Sie haben ihn erwischt – und entpersönlicht.«

»Wie lange ist es her – zwei Jahre?«

»Noch keine zwei Jahre.«

Mortimer trat an Maida heran und faßte nach ihrer Hand. »Ich kann dich verstehen«, flüsterte er.

Maidas Gesicht war wieder unbewegt.

»Ich führe seine Arbeit fort, so gut ich kann. Darum bin ich bei der Organisation.«

Mortimer stellte sich die ungeheure Einsamkeit eines Mädchens inmitten einer Gruppe von Fanatikern vor, und er empfand das Tragische dieser Situation, in der es sogar nötig war, jeden, selbst den ärmsten und schwächsten einzusetzen, wenn er nur bereit war, sich einsetzen zu lassen. Er konnte verstehen, daß sie das Werk ihres Geliebten fortsetzen wollte, und doch meldete sich zur gleichen Zeit eine Stimme, die rief: Niemand muß die Sicherheit zerstören, die Generationen aufgebaut haben, niemand muß das Elend wiedererwecken, das endich beschworen ist. Aber seine Sympathie blieb schließlich stärker.

»Werden wir uns wiedersehen?«

»Wenn alles gelingt wie vorgesehen . . .«

Maida ließ die Antwort offen. Etwas in Mortimer lehnte sich auf. »Was habt ihr mit mir vor, wenn der Anschlag geglückt ist? Warum sagt man mir so wenig?«

»Sergej wurde verraten«, sagte Maida tonlos.

»Verraten?« Mortimer verstand erst allmählich, was sie damit sagen wollte. »Du meinst, ich könnte . . . habe ich nicht bewiesen, daß ich der Organisation gehorsam bin – bedingungslos? Und nun verdächtigst du mich als Verräter!«

Auf Maidas Gesicht erschien ein hartes Lächeln.

»Was glaubst du, wie schwach ein Mensch sein kann!«

Mortimer stand eine Sekunde erstarrt, dann drehte er sich weg, doch Maida berührte seinen Arm. Als Mortimer noch immer verletzt zurücksah, merkte er, daß sich ihre Miene völlig gewandelt hatte. Ihre Hand lag noch immer in seiner Armbeuge, und plötzlich hatte er seinen Ärger vergessen.

»Ja?« fragte er.

»Siehst du die Fernrakete dort drüben im Gerüst?«

Es war ein riesiges Modell, das er noch nie gesehen hatte, und offenbar völlig neu – sein elfenbeinfarbiger Kunststoffleib glänzte im harten Sonnenlicht.

»Es ist die Forschungsrakete einer Wissenschaftlergruppe«, erklärte Maida. »Sie ist startbereit.«

Mortimer zog die Brauen zusammen. »Was weiter?« fragte er.

»Nichts«, antwortete Maida. »Aber vielleicht erinnerst du dich gelegentlich daran.«

Mortimer nickte, ohne zu verstehen.

»Es ist am besten, wenn du jetzt gehst«, meinte Maida. »Sie fahren unsere Rakete schon hinaus. In acht Stunden ist sie wieder zurück – und ich mit ihr. Leb wohl!«

Der plumpe Körper des Passagierschiffs bewegte sich mit dem Startgerüst langsam und lautlos über die Schienen. Seine stumpfe Spitze glänzte matt, und Mortimer blickte unwillkürlich hinauf – blaß-blaugrün von einem Silberkranz gesäumt hing dort oben die mächtige Sichel der Erde, die lange Zunge Südamerikas war ihnen zugewandt, die Schatten der Anden gruben Abgründe in die gerunzelte Lederhaut, die sich über die Kontinente spannte. Die Erde ist den Einsatz wert, dachte Mortimer, jeden Einsatz.

»Eins möchte ich noch wissen«, flüsterte er, denn das Dröhnen wurde schwächer; man hätte sie belauschen können.

»Und das wäre?« fragte Maida.

»Als du gestern . . .« Mortimer stockte, »ich meine, als wir uns gestern küßten – an wen hast du gedacht: an mich oder an den anderen – an Baraval?«

»Was für eine sinnlose Frage!«

Sie winkte ihm zu und ging mit eiligen Schritten die Stufen hinauf. Durch die Bleiglaswände blickte ihr Mortimer nach, bis sie im Kassierraum verschwand.

5

Es war zwanzig Uhr. Mortimer saß an der Tastatur seiner Codiermaschine. Mit ihr wurden die Parameter der verschiedensten sozialen Daten in Binärzahlzeichen verwandelt und über die direkten Leitungen an den OMNIVAC weitergegeben, der sie nach den Instruktionen verarbeitete. Die Programme veränderte der Computer selbständig auf der Basis aller verfügbaren Informationen – die Gesetze wurden aufgrund umfassender Statistiken ständig präziser gefaßt, die Vergleichszahlen nach dem täglichen Eingang verbessert. Wo eine Störung des Gleichgewichts drohte, prüfte der OMNIVAC sämtliche möglichen Lösungsmaßnahmen, bestimmte jene mit dem besten Verhältnis von Aufwand zu Erfolg, schied die nach den juristischen, religiösen und ethischen Gesetzen unzulässigen aus und leitete dann eine Liste sämtlicher verbleibenden Maßnahmen an die einschlägige Abteilung. Die Auswahl aus dieser Liste war die eigentliche Arbeit der Regierung oder genauer der Fachabteilungen. Der Hauptausschuß, der die höchste Regierungsinstanz war, griff nur in die Entscheidungen ein, wenn sich ein Sachbearbeiter als unzuständig erklärte.

Mortimer hatte den Ionisator auf verhältnismäßig einfache Weise bekommen. Er hatte einen Montagewagen, eine fahrbare Automatik für leichtere Arbeiten, angefordert und bekommen – angeblich, um eine trüb gewordene Scheibe in seinem Arbeitszimmer auswechseln zu lassen. Das hatte er auch tun lassen, aber statt den Wagen gleich zurückzuschicken, hatte er die Verbindung zum OMNIVAC unterbrochen und ihn mit Fernsteuerung an die Glaswand geleitet. Als er den Ionisator besaß, versteckte er ihn im Kleiderschrank, stellte die Verbindung mit dem OMNIVAC wieder her und meldete dann einen vorübergehenden Stromausfall, für den natürlich keine Ursache gefunden wurde.

Mortimer stand auf und trat ans Fenster. Die künstliche Sonne arbeitete nur noch mit einem Viertel Leistung, trotzdem konnte man vom überhöhten Standpunkt des Strategischen Büros weit über die Stadt hinwegsehen, über die im aufkommenden Blau-violett giftig-grünen Farnwälder, zu den Wohngebieten, die sich kaum von jenen eines durchschnittlichen Vorortes in Amerika, Afrika oder Eurasien unterschieden. Wo der Mensch auftaucht, bringt er die Natur um und installiert die Requisiten der Vermassung und Vereinheitlichung, dachte Mortimer. Wo der Mensch auftaucht, bezwingt er das Chaos und bezieht neue Bereiche in seinen Lebensraum ein, sagte eine andere Stimme in ihm. Hinter ihm erklang das hektische Klappern des Schreibsystems.

Das größte Problem war es gewesen, den Vorwand für Überstunden zu finden. Da war ihm ein Problem vom Dringlichkeitsgrad drei gerade recht gekommen – das neue medizinische Verfahren der Gefäßregeneration schaltete den Herzinfarkt, die Arterienverkalkung und eine Reihe ähnlicher Krankheiten aus, und daher drohte die Bevölkerungsdichte wieder einmal rascher zu wachsen als die Effektivität der Leistungen; folglich galt es, einen Weg zu finden, um die allzu rasche Zunahme zu dämmen. Als Gegenmaßnahme war eine Erhöhung der kanzerogenen Substanzen im Zigarettenpapier oder ein halbprozentiger Zusatz an Methylalkohol bei allen alkoholhaltigen Getränken vorgeschlagen. Bei der Zentrale suchte er um Überstundengenehmigung an, und fünf Minuten später hielt er die Erlaubnis in Händen, sich bis zwei Uhr früh im Büro aufzuhalten. Alle Überwachungsorgane waren verständigt.

Nach einigem Überlegen trat Mortimer an die Ausgabe, riß den mit Zahlen bedruckten Streifen ab und warf ihn in den Müllschlucker. Er hatte Mühe, neue Aufgaben zu finden, für die selbst der superschnelle OMNIVAC mehr Zeit brauchte. Noch immer in Gedanken, setzte er sich an das Codierpult und ließ die Frage verschlüsseln, welche Auswirkungen ein gesteigerter Alkoholkonsum auf die Teilnehmerzahlen von religiösen Veranstaltungen haben würde. Er bekam die Antwort, noch ehe er sich vom Stuhl erhoben hatte. Das war es eben – der OMNIVAC verfügte über sämtliche Daten und konnte daher Wahrscheinlichkeitswerte mit kaum beachtenswerten Fehlerquellen von allem und jedem liefern. Es gab nichts, was sich nicht vorausberechnen ließ, und das war das Unerträgliche. Was der Mensch tun, ja selbst was er denken und fühlen würde, war bekannt, längst ehe es getan, gedacht oder gefühlt wurde; es war einkalkuliert, vorherbestimmt, manipuliert, und nirgends blieb Raum für eigenes Denken, eigene Verantwortung. Die Basis für diese Determiniertheit bis ins letzte war die Registratur des OMNIVAC, die Myriaden Daten, das statistische Material aus einer nie endenden Überwachung. Es gab keinen Zweifel – dieses seelenlose Gehirn mußte vernichtet werden. Ist es wirklich so? meldete sich wieder sein zweites Ich, alles hängt mit jedem zusammen, das Ganze beeinflußt den Teil, der Teil bestimmt das Ganze. Sind wir deshalb frei, wenn wir die Augen davor verschließen?

Mortimer schmetterte seine geballte Faust auf die Tasten mit den Buchstaben, Zahlen und Zeichen. Eine rote Mattscheibe mit der Aufschrift: Fehler! leuchtete auf. Er beachtete es nicht, sondern ging in den Waschraum und ließ kaltes Wasser über Gesicht und Hände fließen. Dann holte er den Ionisator aus dem Wandschrank. Bisher hatte er nichts mit Schweißgeräten zu tun gehabt, doch soweit er beurteilen konnte, sah das Gerät echt aus. Das war aber weiter nicht verwunderlich, denn soweit er sich erinnerte, waren die zum Schweißen verwendeten Elektronen Ladungen; ein Ionisator war aber auch nichts anderes als ein Gerät zur Produktion von Ladungen, obgleich gewiß mit weitaus intensiverer Wirkung.

Das Gerät hatte die Größe und die Form einer elektrischen Bohrmaschine, und Mortimer konnte es ohne Schwierigkeiten in einen Aufbewahrungskasten für Lochkarten unterbringen. Mit seiner getarnten Last machte er sich auf den Weg.

Im Bürogebäude hatte er nichts zu befürchten. In diesem Trakt, den er wie seine eigene Tasche kannte, durfte er sich ohne Bedenken bewegen. Erst als er im tiefsten Kellergeschoß den Lift verließ, bemächtigte sich seiner eine leise Unruhe. Hier war er noch nie gewesen; obgleich er den Bauplan des Regierungszentrums im Kopf hatte, erschien ihm die Umgebung fremd. Das tiefste Geschoß war der Wahrung der Lebensbedingungen gewidmet. Hier befanden sich sozusagen die Organe des großen Individuums, das aus Zellen bestand wie jedes andere Lebewesen. Von jedem Organ bestanden Verbindungen zu jeder Zelle. Verbindungen zur Versorgung mit gereinigter, richtig temperierter Luft und zum Absaugen der verbrauchten, Wasser- und Preßluftleitungen, Drahtstränge, durch die Meßergebnisse aus den Räumen liefen und in sie zurück, Luftfeuchtigkeit, Kohlendioxid- und Staubgehalt, Temperaturen.

Was in den Plänen als eine Reihe violetter, unscharf umrissener Rechtecke eingezeichnet war, entpuppte sich als Gewirr von stoßenden, dampfenden, zischenden und gurgelnden Ungetümen, Monstren aus Aluminium, Glas und Kunststoff. Mortimer blieb am Lift stehen und blickte umher. Die Tür schloß sich hinter ihm und schnitt ihn von der Außenwelt ab. Er geriet in Versuchung, den Rufknopf zu betätigen, aber er überwand sie und trat entschlossen in den Gang. Mühsam versuchte er sich zu orientieren – die Lufterneuerungsanlage mußte sich dort drüben befinden ... nein, eher dort ...

Er vergegenwärtigte sich den Plan, dann ging er in eine Gasse zwischen den Maschinen. Jäh fand er sich unter einer Haube aus Lärm und Halbschatten – die Leuchtwände verbreiteten nur ein schwaches diffuses Licht, das die Raumtiefe verwischte. Erst jetzt merkte er, daß er bisher konzentriert nach jedem Geräusch gelauscht hatte; von der Stille war eine beruhigende Wirkung ausgegangen.

Er horchte in das Rauschen hinein und spähte in die dunklen Ecken; da ihm alles ungewohnt war, vermochte er nichts Verdächtiges festzustellen – ob nun etwas vorhanden war oder nicht. Trotz der vielerlei Geräusche bemühte er sich, leise aufzutreten, ja er schlich geradezu. Die Hand fest um den Griff des Kastens geschlossen, ging er weiter, oft zusammenzuckend vor einer jähen Bewegung eines Kolbens, vor einem Prasseln, das unangekündigt aus dem einen oder anderen Kessel drang.

Plötzlich blieb er erstarrt stehen – diesmal war es keine Täuschung, und darum gab es auch keine Unsicherheit mehr. An der linken Seitenwand glühte ein rotes Licht auf, erlosch, glühte auf ... Mortimer rannte einige Schritte in eine Seitengasse hinein, geduckt, mit eingezogenen Armen ... er blieb stehen, lauschte ... ohne Zweifel, er hörte den Lift! Ein schweres Gewicht saß in seinem Magen, machte ihn schwach. Er warf sich zwischen zwei Maschinen, zwängte sich halb unter ein dickes Rohr. Die preßluftbetriebene Schiebetür des Aufzugs fauchte ... etwas kam in die Halle – er fühlte es mehr, als er es hörte.

Etwas glitt zwischen den Maschinenreihen hindurch, blieb an der Mündung seiner Seitengasse stehen, bog ein ... ein Montagewagen! Das Gewicht in Mortimers Magen erleichterte sich – ein Montagewagen, das konnte keine Maßnahme der Polizei sein!

Aber er konnte ihn bemerken, seine Anwesenheit melden, ohne Verdacht natürlich, aber stur wie eben ein unintelligentes gehorsames Geschöpf ...

Der Wagen rollte an ihm vorüber, ohne ihn zu beachten. Am Ende der Gasse hielt er, streckte einen seiner künstlichen Arme vor, der aussah wie eine Prothese – statt der Hand steckte ein Schraubenschlüssel darin –, und mit einem kurzen Surren zog er eine Mutter an. Das Blinkzeichen an der Wand hielt inne, der Wagen rollte wieder an Mortimer vorbei, durch die Seitengasse, in den Mittelweg hinein, die Lifttür fauchte, das leise Schnarren des Aufzugs verlor sich in den anderen Geräuschen.

Mit einem erstickten Lachen in der trockenen Kehle erhob sich Mortimer, und ging nun, ohne nach rechts oder links zu schauen, an sein Ziel, den Luftverteiler. Es war eine riesige Apparatur, aus der Hunderte von kleineren und größeren Röhrenschlangen herausliefen, geordnet nach Raum und Zweck, aber doch wirr für den, der ihren Plan nicht kannte. Mortimer ging nach der Numerierung vor, und er fand bald die dicke Zuleitung, die in die Speicherhalle führen mußte. Jetzt arbeitete er entschlossen und zielbewußt. Er stellte die automatische Fehleranzeige ab und löste dann die Flügelschrauben, die ein Sichtfenster an der zwei Handspannen dicken Röhre festhielten. Vorsichtig löste er die Scheibe, merkte sich, wie die Dichtung befestigt war, und schob dann den Ionisator der Länge nach in den starken Luftstrom. Er stellte den Hebel auf volle Stärke, arretierte ihn, und preßte die Scheibe mit der Dichtung wieder an die Umrandung. Eilig zog er die Schrauben wieder an.

Es war höchst einfach gewesen – nur dadurch ermöglicht, daß niemand mit einer solchen Art des Anschlags gerechnet hatte. Mit einer gewaltsamen Besetzung, vielleicht auch mit einem Diebstahl geheimen Materials – das schon. Und dagegen war die Halle gesichert. Niemand konnte sie unbemerkt betreten; eine dreifache Sperre mit Kontrollautomaten, an denen jeder Besucher seine Legitimationen und Sondervollmachten vorzeigen mußte, sicherte sie. Normalerweise hatten dort jedoch Menschen nichts zu suchen.

Sie rechneten mit Gruppen, die die Regierungsgewalt übernehmen wollten, und dazu den Schatz an Informationen brauchten. Sie rechneten nicht damit, daß jemand auf die Macht verzichten wollte, daß jemand aus selbstlosen Motiven handeln würde. Sie hatten sich geirrt. Auch die Maschine hatte sich geirrt. Sie hatte den Egoismus der Menschen als Konstante in Rechnung gestellt. Das war ein Fehler, und dieser Fehler war ihr Untergang.

Mortimer sah sich um – nichts Verdächtiges weit und breit. Er hob seinen Tragbehälter auf und machte sich auf den Rückweg. Noch arbeiteten die Maschinen, der Strom mit Befehlen floß noch zum Sender, der sie auf die Erde, der sie lähmend ins Herz der Menschheit strahlte. Aber bald würde dieser Strom versiegen. Die Meldungen würden verwirrt, würden fehlerhaft, würden unsinnig werden, schließlich würden sie verstummen. Die Menschen würden wieder handeln ohne Zwang, in Freiheit.

Genußvoll malte sich Mortimer das Zerstörungswerk der Ionen in den winzigen Speicherelementen aus. Ein kaum vorstellbares, abstraktes Geschehen, zweifellos, aber doch von umfassender, praktischer, lebensbestimmender Bedeutung. Er stellte es sich bildhaft vor: wie die Ladungen an die Moleküle prallten, sie aus ihrer Ruhelage stießen, sie anders orientierten, sie umpolarisierten. Er sah, wie aus geordneten Reihen ein tachistisches Durcheinander wurde, wie die Bits wechselten, die Matrizen zusammenfielen . . . Wer war es eigentlich, der das wußte – war es sein unabtrennbarer Gegner, der andere, der Versucher, Stanton Baraval? Meldete er sich diesmal nicht mit ethischen Bedenken zu Wort? Der Triumph trieb Mortimer Tränen in die Augen. Die Welt war gerettet! Diesmal wurde er mit allen Stimmen fertig.

Gerade als er den Lift betrat, begann eine Sirene zu heulen.

Mortimer hätte schon früher merken können, daß etwas nicht in Ordnung war, aber seine Begeisterung hatte ihn betäubt. Als er jetzt lauschend stehen blieb, hörte er laufende Schritte aus der Tiefe der Maschinenhalle, hörte Rufe, die von oben durch den Schacht herunterdrangen. Seine Hand hatte er schon zur Schalttafel erhoben, doch bevor sie die Sechzehn, die Nummer seines Stockwerkes, berührte, dirigierte er sie um, und unwillkürlich berührte er einen Knopf mit der Aufschrift DOWN. Noch ehe ihm der Kurzschluß dieser Handlung bewußt wurde – er befand sich im tiefsten Geschoß –, setzte sich der Lift in Bewegung: abwärts!

Es schien tiefer zu gehen als die drei Meter eines Stockwerks, dann hielt die Kabine, und die Tür glitt auseinander. Hier war es still. Erst als er das festgestellt hatte, trat er hinaus. Er wurde gewahr, daß er den Behältergriff noch immer umklammerte – nun setzte er den Kasten zwischen die Türhälften. Sie konnten sich nicht schließen, niemand konnte die Kabine nach oben holen – hier war der Weg etwaiger Verfolger abgeschnitten.

Mortimer sah sich um. Dieses Geschoß war in seinem Plan nicht eingezeichnet. Es mußte sich um den geheimsten Teil der Anlage handeln – und nur zwei Angaben hatte er im offiziellen Plan vermißt: die Büros der Geheimpolizei und die Sendeanlagen. Ein häßliches berstendes Geräusch störte ihn. Er konnte gerade noch sehen, wie sich die Tür zusammenschob und dabei den Behälter wie Sperrholz zerdrückte. Er hatte falsch kalkuliert; ohne Rücksicht darauf, daß sie noch nicht ganz geschlossen war, setzte sich die Kabine in Bewegung, wobei einige noch aus dem klaffenden Spalt heraushängende Blechteile am oberen Rand des Türrahmens abgeschert wurden.

Etwas war schiefgegangen. Etwas Unerklärliches, Unfaßbares war eingetreten und hatte den Anschlag vereitelt. Längst mußten sie auch den eingeschmuggelten Ionisator entdeckt haben – eine Störung im Luftkreislauf, erhöhte Temperaturen; im Alarmfall gewinnt alles ungewöhnliche Bedeutung, und sicher war schon ein Montagewagen dabei, das Gerät zu beseitigen. Mortimer war verzweifelt, aber nicht mehr aus Angst um sein Leben. Es war das Begreifen, daß alles wieder umsonst gewesen war.

Und dann durchfuhr ihn ein Gedankenblitz: der Sender! Der Sender war ein allergischer Punkt des Systems genauso wie der Speicher, wenn auch nicht so empfindlich wie dieser – einen Sender konnte man wieder aufbauen, während zerstörte Informationen unwiederbringlich verloren waren. Aber vielleicht genügte es, ein wenig Luft zu schaffen, vielleicht brachte selbst eine vorübergehende Befreiung von der Befehlsgewalt die Regierung zum Sturz. Hatten die Menschen erst das Gefühl der Freiheit verspürt – vielleicht kam es dann von selbst zu einer Erhebung! Den Sender zerstören – vielleicht hatte er das Schicksal noch in der Hand!

Er vermutete, daß der Sender im Mittelpunkt der Mondstadt lag, in gleichen Entfernungen von den Richtantennen an den Dreieckspitzen der Pyramidengrundfläche, und deshalb wandte er sich nach rechts. Bei seinem Vorhaben mußte ihm zugute kommen, daß das Regierungssystem auf eine Mindestzahl von Menschen aufgebaut war – die meisten Funktionen oblagen den Computern oder computergesteuerten Apparaten, den Robotern, wenn man sie so nennen wollte. Diese waren überall, aber es bedurfte des Befehls der höchsten Regierungsstellen, die Sperren aufzubauen, die sie gewöhnlich daran hinderten, Menschen anzugreifen.

Mortimer war auf gut Glück vorwärtsgestürmt, und er nahm es als Bestärkung seines Vorhabens, daß er offenbar die kürzeste Strecke zu den Sendeanlagen gefunden hatte – nun wiesen ihm einige Aufschriften den Weg.

Und da leuchtete auch schon die Tafel: SENDEZENTRALE! ABSOLUTE RUHE! Mortimer riß die Tür auf. Ein einzelner Mann stand mit dem Rücken zu ihm an der Schalttafel. Als er sich erschreckt umdrehte, sah sich Mortimer nach einer Waffe um, und er faßte nach einem kleinen Mikrophonstativ mit bleibeschwertem Fuß. Doch er ließ seine Hand wieder sinken – der Mann war Guido.

»Was willst du hier?« fragte dieser und kam drohend auf Mortimer zu. »Hier hast du nichts zu suchen, das gehört nicht zu deiner Aufgabe!«

»Der Anschlag ist fehlgeschlagen! Es wurde Alarm gegeben«, keuchte Mortimer. Nun packte er das Stativ und lief auf einige große Senderöhren zu. »Wir müssen den Sender zerstören!«

»Halt, warte!« schrie Guido. Mortimer hatte sein Werkzeug der Zerstörung gehoben, um es auf die Röhren zu schmettern, doch Guido fiel ihm in den Arm.

»Laß mich, es ist die einzige Rettung!«

Verzweifelt suchte Mortimer sich zu befreien.

»Du bist wahnsinnig!« schrie Guido. Er hatte Mortimer umklammert und versuchte ihm das Stativ zu entwinden. Zwar war er nicht stärker, aber er kannte einige Tricks, und durch einen schnellen Hebelgriff an Mortimers Arm zwang er ihn schließlich, es fallen zu lassen.

Vom Gang draußen näherte sich Gepolter.

»Hast du denn noch immer nicht begriffen?« fragte Mortimer. »Höchstwahrscheinlich ist unser Anschlag auf den Speicher mißglückt. Aber wenn wir den Sender zerstören ... Halt mich nicht auf, Guido, hilf mir lieber!«

Der andere hatte ihn losgelassen, aber er hatte den Fuß auf das am Boden liegende Stativ gesetzt. Mortimer lief zu den großen ruhig glimmenden Röhren, als wollte er sie mit den bloßen Fäusten zertrümmern.

»Du bist es, der nichts begreift!« sagte Guido. Er sprach jetzt schnell, in überredendem Ton. »Du bist in Panik geraten, und treibst Unsinn. Der Plan ist hundertprozentig, alles ist einkalkuliert. Wir brauchen den Sender. Und jetzt lauf davon, sonst verrätst du mich noch! Du hinderst mich an meiner Aufgabe.« Er schob Mortimer durch eine schmale Seitentür, die sofort hinter ihm zufiel. Einen Moment stand Mortimer still, aber er kam nicht zum Überlegen. Schon wurde die Tür wieder aufgerissen und eine ganze Schar von Montagewagen mit ausgefahrenen Greifzangen rollten hintereinander durch.

Die Halle, in der er sich befand, mußte eine Art Film- und Tonarchiv sein, denn auf bis zur Decke reichenden Regalen lagen aufgestapelte Film-, Ampex- und Tonbandrollen.

Mortimer konnte keinen Ausgang entdecken, und die Furcht, in eine Falle geraten zu sein, wirkte sich auch als körperlicher Schmerz, als Krampf in den Eingeweiden, aus. Mühsam überwand er die Panikstimmung. Er rannte los, sich an der Wand haltend, um vielleicht doch eine Tür zu entdecken, hinter ihm wie eine Meute Hunde die Wagen. Also hatten sich doch schon die höchsten Stellen eingeschaltet!

Noch vermochte Mortimer ein rascheres Tempo zu halten als seine mechanischen Verfolger, aber diese ermüdeten nicht, während der Mensch einen 100-Meter-Sprint nicht auf die Dauer durchhalten kann. Mortimer riß im Vorüberlaufen ganze Stöße von Rollen um und zwang die Cars zu Umwegen, aber sie kamen doch bedrohlich näher.

Fieberhaft zermarterte er sich den Kopf nach einem Ausweg, und mit einem Male merkte er, daß er trotz allem ruhig und konzentriert zu denken vermochte. Eigentlich sind die Cars geistig und körperlich beschränkte Gebilde. Wenn sie auch in Funkverbindung mit dem OMNIVAC standen – und das war sicher der Fall –, dann verfügten sie zwar über dessen unübertreffliche Intelligenz, aber diese konnte auch nicht besser arbeiten, als es ihr die gelieferten Informationen erlaubten. Die Cars aber waren eigentlich blind – sie »sahen« so wie die Fledermäuse in den Höhlen, mit Ultraschall, den sie aussandten, mit dem sie die Umgebung abtasteten und dessen Echos sie registrierten. Aus der spektralen Verbreiterung ihrer Wellenlänge konnten sie außerdem noch die Temperatur des anvisierten Gegenstandes feststellen und daran beispielsweise Menschen erkennen.

Darauf baute Mortimer seinen Trick: Er streifte im Laufen die Jacke ab, hängte sie hastig über eine Stehleiter, die er den heraneilenden Wagen in den Weg stellte, und hatte Genugtuung zu sehen, wie sie sich auf das Kleidungsstück stürzten, das noch die Körperwärme des Flüchtenden trug, wie sie sich darum herum ineinanderverkeilten, wie sich die Zangenbacken in den Stoff gruben.

Es war nur eine Atempause, aber Mortimer nützte sie. Am jenseitigen Ende des Ganges befand sich ein Durchgang, und er schlüpfte rasch hindurch. Verzweifelt stellte er fest, daß sich die Cars schon wieder an seine Verfolgung machten. Wieder warf er die Dinge in den Weg, die sich auf den Regalen stapelten – es waren keine Bandaufzeichnungen mehr, sondern Lochkartenstapel. An einigen frei auf einem Ablagetisch geblätterten Karten erblickte Mortimer im Vorbeirennen Fingerabdrücke, Bilder von Köpfen – Frontal- und Profilaufnahmen. Offenbar befand er sich in der berüchtigten Kartei der Weltpolizei, in der die Daten jedes Bürgers festgehalten waren.

Hier gab es auch an der Hinterwand keinen Ausgang; Mortimer schien endgültig in eine Sackgasse geraten zu sein. Während sich die Cars in einer wilden Jagd näherten, suchte er gehetzt nach einer Möglichkeit des Entrinnens. Der erste Wagen war schon dicht vor ihm, zwei Stahlklauen hoben sich ihm entgegen ... er wich zurück, ein Fetzen seiner Hose blieb in der Zange. Kurz entschlossen kletterte Mortimer auf ein Regal hinauf, die Fachbretter als Leitersprossen benutzend. Mit einem Aufatmen fühlte er sich vorderhand in Sicherheit – die Cars pendelten unten hin und her wie Raubtiere hinter dem Käfiggitter. Mortimer vermochte seine Stellung, dicht unter der Decke hängend, nicht lange beizubehalten, seine Muskeln verkrampften sich, seine Finger erlahmten. Er schwang sein Bein zur jenseitigen Regalwand hinüber und konnte sich nun, rechts und links sich dagegen stemmend wie ein Kaminkletterer, leidlich bequem halten. Als er sich auf diese Weise weiterzubewegen versuchte, blieben die Cars unten auf gleicher Höhe – so war ihnen also auch nicht zu entrinnen.

Aus der Nebenhalle erschollen Rufe – jetzt waren schon Menschen mobilisiert, er sah die blauen Uniformen der Weltpolizei zwischen den Regalstreben. Obwohl es eine klägliche und sicher auch vergebliche Art der Flucht war, bewegte sich Mortimer oben zwischen den Regalwänden weiter, traversierte mühsam über eine Seitenwand und drang in die letzte, hinterste Reihe ein. Und da sah er etwas, was ihm neue Hoffnung gab: Es war eine Schachtmündung in der Wand, ein kleines niedriges Wägelchen stand davor auf hineinlaufenden Schienen, beladen mit einigen übereinandergestapelten Kassetten voll Lochkarten. Sie mußte zu einer Stelle führen, wo man oft mit der Prüfung von Personaldaten zu tun hatte, aber das war jetzt gleichgültig. Wichtig war, daß die Öffnung einen Menschen gerade eben erfaßte. Mortimer sprang mit einem Satz von der Regalwand herunter, stolperte ... fing sich ... die Cars schossen auf ihn zu ... er spürte Hiebe im Rücken, in den Oberschenkeln ... dann hechtete er sich in die Mündung wie ein Tiger durch den brennenden Reif, und landete auf einem leeren Rollwägelchen. Dunkelheit umfing ihn. Er spürte das Pfeifen der Luft um sich herum und merkte, daß er sich in Bewegung befand.

7

Die Fahrt dauerte nur Sekunden, dann schwoll ein Lichtpunkt jäh zu einem Maul an, das ihn ausspie. Er landete auf einem Ablagetisch, überschlug sich, ein Bündel Lochkarten glitt auseinander, verteilte sich über den Boden, eine Kassette splitterte.

Als sich Mortimer aufrappelte, blickte er in ein fassungsloses Gesicht, soweit der aufgedunsene Fettüberzug den Ausdruck der Fassungslosigkeit annehmen konnte.

»Wie kommst du hierher? Wer bist du?« Hinter ihm erschien die Mündung einer Gammapistole, ein kleiner schwarzer Kreis, und doch die Quelle zerstörerischer, alles durchdringender Gammastrahlen ...

»Es muß der Saboteur sein, vor dem wir gewarnt wurden«, sagte die heisere Stimme Buschors. Mit dem Kopf machte er eine heftige Bewegung auf Mortimer zu, ohne aber die Deckung hinter seinem Chef zu verlassen. »Nimm die Hände hoch, Kamerad!«

»Cardini, Sie kennen mich!« sagte Mortimer. »Sie wissen doch ... vor drei Wochen in der Wohnung mit Niklas und Breber ...«

»Die Hände hoch, oder du wirst gegrillt«, zischte Buschor.

»Sie müssen sich doch erinnern, Sie haben uns noch Glück gewünscht!« beschwor Mortimer.

Buschor hob mißtrauisch die Augenbrauen.

»Was meint der Mann?« fragte er.

»Ich habe keine Ahnung! Rufen Sie sofort den Suchtrupp.«

Mortimers Stimme überschlug sich. »Nein, Buschor – warten Sie! Sie müssen es doch wissen, Sie waren doch dabei!«

»Kennen Sie den Kerl?« fragte Cardini.

»Nie gesehen, Chef!«

»Der Mann spinnt!« Cardini trat selbst an das Mikrophon der Sprechanlage.

»Der Verdächtige befindet sich hier. – Nein, es ist nichts passiert. – Unbewaffnet, wie es scheint.«

Mortimer machte noch einen letzten Versuch: »Es ist noch nicht alles verloren, Cardini! Sie können das Untenehmen noch retten. Schicken Sie den Suchtrupp nach oben! Befehlen Sie den Robotern, ins Lager zurückzukehren! Inzwischen können wir den Sender zerstören.«

»Den Sender zerstören – der Kerl muß wahnsinnig sein.«

»Aber gefährlich«, setzte Buschor hinzu.

»Sieht so aus. Der anonyme Anrufer hatte recht.«

Ein Schnarrzeichen ertönte vom überdimensionalen Schreibtisch.

»Sofort hereinkommen!« rief Cardini ins Mikrophon. Einige Uniformierte mit gezogenen Waffen postierten sich im Halbkreis um Mortimer, der zerschunden und zerschlagen an der Wand lehnte, im Hemd, mit zerrissener Hose, unfähig zu begreifen. Nun war das Letzte eingetreten. Er war verloren. Es galt, stark zu bleiben, Haltung zu bewahren wie die Unzähligen vor ihm, die ein ähnliches Schicksal ereilt hatte – wie Niklas oder Lementov. Wenn er sich ständig vorsagte, daß ihn sowieso nichts mehr retten konnte, würde er es vielleicht ertragen können.

Zwei Männer in Zivil betraten das Zimmer.

»Betäuben?« fragte der eine.

»Nur Arme und Beine, Doktor Selznik«, ordnete Cardini an.

Der kleine, unscheinbare Mann war ein weltbekannter Neurologe, Psychologe und Propagandist, der im Dienste der Regierung die medico-technischen Institute beaufsichtigte. Er trat an den Gefangenen heran und stieß ihm eine Nadel in die Achseln und Leisten. Mortimer hatte einen Moment das Gefühl, frei in der Luft zu schweben, dann schlug er hart am Boden auf.

»Alles vorbereiten zum Verhör«, befahl Cardini. »In fünf Minuten im Befragungsraum. Wollen doch sehen, was hinter der Sache steckt!«

Die Männer packten ihre Instrumentenkoffer aus. Sie nahmen seine Fingerabdrücke ab, analysierten sein Blutbild, das

Körpereiweiß, die Gen-Karte. Dann wurde Mortimer auf eine Trage geladen, ein Car zog ihn zum Lift, hinauf in das sechste Stockwerk, in dem die medizinischen Laboratorien lagen. In einem weißgekachelten Raum mit mehreren ihm unbekannten Apparaturen wurde er abgestellt. Er versuchte angestrengt, sich zu bewegen, aber Arme und Beine waren so gefühllos, als existierten sie nicht mehr. Er vermochte sich zwar aufzubäumen, aber zwei Männer in weißen Kitteln setzten ihn mühelos in einen Stuhl und schlossen einen leicht gebogenen Bügel vor seinem Magen, der ihn zusammenschnürte wie ein zu eng geschnallter Gürtel.

Zwei Minuten später standen alle jene Männer um Mortimer herum, die er schon im Arbeitsraum Cardinis gesehen hatte, aber sie machten zunächst keine Anstalten, mit dem Verhör zu beginnen. Dann erscholl die Schnarre in der Tür, und herein trat Perriet, der Regierungschef und Staatspräsident, mit einigen Angehörigen seines Stabes. Mortimer erkannte O'Gaery, den Leiter des Sozialstrategischen Büros, seinen Chef im Staatsdienst.

Perriet trat dicht vor Mortimer und musterte ihn wie ein seltsames Insekt. Dann wandte er sich an O'Gaery. »Ein Mann Ihrer Abteilung?«

»Ja, Sir!«

»Tut mir leid, muß Sie festnehmen lassen.« Er machte eine ungeduldige Handbewegung. »Los, lähmen, festschnallen!« Er winkte Cardini. »Also, Cardini, wie kam es zu diesen unglaublichen Vorfällen?«

»Wir erhielten einen Anruf, Sir«, berichtete der Polizeichef, »einen Anruf von einem Unbekannten. Wir haben versucht, herauszufinden, woher – offenbar aus dem südamerikanischen Distrikt . . .«

»Haben Sie den Anrufer identifiziert?« unterbrach ihn Perriet.

»Nein, Sir.«

»Dann halten wir uns damit nicht auf! Was wollte der Unbekannte?«

»Er warnte uns. Warnte uns vor einem Revolutionär, einem Mitglied der verbotenen Liberalen Partei. Dieses Subjekt sollte sich irgendwo im Regierungsgebäude herumtreiben. Und einen Anschlag planen.«

»War der Mann bewaffnet? Haben Sie irgend etwas Gefährliches festgestellt? Haben die Detektoren angeschlagen? Sprengstoffe? Uran? Plutonium? Gift?«

»Nein, Sir. Nichts, Sir.«

»Ein Skandal!« sagte Perriet. »Sie haben sofort Alarm gegeben – das war richtig. Wo haben Sie den Kerl gefunden?«

»Bei mir im Arbeitszimmer, Sir.« Cardini stockte. »Er kam ... das heißt, er erschien im Verbindungsschacht zum Personalarchiv ...«

»In Ihrem Arbeitszimmer?« Der Regierungschef runzelte die Stirn. »Höchst sonderbar. Rätselhaft. Was wollte er bei Ihnen?«

»Ich weiß nicht, Sir.« Cardini erschien nicht mehr so sicher wie sonst.

»Haben Sie eine Beziehung zu diesem Mann? Haben Sie ihn schon gesehen?«

»Nein, Sir.«

»Zum Teufel, was suchte er bei Ihnen – wenn er Sie wenigstens zu erschießen versucht hätte!«

»Ich weiß es nicht.«

»So. Sie wissen es nicht.« Perriet drehte sich zu Dr. Selznik um.

»Dann Verhör.«

»Chemisch, Sir? Oder nach dem Fokussierungsverfahren ...«

»Hören Sie auf mit Ihren Verfahren! Tun Sie was, aber schnell!«

»Ich schlage einen leichten Drogenschock vor, und darauffolgend eine hormonelle Aktivierung des Mitteilungsbedürfnisses.«

Perriet zog ungeduldig einen Stuhl heran und setzte sich. »In Ordnung. Wenn es nur rasch geht. Wer weiß, welche Teufelei bereits im Gange ist!«

Mortimer beobachtete, wie Dr. Selznik an den Wandschrank trat, eine Schublade öffnete, eine Ampulle anfeilte und die Flüssigkeit mit einer Spritze aufzog. Dann verdeckte ihm einer der Assistenten die Sicht – sein Hemdsärmel wurde hochgestreift, der Oberarm abgebunden. Er sah den Arzt mit der Spritze vor sich. Den Einstich in die Vene fühlte er nicht. Mit allen Muskeln, die ihm noch gehorchten, versuchte er sich zu wehren, wußte aber zur gleichen Zeit, daß das vergeblich war. Der Arzt brauchte sich nicht einmal umzudrehen, um ihn festzuhalten.

Mortimer saß wie auf einer Bühne. Zwei Dutzend Augen hingen erbarmungslos an ihm. Er erwartete den Schmerz, fühlte gewissermaßen in sich hinein, um schon die ersten leisen Anzeichen zu erkennen, um nicht von einer jäh einsetzenden Welle der Qual überwältigt zu werden. Seine Zunge spielte an der linken unteren Zahnreihe – das war der letzte Ausweg, der letzte Halt, der ihm geblieben war, die Garantie, nicht zum Verräter zu werden. Er schob die Kinnlade vor und fühlte den leisen Widerstand. Noch zwei Millimeter, und sein Leben hätte sich erfüllt . . .

Der Schmerz kam nicht. Statt dessen breitete sich in seinem Körper eine Schwäche aus, die zuerst nicht einmal unangenehm war. Dann fühlte er ein leises Schwindelgefühl, eine Leere im Kopf und einen Anflug von Unwohlsein und Ekel. Er regte sich nicht mehr, weil er das Gefühl hatte, daß ihm jede geringste Veränderung seiner Lage, ein Augenzwinkern, das Hinunterschlukken des Speichels, in einen bodenlosen Abgrund von Übelkeit stürzen könnte.

Dr. Selznik machte sich inzwischen an einer der Apparaturen im Hintergrund zu schaffen, dann trat er wieder vor. In der Hand hielt er ein Gerät, das über einem Kabelstrang mit einem leise summenden Kasten verbunden war. Es sah aus wie ein Haartrockner, endete aber mit der typischen Schirmform eines Gehirnfokus. Mortimer war sich darüber im klaren, daß ihm genausowenig Chance bleiben würde, zu tun und zu lassen, was er wollte, wie jenen Versuchstieren, den Hühnern und Enten, denen die Vorläufer der modernen Elektro-Neurologen Drahtenden ins Gehirn geführt hatten, um in ihnen beliebig Schlafbedürfnis, Aggressionshandlungen oder geschlechtliche Erregung hervorzurufen. Als der Arzt vor ihm stehen blieb, als er die Schirmantenne an seinen Schädel legte, dessen Haare in den letzten drei Wochen erst wenige Zentimeter gewachsen waren, da stieg die Furcht, zum Verräter zu werden, schlagartig in ihm hoch, und er überwand die Trägheit und die Lähmung der Übelkeit und schob den Unterkiefer entschlossen vor, bis er den Widerstand an seinem giftgefüllten Zahn spürte. In diesem Moment zögerte er wieder. Mit einem Male wurde ihm bewußt, daß dann alles vorbei war – Fühlen und Denken, Hoffnung und Furcht, Haß und Liebe, all die Dinge, die das Leben lebenswert machen. Liebe! Jetzt kam ihm unvermittelt Maida in den Sinn. Wie er gehofft hatte, sie wiederzusehen ...

Etwas vibrierte an seiner Schädeldecke, etwas drang in sein Gehirn, etwas wühlte und bohrte in seinem Kopf, zwar ohne zu schmerzen, aber unentrinnlich, gewalttätig ...

Da waren Tiere ... ein Krokodil, Schlangen, Schildkröten, ein Gnu ... zwischen, neben, ja in den weißen Gesichtern, die ihm zugewandt waren ... die Tiere waren jetzt verschwunden, etwas wanderte, wie die von einer schwenkenden Kamera aufgefangene Szenerie, dann tauchten Zahlen auf, Formeln, der Rauminhalt einer Pyramide, der Parallelogrammsatz ... jetzt war er in der Spielschule, er sollte das Gedicht aufsagen und fand den Anfang nicht – alle schwiegen, warteten und starrten ihn an ... nein, es waren nicht die Lehrer, Eltern und Spielkameraden, es waren Niklas, Breber und Guido, sie lachten und klatschten die Hände auf die Schenkel, er stand im Nachthemd vor ihnen und heulte, weil er sich vor der Ringelnatter fürchtete, die sie in sein Bett geschmuggelt hatten ... etwas riß ihm den Kiefer auseinander, er sang, den Mund weit geöffnet, die Lippen zu einem großen O geformt, »happy birthday to you, happy birthday to you«, sie waren seine Freunde, ja, er liebte sie, er wollte zu ihnen, ihnen auf die Schultern klopfen, ihre Hände ergreifen und schütteln ... er mußte ihnen sagen, »Hört zu, hört zu ...«

»Wir wollen die Welt retten«, rief er. »Ich bin schon seit vier Jahren bei den Liberalen ...«

»Jetzt hab' ich das Mitteilungszentrum im Fokus«, sagte Dr. Selznik. »Sie können ihn verhören, er sagt alles ohne Hemmung.«

»Mein Name ist Mortimer Cross, seit drei Wochen bin ich hier auf dem Mond, ich arbeite im Strategischen Büro ...« Die Worte sprudelten aus Mortimer heraus. Er hörte sich selbst zu, als wenn da jemand anderer sprach, er strengte alle Kräfte an, um sich zum Schweigen zu zwingen, doch vergeblich ... »Heute habe ich mich mit der Frage des Bevölkerungszuwachses beschäftigt, in zwanzig Jahren wird es doppelt so viel Menschen geben ...«

Cardini schob ein Mikrophon in die Mitte des Raumes.

»Nun schön der Reihe nach! Hast du eine Bombe gelegt?«

»Nein!« sagte Mortimer. »Es handelt sich um keine Bombe ...«

»Was denn?« unterbrach Cardini. »Vielleicht ein Anschlag mit Giftgas?«

Mortimer merkte, daß er den Plan und die Kameraden verraten würde. Er hatte alles mögliche erwartet, Prügel, Folter, Injektionen, und hatte sich für stark genug gehalten, das alles zu ertragen. Jetzt aber war sein Wille ausgeschaltet. Es strömte aus ihm heraus, ohne daß er den geringsten Einfluß darauf hatte. Zwar hatte er bis jetzt noch nichts Wichtiges gesagt, aber jedes Wort konnte Verrat bedeuten – Verrat an seinen Kameraden, Verrat an ihren Zielen. Mortimer schob den Unterkiefer vor, über den Widerstand hinweg, etwas knackte in seinem Mund, ein süßlicher Geschmack verbreitete sich über seine Zunge, er schluckte heftig, aber noch immer redete er:

»Kein Giftgas. Niemand soll verletzt werden. Es geht uns nur darum, den Einfluß der Regierung auszuschalten, die Überwachung, das Eingreifen in private Dinge. Aber Sie wissen es doch,

Cardini, Sie haben mir doch selbst Glück gewünscht. Es geht darum . . .«

Der Regierungschef war aufgesprungen.

»Was sagt er da? Cardini weiß von eurem Anschlag?«

Mortimer merkte entsetzt, daß er jetzt antworten würde. Er versuchte, wenigstens eine Sekunde zu gewinnen – das Gift sollte doch unverzüglich wirken! Er biß sich in die Zunge, aber seine Kraft war zu gering, um ihn sich eine merkliche Verletzung zufügen zu lassen, er spürte zwar einen heftigen Schmerz, aber seine Stimmbänder, oder was es sonst war, sprachen weiter, zwar etwas undeutlich, aber ohne Pause, ohne Rücksicht auf seinen Willen.

»Cardini weiß alles. Auch Buschor ist beteiligt. Darum hätte es eigentlich diesmal nicht mißlingen dürfen . . .«

»Nehmt sie fest!« schrie Perriet und deutete auf die beiden Genannten. Die Polizisten stürzten auf sie zu.

Der Polizeichef wich bleich an die Wand zurück. »Ich verstehe nicht . . . das ist ein schreckliches Mißverständnis!«

»Kann es sein, daß der Gefangene lügt?« wandte sich Perriet an Dr. Selznik.

Der Arzt verneinte: »Ausgeschlossen!«

»Dann lähmt sie und bringt sie ins Nebenzimmer. Sie kommen anschließend zum Verhör! Eine unglaubliche Verschwörung! Jetzt aber zurück zu Baraval.« Er tippte Mortimer mit dem Finger auf die Brust. »Heraus damit! Was hast du getan? Um was für einen Anschlag handelt es sich?« Sein Gesicht zuckte nervös, er beugte sich vor und schüttelte Mortimer heftig.

»Nicht doch!« rief Dr. Selznik. »Sie verstellen die Fokussierung. Er muß doch sowieso sprechen!«

»Wir wollten den Speicher des OMNIVAC ausschalten, die Informationen vernichten . . .«

»Aber wie, zum Teufel!«

»Mit einem Ionisator. Ich habe einen Ionisator in das Belüftungsrohr eingebaut. Die Ionen depolarisieren . . .«

Perriet drehte sich um. »Um Gottes willen! Was können wir

dagegen tun?« fragte er.

»Der Chefingenieur müßte es wissen«, antwortete einer der Männer aus der Reihe der bisher stummen Zuschauer.

»Verbinden Sie mich mit ihm!« forderte Perriet. Sie haben den Ionisator nicht entdeckt, dachte Mortimer. Eine schwindelnde Freude erfüllte ihn. Vielleicht war der Anschlag doch gelungen! Währenddessen sprach er unentwegt weiter – sein Mitteilungsbedürfnis war unstillbar.

»Die Informationen sind durch geladene und orientierte Moleküle ausgedrückt. Durch die ionisierten Gasteilchen werden sie gelöscht wie ein Tonband, über das man einen Magneten zieht.«

Perriet brüllte in die Gegensprechanlage. »Wir müssen den Speicher retten. Was ist gegen die Ionen zu tun?«

Eine tonlose Stimme antwortete aus dem Mikrophon: »Zuerst muß der Ionisator entfernt werden. Dann gilt es, die ionenverseuchte Luft möglichst schnell aus dem Raum zu kriegen. Ob es aber noch etwas nützt?«

»Wir müssen es versuchen. Was schlagen Sie vor?«

»Das beste Mittel wäre es, eine Verbindung zum äußeren Vakuum herzustellen. Dann würde die gesamte Luft des Speichergebäudes samt den Ionen schlagartig abweichen.«

»Wie könnte man das erreichen?«

»Einen Moment, ich sehe gerade den Plan an . . . Es geht! Die Situation ist sogar recht günstig. Unter der Speicherhalle führt der Gang zum Sendemast III, durch einen Notausstieg besteht sogar eine Verbindung nach außen. Am Ende des Ganges existiert ein alter Bauschacht; hier braucht man nur zwei Schleusentüren zu öffnen. Das alles kann in fünf Minuten geschehen.«

»Veranlassen Sie alles Nötige!«

»Verstanden!«

Perriet schaltete das Gerät aus und setzte sich wieder auf einen Stuhl. Sein Gesicht sah müde aus. »Dr. Selznik, führen Sie das Verhör zu Ende!«

Der Arzt folgte dem Befehl. Er fragte, und Mortimer antwortete. Er berichtete von seinem Zusammentreffen mit Breber und Niklas, von den Befehlen, die er bekommen hatte, von Dr. Prokoff und der Gehirnübertragung, die dieser an ihm vorgenommen hatte. Er berichtete von Maida und ihrem nächtlichen Spaziergang im Garten. Er berichtete, wie er Maida im Flughafen aufgesucht hatte ...

In diesen Redefluß hinein erscholl ein Heulton – die Alarmsirene. Dr. Selznik unterbrach sein Verhör, Perriet lief zur Gegensprechanlage und rief die Überwachungszentrale.

»Was ist passiert – wer hat Alarm gegeben?«

Eine aufgeregte Stimme antwortete ihm: »Der Alarm wurde automatisch ausgelöst – von Meldestelle 16 ...«

»Wo ist das?«

»Es ist der Gang zum Sender III, der eben evakuiert wurde.«

»Rasch, stellen Sie die Ursache fest!«

»Wird sofort geschehen ... ein Überwachungswagen ist schon unterwegs ... er sendet noch nichts ... Achtung: jetzt kommt eine Nachricht vom Suchtrupp vier: In der Lufterneuerungsanlage wurde nichts Ungewöhnliches gefunden, außer einem gewöhnlichen Schweißgerät hinter dem Verteiler, in der Leitung zur Speicherhalle. Von einer Luftionisierung ist nichts zu bemerken. Der Elektrizitätsgehalt der Luft ist überall normal.«

»Seltsam. Vielleicht sollten wir den Gefangenen noch einmal ...«

»Achtung, jetzt kommt ein Bild von Meldestelle 13 ... Ich lege es auf Ihre Sichtscheibe.«

Auf dem großen Fluoreszenzschirm flimmerte es, dann sah man ein Stück des Ganges mit laufenden Männern in Vakuumanzügen ... einer rannte direkt auf den Beschauer zu, jetzt war er riesengroß im Bild, er hob einen Gegenstand, schmetterte ihn hinab ... das Bild erlosch.

»Das ist Breber«, rief Mortimer. »Habt ihr ihn gesehen? Breber, von dem ich erzählt habe! Sie kommen! Wir haben gewonnen!«

8

Fünf Minuten später war er befreit. Zwanzig Bewaffnete waren eingedrungen und hatten die Polizisten überwältigt, die anwesenden Spitzen der Regierung gefangengenommen, Dr. Selznik gezwungen, Mortimer eine Spritze zu geben, die ihn wieder zum Herrn über seine geistigen und körperlichen Funktionen machte. Ein wenig taumelig stand er da, aber er war gesund und begeistert. Nur eins bedrückte ihn – obschon es jetzt im Grunde genommen gleichgültig war: daß er die Kameraden letztlich doch verraten hatte.

»Komm mit!« forderte ihn Guido auf. »Du bist einer der wenigen, die sich hier im Hause auskennen. Komm mit mir in die Zentrale. Von dort aus werde ich die weiteren Aktionen leiten. Du bleibst bei mir – zu meiner persönlichen Beratung.«

»Hast du noch Vertrauen zu mir?« fragte Mortimer. Er öffnete die Tür und wies den Weg nach rechts zum Lift.

»Warum nicht? Du hast deine Aufgabe ausgezeichnet gelöst.«

»Nein, Guido«, widersprach Mortimer. »Irgend etwas ist schiefgegangen – mit der Giftkapsel. Das Mittel hat nicht gewirkt.«

»Du hättest es wirklich fertiggebracht, dich selbst zu töten? Alle Achtung!«

»Im Ernst: Ich habe euch verraten, Guido«, stammelte Mortimer. »Sie haben mir eine Injektion gegeben und dann den Fokus aufgesetzt. Ich mußte reden. Ich konnte nicht anders. Ich dachte, es darf nicht sein, aber es strömte aus mir heraus, alles was ich wußte, von dir und Niklas, von Cardini und Buschor, von unserem Anschlag auf das Speicherzentrum . . .«

»Zerbrich dir nicht den Kopf, ist doch alles gut gegangen.« Guido folgte Mortimer in den Lift und dieser drückte den Knopf mit der Aufschrift 40; in der vierzigsten, der obersten Etage befanden sich die Räume der Regierungsmitglieder und die Zentrale, in der alle Nachrichtenverbindungen mündeten und von der aus der OMNIVAC programmiert wurde.

»Nein, Guido, so einfach ist das nicht für mich. Ich habe versagt. Ich habe euch verraten . . .«

»Schluß jetzt«, sagte Guido scharf. »Jeder hatte seine Aufgabe, ohne über ihre Hintergründe zu wissen. Ich selbst bin schon von Jugend an im Regierungsdienst tätig – allerdings war ich bis vor kurzem auf die Erde versetzt und kam erst vor vierzehn Tagen hierher. Und auch ich wußte bis gestern keine Einzelheiten des Planes. Du hast also keinen Grund, dich zu beklagen. Was dir fehlt, ist das Vertrauen. Wir haben dir gesagt, daß alles eingeplant ist. Alles! Ist das nicht klar genug?«

Mortimer spürte einen Druck im Magen und wußte nicht, ob er von Guidos Worten oder vom raschen Austieg des Lifts herrührte.

»Alles? Du meinst, auch mein . . . mein Verrat . . .«

»Das sage ich doch. Im Zahn war Traubenzuckerlösung. Du hast also nicht den geringsten Grund, dich zu kränken.«

»Aber warum nur?« fragte Mortimer. »Warum habt ihr das getan?«

»Ganz einfach«, antwortete Guido. »Wir wollten den Leuten des alten Regimes einige Nachrichten übermitteln, die absolut glaubwürdig sein mußten. Darum haben wir dich präpariert. Alles ist prächtig gelungen.«

Mortimer begriff nur allmählich. »Dann sollte ich also gefangen werden . . . habt ihr mich vielleicht sogar in die Hände der Polizei gespielt?«

Guido lächelte befriedigt. »Aber sicher!« bestätigte er.

Die Liftkabine hielt. Wie im Traum trat Mortimer hinaus und schlug die Richtung zur Zentrale ein. Guido legte ihm die Hand auf die Schulter.

»Mach dir nichts draus – es ging nicht anders. Wir mußten dich täuschen. Hätten wir dich über unsere wahren Pläne informiert, so hättest du sie ebensowenig verschweigen können. Die heutigen Verhörmethoden sind vollkommen – niemand kann sich ihnen entziehen. Sogar aus einem Toten holen sie Informationen heraus.«

Als Mortimer schwieg, setzte er hinzu: »Es ging um unsere Sache, auf die Gefühle einzelner wird keine Rücksicht genommen. Das siehst du wohl ein!«

Mortimer sah es ein. Es war einfach und es war klar, und es war sicher auch richtig gewesen. Doch, obwohl er es einsah, vermochte er es nicht hinzunehmen. Er war getäuscht worden. Er hatte eine Aufgabe bekommen und den Willen gehabt, sie unter allen Umständen, selbst unter Einsatz des Lebens, zu lösen. Er hatte die Begeisterung durchlebt, in ein weltbewegendes Geheimnis eingeweiht zu sein, und die tödliche Enttäuschung, versagt zu haben, und nun entpuppte sich diese Aufgabe als ein abgekartetes Spiel, ein Täuschungsmanöver, in dem er eine zwielichtige und klägliche Rolle gespielt hatte.

Aber hatte er nicht doch der Partei gedient – so wie er es geschworen hatte, ohne Rücksicht auf persönliche Vorlieben und Abneigungen? Wenn man sich einer Aufgabe weiht, dann muß man sie voll und ganz tun – bis zum bitteren Ende. Es war wohl nur verletzter Stolz, der ihn maulen ließ wie ein Kind.

»Es wird sicher alles richtig sein«, sagte er leise. »Wenn wir nur Erfolg haben!«

»Aber sicher«, sagte Guido heiter. »Was soll noch schiefgehen? Wir haben so gut wie gewonnen.«

Ein Bewaffneter in Zivil erwartete sie an der Tür zur Zentrale. »Alles in Ordnung! Dieser Trakt befindet sich fest in unserer Hand. Es gab nur wenig Widerstand.«

Einige Männer erwarteten sie. Mortimer kannte keinen von ihnen.

»Hallo, Guido! Gut, daß du da bist. Sollen wir zuerst den Reaktor besetzen oder das Waffenmagazin?«

»Die Computerhalle«, entschied Guido. »Aber macht weiter!«

Jeder hatte ein Mikrophon vor sich, beobachtete Vorgänge auf einem Bildschirm oder hörte Meldungen ab. Guido setzte sich auf den Rollstuhl, von dem aus das Schaltbrett des OMNIVAC zu bedienen war und ließ seine Hände auf das glatte Metall der Schreibplatte klatschen. »Jetzt arbeitest du für uns, alter Bursche«, sagte er. Nach einer Weile drehte er sich mit dem Stuhl um, zu Mortimer, dem einzigen, der inmitten der eifrigen Geschäftigkeit untätig dastand – als gehöre er nicht dazu.

»Der OMNIVAC!« sagte Guido. »Er ist das Wichtigste überhaupt. Mit ihm ist man Herr über Tod und Leben, über Vergangenheit und Zukunft. Und viel später erst kommen die Vorräte an Plutonium und Wasserstoffbomben.«

Mortimer stutzte. »Ich habe geglaubt, die sind seit Jahrhunderten vernichtet.«

»Unsinn. Wer wird solch wertvolles Material vernichten? So dumm waren nicht einmal die alten Demokraten aus Ost und West.«

Ein Mann sprang auf und schwenkte einen Papierstreifen. »Die Computerhalle ist eingenommen. Im Südflügel haben sich stärkere Polizeikräfte verschanzt. Trupp sieben mit Hassan an der Spitze versucht, sie auszuräuchern. Ein Raumschiffgeschwader von der Erde befindet sich im Anflug.«

»Mit denen werden wir fertig«, lachte Guido. »Die Raketenabschußbasen werden von hier aus bedient.« Er sah sich suchend auf dem Schaltpult um, dann drückte er einige Knöpfe nieder. »Jetzt sollen sie kommen! Sobald sie nahe genug sind, sende ich ihnen ein paar stählerne Grüße entgegen.«

»Wieviel Leute von uns sind hier?« fragte Mortimer.

»Zweihundert«, antwortete Guido. »Mit zwei Lasttransportern schwarz gelandet. Ich selbst habe die Radarsicherung ausgeschaltet. Das Schwierigste war es, unsere Männer ins Regierungszentrum selbst zu bringen. Aber da half uns ein genialer Plan von Niklas.

Wir täuschten einen Anschlag auf den Speicher vor; das war deine Aufgabe – wenn du auch nichts davon geahnt hast. Es stand fest, daß sie alles tun würden, um die Informationen zu retten. Und so geschah es auch: Sie wendeten das Mittel an, das am schnellsten zum Erfolg führen sollte – eine Direktverbindung zum äußeren Vakuum –, und öffneten uns so selbst den

Weg. Die Speicherhalle ist mit dem sublunaren Gang zum Sender III verbunden, und deshalb warteten wir dort vor der Schleuse in unseren Raumanzügen. Als sich die Deckel ferngesteuert hoben, drangen wir ein – der letzte verschloß sie wieder. Wir kamen in die Speicherhalle und sprengten an einer passenden Stelle die Wand. Die Belüftung stellte den Normaldruck wieder her, und wir konnten die Raumanzüge ablegen. Jetzt war es nicht mehr schwer. Wir . . .«

Einer der Posten an den Geräten meldete: »Trupp zwei mit Gerkösi hat das Waffenlager eingenommen. Er bereitet alles zum Sprengen vor.«

Guido sprang auf. »Sprengen! Wer hat etwas von Sprengen gesagt? Hast du ihn an der Leitung? Ich muß ihn sprechen!«

Er beugte sich zum Mikrophon und rief: »Gerkösi – das ist doch ein Irrtum! Du willst sprengen? Wir brauchen doch die Waffen!«

Eine nasale Stimme antwortete ihm.

»Von nun an wird es auf der Welt keine Waffen mehr geben – dafür habe ich gekämpft. In fünf Minuten sprengen wir. Ende.«

»Der Wahnsinnige«, schrie Guido. »Wer ist ihm am nächsten? Pjotr mit seinem Trupp? Gut. Er muß das verhindern.«

»Aber er bewacht die Luftversorgungsanlage«, warnte einer der Männer.

»Dann bleibt sie eben unbesetzt!«

Guido ließ sich schwer in seinen Stuhl fallen. »Diese Fanatiker mit ihren kindischen Ideen! Das ganze Unternehmen wird gefährdet!«

Er nahm noch einige Meldungen entgegen und dirigierte die Trupps im Regierungszentrum herum. Dann schrie plötzlich eine Stimme: »Achtung! An alle! Cardini ist entkommen. Auch Dr. Selznik wird vermißt. Sie können noch nicht weit sein. Sie sind sofort festzunehmen, nötigenfalls zu erschießen! Achtung, Achtung . . .«

»Wie konnte das passieren?« fragte Guido tonlos. Auf einmal hatte er seine Sicherheit verloren. »Jack und Trupp vier hätten ihn bewachen sollen. Wo befindet sich Jack?«

»Er antwortet nicht. Die Verbindung ist abgerissen.«

»Wir müssen herausfinden, was passiert ist.«

Der Mann, der mit den einzelnen Trupps Verbindung hielt, gab einen Suchbefehl nach Jack durch. Nach einer Weile berichtete er: »Jetzt habe ich einen Mann vom Trupp 4 an der Strippe. Jack ist in die Notenbank eingedrungen. Seine Leute haben Kisten mit Travellerschecks auf einige Transportcars geladen und sind zur Schleuse gefahren.«

»Verflucht«, rief Guido. »Er kommt vor ein Standgericht! Vor allem aber müssen wir Cardini wiederkriegen. Jeder Trupp zweigt fünf Mann ab, die Suchpatrouillen bilden.« Er sank geschlagen in seinen Stuhl zurück.

»Aber Cardini gehört doch zu uns!« sagte Mortimer unsicher, und im selben Augenblick bereute er seine Frage schon. Er hätte sich die Antwort schon vorher geben können.

»Cardini gehörte nie zu uns.« Guido sprach nun schleppend und gelangweilt, als wollte er dokumentieren, daß seine Geduld grenzenlos wäre. »Ganz im Gegenteil. Er ist der gefährlichste Mann der Regierung, ein Mann von ganz anderem Format als der Hanswurst Perriet. Cardini mußten wir ausschalten. Er wäre der einzige gewesen, der noch Verdacht hätte schöpfen können.« Als er Mortimers Blick sah, beantwortete er dessen stumme Frage: »Wir haben die Feierlichkeiten bei der Eröffnung des Gibraltarprojekts auf Ampex aufgenommen und eine Szene daraus auf den Bildschirm geleitet. Sie paßte ausgezeichnet in unseren Plan. Niklas hat lange geübt, um seine Antworten genau in die Pausen hineinzusprechen.«

So also war das, dachte Mortimer. Auch das war Täuschung, Lüge. Aber es kam nicht mehr darauf an. Bei dieser Revolution hatte er mehr eingebüßt als sein Leben – er hatte sein Vertrauen, seine Begeisterung, seine Sicherheit verloren. Aber er war ein einzelner, und die Welt würde gerettet werden. Das war der einzige Maßstab, an dem alles zu messen war. Würde sie wirklich gerettet werden? fragte er sich dann. Was kam jetzt zum Vorschein: ein Chaos an Ideen, Wünschen, Irrtümern. Rettet man so die Welt?

Mortimer war zu matt, um gegen diese Stimme anzukämpfen. Er fragte auch nicht, ob es Reste des anderen, Baravals, waren. Es war ihm gleichgültig. Er hatte sich abgefunden. Mit allem. Auch mit Baraval.

»He, Guido, die Raketen!«

Als winzige Keile, die Wattebäuschchen hinter sich herzogen, erschienen sie auf einem Bildschirm. Hinter ihnen hing die blaugrüne Sichel der Erde.

»Entfernung?« fragte Niklas.

»Sechshundertdreiundzwanzig Kilometer.«

»Bei sechshundert zünde ich«, flüsterte Guido. Sein Blick hing am Bildschirm, seine Hand tastete nach dem roten Knopf.

Jemand las mit monotoner Stimme die Werte ab: ». . . zwanzig, sechshundertfünfzehn, sechshundertzehn . . .«

Jemand drehte an der Einstellung des Sichtgeräts, und die Raketen wurden größer, zu einem stattlichen Geschwader silberner Schiffe, die stolz und unbeirrbar durch den Raum zogen.

». . . fünf, sechshundert!«

Guidos Hand schoß hinunter zur Tastatur, wie von elektrischen Kräften angezogen. Es knackte leise.

»Fünfhundertneunzig, fünfhundertfünfundachtzig . . .«

»Gleich werden die Raumtorpedos auftauchen . . .«

»Und wenn sie nicht treffen?«

»Unmöglich. Sie steuern sich selbst ins Ziel.«

Die Stimme leierte: ». . . fünfhundertfünfzig, fünfhundertfünfundvierzig . . .«

»Was ist mit den Torpedos?«

»Hast du eine Rückmeldung bekommen?«

»Die Rückmeldung ist ausgeblieben!«

Guido drückte den Knopf noch einmal, schließlich schlug er ihn mit der Faust hinunter.

»Es funktioniert nicht!«

»Was sollen wir tun?«

»Die sind in zehn Minuten hier!«

Guido hielt den Kopf zwischen die Hände gestützt. Als er ihn hob, hatte er rote Flecken auf den Wangen. »Stelle eine Direktverbindung mit der Zentrale im Schiff her. Ich muß mit Niklas sprechen.«

Einer der Männer trat an jenen Abschnitt des Pultes, der für die Steuerung der Sender bestimmt war. Er legte einige Hebel um, zog einen Schiebeschalter hinunter, beobachtete die Kontrollampen . . . Er schüttelte den Kopf, versuchte es mit anderen Schaltern.

»Die Schaltung reagiert nicht. Das ist mir unverständlich!«

Jetzt begann eine Lampenreihe zu flackern, ein Summton schwoll auf und verstummte wieder . . .

»Hat jemand etwas verstellt?«

Die Frage war rhetorisch – niemand hatte sich bewegt.

»Den Hauptschalter abstellen!« schrie Guido. Er rannte selbst zum Kästchen mit den plombierten Wechselschaltern und riß sie alle hinab . . . nichts veränderte sich . . . Nur die Raketen auf dem Leuchtschirm waren bildfüllend geworden – man sah ihre abgeplatteten Spitzen, die Luken, die Beschriftung der Heckflossen.

Dann erlosch das Licht – die Raumbeleuchtung, das Leuchtschirmbild, die Reihe der Kontrollämpchen. Eine Stimme dröhnte: »Hier spricht Cardini. Ihr seid in meiner Hand. Jede Gegenaktion ist sinnlos. Von der Verbindung zu meinen Räumen habt ihr nichts gewußt – wie? Tröstet euch, niemand wußte etwas davon. Von nun an gehorcht der OMNIVAC mir. Die Roboter werden euch entwaffnen. Auf diese Stunde habe ich schon lange gewartet – ihr habt die Gelegenheit dazu herbeigeführt – eigentlich müßte ich euch danken. Aber ich bin nicht sentimental . . . Ergebt euch oder ergebt euch nicht – mir ist es gleichgültig. Die neue Regierung wird euch entpersönlichen. Die neue Regierung – das bin ich!«

9

Es knackte im Lautsprecher, das Gesicht auf dem Lichtschirm verlor seine Farben und verschwand. Nun war es ganz dunkel. Im selben Maße, wie sich die Augen daran gewöhnten, schien der grüne Schein vor den Fenstern stärker zu werden, in die Räume zu dringen, nach den geduckt dastehenden oder sitzenden Menschen zu greifen.

»Wir sind verloren!« stammelte eine Stimme.

»Es stimmt – wir sind verloren«, bestätigte eine andere aus dem Hintergrund. »Aber wir werden uns wehren, – solange wir noch atmen können!«

Eine dritte mischte sich in hysterischem Tonfall ein: »Wir haben eine Chance! Es dauert noch mindestens zwanzig Minuten, bis die Raumschiffe landen. Jetzt gibt es nur noch ein Ziel: Cardini auszuschalten!«

»Unsinn, wir müssen uns mit ihm verbünden!« rief jemand aufgeregt. »Auf diese Weise . . .«

»Du verdammter Feigling! Das wäre das Letzte – uns mit Cardini verbünden!«

»Schlagen wir uns doch durch«, rief ein anderer, ein Mann, der noch nicht zu hören gewesen war. »In zwanzig Minuten können wir bei unseren Raumschiffen sein. Wir haben es nur mit ein paar Robotern zu tun!«

Die aufgeregte Stimme schrie dazwischen: »Cardini muß sterben! Wer kommt mit mir?«

Niemand meldete sich. Der Mann im Hintergrund sagte: »Die Roboter sind uns überlegen!«

»Aber sie dürfen einem Menschen nichts tun!« antwortete der Sprecher von vorhin, und man hörte den Funken einer Hoffnung daraus.

»Versuchen wir es!«

Wieder knackte es im Lautsprecher. Die tonlose Stimme einer automatischen Sprechanlage sagte in eintönigen, überdeutlich akzentuierten Worten: »Achtung an alle! Ergebt euch. Der Bürotrakt ist umstellt. Alle Wege nach außen sind versperrt. Ein neuer Typ von Polizeirobotern wird eingesetzt. Er besitzt keine Sperren gegen Angriffe auf Menschen. Das war die letzte Warnung. Ergebt euch.«

Ein Mann stürzte plötzlich vor und ergriff das Mikrophon: »Wir ergeben uns! Hört ihr? Wir ergeben uns . . .«

Ein anderer sprang aus dem Dunkel nach vorn. Er hob die Hand, und eine fluoreszierende Schlange lief durch den Raum. Das Mikrophon fiel zu Boden. Der Mann, der es gehalten hatte, wankte und fiel. Der andere hob das Mikrophon auf und brüllte mit sich überschlagender Stimme: »Wir ergeben uns niemals«, schrie er. »Niemand kann uns unsere Ehre rauben! Es lebe Niklas! Es lebe die Freiheit! Wir kämpfen!«

Während des darauffolgenden begeisterten Geschreis, das alle schüchternen Proteste übertönte, spürte Mortimer einen schwachen Luftzug. Er blickte sich um und hatte den Eindruck, daß sich die Tür leise schloß. Wer fehlte? Vage fiel ihm auf, daß sich Guido nicht mehr hören ließ – aber er unterdrückte den häßlichen Verdacht. Behutsam trat er zurück in die schützenden Schatten, zog die Tür leise auf und schlüpfte hindurch. Vorn im Gang hörte er eilige Schritte.

Ihm war, als fiele etwas von ihm ab – vielleicht die verbissene Bereitschaft, etwas Verzweifeltes zu tun, vielleicht sogar die letzte Bindung an diese Männer, von denen jeder etwas anderes erstrebte und die sich nur in ihrem Zerstörungswillen einig waren. Die erste Empörung darüber, daß sich jemand heimlich aus dem Staub gemacht hatte, wich der Einsicht, daß es das einzige sei, was es noch zu versuchen galt.

Während er sich besann, war er einen Augenblick vor der Tür stehen geblieben. Als sich das Geschrei, das wie ein dumpfes Rollen herausdrang, langsam in Einzelrufe aufzulösen begann, wandte er sich nach links. Mit Überraschung konstatierte er, daß er völlig ruhig war; es schien ihm, als hätte ein anderer den Befehl in ihm übernommen. Er fragte sich nach seinem Ziel, und es wurde ihm bewußt: Eine Verbindungsbrücke zwischen dem Verwaltungstrakt mit dem danebenliegenden Forschungszentrum. Weiter im Hintergrund schimmerte aber noch ein anderes Ziel durch, etwas was überaus wichtig erschien, was den Einsatz wert war und ihm neuen Auftrieb gab, wenngleich es offenbar außerhalb des Erreichbaren lag – dieses Ziel war Maida. Was ihn in den letzten Tagen von ihm selbst uneingestanden bewegt hatte, gewann mit einem Male Gestalt, und jetzt scheute er auch nicht mehr davor zurück, daran zu denken. Wie ein Film liefen jene Szenen vor ihm ab, während derer er ihr nahe gekommen war, und da wurde plötzlich einem Signal gleich der Hinweis in ihm wach, den sie ihm beim Abschied gegeben hatte: das Forschungsschiff, dessen elfenbeinfarbiger Panzer sieghaft in der Sonne geglänzt hatte.

Jetzt plötzlich verstand er oder glaubte er zu verstehen: Es bedeutete einen Rettungsanker, einen letzten Halt vor dem Versinken! Deutete er es richtig? Sie hatte ihm nicht mehr sagen können, und jetzt wußte er auch warum: Hätte er die ganze Bedeutung schon früher geahnt, dann hätte er es herausgeschrien in seiner Trance, in seinem künstlich angestachelten Drang, alles, was verschwiegen werden sollte, zu offenbaren. So aber ... Maida hatte richtig gehandelt. Und sie hatte es für ihn getan.

Leichtfüßig lief er durch den kahlen dämmerigen Gang, durchbrach die Keile aus grünem Licht, die an den Fenstern hingen. Seine Ortskenntnis kam ihm zugute, er steuerte auf dem kürzesten Weg zur Nottreppe, doch die Tür war versperrt und rührte sich auch nicht, als er sich mit dem vollen Gewicht seines Körpers dagegen warf.

Er kehrte um – zum Lift. Das war gefährlich, aber der einzige freie Weg. Er drückte auf den Knopf, doch kein rotes Lämpchen zeigte an, daß sich die Kabine irgendwo in Bewegung setzte. War die ganze Anlage stromlos?

Er versuchte die Tür zu bewegen, und zu seiner Überraschung gelang ihm das; sie glitt zur Seite. Die elektrische Sperre war ausgefallen. Vor ihm, noch dunkler als der verschattete Gang, gähnte der Aufzugschacht. Mortimer tastete hinter die Türfüllung und überzeugte sich: die Kabine war nicht da. Statt dessen fühlte er eine horizontale Strebe, und weiter unten noch eine. Er zögerte kurz, doch wie eine Anfeuerung hallten hinten im Gang Schritte und Geschrei, zischten Strahlen der Gammapistolen, surrten die Räder von Robotfahrzeugen ... Kurz entschlossen schwang er sich in den Aufzugschacht und begann abwärts zu klettern.

Er war ganz auf sein Gefühl angewiesen. In der ersten Hast glitt sein Fuß von der Stütze, und er pendelte, an den Fingern hängend, über dem Abgrund. Aber rasch fanden seine Füße wieder Halt. Nun stieg er zügig in das Schwarz hinab und vergaß nicht einmal zwischendurch nach den Absätzen der Türen zu tasten, um die Nummern der Stockwerke mitzählen zu können.

Manchmal berührte er hängende Drähte, vielleicht nur momentan stromlose elektrische Leitungen, und er schauderte bei dem Gedanken, jemand könnte den Strom plötzlich wieder einschalten, die Leitungen könnten Spannung bekommen, die magnetischen Türen könnten sich hermetisch schließen, die Kabine könnte sich auf ihn heruntersenken, ihn abstreifen oder zerdrükken. Trotzdem überhastete er nichts, und er kam wohlbehalten in die fünfzehnte Etage, von der aus die Verbindung zum Nachbargebäude bestand. So leise wie möglich näherte er sich dem Durchgang – hier war die Grenze des von den Revolutionären besetzten Teils –, und seine Vorsicht war berechtigt, denn er bemerkte einen Schatten, einen Polizisten, wie er an der Schirmmütze erkannte, als dieser einen Schritt zurücktrat und in das hellere Licht der beidseitigen Fensterwände geriet. Seine Vorsicht nützte aber nichts, denn jetzt tönte eine blecherne Stimme aus dem Lautsprecher:

»Achtung. Posten 17. Ein Mann nähert sich. Noch 22 Meter Abstand. Jetzt steht er still ...«

Mortimer drehte sich um und lief davon. Er hielt sich im Schatten. Natürlich, die automatischen Überwachungsorgane! Sie brauchten kein Licht – sie reagierten auf Wärme.

Wärme? überlegte er. Vielleicht ließen sie sich täuschen! Wie konnte er seine Körperwärme ausschalten? Wasser! war sein nächster Gedanke. Kaltes Wasser, Verdunstungskälte! Er wußte, wo die Waschräume lagen, betrat den nächsten und stellte sich mit der Kleidung unter die Dusche. Das Wasser lief, welch ein Glück! Es übersprudelte ihn eisig, aber er drehte den Hahn nicht wieder um, bevor er nicht durch und durch naß war. Er zitterte vor Kälte, aber die Erregung überdeckte jeden Gefühlseindruck, der nicht mit seiner Sicherheit zusammenhing. Wieder näherte er sich dem Posten ... bei 22 Meter schien der kritische Punkt zu sein ... jetzt befand er sich etwa dort, wo ihn das Wärmeauge erfaßt hatte ... Er schlich darüber hinweg ... zwanzig Meter mußten es jetzt sein, fünfzehn, zehn .. Der Polizist drehte sich jäh um, schien zu lauschen.

Jetzt rannte Mortimer los, auf den Posten zu. Er vertraute darauf, daß sich nur wenige menschliche Polizisten im Regierungszentrum befanden, und daß ein unwichtiger und jedem Fremden unbekannter Ausweg nur von einem einzelnen Mann besetzt sein würde ...

Der Polizist fuhr herum, sah offenbar nichts ... schon war Mortimer bei ihm ... da drang vom anderen Ende des Ganges ein fluoreszierender Strahl hervor ... Mortimer warf sich auf den Polizisten, duckte sich hinter ihm ... das war seine einzige Rettung ... ob nun der Schütze ein Mensch war oder ein Roboter – jeder Polizeiangehörige trug ein besonderes Gewebe in seine Uniform verarbeitet, durch das der eine tausendstel Sekunde dauernde schwache Teststrahl so reflektiert wurde, daß sich die Waffe selbsttätig ausschaltete. Mortimer hielt den überraschten Mann umklammert, und als dieser sich nun zu wehren begann, versetzte er ihm einen Faustschlag auf die Stirn oberhalb der Nasenwurzel, wodurch er außer Gefecht gesetzt wurde. Dennoch blieb Mortimer nichts anderes übrig, als ein neuerlicher Rückzug. Den halbbetäubten Polizisten hinter sich nachschleifend kroch er zurück, und als er rückwärtsblickend eine Gestalt im Durchgang auftauchen sah, nahm er die Gammapistole des Polizisten an sich und sandte einen Strahl zurück; dabei zielte er wohlweislich neben den Gegner, um das selbsttätige Ausschalten zu verhindern. Doch die Warnung genügte, der Verfolger zog sich zurück, und Mortimer sprang nun auf und rannte davon, wobei er den Strahler mitnahm. Jetzt besaß er wenigstens eine Waffe.

Was tun? Er schien nicht weiter verfolgt zu werden, was bei der jetzigen zahlenmäßigen Minderheit der Polizei auch logisch war, aber diese Sachlage konnte sich jeden Moment ändern. Die Entsatztruppe war sicher schon gelandet und mochte sich schon in der Nähe befinden.

Noch einmal ließ sich Mortimer die Umrisse des Bürotraktes durch den Kopf gehen, und dabei kam er auf eine Idee.

Er mußte ins nächsthöhere Stockwerk! Diesmal benutzte er die Nottreppe, deren Tür er öffnete, indem er das Schloß mit einem Gammastrahl aufschmolz. Dann lief er in dieselbe Richtung wie vorher – auf den Brückengang zu. Diese Etage befand sich in der Höhe von dessen Dach. Durch das Fenster konnte er es vor sich liegen sehen, glatt, nach beiden Seiten abfallend, mit grün blinkenden Kanten, aber doch ein einladender breiter Weg. Es war unwahrscheinlich, daß sich hier ein Wachtposten befand. Trotzdem war Eile geboten. Mit der Gammapistole schnitt er die Kunststoffscheibe des Fensters auf. Er kroch durch die Öffnung und rutschte im Reitsitz zur gegenüberliegenden Gebäudefront. Obwohl sich die Dachkanten über eineinhalb Meter von ihm befanden, schwindelte ihm, und die glatte Fläche, auf der er saß, schien sich zu heben und zu senken wie ein Schiff bei hohem Seegang. Seine Kleidung war noch feucht, und er fürchtete, jeden Augenblick abzurutschen. Ein paar Sekunden lang schloß er die Augen und versuchte sich zu sammeln. Dann öffnete er sie wieder, zwang sich, seinen Blick nicht von dem stumpf gewinkelten Grat abschweifen zu lassen, und schob sich so geräuschlos wie möglich weiter. Am gegenüberliegenden Fenster angekommen, hob er den Gammastrahler. Mit einem leisen Zischen wanderte der glühende Punkt über das Kunstglas und hinterließ einen dünnen Schnitt. Mortimer schloß den Kreis nicht ganz, um den Lärm einer hinunterpolternden Scheibe zu vermeiden, sondern bog sie zurück. Er spähte in den Raum, und da er niemand sah, schlüpfte er hinein.

Dann prallte er zurück, denn plötzlich befand er sich inmitten eines aufgeregten Pfeifens und Quiekens, aber schon verriet ihm der scharfe Geruch von tierischen Ausscheidungen, daß er sich in einem Raum mit Versuchstieren befand. Er versuchte, die Dämmerung zu durchdringen, er erwartete Käfige zu sehen, aber dann streifte etwas an sein Bein, etwas sprang auf seine Schulter, und schon spürte er einen scharfen Biß im Genick. Er mußte in einen Raum geraten sein, der als Stall diente, und nun nahmen seine Augen auch schon die spitzen Körper großer weißer Ratten auf, die in einiger Entfernung von ihm hin und her flitzten, als überlegten sie noch, ob sie ihn angreifen sollten oder nicht. Voll Ekel streifte Mortimer das schwere Tier von seiner Schulter und lief zur Tür. Sie war verriegelt, doch glücklicherweise ließ sie sich von innen öffnen, und er hastete hinaus, einen Schwarm pfeifender Ratten hinter sich herziehend.

Er befand sich im biologischen Trakt, einem Gebäudeteil, den er nur flüchtig kannte, aber er wußte ungefähr, wo er sich befand, und konnte die Richtung schätzen, in die er seine Flucht fortsetzen mußte.

Die Ratten blieben hinter ihm zurück, sie schienen sich in den Gängen zu verteilen, denn dann und wann vernahm er leises Trappen und tonlose Pfiffe. Als er an einem breiten Fenster vorbeikam, warf er einen Blick hinaus und sah einige offene Lastwagen heranrollen, von Uniformierten besetzt. Da sie zweifellos zuerst den Bürotrakt abriegeln würden, rechnete er sich eine reelle Chance zur Flucht aus.

Mortimer hatte sich von dem Schreck seines Erlebnisses mit den Ratten noch nicht erholt, und darum vermied er es, sich unnötig lange in unbekannten Regionen aufzuhalten – er dachte an Hochspannung, Tieftemperaturen, Neutronenstrahlen, giftige Sterilisationsgase. Als er die Statistische Abteilung erreichte, in der er sich oft aufgehalten hatte, atmete er auf. Hier konnte ihm nichts mehr passieren – hier gab es elektronische Schaltungen, Schreib- und Lesegeräte, Analysatoren, aber keine Ratten.

Als er nach einer unbehinderten Liftfahrt unten im Erdgeschoß ankam, rollte ein Robotfahrzeug auf ihn zu. Einen Augenblick drängte es ihn, die Gammapistole emporzureißen und der Maschine einen sengenden Strahl entgegenzuwerfen, dann merkte er aber, daß es kein Polizeicar war, sondern eines vom allgemeinen Überwachungsdienst.

»Sonderkontrolle«, kündigte das Mikrophon mit der angenehmen Stimme des offiziellen Nachrichtensprechers an, dessen Modulation allen automatischen Sprechsystemen zugrunde lag.

»Ich bin Stanton Baraval. Ich hatte Überstunden«, erklärte Mortimer.

»Stimmfarbe in Ordnung«, beschied der Roboter. »Irisprüfung!«

Mortimer legte das Kinn auf den dafür bestimmten Bügel, und ein greller Blitz blendete sein linkes Auge.

»Irisbild in Ordnung. Blutanalyse.«

Mortimer setzte den Finger auf die Prüfplatte und fühlte den feinen Einstich. Es schien glatt vorüberzugehen, aber er verlor kostbare Sekunden.

»Blut in Ordnung«, erklärte der Automat. »Passieren!«

Aufatmend öffnete Mortimer die Tür – und zuckte zurück. Rechts neben ihm schien sich ein Kampf abzuwickeln, aus einer Garage liefen die violettglühenden Fäden eines Raketengewehrs, während es in der Umgebung knatterte – sie warfen Gasbomben, wahrscheinlich um die Eingeschlossenen lebendig zu fangen. Dann blieben die Lichtspuren plötzlich aus, und ein Polizeiwagen löste sich aus dem Schatten der Deckung und näherte sich der Garage, offenbar um festzustellen, ob das Gas seine Wirkung getan hatte. Unvermittelt blieb er stehen, und schon splitterte das große Garagentor, und ein Panzerwagen schoß heraus, bog um die nächste Ecke und raste hinaus ins freie Gelände. Fast augenblicklich flitzten einige Sitzroller hinterher.

Eine Minute später hatte der Panzerwagen die Glasmauer erreicht und sie dröhnend durchbrochen. Zwar kamen die Verfolger nur Sekunden später an und verschwanden durch die Öffnung, aber Mortimer hatte den Eindruck, daß die Flucht gelungen war. In den Grünanlagen konnte man leicht entkommen.

Sie waren auch sein Ziel. Mortimer beschloß, alles auf eine Karte zu setzen. Er lief hinüber zur Garage, ohne auf Deckung zu achten, schwang sich auf einen Sitzroller und lenkte ihn ebenfalls zur frisch geschlagenen Bresche. Kurz davor hielt er an und stieg ab. Er vermochte keinen Menschen zu erblicken ... trat hindurch, sah sich noch einmal kurz um ... So leicht war das gewesen! Von hier aus gab es unzählige Wege durch den großen Park, und dieser ging ohne Sperren in das Wohnviertel über.

Von links hörte er Schüsse, also lief er nach rechts. Ungefährdet kam er in die Stadt. Man merkte, daß etwas Ungewöhnliches geschehen war. Es war noch Nacht, und trotzdem standen Menschengruppen diskutierend herum. Mortimer wunderte sich zuerst darüber, daß keine Ausgangssperre verhängt war, daß nicht Polizeitruppen das Bild beherrschten. Doch dann erinnerte er sich daran, daß seit dem Aufflammen des Aufstands – so schwer das zu glauben war – nicht einmal eine Stunde vergangen war. Alle erwarteten Schutzmaßnahmen würden noch getroffen, daran war nicht zu zweifeln, aber erst einmal war die Polizei mit den Revolutionären im Zentrum beschäftigt. Den Zeitvorteil, den er besaß, mußte er nutzen. Um sich mit seiner zerfetzten Kleidung nicht den Blicken anderer auszusetzen, suchte er so rasch wie möglich ein Fahrzeug zu bekommen. Ein Automatentaxi brachte ihn zum Flughafen, und er betrat die große Wartehalle, von der aus ein guter Überblick über das Startgelände möglich war. Ja, da drüben stand es noch, das Schiff aus dem hellen neuen Kunststoff, stolz und unberührt von allem Geschehen innerhalb des menschlichen Siedlungsgebiets, blendend eingerahmt vom flach einfallenden Licht der Sonne, deren Stand sich kaum verändert hatte. Rasch orientierte sich Mortimer. Dort mündeten die Gangways zum zivilen Startgelände, und dort drüben links jene des Raummarine-, des Forschungs- und des Transportsektors. Die meisten von ihnen waren eingefahren, ihre Glasdächer und -wände teleskopartig übereinandergeschoben, nur einer lief hinaus aufs Feld, und das war jener, der zum Startgerüst des neuen Forschungsschiffes führte. Mortimer nahm das als ein gutes Zeichen. Bisher war er nicht sicher gewesen, ob er nicht einem Phantom nachjagte, wenn er sich gerade dieses Schiff zum Ziel nahm. Nun aber hoffte er, die Andeutung Maidas richtig ausgelegt zu haben. Er überlegte, wo der Zugang zu diesem Verbindungsgang sein könnte, und wandte sich nach links. Die Gammapistole, die er bisher unter dem Jackett verborgen hatte, holte er nun wieder hervor – niemand hatte Anlaß, ihn jene Teile des Flughafens betreten zu lassen, die den gewöhnlichen Passagieren verboten waren. Er ging rasch auf eine Tür zu, von der er annahm, daß sie ihn zum Forschungssektor führen würde, und wunderte sich darüber, daß er nirgends einen Menschen sah. Trotz der späten Stunde und des Robotdienstes, der einen Großteil des Personals überflüssig machte, hätten zumindest ein paar Aufsichtsorgane da sein müssen. Und dann sah er sie, als er unvermittelt einen Blick über eine Pultbarriere warf – da lagen drei oder vier Männer in Uniformen ohnmächtig am Boden.

Mortimer hörte ein Geräusch hinter sich . . . noch ehe er sich umdrehen konnte, erhielt er einen schmerzenden Handkantenschlag gegen den Arm, seine Waffe polterte zu Boden . . . Jemand riß ihn herum, zog ihn durch die Tür, und er stand vor zwei Bewaffneten.

»Wer bist du? Was willst du hier?« fragte der eine.

»Los, geben wir ihm eine Ladung!« drängte der andere und hob die Gaspistole.

Mortimer duckte sich, als könnte er sich dadurch vor dem betäubenden Dampf schützen, aber der Mann schoß noch nicht. Blitzschnell wurde es Mortimer klar, daß das keine Angehörigen einer regulären Institution waren, sondern daß sie zu den Liberalen gehören mußten.

»Ich bin einer von euch«, sagte er schnell. »Ich bin Mortimer, Mortimer Cross.«

»Mir unbekannt!« Der Mann wiegte den Kopf. »Mitkommen.«

Von dem dritten, der ihn noch immer hielt, bekam er einen Stoß. Sie dirigierten ihn zu einer der Gegensprech- und Gegensichtanlagen, mit denen normalerweise der Bodentrupp mit der Kanzel der von ihm betreuten Rakete verbunden war. Auf dem Sichtschirm erschien nun ein Gesicht, das er kannte, die Züge von Breber, auf dem sich kein Schimmer des Erkennens zeigte.

»Der Mann behauptet, er gehört zu uns«, meldete der Führer des kleinen Trupps. »Angeblich heißt er Mortimer Cross.« Breber verzog keine Miene.

»Ist nicht vorgesehen – betäubt ihn.«

Noch ehe Mortimer das Urteil, das damit über ihn verhängt war, erfaßte, erschien ein anderes Gesicht auf der Leuchtscheibe, das Gesicht eines Mädchens.

»Maida!« schrie Mortimer.

»Breber irrt sich!« rief das Mädchen. »Er gehört zu uns. Laßt ihn herein!«

Für Sekunden war die wutentbrannte Fratze Brebers zu sehen, dann wurde der Schirm dunkel. Der Mann mit der Gaspistole zuckte die Schultern und hob wieder seine Waffe . . . Da unterbrachen ihn laute Rufe, die aus dem Wartesaal kamen. Während einer von Mortimers Bewachern seine Pistole in dessen Rücken bohrte, spähten die beiden anderen durch die Tür. In weiten Sprüngen eilte ein Mann herbei.

»Ich bin es, Guido«, brüllte dieser mit sich überschlagender Stimme. »Sofort starten, sie sind hinter mir her!«

Gerade, als er sich durch die Tür warf, tauchte hinten ein Rudel Verfolger auf. Einige Lichtspuren zuckten quer durch die Halle, aber auch die Aufrührer schossen zurück und brachten die Verfolger zum Halten. Dann aber lösten sich fünf Robotwagen aus dem Hintergrund und kamen beängstigend rasch näher.

»Nichts wie fort!« rief Guido.

Die Cars erschienen nun schon vor der Tür. Die Männer drehten sich schleunigst um und liefen durch einen kleinen Aufenthaltsraum in den Gang. Sie kümmerten sich nicht mehr um Mortimer, und dieser lief ihnen, ohne lange zu überlegen, nach. Vor ihnen öffnete sich eine Tür, und sie stürzten hinein. Eine Panzerplatte kippte hinab, eine zweite Tür öffnete sich, sie sprangen aus der Schleuse ins Innere des Schiffs. Eine Klingel gellte. Die freundliche Stimme einer Automatik wiederholte ständig: »Achtung, Schnellstart. Achtung, Schnellstart . . .«, unbeirrt, als handelte es sich um eine Einladung zum Tee. Und dann erscholl ein Tosen, das Schiff zitterte und ächzte, und mit einemmal griff die Kraft des Andrucks nach ihnen, und sie lagen am Boden, kreuz und quer, wie sie gerade hingesunken waren, niedergequetscht wie von einem mächtigen Fuß.

Als sie wieder denken konnten, befand sich das Schiff fünfzig Kilometer über dem Mond.

Der Andruck war außerordentlich stark gewesen, und er hatte sie nicht in weichen Schaumgummipolstern, sondern auf dem harten Boden überrascht. Mortimer fühlte sich wie gerädert, und aus den verkniffenen, bleichen Gesichtern der anderen ersah er, daß es ihnen auch nicht besser ergangen war. Einer blutete stark aus der Nase, und ein anderer holte die Splitter einer Whiskyflasche aus seiner Jackentasche hervor. Jeder hatte mit sich selbst zu tun, und sicher war das auch der Grund dafür, daß sich niemand um Mortimer kümmerte. Er rappelte sich auf, überzeugte sich davon, daß er noch heil war, und ging dann unschlüssig den in einem Bogen rundumführenden Gang entlang.

Er war noch nicht weit gekommen, als eine Schiebetür aufglitt, und Maida darin erschien. Sekunden später hing sie an seinem Hals. Sie küßte ihn, und er spürte den salzigen Geschmack von Tränen. Auch ihm saß ein seltsames Gefühl hinten im Gaumen, er sprach nicht, denn seine Stimme hätte sicher seltsam geklungen, er streichelte nur unbeholfen ihren Rücken.

Eine Stimme riß sie aus der Versunkenheit.

»Verdammt, macht Platz!« Der Mann hatte Mühe, eine schwere Verbandkiste auf Rollen durch den Gang zu bewegen – die Beschleunigung lag noch immer merklich über einem g –, und kümmerte sich nicht weiter um die beiden.

Mortimer räusperte sich.

»Ohne dich läge ich jetzt bewußtlos im Raketenhafen.«

»Sprich nicht davon!« bat Maida. Ihr Gesicht war verschlossen, als schämte sie sich.

Auch Mortimer war verlegen, und darum klang es hart, als er sagte: »Die Flucht war also auch geplant.«

»Als letzter Ausweg – ja«, bestätigte Maida.

»Und ich hätte zurückbleiben sollen!« stellte Mortimer fest.

»Ja, du hättest zurückbleiben sollen. Denn es handelt sich um keine Flucht aus Feigheit, wie du offenbar glaubst. Ihr einziger Zweck ist es, den Gedanken an die Revolution nicht sterben zu lassen. Dazu brauchen wir all jene, die bewiesen haben, daß sie über die Kraft verfügen, immer wieder von Neuem zu beginnen.«

»Und ich gehöre nicht dazu«, bemerkte Mortimer wieder im Ton einer nebensächlichen Feststellung. Maida sah ihn prüfend an. »Nein«, antwortete sie dann. Nun lächelte sie ein wenig traurig. »Du nicht.«

»Und warum hast du mich gerettet?« bohrte Mortimer.

Ihre Gesichtszüge verhärteten sich wieder. »Weil ich dumm war, dumm und sentimental.« Sie drehte sich entschlossen um und ließ ihn stehen. Mortimer war zu müde, zu abgespannt und zu enttäuscht, als daß er jetzt noch zu einer wenn auch nur inneren Auflehnung fähig gewesen wäre. Nur eine tiefe Niedergeschlagenheit nahm von ihm Besitz, ein Gefühl der absoluten Leere, die Einsicht verzweifelnder Sinnlosigkeit. Er stand da, in einem öden Stück Gang, inmitten von Menschen, mit denen er nichts gemeinsam hatte, ausgelaugt und nur von einem Wunsch beseelt: sich hinsinken zu lassen, zu schlafen, zu sterben ...

Eine Stimme aus dem Lautsprechersystem riß ihn aus einer Art Bewußtlosigkeit. Er fand sich an die Wand gelehnt, mit geschlossenen Augen, er hatte auch kein Verlangen, die Augen zu öffnen, aber die Ohren konnte er nicht verschließen.

»Alle Mann auf Deck A!«

Der Befehl wurde mehrfach wiederholt, und schließlich riß er sich aus seiner Lethargie, weil es einfach keinen Sinn hatte, in einer Ecke stehen zu bleiben und nicht mehr hören und sehen, empfinden und denken zu wollen. Er richtete sich auf, als wäre er eben erwacht, und verstand zum ersten Male den Sinn der Worte: »Alle Mann auf Deck A!« Zwar wußte er nicht, wo Deck A war, aber einige Männer eilten an ihm vorbei, soweit es die erhöhte Schwere zuließ, und er folgte ihnen.

Deck A war ein Raum im Vorderteil des Schiffs, der bis auf die Schächte der Treppe und des Lifts dessen vollen Umfang erfüllte – eigentlich ein Durchgangsraum zwischen der Zentrale und den Befehlsständen ganz vorn im Bug und den übrigen Räumen im mittleren Sektor. Es gab keine Fenster, wie auch sonst nirgends in den Gängen, die er bisher berührt hatte, und man hätte meinen können, im Kellergeschoß eines Kraftwerks zu sein, dessen Generatoren ihre Vibration tief in die Erde hineinschickten, so daß man sie mehr hören als spüren konnte.

Mortimer war einer der letzten, die ankamen. Etwa fünfundzwanzig Männer und zehn Frauen hatten einen Halbkreis gebildet und sich wegen der drückenden Schwere auf den Boden gekauert. Im Brennpunkt saß Niklas in seinem Rollstuhl, hinter ihm hatte sich genauso wie seinerzeit bei der ersten Begegnung der magere junge Mann mit den gefletschten Zähnen postiert; neben ihm, auf einem Hocker, saß Guido, der einen Verband um den Hals trug. Außer ihnen kannte Mortimer nur noch Breber, der in der ersten Reihe der Zuhörer kauerte, und Maida, die sich sitzend an die Rückwand lehnte. Sicher waren auch die Wachtposten dabei, die ihn im Flughafen empfangen hatten, aber er erinnerte sich nicht mehr an ihre Gesichter. Ein Mann rückte beiseite, Mortimer nickte ihm zu und ließ sich neben ihm nieder.

Niklas hob die Hand. Die letzten geflüsterten Worte verstummten.

»Kameraden«, begann Niklas. »Der Anlaß dieser Zusammenkunft ist traurig, aber wir müssen den Tatsachen ins Auge sehen. Unsere Revolution ist gescheitert. Was wir jahrelang vorbereitet haben, wofür wir gelebt und gekämpft haben, ist mißlungen.

Ihr könnt nun fragen, Kameraden, wie es dazu kam, wieso ein Plan wie unserer, durchdacht und erprobt bis ins letzte Detail, einen Fehler haben könnte. Ihr habt das Recht dazu. Heute will ich euch nur antworten: Verrat. Es kann nicht anders sein: Wir sind verraten worden!«

Ein aufgeregtes Gemurmel lief durch die Reihen. Niklas hob die Hand.

»Ich werde eine Kommission einsetzen, die das untersucht. Sie wird darüber berichten.« Niklas hob den Kopf, und seine erschreckenden, von Haftscheiben bedeckten Augen starrten hinauf zur Decke. Es war einer der seltsamen Augenblicke, in denen er seine gleichsam aufs Gesicht gefrorene Maske verlor und sich seine Züge verzerrten, wie eine dünne Eisschicht, die in der Hitze schmilzt. Er sah aus wie ein blinder Sänger, ein Wissender, der noch im Untergang seine prophetischen Worte hinausschreit.

»Trotz allem, Kameraden – wir geben nicht auf! Wir sind nur noch wenige, aber wir sind genug, um den Funken einer unabdingbaren Freiheitsliebe zu bewahren. So lächerlich es scheinen mag, aber wir sind genug, um unser Ziel zu erreichen. Wir sind die Elite, an der die jetzigen Machthaber letztlich doch scheitern müssen. Jetzt sind wir auf der Flucht, doch einst kehren wir zurück und schenken der Menschheit die Freiheit wieder!«

Niklas reckte sich noch einmal in seinem Stuhl hoch, dann sank er erschöpft zusammen, den Kopf auf die Seite gelegt, als wäre er ihm zu schwer.

Eine Weile war alles still, dann rührte sich der blasse, junge

Mann, der bisher reglos hinter Niklas gestanden hatte, und schob den Rollstuhl in die Liftkabine.

Nun trat Guido vor. »Ich möchte noch einige Hinweise zur Lage geben. Wir haben dieses Schiff gekapert – eine Maßnahme im Rahmen unseres Anschlags auf das Regierungszentrum, die den Zweck hatte, im Fall eines Mißlingens eine kleine Gruppe unserer Besten vor dem Untergang zu bewahren. Niklas hat euch mitgeteilt, welche Aufgabe ihr habt. Ich glaube, wir müssen diesen Mann bewundern, der nie den Mut verliert, und wenn es noch so aussichtslos erscheint. Wir können froh sein, ein solches Vorbild zu haben!«

Ein dumpfes Klopfen vieler Knöchel auf den Kunststoffboden zollte ihm Beifall – es klang wie der Einschlag von Hagel auf ein Blechdach, und es verstummte jäh, als schreckten die Zuhörer vor dem Mißklang des Geräusches zurück.

»Unsere Lage ist ernst«, fuhr Guido fort, »aber sie ist nicht verzweifelt. Wir haben sogar eine Trumpfkarte im Spiel: dieses Schiff. Es handelt sich um eines jener Projekte der Wissenschaftler, mit denen sie das Geld vergeuden, das dem Volk gehört. Anstatt den Menschen ein besseres Leben zu bieten, wollen sie fremde Welten erreichen. Dieses Schiff sollte als erstes den interstellaren Raum überwinden, hinaus zu benachbarten Sonnen vordringen.«

Wieder ging eine Welle von Geraune durch die versammelten Menschen. Guido erhob die Stimme, um die Unruhe niederzuschlagen.

»Aber wir haben von diesem Vorhaben rechtzeitig erfahren, und wir sind froh, daß wir es verhindert haben. Nicht daß wir etwas gegen Weltraumfahrt haben – aber zuerst kommen andere Aufgaben, Naturschutz, medizinische Forschung, eine individuelle Erziehung zu kritischen Menschen, die Förderung der Künstler.«

Wieder pochten einige beifällig auf den Boden. »Dieses Schiff kommt uns nun gerade recht – es ist für eine jahrelange Expedition eingerichtet, es bietet Lebensbedingungen, wie sie es noch nie auf einem Raumfahrzeug gegeben hat. Seine Hülle besteht aus einem neuen, außerordentlich hitzebeständigen und protonenabsorbierenden Keramikmaterial. Und es ist schnell – es erreicht Geschwindigkeiten, wie sie bisher nur den Teilchen in den Synchrotronanlagen erteilt werden konnten. Das heißt – wir sind vor allen Verfolgern sicher.«

Jetzt riefen sie durcheinander und klatschten in die Hände. Sie hatten dreißig Stunden lang nicht geschlafen, und jetzt war es die Hoffnung, die sie ihre Müdigkeit vergessen ließ.

»Und nun endlich die angekündigten praktischen Hinweise: Wir werden hier einen 24-Stunden-Tag einhalten wie auf der Erde und in allen von Menschen besetzten Stationen im Sonnensystem. Jetzt brauchen wir vor allem Ruhe, Kameraden, und darum setze ich diesen Augenblick als Nullpunkt unserer Zeitrechnung an. Richtet bitte eure Uhren!« Es geschah, und Guido sagte mit schlecht unterdrückter Rührung in der Stimme: »Damit beginnt nicht nur ein neuer Tag, sondern ein neuer Abschnitt unseres Lebens!« Er wehrte neue Beifallskundgebungen ab und fügte nun ohne Pathos hinzu: »Spencer kennt ihr alle. Er wird euch jetzt die Kabinen anweisen. Natürlich bleibt eine Wachmannschaft auf Posten. Morgen um sechs Uhr wird geweckt. Ich danke euch, Kameraden. Gute Nacht«

Die Schlafplätze waren verlost worden, und Mortimer hatte das Glück, eine Einzelkabine zu bekommen, eigentlich nur einen winzigen Verschlag, dessen Einrichtung aus einem Stuhl, einer ausklappbaren Tischplatte, einem Wandschrank und dem Lager bestand. Diesem Lager war der größte Komfort gewidmet. Seine Unterlage bestand aus einer Schaumgummimatratze, in die als Mulde die Körperform eines erwachsenen Menschen eingesenkt war. Es gab keine Decken oder Kissen, aber eine Menge von Düsen, Antennen, Netzen, oder zumindest von Dingen, die so ähnlich aussahen, und Mortimer nahm an, daß es sich um Bestandteile einer Klimaanlage handelte, die die Temperatur, die Feuchtigkeit der Luft und ihre Zusammensetzung, sowie andere ihm unbekannte, aber zum Wohlbefinden des Menschen nötige Größen regelte, so daß keine Decken und dergleichen nötig waren. Es gab auch ein System von Hebeln, deren Aufgaben er nicht kannte, aber er brauchte sie nicht. Er entkleidete sich bis auf die Unterwäsche, kletterte in die Koje und breitete die Hose über seine Füße.

Er mußte sofort eingeschlafen sein, denn als er später versuchte, die Vorgänge zu registrieren, kam ihm keine Einzelheit in den Sinn, kein Hinweis darauf, daß er sich auch nur einmal umgedreht hatte. Später aber, erinnerte er sich, hatten ihn Beklemmungen überfallen; plötzlich ertappte er sich dabei, daß ihm der Angstschweiß auf der Stirn stand, er hatte das Gefühl, erdrückt zu werden, ohne daß er ganz aufwachte. Er gab sich selbst die Erklärung dafür: die ungewohnte Lage, die überhöhte Schwerkraft, aber zugleich kreisten wirre Gedanken durch sein Hirn, Szenenfetzen aus den letzten Tagen und Stunden. Maida erschien ihm mit einem spukhaft verzerrten Gesicht. Er wußte, daß es die Ausgeburt eines fiebrigen Traumes war und mühte sich doch vergeblich, ihre richtigen, zarten und doch eigenwilligen Züge zu beschwören, er dachte an ihre mageren Wangen, an das schwarze Haar, aber er dachte nur die Worte und fand nicht die Bilder dahinter, und außerdem saß noch etwas Unausgesprochenes, Undenkbares schreckhaft im Hintergrund, und in der Rückschau meinte er, es wäre so etwas wie eine Ahnung gewesen, eine vage und darum um so unangreifbarere Angst vor Gewalten, die Gedanken lesen und belauschen konnten, die tief eindrangen in sein Wissen und Wollen und sich dort umtaten, wie es ihnen gefiel, ohne von irgend etwas daran gehindert zu werden.

Er mußte um sich geschlagen haben, denn er erinnerte sich daran, mit dem Handrücken schmerzhaft an einer Kante aufgeprallt zu sein, und da erwachte er augenblicklich – wie durch einen Sturz in heißes Wasser – und lag da, horchte in das Dunkel, fühlte etwas Unbekanntes auf sich zukommen, bäumte sich plötzlich auf und stieß auf eine weiche Masse, die schon dicht über ihm war, ihn zu bedecken suchte und sich nicht aufhalten ließ, so verzweifelt er sich auch dagegenstemmte. Seine Hände tasteten fieberhaft umher und fühlten eine Schale, die mit Schaumgummi überzogen war wie die Bettunterlage, eine Hohlform wie jene, geeignet mit ihr zusammen einen menschlichen Körper einzuschließen, eng und lückenlos wie eine Gußform. Er hatte den Eindruck, zermalmt zu werden, konnte den Körper nicht mehr durch den nur noch engen Zwischenraum quetschen, sank zurück, ruderte mit Armen und Beinen, bis auch diese sich in den für sie vorgesehenen Vertiefungen fingen, zuckte noch wie im Krampf, meinte zermalmt zu werden, merkte, daß sich die Form seinem Körper anpaßte, machte einen vergeblichen Versuch zu atmen und wollte sich zusammenkrümmen in der Verzweiflung des Erstickens. Er rang nach Luft, brachte keine Bewegung mehr zustande, war eins geworden mit der heimtückischen Falle aus Kunstleder, Schaumgummi und Polyäthylen und wollte sich schon dem Unabwendbaren fügen . . .

Und dann war sein Körper plötzlich stillgelegt, vielleicht vereist, vielleicht betäubt, vielleicht überhaupt nicht mehr vorhanden, aber es war nicht das Nichts, die absolute Schwärze, Lautlosigkeit, Gefühlsleere, die ihn aufsog, sondern er sah verschwommene Bilder aufglimmen, er bemerkte fremde Menschen, einen vornehmen alten Mann mit kurzgeschorenen weißen Haaren und schlanken Fingern, die sich ineinander verschränkten, sich lösten, tasteten und spielten; ein Gesicht, das von gelblich-brauner, tiefgerunzelter Haut umspannt war, ein anderes Gesicht mit großen, treuen, braunen Augen, jungenhaft und uralt zugleich, einen schmalen schlanken Rücken unter einem weißen Mantel, ungebändigtes Haar, das Profil einer jungen Frau, oder eines Mädchens, Lichtreflexe an der Wange, eine zierliche Nase, ein schmales Kinn; er fing Regungen dieser und anderer unbekannter Personen auf, dann einen kurzen Impuls, der sich auf ihn selbst richtete. Er spürte ein Gewirr von Gedanken, und dann wurde eine Stimme laut – diesmal war es nicht die Stimme des Chefansagers –, und sie sprach Worte, die er zwar nicht hörte, aber auf irgendeine andere, nicht weiter deutbare Weise erfaßte:

Was ihr tut, ist töricht! Eure Ideen sind überholt. Euer Vorhaben hat keine Chance. Was geschieht, geschieht nicht nach eurem wirklichen Wollen. Überzeugt euch davon! Macht eine geheime Abstimmung, in der jeder das angeben kann, was er wirklich will! Stellt auch Möglichkeiten zur Debatte, die eurer offiziellen Weltanschauung entgegengerichtet sind! Erwägt eine Rückkehr auf die Erde! Eine heimliche Landung in einem der einsamen Naturschutzparks. Mischt euch unter die normalen Menschen und versucht bürgerlich zu leben wie sie. Laßt ab von euren verzerrten Idealen und kostet noch ein Quentchen Zufriedenheit wie alle anderen der 60 Milliarden, die die Erde heute bevölkern.

Mortimer spürte die Aufrichtigkeit der übermittelten Gedanken, doch waren sie nicht im geringsten suggestiv, und er fühlte sich auch nicht hypnotisiert oder sonst irgendwie geistig überrumpelt. Er konnte sie klar und unbeschwert durchdenken, befreit von Gefühlsballast und der Ablenkung der Sinne. Er konnte sie aufnehmen, nicht weil er einem bezwingenden Klang erlag, sondern weil er sie als logisch anerkannte. Aber während man für intuitives Erfassen, für das Hinwenden zu einer Person oder einer These, nur Augenblicke braucht, sind Zeit und Denkarbeit nötig, um die Folgerichtigkeit eines Schlusses einzusehen . . .

Er gewann seine Ruhe wieder, wurde Herr seines Denkens, löste sich von den äußeren Eindrücken, versuchte sich über die Möglichkeiten des Handelns klarzuwerden, die ihm in seinem abnormen Zustand verblieben waren, fand sich durch einige tastende Gedankenversuche, die schwer zu beschreiben waren, in seiner Hoffnung bestätigt. Schließlich stellte er sich vor, daß sich die Decke von seinem Körper höbe, er wartete . . . nichts geschah, doch er ließ keine Enttäuschung aufkommen, bemühte sich um die Realisierung seines Wunsches gedanklich auf allen möglichen seltsamen verschlungenen Wegen – es war, als stimmte er ein Instrument an, das er nicht kannte, als lauschte er den angerührten Tönen, um die Weiterführung des Experimentes von den bisherigen Ergebnissen abhängig zu machen. Auf einmal spürte er einen Luftzug . . . bemühte sich, die eingeschlagene Art seines gedanklichen Tastens beizubehalten, es war mehr ein Tun als ein Denken . . . die lastende Hülle hob sich noch mehr und gab ihn dann endgültig frei.

Wie mit einer Schalterdrehung änderte sich sein Bewußtseinshintergrund, etwas wechselte, ohne daß er hätte präzisieren können, was – es war wie die Veränderung der Geräusche beim Umschalten von einem Mikrophon aufs andere. Er stützte sich auf seinem Lager empor, blickte auf die Leuchtziffern seiner Uhr. Sie war nach Guidos neuer Schiffszeit eingestellt und zeigte halb zwei Uhr morgens. Mortimer fühlte sich benommen, als hätte er eine durchfeierte Nacht hinter sich. Wackelig stieg er vom Lager und tastete sich zur Tür.

Draußen brannte trübes Licht. Mortimer hatte sich den Weg gemerkt, und er kletterte über die Wendeltreppe durch den schmalen zylindrischen Schacht, der alle Stockwerke des Schiffs verband, empor zum Deck A, auf dem zwei Wachtposten zurückgeblieben waren. Auf sein Drängen hin führte ihn einer der Männer zu Guido und weckte ihn.

Guidos Kajüte war auch nicht größer als jene Mortimers, sie unterschied sich nur durch ein wenig mehr Komfort – zwei Stühle, ein im Boden verankertes Schreibpult. Guido winkte ihm, sich zu setzen.

»Also, was ist passiert? Aber mach's kurz, bitte!« Sein Halsverband sah aus wie ein weißseidener Schal und täuschte eine distanzierte Eleganz vor.

Mortimer berichtete von seinem seltsamen Erlebnis. »Es gibt hier irgendeinen Einfluß, der nicht unter unserer Kontrolle steht«, fügte er hinzu. »Vielleicht besteht eine Art Funkverbindung von der Erde oder vom Mondzentrum aus, die unsere Gehirne direkt beeinflußt. So etwas könnte gefährlich werden!«

Guido runzelte die Stirn. »Kann ich mir nicht vorstellen. Wir kontrollieren die Funkverbindung. Allerdings . . .« Mortimer sah, daß der andere überlegte, ob er weitersprechen sollte oder nicht, »allerdings – es gibt da etwas, was ich noch nicht bekannt gegeben habe, um die Leute nicht zu beunruhigen.« Er warf Mortimer einen prüfenden Blick zu. »Na gut, morgen erfahrt ihr es ja doch: Es ist noch jemand an Bord, Menschen, die nicht zu uns gehören . . . vielleicht haben die . . .«

»Was für Menschen?« fragte Mortimer.

»Wissenschaftler«, antwortete Guido. »Ein paar Wissenschaftler, die mit dem Schiff einen Probeflug unternehmen wollten; darum war es startklar. Männer und Frauen. Wir mußten sie betäuben. Konnten sie nicht mehr vom Schiff schaffen.«

»Wo sind sie?«

Guido machte eine Geste mit der Hand, als finge er ein Insekt im Fluge.

»Im Lazarettraum eingeschlossen. War nicht schwierig, sie zu überwältigen. Sie alle sind lebensfremd, der Wirklichkeit entflohen, in ihren eigenen komplizierten Gedankenkonstruktionen verirrt. Wir haben sie überwältigt und betäubt.«

»Wenn das, was ich erlebt habe, von ihnen kommt, dann sind sie weder betäubt noch lebensfremd«, meinte Mortimer.

Guido sprang vom Bett herunter und knickte zusammen, weil er die erhöhte Schwerkraft nicht in Rechnung gezogen hatte. Er rappelte sich hoch und gab Mortimer einen Wink. »Komm, wir sehen nach!«

Sie kamen durch einige Gänge, kletterten durch die Schächte und gelangten in den Mittelteil, in dem auch die Laboratorien untergebracht waren. Vor einer Tür hockte ein Posten; er stand auf, als sie vor ihm stehen blieben.

»Was ist mit den Gefangenen?« fragte Guido.

»Was soll mit ihnen sein? Sie haben sich nicht gerührt.«

Guido lauschte an der Tür. Nach einer Weile befahl er: »Schließ auf, aber vorsichtig.«

Der Wächter klinkte die Verriegelung aus und öffnete die Rolltür einen Spalt weit. Auf diesen richtete er seinen Gammastrahler, eines Ausbruchversuchs gewärtig, aber es rührte sich nichts, und er schob die Tür vollends auf.

Etwa zwanzig Männer und Frauen befanden sich im Krankenraum. Sie hatten weiße Mäntel oder Overalls an, nur wenige trugen Zivilkleidung. Einige von ihnen lagen auf dem Boden und in den Krankenbetten, einige saßen auch schlaff in Operationsstühlen. Erregt erkannte Mortimer auf den Betten die beiden Männer und das Mädchen, die ihm während seines Traums, oder was es auch immer gewesen sein mochte, erschienen waren.

»Sie sind es«, sagte er. »Ich habe sie gesehen, wenn auch nur flüchtig. Aber es besteht kein Zweifel.«

»Sie sind noch ohnmächtig«, bemerkte Guido. »Wie sollen sie so kuriose Dinge veranlaßt haben, wie du sie erlebt haben willst!« Er trat an den zunächst liegenden Mann heran, kniete vor ihm nieder, hob seinen Arm, streifte seinen Ärmel zurück.

»Seltsam!« sagte er. »Schau doch, diese Haut!« Er drückte die Daumenkuppe in die Unterarmmuskulatur, und der Eindruck blieb bestehen wie bei Kuchenteig. Erst allmählich nahm die Haut ihre normale Form an.

Mortimer ließ sich neben Guido nieder und griff auch nach dem leblosen Arm – er fühlte sich kühl an, wie Plastilin. Rasch öffnete Mortimer den Reißverschluß an der Brust des Mannes, riß das Hemd auf und legte das Ohr auf die Haut; ihn ekelte, denn es fühlte sich an, als berühre er eine Gummipuppe. Dann atmete er auf: »Sie leben! Das Herz schlägt. Aber sie müssen sich in einem seltsamen Zustand befinden. Ich zähle nur zehn Schläge je Minute!«

Guido zuckte die Schultern.

»Das ist an sich uninteressant. Sie sind außer Aktion gesetzt und können kein Unheil anrichten. Darauf kommt es an.«

»Was für Gas habt ihr verwendet?«

»Somnal Beta. In normaler Verdichtung.«

»Sie müßten längst wieder erwacht sein«, murmelte Mortimer.

»Laß sie und komm jetzt«, sagte Guido. »Wir brauchen unsere Ruhe!«

»Was geschieht mit ihnen?« fragte Mortimer.

»Was soll schon mit ihnen geschehen? Selbst ohne sie sind wir schon zu viel. Wir müssen uns ihrer entledigen. Kein anderer Ausweg!« Er winkte dem Posten »Zuschließen!«

12

Am nächsten Morgen war die Gruppe der Flüchtigen wieder auf Deck A versammelt.

»Kameraden«, sagte Guido, »es war uns nicht möglich, euch in dieser Nacht einwandfrei unterzubringen. Das Schiff enthält nur dreißig Kabinen, und wir sind über fünfzig Personen. Es wird aber dafür gesorgt werden, daß jeder einen eigenen Schlafplatz bekommt.

Das wäre die Unterbringung, und nun zum Nahrungsproblem.

Anschließend werden wir eine Frühstücksration ausgeben. Für ein warmes Mittagessen wird gesorgt werden, Zeit und Ort werden noch durchgesagt . . .«

Er wurde unterbrochen. Die Tür öffnete sich, und Bennet, Niklas' Schatten, schob diesen auf dem Rollstuhl herein. Er flüsterte kurz mit Guido. Dann rief dieser: »Achtung, Niklas hat uns was zu sagen!«

Niklas saß sichtlich angegriffen in den Kissen. Sein Gesicht war mumienhaft wie immer, die Lippen bildeten einen grauen Strich. Dann richtete er sich auf und begann:

»Kameraden, ein schweres Schicksal hat uns ereilt. Aber es gibt keinen Schlag, der hart genug wäre, uns zu vernichten, unsere Ideale zu töten. Jetzt müssen wir mehr zusammenhalten als je zuvor. Jeder muß für jeden da sein, ohne Rücksicht auf seine Person. Wir müssen stets bereit sein, unser Letztes zu geben, um der gerechten Sache zu dienen.

Ein langer mühseliger Weg steht uns bevor. Die Machthaber auf der Erde wiegen sich in der falschen Sicherheit, uns besiegt zu haben. Sie wissen noch nicht, daß wir nicht besiegt werden können. Eines Tages« – jetzt versuchte er lauter zu sprechen, die Worte zu rufen, doch es wurde nur ein blechernes Krächzen daraus –, »eines Tages werden wir zurückkehren und allen die Augen öffnen, die noch ihr stumpfsinniges Herdenleben der Sattheit führen, alle jene befreien, die sich noch danach sehnen, aus ihrem goldenen Käfig auszubrechen. Es lebe die Freiheit, es lebe die Liberale Partei!«

Niklas blieb noch sekundenlang hochaufgerichtet, dann sank er auf seinen Sitz zurück. Bennet trat vor und schob den Wagen zur Tür hinaus.

Guido begann wieder zu sprechen:

»Wir danken Niklas für seine Worte. Sie bestärken uns in unserem Willen, auf unserem Posten auszuharren, so schwer es auch werden mag.« Er stockte kurz und setzte dann fort: »Was die Lebensmittel betrifft – als anfängliche Sicherheitsmaßnahme werden wir sie rationieren. Da das Schiff für eine Art Generalprobe voll bestückt war, sollten sie eigentlich jahrelang reichen, bloß haben wir bisher die großen Vorratslager nicht gefunden. Doch das liegt sicher daran, daß wir noch keine Zeit hatten, das Schiff richtig zu durchsuchen. Zumindest muß es irgendwo Algenpflanzungen, Hydroponiktanks, Zuchträume für Fettwürmer geben, die es möglich machen, die Besatzung stets mit frischem Eiweiß, mit Kohlehydraten und Vitaminen zu versorgen.«

»Was, zum Teufel, sind Fettwürmer?« rief ein Mann.

»Eine neugezüchtete Art von Würmern, die sich, wenn sie auseinandergeschnitten werden, besonders rasch zu völligen Tieren ergänzen. Sie werden mit einem Brei aus Speiseresten und Abfällen genährt, aus denen sie brauchbare Eiweißstoffe erzeugen.

Tut mir leid, das klingt nicht appetitlich, aber sie sind äußerst wichtig für längere bemannte Weltraumfahrten.«

»Na, prost Mahlzeit«, rief der Mann wieder.

»Ruhe bitte! Wir sind auf keiner Vergnügungsfahrt!« Guido ging mit eiserner Ruhe über alle Einwürfe hinweg. »Wir werden uns noch mehr einschränken müssen. Zum Beispiel, was die Luft betrifft. Hier ergibt sich etwas Ähnliches wie bei den Nahrungsmitteln. Die Lufterneuerungsaggregate, die wir bisher gefunden haben, reichen auf die Dauer einfach nicht aus. Das bedeutet, daß wir vorderhand sparsam sein müssen – keine unnötige Bewegung, keine Benutzung der Sportgeräte, keine Zigaretten und dergleichen.«

Wieder kam ein Zwischenruf:

»Dann friert uns doch gleich ein!« Alle lachten.

»Wir werden es erwägen«, gab Guido ernsthaft zurück. »Ein weiteres betrifft die Schaltanlagen in den Kabinen. Ihre Betätigung ist für den Laien gefährlich. Außer den Ingenieuren ist es daher allen verboten, sie auch nur zu berühren.

Und nun kommen wir zur Einteilung der Arbeiten. Die Besatzung ist so ausgesucht, daß uns für jede nötige Spezialaufgabe Fachkräfte zur Verfügung stehen. Die Arbeitseinteilung wird anschließend erfolgen. Es ist wohl nicht nötig zu betonen, wie wichtig . . .«

Niemand erfuhr, was wichtig war. Ein Mann glitt aus dem oberen Stockwerk über die Treppe in den Raum, an seinen Bewegungen sah man, daß es ein geübter Astronaut war.

»Wir werden verfolgt!« schrie er. »Wir müssen auf drei g beschleunigen, vielleicht auch höher. In zwei Minuten geht der Zauber los. Werft euch in eure Liegesitze, sonst gibt es Knochensalat. Macht rasch!«

Die Versammlung löste sich auf wie ein Papierhaufen, in den ein Wirbelwind fährt. Nach einigem Gedränge vor dem Abstieg war kein Mensch mehr auf Deck A. Und Sekunden später griff die gewaltige Kraft des Beschleunigungsdrucks wieder nach ihnen und machte sie klein, elend und schwach.

Zwei Minuten später lag Mortimer in seinem Schaumgummibett. Innerhalb von Sekunden stieg der Druck auf ein geradezu unerträgliches Maß. Er fühlte sich plattgequetscht wie eine Flunder, er beobachtete, wie sein Herz sich krampfhaft gegen die Belastung wehrte, wie kleine Äderchen zuckten, der Magen tief in den Körper sank. Hatten sie die Beschleunigung weit über drei g hinaufgetrieben? Es war nicht geradezu unerträglich, unerträglich aber war die Ungewißheit, wie lange dieser Zustand währen würde, die Möglichkeit, daß es Stunden und Stunden dauerte, daß er diese Belastung, diese Übelkeit unzählige Augenblicke hindurch immer wieder erneut zu bekämpfen, überwinden und sich ihr doch wieder ergeben müssen würde.

Sein Elend drängte, sein Gehirn suchte einen Ausweg, tastete die Möglichkeiten ab. Er erinnerte sich an die vergangene Nacht, und ein Hoffnungsschimmer zeichnete sich ab. Es war verboten, aber was kümmerte es ihn? Seine Hand kroch hoch, bleischwer, gegen die Gummifäden der Beschleunigung, gegen die Trägheit der Masse, Zentimeter um Zentimeter. Das Schaltbrett. Hebel. Welcher war der richtige? Er vergegenwärtigte sich den Augenblick des Erwachens, als er sich den blassen blauen Fleck am Handrücken geholt hatte ... dieser mußte es sein ... oder jener? Oder doch dieser? Er vermochte den Arm nicht mehr länger oben zu halten, und mit letzter Kraft drückte er den erstbesten Hebel hinein. Der Arm fiel wie ein Zentnergewicht auf die Gummiunterlage ... einen Augenblick geschah nichts ... Und dann sah er aus hohlen Augen zu, wie sich die ziegelrote Decke auf ihn zubewegte, wie sie niedersank, wie ein Vorhang ihn umfing. Das Licht erlosch. Ein Funken knisterte. Ein Kontakt schloß sich ...

Er spürte keine Schwere mehr, keinen Schmerz. Dafür umspielte ihn die Flut der Bilder und Gedanken.

Sehr klar und deutlich: ein Blockdiagramm, Rechtecke, die ihren Platz änderten. Ständig wechselnde Muster.

Vage: eine Terrasse, Kletterorchideen, als Kulisse ein bizarres Mondgebirge.

Flackernd: eine Diskussion, ein Streit fast – um eine Strategie, einen Plan, der das Raumschiff betraf ...

Dumpf: Liebe, Leidenschaft, Trauer, ein Mädchenkopf, bekannte Züge, aber wie durch einen Weichzeichner fotografiert, ein Name: Lucine.

Fordernd: ein Ruf, Appell, eine Frage, eine Aufforderung.

Sanft: eine Hand, über Tasten gleitend, die zirpenden Töne eines Spinetts.

Grell: Verärgerung, Worte, geschrieben oder gesprochen. Etwas verzerrt, aber nun deutlich: *Es sind Verbrecher, glaub' mir – Asoziale, Kranke. Wie wären sie sonst fähig, Gewalt anzuwenden, Leben zu zerstören!*

Eine Antwortstimme, ein Zeichen, oder bloß ein akzentuiertes Denken, gedämpft: *Ich kann es nicht glauben, daß Asoziale einer solch komplexen Organisation fähig sind. Der Anschlag war ausgezeichnet geplant ...*

... und ist schließlich doch gescheitert!

Ich habe, soweit mir die Details bekannt sind, den Informationsgehalt des Planes kurz überschlagen: Er enthielt achtzehn Prozent Redundanz. Bezogen auf den Unsicherheitsfaktor kommt das dem Optimalwert nahe. Das beweist, daß Männer hohen Intelligenzgrades beteiligt sind!

Intelligenz zählt nicht, wenn das Sozialverhalten entartet ist. Diese Menschen sind Ungeheuer. Ihr Ziel ist nicht eine Synthese, wie bei Normalen, sondern die Vernichtung, die Zerstörung der Ordnung. Sie kümmern sich nicht um andere, gehen rücksichtslos ihren destruktiven Zielen nach, ganz gleich, was dabei zugrunde geht. Sie sind Mörder! Mörder ...

Wir sind keine Mörder!

Erregt: Erstaunen, Verwunderung, Fragen ...

Wir sind keine Mörder!

Keine Schrift, keine Sprache. Direkte Kommunikation.

Mortimer riß sich aus dem Bann der fremden Vorstellungen, die für ihn chaotische Abläufe waren – eine Bildwelt, wie sie ein eben Sehendgewordener erlebt, ein Reich der Klänge, wie es ein der Taubheit Entronnener gewahr wird.

Dann wußte Mortimer, daß er selbst geantwortet hatte. Es war seine eigene Antwort gewesen. Er hatte ›gesprochen‹.

Jetzt ›hörte‹ er wieder.

He, melde dich doch! Wer bist du? Bitte, melde dich!

Wie soll ich mich melden? fragte sich Mortimer. Wie kann ich Verbindung mit euch aufnehmen? Wer seid ihr, und in welchem Zustand befindet ihr euch?

Nun langsam und außerordentlich gut verständlich:

Wir gehören zur Besatzung des Schiffes! Zum Forschungsteam. Nur fünf von uns sind ans Kommunikationsnetz angeschlossen. Die anderen sind auch gedanklich stillgelegt.

Mortimer war zu verwirrt, eine Antwort zu versuchen. Dann kam wieder die sanfte überlegene Stimme:

Ich kenne dich doch: Du bist Stanton Baraval! Erinnerst du dich nicht – Derreck Heary, von der Kybernetischen Zentrale. Wir haben zusammen in der Planungsgruppe sieben gearbeitet. Wo bist du? Etwas an dir hat sich verändert! Wie kamst du in das Schiff? Können wir dir helfen?

In Mortimer erwachten Erinnerungen, oder zumindest in jenem, fremden Teil von ihm, den er doch nicht abtrennen konnte.

Ich wurde überwältigt, von einem Unbekannten aufgesogen und ihm hilflos ausgeliefert, rettet mich! So wollte er antworten, doch er unterdrückte diese absurde Reaktion. Statt dessen akzentuierte er:

Die Verbrecher seid ihr! Ihr selbst führt ein Luxusleben, gebt euch euren persönlichen Interessen hin, ohne der Menschheit zu helfen, was doch in eurer Macht stünde! Ihr laßt sie hungern, und habt den Schlüssel zum Überfluß in der Hand. Ihr laßt Kinder sterben, und schließt die Medikamente in euren Tresoren ein. Ich bin nicht Stanton Baraval, und ich will nicht von euch gerettet werden. Ich hasse und verachte euch!

Er hatte nichts anderes als den Wunsch, sich aus diesem Netz zu lösen, das ihn sanft zu umspinnen drohte, er wollte sich von diesen Stimmen absondern, die Saiten in ihm zur Resonanz brachten, die ganz anders klangen als die Antwort, die er gegeben hatte.

Da öffnete sich eine Verbindung, ein Funke riß ab, er spürte Luftzug auf der Haut und ein Gewicht im Magen, er lag offen auf seinem Lager, war wieder dem Schmerz und dem Elend ausgeliefert, und ertappte sich dabei, daß er schluchzte; er spürte Tränen über seine Schläfen fließen, ohne daß es ihm gelang, auch nur die Hand zu heben, um sie abzuwischen. Doch war es gar nicht so sehr der Schmerz, der ihn quälte, als vielmehr das Leid darüber, daß er ehrliche Teilnahme zurückgewiesen, Mitleid brüskiert hatte, freilich ohne es anders zu können. Er klammerte sich noch immer an das, was für ihn die Wahrheit war, obwohl sie ihm längst nicht mehr so glanzvoll schien, wie früher einmal; immerhin war sie noch wert, verteidigt zu werden – ohne Rücksicht auf sich selbst.

13

Obwohl Niklas der offizielle Anführer war, hatte Guido praktisch die Leitung übernommen. Als die Mannschaft drei Tage später wieder zusammenkam, sah man ihr die Anstrengungen der letzten Tage an. Die Leute waren sichtlich abgemagert, die Wangen waren eingefallen, die Augen blutunterlaufen.

»Niklas wird einige Worte zu euch sprechen«, kündigte Guido an.

Der Blinde saß wie immer in seinem Rollstuhl. Seine Stimme klang womöglich noch leiser als das letzte Mal, aber noch immer schwang in ihr der ungebrochene Wille des Mannes:

»Kameraden! Die letzten Tage waren schwer für uns alle. Aber das macht uns nur stark. Wir müssen durchhalten! Durchhalten!« Er machte eine längere Pause, und es schien, als wäre er schon zum Ende gekommen, da begann er wieder: »Unsere Aufgabe ist heilig. Wir sind vorgesehen, die Menschheit zu retten.

Wir können nicht untergehen. Wir können nur siegen!«

Die letzten Worte waren kaum mehr zu verstehen. Bennet wechselte einen Blick mit Guido, dann schob er den Rollstuhl mit dem zusammengesunkenen Niklas hinaus.

Guido ergriff das Wort.

»Kameraden, ich habe euch zusammengerufen, weil es einige Dinge zu regeln gibt, die ihr selbst mitbestimmen sollt.«

»Der Andruck macht uns kaputt«, schrie einer. »Wann hört ihr endlich damit auf?«

»Wir werden noch immer verfolgt«, erklärte Guido. »Ein Dutzend Raumkreuzer ist uns auf den Fersen. Aber unser Schiff ist schneller, wir können ihnen entkommen. Dazu müssen wir beschleunigen – und das geht nun einmal nicht ohne Andruck. Oder wollt ihr den Polizeitruppen in die Hände fallen?«

Ablehnende Rufe wurden laut.

»Nein, niemals. Wir geben nicht auf!«

Guido nickte. »So dachte ich auch. Der Andruck ist das kleinste Übel. Wenn wir wollten, könnten wir noch weitaus stärker beschleunigen. Der Schub des Ionentriebwerks läßt sich noch auf das Zwanzigfache steigern.«

»Und wer soll das ertragen?« rief wieder jemand dazwischen.

»Ich habe eine erfreuliche Botschaft, die diese Sorge betrifft. Wir sind sicher, daß sich auf dem Schiff ein Antigravsystem befindet, das die Wirkung des Andrucks neutralisiert. Wir sind uns lediglich noch nicht darüber klar geworden, wie es in Funktion zu setzen ist!«

Wieder unterbrach ihn jemand: »Stümper!« Guido ließ sich nicht aus dem Konzept bringen. »Wir haben das Schiff einem ausgesuchten Team von erfahrenen Astronauten anvertraut. Es gibt keinen Grund, an ihrer Tüchtigkeit zu zweifeln. Wenn wir Schwierigkeiten haben, so liegt das vielmehr daran, daß dieses Schiff nach völlig neuen Prinzipien gebaut ist. Damit hat niemand gerechnet. Es enthält Anlagen, deren Zweck uns noch rätselhaft ist. Wir können froh sein, daß wir wenigstens den Antrieb und die Steuerung beherrschen.

Viel bedenklicher ist etwas anderes, und ich glaube, es ist am besten, es offen auszusprechen: Bisher ist es uns noch nicht gelungen, die laufende Versorgung mit Luft, Wasser und Nahrung sicherzustellen. Wir haben zwar die Geräte gefunden, aber ihre Kapazität ist einfach zu gering. Im Dauerbetrieb können sie höchstens die Versorgung von zehn Personen gewährleisten. Eine volle Besatzung wie die unsere kann bestenfalls eine Woche auskommen. Dann müßten die Anlagen vier Wochen arbeiten, um die verbrauchten Vorräte wieder zu ersetzen.«

»Das Schiff war doch für eine interstellare Expedition ausgerüstet! Da stimmt doch etwas nicht!«

»Vielleicht hängt es irgendwie mit dem neuen System zusammen. Wir werden das Problem sicher lösen. Eine Gruppe arbeitet schon an Plänen, die Kapazität der Anlagen zu vergrößern.«

Neuerlich ließ sich ein Zwischenrufer hören: »Aber wir haben doch nur noch vier Tage Zeit!«

»Das ist uns bekannt«, gab Guido zurück. »Doch wir sitzen alle im selben Boot. Es bleibt uns nichts anderes übrig, als uns in Geduld zu fassen. Vorderhand heißt es, unseren Verbrauch auf ein Minimum einzuschränken. Es darf kein Wasser mehr zum Waschen oder gar zum Baden verwendet werden. Die Luft hat bereits einen Kohlendioxidgehalt, der an die Grenze des Erträglichen geht – also macht keine unnötige Bewegung, bleibt in euren Betten, ruht euch aus, ihr habt es nötig. Eiserne Disziplin ist Gebot. Übrigens kürzen wir die Lebensmittelrationen weiter um ein Drittel. Und damit Schluß für heute.«

Mortimer empfand den Aufenthalt auf dem Schiff wie einen bösen Traum. Die Erlebnisse der letzten Tage wirkten in ihm nach, die Enttäuschung des Mißlingens hatte ihn ausgehöhlt. Die fremdartigen Gedanken, die immer wieder in ihm aufglommen, verwirrten ihn. Die Beanspruchung der Beschleunigungsphasen und der Hunger schwächten ihn, der Sauerstoffmangel bereitete ihm einen dumpfen Schmerz hinter der Nasenwurzel. Er vermochte die Probleme, die ihn beschäftigten, nur langsam zu überdenken, ohne sich schlüssig zu werden.

Da seine Anwesenheit auf dem Schiff von vornherein nicht geplant gewesen war, gab es für ihn auch keine besondere Aufgabe. Er wurde zu Gelegenheitsarbeiten eingesetzt, zuletzt bei einer Gruppe von Männern, die die Aufgabe hatten, die hydroponischen Anlagen zu vergrößern. Sie holten alle Behälter heran, deren sie habhaft werden konnten – um solche und ähnliche Transportarbeiten zu erleichtern, wurde die Beschleunigung jeden Tag zweimal auf ein halbes g herabgesetzt –, aber sie gestanden sich bald ein, daß diese Mühe umsonst sei. Ehe sie auch nur ein Kilogramm Bohnen oder Bananen ernten konnten, waren sie längst verhungert. Sie erörterten diesen Sachverhalt nicht weiter und erfuhren auch von den anderen nichts Konkretes, aber es bestand kein Zweifel mehr daran, daß sie zum Verhungern, Verdursten oder zum Ersticken verurteilt waren.

Als Mortimer sich in einer der wenigen Stunden normaler Beschleunigung, die ihnen noch gewährt wurden, ein wenig im Schiff umsah, geriet er in einen Bugraum, der wohl als kleines Beratungszimmer dienen sollte. Seine Frontseite nahm eine große Bildwand ein. Der Raum war verdunkelt, aber der Leuchtschirm war eingeschaltet und zeigte einen Augenblick ins All hinaus. Es war das erste sichtbare Zeugnis dafür, daß sie sich im Weltraum befanden, denn das Schiff war von seinem dicken Panzer gegen Protonenschauer und Gammastrahlen lückenlos umgeben und besaß keine Fenster, sondern nur ein paar Flächenantennen. In der Wiedergabe des Bildverstärkers erschienen die Sterne als farbige Schwärme, als pastellgetönte Funken, als Regenbogenschleier. Mortimer setzte sich auf einen Stuhl nahe der Tür. Als sich seine Augen an die Dämmerung gewöhnt hatten, merkte er, daß er nicht allein war. Einige Meter vor ihm saß noch jemand, und zu seiner Überraschung erkannte er, daß es Maida war. Sie mußte ihn bemerkt haben, aber sie sagte nichts und rührte sich nicht. Zögernd stand er auf, ging vor und setzte sich wortlos neben sie. Beide folgten dem stark vergrößerten Ausschnitt des Sternenhimmels, und ohne zu sprechen, fühlten sie, daß es nichts Trennendes mehr zwischen ihnen gab.

Vor ihnen zogen die Sternennebel vorbei, Myriaden Sonnen, zu seltsamen Wolken geballt, Nebel, in Spiralen, Disken und Kugeln. Zum ersten Mal spürten sie, wie einsam sie waren inmitten der absoluten Leere, und wie dringend einer den anderen brauchte, um diese Einsamkeit zu ertragen.

Am sechsten Tage der Reise rang sich Mortimer zu einem Entschluß durch. Er suchte Guido auf und schlug ihm vor, sich mit den Wissenschaftlern zu einigen.

»Ich bin überzeugt davon«, meinte er, »daß in diesem Schiff alle Vorkehrungen für eine jahrelange Weltraumfahrt getroffen sind. Aber sie nützen uns nichts, solange wir sie nicht zu nützen verstehen. Es kann aber doch kein Zweifel daran bestehen, daß die Forscher diese Anlagen beherrschen. Wir müssen sie dazu bringen, uns zu helfen.«

»Und warum sollen sie das tun?« fragte Guido. Diesen Einwand hatte Mortimer vorhergesehen.

»Wenn der Sauerstoff verbraucht ist, gehen auch sie zugrunde.«

»Sie verharren noch immer in ihrem starren Zustand«, gab Guido zu bedenken. »Sie scheinen sich selbst irgendwie in der Besinnungslosigkeit zu halten. Wie sollen wir Kontakt mit ihnen aufnehmen?«

»Ich habe schon Kontakt mit ihnen aufgenommen«, erklärte Mortimer und berichtete von dem seltsamen Gespräch, das er geführt hatte.

Guido dachte einige Augenblicke lang nach. »Eigentlich hast du gegen den Befehl gehandelt. Wer weiß, ob es nicht gefährlich ist, solche Kontakte aufzunehmen? Wenn das stimmt, was du berichtest, müssen wir mit Suggestion und dergleichen rechnen. Aber vielleicht war es doch ganz gut, daß du es versucht hast. Zunächst will ich den anderen allerdings nichts davon sagen. Vielleicht würden sie es als ein Paktieren mit dem Feind ansehen. Aber immerhin – es ist vielleicht ein Ausweg. Wenn es nicht gelingt ...« Er ließ die Worte im Raum hängen. Sie wußten beide, was es bedeutete, wenn es ihnen nicht gelang. Guido hatte Bedenken, Mortimers Experiment selbst zu wiederholen. Sie gingen in dessen Kabine, und Mortimer ließ sich auf seinem Bett nieder. Entschlossen drückte er den Hebel hinunter. Die Mechanik arbeitete prompt, die Decke senkte sich hernieder. Mit einer Art mentalen Einrastens war die Verbindung hergestellt. Wieder überschwemmte ihn eine Flut von Gedanken, Vorstellungen, Gefühlen ...

Er achtete nicht darauf, sondern dachte an Derreck, so als versuche er den Namen auszusprechen, ohne die Zunge zu bewegen.

Hallo, Derreck! Hallo, Derreck! Bitte melden!

Bist du's, Stanton? antwortete jemand aus dem Durcheinander der Eindrücke heraus. *Hier ist Derreck. Wer ruft?*

Hier ist Mortimer Cross. Ich bin beauftragt, mit euch zu verhandeln. Ich möchte euren Chef sprechen!

Oh! Es war nicht der Laut ›oh‹, aber ein Impuls der Überraschung, der ihm entsprach.

Einen Moment, ich muß ihn wecken.

Mortimer vernahm den Ruf *Professor van Steen! Professor van Steen!* Zugleich erschien das Bild eines alten Mannes mit kurzgeschorenem weißem Haar – des gefangenen Wissenschaftlers, den Mortimer schon gesehen hatte.

Ein Unterhändler, Professor!

Eine neue Stimme, dunkel und bestimmt.

Über den mentalen Kanal?

Ja!

Gut, ich bin bereit.

Mortimer beobachtete mit Genugtuung, daß er sich schon ausgezeichnet auf einzelne Strömungen in dem Gewirr der Vorstellungen konzentrieren konnte. Und offenbar gelang es ihm auch, sich verständlich zu machen, denn die anderen antworteten unverzüglich.

Hier Mortimer Cross. Ich will es kurz machen, Professor. Sie dürften sich Ihrer Lage bewußt sein.

Das sind wir. Und weiter?

Sie sind in unserer Hand, und es ist am besten für Sie, das anzuerkennen. Wir haben gewisse Schwierigkeiten mit der Bedienung des Schiffes, und wir verlangen, daß Sie uns helfen.

Ihr kommt mit dem System nicht zurecht. Das war zu erwarten. Wobei gibt es Schwierigkeiten?

Mortimer überlegte kurz, sah aber ein, daß es sinnlos wäre, etwas zu verschweigen.

An der Nahrung, dem Wasser, dem Sauerstoff. Wir kommen damit nicht aus.

Ihr habt euch wohl vorgestellt, man fährt in einem interstellaren Raumschiff wie in einer Postkutsche? Das Überwinden der Beschleunigungsschranke, der Protonenmauer – das sollte wohl mit einer Art fliegendem Ozeandampfer zu bewerkstelligen sein? Die Geschwindigkeitsgrenze, jenseits derer das harmlose Sternenlicht zum tödlichen Gammaregen wird; die Spanne einer menschlichen Generation, über die eine sinnvolle Forschungsarbeit nicht hinausgehen kann – das wollt ihr wahrscheinlich in einer Art Speisewagen erleben, mit Ausblick auf die Sternennebel! Was bedeutet dagegen die Frage der Ernährung, der Lufterneuerung!

Für uns bedeutet sie viel – momentan. Und genau genommen, auch für Sie.

Eine unformulierte Frage war die Reaktion auf diesen Einwurf. Mortimer verstand, was gemeint war.

Wenn die Luft keinen Sauerstoff mehr enthält, dann sind auch Sie und die Angehörigen Ihres Teams verloren. In welchem Zustand auch immer Sie sich befinden mögen – Sie brauchen Sauerstoff. Ist er verbraucht, so gehen auch Sie zugrunde.

Irrtum! Durch einen hormonellen Eingriff, den ich jetzt nicht näher erläutern kann, haben wir unseren Metabolismus auf ein Fünftel der normalen Reaktionsgeschwindigkeit herabgesetzt. Wenn wir alle unsere Hilfsmittel einsetzen, können wir noch weitaus tiefer gehen. Dementsprechend benötigen wir auch nur ein Fünftel jener Sauerstoffkonzentration, die normalerweise erforderlich ist und die Sie und Ihre Leute brauchen. Das heißt, daß wir noch lange leben, wenn Sie längst erstickt sind. Sie können meinen Worten vertrauen: In der langen Zeit, die wir uns im Schiff aufhalten würden, wäre es sinnlos, Körperenergie zu verschwenden. Nur das Denken bleibt nützlich wie immer, doch dessen Energieverbrauch ist minimal. Da es nur in der Kommunikation mit anderen zu Ergebnissen führt, haben wir an den Kopfenden der Ruhelager Antennen angebracht, die die Gehirnströme aufnehmen; dazu brauchen Sie übrigens die Antigravspulen nicht zu schließen. Von dort werden sie nach einigen Verstärkungsschritten in einen Computer geleitet, der sie analysiert und von den informationsleeren Reaktionsströmen reinigt. In dieser Form werden sie an alle Stellen geleitet, an denen die kombinierten Empfangs- und Sendeeinheiten angebracht sind. Dort werden sie schließlich fokussiert und an die automatisch angepeilten Zentren in der Hirnrinde geleitet. Sie sehen also, es ist kein Zauber dabei. Nur hochentwickelte Biotechnik.

Wir haben keinen Augenblick an Zauberei gedacht, wehrte sich Mortimer.

Um so besser! Dann wissen Sie wenigstens, womit Sie sich auseinanderzusetzen haben. Geben Sie sich keinen Illusionen hin – das ist auch der Grund dafür, daß ich Ihnen das überhaupt erzähle.

Ich zweifle nicht an der Wahrheit dessen, was Sie sagen. Aber trotz Ihres enormen technischen Wissens bleibt die Tatsache bestehen, daß wir mit Ihnen tun können, was wir für richtig halten. Die Mehrzahl meiner Kameraden ist beispielsweise dafür, Sie ohne Erbarmen dem Vakuum auszusetzen, sofern Sie uns nicht von Nutzen sind. Helfen Sie uns – und Sie kommen mit dem Leben davon.

Und wie garantieren Sie mir das?

Gar nicht, antwortete Mortimer.

Dann möchte ich unser Gespräch für beendet ansehen.

Der klare Gedankenstrom brach ab, dafür trat nun der Untergrund anderer Eindrücke wieder stärker hervor. Mortimer merkte, daß es ihm immer besser gelang, willkürlich einzelne Fäden herauszugreifen und zu verstehen, genauso wie es möglich ist, aus einem Stimmengewirr einzelne Redner herauszuhören.

Einen Moment, Professor, so bleiben Sie doch.

Es war vergeblich, der Chef der Gruppe meldete sich nicht mehr. Im Gegenteil, plötzlich wurden die Geräusche dünner, die Bilder blasser, es war, als stellte einer nach dem anderen seine Gedanken ab.

Schon wollte Mortimer seine Versuche aufgeben, als er wieder einen Gedankenstrom auffing, ein dünnes Rinnsal trüber Vorstellungen, und dann einen zaghaften Ruf.

Mortimer Cross, sind Sie noch da? Können Sie mich hören?

Sofort konzentrierte er sich wieder und stellte einen besseren Kontakt her – er sah ein junges Gesicht, er erkannte das Mädchen wieder, das Mädchen im weißen Mantel, das ihm unter den Gefangenen aufgefallen war, das Mädchen, dessen Bild er auch von seinem ersten Kontaktversuch her in Erinnerung hatte – offenbar als belauschte Vorstellung eines, der sie liebte. Und nun erkannte er sie wieder, nicht wie ein fotografisches Abbild, sondern eher von innen heraus wie etwas Altbekanntes, Vertrautes.

Hier Mortimer Cross. Ja, ich bin noch da. Was wollen Sie?

Die Stimme, oder besser das, was bei dieser Art der Verständigung der Stimme entsprach, war rührend.

Hier Lucine Villiers. Ich bin die Assistentin von Professor van Steen. Ich habe Ihr Gespräch gehört.

Aha. Und was kann ich für Sie tun?

Hören Sie! Die anderen haben abgeschaltet, sie schlafen, wenn Sie es so nennen wollen. Niemand belauscht uns, ich bin sicher.

Schön, sagte Mortimer. *Was haben Sie mir zu sagen.*

Eigentlich nichts. Aber bitte, bleiben Sie da! Nur eine Frage: Würden Sie uns wirklich – töten?

Es war doch mehr als eine Frage, eben weil es nicht nur Worte waren, sondern weil die Angst mitschwang, die Lust, jung zu sein und zu leben, die Sorge, das alles zu verlieren. Weil diese Gefühle alle mit übertragen, mit empfangen wurden.

Es wird nicht so weit kommen, meinte Mortimer. *Ihre Kollegen werden einsehen, daß ihnen nichts anderes übrigbleibt, als uns zu helfen.*

Nein, ich bin sicher, das werden sie nicht. Sie lassen sich nicht zwingen. Lieber wollen sie sterben. Sie sagen, wir werden nicht leiden, nicht das Geringste spüren. Aber es ist doch alles aus danach, nicht wahr?

Mortimer antwortete nicht.

Würden Sie uns denn wirklich umbringen? Ich kann es nicht glauben. Wenn ich so Ihre Gedanken spüre . . . Sie sind doch kein Verbrecher? Sie werden es nicht tun – Sie können es gar nicht!

Sagen Sie mir, wie wir mit der Lufterneuerung fertig werden, oder sagen Sie mir zumindest, wie man die Körpervorgänge verlangsamt; das würde uns auch schon helfen. Dann geschieht Ihnen nichts – das garantiere ich.

Was ihm entgegenschlug, war Enttäuschung, Trauer.

Wie können Sie so einen Vorschlag machen! Was denken Sie von mir! Aber selbst, wenn ich es wollte: Es ist zu kompliziert. Eine Injektion, aber mit Eiweißkörpern, die für jede Person anders sind. Geben Sie sich keine Mühe, Sie kriegen es nicht heraus. Sie tun mir leid, Mortimer. Sie sind nicht unsympathisch, nur verhärtet. Leben Sie wohl!

Sie hockten apathisch auf dem Boden, sie warteten, aber sie hatten keine Hoffnung mehr. Sie waren schwach und ausgemergelt, die Rationen waren auf lächerliche Happen zusammengeschrumpft, die nur die Gier anfachten, aber nicht sättigten. Wasser gab es gerade noch genügend, doch die Luft war so verbraucht, daß die Furcht, ersticken zu müssen, nach jeder körperlichen Anstrengung geradezu unerträglich wurde.

»Kameraden«, sagte Guido, »ich danke euch dafür, daß ihr gekommen seid. Ihr wißt es selbst: Unsere Lage ist verzweifelt.

Wir sind an einem Punkt angelangt, wo wir einen Entschluß fassen müssen. Unser Luftvorrat reicht nur noch für zwei Tage. Die Nahrungsmittel ließen sich zwar noch weiter strecken, aber was sollte das unter diesen Umständen für Nutzen haben? Ihr dürft uns glauben, daß wir unser Möglichstes getan haben – aber es gibt einfach keine genügenden Vorräte, und die Regenerationsanlagen reichen nicht aus. Praktisch gibt es für uns nur noch zwei Wege – entweder wir ergeben uns . . .«

»Das wäre schlimmer als der Tod!«

»Kommt nicht in Frage!«

»Ihr wißt, was das bedeuten würde – die Entpersönlichung!« Guido wies die Zwischenrufer mit einer Handbewegung ab.

»Die zweite Möglichkeit: Wir fahren weiter und ersticken.«

Jetzt schwiegen sie. Dann meldete sich ein Mann mit rostrotem Haar und einem braunfleckigen Gesicht.

»Es gibt eine Zwischenlösung. Fünfundzwanzig von uns sterben freiwillig. Zehn bleiben am Leben. Für diese reichen die Regeneratoren aus!«

Jetzt erwachten sie alle aus ihrer Apathie, als wäre jemand mit einer Peitsche zwischen sie gefahren.

»Und wer sind die zehn Auserwählten!«

»Die Jüngsten von uns natürlich!«

»Weil du dazu gehörst . . .«

»Wir stimmen ab!«

»Nein, wir losen!«

Währenddessen hatte sich die Tür des Lastenaufzugs geöffnet, der Rollstuhl von Niklas erschien. Bennet schob ihn vor, und machte mit der Hand ein Zeichen, das Ruhe forderte.

»Seid still! Niklas will zu euch sprechen!« rief Guido.

Der Blinde zuckte zusammen. Er hob den Kopf, der langsam hin- und herpendelte, wie von schwachem Seegang gerührt. Langsam, wie widerwillig verstummte das Geschrei:

»Kameraden, die Stunde der Bewährung ist gekommen. Jetzt heißt es durchhalten!« Er stockte, atmete heftig. »Wenn wir diese Prüfung überstehen, haben wir gesiegt! Wir müssen uns selbst überwinden ... zum Sieg! Durchhalten ... durchhalten ...« Er riß sich zusammen, hob den Mumienkopf, die blinden Augen blickten ins Leere. »Das Schicksal macht uns stark. Haltet aus, Kameraden ...«

Die Männer waren noch erregt, und sie hörten Niklas mit wachsender Unruhe zu. Schließlich rief einer: »Geschwätz!«

Einen Augenblick war es bedrückend still. Dann ging ein Wirbel durch die Reihen.

»Schluß damit!«

»Wir brauchen keine Predigt!«

»Gib uns Sauerstoff!«

»Verschwinde!«

Niklas saß wie erstarrt. Jetzt bewegte sich nicht einmal mehr sein Kopf. Man hätte daran zweifeln können, ob noch Leben in diesem Körper war. Bennet trat rasch vor und schob den Rollstuhl zurück in den Lastenaufzug. Die Schiebetür klappte zu, und beide verschwanden.

Die Empörung hatte sich gelegt, statt dessen kam eine erregte Diskussion in Gang. Guido fürchtete, daß mit der Autorität des Anführers auch die Disziplin verlorengehen würde. Er bemühte sich, den Lärm zu überschreien, aber es gelang ihm nicht. Eine kleine, stämmige Frau hatte mit ihrer schrillen Stimme die Aufmerksamkeit auf sich gelenkt.

»An allem sind die Wissenschaftler schuld, die irgendwo im Schiff schlafen und uns die letzten Reste Sauerstoff stehlen. Wir brauchen das nicht länger zu dulden! Werft sie hinaus, die Schmarotzer! Hinaus mit ihnen, ins Vakuum!«

Ein Gebrüll antwortete ihr. Es sah aus, als würden jetzt die letzten Reserven mobil, als schlüge die Flamme noch einmal hoch, bevor sie endgültig erstarb.

»Wo sind sie? Hinaus mit ihnen!«

Ein paar Besonnene versuchten dagegen anzukämpfen, aber sie vermochten nichts auszurichten. Das Fieber der Hysterie griff blindlings um sich.

Unvermittelt öffnete sich die Tür des Lastenaufzugs wieder.

Einige wurden darauf aufmerksam, und das Geschrei legte sich ein wenig. Es verstummte vollends, als Bennet schreckensbleich heraustaumelte.

»Niklas ist fort!« schrie er. »Es muß etwas geschehen sein. Hört euch das an!« Er hob ein Magnetophonkästchen und schaltete ein. Noch einmal tönte Niklas' tonlose Stimme: »Das ist die letzte Prüfung. Wenn wir sie durchstehen, sind wir gerettet. Ich gehe euch voran, folgt mir. Wir gehen in die Freiheit ein, in die ewige Freiheit . . .« Mit einem Knacken brach die Aufnahme ab.

»Wir müssen ihn suchen«, schrie Bennet. »Helft mir! Sonst passiert etwas!«

»Was soll passieren?« rief einer. »Er ist wahnsinnig geworden, das ist alles.«

»Er kann nicht weit sein, mit seinem Stuhl kommt er nur langsam voran.«

Plötzlich schrie ein junger Mann kreischend auf: »Der Druck nimmt ab. Wir verlieren Luft! Hilfe, wir ersticken!«

Jetzt sprangen alle auf, und in diesem Moment meldete sich auch der Lautsprecher:

»Hier spricht die Zentrale. Von Deck C ist Luft entwichen. Es besteht keine unmittelbare Gefahr. Der Druckabfall ist gering. Die Sicherheitstüren sind geschlossen. Angehörige des Reparaturteams in Vakuumanzügen auf Deck C. Ich wiederhole: Angehörige des Reparaturteams auf Deck C. Wir melden uns wieder. Ende.«

Einige Männer rannten zur Treppe. Die anderen standen schreckensbleich herum, ihre Augen hingen am Lautsprecher.

Es knackte, und eine aufgeregte Stimme schrie: »Die Schleuse ist geöffnet! Mann über Bord!«

Jetzt hielt die Menschen nichts mehr beisammen. Einer nach dem anderen verschwand im Ausgang.

Mortimer erinnerte sich an den Bildschirm im kleinen Verhandlungszimmer, und er stieg ins obere Geschoß hinauf. Er schaltete den Bildschirm ein und dämpfte die Raumbeleuchtung.

Hastig drehte er an der Höhen- und Breiteneinstellung ... die Sterne zogen still über die Rechteckfläche. Da! Etwas Fremdes, Ungehöriges, Absurdes: ein Rollstuhl schwebend inmitten des Gefunkels, in langsamer Drehung begriffen ... Jetzt kippte die Lehne, und gab die Sicht auf die menschliche Gestalt frei, die ohne Schutzanzug darauf saß, von zwei schmalen Riemen gehalten. Der Unterleib war unter einer Decke verborgen. Es war Niklas, der hier in den Raum hinaustrieb, langsam kleiner wurde, sich weiter drehte, das Gesicht mit den trübe blinkenden Haftscheiben erhoben, als lausche er auf etwas, was nur er verstehen konnte – im Tode wieder achtunggebietend, einsam und unangreifbar wie einst.

14

Als sich der Rollstuhl so weit entfernt hatte, daß er nur noch als winziger Schattenfleck zu erkennen war, der vor dem Schleier der Sternnebel dahinzog, fühlte Mortimer eine Hand auf seiner Schulter. Es war Guido, und hinter ihm stand Breber.

»Wir wollen noch einen letzten Versuch machen«, sagte Guido, »uns mit den Wissenschaftlern zu einigen. Haben sie nicht angeregt, wir sollten auf die Erde zurückkehren und sie irgendwo aussetzen?«

»Gewiß. Bei meinem ersten Kontakt.«

»Dann müssen sie uns helfen«, folgerte Guido. »Sonst können wir ihren Wunsch nicht erfüllen.«

»Wollt ihr umkehren – zur Erde zurück?« fragte Mortimer.

»Wir werden sehen. Komm jetzt! Ich erkläre dir, was wir vorhaben.«

In seiner Kabine angekommen, legte sich Mortimer aufs Bett. Er hatte inzwischen die kleine Schalttafel an der Wand genau studiert, und glaubte zu wissen, wie er sich in das Kommunikationsnetz einschalten konnte, ohne zugleich unter der Deckmatte begraben zu werden, die ihn vor dem Andruck schützte, aber auch von der Umwelt abschloß. Er drückte einen Knopf hinein, und tatsächlich waren ihm augenblicklich die fremden Gedankenmuster gegenwärtig.

Ich rufe Professor van Steen! dachte er und bemühte sich, die Worte deutlich voneinander zu trennen. *Wir haben einen Vorschlag zu machen. Bitte antworten Sie!*

Er spürte verschiedene Gefühlseindrücke von Ablehnung bis gespannter Erwartung. Es gelang ihm sogar, Lucines Regungen aufzufangen, und er konnte sich nicht enthalten, ihr einen nicht näher umschriebenen ermutigenden Impuls zugehen zu lassen.

Hier van Steen. Was wünschen Sie?

Ich handle im Auftrag der Schiffsleitung. Ich habe Ihnen zu sagen, daß wir bereit sind, Sie und Ihre Leute am Leben zu lassen, zur Erde zurückzukehren, und Sie auszusetzen, so daß Sie mit Ihren Behörden in Verbindung treten, an Ihre Arbeitsplätze zurückkehren können. Allerdings müssen Sie uns dann sofort helfen!

Dieser Vorschlag liegt lange zurück. Er gilt nicht mehr. Die Zeit hat für uns gearbeitet. In Kürze werden wir befreit sein, ohne auch nur einen Finger zu rühren.

Mortimer sagte laut zu Guido: »Er lehnt ab.«

Guido nickte ihm zu. Mortimer konzentrierte sich wieder auf seinen Verhandlungspartner.

Sie irren sich! Da es für uns keine Rettung mehr gibt, werden wir das Schiff vernichten.

Kurzes Zögern, unterdrückte Unsicherheit. Mortimers Zuversicht erhielt merklichen Auftrieb.

Das glaube ich Ihnen nicht. Kein Mensch gibt sich auf, solange noch Hoffnung besteht; und Hoffnung besteht, solange er lebt. Und sollten Sie an eine Verzögerungsschaltung denken, eine Zeitbombe oder etwas Ähnliches, dann wäre das töricht. Wir schalten sie ab, sobald Sie bewegungsunfähig geworden sind.

Mortimer nahm einen Gefühlseindruck, eine Meinung oder

eine Einstellung wahr, die ihn wieder etwas zweifeln ließ: Der Professor hatte den Anflug der Hoffnung aufgefangen und seine Haltung versteift. Mortimer mußte das letzte verzweifelte Mittel anwenden.

Jetzt hören Sie gut zu, Professor! Sie haben es bisher nur mit Menschen zu tun gehabt, deren psychische Kräfte und Antriebe dem Durchschnitt entsprachen. Wir sind zwar keine Ungeheuer, wie einer Ihrer Mitarbeiter meint, aber wir sind in viel höherem Maße bereit, Opfer zu bringen, um ein Ziel zu erreichen, unsere eigenen Bedürfnisse zu unterdrücken. Dazu kommt, daß wir zu verzweifeln beginnen. Das mag Sie mit Triumph erfüllen – in Wirklichkeit ist es höchst gefährlich für Sie. Verzweifelte handeln nicht stets nach der Norm. Und falls Sie meinen, daß sich bei einer Abstimmung immer noch die am Leben hängende Mehrheit durchsetzen würde, dann darf ich Ihnen sagen: Wir stimmen nicht ab. Es sind einzelne unter uns, die absolut keine Rücksicht auf die Wünsche anderer nehmen. Einer von ihnen ist Breber. Vielleicht haben Sie schon von ihm gehört. Er ist bewaffnet, und ich nicht. Selbst ich kann ihn nicht daran hindern, das zu tun, was er sich vorgenommen hat.

Mortimer bemühte sich nicht, seine Gefühle und Ansichten zu verschließen. Im Gegenteil – so gut er konnte, offenbarte er seine Meinung über Breber, so wie er ihn beurteilte, nach allem, was er von ihm wußte. Er rief sich Details ins Gedächtnis, Einzelheiten über Einsätze, bei denen sich Breber hervorgetan hatte, seine Grausamkeit, seine Zerstörungswut. Er malte wildbewegte Szenen aus, Bilder des Untergangs und des Grauens – glühende Dämmwände, weiße Metallschmelzen, das Bersten des Schiffs.

Er wird ... van Steen zögerte offenbar, den Gedanken zu Ende zu denken.

Er wird es tun, bestätigte Mortimer. *Verlassen Sie sich darauf!* Er spürte, daß der andere Angst bekam, eine beherrschte, ethisch untermauerte Angst – er dachte an seine Mitarbeiter, an das Schiff und dessen Aufgabe –, aber immerhin Angst. Und wieder ertappte sich Mortimer beim triumphierenden Gefühl, gewonnen zu haben, und wieder verschloß sich die Bereitschaft des anderen zum Nachgeben prompt. Mortimer fühlte ganz deutlich – das ausgemalte Bild der Zerstörung tat seine Wirkung, aber der Professor schreckte vor der Möglichkeit zurück, irgendwie getäuscht oder überrumpelt zu werden.

Wer garantiert, daß Sie sich an unsere Abmachung halten? formulierte er seine Zweifel.

Professor, ich glaube, Sie sind sich Ihrer Situation doch nicht ganz bewußt. Es ist jetzt fünfzehn Uhr vierzig. Breber wird gleich zum Radiator gehen, um ihn aufzuheizen. Es wird etwa zwanzig Minuten dauern, bis die kritischen Werte erreicht sind. Der einzige, der ihn zurückhalten kann, sind Sie. Ich werde Ihnen einen letzten Vorschlag machen. Doch zuerst eine Frage: Sie können sich doch sicher jederzeit kurzfristig aus Ihrer Erstarrung lösen, oder nicht? Wie lange brauchen Sie dazu?

Als der Professor zögerte, fuhr Mortimer fort:

Sie brauchen mir nicht zu antworten. Wenn Sie es nicht vermögen, ist sowieso alles verloren. Ich rate Ihnen: Kehren Sie so rasch wie möglich in den Normalzustand zurück. Ich werde Sie erwarten und zum Radiator bringen. Sie können sich selbst überzeugen – und handeln, wie Sie es für richtig halten.

Mortimer richtete sich auf, schaltete die Verbindung ab und sagte: »Wir kommen nicht darum herum!«

»Sollten wir nicht lieber versuchen, es aus ihm herauszuprügeln?«

»Nein«, antwortete Mortimer. »Wir sind auf seinen guten Willen angewiesen. Unsere Kenntnisse genügen nicht, beurteilen zu können, ob er uns nicht mit technischen Tricks übers Ohr hauen will. Er könnte alles Mögliche mit uns anstellen – uns einem tödlichen Gasgemisch aussetzen und so weiter. In Wirklichkeit sind wir viel mehr in seiner Hand, als er vielleicht weiß. Wir können nur hoffen, daß er an ein ehrliches Spiel glaubt und sich deshalb an die Regeln hält.«

Breber öffnete die Tür. »Schluß mit dem Getrödel! Fangen

wir endlich an. Ich werde ihnen einheizen.« Er lief eilig davon.

Der Posten vor dem Labor mit den gefangenen Wissenschaftlern hatte die Tür geöffnet. Guido und Mortimer beobachteten die reglose Gestalt van Steens mit wachsender Unruhe.

»Hoffentlich kann er sich selbst erwecken«, meinte Guido.

»Daran zweifle ich nicht«, entgegnete Mortimer. »Sie beherrschen das Gehirngeschehen so gut, daß sie zweifellos durch bestimmte Denkvorgänge, beispielsweise von Codes, Buchstabenkombinationen und dergleichen, Schaltvorgänge auslösen können. Unter Umständen könten auch die Wunschbilder allein genügen. Wahrscheinlich sind es nur gewisse Kontrollautomaten zum Schutz von Menschenleben, die uns davor schützen, daß er schon jetzt einen für uns schädlichen Befehl gibt.«

Guido verkniff zweifelnd das Gesicht.

»Warum läßt er sich soviel Zeit?«

Nach einer Weile fuhren sie beide gleichzeitig auf. Ein Zittern ging durch den Körper des Gelehrten, seine Wangen röteten sich rasch, dann flatterten die Augenlider, und die Hände schlossen und öffneten sich abwechselnd.

Guido blickte auf die Uhr. »Noch sieben Minuten.« Mortimer trat an van Steen heran, um ihm beim Aufstehen zu helfen, doch der Arm, den er packte, fiel kraftlos zurück.

Aus dem Heck des Schiffes drang ein Rauschen.

»Wenn es nur nicht zu spät wird!« Guido konnte seine Unruhe nicht länger bezähmen. Mortimer deutete auf das Gesicht des Professors. Die Augen waren geöffnet. Die Lippen bewegten sich. Ächzende, geflüsterte Worte drangen dazwischen hervor, waren nur schwer zu verstehen.

»Eine Minute noch . . . gleich bin ich . . . wieder in Ordnung.«

»Wenn er sich nicht beeilt, dann brät uns Breber wie Hähnchen am Spieß«, sagte Guido. »Kein sehr erfreulicher Gedanke.«

Der Professor hatte die Zeit aber richtig eingeschätzt. Nach einer Minute erhob er sich, wenn auch mit Mühe, glitt vom Lager herab, und ging einige taumelnde Schritte vorwärts. Guido und Mortimer stützten ihn und brachten ihn zum Aufzug. Dreißig Sekunden später standen sie im Schaltraum, im Mittelteil des Schiffes, von dem aus der Reaktor, die Wasserstoff-Ionisierungsanlage und das Beschleunigungssystem zu steuern waren. Breber saß auf dem fahrbaren Bedienungssessel, eine Zigarette im Mundwinkel und eine Flasche Whisky in der Hand – wer weiß, wo er sie aufgetrieben hatte! Er hatte die Augen halb geschlossen, ein verzückter Ausdruck breitete sich auf seinem Gesicht aus.

Van Steen riß sich von den Helfern los und wankte zur Schalttafel. Die Aufheizgeschwindigkeit des Mesonen-Antimesonen-Plasmas war auf den Maximalwert geschaltet. Die schwarze Linie des Temperaturzeigers näherte sich dem roten Bereich. Im Moment herrschten in der Kammer 400 Millionen Grad Mesonentemperatur.

»Bluff!« urteilte der Professor, aber er fühlte sich nicht wohl in seiner Haut.

»Sie werden sich noch wundern«, kündigte Guido an.

450 Millionen Grad.

500 Millionen – die Sicherheitsgrenze.

»Ein durchsichtiges Manöver«, ächzte van Steen. »Das automatische Kontrollsystem schaltet sich von selbst aus, sobald Gefahr besteht.«

Guido antwortete nicht, doch er deutete wortlos auf einen Teil des Schaltpults, von dem der Deckel abgehoben war. Die Ordnung der Struktur war selbst für das ungeschulte Auge erkennbar gestört – einige Drähte waren mit Krokodilklammern an Kontakten befestigt und überbrückten dazwischenliegende Schaltelemente.

Van Steen holte ein Taschentuch heraus und trocknete sich die Stirn.

»Aber er wird doch nicht so wahnsinnig sein . . .«

Guido trat auf ihn zu und packte ihn bei den Schultern.

»Um Gottes willen, Mensch, begreifen Sie denn nicht, daß wir wirklich bis zum Letzten gehen!«

Der Professor schüttelte den Kopf.

Der Raum war von einem Dröhnen erfüllt, das schon allein aus seiner gewaltsamen Kraft heraus beängstigend wirkte. Nun mischte sich ein neuer Ton hinein, ein Singen wie von einer Kreissäge. Breber lauschte, als höre er Musik. Mortimer beobachtete es mit Besorgnis.

550 Millionen Grad . . .

600 Millionen Grad . . .

»Bluff«, sagte van Steen wieder. »Es ist ein Sicherheitsabstand berücksichtigt. Ihr kennt ihn ganz genau – aber ich kenne ihn auch, er endet erst bei 700 Millionen Grad.«

Allmählich wurde die Klimaanlage mit der Abkühlung nicht mehr fertig. Von der Seitenwand her strahlte die Hitze in den Raum, kroch heran wie ein Tier.

650 Millionen Grad . . .

700 Millionen.

Die letzte Grenze war überschritten. Die Hitze unterband den Atem. Der Schweiß lief in Bächen über die Haut. Plötzlich lag ein roter Schimmer über der Einrichtung, auf den Wänden, auf der Kleidung, auf verzerrten Gesichtern. Er kam von einem purpurnen Fleck auf der Seitenwand, die der Plasmakammer am nächsten war. Ein brenzlicher Geruch breitete sich aus. Die Lakkierung der Instrumentenumkleidung verflüssigte sich und rann in moosartigen verzweigten Rinnsalen zu Boden. Der Fleck auf der Wand wurde orangerot, gelb . . . auf einmal wölbten sich die Ränder hoch, und ein Klumpen von verflüssigtem Isolationsmaterial beulte sich aus wie ein riesiger zäher Tropfen, floß in den Raum, ergoß sich über den Boden, wobei es einen Streifen von verkohlendem Bodenbelag vor sich herschob.

800 Millionen Grad!

Jetzt brach van Steen zusammen. »Aufhören! Ihr Wahnsinnigen! Ich bin bereit. Ich nehme die Bedingungen an. Aber hört sofort auf!«

Guido sprang zum Schaltpult vor und griff nach dem Hebel der Temperaturregelung. Da drehte sich Breber herum und stieß ihn zurück. Sein Gesicht war eine grinsende Maske. Der Speichel lief ihm aus den Mundwinkeln.

»Finger weg!« brüllte er.

Das Dröhnen und Kreischen war so laut geworden, daß man die Worte kaum vernahm, aber die Gesten Brebers waren unmißverständlich. Er riß die Gammapistole hoch und richtete sie auf Mortimer, der den unwillkürlichen Ansatz einer Fluchtbewegung gemacht hatte.

»Breber, hör doch, er hat zugestimmt!« schrie Guido, und wollte auf diesen zulaufen, aber ein Gammastrahl versengte den Boden vor ihm und warf ihn zurück.

»Aufhören, Breber! Abschalten!«

»Glaub ihm nicht!« brüllte Breber. »Der alte Schuft will uns betrügen. Ich mache Schluß. Untergang im Feuerzauber! Finale in der Hölle!«

Mit dem Fuß stieß er den Hocker gegen die glühende Wand – der Schaumgummisitz ging in Flammen auf. Rauch verdunkelte die Sicht. Die Luft war nicht mehr atembar. Van Steen fiel zu Boden.

Mortimer preßte sein schweißnasses Taschentuch vor die Nase. Er hatte das Gefühl, am Ende seiner Kräfte zu sein, aber noch hoffte er auf eine Chance, das Schiff und damit auch das eigene Leben zu retten. Durch tränende Augen beobachtete er Breber, der mit der rechten Hand noch immer seinen Strahler hin- und herschwenkte, mit der linken aber alle Gegenstände ergriff, die er erreichen konnte und in die Flammen warf. Das Rinnsal der dampfenden Schmelze näherte sich ihm von rechts, und nun brach ein Stück Decke polternd herab, und Breber mußte beiseite springen ... In diesem Moment drückte Mortimer rasch auf den Lichtschalter, den er hinter sich gefühlt hatte, und im gleichen Moment verwandelte sich der Schaltraum in eine glühende und rauchende Vulkanlandschaft – und der teuflische Schatten Brebers, der sich noch im Sprung befand, wankte, strauchelte und sank zu Boden. Sein Schreien, oder war es sein brüllendes Gelächter? übertönte selbst den höllischen Aufruhr der Elemente.

Mortimer drückte wieder auf den Schalter – trübes Licht füllte den Raum wie eine Flüssigkeit ... Brebers Körper lag unbewegt in der dampfenden Lavamasse. Mortimer sprang vor und riß den Hebel der Temperaturregelung auf Null herab. Die Haut seiner Finger blieb daran kleben, denn der Knauf war glühend heiß ... Er sah, daß Guido die Tür geöffnet hatte und van Steen hinauszerrte ... Mortimer fühlte eine seltsame Schwäche in seinen Beinen ... der Raum verdunkelte sich vor seinen Augen – die Lichtleitung war geschmolzen ... er stand inmitten einer brodelnden Masse aus Rauch und Lava ... und in einem letzten hellen Augenblick, in dem ihm die Angst, das Bewußtsein zu verlieren, zu einer ungeheuren Kraftanstrengung herausforderte, warf er sich in Richtung auf die offene Tür, fühlte einen kühlenden Luftzug ... prallte auf den Boden auf. Kräftige Hände packten ihn an Armen und Beinen und zogen ihn von der Glut fort. Dann übermannte ihn die Dunkelheit.

ES WAR EIN WONNIGES GEFÜHL, *die goldene Wärme der Sonne auf der Haut zu spüren, im ungedämpften Licht zu baden. Aber es ermüdete.*

Sie hatten sich auf einer Bank niedergelassen, die der breiten, scheinbar im Fluß erstarrten Gletscherzunge entgegengewandt war. Sie sprachen nur wenig, aber sie genossen ihr Dasein wie eine Kostbarkeit, den Frieden des Geborgenseins, das Gefühl, eins zu sein in der eigenen Welt, dazuzugehören, zu Hause zu sein.

Mortimer ließ die Hand seitlich an der Lehne vorbeigleiten; ein Glitzern hatte den Gleichklang der Zeitlosigkeit durchbrochen. Er griff in den Streusand hinein, ließ die trockenen Körnchen durch die Finger gleiten, empfand ein streichelndes Gefühl. Einige größere Körner glitten zu Boden, hüpften kurz seitwärts, gingen wieder ein in ihr Element. Mortimer las noch ein paar zusammen, drehte sie zwischen Daumen und Zeigefinger, streute sie in die Handfläche: sie waren scharfkantig, schalig gebrochen, glänzend schwarz oder auch pastellgetönt, durchsichtig. In einigen bemerkte er winzige, sich zwiebelschalenartig um ein Zentrum schließende milchigmatte Kugelflächen – die Spuren von strahlenden Einschlüssen.

Ein leichter Luftzug erwachte, strich über die Blattpolster und regte sie sanft, kühlte die sonnendurchleuchtete erhitzte Haut.

»Wollen wir zurück ins Hotel?« fragte Mortimer.

Maida blickte traumverloren in eine Wolke federleichter Flugsamen, die langsam dahinzog, aufstieg, vielleicht zehn Meter hoch, unversehens hielt, als wäre sie auf ein Hindernis getroffen, leicht nach unten weiterzog, dann und wann elegant die Richtung wechselnd wie ein Schwarm Makrelen, und schließlich von einem Wirbel zerrissen wurde. Sie haschte nach einem der winzigen Flaumknäuel, das vom Schwarm abgekommen war, doch es wich aus, hob sich empor und trieb davon, wer weiß wohin.

Sie saßen noch lange beisammen, in der Atmosphäre völligen Friedens, jeder im Bewußtsein, daß die beiden anderen ganz dasselbe empfanden, daß es keine Grenzen zwischen ihnen gab.

»Lassen Sie nur, mir ist nicht kalt.«

»Sind Sie schon in diese Richtung gegangen? Wohin führt dieser

Weg? Kommt, wir sehen nach!«

Lucine war aufgesprungen. Sie deutete auf einen flachen Hügel, zu dem ein vielfach gewundener Pfad führte.

»Warum nicht!« Mortimer reichte Maida die Hand und half ihr auf. Sie schüttelte den Bann der Entrücktheit von sich und lächelte, als sähe sie sich ertappt.

Gemächlich schlenderten sie durch den knirschenden Glassand, manchmal blieben sie an einer besonders auffallenden Blumengruppe stehen, vor den Beeten und Hecken aus niedrigen pelzigen Sträuchern und vielfach verzweigten, am Boden dahinkriechenden Ranken. Da und dort wuchsen aus den Pflanzengruppen eigentümliche Neubildungen heraus, ein hoher Doldenstengel mit Blüten, die wuchernd ineinanderwuchsen, braune Trauben, die wie Spielkugeln auf dem Moos lagen, farblose Albinogewächse, Greisenbärte aus Luftwurzeln.

Dann standen sie vor dem Ende des Weges, oder vielmehr vor einer Kette, die ihn versperrte.

»Schade«, sagte Lucine. Sie kehrten um, wanderten zurück zur Felsterrasse, die von Infrarotstrahlern erwärmt wurde. Die Sonne hatte sich deutlich gesenkt, in einer Stunde hatte sie ein Viertel des Himmelsrundes durchzogen. Im Lift fuhren sie hinauf, in das Arbeitszimmer an der Spitze des Gebäudes. Sie lehnten an der Brüstung und ließen ihre Blicke ringsherum schweifen. Von hier aus erschien das Tal noch lieblicher, geradezu spielzeughaft – vielleicht lag es am Gegensatz der drohenden Felsmauern, die sie umschlossen wie eine Palisadenwand. Schon schirmten sie einen Teil des Lichtes ab, schwer lastete eine ungeheure Schattendecke über den Westhängen. Man sah es fast körperlich, wie die Dunkelheit und die Kälte das warme Grün unter sich begruben, man merkte die Kraft, mit dem dieser Widerstreit ausgetragen wurde, an den Wellen, die die Windstöße in der Pflanzendecke aufwühlten, Wellen, die in den Blüten und den Blattzacken behende dahineilende Kämme aufwölbten. Die Grenze zwischen Helle und Schatten wich langsam, aber unwiderruflich zurück, und als sie die Kuppe des Hügels erreichte, an dem der Weg geendet hatte, ergab sich ein seltsames Spiel des Lichtes – es

war, als krümmten sich die Strahlen um die Hügelkuppen herum, als schöbe sich dahinter kurzfristig ein Streifen der Landschaft hervor, der sonst unsichtbar war, und plötzlich merkte Mortimer, daß er etwas anstarrte, was dahinter zum Vorschein gekommen war, und es erschien ihm abstoßend und bekannt zugleich, drohend und beunruhigend – ein Tor, das dort in die Felswand eingelassen war, ein Ding aus fremden Sphären, ein Hinweis darauf, daß das Tal nicht das war, was es zu sein schien. Es war keine Welt für sich.

15

Der Professor hatte Wort gehalten. Der Großteil der Menschen auf dem Schiff lag friedlich in den Kojen der Kabinen und auf den Notbetten im Antigravraum, allen Nöten des Mangels und des Schmerzes entronnen. Die Injektionen hatten ihre Wirkung getan, der Schlaf hatte sich über sie gesenkt, ein Schlaf, der alles erfaßte, nur nicht das Gehirngeschehen, das sich, wie van Steen erklärte, auf einer niedrigeren energetischen Ebene abspielte und sich darum durchaus mit der Erstarrung oder richtiger gesagt, Verlangsamung der übrigen Körperfunktionen vertrug. Ein Schlaf, durch ein kompliziertes System von Kontrollen in allen Belangen überwacht – der Herzschlag wurde ständig registriert, der Blutdruck, der Sauerstoffverbrauch, die Kohlendioxydausscheidung; bei irgendwelchen Unregelmäßigkeiten wurde der Betreffende sofort geweckt und der verantwortliche Arzt mit ihm. Wenn sich die Boden- und Deckenteile der Betten in den Kabinen aneinanderlegten, dann schlossen sich zur gleichen Zeit die Netze aus Gravitonenleitern, eine Art Faradayscher Käfige, die die Schwerkraft abschirmten, die Wirkungen des Andrucks aufhoben. Aus unzähligen Düsen, die mit der Klimaanlage verbunden waren, erfolgte die Versorgung mit Feuchtigkeit und Luft – durch die Registrierung automatisch den jeweiligen Bedürfnissen angepaßt. Schließlich war am Kopfende jeden Lagers auch noch eine Gehirnstromantenne angebracht, so daß der Ruhende in Gedankenaustausch mit allen anderen treten konnte. Durch einen mentalen Befehl konnte er sich auch beliebig lange ausschalten, wobei er jedoch für intensive Impulse ansprechbar blieb, so daß im Fall einer Gefahr jeder zu erreichen war. Die in den Notquartieren Untergebrachten allerdings waren nicht ins Kommunikationsnetz einbezogen, aber für die

Überwachung ihres Gesundheitszustandes war gesorgt.

Im Wachzustand befanden sich nur noch sechs Menschen: van Steen, seine Assistentin Lucine, der Mediziner, der die Blutanalysen vorgenommen hatte, Guido, Olson, der Chefingenieur und -pilot, sowie Mortimer, der als eine Art Verbindungsmann zwischen den Wissenschaftlern und den Aufständischen fungierte. Die Stillegung der Besatzung hatte in höchster Eile vor sich gehen müssen, da vor allem der Sauerstoff so gut wie zu Ende gewesen war. Für die sechs übrigen reichte die Regenerationsanlage aus, und sie merkten schon, wie sich die Luft verbesserte.

Olson, der Ingenieur, hatte den Reaktor untersucht und festgestellt, daß des toten Brebers letztes Experiment außer einer geringfügigen Strahlenverseuchung und der Zerstörung der Einrichtungen und Zwischenwände keine schlimmen Folgen gehabt hatte. Das Rahmenwerk und das Kraftwerk selbst waren intakt geblieben. Olson hatte das Schiff bereits umgedreht, um es zu verzögern und anschließend wieder zur Erde zurückzusteuern.

Es gab nichts mehr zu besprechen, die Verfolgerschiffe waren längst aus dem Gesichtsfeld verschwunden, von ihnen drohte vorderhand keine Gefahr. Erst in Erdnähe hatten sie sich wieder mit ihnen auseinanderzusetzen, aber das hatte noch Zeit. Zuerst mußte das Schiff im selben Maße verzögert werden, wie es bisher beschleunigt worden war, und dann erst begann der eigentliche Rückzug. Wenn sie sich alle in die Kojen begaben, konnten sie allerdings weitaus schneller als mit einem g verzögern, aber davor schreckte Guido zurück.

»Zumindest einer von uns muß als Wache zurückbleiben. Es könnte irgendeinen Zwischenfall geben, der rasches Handeln erfordert.«

Vergeblich suchte ihm das der Professor auszureden. »Über das Kommunikationssystem können Sie doch stets mit allen Instrumenten verbunden bleiben und sogar Schaltungen vornehmen. Wir würden Zeit gewinnen!«

»So eilig haben wir es auch wieder nicht«, widersprach Guido.

»Ihre Instrumente mögen einwandfrei funktionieren – ich verlasse mich doch lieber auf einen Menschen.«

Sie saßen in der Zentrale an der Spitze des Schiffes, von wo sie über acht Bildschirme die acht Oktanten des Gesichtsfeldes überblicken konnten. Olson, der sich an der Diskussion beteiligt hatte, wies plötzlich auf eine der Leuchtscheiben. »Das ist etwas Eigenartiges! Seht ihr – die Lichterscheinung dort drüben!«

In der Tat – dort glomm ein unbestimmt grünlich und bläulicher fluoreszierender Zylinder auf, verschwand, erschien wieder, ein wenig seitlich verschoben. Er lief parallel zur Längsachse der Rakete und verengte sich nach beiden Seiten perspektivisch zu einem Faden, der sich im schwarzen Himmel verlor.

Van Steen lief aufgeregt an die Instrumententafel, verstellte einige Schrauben, beobachtete . . . der farbige Linienfächer eines Spektrogramms leuchtete auf einer Mattscheibe auf.

»Es sind Fluoreszenzlinien dabei . . .«, murmelte van Steen. Er drückte einige Knöpfe des Schnellrechners, verglich die Zahlen auf dem auslaufenden Papierstreifen mit einer Tabelle, die er nach einigen raschen Einstellungen am Lesegerät an die Wand projizierte.

Dann setzte er sich erschöpft auf den Drehstuhl.

»Damit habe ich nicht gerechnet«, flüsterte er niedergeschlagen.

»Eine Waffe?« fragte Olson.

»Ein Laserstrahl«, antwortete van Steen. »Aus einem Verstärker für Höchstfrequenzen. Eine Art riesenhafter Gammastrahlpistole. Nur ist der Strahl parallel und genau in Phase. Wir hatten etwas ganz anderes damit vor. Und nun . . .«

». . . nun schießt man damit auf Sie!« setzte Guido fort. Trotz der Gefahr, die ihn selbst bedrohte, vermochte er seine Schadenfreude nicht zu unterdrücken.

»Seit Jahrhunderten wurde keine Entdeckung mehr für zerstörerische Zwecke mißbraucht«, sagte der Gelehrte leise, wie zu sich selbst. »Ich verstehe das nicht!«

»Cardini nimmt keine Rücksicht«, hetzte Guido, doch Lucine

unterbrach den Streit: »Können wir getroffen werden? Um Gottes willen, man muß doch etwas dagegen tun!«

»Sie hat recht«, unterstützte sie der Arzt. »Können wir nicht ausweichen?«

Inzwischen hatte sich die Leuchterscheinung nach der anderen Seite verlagert. Einige Male kam sie bedrohlich nahe.

»Dazu müßten wir schneller sein als das Licht«, sagte van Steen. »Wir könnten höchstens von unserer Route abweichen, um aus dem Schußfeld zu kommen.«

Olson setzte sich an die Schalttafel, und nach einigen Einstellgriffen versuchte eine Kraft ihnen das Gleichgewicht zu nehmen, sie beiseite zu drücken. Das Schiff drehte sich wieder, etwa dreißig Sekunden lang dauerte es – man erkannte es an den Lichtstreifen, die nun im schiefen Winkel durch die Blickfelder liefen. Dann erhöhte Olson die Beschleunigung auf nahezu zwei g. Allmählich schoben sie sich aus der gefährlichen Zone heraus.

»Sind wir jetzt in Sicherheit?« fragte Lucine.

»Vorderhand ja. Sicher peilen sie uns mit Radar an. Aber wie lange dauert das? Man könnte es rasch überschlagen.« Wieder bediente van Steen das Rechengerät. Dabei murmelte er Zahlenangaben und physikalische Fachausdrücke vor sich hin: »Entfernung von der Erde ... 10712 Millionen Kilometer ... Lichtgeschwindigkeit 300000 Kilometer je Sekunde ... das macht ... 8 Stunden und 15 Minuten. Das ist die Zeit, die ein Gammastrahl braucht, um von der Erde bis zu uns zu wandern. Dieselbe Zeit brauchen sie, um unsere Kursänderung festzustellen. Es ist ähnlich wie bei Schrotschüssen. Ein genaues Zielen ist auf diese Entfernung unmöglich – sie müssen hoffen, daß einmal ein Schuß darunter ist, der ins Schwarze geht. Also bleibt uns etwa das Doppelte, um auszuweichen. Das ist nicht viel. Gegen Ende dieser Spanne müssen wir den Kurs von Neuem ändern. Und dann wieder, immer wieder ...«

»Sind wir dann in Sicherheit?« fragte der Arzt.

Van Steen zog den Kopf zwischen die Schultern. »Sicherheit gibt es nicht. Nur eine Trefferwahrscheinlichkeit. Moment – ich will versuchen, sie abzuschätzen ...« Wieder murmelte er vor sich hin. »Die Breite des Streukegels dürfte etwa ...«, er spähte auf den Leuchtschirm, der den von ihnen eben verlassenen Sektor zeigte. Noch immer zogen die Lichtfäden quer hindurch. »... sagen wir 120 Kilometer sein – ... die Breite eines Strahlenbündels liegt bei nun, etwa 100 Meter. Die Impulsdauer beträgt ...« Er drückte auf den Knopf des Chronometers, beobachtete das Auftauchen eines Strahls, stoppte. »Eine Zehntel Sekunde. Vorausgesetzt, daß wir innerhalb des Streukegels sind, bedeutet das, daß ... einen Augenblick ... ja, das ist der Wert: Sie brauchen 14400 Einzelimpulse, um die gesamte Zielfläche abzutasten. Das heißt, nach fünf Jahren spätestens sollten sie uns haben.«

Lucine hatte den Ausführungen ihres Chefs mit angstgeweiteten Augen gelauscht. Jetzt rief sie: »Wie können Sie jetzt an Zahlen denken! Sagen Sie lieber, was geschieht, wenn das Schiff getroffen wird?«

Der Professor wies auf die Lichtfäden an den Leuchtschirmen. »Die Gammastrahlen selbst sind unsichtbar. Was wir dort sehen, sind von ihnen getroffene Teilchen interstellarer Materie, die auseinandergesprengt, angeregt oder weggeschleudert werden. Von diesen Stoßvorgängen rührt das Licht – eine Fluoreszenzerscheinung. Das Schiff selbst ist zwar gegen Strahlung abgeschirmt. Aber ein Strahlenbündel solcher Intensität ...« Er sprach seine Folgerung nicht aus.

Guido hatte sich ein wenig gesammelt. »Wir müssen überlegen, was zu tun ist. Eines allerdings kommt nicht in Frage – daß wir uns ergeben.« In seinem Künstlergesicht zuckte es nervös. Er suchte sich zu beherrschen und fragte dann: »Können wir diese Ausweichmanöver beliebig lange durchführen? Was meinen Sie, Professor? Es bleibt wohl nichts anderes übrig, als so schnell wie möglich davonzufliegen! Schließlich muß der Laserstrahl doch irgendwo schwächer werden!«

Van Steen schüttelte den Kopf. »Es handelt sich um ein Bündel geradezu idealer Parallelität.« Als er an Guidos zweifelnden

Gesichtsausdruck ablas, daß dieser nicht verstand, fügte er hinzu: »Es verbreitet sich nicht, und verliert daher keine Energie. Und es ist so schnell wie das Licht – das heißt, es holt uns immer ein.«

»Aber irgend etwas müssen wir doch ...«, begann Guido, doch van Steen schlug mit der flachen Hand auf den Tisch. »Halt – da gibt es doch noch eine Möglichkeit.« Er überlegte kurz. »Ja, das ginge – wir können dem Gammastrahl zwar nicht davonlaufen, aber wir können soweit beschleunigen, daß die Gammastrahlung zu harmlosem Licht wird. Wir laufen sozusagen der Frequenz davon. Dazu müssen wir zwar auf ... 0,99999 c hinaufbeschleunigen, aber das ist kein Problem – Energie haben wir so gut wie unbeschränkt zur Verfügung, die Beschleunigungsmauer überwinden wir durch die Antigravzellen. So kommen wir schließlich doch noch zu unserer geplanten interstellaren Expedition!« Während seiner Worte hatte seine Stimme wieder einen frischeren Klang bekommen. Man hörte geradezu die Hoffnung darin schwingen.

»Mein Vorschlag«, sagte er, »wir beschleunigen mit hundert g – das ist die höchste erreichbare Schubleistung. Selbstverständlich müssen wir uns alle in die Schutzkojen begeben. Aus Ihrem Posten wird nichts, Guido!« Er wandte sich nun an den Arzt: »Bereiten Sie alles vor, Dr. Sic. Inzwischen werde ich ein Programm ausarbeiten, mit dem die Steuerung die Ausweichmanöver fortführt, solange es nötig ist. Erfreulicherweise werden sich die Abstände der nötigen Richtungswechsel rasch erhöhen! Beeilen Sie sich – jede Minute, die wir noch mit einem g dahinschleichen, kann tödlich werden.«

Es blieb ihnen keine andere Wahl. Sie legten sich in die Kojen und ließen sich die Injektionen geben, wobei sie wohl wußten, daß eine verringerte Trefferwahrscheinlichkeit noch lange keine Lebensversicherung bedeutete. Ihr Schicksal war noch völlig ungewiß. Sie konnten nicht ahnen, wie lange der Gammastrahlenbeschuß fortgesetzt wurde, wie lange sie fliehen mußten. Auf der Erde mochten Jahrhunderte vergehen, während sie durch den Raum jagten, ohne wesentlich zu altern – und das nicht nur durch ihren stillgelegten Metabolismus, sondern durch die Zeitdilatation, die bei den in Aussicht genommenen Geschwindigkeiten schon eine Rolle spielte. Sie bewegten sich gegenüber dem Massenfeld des Weltalls, während die Erde relativ dazu in Ruhe blieb. Sie fielen aus ihrer Zeit, ihrem Jahrhundert hinaus. Nie wieder würden sie eine Erde betreten, die ihre eigene war; und alle ihre Ziele, um deretwillen sie gelebt hatten, wurden bedeutungslos. Das war unwiderruflich. Sie waren ausgestoßen.

16

Der Raum ist unermeßlich groß und unermeßlich leer. Und doch ist er voll von Ereignissen – Elementarteilchen werden und vergehen, Strahlung druchkreuzt ihn, Neutrinoschwärme jagen nach allen Richtungen, Sternnebel stoßen zusammen, durchdringen einander, lösen sich wieder. Elektromagnetische Wellen laufen in das Nichts. Meteore ziehen ihre Bahn, Staub wandert, isolierte Masseklumpen pfeilen durch das Vakuum – Einzelgänger wie die alten Wölfe, die, von ihren Rudeln ausgestoßen, in den Wäldern herumirren, ohne sterben zu können.

Dieses Geschehen hat keine Entsprechung im Lebensraum des Menschen. Diese Leere ist ihm fremd, ist dem Leben abhold; sie wirkt tödlich. Diese Regionen sind so fern vom sicheren Hort der Erde, daß selbst die Zeit ihre Abgründe öffnet. Und doch greift der Mensch hinein in das Unvorstellbare, das Unbegreifliche. Er streckt seine Fühler aus, die Radar- und Lichtimpulse, er horcht hinein in das Schweigen, blickt in die Dunkelheit, schickt seine Sendboten aus, Raumschiffe und Raketen. Und in diesen spielt sich das Schicksal der einzelnen ab, das lächerlich ist, gemessen am großen Geschehen, aber doch entscheidend für den, dem es geschieht . . .

Ein Schiff treibt durch die Weiten des Alls. Ein Lichtfinger tastet danach. Die Energie des Gases aus Mesonen und Antimesonen wirft das winzige Nichts hinaus, das die Menschen von der Ewigkeit trennt. In diesem Nichts ist Leben, ist Hoffnung, ist Angst.

In Ihren Kojen waren sie sicher, gelöst von der Schwere, getrennt von den Körpergefühlen, aber zugleich waren sie wehrlos. Jede Minute brachte sie weiter hinein in die Sicherheit, und doch konnte sie jeder Augenblick mit einem tödlichen Hauch überraschen, der sie zerstäubte, ohne daß sie etwas davon merkten. Trotzdem schalteten sie sich nie länger aus der Wirklichkeit aus, als die Notwendigkeit des Schlafs es verlangte – als könnten sie etwas versäumen, als fürchteten sie gleichsam, nicht dabei zu sein, wenn der letzte Schlag sie traf. Aber die Zeit verging, und sie lebten immer noch, und immer stärker glomm der Funken der Hoffnung in ihnen auf.

Mortimer erging es wie allen anderen: Noch nie hatten Menschen ihre Gedanken so klar und unmißverständlich übertragen können, noch nie waren sie so lange Zeit in unterbrochenem Kontakt gestanden – Teile eines großen, übergeordneten Denkens.

Sie alle lernten es, sich des Mittels der Verständigung zu bedienen. Sie lernten es, ihre Denkgeschwindigkeit dem Partner anzugleichen, sie lernten, jene Regungen, die sie als Privatestes für sich behalten wollten, in einem tiefsten Winkel des Gehirns zu verschließen, und sie lernten, sich nicht nur mit Worten, sondern auch mit unaussprechbaren Inhalten zu verständigen. Das Chaos der fremden Eindrücke, das sie anfangs zu überwältigen gedroht hatte, machte einer überhöhten Klarheit Platz.

Und noch eines: Sie hatten Zeit, hatten Zeit, ihr eigenes Leben zu durchdenken, hatten Zeit, die Meinungen anderer aufzunehmen, an ihrem Wissen teilzuhaben, hatten Zeit, daran die eigenen Ansichten zu schleifen, zu formen, zu vervollständigen. So verschieden sie auch im einzelnen waren, so unveränderlich auch ihre Eigenschaften und Antriebe blieben, so gewannen sie doch Verständnis für die Überzeugung und Nöte der anderen.

Für Mortimer gewann diese Pause der Besinnung noch eine besondere Bedeutung: Sie bot ihm zum ersten Mal Gelegenheit, in sich selbst hineinzuhorchen, Erinnerungen aus zwei Schicksalsebenen wachzurufen, die Konsequenzen daraus auf einen Nenner zu bringen. Zweifellos war nur beabsichtigt gewesen, ihm Baravals Sachwissen, seine Ortskenntnis, seine Verhaltensweisen zu übertragen – und dessen Körper natürlich, damit er seine Rolle einwandfrei spielen konnte. Die Anschauungen, die Wünsche und Ideale, Willenskraft, Charakter und Persönlichkeit sollten nur von Mortimer Cross kommen – er hätte er selbst bleiben sollen, nur mit einer Maske ausgestattet sein –, der Maske einer fremden Persönlichkeit. Aber es hatte sich erwiesen, daß Sachwissen nicht gesondert übermittelt werden kann, Vorstellungen sich nicht von ihren Färbungen und Wertungen trennen lassen. So war auch Baravals Persönlichkeit nicht völlig zugrunde gegangen, sondern lebte in Mortimer weiter. Genau genommen gab es keinen Mortimer mehr; er war geopfert worden – für das Ideal der Freiheit. Statt dessen gab es einen neuen Menschen, Mortimer Cross und Stanton Baraval zugleich, und auch wieder keinen von beiden, eher ein Zwitterwesen, in dem zuerst die ungezügelte Hingabe und Begeisterung, die Besessenheit und der Fanatismus vorgeherrscht hatten. Trotz allem: Das Selbstbewußtsein gehörte noch Mortimer Cross. Aber die letzten Ereignisse waren dazu angetan gewesen, die Flammen zu zügeln, und allmählich drang eine stillere aber festere Haltung zutage, zu der Elemente des nüchternen Baravals Wesentliches beitrugen. Mortimer hatte sich zuerst gegen die bessere Einsicht gewehrt, und oft hatten widersprechende Gefühle in ihm gekämpft, aber nun erkannte er mit Befriedigung, daß es keine Widersprüche geben mußte, und er war bereit, sich selbst in seiner neuen Form zu akzeptieren.

Aber das war nicht alles, was ungewohnt war an dieser Existenzform. Nicht nur mit sich selbst wurde Mortimer einig, auch mit den anderen ergab sich ein Verhältnis, eine Wechselbeziehung, die einmalig war, unbeschreiblich, oft geradezu unfaßbar.

Gewiß, jeder verstand die Beweggründe des anderen besser als je zuvor, und so wuchs ihre Beziehung von vornherein auf der Basis einer sonst nirgendwo erhoffbaren Toleranz. Daneben, oder darüber hinaus, dämmerte aber manchmal noch die Ahnung von etwas viel Größerem, Umfassenderem. Es gab Augenblicke, da dachten und empfanden sie wie ein übergeordnetes Ganzes, wie ein einheitlicher Organismus, die Zusammenfassung zu einem Pluralwesen, das gewiß vielerlei Widersprüchlichkeiten aufwies, in dem sich aber manchmal so etwas wie ein Überwille, ein Überbewußtsein oder ein Überich andeutete. Sie hatten das Gefühl, und das empfand wohl jeder gleichartig, daß das menschliche Dasein Weiterungen bietet, die ans Wunderbare grenzen. Doch um sie auszuschöpfen, mußten wohl günstigere Entfaltungsmöglichkeiten geboten sein.

Ganz eigentümlich war Mortimers Verhältnis zu den beiden Mädchen, mit denen er bisher in Kontakt gekommen war. Als angenehm empfand er es, daß sein jetziger Zustand offenbar nichts Engelhaftes, nichts Vergeistigtes an sich hatte, sondern daß er durchaus zu Empfindungen fähig war. Die körperliche Trennung ließ sich zwar nicht umgehen, aber dafür waren den Gedanken keine Grenzen gesetzt, und der andere konnte darauf eingehen oder nicht, konnte sich offenbaren oder sich verschließen, konnte sich dem anderen anpassen, inniger als es das normale Leben zuließ. Von Maida empfing er Wellen der Leidenschaft einer Intensität, die er einer Frau nie zugetraut hätte. Mit Lucine war alles ein unbeschwertes Spiel, ein Flirt, eher geistreich als triebhaft, eher heiter als tragisch, und doch brach manchmal ein Strahl einer Zuneigung durch, die auf mehr als auf der Basis gegenseitigen Verstehens und Vertrauens aufgebaut war. Mortimer hätte nicht angeben können, welches der beiden Mädchen er lieber mochte, die melancholische Maida oder die sonnige Lucine, aber auch das war eine der Fragen, die ihn vorderhand nicht rührten. Später freilich . . .

Sie lebten keineswegs so dahin, als ob es kein Später gäbe. Oft erwogen sie alle Möglichkeiten, doch sie kamen zu keinem endgültigen Ergebnis. Dazu konnten sie auch nicht kommen, denn die Zukunft war noch unbestimmt. Die Instrumente meldeten noch immer das Aufblitzen der Strahlen, die Trefferwahrscheinlichkeit sank, aber noch lag sie nicht auf Null, die Frequenz erniedrigte sich, aber noch war sie im Röntgenbereich und in dieser Intensität alles andere als ungefährlich. Und so blieb ihnen nichts anderes übrig, als sich weiter beschleunigen zu lassen, wodurch sie immer weiter aus ihrem Raum und ihrer Zeit hinausfielen.

Viel konkreter als die Zukunft ließ sich aber die Vergangenheit behandeln. Das bedeutete nicht, daß sie zu völliger Einheitlichkeit der Meinungen gelangten, doch sie empfanden diese Verschiedenheiten nicht als unüberbrückbare Gegensätze, sondern als Abhängigkeiten von verschiedenen Gesichtspunkten, wie sie auch eine Einzelperson empfinden kann. Zwei dieser ›Gespräche‹ blieben Mortimer unvergeßlich im Gedächtnis.

Das erste ›Gespräch‹

Derreck: Mortimer Cross, du erinnerst dich sicher an mich – wir waren die ersten, die Kontakt aufgenommen haben.

Mortimer: Ich erinnere mich.

Derreck: Für mich ist es etwas Seltsames, mich mit dir zu unterhalten, denn ich finde in dir meinen Freund Stanton Baraval wieder.

Mortimer: Ich habe mich lange dagegen gewehrt – aber jetzt glaube ich, ja, jetzt glaube ich es wirklich –, daß Baraval noch lebt. In mir.

Derreck: Es fällt mir schwer, das zu begreifen. Zwei Menschen. In einer Person vereinigt. Mit wem spreche ich? Wer gibt mir Antwort?

Mortimer: Beide.

Derreck: Und wessen Meinung höre ich?

Mortimer: Die Meinung beider. Eine vollständigere Meinung.

Eine Meinung aufgrund eines höheren Informationsgehalts. Eine Meinung, die der Wahrheit näherkommt.

Derreck: Du, und jetzt spreche ich mit dir, Stanton, bist ein nüchtern wägender Mensch. Du bist hochintelligent, ein anerkannter Fachmann auf dem Gebiet der Soziologie. Jede Störung der Ordnung, des Gleichgewichts, muß dir widerwärtig sein. Und du, und jetzt spreche ich mit Mortimer, bist ein Mensch des Gefühls, der Hingabe – ein Schwärmer. Du glaubst an Bestimmungen, Schicksal, Ideale. Du willst die Menschen glücklich machen – wenn es sein muß mit Gewalt. Und nun meine Frage: Wie verträgt sich das? An den Ereignissen, die uns hier zusammengeführt haben, am Versuch eines Umsturzes, warst du in doppelter Eigenschaft beteiligt – als Opfer, das man gekidnappt und seiner Persönlichkeit beraubt hat, und als Anführer, der einen Großteil der Schuld am Geschehen trägt. Was denkst du jetzt darüber? Wer wird mir antworten, Stanton oder Mortimer?

Mortimer: Ich werde dir antworten. Ich – das ist Mortimer. Ich fühle mich als Mortimer, trotz dieses fremden Körpers. Ich fühle mich als Mortimer, trotz mancher fremder Regungen. Ich fühle mich als Mortimer, wenn auch als ein älterer, gereifter. Ich fühle mich als Mortimer, und wenn ich jetzt über manches anders denke als früher, dann deshalb, weil ich hinzugelernt habe.

Derreck: Und die Antwort?

Mortimer: Ich glaube, daß das Leben der Menschen nicht mehr lebenswert ist. Man mußte etwas tun.

Derreck: Das, was ihr getan habt . . .

Mortimer: Es war wohl falsch. Es hätte gelingen müssen.

Derreck: Nur deshalb?

Mortimer: Dann wäre es die Opfer wert gewesen.

Derreck: Und was hätte eure Revolution für praktische Folgen gehabt? Ein wenig Chaos – und eine neue Regierung. Nicht mehr.

Mortimer: Mehr! Sie hätte die Freiheit für alle bedeutet.

Derreck: Und was war das Ergebnis? Ein Gewaltregime Cardinis.

Mortimer: Das ist es, was ich am meisten bedaure!

Derreck: Dazu gibt es keinen Grund. Es ist ganz gleich, wer die Regierung führt – ein Diktator oder die Liberale Partei – nach einiger Zeit laufen alle ins selbe Geleise ein.

Mortimer: Dazu sehe ich keinen Grund.

Derreck: Dabei ist es doch so einfach! Derzeit leben sechzig Milliarden Menschen. Bis auf wenige Ausnahmen drängen sie sich alle auf der Erde zusammen. Wer die Welt regieren will, muß mit ihnen fertig werden. Wer verhindern will, daß der Weltstaat auseinanderfällt, muß eine ungeheure Organisation beherrschen. Dazu braucht er ein Instrumentarium, das wir Wissenschaftler und Techniker in Jahrhunderten geschaffen haben. Die Überwachungsorgane, die statistischen Unterlagen, den OMNIVAC. Welche Regierung könnte auch nur eine Handbreit vom vorgezeichneten Weg abweichen?

Mortimer: Wir wollen ja keine zentrale Regierung. Wir wollen, daß jeder Mensch einsichtig genug wird, um selbst richtig handeln zu können. Wir zerschlagen das Überwachungssystem, wir vernichten die statistischen Unterlagen und werfen den OMNIVAC auf den Schrotthaufen.

Derreck: Du hast selbst erfahren müssen, daß es deinen Freunden keineswegs so eilig damit war, diese Instrumente der Macht zu vernichten.

Mortimer: Ich sehe jetzt ein, daß es zu gefährlich gewesen wäre. Eine gewisse Übergangszeit hindurch hätten wir uns ihrer wohl noch bedienen müssen.

Derreck: Und allmählich hättet ihr einsehen müssen, daß ihr auch nicht auf das Geringste verzichten könnt. So ist es bisher allen Regierungen gegangen, demokratischen, sozialistischen, theokratischen, marxistischen und wie sie alle heißen mögen. Jede Regierung geht diesen Weg.

Mortimer: Weil jede nur die Macht im Auge hat und nicht das Wohl des einfachen Bürgers.

Derreck: Im Gegenteil: Sie schlägt diesen Weg ein, weil sie das Wohl des einfachen Bürgers unter allen Umständen anstreben muß. Es ist die Basis jeder stabilen Regierung.

Mortimer: Willst du den Zustand der Ignoranz und Schläfrigkeit, in der sich der Bürger heute befindet, als sein Wohl bezeichnen?

Derreck: Er befindet sich in der relativ günstigsten Situation unter allen möglichen.

Mortimer: Das ist lächerlich.

Derreck: Es gibt keinen Zweifel. Der OMNIVAC hat es berechnet.

Mortimer: Trotzdem. Wenn die staatlichen Stellen mehr Geld für eine individuelle Erziehung ausgegeben hätten, gäbe es mehr Menschen mit Entscheidungskraft und der Fähigkeit, das Leben zu gestalten.

Derreck: Um in der heutigen Welt dein Leben zu gestalten, brauchst du einen OMNIVAC. Selbst ein Genie verfügt nicht über auch nur annähernd soviel Informationen wie der Computer. Das heißt, sein Urteil berücksichtigt weniger, und das bedeutet wieder, es ist kurzsichtiger, mangelhafter, unrichtiger. Das können wir uns nicht leisten. Wenn auch nur zwei Prozent der Menschen individuell, aber unrichtig handeln – das heißt gegen das Interesse der Allgemeinheit –, bricht unser System zusammen.

Mortimer: Wie können die Entscheidungen unrichtiger werden, wenn mehr Sorgfalt auf die Bildung des einzelnen gelegt wird.

Derreck: Bis jetzt entscheidet der OMNIVAC für sie – und er berücksichtigt die Auswirkung der fraglichen Handlung auf die Allgemeinheit vollständiger als jede Einzelperson. Wolltest du ein stabiles System auf Eigenentscheidungen aufbauen, so müßtest du alle in Supergehirne verwandeln. Ich bezweifle, daß sie das glücklicher macht.

Mortimer: Ich glaube, wir verstehen uns nicht. Du denkst an einen Ameisenstaat, in dem das Tun jedes einzelnen unzähligen Abhängigkeiten unterliegt. Ich denke an gebildete Menschen, die ihre Kraft wichtigen Problemen widmen, die eigene Gedanken haben, Wertvolles schaffen, auf dem Gebiet der Kunst meinetwegen oder dem der Wissenschaft – aber nicht so wie ihr es betreibt, im Kollektiv, mit Kompositionsrobotern und Maschinenparks. Die tiefe Erkenntnisse haben, aber nicht mit Hilfe von Automaten, sondern durch Versenkung, durch kontemplatives Denken. Um es ganz konkret zu sagen: Stell dir Familien vor, die in eigenen Heimen wohnen, die vormittags zur Arbeit gehen und nachmittags ihre Gärten bepflanzen, Bücher lesen, Theaterspiele aufführen oder singen. Ich muß da immer an einen Bildbericht in einer alten Illustrierten denken, die mein Vater seit seiner Jugendzeit aufbewahrt hat. Eine Obstfarm auf einer Mittelmeerinsel, weißgetünchte Einfriedungen, Bewässerungsgräben, ein Windrad, Mandel- und Zitronenbäume, ein Leben zwischen Blüten und Tieren, im ewigen Frühling einer Sonnenlandschaft, unter dem sanften salzhaltigen Wind, der vom Meer her weht. Siehst du die Bilder? Und ein Mann, der in Frieden lebt mit seiner Welt, abseits von den Großstädten mit ihren Hochstraßen und Sportarenen. Der vormittags sein Feld bestellt, die Früchte einsammelt, die ihm sein Land beschert, und sich am Nachmittag seiner Kunst widmet – frei von allen Bindungen, meilenweit vom Rummelplatz der Kommunikation entfernt. Der in diesen Stunden Werke schafft, die die Schranken von Jahrhunderten durchbrechen, und sich schließlich daran freut, wenn sie von den weißen Kalkwänden seiner Finca hinter zum Trocknen aufgehängten Maiskolben und Öllampen hängen – weil er weiß, daß sich echte Werke sowieso die Bahn brechen, auch ohne Manager, unabwendbar wie das Schicksal.

Derreck: Die Bilder, die du heraufbeschwörst, sind bestechend in ihrem Frieden und ihrer stillen Schönheit. Ich sehe sie, sehe die Farben, das weiße Netz im Grün der Beete, die gelben Flecken der Zitronen, den blauen Reif der Kakteen. Jeder wird diese Bilder traumhaft finden. Aber was ändert das schon? Eine einfache Rechnung zeigt, daß wir nicht jedem einzelnen von 60 Milliarden Menschen so viel Raum, so viel Bewegungsfreiheit geben können. Vor Jahrhunderten, und so alt muß die Illustrierte deines Vaters sein, waren die Güter der Erde ungleichmäßig verteilt. Zwei Drittel der Erdbevölkerung mußte hungern, was übrigens nur an einem Mangel der technischen Organisation lag. Man bebaute damals noch Felder, man züchtete Vieh, um es zu schlachten – was für unglaubliche Verschwendung.

Mortimer: Was hat die Technik dem Menschen schon gebracht? Ist er vielleicht durch sie glücklicher geworden?

Derreck: Welch unbilliges Verlangen, von der Technik Glück zu fordern! Fordere lieber größere Sicherheit, Freiheit vor Hunger, Krankheit, Not! – Ich weiß, was du antworten willst, du brauchst es nicht zu formulieren: Die Sicherheit, die Freiheit vor Hunger und so fort gilt dir wenig, du meinst die Freiheit des Geistes. Du solltest aber einmal fühlen, was der Mangel an diesen primitiven Freiheitsformen bedeutet, um ihren Wert zu erkennen ... Das ist es nicht allein? Du meinst, wir hätten seit dem fünfundzwanzigsten Jahrhundert keine Fortschritte mehr erzielt – es gäbe nicht weniger Hunger und Not als damals? Du hast recht – seit dem fünfundzwanzigsten Jahrhundert besteht der Weltstaat. Seit damals ist die ganze Welt technisiert. Der Lebensstandard Europas hatte sich über die ganze Welt ausgebreitet – das heißt, es gab keine Epidemien, keine Hungersnöte, keine Gewaltakte, keine Elendsviertel, kein Analphabetentum mehr. In der Rückschau bedeutet das wenig, aber für die ehemals Kranken, Hungrigen und Unterdrückten war es ein ungeheurer Fortschritt. Und dann eine Weltregierung, keine Kriege mehr. Für sie, die früher gelebt haben, etwas Unfaßliches. Aber solche Umwälzungen gehen langsam vor sich, dauern Jahrhunderte. In einer Menschengeneration merkt man wenig davon. Und so kommt es, daß niemand das Gute würdigt, das sich vollzogen hat.

Mortimer: Nicht nur Gutes hat sich vollzogen. Nennst du das gut, daß nun die gesamte Weltbevölkerung einer Herde angehört? Die Segnungen der Zivilisation mögen ihnen willkommen gewesen sein. Aber womit haben die Menschen bezahlt? Durch ihre Freiheit. Von damals an saßen sie im Joch der technischen

Organisation, das ihnen den Atem abwürgte. Willst du bestreiten, daß die Technik unsere Freiheit beschränkt?

Derreck: Ja, ganz entschieden. Wenn die Technik etwas vermag, dann ist das der Durchbruch in größere Freiheit. Die Technik hat es dem Menschen zunächst ermöglicht, gegen seine Feinde mit wirksameren Waffen zu kämpfen als mit bloßen Händen, Tiere mit besseren Mitteln zu erlegen als mit der Schnelligkeit der Beine und der rohen Kraft. Mit dem Feuer nützte er Nahrungsmittel aus, die sonst unverdaulich geblieben wären. Er lernte es, sie zu konservieren, sie in haltbarem Zustand für den späteren Gebrauch aufzubewahren. Die Technik half ihm, sich von den Zufällen des Jäger- und des Sammlerdaseins zu befreien. Tierzucht und Landwirtschaft bedürfen eines wachen Verständnisses naturwissenschaftlicher Regeln und einer nicht zu verachtenden Organisation.

Mortimer: Das nenne ich nicht Technik. Was hat es mit unserer heutigen Daseinsform zu tun?

Derreck: Wo willst du die Grenze ziehen? Beim Hausbau? Beim Handwerk? Beim Webstuhl? Beim Schießpulver? Bei der Dampfmaschine? Bei der Elektrizitätswirtschaft? Beim Atomreaktor? Beim Computer? Bei den Zellkulturen? Bei der Weltraumfahrt? Beim Gehirnfokus? Alles sind nur Sprossen einer Leiter.

Mortimer: Gartenbau und Tierhaltung, Töpfern und Weben, Bauen und Schmieden – das sind natürliche Dinge; man bleibt mit den Produkten der Erde verbunden, sieht das Werk seiner Hände wachsen.

Derreck: So kommt es dir heute vor. Laotse, ein chinesischer Weiser, war nicht deiner Ansicht. Das Handwerk, den Verkehr der Boote, den Straßen- und Brückenbau hielt er für Entartungserscheinungen und hätte sie am liebsten verboten. Du siehst, daß die Sicht vom eigenen Standpunkt abhängt. Man kann eine Entwicklung, die so stark ist wie der Drang des Menschen zur Technik, nicht irgendwo abbrechen. Man hätte den ersten, der einen Stein behaute, um einen Schaber zum Abziehen der Haut erlegter Tiere zu formen, warnen, den ersten, der eine Laubhütte baute, in seine Höhle zurückjagen müssen. Aber das lag außerhalb des Bereichs unserer Entscheidungen.

Mortimer: Und wo ist nun die von der Technik geschenkte große Freiheit?

Derreck: Man konnte sie in zwei Richtungen nützen. Erstens: Der erzielte Gewinn an Arbeit und Zeit wird über eine gleichbleibende Zahl von Menschen aufgeteilt. Dann kommen wir deinem Ideal schon näher – und zwar mit Hilfe der Technik; denn wo gibt es schon Gegenden, in denen der Mensch mit den Früchten seiner Arbeit sein Auskommen findet? Er braucht Energie für Licht, für Heizung, zum Roden des Urwalds, zur Verteidigung gegen schädliche und gefährliche Tiere, gegen die Unbilden der Natur. Technik – das heißt ›mehr‹ mit geringerer Mühe. Bei einer gleichbleibenden Menschenzahl und steigender Technisierung bekäme jeder mehr – das Doppelte, das Dreifache, Fünffache, Zehnfache. Mit der heutigen Technik das Zweihundertfache. Die Technik brächte es fertig: die Erde zu einem Paradies zu machen.

Mortimer: Aber sie hat es nicht fertiggebracht.

Derreck: Warte noch einen Augenblick! Jetzt kommen wir zur zweiten Möglichkeit: Der erzielte Gewinn wird nicht über eine gleichbleibende Zahl von Menschen aufgeteilt, wodurch jeder über immer mehr verfügen könnte, sondern über eine ständig steigende Menge. Stell dir den Bevölkerungszuwachs so groß vor, daß jeder erzielte Gewinn aus dem rationalisierenden System der Technik sofort dazu verwendet wird, um einen weiteren Menschen am Leben zu erhalten. Und noch einen und immer noch einen – daß zuletzt für den einzelnen nicht mehr übrigbleibt als vor acht Jahrhunderten. Stell dir das deutlich vor: ein Stück dem Meer abgerungenen Landes, und schon kommt jemand neuer hinzu und nimmt es in Besitz. Weitere Arbeit, weiterer Erfolg, aber schon kommt der nächste, um ihn für sich zu beanspruchen. Und immer so weiter. Kannst du es sehen? Das ist unsere Situation – die Situation der Menschheit. Da hast du die

Antwort auf die Frage, warum uns die Technik nicht glücklich macht.

Mortimer: So habe ich es noch nie gesehen.

Derreck: Es ist aber so! Heute gibt es sechzig Milliarden Menschen, doch die Kapazität unserer technischen Mittel ist ausgeschöpft. Es können nicht mehr viel dazukommen. Und solange es bei dieser Zahl bleibt, kann es niemandem bessergehen.

Mortimer: Dann müssen es weniger werden!

Derreck: Jetzt bist du überführt! Oder hast du nicht überlegt, was du damit gefordert hast? Weniger Menschen! Wie willst du das mit deiner Freiheit vereinbaren! Die Liberale Partei hat es der Regierung übelgenommen, als sie vor zweihundert Jahren die Geburtenbewilligung einführte. Sie hat das als einen Eingriff in die Grundrechte verurteilt, auf diesem Sektor völlige Freiheit gefordert. Wie aber glaubst du, sähe es heute auf der Erde aus, wenn sie mit ihrer Meinung durchgedrungen wäre? Nach einer Generation hätte es mehr Menschen gegeben, als die Erde hätte ernähren können. Die Hungrigen und Verzweifelten hätten mit Gewalt zu bekommen versucht, was man ihnen nicht hätte geben können. Es wäre der Rückfall ins Elend gewesen, der Rückfall in die natürliche Form der Auslese, die viel grausamer ist als unsere Planung, die nur soviel Freiheit gibt, wie möglich ist, diese aber gerecht verteilt. Und nun sagst du so dahin, man solle die Bevölkerungszahl einschränken. Ist dir denn nicht klar, daß das auf dem Weg des Individualismus zuallerletzt möglich ist! Wenn du ein solches Ziel verwirklichen willst, mußt du mehr planen als wir, mehr organisieren, in mehr Rechte eingreifen, mehr Zwang ausüben, Gewalt anwenden.

Mortimer: Aber ... es muß doch einen Weg geben!

Derreck: Es gibt keinen. Ich will dir auch verraten warum: Der OMNIVAC ist auf das Prinzip höchstmöglicher Freiheit programmiert. Jede Abweichung von seinem Kurs bedeutet Freiheitsentzug.

Mortimer: Wir leben also in der besten aller Welten?

Derreck: Ja.

Mortimer: Professor van Steen, darf ich Sie stören?

Van Steen: Du bist der Mann mit den zwei Gehirnen, nicht wahr?

Mortimer: So könnte man es nennen.

Van Steen: Ein interessanter Fall, wenn auch keine Sensation. Die ungenützte Speicherkraft der grauen Gehirnrinde würde auch eine vierfache Belastung durch Information ohne weiteres ertragen, sie unbehindert ins Bewußtsein übernehmen.

Mortimer: Und ist sicher nicht wieder zu trennen?

Van Steen: War es das, was du wissen wolltest? Nein, Bits sind nicht markierbar. Sie sind keine Individuen, genausowenig, wie die Elementarteilchen der Quantenstatistik.

Mortimer: Zuerst habe ich mir gewünscht, es könnte wieder rückgängig gemacht werden. Aber jetzt finde ich mich damit ab.

Van Steen: Und das mit Recht. Es ist unbedingt eine Bereicherung, wenn auch keine optimale wie bei der Übertragung von Lehrstoff.

Mortimer: Das war es nicht, was ich fragen wollte. Ich habe mich in der letzten Zeit viel über den Stand des Wissens informiert, den Sie und Ihre Mitarbeiter erreicht haben. Dazu hat mich das Schiff angeregt, das ja ganz etwas anderes ist als eine Rakete des Planetendienstes – keine Verbesserung, wie meine Leute angenommen haben, sondern etwas völlig Neues. Um so weit zu kommen, müssen Ihre Vorgänger schon seit Jahrzehnten Kenntnisse erlangt haben, die weit über das hinausgehen, was auf der Erde bekannt ist.

Van Steen: Vorgänger ist vielleicht nicht der richtige Ausdruck. Wir haben Kollegen, die seit Jahrhunderten in den Laboratorien arbeiten. Es kommt auf jeden von uns von Zeit zu Zeit zu, daß er, um auf seinem Fachgebiet weiterhin Erfolg zu haben, Ergebnisse aus anderen Bereichen abwarten muß. Seit wir die Hormonbiologie und die elektrisch-chemischen Steuerungsvorgänge im menschlichen Körper beherrschen, ist die Stillegung des Körpers bei Aufrechterhaltung der Gehirntätigkeit zu einem bewährten Modus wissenschaftlicher Forschung geworden.

Mortimer: Sie sind eben auch in der Biologie und in der Medizin um entscheidende Schritte vorwärtsgedrungen. Und daher auch meine Frage: Warum lassen Sie Ihre Erkenntnisse nicht der ganzen Menschheit zugute kommen. Warum behalten Sie sie für sich, obwohl Sie doch mit öffentlichen Mitteln arbeiten und ungeheure Summen verbrauchen.

Van Steen: Du irrst dich! Wir haben kein einziges Ergebnis verschwiegen! Alles und jedes, Wichtiges und Unwichtiges, Zahlenwerte wie Formeln werden im OMNIVAC gespeichert.

Mortimer: Und warum kommen sie nicht der Menschheit zugute? Hier sehe ich einen Weg, die Menschen glücklich zu machen. Warum wird er nicht beschritten?

Van Steen: Du irrst dich wieder. Was verwertbar ist, was dem Allgemeinwohl dient, wird selbstverständlich angewendet.

Mortimer: Wie kommt es dann, daß die gängigen technischen Hilfsmittel um Jahrhunderte veraltert sind?

Van Steen: Das sind sie nicht. Es ist ja auch nicht veraltert, zu Fuß zu gehen – im Rahmen der Entfernungen von einigen Schritten, für die ein Aufwand an Fahrzeugen unrationell wäre.

Mortimer: Sie haben neue Wege der Energiegewinnung gefunden, neue Operationsmethoden entwickelt, neue Medikamente entdeckt. Wie kann man von Rationalisierungsbetrachtungen ausgehen, wenn es gilt, Leiden zu mindern?

Van Steen: Völlig verkehrt gedacht! Es ist höchste ethische Pflicht, rational zu denken und rationell zu handeln, wenn es um Leid und Not geht.

Mortimer: Braucht man nicht eher Herz und Liebe?

Van Steen: Keineswegs! Sich bei Sozialmaßnahmen von Stimmungen leiten zu lassen, heißt, seinen eigenen Neigungen nachgeben. Dazu sind Not und Leid zu ernst. Herz und Gefühle! Da wären wir schlechte Verwalter der öffentlichen Mittel!

Mortimer: Aber glauben Sie wirklich, daß man in diesen Belangen mit Rechnen Erfolg hat?

Van Steen: Nur mit kühlem Rechnen. Selbstverständlich sind die Probleme so komplex, als daß man sie der Unzulänglichkeit von Menschen überlassen könnte. Wir haben den OMNIVAC damit betraut. Seit ich mich erinnere, hat er nie versagt. Ich habe Einzelaktionen stichprobenartig geprüft. Der OMNIVAC ist so programmiert, daß er Not, Leid und Schmerz minimisiert. Das heißt, jede andere mögliche Verfahrensweise würde diese Größen erhöhen – auch die des Herzens und der Gefühle.

Mortimer: Hier sehe ich einen Widerspruch. Wenn es medizinische Verfahren gibt, die besser helfen als die üblichen – wie kann es da unrationell sein, sie anzuwenden?

Van Steen: Wenn der Aufwand für diese Anwendung so groß ist, daß dafür andere Behandlungen unterbleiben müssen.

Mortimer: Man könnte das Geld aus anderen Sektoren abzweigen. Etwa aus den Mitteln für den Straßenbau.

Van Steen: Wenn wir weniger Straßen haben, als zur Optimisierung nötig sind – und mehr bauen wir nicht –, arbeiten wir irgendwo mit Verlust. Da das Faß unserer Erde bis zum Bersten mit Menschen gefüllt ist, bedeutet das, daß irgendwo irgendwer unter diesem Verlust leiden muß.

Mortimer: Oder aus Mitteln für das Nachrichten- und Werbewesen!

Van Steen: Die Unterrichtung der Allgemeinheit ist ein Werkzeug, das uns hilft, die Ordnung aufrecht zu erhalten. Wenn wir Geld aus diesem Kreis abzweigen, bedeutet das eine Erhöhung der Sozialentropie, also größere Unordnung. Unordnung schafft Verlust – und, da wir die Kapazität der Erde bereits voll ausschöpfen, bedeutet das wieder, daß irgend jemand etwas entgeht, was er braucht. Denn Luxus können wir uns nicht leisten.

Mortimer: Und die ungeheuren Ausgaben der Vergnügungsindustrie – nennen Sie das keinen Luxus?

Van Steen: Aber gar nicht! Die gesamte Vergnügungsindustrie dient dem Abreagieren von Trieben. Damit meine ich nichts Minderwertiges – auch der Betätigungsdrang, die Entdeckerfreude, die Wißbegier gehören dazu. Daneben natürlich alles, was man gemeinhin unter Trieben versteht. Sie haben ihren Sinn in der Natur des Menschen – als Steuerimpulse für sein Tun. Gewiß könnten wir sie mit Medikamenten unterdrücken – aber das wäre ein Eingriff in die Freiheit, der nicht nötig ist, weil wir dasselbe Ziel billiger erreichen: durch Sportplätze, Filme und Spiele, Feste, religiöse Versammlungen und dergleichen. Wollten wir davon etwas wegnehmen, wäre eine gesteigerte Unruhe die Folge. Es käme häufiger zu triebhaft bedingten asozialen Handlungen. Asoziale Handlungen äußern sich in Zerstörungen und in Schmerz, der anderen bereitet wird.

Mortimer: Und es gibt keinen Ausweg?

Van Steen: Keinen. Du weißt es doch selbst. Als Staatsbeamter hast du selbst mit solchen Problemen zu tun gehabt. Du hast den OMNIVAC die Auswirkung eines erhöhten Nikotingenusses auf die Teilnehmerzahlen von öffentlichen Veranstaltungen ausrechnen lassen. Ich merke, daß du eben daran denkst. Daß alles mit allem verflochten ist, ist kein Beweis für ein schlechtes Staatsgefüge. Das System enthält keinen Leerlauf, keine überflüssige Redundanz.

Mortimer: Manche ethischen Forderungen sind aber in ihrem Gewicht so groß, daß sie auch in einem rationalen System bestimmend wirken müßten. Ich denke beispielsweise an jene Krankheiten, die heute richtige Geißeln der Menschheit sind – der Knochenabbau, die Blutzersetzung. Mit ihnen fertigzuwerden, wäre doch eines Opfers wert.

Van Steen: Vor mehr als zehn Jahrhunderten gab es eine andere Krankheit als Haupttodesursache der Alten und Anfälligen – den Krebs. Seit wir den Stoffwechsel der Zelle übersehen können, besitzen wir auch das Mittel, welches das Steuerrad in der chemischen Fabrik der Zelle, das auf haltloses Wuchern verschoben ist, in die normale Position zurückbringt – eine komplizierte Verbindung aus Zuckern und Nucleinsäuren, eine Matrizen-RNS. Was haben wir damit erreicht? Die Lebenserwartung verschob sich um fünf Jahre. Andere Krankheiten rückten in den Vordergrund – der Abbau der Gewebe, Entartungen des Alterns.

Auch mit ihnen könnten wir fertig werden – dann ginge es an einer anderen Stelle los, am Herzen, an der Lunge, an den Nieren. Wir könnten die Patienten an künstliche Herzen, Lungen, Nieren legen. Und wieder würden sich schwache Stellen im Körper ergeben – wir würden sie durch frische Organe ersetzen. Schließlich wäre nur noch das Gehirn übrig, und sobald sich Defekte daran zeigten, könnten wir seinen gesamten Inhalt auf elektrische Speicher übertragen. Nach einem Menschenalter gäbe es nicht nur sechzig Milliarden Menschen auf der Erde, sondern auch sechzig Milliarden Gehirnspeicher, sechzig Milliarden Maschinen, die sich beliebig frei bewegen könnten, die empfinden könnten, was sie wollten. Farben über Fernsehröhren, Geräusche über Mikrophone, Gerüche über chemische Analysatoren, ja sogar Freude, Begeisterung, Liebe, Enttäuschung, Trauer und Haß. Hätten wir damit etwas Gutes getan?

Mortimer: Ich weiß es nicht.

Van Steen: Der OMNIVAC antwortet nein.

Mortimer: Und warum betreibt ihr dann noch Wissenschaft?

Van Steen: Ich sehe keinen Grund, warum wir aufhören sollten. Gewiß – bei immer weniger von dem, was wir ausfindig machen, handelt es sich um verwertbares Wissen. Aber es ist keineswegs sicher, daß wir nicht wieder einmal in Bereiche vordringen, von denen sich etwas, vielleicht sogar viel, nützlich verwerten läßt.

Mortimer: Was könnte das sein?

Van Steen: Es gibt eine Unmenge Fragen, auf die wir keine Antwort wissen, du hast einige davon gestellt. Ein Beispiel ist die Bestimmung des Menschen. Wohin sollen wir ihn führen? Sollen wir ihn erhalten, wie er ist, oder sollen wir ihn zu vervollkommnen suchen? Es gibt viele Mittel dazu – Eugenik, Genprogrammierung, Gehirnchirurgie, Empfindungsvertiefung durch Drogen. Vorderhand haben wir uns auf ein einfaches Prinzip gestützt: das der Leidminimisierung. Aber vielleicht ist es gar nicht das Schicksal des Menschen, sorgenfrei zu leben. Vielleicht soll es sich durch seine Sorgen zu etwas Höherem steuern lassen.

Mortimer: Was verstehen Sie darunter? Haben Sie ein Beispiel?

Van Steen: Aber ja – nehmen wir nur unser neues Kommunikationssystem. Es ist schon lange möglich, Organismen einzufrieren, ihren Stoffwechsel so zu verlangsamen, daß sie lange Zeit ohne zu altern überdauern. Es ist auch schon lange bekannt, daß man dabei die Gehirntätigkeit aufrecht erhalten kann. Man braucht nur dafür zu sorgen, daß die Ionenwiderstände in den Synapsen nicht zu hoch werden – die Energie auch des herabgesetzten Stoffwechsels reicht stets noch aus, um die geringfügigen elektrischen Anregungen der Nervenfasern hervorzurufen. Die Menschen konnten während ihres Schlafs bei Bewußtsein bleiben, beispielsweise im normalen Tempo denken. Zugleich waren sie aber ausgeschaltet von jedem Informationseinfluß, sie konnten keine Frage stellen, oder, richtiger, sie erhielten keine Antwort. Sie waren isoliert, und nach einer gewissen Zeit funktionierte ihre Denkkontrolle nicht mehr. Ihre Gedanken verwirrten sich, sie gereiten in eine Welt der Phantasie, des Surrealismus, aus der sie nur noch schwer, manchmal überhaupt nicht mehr herausfanden. Es hatte also keinen Sinn, ja, es war sogar schädlich, sie wachzuhalten.

Nun hatten wir aber schon Erfolg mit extrasensorischen Übertragungen gehabt. Darunter ist ein Informationsaustausch zu verstehen, der sich ohne den Umweg über die Stimmbänder oder andere Organe, die demselben Zweck dienen können, ohne den Umweg über Auge, Ohr und so fort, abspielt. Dazu war es allerdings nötig, die entsprechenden Nervenleitungen durch das Schädeldach hindurch mit Drähten zu punktieren, und das ist eine höchst schwierige und für die Versuchsperson unangenehme Manipulation.

Andererseits bot sich ein weitaus günstigeres Prinzip an. Denkvorgänge sind elektrischer Natur, und als solche erzeugen sie elektrische Wechselfelder. Mit Gehirnströmen hat man sich schon lange beschäftigt, aber das, was man empfing, waren Impulse von lediglich sekundärem Charakter – nämlich jene der

Energieanlieferung für das eigentliche Denken. Wir versuchten sie abzufiltern, und als uns das gelang, war es leicht, sie über Modulatoren weiterzuleiten und über eine Antenne in ein anderes Gehirn zu leiten. Das Schwerste war das Fokussierungsproblem – die Notwendigkeit, von außen genau jene Stelle anzupeilen, die als Sender oder Empfänger fungieren sollte. Aber wir haben es gelöst.

Mortimer: Der Gehirnfokus.

Van Steen: Ja! Wie du siehst, gibt es also auch aus den letzten Jahrzehnten Erfindungen, die praktisch verwertet wurden.

Mortimer: Mißbraucht!

Van Steen: Nennst du es mißbraucht, wenn wir asoziale Verschwörer behandeln? Es kann das Leben anderer retten, wenn wir rechtzeitig von ihren Absichten erfahren. Oder meinst du die Entpersönlichung? Wir entfernen die durch irgendeinen Umstand ungünstig kombinierten Informationen und ersetzen sie durch neue aus einem Speicher, einem Modellgehirn. Eine neue, sozial eingestellte Person entsteht. Was ist daran schlecht? Früher hat man Entartete umgebracht.

Mortimer: Vielleicht haben Sie recht. Aber wo ist die Entwicklung zu etwas Höherem?

Van Steen: Darauf komme ich eben: Empfindest du es nicht auch als einen wesentlichen Schritt vorwärts, wenn sich vielerlei Menschen zu einem übergeordneten Denken verbinden können? Vielleicht bahnt sich hier etwas an, das uns in eine höhere bisher unbekannte Stufe biologischer Organisation überführt. Ich sage: vielleicht – hier befinde ich mich außerhalb des Territoriums der Wissenschaft. Vielleicht werden wir diese Fragen einst exakt beantworten können. Heute ist das noch nicht möglich, und wir müssen noch warten, ehe wir handeln.

Mortimer: Das also ist der Grund für die wissenschaftliche Forschung.

Van Steen: Nicht allein – allenfalls einer von vielen. Der eigentliche Grund ist der, daß wir dazu verpflichtet zu sein glauben. Es kann sein, daß unsere Arbeit kein großes Ergebnis zeitigt, daß sie irgendwann einmal im Sande verläuft. So weit sind wir aber noch lange nicht. Vorderhand sind die weißen Flecken auf der Landkarte unseres Wissens noch groß. Jeder Schritt ins Unbekannte bringt uns unglaubliche Einblicke. Immer aufregender ist das Neue, das daraus erwachsen kann.

Mortimer: Der Gehirnfokus. Ein Werkzeug geistiger Vergewaltigung.

Van Steen: Wir wollen uns nicht absichtlich mißverstehen! Ich sprach jetzt nicht von verwertbarem Wissen, sondern um wesentliche Erweiterungen unseres Horizonts, Erweiterungen, die es uns erlauben, den Dingen um uns herum verständnisvoller zu begegnen.

Mortimer: Meinen Sie die Menschen, deren geheimste Gedanken Sie nun belauschen können?

Van Steen: Das ist gar nicht möglich – wie wir jetzt wissen, kann man sich durchaus verschließen, man braucht nur ein wenig Erfahrung dazu. Aber nehmen wir die Tiere! Was wußten wir bis vor kurzem über ihre Denkweise, über ihre Gefühle, Empfindungen, ihr Bewußtsein? Heute ist es möglich, alles das kennenzulernen. Wir haben sie nicht nur belauscht – wir haben auch menschliche Informationen auf unbenützte Speicherzellen im Tiergehirn gelegt und von dort aus Experimente vornehmen können.

Mortimer: Menschen in Tieren, so wie Baraval in mir.

Van Steen: So ähnlich. Wir haben auch tierische Informationen auf menschliche Gehirne geleitet – Tiere in Menschen, wie du sagen würdest. Doch ich darf dir verraten, daß wir dadurch viel gelernt haben – auch vieles, was ethisch verwertbar ist. Wir wissen jetzt, wie ein Tier leidet, und wodurch es leidet. Wir kennen die Intensität seiner Gefühle – sie ist stärker als wir je vermutet haben. Wer an solchen Experimenten teilgenommen hat, wird ein Tier nie grausam behandeln. Aber er wird es auch nie so behandeln wie Schoßhündchen, denn das ist nicht minder grausam – es bringt das Gleichgewicht des Triebsystems in Unordnung. Auch hier führt die Sprache des Herzens nicht zum angestrebten Ergebnis.

Mortimer: Was mich noch interessiert, ist Ihr Status als Wissenschaftler im Staat. Sie genießen doch offensichtlich eine Sonderstellung. Wie verträgt sich diese mit der Gleichverteilung von Freud und Leid?

Van Steen: Sie verträgt sich! Sicher, wir beschäftigen uns auf andere Art als die übrige Bevölkerung, deren Lebensinhalt sich auf Boxkämpfe, Fernsehstars, Spiel und Unterhaltung beschränkt. Aber unsere Aufgabe liegt durchaus im Allgemeininteresse. Wir sind die Verwalter eines jahrtausendealten Wissens.

Mortimer: Aber sie bilden doch eine geschlossene Gruppe im Staat, eine Gruppe exklusiven Charakters, mit Sonderrechten und Privilegien. Wer wird Wissenschaftler?

Van Steen: Hier liegt in der Tat ein gewisses Problem. Früher wurden einfach Menschen mit besonders hohen Intelligenzquotienten ausgesucht und für eine Wissenschaft ausgebildet. Heute können wir jeden zum Genie machen ...

Mortimer: Warum tun sie es nicht?

Van Steen: Eine Welt von Genies wäre zum Untergang verurteilt. Genius verträgt ein Gemeinwesen nur in äußerst verdünnter Dosis. Aber immerhin – bei einigen steigern wir die Intelligenz. Mit Lernprogrammen, Suggestion und ähnlichem führen wir sie an den Zenit ihrer geistigen Leistungsfähigkeit. Genau genommen könnten wir jeden dazu ausersehen.

Mortimer: Sie bestimmen, wer am Glück teilhaben darf.

Van Steen: Sind wir wirklich glücklicher als die anderen? Der OMNIVAC hat das Problem durchgerechnet; wir sind es nicht.

Mortimer: Das war alles, was ich wissen wollte. Ich danke Ihnen.

17

Ein Jahr war vergangen. Noch immer lagen sie im Beschuß der Lasergeschütze, aber jetzt konnte ihnen die Strahlung nichts mehr anhaben. Sie bewegten sich mit einer Geschwindigkeit, die vor ihnen von Menschen noch nie erreicht worden war, nur ein paar Millionstel trennten sie vom vollen Wert der Lichtgeschwindigkeit. Die harte Gammastrahlung erschien ihnen als harmloses Licht. Die angestrahlten Partikel reflektierten es und funkelten wie Schneeflocken. Die Strahlenstöße bewegten sich kaum schneller als sie – sie schienen neben ihnen herzuwandern, mächtige Lichtzylinder, stark vergrößert, oft weit von ihnen entfernt, manchmal auch nahe daneben, ja sogar um sie herum. Jetzt waren keine Ausweichmanöver mehr nötig, sie fuhren unbeirrt geradeaus.

Der Mediziner, Dr. Sic, hielt eine genaue Untersuchung aller an Bord befindlichen Menschen für angebracht. Sie drosselten die Beschleunigung auf ein g, und der Arzt, der selbst automatisch in den Normalzustand zurückgebracht worden war, machte Injektionen vor und überwachte die kritische Phase der Rückkehr ins Leben.

Sie benützten dieses persönliche Zusammentreffen zur Entscheidung über ihre nächsten Schritte. Guido traf mit van Steen in der Kanzel zusammen. Anwesend waren wieder der Chefingenieur Olson von der Seite der Aufrührer und Derreck aus der Gruppe der Wissenschaftler. Mortimer war einfach mitgekommen, ohne dazu eingeladen zu sein. Über die Leuchtschirme konnten sie ihre Umgebung überblicken. Sie sah seltsam aus. Das gesamte Blickfeld war in Kugelzonen aufgelöst, die sich um das Raumschiff schlossen – vergleichbar mit um ein Faß geschmiedeten Reifen. Die Symmetrieachse aller dieser Kugelzonen lag in Fahrtrichtung. Jede hatte eine andere Farbe, alle Tönungen des Regenbogens waren vertreten. Bei genauerem Hinsehen lösten sich die Ringe in dahingestreute Punkte auf – die

Sterne. Selbst durch die Bildschirme war es ein Anblick unbeschreiblicher Majestät.

»Das ist er, der Sternenbogen«, sagte van Steen. »Wir sind die ersten Menschen, die ihn sehen.« Als er Guidos Kopfschütteln bemerkte, fügte er hinzu: »Eine Folge des Doppler-Effekts und der Zeitdilatation. Im Prinzip dasselbe wie die Umwandlung der Gammastrahlen in Licht.«

Der Ingenieur starrte die Schirme an und schüttelte den Kopf.

»Stimmt etwas nicht?« fragte Guido.

Der Ingenieur ging von einem Schirm zum anderen, drehte dann ein Rad am Schaltpult, änderte den Kontrast und die Helligkeit.

Van Steen trat neben ihn.

»Was fällt Ihnen auf? Die Farben? In Wirklichkeit hat sich das sichtbare Licht natürlich auf eine enge Zone um den Zielstern herum zusammengezogen. Der übrige Raum wäre völlig dunkel. Aber wir arbeiten mit einem Bildwandler. Was wir sehen, ist die ins Sichtbare transformierte Radiostrahlung.«

»Das alles ist mir klar«, meinte der Ingenieur. »Aber fällt Ihnen sonst nichts auf?« Er wartete ein paar Sekunden lang und fuhr dann fort: »Wir sehen viel zuviel. Trotz des Bildwandlers dürften wir nur die Strahlung jener Sterne empfangen, die in einem spitzen Winkel gegen die Fahrtrichtung liegen. Sie brauchen es nur kurz nachzurechnen!«

Van Steen kniff die Augen zusammen, stand kurze Zeit unbewegt da.

»Donnerwetter«, sagte er dann. »Sie haben recht. Das ist unerklärlich. Ich möchte meinen Physiker und Astronavigator hinzuziehen. Haben Sie was dagegen?« Als Olson den Kopf schüttelte, trat er an die Sprechanlage. »Dr. Dranat, bitte in die Steuerkanzel.« Er wiederholte den Aufruf noch zweimal, dann kam der dunkelhäutige, seine indischen Vorfahren nicht verleugnende Physiker herein. Van Steen machte ihn auf die Unstimmigkeit aufmerksam, und Dr. Dranat ließ sich am Schaltpult nieder und wandte sich den Navigationsgeräten zu.

Guido löste seinen Blick vom Sternenbogen. »Meine Herren, wir haben Wichtigeres zu tun, als uns mit physikalischen Kuriositäten zu beschäftigen. Vor allem haben wir die Frage zu lösen, ob wir jetzt umdrehen sollen, um zur Erde zurückzugelangen.«

»Der Gammabeschuß stört uns nicht mehr«, erklärte Olson. »Die Frequenzen sind harmlos geworden, und überdies setzt die Streuung die Intensität auf ungefährliche Größenordnungen hinab.«

»Aber wenn wir die Fahrt verzögern – wird die Strahlung dann nicht wieder stärker?«

»Theoretisch ja. Aber ob sie überhaupt noch auf uns schießen?«

»Wir sehen es ja!« stellte Guido fest und deutete auf einen Lichtzylinder, der, wie es schien, leicht gekrümmt neben dem Schiff hing.

»Das hat nichts zu sagen«, bemerkte der Professor. »Sie kommen aus der Vergangenheit. Auf der Erde müssen schon Jahrhunderte vergangen sein. Inzwischen sind wir ihnen längst unwichtig geworden.«

»Sind Sie sicher?« fragte Guido.

Van Steen zuckte die Schulter: »Wo gibt es Sicherheit?«

»Vielleicht können wir eine Nachrichtensendung abhören?« schlug Mortimer vor.

»Auch die ist längst überholt«, entgegnete van Steen.

»Vielleicht läßt sich etwas über ihre Pläne entnehmen – darüber, wie lange sie den Beschuß fortsetzen wollen. Können wir noch Radioprogramme von der Erde empfangen?«

»Ich nehme nicht an, daß sich die Radiowellen hier schon in Einzelquanten aufgelöst haben«, antwortete der Ingenieur. »Dann können wir sie auch empfangen. Aber es wäre etwas mühsam. Um eine Minute Sendezeit zu kriegen, müßten wir eine halbe Million Minuten lang empfangen. Die Sprache käme in einem Super-Infraschallbereich an. Wir müßten die Schwingungen speichern und entsprechend verschnellert abrufen.«

»Das sind traurige Aussichten«, meinte Guido. »Aber du

kannst es immerhin versuchen. Und jetzt zu unserem Entschluß: Kehren wir um?«

»Wir können es ohne weiteres riskieren«, antwortete van Steen.

»Obwohl es keineswegs sicher ist, ob die Erde überhaupt noch existiert«, warf Derreck ein.

»Selbst wenn sie existiert, wird sie sich völlig verändert haben«, vermutete Mortimer.

Van Steen widersprach: »Das muß nicht unbedingt sein. Unser soziales System war hochstabil. Es spricht nichts dagegen, daß es Jahrhunderte, ja selbst Jahrtausende überdauert.«

»Und trotzdem wäre es keine Heimkehr«, sagte Guido. »Wir treffen keinen Menschen mehr, den wir gekannt haben.«

»Es ist die Heimkehr zur Erde«, sagte van Steen. »Und das bedeutet nicht wenig. Wir können uns wieder eingliedern in den Prozeß des Forschens und der technischen Weiterentwicklung. Und wir kommen nicht mit leeren Händen. Mir und meinen Kollegen sind einige Beobachtungen gelungen, die alles andere als wertlos sind. Dazu kommen noch die automatischen Aufzeichnungen.«

»Für Sie ist es etwas anderes als für uns«, meinte Mortimer. »Wir haben keine Aufgabe mehr auf der Erde. Wer weiß, ob es noch eine Liberale Partei gibt!«

Guido sah ihm voll ins Gesicht.

»Wir werden eine neue gründen«, flüsterte er.

»Wozu die Debatte?« fragte van Steen. »Denkt an unsere Vereinbarung! Wir haben euer Wort.«

»Wir könnten eine neue Partei gründen«, wiederholte Guido, diesmal laut und triumphierend, an alle gewandt. »Gut – ich bin dafür. Wir kehren sofort um. Zurück geht's – zur Erde!« Und als es ausgesprochen war, fühlten sich alle wie von einer Last befreit, sie atmeten auf, lachten, sprachen durcheinander. Nur der Physiker hantierte unbewegt mit seinen Geräten, bis er sich durch den Lärm irritiert, umwandte und bat: »Wartet noch! Es könnte etwas dazwischenkommen!« Betroffen umringten sie ihn und blickten mit ihm auf die Zeiger, deren Sprache sie nicht so gut beherrschten wie er. Im Moment war er derjenige, von dem alles abhing.

»Was meinst du damit – dazwischenkommen?« fragte van Steen.

Dr. Dranat rückte seinen Stuhl zur Seite, und gab den Blick auf eine Himmelskarte frei. Genauer ausgedrückt war es die Projektion von Sternpositionen auf eine Mattscheibe, die im Speicher des zentralen Computers festgehalten waren und so umgerechnet wurden, daß sie der Veränderung des Standorts Rechnung trugen.

»Hier ist die errechnete Sternkarte. Und dort auf den Bildschirmen seht ihr die wahren Positionen. Fällt euch nichts auf?«

»Sie stimmen nicht überein«, sagte Mortimer.

»Die nahe der Zielrichtung liegenden Sternsysteme haben sich verschoben.« Van Steen trat zum Schnellrechner und ließ sich einige Werte geben. »Und zwar um sechzig ... fünfundsechzig Grad ... sogar noch etwas darüber.«

»Was schließen Sie daraus?« fragte Guido, der das beunruhigte Mienenspiel des Wissenschaftlers mißtrauisch beobachtete.

»Ich kann noch nichts sagen«, murmelte der Physiker, »... höchstens ... dann müßten aber ... mal sehen ...«

Er brachte zwei Skalen zur Deckung, stellte eine automatische Uhr ein. Dann rief er aufgeregt: »Welche Beschleunigung haben wir?«

»Ein g«, antwortete der Ingenieur prompt.

»Zwölf g!« rief Dr. Dranat. Er sprang auf. »Zwölf g, und es werden laufend mehr.«

»Aber warum spüren wir nichts?« rief Mortimer bleich, von der Aufregung der anderen angesteckt.

»Wir fallen – was soll es anderes sein?« rief Mortimer.

Derreck hatte in einer Tabelle nachgesehen. »Unter uns muß eine ungeheure Massenansammlung sein!«

Van Steen blickte angestrengt auf den Bildschirm und drehte

fahrig die Einstellknöpfe – das schwarze Loch in Zielrichtung wurde immer größer, ohne daß man darin etwas erkennen konnte.

»Wir laufen gegen härteste Gammastrahlung an«, schrie der Ingenieur. »Der Bildwandler schafft es nicht mehr!«

Mortimer packte van Steen am Mantelaufschlag.

»Was können wir tun?«

»Gegenbeschleunigen«, schrie van Steen. »Mit aller Kraft – das ist die einzige Rettung!«

Guido trat ans Mikrofon des Durchsagenetzes.

»Alarm! Alle Mann in die Kojen. In zwei Minuten beschleunigen wir! Ich wiederhole . . .«

Fünf Minuten später lagen sie in den andrucksicheren Höhlen ihrer Betten, gefühllos, geschützt, doch durch das Kommunikationssystem eng zusammengeschlossen in der Furcht vor dem Ungewissen, das nach ihnen griff. Die Rakete hatte sich gedreht, das Heck wies gegen die Fahrtrichtung. Van Steen gab durch einen mentalen Impuls die Hemmung frei, und die Antriebskraft wuchs auf den voreingestellten Wert. Ein Ächzen ging durch das Schiff, Wellen des Staudrucks liefen vom Heck zum Bug, die elfenbeinerne Haut des Schiffes wölbte sich, Gegenstände bohrten sich in den Boden oder brachen wie Bauwerke aus Zündhölzern zusammen. Zeiger wanderten gegen die roten Bereiche, Warnimpulse zuckten, und nur diese waren es, die die wachen Gehirne der Schlafenden aufnahmen – Wellenzüge nach Mustern moduliert, die höchste Belastung bedeuteten.

Ein Schreckensruf tönte durch das Schiff: »Es genügt nicht – wir fallen. Beschleunigung achtundvierzig g!«

»Die ersten Sicherungen ausschalten! Den Energiefluß erhöhen!«

Eine unheilvolle Pause, dann ein Schreckensruf: »Zu wenig! Wir fallen! Achtzig g!«

»Zweite Sicherung ausschalten! Energiefluß erhöhen bis an die letzte Sicherheitsgrenze!«

Nach einer Weile schwemmte eine Flut der Enttäuschung die

letzte Hoffnung beiseite: »Wir stürzen. Unser Schub hat keine Wirkung mehr! Jeden Moment können wir aufprallen – hundertvierzig g!«

»Weitere Beschleunigungen lebensgefährlich!«

»Wir müssen es versuchen!«

»Energiefluß auf Maximalwert! Zerstrahlungskoeffizient hundert!«

Der Ionenstrom brandete gegen die Führungsfelder, durchbrach die Mauern aus elektrischen und magnetischen Kräften. Das Heck der Rakete strahlte in tiefem Purpur. Die Hitze kroch durch das Metallskelett. Die Wandungen vibrierten wie Trommelfelle, die Glasgefäße in den Labors splitterten in dumpfem Dröhnen. Doch all diese Gewalten waren nichts gegen die Kraft, die als die schwächste in der Familie der Elementarkräfte gilt, die Gravitation. Die gegen die Fallrichtung geschleuderten Ladungen verpufften wirkungslos. Die Schwerkraft ergriff sie und zog sie an sich. Sie fielen genauso wie das Schiff – unaufhaltsam, schwer wie ein Stein.

Das Entsetzen griff nach den Menschen, die von ihren Winkeln aus das Spiel der Gewalten verfolgten. Ein hysterischer Schrei gellte in die Gehirne der Hilflosen. »Hilfe, wir werden körperlos, wir werden zu Strahlung!«

Plötzlich fielen die Zeiger auf Null. Das Tosen verstummte. Es wurde unerträglich still. Und dann begann ein leises Flattern, wurde stärker, das Schiff schwankte wie eine Schaukel ... noch kehrte es immer wieder in die Ausgangslage zurück ... der Ausschlag wurde rasch stärker ... es drehte sich ... dann überschlug es sich, einmal, zweimal, immer rascher ... es wirbelte dahin wie ein Blatt im Wind. Die Lichtstriche der Lageanzeige tanzten, die Quecksilbersäule des Andruckmessers hüpfte, die Beschleunigungsanzeige pendelte zwischen Plus und Minus und spielte immer mehr in die roten Bereiche hinein.

Und dann fielen einzelne Beobachtungsinstrumente aus – das achtgeteilte Gesichtsfeld verblaßte, die Geräusche verstummten, zuletzt blieben nur mehr einige sekundäre elektrische Anzeigesysteme intakt, bis mit einem Schlag alles zu Ende war: Das Kommunikationsnetz war ausgefallen. Sie fanden sich von einander abgeschnitten, waren allein wie nie zuvor. Unversehens waren sie in die tödliche Leere absoluter Einsamkeit geschleudert worden; nicht der geringste Schimmer kam von außen, nicht mehr der leiseste Laut, keine Stimme, kein Hauch, der verraten hätte, daß es überhaupt noch etwas gab: außerhalb. Sie wußten nicht, was mit ihnen geschah, ob sie in der nächsten Sekunde zerschmettert würden oder ob ihnen wenigstens vorher noch Zeit blieb, ihr Schicksal zu verfluchen. Die Ungewißheit war das Schlimmste, und sie steigerte sich bis zum Wahnsinn, weil sie ewig zu dauern schien.

DIE GEFIEDERTE SPIRALE FÄCHERTE AUS, *wandelte sich in einen burgunderrot und schwarzblau geränderten Stern, dessen seitliche Zacken sich zu einem Netz schlossen. Das Netz wehte, wellte sich, blähte sich auf, schloß sich zu einer geäderten Kugel. Die Klänge verschlangen sich, vereinigten sich zu einem Sinuston, sprühten wieder auseinander, eine achtstimmige Folge pulsierte zwischen Ruhepunkten. Auf dem Hintergrund des weißen Rauschens tanzten Tonakzente, verdichteten sich zum spitzen Geknister von Funken ...*

Mortimer ließ sich in dieses Spiel versinken wie in ein lauwarmes Bad. Es beschwor Empfindungen in ihm, aufregende und süße, traurige und freudige. Irgendwo in seinem Innern kamen Saiten zum Klingen, und ihm war, als schlösse sich eine Brücke zwischen zwei zusammengehörenden Dingen, aber er wußte nicht, was für Dinge das waren, und er hatte auch nicht den Wunsch, es zu wissen. Links neben ihm saß Maida, rechts Lucine, und ohne daß er ihnen die Augen zuwandte, fand er ihre Anwesenheit als die letzte Vervollkommnung seines Daseins.

Dann vernahm er den Ruf.

Nur er allein vernahm ihn, nur ihm allein galt er. Eine kalte Hand griff nach seinem Herzen. Die Farben und Formen auf der Bühne verschwammen vor seinen Augen, die Klänge plätscherten nur mehr dahin ... Mortimer vermochte sich nicht länger zu konzentrieren. Doch eben, als er aufstehen wollte, erhob sich Maida, und auch Lucine war nicht im geringsten überrascht. Sie konnten nichts ahnen von dem Ruf, denn er war lautlos, doch sie spürten Mortimers Unaufmerksamkeit, ja Verwirrung, und unterbrachen das Spiel von selbst – die Raumbeleuchtung flutete auf, die Bühne war nur noch ein schwarzes Halbrund, die Luft wieder vom Rauschen der Klimaanlage erfüllt.

»Es ist spät«, sagte Mortimer. »Sehr spät.«

»Draußen dürfte es schon dunkel sein«, meinte Maida.

»Auf der Terrasse wird getanzt«, bemerkte Lucine.

Langsam gingen sie zum Lift, ließen sich hinuntertragen. Der Vorraum war nur matt erleuchtet. Lucine setzte sich auf die große

Hollywood-Schaukel, von der aus man einen Blick über die Gärten zur zackig abgerissenen Fläche der Talwände hatte. Diese Fläche war schwarz, und über ihrem Rand saß ein Flimmern unter einem grüngrauen Himmel. Von der Terrasse her erklang die uralte Melodie eines Blues. Über die Mattglaswände glitten die schwerelosen Schatten zweier tanzender Paare.

Es ist spät, dachte Mortimer. Aber er ließ sich Zeit. Mit Maida ging er zur Schaukel, und sie setzten sich. Mortimer beschwichtigte sich selbst: nur noch ein paar Sekunden!

»Nur ein paar Sekunden«, sagte er laut. Einige Augenblicke, einige Atemzüge lang. Das war wenig – und doch viel.

»Was haben Sie vor?« fragte Lucine.

Mortimers Blick hing am schwarzen Block der Felsen.

Was ist dahinter? fragte er sich. Laut sagte er: »Nie ist die Luft so erfrischend wie am Abend. Den ganzen Tag freue ich mich auf einige Atemzüge dieser Luft. Solange ich hier bin, gehe ich um diese Zeit stets noch einmal hinaus. Es ist unbeschreiblich still draußen. Unbeschreiblich schön.«

»Es ist finster draußen«, sagte Lucine. »Haben Sie keine Angst vor der Finsternis?«

»Vor der Finsternis? Nein.«

Maida berührte seinen Arm. »Ich komme mit Ihnen.«

Jäh sprang Mortimer von der Schaukel herab. Unvermittelt sah er wieder das dunkle Tor vor sich.

»Nein«, sagte er erschreckt. Er drehte sich zu ihr, sah sie lange an. »Sie können nicht mitkommen. Bleiben Sie hier, solange Sie können! Leben Sie wohl!«

Er trat einige Schritte zurück gegen das Tor. Dann drehte er sich rasch um und eilte die Stufen hinab.

18

Ihr Erwachen wirkte wie ein Wunder. Sie fühlten ein Prickeln in den Muskeln, ein Dröhnen in den Ohren wie bei einem übersteuerten Mikrophon. Ihre Augenlider zuckten, weil ein rotes Leuchten aufglomm, dann sahen sie etwas, was zuerst wirr und chaotisch war, und erst allmählich Erinnerungen beschwor, deutbar wurde.

Das erste, was Mortimer erkannte, waren die scharfen Züge des Arztes, seine Augen – die Augen eines Menschen! fiel ihm plötzlich ein. Dann ordneten sich seine Eindrücke schnell, und fast augenblicklich erwachte das Bewußtsein. Die wirren Bilder, die bis vor kurzem sein Dasein beherrscht hatten, verblaßten, und die Vergangenheit war wieder lebendig. Das Letzte – ja, das Letzte, dessen er sich entsann, war die Verzweiflung. Das Schiff schlingerte haltlos, trieb dahin ins Ungewisse ... Die ungeheure Beschleunigung ... die verzweifelten Versuche ... die Verzerrungen am Himmel! Ja, jetzt setzte sich das Geschehen wieder logisch fort. Was dazwischen lag – ein sinnloser Alptraum.

Einige Stunden später versammelten sie sich wieder in der Steuerkanzel. Sie – das waren Guido, sein Chefingenieur Olson, van Steen und Derreck, sowie Mortimer, der stillschweigend akzeptiert wurde. Und dann traf auch noch der Physiker, Dr. Dranat, ein. Er war der einzige, von dem sie Auskunft über ihre Situation erwarten durften. Aller Blicke hingen auffordernd an ihm.

»Ich sollte erklären, wieso wir noch leben«, sagte er. »Nun, das erscheint mir genauso unerklärlich wie euch. Aber ich will versuchen, eine Erklärung für das zu geben, was geschehen ist. Zunächst steht fest, daß das dritte Sicherungssystem gewirkt hat – wie bekannt ist, läßt es sich über das mentale Netz nicht ausschalten. Das war unsere Rettung. Es hat verhindert, daß wir uns selbst in die Luft geheizt hätten. Es hat den Antrieb ausgeschaltet, die Mesonenreaktion gestoppt. Von diesem Moment an gab es keine Hoffnung mehr, daß sich unser Fall bremsen ließ.«

»Und was geschah? Sind wir irgendwo zerschellt? Sind wir tot?«

Der Physiker lächelte.

»Wir alle haben voreilige Schlüsse gezogen. Von einem Zerschellen war keine Rede. Allenfalls hätte uns ein ungeheuer schwerer Himmelskörper einfangen können, vielleicht ein solcher aus Nukleonenmaterie, aber selbst dann wäre es höchst unwahrscheinlich gewesen, daß wir geradewegs auf ihn zugefahren wären. Viel wahrscheinlicher wäre ein Einfang gewesen – bis zum Ende aller Zeiten wären wir als Satellit um den Massenriesen herumgewandert.«

»Aber was ist nun wirklich vorgefallen?« Derrecks Tonfall klang so zaghaft, daß ihm Dr. Dranat die Hand aufmunternd auf die Schulter legte. »Jedenfalls leben wir noch! Soviel ich bis jetzt sehen kann, war kein einzelner Himmelskörper schuld an unserer höllischen Liftfahrt, sondern eine Abweichung von der gleichmäßigen Massenverteilung im Raum. Um die Region, die wir glücklicherweise hinter uns gelassen haben, herum, und damit meine ich einen sehr großen, Millionen Sternnebel umfassenden Bereich, verteilten sich die Sterne dichter als in anderen Gegenden. Auf diese Weise kommt es zu einer Unregelmäßigkeit im Raum-Zeit-Kontinuum. Vereinfacht könnte man sagen, der Raum war dort stärker gekrümmt, hat sich zusammengezogen. Es handelt sich um eine Art Verengung oder Stromschnelle, Gravitationslinse, oder wie wir es sonst nennen wollen.«

Guido fiel ihm etwas ungeduldig ins Wort: »Ist das nicht gleichgültig?«

»Nicht so ganz«, entgegnete der Physiker. »Zumindest ist es der Grund dafür, daß wir nicht zu Schaden gekommen sind. Wir sind gewissermaßen nur hindurchgefallen, auf der einen Seite hinein, auf der anderen heraus.«

»Wieso sind wir nicht auf dem tiefsten Punkt liegen geblieben?« fragte Mortimer.

»Wir sind hindurchgelaufen wie eine Kugel durch den tiefsten Punkt einer Schüssel. Auch sie bleibt nicht unten liegen, sondern läuft wieder ein Stück bergauf. Unsere Bewegungsenergie konnte nicht verlorengehen. Wir wurden beschleunigt und wieder verzögert. Die Reibungsverluste wurden durch unsere Eigengeschwindigkeit mehr als aufgewogen.«

Wieder stellte Guido eine Frage: »Wo befinden wir uns jetzt?«

Dr. Dranat hob die Schultern. »Nur eins kann ich mit Bestimmtheit angeben: jenseits der Singularität im Raum. Ihre Existenz ist eine unerhörte Entdeckung. Denken Sie nur: Das Weltall ist keine Kugel, sondern eine Art Doppelkegel! Einstein würde sich im Grabe umdrehen. Der Krümmungsradius, der der Masse proportional ist . . .«

Guido klopfte ungeduldig auf die Tischplatte. »Verzeihen Sie, aber die wissenschaftliche Sensation läßt uns kalt! Sagen Sie uns lieber, wie wir zur Erde zurückkommen sollen!«

Der Physiker blickte ihn groß an. »Ich glaube, mich klar genug ausgedrückt zu haben. Wir befinden uns in einem fremden Teil des Weltalls. Infolge der Schlingerbewegung des Schiffes haben wir die Richtung verloren. Infolge der statistischen Eigenbewegung der umliegenden Sternsysteme gibt es keinen Anhaltspunkt für unsere Bewegungsrichtung. Die Registratur ist ausgefallen – unser Weg ist nicht markiert. Schauen Sie auf den Bildschirm! Kennen Sie auch nur ein einziges Sternsystem?«

Der Bildschirm war wieder auf Farbwiedergabe geschaltet, der Bildwandler transformierte alle Arten von Strahlung in sichtbares Licht. Fast schien es, als kostete Dr. Dranat die ratlosen Blicke aus, denn er wartete eine ganze Weile, ehe er weitersprach. »Natürlich kennen Sie keines, denn es ist kein bekanntes darunter. Sie sind uns alle fremd. Soviel ich sehen kann, sind zwar die Sternklassen ebenso verteilt wie in unserem alten Raum, aber es fehlt uns eben jede Orientierung.«

»Das heißt . . .« Guido wagte die erschreckende Folgerung nicht auszusprechen. Dr. Dranat scheute nicht davor zurück:

»Das heißt, daß wir nicht zur Erde zurückkehren können. Heute nicht, und morgen nicht. Niemals wieder.«

Diesmal waren alle zusammengekommen, die Revolutionäre, und die Wissenschaftler.

Guido ergriff das Wort.

»Männer und Frauen! Wir sind in eine Situation geraten, die niemand voraussehen konnte und die so phantastisch ist, daß man sie nicht glauben möchte, wenn man sich nicht mit eigenen Augen davon überzeugen könnte. Es ist ja nicht geheim geblieben: Wir sind in einen Teil des Weltraumes geraten, aus dem es kein Zurück mehr gibt. Über diesen Punkt will ich nicht weiter sprechen, aber natürlich könnt ihr darüber alles erfahren, was ihr wissen wollt. Dr. Dranat steht euch anschließend zur Verfügung.

Wir sind noch am Leben, weil das Sicherheitssystem funktioniert hat, weil die Antigravnetze intakt geblieben sind, und weil Dr. Sic soweit Herr seiner Sinne geblieben ist, um nach angemessener Zeit den Versuch zu wagen, einen mentalen Befehl zum Wecken zu geben. Er hat dann die Wiederbelebung aller anderen überwacht.

Wie wir festgestellt haben, sind die meisten der empfindlichen elektronischen Systeme ausgefallen; sie dürften sich aber wieder in Ordnung bringen lassen. Das Antriebssystem ist noch einigermaßen intakt. Wir haben eine Woche Zeit, um eine Generalüberholung vorzunehmen. Soweit wir bisher gesehen haben, wird das Schiff wieder fahrtüchtig werden.«

Ein Mann aus den Reihen der Zuhörer rief:

»Und wohin soll die Fahrt gehen?«

»Das wollen wir jetzt beraten«, antwortete Guido. »Dazu habe ich alle Menschen, die sich an Bord befinden, zusammengerufen. Durch das Ereignis, das uns hierher verschlagen hat, wurden alle Interessenunterschiede verwischt. Freilich – das Ideal der Freiheit werden wir immer hochhalten, aber wir brauchen nicht mehr dafür zu kämpfen; im Rahmen unserer kleinen Gemeinschaft wird jeder stets soviel Freiheit haben, wie nur immer möglich ist. Und auch die Forscher sind die gleichen geblieben; sie bringen eine Unmenge Wissen mit und werden wohl nie müde werden, es zu pflegen und zu vermehren. Ihre Aufgabe im Auftrag der Erdregierung allerdings ist genauso sinnlos geworden wie unser Freiheitskampf. Aber jetzt gilt es vor allem, mit den Schwierigkeiten fertigzuwerden, die sich uns allen in gleicher Weise entgegenstellen. Auch die Wissenschaftler werden ihre Fähigkeiten in den Dienst der gemeinsamen Sache stellen. Ich schlage daher vor, daß wir alle Meinungsverschiedenheiten begraben und künftighin gemeinsam arbeiten.«

Dieser Vorschlag wurde ohne große Bewegung aufgenommen – es gab jetzt wichtigere Dinge zu entscheiden.

»Die Führung wird künftighin gemeinsam bei je einem Vertreter beider Seiten liegen. Ich bin dafür, daß wir sie in einer öffentlichen Wahl bestimmen.«

Die Abstimmung erfolgte durch Akklamation. Guido und van Steen wurden als Führungsteam bestellt. Zunächst für zwei Jahre sollte das Geschick der Menschen in ihrer Hand liegen.

»Und nun wird van Steen über die Frage sprechen, was weiterhin geschehen soll«, kündigte Guido an.

»Vorausgesetzt, wir bringen das Schiff in Ordnung«, führte van Steen aus, »stehen uns alle Möglichkeiten offen – ja, genaugenommen waren noch nie Menschen so ohne jede Bindung wie wir. Wenn es eine absolute Freiheit gibt, dann sind wir es, die sie jetzt genießen! Da wir niemand anderem verpflichtet sind, könnten wir uns durch das All treiben lassen und bis ans Ende unserer Tage faulenzen. Wir könnten auch von Stern zu Stern reisen, Dinge sehen, die noch niemand gesehen hat, unerhörte Abenteuer erleben, immer wieder neue Eindrücke gewinnen – auf einer Entdeckungsfahrt ohne Ziel und ohne Ende.« Er blickte über die Reihen seiner Zuhörer hinweg. An den Mienen der wenigsten fand er so etwas wie Zustimmung. »Es gibt noch ähnliche Möglichkeiten völliger Ungebundenheit«, setzte er fort. »Sollte jemand einer besonderen den Vorzug geben, so wollen wir später darüber diskutieren. Nach dem aber, was ich über den Menschen als biologisches Wesen weiß, glaube ich gar nicht, daß er von einem Leben in solcher absoluten Freiheit auf die Dauer wirklich befriedigt ist. Darum schlage ich etwas anderes vor, obwohl es unbequemer ist, unbestimmt im Ergebnis und alles andere als kurzweilig. Obwohl es jene Möglichkeit wäre, die den größten Freiheitsentzug bringt: Wir könnten versuchen, einen Planeten zu finden, dessen Klima ungefähr der Erde entspricht. Wir haben genügend junge und gesunde Männer und Frauen unter uns, die Anlagen, die sie mitbringen, sind bestimmt nicht die schlechtesten. Wir könnten versuchen, uns auf einem erdähnlichen Planeten anzusiedeln, ein Gemeinwesen zu schaffen, eine neue Menschheit zu begründen . . .«

Seine Worte gingen in einem Beifallssturm unter – Wissenschaftler und Revolutionäre stimmten in gleicher Begeisterung zu. Van Steen schwenkte beruhigend den Arm. »Ich hoffe, ihr gebt euch keiner Täuschung hin – es wird bestimmt nicht leicht sein. Gewiß, wir haben unser Wissen und für den Anfang die Energiequelle des Schiffes, aber wir müssen doch ganz von vorne anfangen.«

Wieder klang Zustimmung auf:

»Das macht nichts.«

»Wir nehmen es gern auf uns!«

Als sich die Unruhe etwas gelegt hatte, stellte Guido eine entscheidende Frage: »Was für Chancen haben wir, einen Planeten zu finden, der für Menschen erträgliche Bedingungen bietet?«

Van Steen lachte – es sah aus, als verjünge sich sein Gesicht. »Die beste. Soviel wir festgestellt haben, unterscheidet sich dieser Sektor des Raumes nicht von unserem eigenen. Es gibt unzählige Planeten, und ein nennenswerter Teil davon hat die richtige Masse, die richtige Entfernung von der Sonne, eine günstige Luftzusammensetzung, eine ausreichende Menge Wasser. Dr. Dranat hat sich schon nach einer günstigen Gelegenheit umgesehen. Er wird darüber berichten. Bitte, Dr. Dranat.«

Der zartgebaute Gelehrte erschien ihnen jetzt wie ein Gott, der im Begriff ist, den Weg zum Paradies zu weisen. »Die Situation erschien zuerst nicht ganz so günstig, wie man van Steens Worten entnehmen könnte, denn jene Region, die wir nach der nötigen allmählichen Verzögerung erreichen könnten, ist außerordentlich leer. Sie enthält keine Sternnebel, sondern nur ganz wenige, zumeist dunkle Sonnen. Nun habe ich ein wenig abseits von unserer Flugrichtung, aber durchaus erreichbar ein isoliertes Sonnensystem entdeckt, das zwei Planeten enthält. Der eine entspricht völlig unserer Erde . . .«

Er konnte nicht weitersprechen – der ausbrechende Jubel schnitt alle weiteren Erläuterungen ab. Es gab auch nichts weiter zu sagen. Sie alle, ob ehemalige Freiheitskämpfer oder Wissenschaftler, waren sich einig: Sie wollten am schnellsten Weg zu ihrem Planeten, ihrer neugeschenkten Erde.

19

Nach der Renovierung des Schiffs hatten sie sich wieder in ihre Andruckbetten begeben, aber diesmal war die Stimmung, unter der das geschah, ganz anders. Es war, als hätten sie insgeheim Bedenken gegen eine Rückfahrt zur Erde gehabt, einer um Jahrtausende gealterten, vielleicht einer bis zum Überlaufen übervölkerten Erde, vielleicht auch einer radioaktiven Wüste, zerstört durch die Bomben, von der sich die mißtrauischen Machthaber nicht zu trennen gewagt hatten, bis sie eines Tages daran zugrunde gegangen sein mochten. Jedenfalls bestand sicher nichts mehr, was dem Sehnsuchtsbild des grünen Erdballs entsprach – und damit auch nichts, nach dem sie Heimweh gehabt hätten.

Der jungfräuliche Himmelskörper dagegen, an den sich das Zielkreuz im Visier immer näher heranschob! Er schien all dem zu entsprechen, dem dunkle Wünsche tief im Inneren der Gefühlsregion im Gehirn immer noch verhaftet waren. Jetzt brachen sie wieder hervor, schwemmten die Tünche der Jahrhunderte hinweg, hefteten sich an das kaum wahrnehmbare Pünktchen auf dem Bildschirm, das allmählich wuchs – zu einem Licht der Hoffnung. Immer mehr von den komplizierten astronomischen Geräten tasteten nach diesem Stern, entrissen ihn dem Dunkel, offenbarten seine beiden Begleiter – der eine grünlich schimmernd wie von Algen überzogen, mit silbernen Spielgelflächen darin, der andere eintönig graublau, von einer grünen Strahlenkrone umgeben.

Auch Mortimer hatte die Niedergeschlagenheit überwunden, der er seit dem mißglückten Aufstand verfallen war. Die allgemeine Zuversicht steckte an wie ein Fieber. Um so erstaunter war er, als er mit Derreck in Kontakt trat. Bei ihm bemerkte er keine Anzeichen freudiger Erwartung, eher die von Niedergeschlagenheit.

Was fürchtest du? fragte ihn Mortimer. *Zweifelst du daran, daß wir mit den Unbilden der Natur fertigwerden? Oder denkst du an Auseinandersetzungen mit den urtümlichen Lebewesen – Dr. Dranat hat bisher keine Anzeichen höherer Entwicklungsstufen festgestellt.*

Derreck weigerte sich zunächst zu antworten, aber Mortimer merkte, daß der Freund den Wunsch hatte, seine Bedenken mit jemand zu besprechen, und darum bohrte er immer weiter, und brachte Derreck schließlich doch zu einer Antwort.

Meine Bedenken sind ganz anderer Natur, als du erwarten dürftest. Ich bin der Meinung, daß wir uns mit dem, was wir versuchen, selbst täuschen. Es ist genauso sinnlos, wie es eine endlose Vergnügungsfahrt durch den Weltraum wäre.

Gewiß ist ein Risiko dabei. Sicher gibt es Gefahren, von denen wir nichts ahnen können. Aber erscheint dir das Risiko zu groß?

Das ist es nicht. Risiken gibt es überall. Was mich stört, ist die absolute Unmöglichkeit, das zu erreichen, was alle erhoffen.

Zum Überleben besteht eine gute Chance. Was wir aber unbewußt mit dem Begriff des Überlebens verbinden, ist das Weitertragen der menschlichen Kultur. Alle denken, man brauche sich nur irgendwo niederzulassen und dafür zu sorgen, daß man sein Leben und das seiner Nachkommen erhält.

Und das genügt nicht?

Nein. Es genügt nicht, um zivilisiert zu bleiben. Um den Standard zu halten, den man erreicht hat.

Was wäre deiner Meinung nötig?

Ein paar Dutzend Menschen sind zu wenig dazu. Sie können das einfach nicht fassen, was wir ihnen zu vererben haben. Der Hauptteil würde schon mit der ersten Generation untergehen. Nach einigen weiteren wären sie keine Menschen mehr. Allenfalls Wilde. Alles, was wir jetzt noch sind, wäre verloren.

Du denkst an die Informationen? Sie sind gespeichert. Sobald sich die Menschen genügend vermehrt haben, wird es wieder welche geben, die sich damit beschäftigen.

Vielleicht nach Jahrtausenden. Dann aber etwa in der Weise, wie wir uns heute mit Keilschrifttafeln beschäftigen. Als historische Dokumente.

Ich sehe das absolut nicht ein. Warum sollen wir verwildern? Es ist eben gar nicht richtig, daß wir ganz von vorne anfangen müssen. Wir haben das Wissen, das uns hilft, stets genügend Energie bereitzuhalten. Uns ist bekannt, wie man dem Boden Nährpflanzen entzieht, wie man aus Mineralien Luft und Wasser gewinnt, Zellkulturen in Eiweiß verwandelt. Wir wissen, wie man Maschinen baut, um Wege und Häuser zu schaffen, wir kennen alle Arten von Waffen, um uns notfalls verteidigen zu können. Wissen, Energie, Nahrung, Maschinen – woran sollte es also liegen?

Was uns fehlt, und was wir nicht im Handumdrehen beschaffen können, sind einige Millionen Menschen.

Die Massen, die sich auf der Erde drängen? Aber was spielen sie denn schon für eine Rolle. Sie vegetieren dahin, haben keine Ideen und keine Ideale, schaffen nichts Wertvolles, nichts Bleibendes. Alles, was sie interessiert, sind die Leckerbissen aus den Automatenküchen, die stupiden Massenveranstaltungen, das Aufputschen der Sinne bei den Sportkämpfen, die Gesellschaftsreisen, ihre Kleider und Einrichtungen, ihre primitiven Filme und Theaterstücke. Es sind immer nur wenige, die die Mensch-

heit weiterbringen und nie die seelenlosen Massen. Ihr Wissenschaftler wart mir nie besonders sympathisch, und auch bei den Freiheitskämpfern ist kaum einer, an den ich mich gebunden gefühlt hätte, wenn ich nicht an das große Ziel, die Befreiung der Menschheit, geglaubt hätte. Eines aber muß man beiden lassen – sie bringen das mit, was zu echtem Fortschritt führt. Und darum bin ich überzeugt davon, daß wir gute Aussichten haben.

Es wäre schön, wenn du recht hättest. Aber deine Überlegung stimmt nicht. Weder die Gruppe der Aktiven, der Tatmenschen, noch die Elite der Intelligenz hätte eine soziale Funktion, wenn nicht auf jeden von ihnen Tausende kämen, an denen sich das realisiert, was sie erstreben. Von ihnen ist der kulturelle Stand genauso abhängig wie von der Führerschicht. Unsere Zivilisation beruht auf einem großen Reservoir von Menschen. Es ist ein kybernetisches Problem: Sie bilden die vielen kleinen und scheinbar unwichtigen Schaltelemente, ohne die ein komplexer Apparat nicht bestehen kann, und wenn er noch so wertvolle Einzelteile enthält.

Kann man ein System von Menschen wirklich mit einer Schaltung vergleichen, ohne irgendwo an eine Stelle zu kommen, an der das zu Fehlschlüssen führt? Hier dürfen wir eine solche Stelle erreicht haben. Ich glaube, daß wir auf jene Erscheinungsformen unserer Kultur, die auf der Existenz der Masse beruhen, gut verzichten können. Was wirklich wertvoll ist, sind die individuellen Fähigkeiten, und diese können sich doch auch in einer kleinen Gruppe erhalten, wie wir eine sind.

Ich möchte hoffen, daß du recht hast.

Wieder war ein halbes Jahr verstrichen, als sich der Chefingenieur mit einer unerwarteten Nachricht an die anderen wandte – er hatte elektromagnetische Wellen aufgefangen, frequenzmodulierte Folgen großer Variabilität, die nur als Mittel irgendeiner Art von Nachrichtenübermittlung zu erklären waren, also als Produkte intelligenter Wesen. Da um die angesteuerte Sonne nur zwei Planeten kreisten, von denen einer weitab von der Zone lebenserhaltender Wärme seine Bahn zog, mußten sich auf der erdverwandten grünen Kugel, dem Ziel aller ihrer Hoffnung, aller Beobachtungen zum Trotz doch intelligente Wesen befinden. Bisher hatte sich nicht das geringste Anzeichen dafür ergeben, und auch jetzt, als sich mehrere Ingenieure und Wissenschaftler an eine neuerliche peinlich genaue Untersuchung machten, wozu die Beschleunigung der Rakete für zwei Tage auf ein g herabgesetzt wurde, ergab sich nichts dergleichen. Der Empfang der unerklärlichen Signale hatte inzwischen aufgehört, ohne daß es gelungen wäre, den Sender anzupeilen.

Nachdem sie schon so weit gekommen waren, sahen sie keinen Grund, nach einem anderen Planetensystem Ausschau zu halten, aber es waren etwas gemischte Gefühle, die sie beseelten, während sie die letzten Wochen ihrer Reise hinter sich brachten.

Sechs Tage vor der Landung hatten sie sich wecken lassen. Noch gab es wenig zu tun, aber die meiste Zeit hielten sie sich an den Bildschirmen auf, die alle den grüngrauen Ball ihres Zieles zeigten. Immer mehr Einzelheiten waren zu erkennen – die silbernen Flächen wurden zu Meeren, gelbe Streifen waren wohl als Wüsten anzusprechen, das Grün der gemäßigten Zonen stammte zweifellos von Pflanzen – es war eine dem Chlorophyll verwandte Substanz, wie der erste Biophysiker, Dr. Belgast, dem Spektrum entnommen hatte –, und das streifende Licht der Sonne enthüllte die Wälle von Bergketten, Faltengebirgen, nicht anders gegliedert als jene der Erde. Stundenlang diskutierten sie über Einzelheiten, die laufend bekanntgegeben wurden – die genaue Luftzusammensetzung, die Temperaturen, die Achsenneigung und ihre Auswirkungen auf die Jahreszeiten, die Rotationsdauer, die Gravitation und vieles andere. Das alles hätte gar nicht besser passen können – die Daten Dr. Dranats, die er aus der Ferne aufgrund weniger und ungenauer Messungen rechnerisch ermittelt hatte, erwiesen sich als richtig, die Abweichungen von den Verhältnissen auf der Erde waren so geringfügig, daß sie keine Rolle spielten. Gelegentlich sahen sie weiße Nebel, die sie als Vogelschwärme deuteten – sonst entdeckten sie nichts von tierischen Lebewesen und erst recht nichts von Menschen oder anderen intelligenten Geschöpfen.

Und dann kam der große Tag des Landemanövers. Sie hatten eine Ebene in der gemäßigten Zone, die von einem mächtigen Fluß durchquert wurde, zum Landeplatz erwählt. Sie gingen so langsam hernieder, daß sie keine Abschirmung vor dem Andruck benötigten. So erlebten sie es unmittelbar, und trotz aller Raffinessen des Kommunikationsnetzes war der Eindruck doch stärker – sie spürten die Vibration, und ihre Körper vibrierten mit, sie hörten das Pfauchen der abwärts gerichteten Heckdüsen und dann die Veränderung des Geräusches, als die Feuergarben den Boden trafen, die Pflanzen niedermähten und die Erde schmolzen, und als schließlich der sanfte Ruck des Aufsetzens durch das Schiff ging.

Einige letzte Messungen an rasch eingeholten Luftproben, ein letzter Blick auf die Bildschirme – dann öffnete sich die Schleuse, und sie kletterten über die ausgeschwenkte Treppe hinab, sprangen in nachgiebigen Sand, wühlten in flockigem Gras, bewarfen sich mit einer Art von Kletten, die an hohen Dolden wuchsen, atmeten tief, ließen sich von der Sonne bescheinen, und plötzlich begann einer zu singen, ein altes Lied aus einem historischen Film, und alle erinnerten sich an die längst vergessen geglaubte Melodie, einer nach dem anderen fielen sie ein, bis mächtiger Gesang über das fremde und doch vom ersten Augenblick vertraute Land scholl. Während des Singens wanderten ihre Blicke ringsum, wie trunken vom Atem des unbegrenzten Raums, vom Wiesenland, dem mächtigen grauen Fluß, den mattgrünen Waldrändern, die sich im dünnen Dunst verloren. Und dann umringten sie Guido und van Steen, und fragten nach ihren Aufgaben. Sie konnten es nicht mehr erwarten, Hand anzulegen, dieses Land in Besitz zu nehmen, es sich zu eigen zu machen.

Acht Wochen lang befanden sie sich nun schon auf diesem Planeten. Er erwies sich geradezu als ideal – sie hätten es wirklich nicht besser treffen können. Das Land war fruchtbar, es gab eine Unmenge Pflanzen – verhältnismäßig primitive Pflanzen, wie die Biologen behaupteten. Aber das konnte nur gut für sie sein – so bestand wenig Wahrscheinlichkeit, daß sich das Tierleben weit entwickelt haben könnte, und in der Tat trafen sie nur wenige Tiere; die meisten waren gefiederte Pflanzenfresser, Menschen seltsam anmutende schnabellose Vögel, von denen nur wenige fliegen konnten. Die größte Tierart, die sie getroffen hatten, bestand aus scheuen, in Herden auftretenden Geschöpfen, die von grauen Flaumfedern bedeckt waren und auf drei Känguruhbeinen dahinhüpften; vielleicht würde man sie als Haustiere ziehen können. Von intelligenten Bewohnern dieser Welt hatte sich noch immer nichts gezeigt.

Die anfängliche Begeisterung machte einer fieberhaften Arbeitswut Platz. Zunächst schliefen sie noch im Schiff, aber sie hatten den Ehrgeiz, möglichst schnell zu eigenen Häusern zu kommen, die sie aus Felsbrocken und Schilfrohr bauen wollten; doch diese Pläne mußten sie zunächst zurückstellen. Viel wichtiger war es, für Nahrung zu sorgen. Während sie keinen Mangel an Wasser und Luft litten, waren die Proviantvorräte des Schiffes bald aufgebraucht. Glücklicherweise hatten sich mehrere der natürlich wachsenden Pflanzen nach einer geringfügigen chemischen Behandlung als genießbar erwiesen, so daß sie keinen ausgesprochenen Hunger litten. Dagegen wollten sie natürlich den Speisezettel gern aufbessern; eine Gruppe unter der Leitung des Biologen war damit beschäftigt, Algen- und Zellkulturen anzulegen. Auch die Nährpflanzen der Hydroponikgärten schienen im fremden Boden gut zu gedeihen, jedoch war es bei ihnen ein weiter Weg bis zur Ernte.

Täglich trafen sie sich am Abend vor dem Schiff, oder, wenn

es regnete, auch dann und wann in ihrem alten Versammlungsraum, dem Deck A. Dann unterhielten sie sich über die Erfolge ihrer Arbeiten oder über ihre Sorgen und besprachen die Pläne für den nächsten Tag. Eines Abends wartete Dr. Dranat mit einer kleinen Sensation auf.

»Ich habe wieder Signale empfangen«, berichtete er. »Und diesmal konnte ich ihre Quelle herausfinden: Sie liegt dort drüben«, er deutete nach einem hellen Stern, der über dem östlichen Horizont hing, »auf unserem blauen Abendstern.«

»Ist dort Leben möglich?« fragte Guido. »Dieser Planet ist doch viel zu kalt!«

»Was wissen wir von den möglichen Formen des Lebens?« fragte der Physiker zurück. »Auf diesem Planeten herrscht eine Durchschnittstemperatur von minus sechzig Grad. Es ist eine Welt ohne Festland – völlig umgeben von einem Meer flüssigen Ammoniaks. Aber was hat das schon zu sagen!«

»Kann uns von dort Gefahr drohen?« fragte van Steen.

»Unwahrscheinlich«, antwortete der Physiker. »Sicher kommt den Ammoniakwesen dieser Planet genauso lebensfremd vor wie uns der ihre. Und außerdem gibt es keinen Hinweis dafür, daß sie die Raumschiffahrt kennen.«

Derreck, dessen schmales Gesicht blasser als sonst erschien, mischte sich ins Gespräch. »Sie senden elektromagnetische Signale aus – das heißt, sie haben eine Technik. Dann kommen sie auch früher oder später zur Raumfahrt.«

»Und was kümmert uns ihr Entwicklungsstand?«

»Sie sind unsere nächsten Nachbarn im Raum«, erklärte Derreck mit unterdrückter Erregung in der Stimme, »es ist keineswegs gleichgültig, wie sie handeln, wie sie denken, wie sie leben. Wenn wir uns auf diesem Planeten niederlassen, müssen wir auch die Konflikte erwägen, in die unsere Nachkommen geraten könnten. Wenn es zu einer Auseinandersetzung kommt, wären sie die Unterlegenen!«

»Das sehe ich nicht ein – auch wir haben Waffen!« meinte Guido.

»Ehrlich gesagt – ich bezweifle, ob unsere Nachkommen noch damit umgehen können. Aber ohne jeden Zweifel werden sie rein zahlenmäßig im Nachteil sein. Das müssen wir bedenken, allenfalls etwas dagegen tun! Heute können wir es noch, in einigen Jahren dürfte es zu spät sein.«

»Und was sollten wir unternehmen?«

Derreck war jetzt etwas ruhiger, aber gerade deshalb wirkte er überzeugend: »Nachsehen! Das ist das mindeste. Wir müssen so rasch als möglich hinfliegen und diese Wesen studieren. Alles weitere hängt vom Ergebnis ab.«

»Was haltet ihr davon?« fragte Guido.

Die versammelten Menschen hatten der Debatte gespannt gelauscht. Ihre Antwort war nicht gerade begeistert, aber sie sahen die Notwendigkeit ein. »Es kann nicht schaden, wenn sich einige von uns darum kümmern«, faßte einer das Ergebnis der leisen Diskussion zusammen. »Wir sollten nicht zu lange warten.«

So war der Beschluß gefaßt – so bald als möglich sollte eine kleine Gruppe dem Nachbarplaneten ihren Besuch abstatten.

Es dauerte noch drei Monate, bis sie so weit waren, um für einige Tage auf das Schiff verzichten zu können. Der Hausbau bereitete unangenehme Überraschungen. Einige lose zusammengesetzte Hütten waren beim ersten Sturm zusammengefallen, und um ein einziges festes Haus zu bauen, hätten sie alle ein paar Wochen lang zusammen helfen müssen. Das ging aber nicht, denn es gab andere, dringende Arbeiten – vor allem die Pflege der Pflanzenkulturen. Leider nützten ihnen die Robotfahrzeuge nicht viel, weil sie auf geglätteten Boden angewiesen waren. Der einzige computergesteuerte Traktor aber hatte eine andere wichtige Aufgabe – er baute ein Bewässerungssystem, das für die Pflanzung unentbehrlich war. Schließlich begnügten sie sich damit, ein Dach an eine Felswand zu bauen, um vor dem Regen geschützt zu sein, und diesen primitiven Unterstand des Nachts mit Infrarotstrahlern, die aus einer Batterie gespeist wurden, zu heizen.

21

Derreck hatte die Leitung der Expedition übernommen. Er hatte eine kleine Mannschaft zusammengestellt – Olson, den Chefingenieur, zur Leitung des Schiffs, Belgast, den Biophysiker, und Mortimer als Soziologen; dank der Ausbildung Stanton Baravals konnte er diese Funktion ausfüllen. Mehr Leute waren nicht zu entbehren.

Um überhaupt starten zu können, mußten sie die Umgebung der Rakete räumen, aber sonst gab es keine Schwierigkeiten. Bald schwebten sie hoch über der Ebene, über dem Kontinent, über der Planetenkugel. Um auf höhere Beschleunigungen gehen zu können, begaben sie sich in den Schutz ihrer Andruckbetten, und wieder befanden sie sich im körperlosen Raum der Gedanken und Bilder, der direkt übermittelten Eindrücke und Gefühle. Mortimer war erschrocken, als er einen Schimmer von Derrecks Geisteszustand ausnahm – die pure Niedergeschlagenheit, Verzweiflung.

Was bedrückt dich nur, fragte Mortimer. *Willst du dich mir nicht anvertrauen?*

Es gibt nichts anzuvertrauen, antwortete Derreck. *Alles entwickelt sich so, wie ich es vorausgesehen habe. Ich möchte nicht darüber sprechen!*

Nach zwei Tagen befanden sie sich auf einer Spiralbahn über dem blauen Planeten. In seinem kalten Glanz sah er wie ein ungeheurer Tropfen aus. Erst als sie tiefer kamen, bot sich ihnen der Eindruck eines endlosen Meeres, nirgends gab es eine Insel, nirgends eine Unterbrechung der glatten Oberfläche, kein Schiff, kein herausragender Mast, keine Verfärbung des flüssigen Ammoniaks. Die Außentemperatur lag bei minus dreiundsechzig Grad Celsius.

Sie flogen ganz langsam, das Heck fast senkrecht nach unten gerichtet. Derreck versuchte unter Aufbietung sämtlicher optischer Tricks einen Einblick unter die Flüssigkeitsoberfläche zu ermöglichen. Schließlich gelang es ihm einigermaßen durch Ausblendung auf dem kurzwelligen Bereich der Strahlung und mit Hilfe von Polarisationsfiltern. Sie sahen eine leicht gewellte submarine Landschaft, einige Male bemerkten sie hellere Streifen, die so gradlinig erschienen, daß ihnen keine natürliche Ursache zuzusprechen war, aber sie glitten schnell vorbei, verschwanden unter der flimmenden spiegelnden Fläche, so daß es verfrüht gewesen wäre, darauf einen Schluß zu bauen.

Dann rief der Ingenieur: »Was ist das dort drüben? Seht ihr diese dreieckigen Gebilde?« Jetzt war es unverkennbar – das waren künstliche Erzeugnisse, technische Dinge, Bauwerke, vielleicht Häuser. Sie versuchten, einen kleineren Ausschnitt einzustellen, aber das Auflösungsvermögen reichte nicht aus – das Bild wurde körnig und zerlief.

Derreck wandte sich an Olson: »Wir müssen eines dieser Wesen erwischen. Wie tief können wir gehen? Schadet es, wenn wir in die Ammoniakschmelze eintauchen?«

»Nicht unbedingt. Den Druck hält der neue Kunststoffpanzer ohne weiteres aus. Nur wären wir ziemlich wehrlos. Die meisten Anzeigegeräte würden ausfallen.«

»Darauf lassen wir's ankommen«, bestimmte Derreck. »Anders kommen wir nicht an sie heran. Am besten, wir gehen da drüben nieder, etwas abseits von diesen Gebilden.«

Der Ingenieur war einverstanden, wenn auch offensichtlich nicht gern. »Ich will's versuchen.«

Sie glitten einige Kilometer über die fragliche Stelle hinaus. Dann senkte Olson das Schiff, bis sie sich in gleicher Höhe mit der Oberfläche befanden. Innerhalb eines Moments waren sie von Dampfschwaden eingehüllt. Es zischte und gurgelte um sie herum, das Schiff schwankte, wenn die Wellen anbrandeten.

»Gehen Sie tief, so rasch Sie können«, befahl Derreck. »Ich möchte nicht mehr auffallen, als unbedingt nötig ist.«

Der Ingenieur drosselte den Energiefluß, die Geräusche wurden leiser, erstarben. Das Schiff, dessen spezifisches Gewicht ein wenig schwerer war als jenes der Ammoniakschmelze, sank langsam zu Boden.

Wie vorhergesehen, arbeiteten manche der Anzeigeinstrumente nicht mehr, aber das wichtigste Organ, das optische System, blieb in Funktion. Zuerst sahen sie nur eine glasige Masse um sich herum, und vage, schemenhafte Formen in der Ferne, dann erschien eine Sandfläche, über der sich Büschel von palmenartigen Pflanzen wiegten. Mit einem weichen Knirschen setzten sie auf, wobei glücklicherweise nicht so viel Sand aufwirbelte, um die Sicht zu unterbinden.

Zuerst erblickten sie nur die sanftgeschwungene Berg- und Tallandschaft, dann entdeckten sie da und dort Dinge, die nicht von Natur aus auf dem Meeresgrund wachsen, auch nicht, wenn das Meer aus einer Wasserstoff-Stickstoff-Verbindung besteht. Es waren einfache Gegenstände, eine gebogene Stange, an der Netze und Stricke hingen, eine Reihe von Masten mit tellerartigen Aufsätzen, eine Art Walze mit einem langen gegabelten Stiel. Etwas Lebendiges war nicht auszunehmen, aber dann hörten sie ein leises Kratzen unmittelbar neben sich. Es war kein gleichmäßiges Geräusch, wie es etwa ein von den Wellen herangetriebener Gegenstand verursachen könnte, aber auch nichts völlig Unregelmäßiges – eher hörte es sich an, als wenn jemand versuchte, durch Klopfen die Konsistenz der Außenhaut zu ergründen.

»Das ist etwas Lebendiges!« flüsterte Derreck. »Es befindet sich im toten Winkel unserer Visiere. Aber wartet . . . es bewegt sich die Wand entlang!«

»Da ist es!« rief Mortimer plötzlich.

»Leise!« warnte Derreck. »Es könnte uns hören!«

Über einem der Bildschirme bewegte sich jetzt ein höchst eigentümliches Wesen. Zuerst sah es wie eine Art Skelett aus, doch als es dicht an die Linse herankam, war zu erkennen, daß sich zwischen den Knochen oder was es sonst war, durchsichtige Organe befanden. Es war spiegelsymmetrisch, ein rund auslaufender Kopf wurde sichtbar, an dem eine breite Mundöffnung, so etwas wie Kiemen und ein kugeliges, sich eilig hin- und herdrehendes Auge zu unterscheiden war. Auch Gließmaßen waren zu sehen, zwei Reihen dünner, an den Enden gegabelter Ärmchen. Nun hob sich eines – und sie sahen das, was einer Hand entsprach, ganz nahe, zwischen den beiden leicht gekrümmten Fingern spannte sich eine durchsichtige Schwimmhaut, und nun ertönte das Kratzen wieder.

»Sieht aus, als ob es einen Einschlupf sucht«, meinte der Biophysiker.

»Wir müssen es fangen, lebendig natürlich«, meinte Derreck.

»Aber wie?« fragte der Ingenieur.

»Es scheint neugierig zu sein«, sagte Dr. Belgast.

»Wenn wir die Luftschleuse öffnen, könnte es durchaus sein, daß es von selbst hereinkommt.«

»Öffnen Sie die Schleuse«, bat Derreck den Ingenieur, »und schalten Sie dort das Licht ein!«

Auf dieses leichte Geräusch hin, das nun ertönte, zuckte das Wesen plötzlich zusammen, legte die Gliedmaßen an den Körper und fuhr mit einer eleganten Wendung wie ein Pfeil davon. Es dauerte aber keine dreißig Sekunden, da kam es wieder, langsam, geradezu witternd, und die Menschen im Schiff beobachteten, wie es einen Bogen schlug, gegen die Schleusentür hin.

»Jedenfalls hat es ein gutes Gehör!« flüsterte Derreck. »Und eine ausgezeichnete Orientierungsfähigkeit.«

Das Wesen war jetzt vom Bildschirm verschwunden.

»Wahrscheinlich sehen wir es nie wieder«, fürchtete Mortimer.

Da hörten sie den Ingenieur plötzlich rufen: »Ich hab' es! Es ist gefangen! Kommt, seht es euch an!«

Sie liefen die Treppe hinunter auf Deck C, und da erblickten sie es auch: Durch die Verglasung der inneren Schleusentür war es deutlich zu erkennen: etwa sechzig Zentimeter groß, pigmentlos, durchsichtig, sogar das Pulsieren einer Flüssigkeit durch Adern war zu beobachten. Jetzt schien es Angst zu haben, denn es drückte sich reglos an die Außenwand. Das dauerte aber nur kurze Zeit, gleich darauf bewegte es sich wieder, seine Fingerchen arbeiteten am Hebel der äußeren Schleusentür; aber dieser war natürlich von innen gesichert.

Unvermittelt klangen von außen Geräusche, und jetzt polterte etwas dumpf gegen die Wand. Sie liefen zurück in die Kanzel – auf den Bildschirmen wimmelte es jetzt von durchsichtigen Wesen, und von Ferne sahen sie eine Art Fahrzeug heranrollen.

»Es wird Zeit, daß wir uns davonmachen!« rief Derreck. Er gab dem Ingenieur ein Zeichen, und dieser schaltete den Energiefluß ein und stellte die Schubstrahlung auf die niedrigste Stufe. Wieder wirbelte Sand, diesmal ärger als zuvor; sie sahen zwar nichts, aber sie spürten, daß sie sich allmählich hoben. Dann klärte sich ihre flüssige Umgebung, wieder wogten unbestimmbare Formen, und dann klatschte es – sie hatten die Oberfläche durchstoßen. Die Rakete erhob sich frei, einen schäumenden Hexenkessel hinterlassend und befand sich Sekunden später wieder hoch oben über dem gleißenden Flüssigkeitsball.

»Ich glaube, wir können zurückkehren«, meinte Derreck. »Wir haben, was wir brauchen, Dr. Belgast kann jetzt mit seiner Untersuchung beginnen.«

Sie begleiteten den Wissenschaftler zur Schleuse.

»Pumpt bitte den Ammoniak hinaus!« bat dieser.

»Wird es ihm nicht schaden?« fragte Mortimer.

»Ich kann es nicht ändern. Unter einer Ammoniakschmelze kann ich den Fokus nicht ohne weiteres ansetzen, ich muß es in der Luft untersuchen.«

»Und wenn es stirbt?«

»Wenn es ein Gehirn hat, das nur einigermaßen dem des Menschen entspricht, dann hole ich die gespeicherten Informationen auch noch nach dem Tode heraus.«

Der Ingenieur hatte einen Hebel an der Schalttafel neben der Schleuse betätigt, und sie blickten in das Schäumen im Schleusenraum, beobachteten das Wesen, das hilflos umherruderte, wenn es in Luft geriet.

»Es ist nur im Ammoniak lebensfähig. Das war zu erwarten«, sagte Dr. Belgast leise.

Die letzte Flüssigkeitslache verdampfte in der erwärmten Luft, die hineingespült wurde. Sie ließen die Schleusenkammer noch einige Minuten weiter durchlüften, um die beißenden Ammoniakdämpfe zu vertreiben. Das Wesen zuckte noch einige Male, dann lag es still, zu einer formlosen Masse erschlafft.

Sie öffneten die Tür, und der Biologe legte den Körper vorsichtig in eine bereitgestellte Glaswanne. Durch den Lastenaufzug beförderten sie sie in die Etage, in der das biophysikalische Labor lag. Ohne Zögern holte der Wissenschaftler eine auf einem Stativ befestigte Parabolantenne heran und schwenkte sie gegen den Kopf des Wesens. Er deutete auf die schwammige Masse, die unter der transparenten Haut leicht schaukelte.

»Hier, das muß das Gehirn sein.«

Mit geübten Griffen verstellte er einige Knöpfe am Schaltpult, richtete die Abstimmung ein. Ein leiser Summton ertönte.

»Rasch«, forderte er. »Jemand muß es abhören. Hierher, unter diese Antenne.«

Derreck schob Mortimer vor. Dieser setzte sich auf einen Stuhl, über dem eine metallene Haube schwebte, erinnerte sich einen Moment lang an die Stunden im Labor von Dr. Prokoff, horchte einige Atemzüge lang auf ein leises aufdämmerndes Rauschen, schloß die Augen, um sich zu konzentrieren ...

Jäh überfielen ihn fremde Empfindungen, zuerst solche der Angst, der Klage ... aber das wiedererweckte Bewußtsein verweilte nirgends, es wanderte stetig, eine Fülle von Bildern hinter sich herziehend ...

Sand, Farnbüschel, Spiel am Weinberg ...

das seltsame, weißgelbe Schiff ...

das runde gewölbte Auge, eine Glaslinse ...

die erleuchtete Kammer, die Tür ...

Weiter:

Häuser, dreieckig, Hängematten ...

zwei große weiße Wesen, mehrere kleine – Brüder, Schwestern ...

Teezeremonie, Malzsaft, Walnüsse ...

Weiter:

Spazierfahrt, Grottenbahn, Musik ...

die Schule, die Tafel, eine lange Schriftenrolle ...

die Hängematte, das Blubbern aufsteigender Schwefelwasserstoffperlen ...

Weiter:

das Förderband, die Ultraschallantenne, der Hohlrohrresonator ...

das Bergwerk, Platinerz, die Hände mit den Spitzhacken ...

der Postbote, Mutter, die die Schriftenrolle öffnet ...

Weiter:

rhythmische Kastagnetten, Cimbeln, Polizisten auf Sitzschlitten ...

das Kind mit den Leuchtblumen, der technische und der Sozialpräsident ...

der Reigen an den warmen Quellen ...

Weiter:

Wettrennen am Palmengarten, Vater beim Golf ...

Kinder vor der Puppenbühne, Malzsaft ...

gelbe, grüne, braune Kampffische, zehn Reihen weißer Wesen ...

Der Reigen der Bilder schien sich endlos weiter zu drehen, immerfort, ohne Ende. Unterbewußt hatte Mortimer das Gefühl, bis zum Rande angefüllt zu werden, bis zum Überlaufen ...

Dann verblaßten die Eindrücke, erstarben ...

»Hast du etwas entnehmen können?«

Mortimer schüttelte einen Reifen ab, der sich um seine Stirn gelegt hatte ...

»Hast du etwas gesehen? So nimm dich doch zusammen!«

Es ging ihn an! Wieder schüttelte er sich, öffnete die Augen. Vor ihm, in der Glaswanne, lag eine welke, feuchte Gestalt ...

Plötzlich wurde ihm übel, und er stolperte zur Wandnische.

Der Biologe wischte ihm mit dem Handtuch die Stirn, führte ihn zu einem Liegebett. Mortimer fühlte den Einstich einer Nadel. Daraufhin wurde ihm eisigkalt, der Frost wanderte durch seine Adern, aus dem gefühllosen Arm in den Körper hinein. Mit einemmal wurde sein Denken glasklar.

»Wir haben das Wesen getötet«, sagte er. »Es war ein gemeiner Mord. Mord an einem Kind. Oh, wie gemein wir Menschen doch sind.«

Sie hatten Mortimers Bericht analysiert. Obwohl es sich bei vielen Worten, die er zur Beschreibung verwendet hatte, nur um Bildentsprechungen, um Begriffe verwandten Sinngehalts handelte, hatten sie die Gedankenscherben, die der Apparat herausgepickt und in Mortimers Gehirn geleitet hatte, doch zu einem einigermaßen geschlossenen Bild vereinigen können.

Da existierte also eine Zivilisation einer Entwicklungsstufe, die sich etwa mit der des Menschen vor einigen Jahrhunderten vergleichen läßt. Es gab Straßen und Gärten, Technik und Wissenschaft, Familien und Staatsoberhäupter, Wettkämpfe und Spiele, Arbeit und Freizeit, Freude und Zuneigung, Städte und Dörfer, Gebildete und Dumme, Babys und Erwachsene, Nachrichten und Briefe, Verbotenes und Erlaubtes, Eltern und Kinder, Betten und Schulen, Mahlzeiten und Spaziergänge ... Es gab das, was es auch auf der Erde gab, wenn auch in ganz anderer Form, aber doch in verblüffender Übereinstimmung. Nur eines gab es nicht – und die besondere Art einer submarinen Zivilisation verhieß, daß es sie noch lange nicht geben würde: nämlich Raumschiffe. Damit war das Problem zur allgemeinen Zufriedenheit gelöst: Von dieser Seite drohte keine Gefahr. Die Menschen durften ihre neue Welt ohne Bedrohung aufbauen.

22

Sechs Monate lebten sie nun schon auf ihrem Planeten, im Frühjahr waren sie gelandet, ein angenehmer nicht zu heißer Sommer war über sie hinweggegangen, eine Schönwetterperiode, nur von wenigen Gewittern unterbrochen, und jetzt war der Herbst eingezogen. Das Laub färbte sich grau und dunkelviolett, aber die Farben waren schmutzig, ins Graue und Braune verwischt, so daß dieser kleine Unterschied eines fremdartigen Chemismus kaum auffiel.

Die kleine Gruppe von Menschen konnte sich glücklich schätzen. Es hatte keinerlei unvorhergesehene Schwierigkeiten gegeben, keine Naturkatastrophen, keinen Einfall von Ungeheuern, keine seltsamen Krankheiten, keine Vergiftungen durch unbekannte Pflanzengifte. Was es zu überwinden galt, hätte es auf der Erde genauso gegeben – Nässe, Erkältungen, Ungeziefer ... Auch hierüber durften sie sich nicht beklagen. Was aber nicht so weiterging, wie sie es erhofft hatten, war der Aufbau ihrer Behausungen, ihrer Einrichtungen. Oft waren es nur scheinbare Kleinigkeiten, die sie hinderten – so fehlte ihnen etwa eine Art Telefon von einer Arbeitsstelle zur anderen. Wenn irgendwo ein Gerät ausfiel und sie Ersatzteile oder einen Spezialisten brauchten, dann mußte sich einer auf die Beine machen und nach den anderen suchen. Gewiß – sie besaßen zwei tragbare Funkanlagen, aber diese reichten nicht. Sie hätten auch einige weitere bauen können, aber damit wären zwei Männer einige Wochen lang beschäftigt gewesen. Sie verschoben es für später ...

Überall traten solche Unannehmlichkeiten auf – beispielsweise das Fehlen ausgebauter Wege zu jenen Stellen, an denen sie Steine brachen und Bäume fällten. Sie zogen ihre Rohmaterialien mit dem Traktor quer über die Wiesen und durch den Wald, und allmählich bildete sich so etwas wie ein Trampelpfad; wenn es regnete, wurde er allerdings zu einem Lehmsumpf. Doch noch hatten sie den Eindruck, sich freiwillig zu bescheiden. Mit ihren Geräten hätten sie ja eine Straße bauen können, wenn sie es gewollt hätten – nur waren sämtliche Robotfahrzeuge und die Geräte der Reparaturanlage beim Hausbau beschäftigt.

Der Hausbau galt lange als das vordringliche Problem. Das eigene Heim – allen schwebte es als die eigentliche Verkörperung ihrer Wünsche vor, und sie arbeiteten hart, ohne Rücksicht auf sich selbst. Sie hatten keine Zeit, sich darüber zu wundern, welch primitive Arbeiten sie dabei immer wieder zu verrichten hatten. Bis schließlich van Steen bei einer ihrer abendlichen Zusammenkünfte nachwies, daß sie vor allem für die Erhaltung der Grünanlagen und der Zellkulturen zu sorgen hätten. Mit unterdrückter Wut mußten sie zustimmen, daß die Reihe der Häuser, die sie schon an der Felsstufe gebaut hatten, eilig als Witterungsschutz für Algen, Nährpflanzen und synthetisches Gewebe umgebaut wurden.

Im Spätherbst kippte der Traktor in eine Mulde, die von fleischigen Blattpflanzen so durchwachsen war, daß man sie übersehen hatte. Es kostet große Mühe, ihn wieder herauszuziehen, und er schien auch nur wenig beschädigt zu sein, aber dieses Wenige hatte es in sich – ein Verbindungsstück der Achshalterung war gebrochen, und sie hatten kein Ersatzteil zur Hand. Einer der Ingenieure arbeitete eine Woche daran, das Stück neu herzustellen, aber dabei geriet er mit jener Gruppe in Konflikt, die eine Leitung zur Beförderung des Heizstroms vom Schiff zu den Gewächshäusern errichten sollte, denn diese benötigte den automatischen Metallformer zur Produktion von Drähten, von denen es keine Reserven gab. Und außerdem fiel der Traktor für eine Woche aus.

Am Abend des ersten schweren Herbststurmes saßen sie wieder auf Deck A. Längst hatten sie es sich dort ein wenig bequemer eingerichtet – durch Sitzgelegenheiten und Liegen, die längs der Wand aufgestellt waren. Jemand hatte sogar einen großen Erlenmeyerkolben mit Nährsalzen aufgestellt, aus dem sich Kletterorchideen rankten. Seit es kühler geworden war, erschien es im Freien für ihre Zusammenkünfte zu unfreundlich. Auch versuchte niemand mehr, draußen zu nächtigen. Es war, als zögen sie sich allmählich wieder in den schützenden Leib ihres Schiffes zurück.

In dieser Zeit hielt keiner mehr große Ansprachen, sie waren müde geworden und reizbar, und hatten keinen anderen Wunsch, als in Frieden gelassen zu werden. Nur allmählich erwachten sie aus ihrer Müdigkeit, als sich in einer Ecke eine laute Debatte entspann.

Wortführer war der Leiter jenes Teams, dem die Erdarbeiten für eine Wasserleitung oblagen; sie sollte von einer nahen Quelle zur Siedlung führen.

»Wir werden nicht mehr fertig bis zum Einbruch des Frosts«, beklagte er sich. »Ich möchte aber sehen, wer im Winter das Wasser durch den Schnee heranfährt! Ich brauche mehr Leute. Wenn wir uns alle zusammen drei Tage auf diese Arbeit konzentrieren, können wir es noch schaffen!«

Von allen Seiten schlugen ihm Proteste entgegen.

»Und die Lichtanlage?«

»Das Dach muß unbedingt erst fertigwerden.«

»Helft mir lieber beim Bau der Materialseilbahn!«

Guido versuchte, die Aufgeregten zu beruhigen. »Vielleicht können wir deinen Trupp ein wenig verstärken!«

»Die Wissenschaftler müssen etwas mehr zugreifen. Drei von ihnen sind heute weggeblieben.«

Ein Chemiker kam empört aus seinem Winkel hervor, von dem aus er der Unterhaltung gelauscht hatte.

»Den ganzen Tag habe ich mich damit beschäftigt, ein Düngemittel herzustellen. Das war kein Vergnügen! Um vernünftige Mengen zu erhalten, mußte ich das Phosphorerz im offenen Kessel mit Salpetersäure kochen. Jetzt noch hängt mir die Lunge heraus!«

»Dann laß deine Giftküche stehen! Die Wasserleitung ist wichtiger!«

Was ist wirklich wichtiger? fragte sich Mortimer. Düngemittel, Hausbau, Licht, Wasser? Er blickte über seine Schicksalsgefährten hinweg. Der Anblick war nicht erfreulich. Sie sahen ungepflegt aus, schmutzig, verwildert. Die Männer waren unrasiert, die Frauen hatten das Haar kurzgeschnitten wie Strafgefangene, ihre Haut war ungepflegt, ihre Kleidung fleckig.

Was alles wäre nötig, um diesen Verfallserscheinungen entgegenzuwirken? Bäder, Massage, Haarpflege, Maniküre, Pediküre? Nicht daran zu denken!

Aber wie stand es mit kulturellen Werten? Wer las noch? Wer ging in den Freizeitraum, um an der Projektionsorgel freie Form- und Klangspiele zu entwerfen? Wer versuchte sich weiterzubilden?

Zu all dem hätten sie viel mehr Zeit haben müssen. Aber es handelte sich doch um eine Übergangssituation! In einem Jahr ... Er stockte – in einem Jahr konnten sie noch nicht so weit sein ... vielleicht brauchten sie zehn Jahre, zwanzig Jahre. Oder brauchten sie – und erschreckt fiel ihm Derrecks Prophezeiung ein – brauchten sie Generationen? Dann war der Verfall nicht mehr rückgängig zu machen. Jetzt, da er die ersten Anzeichen mit eigenen Augen sah, gab es keinen Zweifel mehr daran: All das, was sie an kulturellen Gütern zu bewahren hatten, zerrann ihnen unmerklich unter den Händen.

Den Winter verbrachten sie im Elfenbeinturm ihrer Rakete. Nur selten wagte sich einer hinaus in Matsch und Schnee – die warme Kleidung reichte nicht, und die meisten empfanden es als lächerlich, in geheizten Vakuumanzügen durch das Tal zu stapfen. Oft saßen sie unter den Bildschirmen und versanken in den Anblick der kahlen Äste und Bäume, der schwerbeladenen Wolkenschwaden, der steigenden Nebel am Fluß, des dahintreibenden Eises, des Fleckenteppichs aus Pfützen und Erde, in den sich die Ebene allmählich verwandelt hatte.

Nach südlichen Gegenden aufbrechen? Noch einmal beginnen? Was sollte sich daraus ergeben? Neue Anstrengungen? Urwald, tropische Tiere, Feuchtigkeit, Hitze. Schuften im Fieberdunst der Sümpfe. Ungewohntes Klima. Krankheiten. Mißerfolge. Enttäuschungen. Sie waren zu träge dazu. Lange Perioden hindurch schliefen sie – die Versorgung mit Nahrungsmitteln war ausgefallen. Der Schnee hatte das Glasdach des größten Gewächshauses eingedrückt. Im Frühjahr würden sie wieder neu anfangen. Ein neues Jahr lag vor ihnen ... Ja, im Frühjahr ...

Es kam das Frühjahr mit dem Eisstoß, der die graubraunen Schollen hoch in die Wiesen hinaustrieb. Die Überschwemmung. Ohne Bewegung beobachteten sie die gelbe Brühe, die den letzten Rest ihrer Häuser träge mit sich in die Ferne trug.

Es kam das Aufsprießen des Rispengrases, die Enden der Nadelbäume färbten sich weißgrün. Die Sonne trocknete den Boden, und Mutige wagten sich gelegentlich schon hinaus, um sich der wärmenden Strahlung auszusetzen.

Noch hatte sie die Gleichgültigkeit nicht völlig übermannt. Einige taten sich zusammen, begannen Hütten zu bauen und Gärten anzulegen. Sie holten hübsche Gewächse von den Waldrändern und pflanzten sie in Beete. Wenn der Wind die schwachen Laubmauern eindrückte, der Regen die Beete durchwühlte, wenn sie Hunger hatten, froren oder sich krank fühlten, kamen sie ins Schiff zurück. Hier herrschte stets gleichbleibende Wärme. Wenn man sich einige Wochen dem Schlaf der Erstarrung hingab, reichte auch die Nahrung aus den Hydroponikanlagen. Man konnte sie sich von der Automatenküche zubereiten lassen, ohne auch nur einen Fuß zu regen.

Auch Mortimer hatte seine Sturm- und Drangperiode. Eines Morgens im Frühsommer suchte er Maida und fand sie wie erwartet auf einem nahegelegenen Hügel, von dem aus sie den Lauf des Flusses bis zu den dunkelblauen Bergen verfolgen konnte, zwischen denen er sich verlor.

»Irgendwo dort muß das Meer sein«, sagte sie, als sich Mortimer neben sie setzte.

»Wollen wir es suchen gehen?« fragte er. Sie blickte hinaus ins Ungewisse jenseits des Horizonts. Um ihre Lippen spielte ein Lächeln. »Ja, gehen wir es suchen – morgen, ja?«

»Am Meer ist das Klima milder«, sagte Mortimer in einem Tonfall, als erzähle er ein Märchen. »Die Winter sind mild. Es gibt Fische, Krebse, Muscheln, das ganze Jahr über. Keinen Hunger. Wir hätten Zeit, uns einzurichten.«

Maida spann den Gedankenfaden weiter.

»Ein kleines Häuschen, ein Garten, Kinder, die spielen. Frieden. Niemand, der einem Befehle gibt. Am Vormittag Arbeit. Am Nachmittag Ruhe, Sicherzählen, was geschehen ist. Erinnerungen, was früher war. Im Traum muß ich es schon einmal gesehen haben. Wie schön es wäre!«

Mortimer drängte: »Wollen wir es versuchen, Maida?«

»Gewiß, wir wollen es versuchen.«

»Wir beide ganz allein! Schau sie doch an, wie sie sich gehen lassen! Keiner rafft sich mehr auf. Sie verkommen. Aber wir nicht. Wir fangen von vorn an, ganz von vorn. Wir brauchen niemand anderen!«

»Ja, wir beide – nur wir beide«, bestätigte Maida.

Am nächsten Tag regnete es, und sie verschoben den Aufbruch. Auch der übernächste Tag war windig und unfreundlich. Aber am dritten brachen sie wirklich auf. Mortimer hatte in einer kleinen Tasche ein wenig Proviant und einige Werkzeuge verpackt – ein Messer, ein Beil, ein paar Angelhaken, ein Phosphorfeuerzeug, einige Meter Draht. Maida trug eine Decke. Sie nahmen von niemandem Abschied, und niemand beachtete sie.

Sie blieben zehn Tage weg – dann waren sie plötzlich wieder da. Maida hatte ein Knie zerschunden und einen Dorn in der Ferse. Beide sahen abgezehrt und hungrig aus. Wortlos gingen sie in ihre Kabinen.

23

Der Sommer erreichte seinen Höhepunkt, ohne daß jemand ernstliche Anstrengungen gemacht hätte, an der geplanten Siedlung weiterzubauen. Einige Gartenhäuser – das war alles, was entstand.

Der Arzt war der einzige, der ernstlich zu arbeiten bekam. Zwei Männer hatten Streit miteinander bekommen – es war um eine Frau gegangen. Der Messerstich in die Lunge war nicht schwer zu heilen, noch arbeiteten die biophysikalischen Geräte einwandfrei. Und einige Kinder wurden geboren, Früchte der Hoffnungen des Vorjahres. Doch sie schufen keine besonderen Probleme; die Nahrungsmittel reichten auch für fünf Esser mehr aus – wozu sich Gedanken machen?

Mortimer registrierte alles, was um ihn herum geschah, wie ein unbeteiligter Beobachter. Er sah, wie sie ihre Zeit vertaten, wie sie herumstanden, dies und jenes anfingen, nichts zu Ende führten. Er beobachtete Lucine, die ein Spalier aus Kletterorchideen gebaut hatte und sich mit beachtlichem Eifer damit beschäftigte. Manchmal drängte es ihn zu einem neuen Versuch, sich aufzuraffen, ein eigenes Leben zu beginnen. Lucine – ihre Liebe zu den Blumen! Ihre Ausdauer, ihr Frohsinn! Aber dann zuckte er die Schultern und brachte diese Träume zum Schweigen. Sie waren irreal. Es lag einfach daran, daß es ein paradiesisches Dasein für ein paar Menschen allein nicht gibt – und geschweige denn für zwei Menschen allein. Ja, wenn sie Wilde gewesen wären, Primitive, zufrieden mit ein paar Fetzen Fleisch, ein paar Früchten des Waldes, einem Laubbett. Aber das war es eben: Sie waren keine tierhaften Urmenschen. Und sie wollten nicht aufgeben, was sie besaßen. Wahrscheinlich konnten sie es nicht.

Eines Tages ging er zu Derreck, der erschreckend abgemagert war, obwohl er auch nicht weniger zu essen hatte als die anderen. Aber es war nicht der Hunger – das verriet sein Blick. Seine

Augen waren verschleiert, als sähe er weit in die Zukunft hinaus.

Mortimer legte ihm die Hand auf die Schulter.

»Du hast recht gehabt, Derreck. Wir hätten es wissen müssen. Nur du hast es geahnt. Hättest du es nicht verhindern können?«

»Soll ich wirklich etwas tun?« fragte Derreck. »Gegen den Willen der anderen? Darf ich alle Hoffnungen zerstören?«

Mortimer blickte über die weite Ebene. Da und dort hielten sich ein paar Menschen auf – meist einzeln, als ertrügen sie die Anwesenheit anderer nicht.

»Hoffnung? Wer hat noch Hoffnung?« Und dann fiel ihm etwas an Derrecks Antwort auf: »Soll ich . . .«, hatte er gesagt, »darf ich . . .?« Bedeutete das, daß er noch einen Ausweg wußte? Erregt wandte er sich dem Freund zu, durchforschte dessen Gesicht. »Was können wir noch tun? Können wir wirklich noch etwas tun?«

Derreck erwiderte den Blick ernst. Erst nach einer Weile fragte er: »Weißt du wirklich, woran es liegt – das da?« Er deutete vage in die Umgebung.

Mortimer nickte. »Wir sind zu wenige – wie du gesagt hast, Derreck. Wir haben das Wissen. Und wir haben Mittel für alles, könnten jeden einzelnen Plan einwandfrei verwirklichen, Nahrung herbeischaffen, Werkzeuge bauen, eine Straße, eine Seilbahn, eine Wasserleitung. An Energie leiden wir keinen Mangel. Die Fachkräfte sind da. Wir könnten jedes für sich verwirklichen – aber nicht alles zusammen. Wir brauchen nicht mehr Wissen, sondern mehr Menschen, die es verwenden. Einfache Arbeiter, die tun, was man ihnen sagt. Menschen ohne Ehrgeiz, ohne Willen zum Besonderen, brave Männer und Frauen mit geraden und einfachen Grundsätzen. Die Masse. Noch nie habe ich gesehen, wie wesentlich sie ist.«

»Dann kennst du die Konsequenz?«

»Welche Konsequenz?«

Derreck zeigte jetzt geradezu Ungeduld.

»Den einzigen Schluß, der möglich ist! Den einzigen Weg, auf dem unser Dasein wieder sinnvoll und fruchtbar wird!«

»Nein«, stammelte Mortimer. »Ich sehe keinen Weg.«

»Und dabei liegt er doch so nah!« Derrecks Gesicht hatte jetzt einen unerbittlichen Zug, der noch nie darauf zu sehen gewesen war. Er sah aus, als entschiede er mit dem, was er jetzt sagte, über ihrer aller Schicksal. Er schwieg einen tiefen Atemzug lang, dann fuhr er hastig fort: »Erinnerst du dich nicht an die kleinen weißen Wesen des blauen Planeten? An ihre Lebensweise, an ihre Technik? Hast du nicht bemerkt, wie verwandt sie uns sind – nicht gerade im Metabolismus, aber in den Entwicklungsmöglichkeiten?«

»Sollten wir uns mit ihnen ...«

Derreck ließ ihn nicht zu Wort kommen. »Es gibt keine Zwischenlösung. Das einzige, wodurch wir unserem Leben wieder Sinn geben, ist ein völliges Aufgehen in ihnen.«

»Aber ihr Lebensraum, das Ammoniakmeer ...«

»Das ist für unseren Stand der Biophysik kein Hindernis. Du weißt selbst am besten, daß sich Persönlichkeiten übertragen lassen.«

Jetzt erst fühlte es Mortimer kalt seinen Rücken hinunterrieseln. Tonlos stammelte er:

»Wir wären keine Menschen mehr ... in den Körpern der weißen Wesen ...«

»Sie sind nicht schlechter als wir«, gab Derreck zurück. Er stockte. Dann fügte er fast sanft hinzu: »Du wolltest es wissen.«

»Laß mir Zeit, um damit fertig zu werden«, bat Mortimer.

Tagelang saßen sie am Computer und spielten alle Möglichkeiten durch. Sie gaben die Informationen ein, die Mortimer über die Lebensweise der Meereswesen empfangen hatte, und bekamen ein grob umrissenes Bild, das indes alles Wesentliche enthielt. Es bestand gar kein Zweifel mehr – hier lag das einzige, was sie vom Untergang, bestenfalls vor dem Rückfall in die Primitivität bewahrte. Was sie wußten, was sie konnten, würde nicht verlorengehen. Es würde auf fremdem Boden gesät, und es würde aufkeimen. Es würde Früchte hervorbringen, wie sie niemand voraussehen konnte – ja, niemand konnte letztlich beurteilen, ob es richtig oder falsch war. »Diese Frage liegt jenseits von Richtig oder Falsch«, meinte Derreck. »Nur eines ist sicher – das, was wir darstellen, das Ergebnis einer Jahrmillionen alten Entwicklung, geht nicht verloren. Es gliedert sich wieder ein in einen verwandten Prozeß, treibt ihn an. Hier liegt eine Grenze vor dem, was wir wissen. Nur eines gibt uns einen Schimmer einer Bestätigung dafür, daß wir recht handeln: daß selbst hier, unschätzbar weit von der Erde entfernt, ähnliche Entwicklungen vor sich gehen. Was wir vorhaben, bedeutet nichts anderes, als sich dieser Wahrheit zu fügen.«

Die Zeichen der Gleichgültigkeit, des Verfalls um sie herum wurden immer deutlicher. Hin und wieder aber brachen ungezähmte Triebe hervor – einige schlugen sich um Frauen, einige beanspruchten Besitztümer, die ihnen nicht gebührten, einige drangen in fremde Kabinen ein, weil sie ihnen bequemer erschienen. Noch stemmte sich dann der gemeinsame Wille zur Ordnung gegen zügellose Einzelgänger, aber es war nur eine Frage der Zeit, wie lange sich das Gleichgewicht bewahren ließ.

»Werden sie ihre Einwilligung geben?« fragte Mortimer.

»Warte bis zum Winter!« schlug Derreck vor. »Ich will niemand überrumpeln. Soweit ich voraussehen kann, sind dann die letzten Funken eigener Initiative erloschen. Wir müssen für sie entscheiden – ich glaube nicht, daß es Widerstände geben wird. Letztlich sind alle gebildete Menschen – ich hoffe, ich kann es ihnen erklären. Aber ich bin froh, daß du mir hilfst. Allein hätte ich es nicht durchstehen können.«

Sie benützten die Zeit bis zum Winter, um alle Einzelheiten des Planes vorzubereiten. Es schien keine prinzipiellen Schwierigkeiten zu geben. Die Übertragung des Gehirninhaltes selbst war an Versuchstieren schon oft genug ohne Zwischenfälle verlaufen, und je größer die Speicherkapazitäten waren, um so einfacher wurde es. Sie zogen Dr. Belgast, den Biophysiker ins Vertrauen; er hatte sie schon auf der Expedition zum blauen Planeten begleitet – die weißen Wesen waren ihm nicht mehr fremd, und von der Warte seiner Wissenschaft aus spürte er keine gefühlsmäßige Abneigung gegen Übertragungsversuche. Er war mit ihrem Plan bald einverstanden. Sie bauten ein Antennensystem, das sie auch in flüssigem Ammoniak einsetzen konnten, und Dr. Belgast entwickelte ein Betäubungsmittel, einen phosphorhaltigen Kohlenwasserstoff, der seiner Meinung nach eine kurzfristige Lähmung an den Ammoniakorganismen hervorrufen sollte; als Unterlage dazu diente ihm der Befund seiner Untersuchung am toten Körperchen des gefangenen Jungen.

Mit ihren Vorbereitungen waren sie viel früher fertig, als es nötig war, und sie hatten viel Zeit, um nachzudenken. Von dem Augenblick an, zu dem sie ihre Entscheidung gefällt hatten, schien sich die Welt um sie herum zu wandeln. Was Mortimer noch bis vor kurzem ein langweiliger und in seiner Weite bedrückender Landstrich gewesen war, wurde zu einem bescheidenen Paradies, einem Flecken der Wunschlosigkeit, wie man ihn bei befristeten Sommeraufenthalten in lieblichen Naturreservaten erlebt. Er machte lange Spaziergänge, wanderte oft hinunter zum Fluß, schaute über die braune Oberfläche, in der es strudelte und trieb, so wie der Wind über das Fell eines Tieres streicht. Er saß auch lange Zeit mit Maida zusammen, oder mit Lucine, bei schwerelosem Geplauder, ohne Wünsche oder Begehren.

Eines Abends im Herbst stand er mit Derreck auf einer nahen Anhöhe und blickte hinüber zum Landeplatz, auf dem die Rakete stand, einem unverrückbarem Wahrzeichen gleich.

»Trotz allem«, sagte er, »wir verlieren viel. Jetzt, wo ich weiß, daß wir es verlieren, weiß ich erst, wieviel es ist.«

Derreck fragte zurück: »Meinst du, in mir sind die alten sentimentalen Träume nicht genauso lebendig wie in dir?«

»Vielleicht sollten wir uns wenigstens einen Schimmer davon erhalten«, gab Mortimer zu erwägen.

»Du denkst an eine Rückkehr? Urlaub vom Ammoniakmeer? Daran ist nicht zu denken.«

»Nicht an eine Rückkehr. An Urlaub – vielleicht. Hör zu!«

Und er schilderte einen Plan, den er schon seit Tagen mit sich herumgetragen hatte und der nun endlich gereift war. »Wir haben Energie zur Verfügung, soviel wir wollen. Die Rakete brauchen wir nicht mehr. Die Einrichtungen verlieren für uns in unserer neuen Gestalt jeden Sinn. Und die Zeit, die wir benötigen, um die Insel herzurichten – darauf kommt es auch nicht an. Dann werfen wir unsere alten Körper wenigstens nicht fort wie abgetragene Anzüge, sondern können gelegentlich wieder in sie hineinschlüpfen, das Gefühl auskosten, das sie verleihen. Sie sind sowieso vergänglich, und dann soll es auch endgültig vorbei sein. So aber nützen wir sie noch aus – bis zum Ende.«

Derreck hielt die Hand vor die Augen, als müsse er ein Bild festhalten, das in ihm aufgestiegen war. Dann lächelte er und sagte: »Du hast recht. Warum sollten wir es nicht tun?«

24

Im Winter fuhren sie los. Die anderen hatten zugestimmt. Vielleicht war ihnen der Plan nicht ganz klar geworden, aber es sah aus, als wäre ihnen alles recht, was ihnen ein neues Ziel setzte. Sie brauchten einige Zeit, um sich dem Dämmerzustand des Nichtstuns und des Schlafs zu entziehen, aber es schien ihnen ähnlich zu gehen wie Mortimer: Langsam erwachten sie wieder.

Der blaue Planet schwebte unter ihnen, und sie suchten eine unbesiedelte Stelle, eine Art submarines Tafelgebirge, dessen Plateau nur wenige Dutzend Meter unter dem Ammoniakspiegel lag. Sie ließen den Wasserstoffsprengsatz fallen und beobachteten den aufsteigenden Pilz, der sich langsam in eine Rauchfahne verwandelte und verwehte. Darunter kam ein Eiland zum Vorschein, eine Kraterinsel mit einem dunklen und schroffen Ringgebirge, in deren Mitte ein rotglühender Fleck saß. Es dauerte aber nicht lang, und er verdunkelte sich und erlosch. Zurück blieb ein Stück eingeebneten Landes, eine Tafel aus Lava und

Bimsstein. Langsam und sicher setzten sie darauf auf. Und noch einmal begann eine Zeit harter gemeinsamer Arbeit. Diesmal brauchten sie nicht zu sparen und zu rationieren. Die ungeheuren Energiemengen, die noch immer in den eingefrorenen Mesonen steckte, durften sie nun ruhigen Gewissens bis auf einen kleinen Rest für Heizung und Beleuchtung aufbrauchen. Das größte technische Problem, das sie zu lösen hatten, war das der Temperaturen und des Luftdrucks. Van Steen und seine Physiker legten ein schirmartig gewölbtes Antigravfeld um die Rakete herum, das keine Gase und keine Wärmeschwingungen durchließ. Sie konnten es nicht allzu groß machen, aber es reichte aus, um einen Umkreis von etwa zweihundert Metern zu bedecken. Im Gestein fanden sie genügend Oxide, um ein atembares Helium-Sauerstoff-Gemisch zu schaffen, mit dem sie den feldumschlossenen Raum füllten. Innerhalb dieses Platzes konnten sie sich nun frei bewegen, und sie verwendeten mehrere Wochen darauf, um aus dem Lavafeld einen Garten zu machen. Sie zerkleinerten die glasigen Massen zu Sand und Staub und gewannen einen fruchtbaren Untergrund, auf dem jene Pflanzen gediehen, die sie mitgebracht hatten; einige stammten noch von der Erde. Die geringe Radioaktivität des Gesteins würde den Blumen nicht schaden, und auf sich selbst brauchten sie keine Rücksicht zu nehmen.

Auch das Innere der Rakete gestalteten sie neu. Die größeren Räume wurden mit bequemen Sitzgelegenheiten versehen; man sah ihnen kaum noch an, daß es einst Andruckstühle und Liegebetten waren. Einige Kabinen wurden auf Kosten der anderen mit allem möglichen Komfort ausgestattet – sie brauchten nur einige, denn nie würden sie alle gemeinsam zurückkommen können. Jene Apparaturen, die nicht zur Ruhe kommen durften, wurden auf Dauerbetrieb gestellt – die Luftversorgung, die Heizung und natürlich auch die Hydroponiktanks sowie die anderen Anlagen für die Versorgung mit Nahrungsmitteln. Besonders gut bewährten sich die Robotwagen; sie wurden auf persönliche Dienstleistungen umprogrammiert, und es schien, daß keiner der Urlauber selbst Hand anlegen müssen würde.

Inzwischen hatten einige Wissenschaftler einen Stollen durch das Kratergebirge gesprengt, dessen Spitzen sich nun mit verfestigtem Ammoniak weiß überzogen. Der Gang mündete unter der Oberfläche ins Meer. Dort, wo in seiner Mitte der Luftraum an die Flüssigkeitsschicht stieß, hatten sie eine Kammer ausgehöhlt, die als Labor und als Aufbewahrungsraum für die stillgelegten Körper diente. Mit einem ein wenig umgebauten Raumboot, das einst für Außenreparaturen während des Flugs bestimmt war, fuhr Dr. Belgast mit Olson los, um eine Ansiedlung der fremden Wesen zu finden. Während der Nacht näherten sie sich ihr und ließen das Betäubungsmittel in die vier aneinandergebauten Pyramidenhäuser fließen. Dann legte der Biophysiker einen druck- und kältegeschützten Spezialanzug an und ging durch die Schleuse hinaus. In einem Netz zog er einige der betäubten Wesen mit sich. Sie mußten den Weg mehrmals zurücklegen, ehe sie für jeden eines der Geschöpfe gefangen hatten.

Und nun waren sie bereit.

Sie standen am Tor des Ganges und warfen einen letzten Blick auf das Bauwerk, den Elfenbeinturm, der das letzte Bindeglied zur Vergangenheit war. Mortimer stellte sich neben Derreck. Das Bild verschwamm vor seinen Augen.

»Werden wir uns – ich meine, in unserem neuen Dasein, erinnern können – an früher?«

»Nein. Es würde uns daran hindern, uns völlig in die Gemeinschaft der anderen einzugliedern. Es würde uns unzufrieden machen, wankelmütig. Ansonsten wird es so ähnlich verlaufen wie seinerzeit bei dir, als du mit Baraval vereinigt wurdest: Wir werden alle Informationen der weißen Wesen zur Verfügung haben, und dabei doch wir selbst bleiben. Nur die Erinnerung an alte Erlebnisse werden wir löschen. Wie wir uns schließlich selbst empfinden werden, kann dir niemand mit Sicherheit sagen. Auch ich nicht.«

»Und wie sollen die . . . die Besuche hier auf der Insel vor sich gehen?«

»Durch einen posthypnotischen Befehl. Und ebenso werden sie wieder abgebrochen.«

»Und während des Aufenthalts?«

»Es würde zur Qual, wenn uns alles wieder klar ins Bewußtsein käme. Die Erinnerung bleibt gelöscht.« Nach einigen Sekunden sagte er: »So hast du es dir nicht vorgestellt? Es geht nicht anders. Der Schritt, den wir zurückmachen können, ist recht bescheiden. Und nun nimm Abschied!«

Es gab nichts mehr zu sagen. Sie wanderten in den dunklen Gang hinein. Einer nach dem anderen setzte sich auf den Stuhl, der neben einem großen verschlossenen Tank stand. Darin schwebten, an Polypen erinnernd, ein paar Dutzend anscheinend lebloser durchsichtiger Wesen von unheimlichem Aussehen. Einer nach dem anderen der Menschen verlor das Bewußtsein, und sein Körper wurde von den Zurückgebliebenen auf eine Liege gebettet und in einen riesigen Tresor geschoben. Für den letzten besorgte das eine Automatik. Dann rollte der Tank auf Schienen durch die Schleusentür und öffnete sich. Einige zartgliedrige durchsichtige Wesen trieben hinaus. Nach einiger Zeit begannen sie zu zucken und nach einer weiteren kleinen Weile glitt ein silbriger Schwarm eilig durch die eisige Flüssigkeit, hinaus ins offene Meer.

AM FUSS DER TREPPE BLIEB MORTIMER STEHEN, *als hätte er etwas vergessen. Er drehte sich um und sah in den orangefarben durchleuchteten Raum zurück, den er eben verlassen hatte. Eine der Frauen stand an der Scheibe und blickte hinaus – sie konnte ihn nicht sehen, ihre Augen hingen irgendwo im Ungewissen, und unvermittelt begann wieder eine Erinnerung zu pochen. Jetzt erhob sich die andere und stellte sich daneben.*

Da ertönte wieder der Ruf – unüberhörbar und entschieden. Ein leichter Schleier wogte um ihn herum ... warum ... wohin? Irgendwo war da etwas ganz anderes, etwas, was auf ihn wartete, was ihn brauchte. Er sah fünf handspannengroße, einäugige, weiße Körperchen vor sich, und sein Herz erfüllte sich mit Zärtlichkeit.

Und dann stand das lichte Rechteck des Vestibüls wieder vor ihm wie eine Wand, das Fenster zu einer anderen Welt, von der er ausgeschlossen war, etwas Vergangenes, Versunkenes.

Zwei Schatten am Fenster, schlank, hoch aufgerichtet, ein Traum – sonst nichts.

Ruckartig drehte sich Mortimer um. Zuerst war es, als risse er sich mit Gewalt von etwas los, das ihn mit tausend Fäden zu halten suchte, als müsse er sich gegen einen zähen Brei anstemmen. Mühsam, mit kurzen Schritten, begann er zu laufen. Sand knirschte unter seinen Füßen ... es war dämmerig ... neben ihm der Schatten einer Bank ... Allmählich fühlte er sich freier. Er kam an eine Kette, die ihm den Weg versperrte, er klinkte sie aus, schlüpfte hindurch und fügte den Ring wieder in die Öse. Noch immer lagen einzelne Sandkörner am Boden, aber er kam rascher vorwärts, und nun bewegte er sich auch schon in rhythmischen, zielbewußten Sprüngen.

Als ihn das Tor aufnahm, wußte er nichts mehr von den zwei Schatten am Fenster, vom Tal der Blumen und der Langeweile, vom Turm aus Elfenbein.